सिद्ध-साहित्य

जिम विस भक्खइ विसहिं पलुत्ता
तिम भव भुञ्जइ भवहिं ण जुत्ता॥

जैसे विष के (निरन्तर) भक्षण करने से (मनुष्य) विष के प्रभाव से मुक्त हो जाता है, वैसे ही भव को भोग करने से फिर भव में लिप्त नहीं होता।

—सिद्ध तिलोपा

सिद्ध-साहित्य

वज्रयानी सिद्ध-साहित्य का विस्तृत अध्ययन तथा नाथ
और सन्त-परम्परा पर उसके परवर्ती प्रभाव
का समुचित मूल्यांकन

डॉ. धर्मवीर भारती

लोकभारती प्रकाशन

लोकभारती प्रकाशन
पहली मंजिल, दरबारी बिल्डिंग, महात्मा गांधी मार्ग
प्रयागराज-211 001

वेबसाइट : www.lokbhartiprakashan.com
ईमेल : info@lokbhartiprakashan.com

शाखाएँ : 1-बी, नेताजी सुभाष मार्ग, दरियागंज
नई दिल्ली-110 002
अशोक राजपथ, साइंस कॉलेज के सामने
पटना-800 006
1, अनमोल सोराबजी संतुक लेन, धोबी तलाव,
मरीन लाइंस, मुम्बई-400 002

पहला लोकभारती संस्करण : 2015
तीसरा संस्करण : 2021
This book is printed on **Print on Demand**
Technology : 2025

SIDDH-SAHITYA
by Dr. Dharmveer Bharti

ISBN : 978-93-5221-026-8

मूल्य : ₹1295

श्रद्धेय डॉ. धीरेन्द्र वर्मा को
सादर साभार

अनुक्रम

प्रस्तावना

हिन्दी-साहित्य के अध्ययन का इतिहास इस शती के प्रथम दशक से प्रारम्भ होता है जब बंगाल के प्रख्यात विद्वान् महामहोपाध्याय हरप्रसाद शास्त्री को 1907 ई. में नेपाल-यात्रा में कुछ अपभ्रंश दोहे तथा चर्यापद मिले, जिनमें बौद्ध तन्त्रों के अनुसार तान्त्रिक तथा योग-साधना की पद्धतियों का प्रतीकात्मक शैली में वर्णन किया गया था। इन दोहों तथा पदों के रचयिता चौरासी सिद्धों की परम्परा में गिने जाते थे। लगभग 10 वर्ष बाद बंगीय-साहित्य-परिषद् से शास्त्री महोदय ने इन्हें संकलित कर ग्रन्थरूप में प्रकाशित किया और उसी समय उसने भारत तथा विदेश के कई विद्वानों का ध्यान आकर्षित किया।

विद्वानों ने पहले इन दोहों और पदों का अध्ययन भाषा की दृष्टि से किया, क्योंकि शास्त्री महोदय ने इन्हें पुरानी बँगला का साहित्य माना था। किन्तु बाद में यह भी देखा गया कि बंगाल के कई लोकप्रचलित शैव, वैष्णव और सूफी साहित्य के सम्प्रदायों में इनकी प्रभाव-परम्परा शेष है, और उस दृष्टि से मणीन्द्रमोहन बसु तथा डॉ. शशिभूषण दासगुप्त आदि ने इनकी विषय-वस्तु का अध्ययन कर बंगाल के लोकप्रचलित सम्प्रदायों पर इनके प्रभाव का आकलन किया।

जहाँ तक हिन्दी का प्रश्न है, लगभग दो दशक तक हिन्दी-क्षेत्र में इस साहित्य पर ध्यान ही नहीं दिया गया। हिन्दी-क्षेत्र में इस साहित्य की ओर ध्यान आकर्षित करने का श्रेय श्री राहुल सांकृत्यायन को है, यद्यपि उन्होंने इस स्थापना के साथ इस साहित्य का परिचय हिन्दी को दिया, कि इनकी भाषा पुरानी मगही है। डॉ. काशीप्रसाद जायसवाल ने भी इस मत का समर्थन किया। फलस्वरूप इसके भाषा-पक्ष को अधिक महत्त्व मिला, यद्यपि उस पर भी हिन्दी में आगे कोई महत्त्वपूर्ण काम नहीं किया जा सका।

इसके दूसरे पक्ष, जो अपेक्षाकृत अधिक महत्त्वपूर्ण हैं, उपेक्षित ही रहे। वे पक्ष थे, इसके सिद्धान्त-पक्ष और काव्य-पक्ष, जिनका प्रभाव हिन्दी के नाथ तथा सन्त-

साहित्य पर पड़ा। डॉ. हजारीप्रसाद द्विवेदी ने प्रथम बार 'हिन्दी साहित्य की भूमिका' तथा 'कबीर' में इसकी ओर थोड़े संकेत किये जिससे इसके अध्ययन की एक सर्वथा नयी किन्तु अत्यन्त उपयोगी दिशा मिली।

परवर्ती प्रभाव के प्रसंग में सिद्ध-साहित्य का अध्ययन करते समय मेरे सम्मुख कई समस्याएँ थीं। अभी तक सिद्धों के साहित्य का कोई ऐसा अध्ययन नहीं किया गया है जिसमें उनके दार्शनिक सिद्धान्तों और साधना-पद्धतियों का सांगोपांग विवेचन किया गया हो। डॉ. दासगुप्त ने उनके सिद्धान्तों का एक संक्षिप्त परिचय अवश्य दिया था, किन्तु वज्रयानी तान्त्रिक पद्धतियों में सहज-पद्धति का क्या स्थान था, तत्त्व-दर्शन, साधना, उपलब्धि के विषय में सिद्धों के दोहों तथा पदों में कौन से तत्त्व पूर्वागत बौद्ध-परम्परा से लिये गये हैं, कौन से समकालीन तान्त्रिक सम्प्रदायों तथा सिद्धों के साहित्य में समान रूप से उपलब्ध हैं, सिद्धों की साम्प्रदायिक स्थिति क्या थी और उसका क्या रूप उनके दोहों और पदों से उपलब्ध होता है, इन सभी समस्याओं का समाधान ढूँढ़ना शेष था। उपलब्ध सामग्री अत्यन्त अल्प होने पर भी, तथा धर्म-साधनाओं की दृष्टि से वह युग अत्यन्त उलझनों से भरा हुआ होने पर भी प्रस्तुत ग्रन्थ में यथासम्भव बिखरे हुए सूत्र जोड़कर दोहों तथा पदों में उपलब्ध उनके दार्शनिक सिद्धान्तों की एक रूपरेखा प्रस्तुत करने का प्रयास किया गया है।

इसके लिए उन महायानी बौद्ध सम्प्रदायों का परिचय देना आवश्यक था जो आगे चलकर तान्त्रिक साधनाओं से समन्वित होकर वज्रयान के रूप में विकसित हुए। इसीलिए सिद्धों के सिद्धान्त-पक्ष का विवेचन करने के पूर्व पृष्ठभूमि के रूप में बौद्ध तन्त्रों के विकास पर एक छोटा अध्याय दे दिया गया है। उसमें सिद्धों की समकालीन बौद्धेतर तान्त्रिक साधनाओं का भी संक्षिप्त परिचय है। चर्यापदों तथा दोहों में प्रतिपादित सिद्धान्तों का विवेचन करते समय हिन्दू योग-साधना-पद्धतियों से उसकी तुलना की गयी है और यथास्थान साम्य तथा अन्तर दिखाया गया है। परवर्ती प्रभाव की दृष्टि से यह अत्यन्त आवश्यक था, क्योंकि कई स्थलों पर दोहों तथा चर्यापदों की साधना-पद्धति हिन्दू परम्परा से प्रभावित प्रतीत होती है, किन्तु अन्य स्थलों पर वह बौद्ध-परम्परा, विशेषतया 'योगाचार'-परम्परा का पूर्ण अनुसरण करती है।

अपने इन सिद्धान्तों का प्रचार और अपनी रहस्यानुभूतियों की अभिव्यक्ति इन सिद्धों ने जिस काव्यशैली में की है, वह और भी महत्त्वपूर्ण है क्योंकि उसी काव्यशैली के प्रतीक, उपमान, रूपक और छन्द तक कई परवर्ती सम्प्रदायों के साहित्य में अपनाये जाते रहे हैं। इनका काव्य निस्सन्देह लौकिक काव्य नहीं था, अतः धार्मिक काव्य के सम्बन्ध में जो भी कसौटियाँ या धारणाएँ उस समय प्रचलित थीं, उनकी ओर संकेत कर दिया गया है। शैली-पक्ष का विवेचन करते समय प्रतीकों तथा उपमानों के उद्भव और विकास पर भी प्रकाश डालने की चेष्टा की गयी है। इन अध्यायों में बिलकुल नयी और अपरिचित दिशाओं में चलना पड़ा है।

नाथों और सन्तों के हिन्दी साहित्य पर इन सिद्धों का अधिकांश प्रभाव प्रत्यक्ष न होकर परम्परा रूप में आया है, अतः सिद्धों के बाद उन शैव तथा वैष्णव सम्प्रदायों के विकास का एक संक्षिप्त परिचय दिया गया है जिनमें ये वज्रयानी प्रभाव चले आ रहे थे। उन सम्प्रदायों में ये प्रभाव किस रूप में शेष थे और हिन्दी-क्षेत्र के सन्त उनके सम्पर्क में कब और कैसे आये और कहाँ तक प्रभावित हुए, यह अध्ययन का महत्त्वपूर्ण विषय है किन्तु ग्रन्थ की सीमाएँ देखते हुए उसके विस्तार में न जाकर उसके संक्षिप्त परिचय से सन्तोष करना पड़ा है।

प्रस्तुत ग्रन्थ को 3 खण्डों में विभाजित किया जा सकता है, 1. परिचय तथा पृष्ठभूमि, जिसके अन्तर्गत प्रथम दो अध्याय आते हैं, 2. समीक्षा, जिसके अन्तर्गत तीसरा तथा चौथा अध्याय रखा जा सकता है, 3. परवर्ती प्रभाव, जिसमें पाँचवाँ अध्याय आता है। प्रथम खण्ड में सामाजिक पृष्ठभूमि का कुछ विस्तार से विवेचन किया गया है, जिसका प्रमुख कारण यह है कि सिद्धों से लेकर सन्तों तक लोकभाषा की काव्य-परम्परा को एक विशेष सामाजिक वर्ग का प्रश्रय मिलता रहा है जिसके इतिहास के साथ इस साहित्य के विकास का घनिष्ठ सम्बन्ध है। चूँकि इस परम्परा के प्रारम्भिक सूत्र सिद्धों के समय से ही मिलते हैं अतः समकालीन समाज-पद्धति और उसमें इन जातियों का स्थान समझ लेना अत्यन्त आवश्यक था। वैसे अपभ्रंश काल में भारत के सामाजिक इतिहास में जितनी उथल-पुथल हुई है और उसकी जितनी बिखरी हुई और कभी-कभी विरोधपूर्ण झलक उपलब्ध होती है उससे किसी सुनिश्चित परिणाम पर पहुँच सकना कठिन है, किन्तु पूर्वी भारत के इतिहास में कई तथ्य ऐसे मिलते हैं जिनको आधार बनाकर सिद्ध-साहित्य के सामाजिक मूल्यांकन की दिशा में कम-से-कम प्राथमिक प्रयास तो किया ही जा सकता है।

जितने क्षीण सूत्र इस दिशा में उपलब्ध थे, जितने सीमित साधन मेरे पास थे और जितना बड़ा यह कार्य था, उसे देखते हुए यदि मेरे निर्देशक गुरुवर डॉ. धीरेन्द्र वर्मा की प्रेरणा, प्रोत्साहन, सहायता और निर्देशन मुझे बराबर न मिलते रहते तो इस कार्य का पूरा हो पाना असम्भव था। उनके अतिरिक्त भी पण्डित विधुशेखर शास्त्री, डॉ. हजारीप्रसाद द्विवेदी, पण्डित परशुराम चतुर्वेदी, पण्डित गोपीनाथ कविराज तथा डॉ. प्रबोधचन्द्र बागची का मैं विशेष आभारी हूँ, जिनके सम्मुख मैंने अपनी कठिनाइयाँ रक्खीं और जिन्होंने अपना अमूल्य समय देकर उनके समाधानों की ओर संकेत किया। बंगीय-साहित्य-परिषद् के अधिकारियों तथा 'शनिवारेर चीठी' के सम्पादक श्री सजनीकान्तदास ने मेरी बहुत सहायता की है। मेरे कलकत्ता प्रवास में भाई शिवनारायण शर्मा और श्री बजरंगलाल लोहिया ने पुरानी पुस्तकें खोजने में जो सहायता की है, तथा पुस्तक की पाण्डुलिपि प्रस्तुत करने तथा उसके मुद्रण में सर्वश्री रामस्वरूप चतुर्वेदी, रूपनारायण

शास्त्री, भोलानाथ तिवारी तथा बन्धुवर नर्मदेश्वर चतुर्वेदी ने जितनी चिन्ता और श्रम किया है, वह अविस्मरणीय है।

यह विषय अत्यन्त जटिल है और अभी इस दिशा में काम करने की बहुत गुंजाइश है। जो विद्वान् सिद्ध-साहित्य के अध्ययन को आगे बढ़ायेंगे, उनके लिए यदि यह ग्रन्थ एक समुचित भूमिका प्रस्तुत कर सका और अधिकाधिक विद्वानों को इस दिशा में कार्य करने को प्रेरित कर सका तो मैं अपना श्रम सार्थक समझूँगा।

धर्मवीर भारती

हिन्दी विभाग
विश्वविद्यालय
प्रयाग

1

विषय प्रवेश

क

आधार-सामग्री

'सिद्ध-साहित्य' से हमारा तात्पर्य वज्रयानी परम्परा के उन सिद्धाचार्यों के साहित्य से है जो अपभ्रंश दोहों तथा चर्यापदों के रूप में उपलब्ध है और जिसमें बौद्ध तान्त्रिक सिद्धान्तों को मान्यता दी गयी है। यद्यपि उन्हीं के समकालीन शैव नाथयोगियों को भी सिद्ध कहा जाता था किन्तु कतिपय कारणों से हिन्दी तथा अन्य कई प्रान्तीय भाषाओं में शैवयोगियों के लिए 'नाथ' तथा बौद्ध तान्त्रिकों के लिए 'सिद्ध' शब्द प्रचलित हो गया। उसी प्रसंग में 'सिद्ध-साहित्य' बौद्ध सिद्धाचार्यों के साहित्य का वाचक हो गया है। प्रस्तुत प्रसंग में भी 'सिद्ध-साहित्य' से वही तात्पर्य अभीष्ट है।

सिद्धों की रचनाएँ प्रमुखतः दो रूपों में उपलब्ध हैं, दोहाकोष तथा चर्यापद। दोहाकोष दोहों से युक्त चतुष्पदियों की कड़वक शैली में मिलते हैं। कुछ दोहे टीकाओं में उद्धृत हैं और कुछ दोहागीतियाँ बौद्ध तन्त्रों तथा साधनाओं में मिली हैं। चर्यापद बौद्ध तान्त्रिक चर्या के समय गाये जानेवाले पद हैं जो विभिन्न सिद्धाचार्यों द्वारा लिखे गये हैं किन्तु एक साथ संगृहीत कर दिये गये हैं।

दोहाकोष—विभिन्न सिद्धों के कई दोहाकोष उपलब्ध हैं जिनमें से कुछ पूर्ण हैं, कुछ खण्डित। उनका विवरण इस प्रकार है–

अ—काण्हपा का दोहाकोष—1. इसकी एक पाण्डुलिपि सर्वप्रथम महामहोपाध्याय हरप्रसाद शास्त्री को नेपाल में मिली थी जिसका प्रतिलिपि-काल 1027 नेपाली संवत् (1907 ई.) था। इसके साथ 'मेखला' नाम की एक संस्कृत टीका भी मिलती है, और अनुमान किया जाता है कि यह काण्हपा की मेखला शिष्या द्वारा प्रणीत है। शास्त्री

महोदय का कहना है कि इसकी पाण्डुलिपि जापान के श्री एकइ कावागुची के पास सुरक्षित है किन्तु श्री सिल्वियाँ लेवी द्वारा बहुत प्रयत्न करने पर भी उसका पता नहीं लग सका। श्री शास्त्री महोदय द्वारा 'बौद्ध गान ओ दोहा' में प्रकाशित पाठ को तंजूर में सुरक्षित रूपान्तर के आधार पर संशोधित करने का प्रयास डॉ. शाहिदुल्ला ने 'ल शां मिस्तीक्स' में किया है।

2. काण्हपा के दोहाकोष का एक पाठान्तर 'श्री गुह्येन्द्र तिलक तन्त्र' के प्रबोधन पटल में भी मिलता है जिसकी पाण्डुलिपि बिबलियाथिक नेशनल, पेरिस में (संस्कृत संख्या 47) सुरक्षित है। इसके साथ एक दूसरी संस्कृत टीका उपलब्ध है। डॉ. प्रबोधचन्द्र बागची ने कलकत्ता-संस्कृत-सिरीज से प्रकाशित 'दोहाकोष' में 'गुह्येन्द्र तिलक तन्त्र' के पाठान्तरों का उल्लेख किया है और उसके आधार पर डॉ. शाहिदुल्ला और शास्त्री महोदय द्वारा प्रकाशित पाठों में कई नये संशोधन प्रस्तावित किये गये हैं, किन्तु उनके 'दोहाकोष' में मेखला टीका ही प्रकाशित हुई है। डॉ. दासगुप्त ने 'इण्ट्रोडक्शन टु तान्त्रिक बुद्धिज्म' में 'श्री गुह्येन्द्र तिलक तन्त्र' में उपलब्ध टीका की विशेषताओं का उल्लेख किया है।

काण्हपा के इस दोहाकोष में 32 छन्द मिलते हैं जिनमें से 27 दोहे हैं और केवल 5 समचतुष्पदियाँ।

आ–तिलोपा का दोहाकोष–नेपाल के राजगुरु हेमराज शर्मा के व्यक्तिगत संग्रह में डॉ. बागची को एक पाण्डुलिपि मिली है जिसमें सरहपा के एक दोहाकोष के साथ तिलोपा का एक दोहाकोष उपलब्ध हुआ है। इस पाण्डुलिपि के प्रतिलिपि-काल आदि के विषय में अन्य कोई भी संकेत नहीं है, किन्तु डॉ. बागची इसे 13वीं शती का बताते हैं। इसके साथ 'सारार्थ-पञ्जिका' नामक एक संस्कृत टीका भी मिलती है। बागची ने 'दोहाकोष' में इसके मूल अपभ्रंश अंश के तंजूर (नार्थेग संस्करण, खण्ड 46) में उपलब्ध तिब्बती रूपान्तर की सहायता से संशोधित पाठ देने का प्रयास किया है और संस्कृत टीका भी प्रकाशित की है। ज. डि. ले. (कलकत्ता) में प्रकाशित 'दोहाकोष' में डॉ. बागची ने तिब्बती रूपान्तर भी प्रकाशित किया है और टीका के आधार पर दोहों का मर्मार्थ भी दिया है।

इ–सरहपा का दोहाकोष (1) –1. सरहपा का 112 छन्दों का एक दोहाकोष शास्त्री महोदय ने 'बौद्ध गान ओ दोहा' में प्रकाशित किया था जिसके साथ अद्वयवज्र की 'सहजाम्नाय पञ्जिका' नामक संस्कृत टीका भी है। पुष्पिका से ज्ञात होता है कि यह स्थिरमति नाम के पण्डित के लिए उदयभद्र नामक लेखक ने लिपिबद्ध की है। किन्तु अन्य कोई संकेत नहीं मिलता। डॉ. शाहिदुल्ला ने शास्त्री द्वारा प्रकाशित दोहाकोष के पाठ में तिब्बती रूपान्तर के आधार पर कई महत्त्वपूर्ण संशोधन किये हैं।

2. दूसरी पाण्डुलिपि तिलोपा के दोहाकोष की पाण्डुलिपि के साथ राजगुरु हेमराज शर्मा के संग्रह में सुरक्षित है जिसका प्रतिलिपि-काल डॉ. बागची 13वीं शती मानते हैं।

अद्वयवज्र की संस्कृत टीका भी इसके साथ है किन्तु 112वें दोहे के उपरान्त जितना संस्कृत अंश शास्त्री महोदय द्वारा प्रकाशित टीका में है, वह इस पाण्डुलिपि में नहीं मिलता।

3. सरहपा के दोहाकोष की एक तीसरी पाण्डुलिपि दरबार लाइब्रेरी, नेपाल में डॉ. प्रबोधचन्द्र बागची को मिली है जिसका प्रतिलिपि-काल वे 221 नेपाली संवत् (1101 ई.) बताते हैं। इस पाण्डुलिपि में शास्त्री महोदय द्वारा प्रकाशित दोहाकोष के एक बड़े अंश के अतिरिक्त सरहपा के दो नये दोहाकोषों के अंश मिलते हैं। इनमें से एक की पुष्पिका से ज्ञात होता है कि परमोपासक रामवर्मा के लिए स्थविर पथमगुप्त ने उसकी प्रतिलिपि की है जो नेपाली संवत् 221 की श्रावण शुक्ल पूर्णमासी को समाप्त हुई है। यह पाण्डुलिपि सबसे प्राचीन और प्रामाणिक मानी जाती है और बागची ने अपने संस्करण में इसी को आधार बनाया है।

ई—सरहपा का खण्डित दोहाकोष (प्रथम)—दरबार लाइब्रेरी की पाण्डुलिपि में ही लगभग 20 दोहों का एक लघु दोहाकोष भी मिला है जिसके प्रथम तथा अन्तिम दोनों ही दोहे खण्डित हैं अतः यह दोहाकोष पूर्ण है या किसी बड़े दोहाकोष का अंश है यह नहीं ज्ञात होता। डॉ. बागची का कथन है कि तिब्बती अनुवादों में सुरक्षित सरहपा की किसी भी कृति में ये दोहे नहीं मिलते किन्तु 3 तथा 10वें दोहे में (संख्या-क्रम डॉ. बागची ने दिया है) सरहपा ने अपना नाम दिया है 'सरह भणइ अत्तत्थ विसार' या 'भणइ सरह एवि विसमी रन्धा', जिससे इनके सरहकृत होने में सन्देह नहीं होता क्योंकि यह पाण्डुलिपि सबसे प्राचीन (1101 ई.) है। तिब्बती रूपान्तर के अभाव में भी डॉ. बागची ने कलकत्ता संस्कृत सिरीज से प्रकाशित दोहाकोष में इसकी संस्कृत छाया तथा कलकत्ता यूनिवर्सिटी से प्रकाशित दोहाकोष में अंग्रेजी में व्याख्या देने का प्रयास किया है किन्तु अधिक सफलता नहीं मिल पायी है।

उ—सरहपा का खण्डित दोहाकोष (द्वितीय)—इसी के उपरान्त 12 दोहे उसी पाण्डुलिपि में उपलब्ध हैं जिनकी पुष्पिका इस प्रकार है 'समन्तो जहालद्धो दोहाकोसो ऐसो संगहिओ परत्थकामेण पण्डिअ सिरि दिवाअर चन्देणेति। संवत् 221 श्रावणशुक्लपूर्णमास्याम् । श्री नोग्वलके परमोपासक श्रीरामवर्म्मणः पुस्तकोऽयं। यथादृष्टम् तथा शाक्यभिक्षु स्थविर पथमगुप्तेन लिखितव्यम् ।' श्री दे का अनुमान है कि ये दिवाकरचन्द्र वे ही हैं जिन्हें तिब्बती अनुश्रुतियों में अद्वयवज्र (सरहपा के टीकाकार) का शिष्य बताया गया है जो विक्रमशिला से दीपङ्कर द्वारा निर्वासित किये गये थे और जिन्होंने तिब्बती में 5 बौद्ध ग्रन्थों का अनुवाद किया है।[1] इस दोहाकोष का प्रथम दोहा अपूर्ण है किन्तु अन्तिम दोहे में सरहपा ने दोहों की संख्या 30 बतायी है–

सरहपा पात्र किअ दोह तिउसो संघहिओ एत्थ।[2]

यदि यह लिपिकार की कोई भूल नहीं है तो यह मानना होगा कि ये 12 दोहे केवल उस दोहाकोष के अंशमात्र हैं जिनके 18 दोहे अप्राप्य हैं।

ऊ–सरहपा के स्फुट दोहे—1. वैडेल द्वारा सम्पादित सुभाषित संग्रह में सरहपा के 4 दोहे तथा 4 समचतुष्पदियाँ और 2 मुक्तक (दो-दो पदों के) मिलते हैं।[3] इनमें से कुछ का पाठ संशोधन करने का प्रयास डॉ. बागची ने किया है।[4]

2. क्रियासमुच्चय में सरहपा के खण्डित दोहाकोष (द्वितीय) का एक दोहा (संख्या 9) कुछ परिवर्तित रूप में उद्धृत किया गया है और चर्यापदों की मुनिदत्त प्रणीत टीका में भी इस दोहे का एक अंश उद्धृत किया गया है।[5]

3. सरहपा के दो पूरे दोहे मुनिदत्त की टीका में और उद्धृत किये गये हैं (पद 20 तथा पद 44 की टीका)।[6] इसके अतिरिक्त 9 स्थलों पर सरहपा के दोहे के पहले कुछ शब्दों को उद्धृत कर उनका उल्लेख किया गया है किन्तु वे प्राप्य नहीं हैं।[7]

ए–अन्य–1. डॉ. विनयतोष भट्टाचार्य द्वारा सम्पादित वज्रयानी देवताओं की साधनाओं में कई अपभ्रंश मुक्तक मिलते हैं जिनके लेखकों का उल्लेख नहीं है। इस प्रकार के 4 छन्द प्राप्य हैं। शुक्ल कुरुकुल्ला साधन (संख्या 180), शबरपादकृत शुक्ल कुरुकुल्ला साधन (संख्या 185), महामाया साधन (सं. 239, 240) तथा कुरुकुल्ला साधन (183) में सस्कृत मूल में इन अपभ्रंश पद्यांशों को उद्धृत किया गया है। इनमें से अन्तिम छन्द हेवज्रतन्त्र में भी उद्धृत है, जिसे बागची ने हेवज्रतन्त्र की अपनी पाण्डुलिपि के आधार पर संशोधित कर 'दोहाकोष' में प्रकाशित किया है।

2. हेवज्रतन्त्र में से, प्रो. टुची को, अपनी तथा नेपाल दरबार लाइब्रेरी पाण्डुलिपियों के आधार पर संशोधित कर दो अन्य दोहे बागची ने दोहाकोष में प्रकाशित किये हैं।[8]

3. बहिःशास्त्र नामक किसी अप्राप्य ग्रन्थ से मुनिदत्त ने 10वें चर्यापद की टीका में एक दोहा उद्धृत किया है। शास्त्री द्वारा प्रकाशित पाठ में कुछ संशोधन डॉ. बागची ने प्रस्तावित किये हैं जो तर्कसम्मत प्रतीत होते हैं।[9] इसी प्रकार मुनिदत्त की टीका में काण्हपा का एक दोहा[10] (8वीं चर्या की टीका) तथा मीननाथ की कुछ पंक्तियाँ भी उद्धृत की गयी हैं। मीननाथ की पंक्तियों के उद्धरण में यह कहा गया है कि ये पंक्तियाँ परदर्शन नामक कृति से उद्धृत हैं (21वें पद की टीका)।[11]

4. डॉ. मेरियो कारेली द्वारा सम्पादित आचार्य नडपाद (सिद्ध नारोपा) की सेकोद्देश टीका में 10 नये अपभ्रंश छन्द उद्धृत किये गये हैं। सरहपा का एक छन्द दोहाकोष में से उद्धृत है। उसके अतिरिक्त एक काण्हपा का छन्द, एक भुसुकुपा का छन्द, 4 शान्तिपा के छन्द और 4 अन्य अपभ्रंश छन्द उद्धृत हैं जिनके लेखकों का नाम नहीं दिया है।[12] डॉ. सुकुमार सेन ने उनके पाठ में कुछ संशोधन प्रस्तावित किये हैं।[13]

ऐ–दोहागीति—1. डॉ. विनयतोष भट्टाचार्य द्वारा सम्पादित साधनमाला के बुद्ध कपाल साधन (सं. 254) में चार योगिनियों द्वारा सम्पन्न की जानेवाली गुह्यसाधना में 4 दोहों की एक अपभ्रंश दोहागीति मिलती है जिसके गाने का विधान है। डॉ. बागची

तथा डॉ. सुकुमार सेन ने 'दोहाकोष' तथा 'ओल्ड बंगाली टेक्स्ट्स' में साधनमाला में प्रकाशित पाठ में संशोधन प्रस्तुत किये हैं।

2. इसी प्रकार हेवज्रतन्त्र की जो पाण्डुलिपि डॉ. बागची के पास है, उसमें से उन्होंने दो अन्य दोहागीतियाँ 'दोहाकोष' में प्रकाशित की हैं, जिनमें से प्रथम चार दोहों की गीति है और द्वितीय में 4 दोहों के उपरान्त एक अतिरिक्त पंक्ति है और क्रियासमुच्चय में भी उद्धृत की गयी है।[14]

3. डॉ. बागची के पास क्रियासमुच्चय की जो पाण्डुलिपि है उसमें से उन्होंने 5 दोहों की एक महासमयगीतिका प्रकाशित की है। इसका तीसरा दोहा कुरुकुल्ला साधन (सं. 183) में उद्धृत है और 5वें दोहे की प्रथम पंक्ति मुनिदत्त की टीका (46वें पद) में उद्धृत की गयी है। यह महासमयगीतिका 5 ध्यानी बुद्धों की भार्याओं के आह्वान में गायी जाती थी।

डॉ. सुकुमार सेन इन दोहागीतियों को वज्रगीति कहते हैं और उनका अनुमान है कि ये अत्यन्त प्राचीन हैं क्योंकि तान्त्रिक साधनाओं में बहुत प्राचीनकाल से ये गायी जाती रही हैं। ये अपौरुषेय मानी जाती थीं।[15]

चर्यापद—(अ) सन् 1907 में महामहोपाध्याय हरप्रसाद शास्त्री को नेपाल में सिद्धों के 50 पदों का एक संग्रह मिला जिसकी प्रतिलिपि कराकर उन्होंने लगभग 10 वर्ष बाद बंगीय साहित्य परिषद् से 'बौद्ध गान ओ दोहा' प्रकाशित कराया जिसमें चर्यापदों के अतिरिक्त सहजाम्नाय पञ्जिका तथा काण्हपा का दोहाकोष (मेखला टीका सहित) भी संगृहीत थे। शास्त्री महोदय का कहना है कि वह पाण्डुलिपि 12वीं शती की थी किन्तु राखालदास बनर्जी ने 'श्रीकृष्ण सङ्कीर्त्तन' नामक प्राचीन बँगला के एक ग्रन्थ का सम्पादन करते समय भूमिका में शास्त्री महोदय द्वारा प्रकाशित चर्यापदों की भाषा का परीक्षण कर यह मत स्थिर किया कि इन पदों का प्रस्तुत रूप 14वीं शती से पूर्व का नहीं हो सकता। अतः शास्त्री महोदय ने जिस पाण्डुलिपि को अपने संस्करण का आधार बनाया था वह अधिक-से-अधिक 14वीं शती की होगी। अब वह पाण्डुलिपि उपलब्ध नहीं है।

किन्तु चर्यापदों के पाठ-निर्धारण के सम्बन्ध में विद्वानों ने यथेष्ट कार्य किया है। उन्होंने चर्यापदों का तिब्बती रूपान्तर ढूँढ़ा और उसके आधार पर शास्त्री महोदय द्वारा प्रस्तुत पाठ में यथेष्ट संशोधन किये हैं। इस दिशा में डॉ. बागची का कार्य महत्त्वपूर्ण है। कलकत्ता विश्वविद्यालय के जर्नल ऑफ डिपार्टमेण्ट ऑफ लेटर्स (खण्ड 30) में उन्होंने चर्यापदों के तिब्बती रूपान्तर दिये हैं।[16] उन तिब्बती रूपान्तरों की संस्कृत छाया दी है, उनके आधार पर शास्त्री महोदय द्वारा प्रस्तुत पाठ का संशोधन किया गया है और प्रत्येक पर अत्यन्त उपयोगी टिप्पणियाँ दी हैं जो अर्थनिर्णय तथा पाठनिर्णय में विशेष सहायक हैं। बागची के उपरान्त श्री मणीन्द्र मोहन बसु ने चर्यापदों का एक

संस्करण प्रकाशित किया है जिसमें पाठान्तर देने के अतिरिक्त पदों की बँगला छाया, मर्मार्थ तथा टिप्पणियाँ दी हैं, पदों की भाषा का विवेचन किया और टीकाएँ भी दीं। इस दिशा में नवीनतम प्रयास डॉ. सुकुमार सेन का है जिन्होंने इण्डियन लिंग्विस्टिक्स (खण्ड 10) में 'ओल्ड बंगाली टेक्स्ट्स' नाम से चर्यागीति (पद) वज्रगीति तथा कुछ प्रहेलिकाओं का संग्रह किया है। उन्होंने पदों का क्रम शास्त्री के अनुसार न रखकर प्रत्येक पदकर्त्ता के पदों को एक साथ संगृहीत कर नया क्रम निर्धारित किया है। उन्होंने अंग्रेजी में इन पदों का छायानुवाद भी दिया है किन्तु उसमें अनुमान का आधिक्य है। प्रस्तुत प्रबन्ध में आगे डॉ. सेन के अनुवादों पर यथास्थान टिप्पणियाँ दी गयी हैं।

शास्त्री महोदय के संस्करण में इस पद-संग्रह का नाम 'चर्याचर्यविनिश्चय' था। पण्डित विधुशेखर शास्त्री ने इस नाम से अपनी असहमति प्रकट करते हुए इसका सही नाम 'आश्चर्यचर्याचय' अनुमानित किया था। इसका आधार सम्भवतः मुनिदत्त की टीका के प्रथम श्लोक की तृतीय पंक्ति थी 'श्री लूयीचरणादिसिद्धरचतेप्याश्चर्यचर्याचये।' डॉ. बागची ने जिस तिब्बती रूपान्तर का आधार ग्रहण किया है उसमें 'आश्चर्य-चर्या' नाम न होकर केवल इन चर्याओं का विशेषण मात्र प्रतीत होता है। तिब्बती रूपान्तर में इस पद-संग्रह का नाम 'चर्यागीति कोष' है। डॉ. बागची ने भी इसका यही नाम स्वीकार किया है,[17] और सम्भवतः इसी कारण डॉ. सुकुमार सेन ने अपने संस्करणों में इन्हें पद न कहकर चर्यागीति कहा है।

तिब्बती अनुवाद से यह भी ज्ञात होता है कि मुनिदत्त ने ही इन चर्यापदों का प्रस्तुत रूप में संकलन किया था और उन पर संस्कृत टीका लिखी थी। कीर्तिचन्द्र ने नेपाल के यम्बु नगर में इनका तिब्बती अनुवाद किया था। मुनिदत्त की टीका अत्यन्त महत्त्वपूर्ण है। अर्थनिर्णय की दृष्टि से तो उसका महत्त्व है ही, किन्तु मुनिदत्त ने इन पदों के अर्थ स्पष्ट करने के लिए स्थान-स्थान पर सरहपा तथा अन्य आचार्यों के अपभ्रंश तथा संस्कृत छन्द उद्धृत किये हैं जिनके विषय में हम ऊपर संकेत कर चुके हैं।

मुनिदत्त ने 50 चर्यापदों का संग्रह किया था किन्तु शास्त्री महोदय का कहना है कि पाण्डुलिपि में से 5 ताड़पत्र खो गये थे, अतः 23वें चर्यापद की कवल 6 पंक्तियाँ मिलती हैं और 24वें तथा 25वें चर्यापद अनुपलब्ध हैं। बागची ने उसका तिब्बती रूपान्तर तथा संस्कृत छाया दी है। अकारादि क्रम से पदकर्त्ता सिद्ध तथा उनके पदों की संख्या इस प्रकार है। कोष्ठक में मुनिदत्त के संग्रह की क्रम-संख्याएँ दी गयी हैं–

आर्यदेव	1	(31)
कंकणपा	1	(44)
कम्बलाम्बरपा	1	(8)
काण्हपा	13	(7, 9 10, 11, 12, 13, 18, 19, 24, 36, 40, 42, 45)

कुक्कुरीपा	3	(2, 20, 48)
गुण्डुरीपा	1	(4)
चाटिल्लपा	1	(5)
जयनन्दीपा	1	(46)
डोम्बीपा	1	(14)
ढेण्ढणपा	1	(33)
तन्तिपा	1	(25)
ताड़कपा	1	(37)
दारिकपा	1	(34)
धामपा	1	(47)
विरूपा	1	(3)
वीणापा	1	(17)
भद्रपा	1	(35)
भुसुकुपा	8	(6, 21, 23, 27, 30, 41, 43, 49)
महीधरपा	1	(16)
लुईपा	2	(1, 29)
शबरपा	2	(28, 50)
शान्तिपा	2	(15, 26)
सरहपा	4	(22, 32, 38, 39)
	50	

उपर्युक्त सूची में 24वाँ तथा 25वाँ पद (काण्हपा तथा तन्तिपा द्वारा रचित) केवल तिब्बती रूपान्तर में उपलब्ध है।

(आ) इन 50 चर्यापदों के अतिरिक्त एक चर्यापद राहुल जी ने नेपाली बौद्धों में प्रचलित चचो (चर्यागीति) नामक पुस्तक से पुरातत्त्व निबन्धावली में उद्धृत किया है।[18] उसका पाठ अत्यन्त भ्रष्ट है। वह जालन्धरपा का पद बताया जाता है। किन्तु इसका क्या प्रमाण है यह राहुल जी ने नहीं बताया है। अन्तिम पंक्ति में 'जालन्धरी' नाम का प्रयोग अवश्य है किन्तु उसके साथ प्रभु विशेषण जुड़ा हुआ है जिससे यह सन्देह होता है कि जालन्धर के किसी शिष्य का यह पद है। काण्हपा के एक चर्यापद (संख्या 36) में इसी प्रकार जालन्धरीपा का नाम आदर से लिया गया है क्योंकि वे काण्हपा के गुरु हैं। इस पद का पाठ अत्यन्त भ्रष्ट है और प्रस्तुत रूप में उसका अर्थनिर्णय कर पाना भी असम्भव है।

चर्यापद के 23 पदकर्त्ताओं की सूची में हम अगर तिलोपा, जालन्धरपा और मीनपा के नाम जोड़ दें तो दोहाकारों और पदकर्त्ताओं के रूप में कुल 26 नाम होंगे। इन 26 दोहाकारों तथा पदकर्त्ताओं में से अधिकांश चौरासी सिद्धों की परम्परा में गिने जाते हैं। 84 सिद्धों की परम्परा, उसमें इन 26 पदकर्त्ताओं तथा दोहाकारों का स्थान, इनके काल-क्रम और जीवन-वृत्त पर अब हम विचार करेंगे।

■■

ख

दोहाकारों तथा पदकर्त्ताओं का काल-क्रम और जीवन-वृत्त

इन दोहों तथा पदों के लेखक वज्राचार्य सिद्ध उस 84 सिद्ध परम्परा के अन्तर्गत आते हैं जो भारतीय अनुश्रुतियों में बहुत ही प्रख्यात रही है। तान्त्रिक काल में अधिकांश सम्प्रदाय 84 सिद्ध पुरुषों के अस्तित्व में विश्वास करते थे, जिन्हें अष्ट महासिद्धियाँ उपलब्ध थीं और जो अति-प्राकृतिक चमत्कारों का प्रदर्शन कर सकते थे, ये 84 महासिद्ध अजर और अमर माने जाते थे, देवों, यक्षिणियों तथा डाकिनियों आदि के स्वामी माने जाते थे और अतिमानव अर्द्धदेवताओं में उनकी गणना होती थी। मध्यकाल में समस्त जनता इन 84 महासिद्धों की कल्पना से प्रभावित थी और जायसी तक उनका उल्लेख अमर-पुरुषों के रूप में करते हुए कहते हैं–

नवौ नाथ चलि आवहिं औ चौरासी सिद्ध
आज महारन-भारथ चले गगन, गरुड़ औ गिद्ध...[1]

84 संख्या का तान्त्रिक महत्त्व—ये सिद्ध केवल कल्पनामात्र ही नहीं थे, इनका ऐतिहासिक अस्तित्व भी था जिस पर हम बाद में विचार करेंगे किन्तु जहाँ तक 84 संख्या का प्रश्न है, यह संख्या वास्तविक न होकर काल्पनिक संख्या मालूम होती है। तन्त्रों में 84 संख्या का एक विशेष महत्त्व है और उसके गूढ़ तान्त्रिक अभिप्राय हैं। तन्त्रों में, योग में, आसन भी 84 माने गये हैं और वहाँ भी इस संख्या का सांकेतिक महत्त्व है।[2] टुची इस संख्या को बारह राशि तथा सात ग्रहों का गुणनफल मानते हैं।[3] यह 84 संख्या लगभग प्रत्येक तान्त्रिक सम्प्रदाय में स्वीकृत थी और यह विश्वास किया जाता था कि सम्प्रदाय में 84 सिद्धों का होना अनिवार्य है। उस तान्त्रिक काल में प्रत्येक प्रान्त में, प्रत्येक सम्प्रदाय में जाने कितने तान्त्रिक योगी होते थे जिनमें से कुछ विलक्षण सिद्धियों को उपलब्ध कर लेनेवालों को सिद्ध कहा जाने लगता था। किन्तु साम्प्रदायिक

प्रतिद्वन्द्विता के कारण प्रत्येक सम्प्रदाय कुछ सिद्धों को मान्यता देता था और कुछ का विरोध करता था। इस स्थिति में प्रत्येक सम्प्रदाय की, सिद्धों की सूची अलग-अलग थी।[4] बौद्धों की सूची नाथ-योगियों की सूची से अलग थी, और स्वतः बौद्ध तथा नाथों में भी अलग-अलग सूचियों के अस्तित्व के प्रमाण मिलते हैं। न केवल नेपाल, तिब्बत, कामरूप तथा उड़ीसा आदि में ही इन 84 सिद्धों की परम्परा बन रही थी, वरन् दक्षिण भारत में भी 84 सिद्धों की परम्परा का पर्याप्त प्रचलन था।[5]

साम्प्रदायिक सूचियाँ—किन्तु इन सम्प्रदायों की सूची सर्वथा विश्वसनीय नहीं है, क्योंकि प्रत्येक सम्प्रदाय 84 की संख्या पूरी करने के लिए चारों तरफ जाल फेंकता था और विभिन्न शताब्दियों तथा प्रान्तों के सिद्ध पुरुषों के नाम अपनी सूची में सम्मिलित कर 84 का शगुन पूरा करता था।[6] इसीलिए प्रत्येक सम्प्रदाय की सूची में दूसरे सम्प्रदाय के भी कितने ही सिद्ध सम्मिलित रहते थे और उनका औचित्य सिद्ध करने के लिए कुछ साम्प्रदायिक दन्तकथाएँ गढ़ ली जाती थीं जिनमें यह सिद्ध किया जाता था कि वास्तव में ये सिद्ध इसी सम्प्रदाय के हैं और अन्य सम्प्रदायों को उन्होंने त्याग दिया था या उसे गौण साधना-पद्धति के रूप में अपना रखा था या इन सिद्धों के दो अलौकिक रूप थे जिनमें से एक रूप बौद्ध रूप था और दूसरा शैव। इस प्रकार की कितनी ही अविश्वसनीय, अनैतिहासिक दन्तकथाएँ तिब्बती तथा भारतीय सम्प्रदाय ग्रन्थों में प्राप्त होती हैं जिनकी ओर हमने जीवन-वृत्त पर विचार करते समय संकेत किया है। वास्तव में जैसा हम आगे देखेंगे, बौद्ध तथा शैव दोनों ही तान्त्रिक-पद्धतियाँ इतनी निकट आ गयी थीं कि बहुत ही स्वच्छन्दता से दोनों में देवताओं, अनुष्ठानों, अभिचारों तथा किंवदन्तियों का आदान-प्रदान हो रहा था और इस आदान-प्रदान का स्वरूप इतना उलझा हुआ है कि आज यह कह सकना कठिन है कि किस सम्प्रदाय ने किससे प्रभाव ग्रहण किया।[7] इसलिए इन सूचियों को ज्यों-का-त्यों स्वीकृत नहीं किया जा सकता। किन्तु अभी तक जो सूचियाँ प्राप्त हुई हैं, प्रामाणिक सामग्री के अभाव में उनका परीक्षण तथा विश्लेषण भी अत्यन्त दुस्साध्य है। इन 84 सिद्धों के नाम तथा क्रम पर प्रकाश डालनेवाली चतुर्विध सामग्री प्राप्त हुई है।

(क) महामहोपाध्याय हरप्रसाद शास्त्री द्वारा निर्दिष्ट वर्णरत्नाकर की सूची-[8] 'वर्णरत्नाकर' एक तालपत्र का हस्तलिखित ग्रन्थ है जो बँगलाक्षरों में लिखा हुआ है। उसका लिपिकाल लक्ष्मण संवत् 388 दिया हुआ है। एशियाटिक सोसाइटी के संग्रहालय में यह ग्रन्थ सुरक्षित है। इसके लेखक कविशेखराचार्य ज्योतिषीश्वर हैं जो मिथिला के महाराज हरिसिंह देव 1300-1321 के दरबार में थे। इस ग्रन्थ के विभिन्न कल्लोलों में नगर-वर्णना, नायिका-वर्णना आदि का विस्तृत विवरण है। उसी में 84 सिद्ध-वर्णना भी दी गयी है यद्यपि नाम केवल 76 सिद्धों का ही दिया गया है—

1. मीननाथ, 2. गोरक्षनाथ, 3. चौरंगीनाथ, 4. चामरीनाथ, 5. तन्तिपा, 6. हालिपा, 7. केदारिपा, 8. धोंगपा, 9. दारिपा, 10. विरूपा, 11. कपाली,

12. कमारी, 13. कान्ह, 14. कनखल, 15. मेखल, 16. उन्मन, 17. काण्डलि, 18. धोबी, 19. जालन्धर, 20. टोंगी, 21. मवह, 22. नागार्जुन, 23. दौली, 24. भिषाल, 25. अचिति, 26. चम्पक, 27. ढेण्टस, 28. भुम्बरी, 29. बाकलि, 30. तुजी, 31. चर्पटी, 32. भादे, 33. चान्दन, 34. कामरी, 35. करवत, 36. धर्मपापतंग, 37. भद्र, 38. पातलिभद्र, 39. पालिहिह, 40. भानु, 41. मान, 42. निर्दय, 43. सबर, 44. सान्ति, 45. भर्तृहरि, 46. भीषण, 47. भटी, 48. गगनपा, 49. गमार, 50. मेनुरा, 51. कुमारी, 52. जीवन, 53. अघोसाधव, 54. गिरिवर, 55. सियारी, 56. नागवालि, 57. विभवत्, 58. सारंग, 59. विविकिधज, 60. मगरधज, 61. अचित, 62. विचित, 63. नेचक, 64. चाटल, 65. नाचन, 66. भीलो, 67. पाहिल, 68. पासल, 69. कमल-कंगारि, 70. चिपिल, 71. गोविन्द, 72. भीम, 73. भैरव, 74. भद्र, 75. भमरी, 76. मुरुकुटी।

यह सूची नाथ सम्प्रदाय द्वारा मान्य सूची थी ऐसा उल्लेख शास्त्री महोदय ने किया है यद्यपि इसका आधार सम्भवतः यही है कि इस सूची में मीननाथ को आदिसिद्ध माना गया है और मीननाथ की मत्स्येन्द्रनाथ से अभिन्नता दिखाकर इस सूची को नाथ परम्परा की सूची कहा गया है।

(ख) त्रिपिटकाचार्य राहुल सांकृत्यायन द्वारा निर्दिष्ट वज्रयानी सिद्धों की सूची[9]—इस सूची का मुख्य आधार तिब्बत के सस्क्य विहार के पाँच प्रधान गुरुओं 1091-1279 की ग्रन्थावली है जो तेर्गी मठ में छपी है। इसमें 84 सिद्धों की संख्या पूरी है और उनकी जाति तथा देश का भी उल्लेख किया गया है–

(1) लुईपा, कायस्थ, मगध, (2) लीलापा, (3) विरूपा, मगध (देवपाल का देश), (4) डोम्बिपा, क्षत्रिय, मगध, (5) शबरपा, क्षत्रिय, विक्रमशिला, (6) सरहपा, ब्राह्मण, नालन्दा, (7) कंकालीपा, शूद्र, मगध, (8) मीनपा, मछुआ, कामरूप, (9) गोरक्षपा, (10) चौरंगिपा, राजकुमार, मगध, (11) वीणापा, राजकुमार, गौड़ (बिहार), (12) शान्तिपा, ब्राह्मण, मगध, (13) तन्तिपा (तन्तवा), सोंधो नगर, (14) चमारिपा (चर्मकार) विष्णु नगर (पूर्वदेश), (15) खड्गपा, शूद्र, मगध, (16) नागार्जुन, ब्राह्मण, कांची, (17) कण्हपा (चर्यपा) कायस्थ, सोमपुरी, (18) कर्णरिपा या आर्यदेव, नालन्दा, (19) थगनपा, शूद्र, पूर्व भारत, (20) नारोपा, ब्राह्मण, मगध, (21) शालिपा या शीलपा, शूद्र, विघसुर, (22) तिलोपा या तिल्लोपा, ब्राह्मण, भिगुनगर, (23) छत्रपा, शूद्र, सन्धोनगर, (24) भद्रपा, ब्राह्मण, मणिधर, (25) दोखन्धिपा, या द्विखण्डिपा, गन्धपुर, (26) अजोगिपा, गृहपति, सालिपुत्र, (27) कालपा, राजपुर, (28) धोम्भिपा, धोबी, सालिपुत्र, (29) कंकणपा, राजकुमार, विष्णुनगर, (30) कमरिपा या कम्बलपा, उड़ीसा, (31) डेंगिपा, ब्राह्मण, उड़ीसा, सालिपुत्र, (32) भदेपा, श्रावस्ती, (33) तन्धेपा तथा तन्तेपा, शूद्र, कौशाम्बी, (34) कुकुरिपा, ब्राह्मण, कपिलवस्तु, (35) कुचिपा या कुसूलिपा, शूद्र, करि,

(36) धर्मपा, ब्राह्मण, विक्रमशिला, (37) महीपा या महिलपा शूद्र, मगध, (38) अचिन्तिपा, लकड़हारा, धनिरूप, (39) भलहपा (भवपा), क्षत्रिय, धंजुर देश, (40) नलिनपा, सालिपुर, (41) भुसुकुपा, राजकुमार, नालन्दा, (42) इन्द्रभूति, राजा, लंकापुर, (43) मेकोपा, वणिक्, भंगलदेश, (44) कुड़ालिपा (कुदलिपा), रामेश्वर, (45) कमरिपा या कम्परिपा लोहार, सालिपुत्र, (46) जालन्धरपा, ब्राह्मण नगर भो..., (47) राहुलपा, शूद्र, कामरूप, (48) धर्मरि या धर्मरिपा, बोधि नगर, (49) धोकरिपा, शूद्र, सालिपुत्र, (50) मेदनीपा, लाखपुय, (51) पंकजपा, ब्राह्मण, (52) वज्रघण्टापा, घण्टापा, क्षत्रिय, वारेन्द्र, (53) जोगीपा या अजोगिपा, डोम, उड़न्तपुरी, (54) चेलुकपा, शूद्र, भगलपुर, (55) गुण्डरिपा या गोरुरपा, चिड़ीमार, डिसुनगर, (56) लुपिकपा, ब्राह्मण, भंगलदेश, (57) निगणपा, शूद्र, पूर्वदेश, (58) जयानन्त, ब्राह्मण, भंगलपुर, (59) चर्पटीपा या पचरीपा, कहार, चम्पा, (60) चम्पकपा, राजकुमार, (61) भिखनपा, शूद्र, सालिपुत्र, (62) भलिपा, कृष्णघृतवणिक्, सतपुरी, (63) कुमरिपा, जोमनश्रीदेश, (64) चवरि (या जवरि = अजपालि) पा, (65) मणिभद्रा या योगिनी, गृहदासी, मगध, (66) मेखलापा या योगिनी गृहपतिकन्या, अगचेनगर, (67) कनखलापा या योगिनी देवीकोट, (68) कलकलपा शूद्र, भिरलिरनगर, (69) कन्ताली या कन्थाली पा दर्जी, मणिधर (मैहर), (70) धहुलि या धहुरिपा शूद्र, धेकरदेश, (71) उधनिपा या उधलिपा वैश्य, देवीकोट, (72) कपालपा या कमलपा शूद्र, राजपुरी, (73) किलपा, राजकुमार, प्रहर (सहर), (74) सागरपा राजा, काँची, (75) सर्वभक्षपा, शूद्र, महर (सहर), (76) नागबोधिपा, ब्राह्मण, पश्चिम भारत, (77) दारिकपा राजा, उड़ीसा सालिपुत्र, (78) पुतुलिपा, शूद्र, भंगलदेश, (79) पनहपा, उपानह पा चमार, सन्धोनगर, (80) कोकालिपा राजकुमार, चम्पारन, (81) अनंगपा, शूद्र, गौड़, (82) लक्ष्मीकरा या योगिनी राजकुमारी, सम्भलनगर, (83) समुदपा, सर्वडिदेश, (84) भलिपा या व्यालिपा, ब्राह्मण, अपत्रदेश।

(ग) तंजूर पर आधारित ग्रुएनवाल्ड की सूची जिसमें केवल 38 सिद्धों के नाम हैं किन्तु उन सबों के साथ उनकी क्रमसंख्या का स्पष्ट उल्लेख है और वह क्रमसंख्या सस्क्य विहार की सूची से पूरी तरह मेल खाती है।[10] इससे यह भी ज्ञात होता है कि सस्क्य विहार की सूची वज्रयानी सिद्धों की सर्वमान्य सूची थी। निम्नलिखित क्रमसंख्याओंवाले सिद्धों का उल्लेख इस सूची में है–

1, 3, 4, 5, 6, 8, 9,10, 11, 12, 13, 16, 17, 18, 19, 20, 22, 24, 30, 31, 32, 34, 36, 42, 44, 46, 52, 54, 64, 66, 67, 77, 82, 84, 57, 74 नामों में कहीं-कहीं थोड़ा उच्चारण-भेद अवश्य है। 10वें सिद्ध को इस सूची में वडरांगपा कहा गया है। जो सस्क्य सूची में चौरंगीपा है। यह भी उच्चारण-भेद ही प्रतीत होता है।

(घ) आचार्य हजारीप्रसाद द्विवेदी द्वारा संगृहीत[11] महार्णव-तन्त्र, हठयोग-प्रदीपिका, गोरक्ष-सिद्धान्त-संग्रह, योगिसम्प्रदायाविष्कृतिः, सुधाकर-चन्द्रिका, ज्ञानेश्वर-चरित्र तथा

प्राण-संगली नामक ग्रन्थों से संचयित सिद्धों की सूची जिनकी संख्या वर्णरत्नाकर के नामों को मिलाकर 137 + 11 = 148 होती है। इनमें से बहुत-से पुराने सिद्ध हैं जिनमें से कुछ वज्रयानी भी हो सकते हैं।

सम्प्रदाय की दृष्टि से इनमें से कोई भी सूची आधिकारिक नहीं मानी जा सकती है। वर्णरत्नाकर तथा द्विवेदी जी द्वारा संगृहीत सूची नाथ-सम्प्रदाय की सूची है किन्तु उसमें वज्रयानी सिद्ध भी सम्मिलित हो गये हैं, सस्क्य बकम् बुम की सूची वज्रयानी है किन्तु उसका संकलन 13वीं शती में हुआ है। अतः उसमें बहुत-से नाथ-सिद्ध भी मिलाकर 84 संख्या पूरी की गयी है। फिर भी जहाँ तक प्रामाणिकता का प्रश्न है सस्क्य सूची ही तुलना में अधिक प्रामाणिक मानी जा सकती है। इसके कई कारण हैं–

1. वर्णरत्नाकर का सम्भावित रचना-काल (1300-1321 ई.) इस सूची के रचना-काल से लगभग 25 वर्ष बाद का है। जिन ग्रन्थों से द्विवेदी जी के नाम संकलित किये गये हैं वे और भी परवर्ती हैं और तब तक नाथ परम्परा ने बौद्ध परम्परा को पूर्णतया उन्मूलित कर दिया था।

2. तंजूर की क्रमसंख्याओं से सस्क्य सूची की क्रमसंख्या का पूर्णतया मिल जाना इस बात का द्योतक है कि यह सूची अधिकांश बौद्ध तान्त्रिक सम्प्रदायों द्वारा मान्य सूची थी।

3. यही एक सूची 84 संख्या को पूर्ण करती है। अन्य सूचियाँ अपूर्ण हैं।

द्विवेदी जी ने वर्णरत्नाकर तथा सस्क्य सूची की तुलना करने के उपरान्त निम्नलिखित नामों को दोनों सूचियों में सम्मिलित पाया है।[12]

शबरीपा (सस्क्य सूची 5, वर्णरत्नाकर सूची 44), मीनपा (8, 1), गोरक्षपा (9, 2), चौरंगीपा (10,3), शान्तिपा (12, 44), तन्तिपा (13, 5), चम्बरिपा (64, 4), नागार्जुन (16, 22), काण्हपा (17, 13), थगनपा (19, 48), शीलपा या शियालीपा श्रृगालीपा (21, 55), भद्रपा (24, 37), धोम्मिपा (28, 18), कमरिपा (30, 34), ढेंगीपा (31, 8), भदेपा (32, 32), धर्मपा (36, 36), अचिन्तिपा (38, 25), कुड़ालिपा (44, 7), कमारिपा (45, 12), जालन्धरपा (46, 19), मेदिनीपा या हालीपा (50, 6), चर्पटीपा (59, 31), चम्पकपा (26, 60), भीखनपा (61, 46), भेलिपा (62, 66), कुमारिपा (63, 51), मणिभद्रा (65, 74), मेखलापा (66, 15), कनखलापा (67, 14), कपालपा (72, 69), नागबोधिपा (76, 56), दारिकपा (77, 9)।

मिश्रण के कारण—इन नामों के मिश्रण पर विचार करने से इसके निम्नलिखित कारण अनुमानित किये जा सकते हैं—

(क) 10वीं शती के उत्तरार्द्ध से ही कई सिद्ध ऐसे थे जो शैव तथा बौद्ध दोनों ही पद्धतियों के आचार्य थे और यद्यपि वे किसी एक बौद्ध या शैव सम्प्रदाय को ही

प्रमुख मान्यता देते थे किन्तु दूसरे सम्प्रदायों को भी प्रश्रय देते थे और दूसरे सम्प्रदायवाले भी उन्हें मान्यता प्रदान करते थे। ऐसे तीन सिद्ध प्रमुख हैं, मत्स्येन्द्र, जालन्धर तथा काण्ह। मत्स्येन्द्र मूलतया शैव सम्प्रदाय के अनुयायी थे यद्यपि उनका योगिनीकौल-मार्ग बौद्ध तन्त्रों से अत्यधिक प्रभावित था। इसी कारण नेपाल में उन्हें पाशुपत शिव तथा तिब्बत में अवलोकितेश्वर का अवतार माना जाता था।[13] मत्स्येन्द्र पर हम वस्तृत विचार बाद में करेंगे। जालन्धर के लिए तारानाथ ने भी कहा है कि पूर्व में हाड़ीपा का बौद्ध रूप धारण कर प्रचार करते थे,[14] और पश्चिम में जालन्धरपा सम्भवतः शैव रूप ही धारण करते थे। काण्हपा के लिए भी तारानाथ का कथन है[15] कि अन्तर से बौद्ध होते हुए भी बाहर से वे अबौद्ध पद्धतियों को ग्रहण करते थे और अबौद्ध सम्प्रदायों में भी उनका बड़ा आदर था। ऐसे समन्वयवादी सिद्ध दोनों ही सम्प्रदायों की सूचियों में सम्मिलित कर लिये गये होंगे।

(ख) जैसा कि हम बाद में देखेंगे, उस समय की साम्प्रदायिक स्थिति इस प्रकार की थी कि कुछ प्रदेशों में वैष्णवों के विरोध में शैव तथा बौद्ध सम्प्रदायों का संयुक्त शिविर स्थापित हो चुका था और दोनों सम्प्रदाय एक-दूसरे के देवताओं, पद्धतियों तथा आचार्यों की परम्परा को आत्मसात् कर रहे थे।

(ग) नाथ सम्प्रदाय स्वतः बौद्ध प्रभावों के प्रति शैव विद्रोह है किन्तु इस विद्रोह के पूर्व इनमें से कुछ सिद्ध वज्रयानी रहे होंगे। कुछ तिब्बती अनुश्रुतियाँ तो स्वतः गोरखनाथ को पहले वज्रयानी बताती हैं। वे शैव बाद में हुए थे।[16]

(घ) कभी-कभी ऐसा होता था कि कोई विशेष पद्धति आचार्य द्वारा प्रवर्तित की गयी। वह आचार्य स्वतः बौद्ध था। बाद में किसी दूसरे आचार्य ने वही पद्धति अपनायी किन्तु सम्प्रदाय शैव अपनाया। ऐसी परिस्थिति में उसे उसी बौद्ध सिद्ध का अवतार मानते हुए नाथ परम्परा में सम्मिलित कर लिया गया। उसे नाम उसके गुरु बौद्ध सिद्ध का ही दिया गया और इस प्रकार भी कुछ वज्रयानी नाम नाथ-सूची में आ गये। उदाहरण के लिए विरूपा मूलतः नालन्दा का बौद्ध सिद्ध था, किन्तु उसके कई अवतार बताये गये हैं और परवर्ती विरूपा या विरूपाक्ष को कई नाथपन्थी ग्रन्थों में मान्यता प्रदान की गयी। सम्भवतः प्रथम विरूपा की पद्धति अपनाकर भी परवर्ती विरूपा ने शैव सम्प्रदाय ग्रहण कर लिया था।[17]

(ङ) कुछ सिद्ध ऐसे व्यक्तित्व के थे जिनका जनता पर बहुत प्रभाव था, दूसरे सम्प्रदायों ने जनता पर प्रभाव डालने के लिए, या आदरवश उन्हें अपनी परम्परा में स्वीकृत कर लिया होगा। गोरख, शबरपा आदि ऐसे ही सिद्ध माने जा सकते हैं।

(च) कुछ सिद्ध सम्भवतः ऐसी विशेष जाति के थे जो वज्रयान के बाद नाथ सम्प्रदाय में सामूहिक रूप से दीक्षित हो गये। उस जाति के वज्रयानी सिद्धों की गणना भी उस जाति के साथ-साथ नाथ सम्प्रदाय में होने लगी होगी। उदाहरण के लिए

वयनजीवी जातियों में से कुछ पहले बौद्ध थे और बाद में सामूहिक रूप से नाथ योगी हो गयी थीं। वज्रयानी सिद्ध तन्तिपा वयनजीवी जाति के थे। उनकी कुछ तन्तुवायों में बहुत मान्यता रही होगी। जब वे तन्तुवाय शैव हो गये होंगे तब अपनी जाति के सिद्ध को उन्होंने परित्यक्त नहीं किया होगा। फलतः तन्तिपा की गणना दोनों सम्प्रदायों की सूची में होती है। इसी प्रकार चमरिपा तथा धोम्मि (धोबीपा) के विषय में भी अनुमान किया जा सकता है।

जहाँ तक पदकर्त्ताओं और दोहाकारों का सम्बन्ध है उनमें से कई ऐसे हैं जो इन दोनों सूचियों में परिगणित नहीं हैं। इसका एक कारण यह है कि बौद्धों में भी कई आम्नाय थे और इसका कोई प्रमाण नहीं मिलता कि सभी आम्नायों में सिद्धों की एक ही सूची मान्य थी। बहुत सम्भव है कि चर्याचर्यविनिश्चय तथा सस्क्य सूची में आम्नाय भेद हो अतः चर्याचर्यविनिश्चय में कई ऐसे सिद्धों के पद संगृहीत हों जिन्हें सस्क्य सूची में स्थान न दिया गया हो। सिद्धों के जीवन-वृत्त पर विचार करते हुए पदकर्त्ताओं पर भी विचार कर लिया गया है जो सस्क्य सूची में नहीं सम्मिलित किये गये हैं। साम्प्रदायिक स्थिति के अन्तर्गत उन प्रमुख पदकर्त्ताओं और दोहाकारों की स्थिति पर भी विचार कर लिया गया है जिनका नाम दोनों सम्प्रदायों में मान्य है।

कालक्रम—जहाँ तक समय का सम्बन्ध है, यह सिद्ध परम्परा अधिक-से-अधिक दो या तीन शतियों की परिधि में ही आ जाती है क्योंकि इनमें से बहुत-से सिद्ध समकालीन थे। इनके समय का निर्णय करने के लिए अन्तर्साक्ष्य का सर्वथा अभाव है। बहिर्साक्ष्य के रूप में जो सामग्री मिलती है वह भी सर्वथा भ्रामक है।

सन्दिग्ध सामग्री—बहिर्साक्ष्य के रूप में प्रमुख आधार वे साम्प्रदायिक अनुश्रुतियाँ हैं जो तिब्बती बौद्ध ग्रन्थों या भारतीय शैव (नाथ) ग्रन्थों में मिलती हैं। किन्तु उनके लेखकों का दृष्टिकोण अत्यन्त भ्रमात्मक, एकांगी और कल्पनारंजित है। उनमें निम्न दोष पाये जाते हैं–

(क) अति-प्राकृतिक चमत्कार और सिद्धि की कथाओं ने उसमें असम्भाव्य कल्पनाओं की भरमार कर दी है।

(ख) साम्प्रदायिक संकीर्णता और प्रतिद्वन्द्विता इतनी अधिक है कि जान-बूझकर तथ्यों को तोड़ा-मरोड़ा गया है। शैव ग्रन्थों में बौद्ध आचार्यों को शैवों का शिष्य माना गया है, शैवाचार्यों को प्राचीन और बौद्धों को परवर्ती सिद्ध करने का प्रयास किया गया है और बौद्ध ग्रन्थों में यही व्यवहार शैव आचार्यों के साथ हुआ है।

(ग) कभी-कभी एक ही आम्नाय के कई आचार्यों को एक ही आदिसिद्ध का अवतार सिद्ध करने का प्रयास कर कई युगों तथा कई देशों में एक ही आचार्य का अस्तित्व माना गया है जैसे तारानाथ ने विरूपा का अस्तित्व कई युगों में और कई देशों में माना है।

(घ) कई स्थानों पर एक ही सिद्ध पुरुष को विभिन्न सम्प्रदाय अपना मान लेते थे और उसका सारा इतिहास अपने रंग में रँग डालते थे। मत्स्येन्द्र के विषय में भी यही हुआ है। नेपाल में वे शिव के अवतार माने जाते थे और तिब्बत में अवलोकितेश्वर के इसी प्रकार जालन्धरीपा और हाड़ीपा को एक ही मानकर यह कह दिया गया था कि वे दो रूप धारण करके रहते थे, पश्चिम में जालन्धरीपा और पूर्व में हाड़ीपा का।[18]

(ङ) तारानाथ जिनकी साक्षी बहुत-से विद्वानों ने ग्रहण की है 16वीं-17वीं शती में हुए थे और कभी स्वयं भारत आये भी नहीं थे। उनकी तिथियाँ, वंशावली, सम्प्रदाय निर्णय बिलकुल प्रामाणिक नहीं हैं।

(च) तारानाथ द्वारा उल्लिखित गुरु-शिष्य-परम्परा भी सर्वथा विश्वसनीय नहीं है, क्योंकि तत्कालीन सम्प्रदायों की दो-तीन प्रवृत्तियाँ बड़ी ही विचित्र थीं। निगुरा रहना तो उस समय अशुभ माना जाता था अतः कभी-कभी सिद्ध अपने गुरु ऐसे आचार्यों को परिकल्पित कर लेते थे जो उनसे कई शती पहले हुए हैं।[19] उन्हीं का आम्नाय ग्रहण करते थे और कहते थे कि मैंने उनसे व्यक्तिगत रूप में दीक्षा ली है। कभी-कभी ऐसी भी कथाएँ मिलती हैं कि शिष्य पहले उत्पन्न हुआ और जब कोई भी ऐसा न दीखा जिसे वह गुरु बना सके तो उसने अपनी चमत्कार शक्ति से एक गुरु भी पैदा कर दिया।[20] चूँकि सिद्ध अजर-अमर माने गये हैं अतः कभी-कभी बहुत पहले कई शताब्दियों पहले उत्पन्न होनेवाले सिद्ध भी अपने परवर्ती सिद्धों से गोष्ठी या शास्त्रार्थ करते हुए दिखाये गये हैं। यह परम्परा सन्तों तक चलती रही और नानक तथा चौरंगी और कबीर तथा गोरख की गोष्ठी का वर्णन पाया जाता है। इन समस्त दोषों को दृष्टि में रखते हुए इन साम्प्रदायिक अनुश्रुतियों को किसी भी ऐतिहासिक निर्णय का आधार बनाना उचित नहीं कहा जा सकता। उन पर विश्वास कर डॉ. शाहिदुल्ला ने मत्स्येन्द्र का समय 7वीं शती मान लिया है जो किसी भी कसौटी से ठीक नहीं बैठता। इस पर हम आगे विचार करेंगे।[21] अन्य साक्ष्यों के रूप में दो पाण्डुलिपियों का उल्लेख किया जा सकता है–

(क) काण्हपा द्वारा लिखित हेवज्र-पञ्जिका-योगरत्नमाला जिसका लिपिकाल काण्हपा के समय की निम्नतम सीमा निर्धारित करता है।

(ख) कैम्ब्रिज यूनिवर्सिटी लाइब्रेरी में संगृहीत साधनाओं की एक पाण्डुलिपि जिसका समय 1165 ई. है और जिसमें कंकणपाद अथवा कोंकणपाद की भी एक साधना संगृहीत है।

विभिन्न मतों का परीक्षण—इसके पहले कि हम इन थोड़े-से प्रमाणों के आधार पर सिद्ध परम्परा काल तथा क्रम पर विचार करें, संक्षेप में उन विद्वानों के मत की विवेचना करना आवश्यक है जिन्होंने सिद्धों के काल-निर्णय का प्रयास किया है।

सबसे पहले डॉ. विनयतोष भट्टाचार्य ने तारानाथ की कृतियों में प्राप्त दो गुरु-शिष्य-परम्पराओं को आधार बनाकर इन सिद्धों का समय अनुमान करने का प्रयास किया। उन्होंने भी यह स्वीकार किया है कि सामग्री के अभाव में वे केवल अनुमान ही कर सकते हैं और वह अनुमान भी सही ही होगा ऐसा उनका कोई आग्रह नहीं।[22]

उन्होंने अपने अनुमान का आधार दो गुरु-परम्पराओं को बनाया है। पहली जो कार्दियर की तंजूर की सूची में मिलती है और दूसरी जिसे काजी ने चक्र-संवर तन्त्र की भूमिका में उद्धृत किया है। पहली परम्परा इस प्रकार है, पद्मवज्र>अनंगवज्र> इन्द्रभूति>भगवती>लक्ष्मीकरा>लीलावज्र>दारिकपा>सहजयोगिनी>चिन्ता> डोम्बी हरुक। दूसरी परम्परा इस प्रकार है, सरह>नागार्जुन>शबरीपा> लुईपा>वज्रघण्टा>कच्छप> जालन्धरी>कृष्णाचार्य (काण्हपा) >गुह्यपा>विजयपा>तैलोपा>नारोपा।

इन दोनों गुरु-परम्पराओं के बीच में दो सम्बन्ध-सूत्र मिलते हैं। पहला तो जालन्धरीपा जो दूसरी परम्परा में हुए हैं पद्मवज्र के बाद हुए होंगे क्योंकि पद्मवज्र ने हेवज्रतन्त्र का अवतरण किया था और जालन्धरी ने उसका प्रथम प्रचार किया था। दूसरा सूत्र इन्द्रभूति और सरह का है। सरह ने एक टीका लिखी थी जिसका अनुकरण कमलशिला ने किया जो इन्द्रभूति के एक पीढ़ी बाद हुआ था। अतः सरह कमलशिला से कम-से-कम एक पीढ़ी पहले हुए होंगे अर्थात् इन्द्रभूति के समकालीन होंगे।[23]

इनकी तिथि का अनुमान करने में डॉ. भट्टाचार्य ने शान्तिरक्षित को आधार बनाया है। शान्तिरक्षित तिब्बत गये थे और इसके ऐतिहासिक प्रमाण मिलते हैं कि 749 ई. में उन्होंने तिब्बत में एक मठ स्थापित किया था। उन्हीं के साथ गुरु पद्मसम्भव भी गये थे। गुरु पद्मसम्भव इन्द्रभूति के पुत्र बताये गये हैं। अतः इन्द्रभूति का समय 687 से 717 ई. तक माना जा सकता है। अब यदि एक गुरु और शिष्य की पीढ़ी में 12 वर्ष अन्तर मान लिया जाय तो इन्द्रभूति के गुरु अनंगवज्र का समय 717 ई. से 12 वर्ष कम अर्थात् 705 ई. होगा। पद्मवज्र का समय 705 ई. से 12 वर्ष कम अर्थात् 693 ई. होगा। प्रथम गुरु-परम्परा का तिथिक्रम इस प्रकार होगा। पद्मवज्र 693 ई., अनंगवज्र 705 ई., इन्द्रभूति 717 ई., लक्ष्मीकरा 729 ई., लीलावज्र 741 ई., दारिकपा 753 ई., सहजयोगिनीचिन्ता 765 ई., डोम्बी हेरुक 777 ई.।

यदि जालन्धरीपा पद्मवज्र से एक पीढ़ी अर्थात् 12 वर्ष बाद माने जायँ तो वे अनंगवज्र के समकालीन होंगे 705 ई.। इस गणित से दूसरी गुरु-परम्परा का समय इस प्रकार होगा। सरहपा 633 ई., नागार्जुन 645 ई., शबरीपा 657 ई., लुईपा 669 ई., वज्रघण्टा 681 ई., कच्छपा 693 ई., जालन्धरीपा 705 ई., कृष्णाचार्य 717 ई., गुह्यपा 729 ई., विजयपा 741 ई.।

किन्तु इस गणना में कठिनाई यह पड़ती है कि तिलोपा और नारोपा विजयपा

के तात्कालिक उत्तराधिकारी माने गये हैं, अर्थात् उनका समय इस गणित के अनुसार 753 ई. तथा 765 ई. होना चाहिए। किन्तु उनके विषय में स्पष्ट उल्लेख मिलता है कि वे महीपाल के समय में हुए थे जिनका समय 10वीं शती का अन्तिम और 11वीं शती का प्रथम चरण माना गया है। अतः डॉ. भट्टाचार्य ने कल्पना कर ली है कि विजयपा और तिलोपा के बीच में कई पीढ़ियाँ रही होंगी जिनका कोई उल्लेख नहीं है।[24]

तिलोपा के ही कुछ पूर्व ललितगुप्त और अद्वयवज्र अथवा अवधूतीपा हुए थे अतः उनका भी समय तिलोपा के दो दशक पूर्व अर्थात् 954 ई. हो सकता है।

आपत्तियाँ—इस तिथि निर्णय का मुख्य आधार गुरु-परम्पराएँ हैं और वे कितनी अप्रामाणिक हैं इसकी ओर हम संकेत कर चुके हैं। टुची ने नेपाल में प्राप्त एक खण्डित ताड़पत्र पाण्डुलिपि का हवाला देते हुए लिखा है कि ये गुरु-परम्पराएँ विभिन्न आम्नायों के आधार पर कल्पित कर ली गयी थीं।[25] सिद्धों तथा वज्राचार्यों को वज्रकाया में स्थित अमर पुरुष माना जाता था और यदि कई शती बाद भी कोई उनका आम्नाय अपनाता था तो वह उसका प्रत्यक्ष शिष्य मान लिया जाता था और कभी-कभी उसी गुरु का अवतार मानकर उसको वही नाम भी दे दिया जाता था। उदाहरण के लिए अद्वयवज्र को उस कृति में नागार्जुन का शिष्य अतः उन्हीं का अवतार मान लिया गया है।[26] उनको लोग नागार्जुन ही कहने लगे थे इसका भी उल्लेख मिलता है। इस प्रकार वे ही मैत्रीगुप्त, अवधूतीपा, अद्वयवज्र और नागार्जुन भी कहलाते थे। उनका वास्तविक नाम दामोदर था और वे कपिलवस्तु के निवासी थे। इस कृति के अनुसार गुरु-परम्परा इस प्रकार थी– सरहपा>नागार्जुन>शबरपा>अद्वयवज्र (मैत्रीगुप्त)। यदि इन मैत्रीगुप्त या अद्वयवज्र को महीपाल का समकालीन मान लिया जाय तो शबरपा, नागार्जुन तथा सरह तीनों का अस्तित्व 10वीं शती में माना जायेगा।[27] पुनश्च सरहपा के विषय में कई कठिनाइयाँ आ पड़ती हैं। चक्रसंवर तन्त्र में सरह को आदिगुरु बताया गया है। किन्तु कुछ परम्पराओं में लुईपा को आदिसिद्ध कहा गया है। टुची ने भी यह संकेत किया है कि शान्तिरक्षित की एक रचना में लुईपा का उल्लेख है।[28] यद्यपि यह लुईपा केवल उपाधि है या नाम इसका निर्णय नहीं किया जा सकता। सम्भव है लुईपा सरह से पहले हुए हों, क्योंकि कुछ आम्नाय ऐसा भी मानते हैं। पुनश्च, सरह के भी विषय में कई तरह के उल्लेख मिलते हैं। उनका नाम राहुलभद्र है। एक राहुल कामरूप के निवासी हैं और शूद्र हैं। दूसरे राहुलभद्र हैं, तीसरे उड़ीसा के एक ब्राह्मण हैं। इनमें से राहुलभद्र सरहपा कौन हैं, यह नहीं कहा जा सकता।[29]

भट्टाचार्य के तिथि निर्णय को स्वीकृत करने में उपर्युक्त बाधाएँ तो हैं ही, एक मूल आपत्ति और है। उन्होंने मूल तिथि शान्तिरक्षित के तिब्बत-गमन की तिथि मानी है और उसी पर सारा अनुमान आधारित किया है। किन्तु इस बात के प्रचुर प्रमाण मिलते

हैं कि स्वतः तिब्बती अनुश्रुतियों ने शान्तिरक्षित नाम के दो आचार्यों की कथाओं को घुला-मिला दिया है।[30] महायानी पण्डित तार्किक शान्तिरक्षित और वज्रयानी तन्त्राचार्य शान्तिरक्षित (पद्मसम्भव के समकालीन) दोनों ही अलग-अलग व्यक्ति थे। 'तत्त्वरत्नावली अवश्य महायानी शान्तिरक्षित की कृति थी किन्तु 'तत्त्वसिद्धि' के लेखक शान्तिरक्षित सम्भवतः बाद में हुए हैं।[31] अतः यदि तिब्बत जानेवाले शान्तिरक्षित पद्मसम्भव के समकालीन अतः इन्द्रभूति के समकालीन नहीं हैं तो ऊपर का समस्त अनुमान निराधार सिद्ध होता है।

राहुल जी ने सिद्धों का जो वंशवृक्ष दिया है उसका आधार उन्होंने तिब्बत के सस्क्य मठ के पाँच प्रधान गुरुओं की ग्रन्थावली सस्क्य ब्कं बुम् का आधार लिया है। इन गुरुओं का समय (1091-1279 ई.) माना गया है अतः यह तारानाथ से अधिक प्रामाणिक होगी इसमें सन्देह नहीं किया जा सकता।[32] किन्तु फिर भी जो कारण पहले गिनाये गये हैं उनके आधार पर इसे भी सर्वथा विश्वसनीय नहीं माना जा सकता।

राहुल जी ने उसी ग्रन्थ के आधार पर यह बताया है कि हरिभद्र के शिष्य बुद्धज्ञान सरहपा के सहपाठी थे। ये हरिभद्र शान्तिरक्षित के शिष्य थे। शान्तिरक्षित को राहुल जी ने पूर्वोक्त महायानी शान्तिरक्षित माना है जिनका देहान्त तिब्बत में 840 ई. में हुआ था। दूसरे स्थल पर उसी ग्रन्थ में हरिभद्र तथा बुद्धज्ञान को महाराज धर्मपाल का समकालीन बताया गया है। धर्मपाल का समय राहुल जी ने 769-809 ई. माना है। यद्यपि इसका कोई भी प्रमाण नहीं दिया है।[33] हरिभद्र वज्रयानी शान्तिरक्षित के शिष्य तो नहीं थे, इस सम्भावना पर उन्होंने कोई विचार नहीं किया है।

पुनश्च राहुल जी मैत्रीगुप्त या मैत्रीपा को अवधूतीपा या अद्वयवज्र ही मानते हैं। और यह भी स्वीकार करते हैं कि उनका समय 11वीं शताब्दी था।[34] टुची ने सरहपा की तीसरी पीढ़ी में मैत्रीपा का उल्लेख किया है (नेपाल में प्राप्त ताड़पत्र पाण्डुलिपि के आधार पर) तारानाथ भी इसकी साक्षी देता है। वह मैत्रीगुप्त को शबरीपा का शिष्य मानता है।[35] यदि मैत्रीगुप्त 11वीं शती में थे तो सरहपा और उनके बीच में दो सौ वर्षों का अन्तर नहीं हो सकता है। सरहपा का समय भी अधिक-से-अधिक 10वीं शती का प्रारम्भ या 9वीं शती का अन्त मानना पड़ेगा। उन्होंने अन्य सिद्धों की जो तिथियाँ दी हैं उनका भी कोई आधार नहीं बताया है।[36]

वास्तविक परिस्थिति यह है कि जब तक कि अन्य प्रामाणिक सामग्री प्रकाश में न आये तब तक विभिन्न सिद्धों के कालक्रम का निर्णय कर सकना असम्भव है। इस दिशा में डॉ. विनयतोष भट्टाचार्य तथा श्री राहुल सांकृत्यायन दोनों ही का आग्रह तर्कसंगत नहीं मालूम होता। अधिक-से-अधिक हम उन दो-तीन शताब्दियों का निर्णय कर सकते हैं जिनमें वज्रयानी सिद्धों की परम्परा चलती रहती है।

इस दृष्टि से डॉ. सुनीतिकुमार चटर्जी का मत अधिक वैज्ञानिक मालूम होता है।

उन्होंने हेवज्र-पञ्जिका-योग-रत्नमाला की एक पाण्डुलिपि का उल्लेख किया है जिसमें यह स्पष्ट उल्लेख है कि यह राजा गोविन्दपाल के शासन के 39वें वर्ष में लिपिबद्ध की गयी।[37] गोविन्दपाल पालवंश का शासक है या नहीं यह नहीं कहा जा सकता है। वह मगध के गया जिले का शासक था। उसके शासनकाल के विषय में कई मत हैं। श्री बनर्जी का मत है कि उसका राज्य 39 वर्ष तक चला और उसके राज्य का 39वाँ वर्ष 1200 ई. होता है। अन्य विद्वानों ने यह समय लक्ष्मण सेन का माना है। किन्तु 'हेवज्र-पञ्जिका-योग-रत्नमाला' में भी श्री बनर्जी के मत का ही समर्थन होता है।[38]

यदि इस प्रतिलिपि के 100 वर्ष पहले भी हम काण्हपा और उनके शिष्यों का समय मानें तो 1100 ई. में उनकी और उनकी शिष्य-परम्परा की निम्नतम सीमा निर्धारित होती है। यद्यपि सुनीति बाबू 1200 ई. से ही अन्तिम सीमा निर्धारित करना चाहते हैं। 12वीं शती में ही गोरख और काण्हपा को मानने का विशेष आग्रह वे इसलिए करना चाहते हैं कि महाराष्ट्री गुरु-परम्परा में ज्ञानदेव गोरखनाथ की शिष्य-परम्परा में चौथे हैं, ज्ञानदेव का समय 1290 ई. है। इस प्रकार मराठी परम्परा के अनुसार ज्ञानदेव और गोरख में अधिक-से-अधिक 100 वर्ष का अन्तर होना चाहिए। इसी तर्क का आश्रय लेकर वे गोरख को भी 12वीं शती के अन्त में और उनके समकालीन काण्हपा को भी लगभग 1200 ई. का मानते हैं।[39]

किन्तु तिब्बती परम्परा की ही भाँति महाराष्ट्री परम्परा को भी अत्यन्त विश्वसनीय नहीं माना जा सकता। ज्ञानदेव के गुरु निवृत्तिनाथ और निवृत्तिनाथ के गुरु गहिनी तक तो ऐतिहासिक परम्परा है किन्तु गहिनी के गुरु गोरख नहीं हो सकते। यहाँ गोरख को गुरु मानने का अर्थ यह है कि गोरख की पद्धति गहिनी द्वारा स्वीकृत की गयी। आचार्य हजारीप्रसाद द्विवेदी भी महाराष्ट्री शिष्य-परम्परा द्वारा गोरख के कालक्रम-निर्णय के प्रयास को अवैज्ञानिक बताते हैं और इस शिष्य-परम्परा को ऐतिहासिक नहीं वरन् सांकेतिक मानते हैं।

जालन्धरी भी 1200 से काफी पूर्व थे इसका एक प्रमाण और मिलता है। इस बात का स्पष्ट उल्लेख मिला है कि नारोपा दीपङ्कर श्रीज्ञान के गुरु थे। दीपङ्कर श्रीज्ञान सन् 1042 ई. में तिब्बत गये।[40] अतः नारोपा का समय भी वही मानना चाहिए। नारोपा के पुत्र तिलोपा थे जिन्हें महीपाल का समकालीन बताया गया है। महीपाल का शासनकाल 1030 ई. तक था अतः तिलोपा का समय हम 11वीं शती का प्रथम चरण मान सकते हैं। तिलोपा की गुरु-परम्परा में विजयपा, गुह्यपा, काण्हपा तथा जालन्धरीपा आते हैं अतः जालन्धरी तथा काण्हपा को हम 10वीं शती के उत्तरार्द्ध में मान सकते हैं। गोरखनाथ भी काण्हपा के समकालीन थे अतः यही समय उनका भी होगा।

गोरखनाथ के गुरु मत्स्येन्द्रनाथ थे, और वे भी 10वीं शती के पूर्वार्द्ध या अधिक-से-अधिक 9वीं शती के अन्तिम चरण में हो सकते हैं। डॉ. बागची ने कौलज्ञान-निर्णय

की एक प्राचीनतम प्रति पायी है जिसका समय उन्होंने 11वीं शती का मध्य निश्चित किया है।[41] उसके लेखक मत्स्येन्द्रनाथ हैं और इस दृष्टि से वे लगभग 100 वर्ष पहले अर्थात् 10वीं शती के मध्य में हुए होंगे। अभिनवगुप्त ने अपने तन्त्रालोक में उनको जिस श्रद्धा से स्मरण किया उससे भी वे अभिनवगुप्त से कुछ पहले के ही सिद्ध होते हैं।[42] अभिनवगुप्त का समय 11वीं शती माना गया है। इस दृष्टि से विचार करने पर भी उनका समय 10वीं शती सिद्ध होता है। तीसरा प्रमाण उन्होंने चर्पटी के काल-निर्णय के आधार पर दिया है। चर्पटी गोरक्ष के शिष्य थे। चर्पटी का समय टुची ने अत्यन्त सबल प्रमाणों से 10वीं शती सिद्ध किया है।[43] अतः गोरक्ष और मत्स्येन्द्र भी उसी समय के होंगे।

अब हम सरह, नागार्जुन (वज्रयानी नागार्जुन, शून्यवादी आचार्य नहीं) शबर और लुई की परम्परा पर विचार करें। नागार्जुन का समय प्रो. टुची ने 10वीं शती माना है। अलबेरूनी ने भी अपने यात्रा-वृत्तान्तों में नागार्जुन सिद्ध को अपने से एक शती पूर्व माना है। इस गणना से भी नागार्जुन को 10वीं शती में माना जा सकता है।[44] नागार्जुन के शिष्य शबर और लुई थे या लुई के शिष्य नागार्जुन और शबर थे इसमें कई सम्प्रदायों के अनुसार कई तिब्बती गुरु-परम्पराएँ मिलती हैं।[45] तारानाथ ने सरह के शिष्य नागार्जुन और नागार्जुन के शिष्य शबर, शबर का शिष्य लुई को बताया है।[46] किन्तु दूसरी तिब्बती परम्परा ऐसी भी मिलती है जिसमें लुई के शिष्य नागार्जुन और नागार्जुन के शिष्य का नाम शबरपा बताया गया है।[47] अतः हम दोनों परम्पराओं को अस्वीकृत कर अधिक-से-अधिक इन सबों को समकालीन या उसी शताब्दी का मान सकते हैं और इनका समय 9वीं शताब्दी तक मान सकते हैं।

निर्णय—इस प्रकार मोटे तौर पर हम सरहपा, शबरपा, लुईपा का समय 9वीं शती का प्रथम, द्वितीय तथा तृतीय चरण मान सकते हैं। मत्स्येन्द्र का समय 9वीं शती का अन्तिम चरण या 10वीं शती का प्रथम चरण और गोरख, जालन्धरपा, काण्हपा, तिलोपा और नारोपा का समय 10वीं के मध्य से 11वीं शती के अन्त तक माना जा सकता है। इस परिस्थिति में 11वीं शती में मत्स्येन्द्र का तन्त्रालोक में उल्लेख तथा कौलज्ञान-निर्णय की प्रतिलिपि सर्वथा संगत है और हेवज्र-पञ्जिका-योगरत्नमाला की भी प्रतिलिपि 1200 ई. में हो सकती है। इतना ही नहीं, यदि मत्स्येन्द्रनाथ तथा लुईपा को एक ही मान लिया जाय जैसा कि कुछ अनुश्रुतियों में मिलता है तो भी दोनों के समय में विशेष अन्तर नहीं पड़ता। किन्तु लुईपा ही मत्स्येन्द्र थे इसका अभी तक कोई ऐतिहासिक प्रमाण नहीं मिला है।

किन्तु यहाँ यह स्पष्ट उल्लेख हो जाना चाहिए कि यह सिद्धों के कालक्रम की निम्नतम सीमा है। वे इससे भी पहले के हो सकते हैं किन्तु जब तक कि अन्य कोई सबल और वैज्ञानिक प्रमाण नहीं मिलता तब तक उन्हें और पहले की शतियों में प्रतिष्ठित नहीं किया जा सकता। डॉ. शाहिदुल्ला द्वारा निर्णीत मत्स्येन्द्रनाथ का 7वीं शती का समय तो सर्वथा भ्रमात्मक है।

इस कालक्रम का निर्णय कर लेने में एक कठिनाई अवश्य आती है। प्रो. टुची ने यह बताया है कि शान्तिरक्षित की 'अभिसमय-मञ्जरी' में लुईपा का उल्लेख है।[48] यदि शान्तिरक्षित वही महायानी तार्किक आचार्य हैं जो तिब्बत गये थे और यह कृति उन्हीं की है तब लुईपा का समय और पहले मानना पड़ेगा। किन्तु इस दृष्टि से प्रो. टुची ने इसकी परीक्षा नहीं की कि यह कृति किसी परवर्ती वज्रयानी शान्तिरक्षित की तो नहीं है। क्योंकि उसमें लुईपा का नाम बड़े आदर से लिया गया है जैसे वह लुईपा को आचार्य मानते हों। यह परिस्थिति आचार्य शान्तिरक्षित के साथ तो नहीं हो सकती थी क्योंकि वे स्वतन्त्र माध्यमिक सम्प्रदाय के अनुयायी थे।

दूसरी कठिनाई मैत्रीगुप्त या मैत्रीपा अद्वयवज्र के सम्बन्ध में आती है। अद्वयवज्र लगभग दीपङ्कर के समकालीन थे किन्तु टुची द्वारा प्राप्त नेपाली पाण्डुलिपि में उन्हें शबरपा का शिष्य बताया गया है। शबरपा का समय हमने 10वीं शती में माना है जबकि दीपङ्कर 11वीं शती के मध्य में तिब्बत गये थे। तारानाथ के वर्णन से यह प्रतीत होता है कि अद्वयवज्र ने लुईपा का आम्नाय ग्रहण किया था और उनसे व्यक्तिगत रूप में दीक्षा लेने की बात बाद में गढ़ ली गयी है। तारानाथ के अनुसार मैत्रीगुप्त ने बौद्धधर्म की दीक्षा तो नारोपा के साथ ही ले ली थी और रत्नाकर शान्ति ने उन्हें शिक्षा दी थी किन्तु उन्हें तन्त्रों पर विश्वास नहीं होता था। उन्होंने आकाशवाणी सुनी और उसके अनुसार वे श्रीपर्वत में सिद्ध शबरी के दर्शन करने गये, जहाँ शबरी ने उन्हें बहुत-से चमत्कार दिखाये।

यह कथा विश्वसनीय नहीं प्रतीत होती और इसका केवल इतना अर्थ लिया जा सकता है कि बाद में उन्होंने शबरी की साधना-पद्धति अपनायी और उनके आम्नाय को स्वीकृत किया।[49] इसी प्रकार एक तिब्बती कथा यह भी है कि लुईपा ने दीपङ्कर श्रीज्ञान को स्वतः 'अभिसमय विभंग' का उपदेश दिया।[50] किन्तु इसमें ऐतिहासिक तथ्य नहीं वरन् तिब्बती अनुश्रुतियों की कल्पनाप्रवणता ही प्रमुखतः प्रतिभासित होती है।

किन्तु इस परम्परा को 9वीं शताब्दी तक भी ले जाना कठिन प्रतीत होता है। सरहपा के जीवन-वृत्त में यह उल्लेख आता है कि उन्होंने रत्नपाल नामक राजा को वज्रयान में दीक्षित किया था। कामरूप के इतिहास में एक रत्नपाल का राजा उल्लेख आता है जिसने 1000 ई. से 1030 ई. तक राज्य किया। यदि यह वही रत्नपाल है तो सरह का समय फिर 9वीं से 10वीं के अन्त और 11वीं के प्रारम्भ में अनुमानित करना होगा। किन्तु ये तिब्बती अनुश्रुतियाँ कितनी भ्रमात्मक हैं, इस पर हम विचार कर चुके हैं।

काल-परिधियाँ—इस प्रकार अन्य प्रामाणिक सामग्री के अभाव में अभी हम जो काल-परिधियाँ अनुमानित कर सकते हैं, वे इस प्रकार हैं–

लगभग 800 ई. से 875 ई. सरहपा, शबरपा, लुईपा तथा समकालीन सिद्ध।

लगभग 875 ई. से 925 ई. मत्स्येन्द्रनाथ तथा उनके समकालीन मीनपा आदि।

लगभग 925 ई. से 1000 ई. गोरख, जालन्धरी, काण्हपा तथा समकालीन।

लगभग 1000 ई. से 1100 ई. तिलोपा, नारोपा, मैत्रीपा तथा समकालीन।

किन्तु ये काल-परिधियाँ ठीक ही हैं ऐसा कह सकना कठिन है। केवल इनकी निम्नतम सीमाएँ ही कुछ विश्वसनीय हैं।

आदिसिद्ध कौन था?—इसी प्रसंग में हमें इस प्रश्न पर विचार कर लेना चाहिए कि इन वज्रयानी सिद्धों में आदिसिद्ध कौन है। कई परम्पराएँ लुईपा को आदिसिद्ध मानती हैं और कुछ परम्पराओं में सरहपा को आदिसिद्ध कहा गया है। राहुल जी ने सरह को आदिसिद्ध बताया और उसके लिए ऐतिहासिक क्रम में उनकी सर्वप्रथम स्थिति को प्रमाण रूप में प्रस्तुत किया है।[51] किन्तु यहाँ पर वे एक भ्रम में पड़ गये हैं। सिद्ध परम्परा में कभी भी आदिसिद्ध ऐतिहासिक कालक्रम से नहीं निश्चित किया जाता था। प्रत्येक सम्प्रदाय अपने आम्नाय के प्रवर्तक को आदिसिद्ध या आदिनाथ मानता था और यह सिद्ध करने का प्रयास करता था कि यह सिद्ध दूसरे रूप में, दूसरी काया में उन सभी सिद्धों का गुरु रह चुका है जो ऐतिहासिक दृष्टि से इसके पहले हुए हैं। मीनपा को स्पष्टतः मत्स्येन्द्र का पिता और गुरु माना गया है किन्तु फिर भी प्रमुख नाथ मत्स्येन्द्र ही हैं, मीननाथ नहीं।[52] बाद में गोरख के अनुयायियों ने गोरख को आदिशिव माना और अन्य सब नाथों को उनका अवतार माना। इससे यह सिद्ध होता है कि आदिसिद्ध ऐतिहासिक कालक्रम नहीं वरन् साम्प्रदायिक महत्त्व से निर्णीत होता था।

सरहपा के विषय में ऐसे प्रचुर उल्लेख मिलते हैं जो यह बताते हैं कि सरहपा ने सर्वप्रथम बौद्ध तन्त्रों को एक सुगठित रूप दिया और सम्प्रदाय का सम्यक् प्रवर्तन किया। सरहपा के पहले भी बौद्धों में तान्त्रिक प्रवृत्तियाँ विद्यमान थीं किन्तु उनको व्यापक रूप से प्रतिष्ठा नहीं मिली थी। 'श्री सरहपा जब अवतरित हुए तब वे सब प्रकाश में आ गयी।'[53] तारानाथ ने जो गुरु-परम्परा दी है उसमें भी स्पष्ट बताया गया है कि महामुद्रा साधना का पहली बार सरहपा ने ही अभ्यास किया, उसकी सिद्धि की और तब अपनी 'दोहा वज्रगीतियों' में इस पद्धति का प्रचार करना प्रारम्भ किया। एक तीसरा अनुमान और लगाया जा सकता है। अद्वयवज्र ने सरहपा के दोहाकोष की टीका में उनका एक नाम सरोजवज्र भी बताया है। और उनके आम्नाय को सहजाम्नाय कहा है।[54] उधर ओडियान की गुरु-परम्परा पद्मवज्र से प्रारम्भ होती है। यह पद्मवज्र कौन थे, कहाँ से आये थे इसका कोई उल्लेख नहीं मिलता है। किन्तु इनकी सिद्धि-प्राप्ति की कथा बहुत-कुछ सरह की सिद्धि-प्राप्ति की कथा से मिलती-जुलती है। सहजसुन्दरी या सुखललिता नामक एक नर्तकी राजकन्या ने पद्मवज्र को ज्ञान दिया। भगवान् वज्रपाणि ने उस कन्या को योगिनी बनने का उपदेश दिया था।

सरहपा के दोहों में हमें योगिनी का बार-बार उल्लेख मिलता है। वे बार-बार योगिनी चार[55] योगिनीमार्ग[56] तथा योगिनी सहज संवर[57] का उल्लेख करते हैं। बहुत सम्भव है कि यह योगिनीमार्ग ओडियान में प्राप्त अनुभव के आधार पर हो। सरहपा का नाम सरोजवज्र भी पद्मवज्र का शब्दशः अनुवाद है। इसके अतिरिक्त ओडियान से सरहपा के सम्बन्ध के और भी प्रमाण मिलते हैं। साधनमाला में त्रैलोक्यशंकर लोकेश्वर की दो साधनाएँ सरहपा के नाम की मिलती हैं। दोनों ही ओडियान क्रम या ओड्डियान पद्धति की बतायी गयी हैं और दोनों ही में वज्रयोगिनी का उल्लेख है।[58] दूसरी साधना में तो स्पष्ट उल्लेख है कि यह ओड्डियान से सरहपा द्वारा अवतरित की गयी है। ओड्डियान के इसी योगिनीमार्ग से उनके सम्बन्ध का एक और अप्रत्यक्ष प्रमाण मिलता है। शबरपा को अभिनव सरह कहा जाता था।[59] साधनमाला से ज्ञात होता है कि शबरपा ने वज्रयोगिनी आराधना का प्रवर्तन किया था और अनुमान किया जा सकता है कि इसका प्रथम प्रवर्तन सरहपा ने किया होगा और शबरपा को इसका प्रचार करने के कारण अभिनव सरह कहा गया होगा।[60] यह साधना ओडियान से सम्बद्ध अवश्य थी क्योंकि वज्रयोगिनी की एक दूसरी साधना में तन्त्र पीठों में ओडियान की गणना सर्वप्रथम की गयी है।[61] इन समस्त प्रमाणों से पद्मवज्र सरहपा का ही दूसरा नाम प्रतीत होता है और ज्ञात होता है कि अनंगवज्र तथा इन्द्रभूतिवाली शिष्य-परम्परा सरहपा की पश्चिमी भारत की शिष्य-परम्परा थी और नागार्जुन तथा शबरपावाली परम्परा पूर्वी और दक्षिणी भारत की। महामहोपाध्याय हरप्रसाद शास्त्री ने तो इनका नाम बौद्ध गान ओ दोहा में पद्म तथा पद्मवज्र भी बताया है यद्यपि इसका कोई आधार नहीं दिया है।

किन्तु इस अनुमान में मुख्य बाधा यह पड़ती है कि एक दूसरे स्थान पर पद्मवज्र को मरुप्रदेश में उत्पन्न ब्राह्मण बताया गया है।[62] जबकि सरहपा का जन्म उड़ीसा या किसी अन्य पूर्वी प्रान्त में बताया गया है। तिब्बती वृत्तान्तों में बहुत-से अन्तर्विरोध भरे हुए हैं अतः किसी भी निर्णय पर पहुँच सकना कठिन है। किन्तु इतना मानने में कोई बाधा नहीं है कि बौद्ध तन्त्रों के प्रवर्तन में सरहपा का बहुत बड़ा महत्त्व है और चाहे वे कालक्रम में सर्वप्रथम न हों जैसा राहुल जी का आग्रह है किन्तु उन्हें महत्त्व की दृष्टि से आदिसिद्ध माना जाता रहा है।

लुईपा की आदिसिद्ध के रूप में प्रतिष्ठा सम्भवतः बाद में कामरूप के शैव सम्प्रदायों की प्रतिद्वन्द्विता में हुई है। लुईपा ओडियान के राजा के दरबार में कायस्थ लेखक थे।[63] उनके विषय में भी कई कथाएँ मिलती हैं। कुछ विद्वानों ने उनका जन्म उज्जयिनी में भी बताया है किन्तु यह मत उड्डीयान के भ्रम में उज्जयिनी को प्रश्रय देता हुआ प्रतीत होता है।[64] पूर्वी भारत कामरूप में बाद में मत्स्येन्द्रनाथ का माहात्म्य जब बहुत बढ़ा और उन्होंने शैव तान्त्रिक साधनाओं का प्रचार किया तब पहले तो तिब्बती आचार्यों ने उन्हें अवलोकितेश्वर का अवतार मानकर बौद्ध सम्प्रदाय की स्थिति को सम्हाला और बाद में उनकी लुईपा से एकात्मकता स्थापित कर शैव आदिसिद्ध मत्स्येन्द्र की तुलना में लुईपा को आदिसिद्ध मान लिया गया। लुईपा सम्भवतः मत्स्येन्द्र से कुछ

पहले हुए थे क्योंकि मत्स्येन्द्र के पिता मीननाथ बताये गये हैं और मीननाथ बौद्ध थे क्योंकि उनका एक ग्रन्थ बोधिचित्त पर मिलता है–बाह्यान्तर-बोधिचित्त-बन्धोपदेश।[65] मीननाथ प्रत्येक बौद्ध-परम्परा में लुईपा के बाद आते हैं। तारानाथ ने मीननाथ को सिद्ध कुक्कुटी का शिष्य बताया है और स्पष्ट लिखा है कि सिद्ध कुक्कुटी ने लुईपा का आम्नाय अपनाया था किन्तु वे लुईपा के समकालीन नहीं थे। लुईपा उनसे पूर्व हुए थे और कुक्कुटी उन्हीं का आम्नाय अपनाने के कारण अपने को उनका शिष्य कहते थे।[66] अतः स्पष्ट है कि सिद्ध मीनपा या मीननाथ लुईपा के बाद हुए थे। अतः मत्स्येन्द्र और लुईपा को एक मानने का कोई भी सबल आधार नहीं मिलता है। केवल नाम-साम्य के आधार पर दोनों को एक सिद्ध करना (लुईपा के अर्थ तिब्बती में मत्स्येन्द्र होते हैं[67]) यह आग्रह उचित नहीं है। क्योंकि ये सभी नाम चर्या पर आधारित होते थे और कभी-कभी चर्या के आधार पर गुरु का नाम शिष्य भी ग्रहण कर लेता था। (शबरपा को नव-सरह कहते थे) अतः यही अधिक युक्तियुक्त प्रतीत होता है कि जब मत्स्येन्द्रनाथ नाथसिद्धों में प्रथम माने गये तब बौद्धों ने उनकी तुलना में लुई को आदिसिद्ध मान लिया होगा क्योंकि लुईपा की पद्धति भी मत्स्य से सम्बन्धित थी।[68] जिस समय सस्क्य विहार की 84 सिद्धों की सूची बनी उस समय लुईपा का आम्नाय अधिक सबल था (13वीं शती में)[69] अतः उसे आदिसिद्ध माना गया किन्तु तारानाथ ने पुराने बौद्ध ग्रन्थों का आश्रय लिया थां अतः उसमें सरहपा को आदिसिद्ध माना है।[70]

जीवन-वृत्त—इस प्रकार आदिसिद्ध की मान्यता पर विचार कर लेने के उपरान्त हम उस सामग्री पर विचार करेंगे जो विभिन्न विद्वानों ने उन सिद्धों के जीवन-वृत्त के रूप में प्रस्तुत की है, जिनके पद या दोहे पूर्ण या आंशिक उद्धरणों के रूप में प्राप्य हैं और जिन्हें हमने इस अध्ययन की आधार-सामग्री के रूप में स्वीकार किया है। यह सामग्री भोटिया ग्रन्थों में प्राप्य है जिनमें दो ग्रन्थ प्रमुख हैं। एक तारानाथ का ग्रन्थ जिसका भोटिया से जर्मन अनुवाद, ग्रुएनवाल्ड ने और ग्रुएनवाल्ड का अंग्रेजी रूपान्तर डॉ. बी. एन. दत्त ने 'मिस्टिक टेल्स ऑफ लामा तारानाथ' के नाम से किया है। दूसरा ग्रन्थ 'चतुराशीतिसिद्ध-प्रवृत्ति' है जिसका उल्लेख कार्दियर के तंजूर कैटलाग में भी है (86-1)। इस सामग्री के आधार पर सबसे पहले महामहोपाध्याय हरप्रसाद शास्त्री[71] तथा उसके उपरान्त डॉ. विनयतोष भट्टाचार्य[72] श्री एस. के. दे[73] श्री राहुल सांकृत्यायन[74] तथा श्री परशुराम चतुर्वेदी ने[75] इन पदकर्त्ताओं और दोहाकारों का जीवन- वृत्तान्त प्रस्तुत करने का प्रयास किया है। इसके अतिरिक्त कौल तथा नाथ सम्प्रदाय पर विचार करते हुए डॉ. प्रबोधचन्द्र बागची[76] तथा डॉ. हजारीप्रसाद द्विवेदी ने[77] भी लुईपा, जालन्धरीपा तथा काण्हपा आदि के जीवन तथा साधना पर प्रकाश डाला है। उक्त दोनों ग्रन्थों के अतिरिक्त जिन गुरु-परम्पराओं, तिब्बती अनुश्रुतियों, साम्प्रदायिक अनुश्रुतियों तथा अप्रकाशित पाण्डुलिपियों का उपयोग इन विद्वानों ने किया है उनका यथास्थान उल्लेख भी कर दिया है।

काण्हपा

कर्णरिपा

कुकुरिपा

कंकणपा

गुण्डरिपा

जयानन्त

जलन्धरपा

डोम्बिपा

तन्तिपा

तिलोपा

दारिकपा

भद्रपा

भुसुकुपा

मीनपा

लुईपा

विरूपा

वीणापा

सरहपा

शबरपा

शान्तिपा

सरहपा—दोहा तथा पदकर्त्ताओं में हम महत्त्व की दृष्टि से सर्वप्रथम सरहपा पर विचार करेंगे। महामहोपाध्याय हरप्रसाद शास्त्री ने इतने पर्याय नाम बताये हैं—सरोरुहवज्र, सरोजवज्र, पद्म, पद्मवज्र तथा राहुलभद्र।[78] इनमें से सरोरुह तथा सरोजवज्र नाम का प्रयोग तो अद्वयवज्र ने सरह के दोहों की टीका में किया है। सम्भवतः उसी के आधार पर पद्म तथा पद्मवज्र भी सरह के नाम मान लिये गये हैं। सिद्धि प्राप्त करने के पूर्व उनका नाम राहुलभद्र था और चूँकि सिद्धि में उन्होंने एक बार शर बनानेवाली युवती को महामुद्रा बनाया था अतः इनका चर्या नाम शरह या सरह हो गया। तारानाथ ने यह संकेत किया है कि राहुलभद्र नाम के कारण इन्हें स्थविर राहुल (स्थविर राहुल सस्क्य की सूची में 47वें हैं और कामरूप के शूद्र बताये गये हैं, जबकि सरह ब्राह्मण थे) मान लेने का भ्रम हो सकता है।[79] शिष्य होने के नाते कभी-कभी शबरपा को भी लघु या नव सरह कहा जाता था। कार्दियर ने इनकी एक उपाधि महाशबर भी बतायी है जो सम्भवतः नव सरह शबरपा की रही हागी।[80] लघु सरोरुहवज्र ओडियान की गुरु-परम्परा में तीसरे हैं और कहा नहीं जा सकता कि अद्वयवज्र ने उन्हें सरह क्यों कहा है। यदि हम पद्मवज्र और सरह को एक मान लें तो यह असंगति दूर हो जाती है क्योंकि पद्मवज्र को सरोरुहवज्र भी कहते थे और उन्हीं के कारण उनकी शिष्य-परम्परा में आनेवाले तीसरे आचार्य को लघु या नवसरोरुह कहते थे। किन्तु किसी अधिक ठोस प्रमाण न मिलने तक ऐसा मान सकना कठिन है। सुम्प म्खन पो के अनुसार सरह का जन्म पूर्व भारत में राज्ञी नामक नगरी में ब्राह्मण पिता और डाकिनी के योग से हुआ।[81] दूसरी तिब्बती अनुश्रुति के अनुसार इनका जन्म उड़ीसा में हआ।[82] तारानाथ के अनुसार ये शैशव से ही वेद-वेदांगों के ज्ञाता थे, मध्यदेश में जाकर इन्होंने त्रिपिटकों का अध्ययन किया, बौद्धधर्म में दीक्षा ली और नालन्दा में आकर आचार्य रूप में रहने लगे। उस समय प्राच्य में चन्दनपाल राज्य कर रहा था। उड़ीसा के एक आचार्य से इन्होंने मन्त्रयान की दीक्षा ली और महाराष्ट्र जाकर एक शर बनानेवाले की कन्या के साथ महामुद्रा योग सम्पन्न कर सिद्धि लाभ की।

राजा अपनी असंख्य प्रजाओं के सहित इन्हें देखने आया तो ये बोले कि "मैं ब्राह्मण हूँ पर निम्न वर्ण की कन्या के साथ रहता हूँ, जाति या अजाति, पुण्य या पाप मेरे लिये सब समान हैं।" लोगों ने इन पर सन्देह किया, इनकी निन्दा की किन्तु जब इन्होंने अपने दोहे गाये तो राजा अपनी 5 लाख प्रजाओं के साथ वज्रयान में दीक्षित हो गया।[83] इस राजा का नाम रत्नपाल बताया गया है यद्यपि दूसरे स्थल पर तारानाथ इन्हें धर्मपाल का समकालीन बताता है। तारानाथ के वर्णन कितने अविश्वसनीय हैं और पालवंश के विषय में उसका ज्ञान कितना अधूरा है इस पर हम आगे विचार करेंगे।

तंजूर में इनके 21 ग्रन्थ बताये गये हैं जिनमें से 16 ग्रन्थ अपभ्रंश से भोटिया में अनुवादित कहे जाते हैं।[84] इसके अतिरिक्त संस्कृत में इनके नाम से दो त्रैलोक्यशंकर की साधनाएँ भी मिलती हैं।[85]

शबरपा—शबरपा को तारानाथ ने नवसरह का नाम भी दिया है कि वे सरह की शिष्य-परम्परा में तीसरे थे। सुम्प म्खन पो के अनुसार वे (भांगल या) बंगाल देश के शबर थे।[86] किन्तु तारानाथ उन्हें पूर्वी भारत की किसी नर्तक जाति का बताते हैं।[87] नागार्जुन से दीक्षा लेकर वे श्रीपर्वत में साधना करने चले गये थे। उनकी दो महामुद्राएँ थीं लोकी और गुनी, और वे दोनों के साथ रहते थे। दोनों बहनें थीं और उनका चर्यानाम डाकिनी पद्मावती तथा ज्ञानावती था। तारानाथ के वर्णन से यह भी संकेत मिलता है कि दोनों ही इनकी बहनें थीं और उन्हीं से महामुद्रा साधना कर बाह्य रूप से शबरपा पापमय जीवन बिताते थे।

एक अन्य स्थान पर यह भी उल्लेख मिलता है कि इन्होंने अद्वयवज्र को शिक्षा दी थी जिसके कारण राहुल जी शबरपा नाम के दो सिद्ध मानते हैं।[88] किन्तु हम पहले यह सिद्ध कर चुके हैं कि अद्वयवज्र ने शबरपा को केवल काल्पनिक ऐन्द्रजालिक रूप में देखा था, वे उनके समकालीन नहीं थे। शबरपा के 16 ग्रन्थ तंजूर में प्राप्त हैं जिनमें से 6 अपभ्रंश से अनूदित हैं।[89] शबरपा की एक साधना भी मिलती है, तथा वज्रयोगिनी साधना के वे प्रवर्तक भी बताये गये हैं।[90]

लुईपा—लुईपा के विषय में हम चर्चा कर चुके हैं। तंजूर में इन्हें भांगाली कहा गया है जिसके आधार पर महामहोपाध्याय हरप्रसाद शास्त्री[91] तथा डॉ. विनयतोष भट्टाचार्य[92] इन्हें राढ़ देश निवासी बंगाली कहते हैं किन्तु राहुल जी ने भंगाला से 'भागलपुर का प्रदेश' का अर्थ लिया है। वे इन्हें मगधवासी कहते हैं तथा राजा धर्मपाल के दरबार में कायस्थ बताते हैं।[93] तारानाथ इन्हें धर्मपाल के बजाय इनका ओडियान के राजा इन्द्रभूति के दरबार में कायस्थ होना और नाम समन्तशुभ बताता है।[94] सुम्प म्खन पो के अनुसार ये मछुवे थे[95] जबकि सस्क्य ब्कं बुम में इन्हें जाति से भी कायस्थ बताया गया है।[96] तारानाथ भी इन्हें केवल चर्या में मछली से सम्बन्धित मानता है। उसके अनुसार शबरीपा से दीक्षा लेकर इन्होंने श्मशान साधना की और वज्रवाराही उपलब्ध की, उसके बाद ये बंगाल गये और गंगातट पर मछलियों का ढेर देखकर मछलियों का भोजन कर महामुद्रा सिद्धि प्राप्त की।[97] तारानाथ इन्हें योगिनी-सहचर्या का प्रवर्तक मानता है।[98] ये उड़ीसा के राजा दारिकपा के गुरु थे और उनके चर्यापद में लुईपा का नाम भी मिलता है जिसकी ओर संकेत करते हुए महामहोपाध्याय हरप्रसाद शास्त्री ने दारिक को लुईपा का शिष्य माना है।[99]

दारिकपा—दारिकपा के विषय में तारानाथ ने यह स्पष्ट लिखा है कि लुईपा की दूसरी शिष्य-परम्परा में दारिक तथा अन्तर आते हैं। दारिकपा को तारानाथ ने उड़ीसा का राजा बताया है जो अपने मन्त्री ढेंकीपा के साथ लुईपा के शिष्य हो गये थे।[100] सस्क्य ब्कं बुम से यह भी ज्ञात होता है कि लुईपा ने उड़ीसा आकर इन्हें दीक्षा दी और

कुछ दिनों कांचीपुर में एक गणिका की सेवा कर सिद्धि लाभ करने का आदेश दिया। तब इनका नाम दारिकपा हुआ। इनके मन्त्री ब्राह्मण थे किन्तु एक शुण्डिनी (कलाली) की ढेंकी पर काम करते थे अतः उनका चर्यानाम ढेंकीपा हो गया।[101] लुईपा ने इन्हें व्यक्तिगत रूप में दीक्षा दी थी इसमें सन्देह है क्योंकि इनके ग्रन्थों की सूची में कालचक्र पर भी एक ग्रन्थ है जिससे इनका समय बहुत परवर्ती होना चाहिए। इसलिए यही अधिक उचित जान पड़ता है कि इन्होंने लुईपा का आम्नाय ग्रहण किया था अतः वे लुईपा को अपना गुरु मानते थे। इसका समर्थन इस प्रकार भी होता है कि तारानाथ लुईपा की इस दूसरी शिष्य-परम्परा का प्रथम शिष्य तिलोपा को बताते हैं। तिलोपा तथा नारोपा एक परम्परा के थे। नारोपा के समय में कालचक्र-पद्धति स्वीकृत हुई थी जैसा हम वज्रयान के विकास पर विचार करते समय देखेंगे। दारिकपा के 10 गन्थों का उल्लेख तंजूर में है[102] जिनमें से सम्भवतः 3 अपभ्रंश में थे।[103]

डोम्बीपा—दारिकपा की शिष्या सहजयोगिनी चिन्ता थी जिनके शिष्य डोम्बीपा या डोम्बी हेरुक बताये गये हैं। तारानाथ ने इनकी सिद्धि की एक रोचक कथा दी है।[104] ये मगध के राजा थे। विरूपा से उपदेश पाकर ये महामुद्रा की साधना करने लगे। प्रजा तथा मन्त्रियों ने इन्हें राज्य से निर्वासित कर दिया। बहुत दिनों बाद इनके राज्य में अकाल पड़ा तब ये अपनी सिंहिनी रूपिणी शक्ति के साथ, जिसका वाहन याक था, अपने राज्य में वापस आये। प्रजा ने इन्हें पहचाना और इनका शिष्यत्व स्वीकार किया। ये वीणापा के समकालीन थे और दूसरे स्थान पर तारानाथ ने यह भी उल्लेख किया है कि इन्होंने तथा वीणापा ने सहजयोगिनी चिन्ता को दीक्षा दी थी।[105] इस सम्बन्ध में भी एक कथा है जिसका उल्लेख हम आगे करेंगे। तारानाथ ने नारोपा के भी एक शिष्य को नव आचार्य डोम्बी बताया है। वे चरवाहे थे।[106] इनके एक अनूदित ग्रन्थ 'सहज सिद्धि' से यह ज्ञात होता है कि इन्होंने कौलपद्धति का विशेष प्रचार किया था।[107] इनके जिन ग्रन्थों का भोटिया अनुवाद मिलता है उनके अतिरिक्त ग्रन्थ 'सहज सिद्धि' भी मिला है जो ओरियण्टल इन्स्टीट्यूट में सुरक्षित है।[108] राहुल जी ने इनका 10वाँ चर्यापद (डोम्बी) बताया है जो वास्तव में काण्हपा का है।[109]

कम्बलाम्बरपा—आचार्य कम्बलाम्बरपा डोम्बीपा की समकालीन गुरु (अथवा शिष्य?) सहजयोगिनी चिन्ता के शिष्य वज्रघण्टा के शिष्य थे। तारानाथ इनकी जन्मभूमि के विषय में दो मतों का उल्लेख करते हुए कहते हैं कि कुछ लोग इन्हें उद्यान और कुछ उड़ीसा का निवासी बताते हैं। ये चक्रसंवर तन्त्र के अनुयायी थे और इनका कुछ सम्बन्ध तीर्थिक वैष्णवों से भी था। मन्त्रावती नामक एक सिद्धयोगिनी से इनका वैर हो गया और उसने इन पर मारण मन्त्र का प्रयोग किया। इन्होंने एक कम्बल का रूप धारण कर लिया। उसने उस कम्बल का तार-तार अलग कर दिया और उसकी सखी योगिनियों

ने एक-एक तार खा लिया। किन्तु ये फिर भी प्रकट हो गये। कहा जाता है कि ये राजपुत्र थे और इन्द्रभूति को भी इन्होंने दीक्षा दी थी। ये इन्द्रभूति कौन-से इन्द्रभूति थे इसका उल्लेख तारानाथ ने नहीं किया है। ये जालन्धरपा के गुरु भी बताये गये हैं।[110] इनके 11 ग्रन्थों के अनुवाद मिलते हैं जिनमें से 3 ग्रन्थ अपभ्रंश में थे।[111]

ऊपर जिन सिद्धों का उल्लेख हो चुका है उनके अतिरिक्त पदकर्त्ताओं के नाम 'चर्याचर्य विनिश्चय' के क्रम के अनुसरण में इस प्रकार हैं, कुक्कुरीपा, विरूपा, गुण्डुरीपा, चाटिल्लपा, भुसुकपा, काण्हपा (कृष्णाचार्य, कृष्णवज्र, कृष्णपाद आदि), शान्तिपा, महीधरपा, वीणापा, आर्यदेव, भादेपा, ताड़कपा, कंकणपा, जयनन्दीपा, धामपा।

कुक्कुरीपा—कुक्कुरीपा राहुल के अनुसार कपिलवस्तु के ब्राह्मण थे।[112] तारानाथ ने इनको मीनपा का गुरु तथा चर्पटी का शिष्य बताया है।[113] तारानाथ ने यह भी कहा है कि कुक्कुरी या कुक्कुराचार्य नामक एक दूसरा आचार्य था जिसने बहुत-से कुत्ते पाल रखे थे। सिद्ध कुक्कुरीपा का नाम कुक्कुरीपा इसलिए पड़ा था कि इन्होंने लुम्बिनी वन में एक ऐसी स्त्री से महामुद्रा सिद्धि प्राप्त की थी जो पूर्वजन्म में एक कुक्कुरी थी।[114] तंजूर में इनके 16 ग्रन्थों का उल्लेख मिलता है जिनमें से सम्भवतः 3 अपभ्रंश में थे।[115] यदि वास्तव में ये चर्पटी के शिष्य थे तो इनका समय लगभग 10वीं शताब्दी निश्चित हो चुका है।[116] अतः इनका तथा मीनपा और उनके शिष्य हाड़ी (जालन्धर) तथा काण्हपा का भी यही समय होना चाहिए।

मीनपा—मीनपा को तारानाथ ने मत्स्येन्द्र का पिता तथा गुरु बताया है और उन्हें कामरूप का मछुआ बताया है। कहा जाता है कि वे एक बार जाल में फँसकर स्वयं मछली के पेट में चले गये और उसमें कई वर्ष रहे। मछली के पेट में ही वे ब्रह्मपुत्र में बहते-बहते उमागिरि के निकट पहुँचे जहाँ उमा तथा शिव में तन्त्र-सम्बन्धी वार्त्ता हो रही थी। उन्होंने उसे सुनकर तन्त्र के सारे गम्भीर रहस्य जान लिये और सिद्धि प्राप्त की। उनके तीन शिष्य हुए, हाली, माली तथा तम्बूली।[117] ऐसा ज्ञात होता है कि मीननाथ के समय से ही बौद्ध तथा शैव तन्त्र साधनाओं में अत्यधिक मिश्रण प्रारम्भ हुआ। इनका झुकाव सम्भवतः शैवों ही की ओर अधिक था। 21वें चर्यापद की टीका में मुनिदत्त ने इनकी 5 अपभ्रंश पंक्तियाँ उद्धृत की हैं। उन्हें पर-दर्शन से उद्धृत बताया है।[118] वैसे इनका एक ग्रन्थ तंजूर में 'बाह्यान्तर-बोधिचित्त बन्धोपदेश' नाम का प्राप्त होता है। मीनपा-सम्बन्धी शैव दन्तकथाओं का उल्लेख बागची ने कौलज्ञान निर्णय के प्राक्कथन में किया है।

जालन्धर—जालन्धरपा के सम्बन्ध में भी कई कथाएँ मिलती हैं। सस्क्य ब्कं बुम् के अनुसार ये नगर भोग नामक देश के ब्राह्मण थे।[119] किन्तु तारानाथ ने इन्हें पश्चिम में स्थित सिन्धु देश के ठाठ नगर का निवासी बताया है और शूद्र बताया है। इनका निवास तारानाथ ने ज्वालामुखी के पास जालन्धर देश बताया है। इनको ओडियान में साधना करनी पड़ी थी जहाँ कच्छपा ने इन्हें बौद्ध तन्त्रों में दीक्षा दी थी। कुछ दिनों ये

नेपाल में भी रहे। पूर्वी बंगाल में इन्होंने हाड़ीपा का रूप ग्रहण किया था और राजा गोविन्दचन्द्र तथा मयनामती की प्रख्यात कथा के अनुसार ये राजा गोपीचन्द्र द्वारा भूमि खोदकर गाड़ दिये गये थे जहाँ से इनके शिष्य काण्हपा ने इन्हें मुक्त कराया था।[120] राहुल जी द्वारा उद्धृत इनके पद में बौद्ध तन्त्र पद्धति ही का वर्णन है किन्तु शैव पद्धतियाँ भी इन्होंने अवश्य अपनायी होंगी क्योंकि नाथ परम्परा में इन्हें आदिनाथ माना गया है। इनकी शैव तथा तिब्बती कथाओं पर द्विवेदी जी ने विस्तार से चर्चा किया है।[121] इनके 7 ग्रन्थ तंजूर में उपलब्ध हैं जिनमें से दो अपभ्रंश में थे।[122] इन्होंने सरोरुहपाद के हेवज्र-साधन पर एक टीका भी लिखी थी जिसका नाम 'शुद्धिवज्रप्रदीप' है। इनके शिष्यों में कृष्णाचार्य, बुद्धज्ञानपा, तन्तिपा, भर्तृहरि, गोपीचन्द्र आदि थे जिनमें से कृष्णाचार्य अथवा काण्हपा को प्रमुखतम बताया गया है।[123]

काण्हपा—'चर्याचर्यविनिश्चय' में भी काण्हपा के पद सबसे अधिक संख्या में मिलते हैं जिसमें ज्ञात होता है कि ये बहुत महान् आचार्य हुए हैं। राहुल जी भी इन्हें विद्या और कवित्व में सबसे बड़ा मानते हैं। इनके 8 शिष्य महासिद्ध हुए।[124] सस्क्य ब्कं बुम् में इन्हें कर्णाटकवासी ब्राह्मण कहा गया है।[125] तारानाथ कई परम्पराओं का उल्लेख करता है। एक में ये कर्ण देश के निवासी बताये गये हैं, दूसरे में ये उड़ीसावासी कहे गये हैं। कई प्रमाणों के द्वारा तारानाथ ने यह सिद्ध किया है कि उड़ीसा ही इनका जन्म-स्थान था।[126] ये भी शैव सम्प्रदायों के बहुत निकट थे क्योंकि तारानाथ ने इन्हें अन्दर से बौद्ध बताया है किन्तु बाहरी जीवन में शैवों के बहुत निकट थे। इनकी साम्प्रदायिक स्थिति पर बाद में हमने विस्तार में विचार किया है।

इनके कई नाम मिलते हैं—कृष्णाचार्य, काण्हपा, कृष्णवज्र आदि। बाद में एक कृष्णपाद भी हुए हैं और सम्भव है इनके तथा उनके पदों में कुछ मिश्रण हो गया हो। तंजूर में इनके 74 ग्रन्थ मिलते हैं जिनमें छह अपभ्रंश में थे।[127] इनके एक पद में जलान्धरीपा का नाम भी गुरु रूप में मिलता है।[128] द्विवेदी जी ने इन्हें जुलाहा बताया है किन्तु वास्तव में इनके शिष्य तन्तिपा जुलाहे थे, ये नही।[129] सस्क्य ब्कं बुम् में काण्हपा नाम का कारण यह भी बताया गया है कि इनके कान लम्बे थे।[130] सम्भव है तारानाथ द्वारा उल्लिखित 'कर्ण' देश सम्बन्धी परम्परा का भी इससे कुछ सम्बन्ध हो। 'योगिसम्प्रदायाविष्कृतिः' में इनका जन्म ब्रह्मा के वीर्य का हाथी के कान में स्थित हो जाने के कारण बताया गया है और इनका नाम कारिणपा बताया है।[131] तारानाथ ने एक दूसरे सिद्ध कर्णरीपा का भी उल्लेख किया है जो मेवाड़ के राजा थे।[132] तारानाथ अन्तरपा के एक शिष्य का उल्लेख करते हैं जो नवकृष्णाचार्य रूप में प्रख्यात था।[133] इनका एक नाम चोंपापा या चर्यापा भी मिला है।[134]

तन्तिपा—इनके शिष्य तन्तिपा थे जिनका पद महामहोपाध्याय हरप्रसाद शास्त्रीवाली पाण्डुलिपि में से खो गया है। किन्तु डॉ. बागची ने उसका तिब्बती रूपान्तर खोजा है।[135] इस पद से परिचित न होने के कारण राहुल जी ने ढेण्ढणपा को ही तन्तिपा मान लिया

है जो उचित नहीं है।[136] सस्क्य ब्कं बुम् के अनुसार ये उज्जैन के तन्तुवाय थे। तंजूर में इनके एक ही गन्थ का उल्लेख है 'चतुर्योग भावना।'[137]

भद्रपा—काण्हपा के शिष्यों में महीपा, भद्रपा तथा धम्मपा भी बताये गये हैं और तीनों के चर्यापद प्राप्य हैं। इनमें से प्रथम दो माहिल तथा भदली के नाम से भी प्रसिद्ध थे।[138] कुछ लोग भद्रपाद, भदली तथा भद्र को अलग भी मानते हैं।[139] भद्रपाद को गुह्यपा भी कहते थे।[140] सस्क्य ब्कं बुम् में भद्रपा श्रावस्ती का निवासी देवलेखक कुल का बताया गया है।[141] किन्तु भद्रपा मणिधर देश के ब्राह्मण थे, और उपर्युक्त सूची में 24वें थे। 35वाँ चर्यापद भद्रपा का है।

महीधरपा—16वें चर्यापद के लेखक महीधरपा को यदि महीपा या माहिलपा ही माना जाय तो वे सस्क्य ब्कं बुम् के अनुसार मगध के शूद्र सिद्ध थे। तंजूर में इनके बहुत-से ग्रन्थ मिलते हैं जिनमें से 'वायुतत्त्व दोहा गीतिका' सम्भवतः अपभ्रंश में था।[142] इनके अन्य नाम महित्ता, महीन्दा तथा महिआ भी मिलते हैं जो लिपिभेद के कारण प्रतीत होते हैं।[143]

धामपा—47वीं चर्या के लेखक धामपा या धर्मपा हैं। महामहोपाध्याय हरप्रसाद शास्त्री सम्भवतः राग गुर्ज्जरी को गुण्डुरी समझकर इनका दूसरा नाम गुण्डुरीपा बताते हैं।[144] किन्तु यह भ्रम है, जैसा डॉ. बागची ने तिब्बती अनुवाद की टिप्पणी में स्पष्ट किया है।[145] धर्मपा को राहुल ने विक्रमशिला का ब्राह्मण बताया है।[146] डॉ. सुकुमार सेन ने इनको चाटिलपा का शिष्य बताया है किन्तु कोई प्रमाण नहीं दिया है।[147] धामपा के ग्रन्थ तंजूर में मिलते हैं जिनमें से सम्भवतः एक 'सुगत-दृष्टि-गीतिका' अपभ्रंश में है।[148]

चाटिलपा—चाटिलपा का नाम तंजूर में नहीं मिलता और न यह नाम वज्रयानी सिद्धों की ही सूची में है। किन्तु नाथ सिद्धों की सूची में इनका नाम 64वाँ मिलता है।

गुण्डुरीपा—गुण्डुरीपा को सस्क्य ब्कं बुम् में डिसुनगर का बहेलिया बताया गया है।[149] लीलापा यदि तारानाथ द्वारा निर्दिष्ट लीलावज्र थे जो मंजु-श्रीज्ञान इनके गुरुभाई थे।[150]

ढेण्ढणपा—ढेण्ढणपा का नाम तिब्बती उच्चारण में शास्त्री महोदय ने धेतन बताया है किन्तु इसका कोई प्रमाण नहीं दिया है।[151] बागची के उद्धरणों में धेतन नहीं वरन् ढेण्ढणपा मिलता है।[152] राहुल ने इन्हें तन्तिपा माना है जिसका खण्डन हम कर चुके हैं। वर्णरत्नाकर की सूची में ढेण्टस 27वाँ नाम मिलता है जो इसी का रूपान्तर मालूम होता है।

ताड़कपा—ताड़कपा का नाम दोनों ही सूचियों में नहीं मिलता अतः राहुल जी का अनुमान है कि यह ताड़कपा वास्तव में नाड़कपा का बिगड़ा हुआ रूप है[153] और ताड़कपा के स्थान पर उन्होंने नाड़पा या नारोपा का विवरण दिया है। किन्तु बागची द्वारा उद्धृत इस चर्यापद के तिब्बती अनुवाद में भी इनका नाम ताड़कपा ही मिलता है, नाड़पा नहीं।[154] यदि वास्तव में यह पद नारोपा का ही होता तो तिब्बती रूपान्तरकार ताड़कपा

न लिखते, विशेषतः इसलिए कि तिब्बती परम्परा में नारोपा बहुत प्रख्यात थे, दीपङ्कर श्रीज्ञान के गुरु थे। कई बार इनके लिए तिब्बत से आमन्त्रण आया था और प्रख्यात मस्व नामक तिब्बती दुभाषिया इनका शिष्य था। इन्हीं कारणों से इन्हें नारोपा मानना उचित नहीं। ताड़कपा के विषय में और कोई उल्लेख नहीं मिलता है।

जयनन्दीपा—जयनन्दीपा का नाम तंजूर में नहीं मिलता है किन्तु यदि वे वज्रयानी सिद्धों की सूची में परिगणित 58वें सिद्ध जयानन्त थे तो मगधवासी ब्राह्मण रहे होंगे।[155]

कंकणपा—कंकणपा का उल्लेख तंजूर में कोकदत्त के रूप में है और इनका दूसरा नाम कंकणपा या कोंकणपा भी बताया गया है।[156] नाम से ये कोंकण देशवासी प्रतीत होते हैं किन्तु सस्क्य विहार की सूची में इन्हें विष्णुनगर (मगध) का राजपुत्र बताया गया है।[157] शास्त्री महोदय ने इन्हें कम्बलपा का शिष्य बताया है किन्तु डॉ. भट्टाचार्य ने संकेत किया है कि कम्बलपा के शिष्य सम्भवतः दूसरे कंकणपा थे।[158]

कर्णरीपा—शास्त्री महोदय के अनुसार आर्यदेव का चर्यानाम कर्णरीपा था और उन्हीं को वैरागीनाथ भी कहते थे।[159] सस्क्य सूची के अनुसार इन्हें नालन्दावासी बताया गया है[160] तथा तारानाथ ने इन्हें नागार्जुन का शिष्य बताया है।[161] किन्तु तारानाथ आर्यदेव तथा कर्णरीपा का अलग-अलग उल्लेख करता है और कर्णरीपा को मेवाड़ का राजा बताता है, जो पिंगला नामक अति सुन्दरी रानी का पति था और बाद में बैरागीनाथ के नाम से प्रसिद्ध हुआ।[162] 'योगिसम्प्रदायाविष्कृतिः' में सिद्ध करणारि के भ्रमण वृत्तान्त का विस्तृत उल्लेख है और यह भी उल्लेख है कि दक्षिण में इन्हें सिद्ध कनेरी के नाम से याद किया जाता है।[163] तंजूर में उल्लिखित इनकी कृति 'कानेरी गीतिका' से तो ये दक्षिण में प्रख्यात सिद्ध कनेरी ही ज्ञात होते हैं, आर्यदेव नाम के कई वज्रयानी साधक हो गये हैं जिनमें से एक की कृति 'चित्त विशुद्धि प्रकरण' भी उपलब्ध है। उसके सम्पादक ने उसके रचयिता के सम्बन्ध में विचार करते समय कई आर्यदेवों का उल्लेख किया है।[164] किसी सबल प्रमाण के अभाव में इनकी ठीक-ठीक पहचान नहीं हो सकती।

वीणापा—वीणापा डोम्बी हेरुक के समकालीन थे जैसा तारानाथ की कथाओं से ज्ञात होता है। वे आचार्य अश्वपाद के शिष्य बताये गये हैं।[165] शास्त्री महोदय उन्हें विरूपा का शष्य बताते हैं।[166] राहुल जी ने उन्हें ब्राह्मण सिद्ध भद्रपा का शिष्य बताया है।[167] ये गौड़ देश के क्षत्रिय थे और वीणा बजाकर अपने पदों को गाया करते थे। उनके चर्यापद में भी वीणा का ही रूपक है और हेरुक पद्धति को मान्यता दी गयी है।

विरूपा—विरूपा नाम के कई सिद्ध थे जैसा तारानाथ ने उल्लेख किया है। तारानाथ के ग्रन्थ के एक पूरे अध्याय में विरूपा के विभिन्न अवतारों तथा चमत्कारों का वर्णन मिलता है। उसके विस्तार में जाना अनावश्यक है। इनके तीन नाम विरूपा, कालविरूप और धर्मपाल भी थे और ये नालन्दा, ओडियान तथा चीन में भी प्रकट हुए

थे।[168] साधनमाला में इनके नाम से एक साधना मिली है जिसमें विरूपाक्ष नाम मिलता है।[169] सस्क्य विहार की सूची में ये त्रिपुर (त्रिपुरा) के निवासी बताये गये हैं।[170] तंजूर में इनके 13 ग्रन्थ मिलते हैं जिनमें से सम्भवतः 8 अपभ्रंश में थे। किन्तु ये सब ग्रन्थ किसी एक विरूपा के हैं या विभिन्न व्यक्तियों के, यह नहीं कहा जा सकता।[171] तारा-रहस्य नामक ग्रन्थ में नाथपन्थी मानव गुरुओं में भी इनकी गणना है।[172]

भुसुकुपा—भुसुकुपा तथा शान्तिपा को कुछ विद्वानों ने एक ही माना है। इसका कारण यह प्रतीत होता है कि इनका दूसरा नाम शान्तिदेव था। किन्तु शान्तिपा वास्तव में रत्नाकर शान्ति थे, बोधिचर्यावतार आदि के लेखक शान्तिदेव नहीं। भुसुकुपा बोधिचर्यावतार के ही लेखक थे या नहीं यह नहीं कहा जा सकता। महामहोपाध्याय हरप्रसाद शास्त्री तो इन्हें ही 'शिक्षा-समुच्चय' तथा 'बोधिचर्यावतार' का लेखक मानते हैं।[173] शास्त्री महोदय ने एक 14वीं शती की हस्तलिखित पाण्डुलिपि के आधार पर उनका जीवन-वृत्त दिया है जिसके विस्तार में जाना अनावश्यक है। श्री परशुराम चतुर्वेदी ने उनके जीवन-वृत्त का समुचित परीक्षण किया है और वे भी इस परिणाम पर पहुँचे हैं कि भुसुकुपा शान्तिदेव ही थे।[174] राहुल भी इसी मत का प्रतिपादन करते हैं।[175] 'शिक्षा समुच्चय' के सम्पादक वैंडेल भी इसका विरोध नहीं करते।[176] जाति से भुसुकुपा क्षत्रिय थे इतना तो सस्क्य सूची तथा तारानाथ दोनों ही मानते हैं किन्तु जन्मभूमि के विषय में दोनों में मतभेद है। राहुल ने इन्हें मगध का निवासी बताया है।[177] और तारानाथ ने सौराष्ट्र[178] या महाराष्ट्र[179] का। महामहोपाध्याय हरप्रसाद शास्त्री[180] इनके पदों की साक्षी पर बंगाली मानते हैं किन्तु डॉ. बागची के अनुसार इनके पदों में बंगालियों पर एक स्थान पर व्यंग्य है।[181] जाति से वे राजपूत थे इतना तो स्वतः उनके चर्यापद में मिलता है जहाँ उन्होंने अपने को 'भुसुकु राउत' कहा है।[182] देश के विषय में यह कहा जा सकता है कि सम्भवतः उनका जन्म दक्षिण में ही हुआ था किन्तु उनका समय पूर्वी देशों में बीता और वे अराकान तक गये जिसे तारानाथ भी स्वीकार करता है।[183] किन्तु यह उल्लेखनीय है कि तारानाथ ने बराबर इनके लिए महासिद्ध शान्तिगुप्त नाम का प्रयोग किया है, शान्तिदेव नहीं। श्री दे ने इसी आधार पर इन्हें भुसुकुपा से अलग माना है किन्तु तारानाथ के वर्णन से ये शान्तिगुप्त बहुत प्राचीन नहीं मालूम पड़ते जैसा श्री दे का अनुमान है।[184]

शान्तिपा—शान्तिपा प्रख्यात रत्नाकर शान्ति थे जो विक्रम के पश्चिमी द्वार के अधिष्ठाता थे। तारानाथ के अनुसार ये नारोपा के शिष्य थे और दीपङ्कर श्रीज्ञान तथा अद्वयवज्र (अवधूतीपा, मैत्रीगुप्त) के गुरु थे। ये मगध के ब्राह्मण थे। तारानाथ के अनुसार कुछ लोग इन्हें क्षत्रिय भी बताते हैं। ये उडन्तपुरी, सोमपुरी, मालवा, सिंहल आदि का पर्यटन कर वेद, वेदांग, त्रिपिटक आदि के प्रख्यात विद्वान् हो गये थे। सिंहल से लौटकर जब वे वज्रासन बोधगया आये तब राजा महीपाल या उसके सम्बन्धी चाणक्य ने उन्हें विक्रमशिला के पूर्वी द्वार का आचार्य नियुक्त किया। अपने समय के वे महान् पण्डित थे और कलिकाल-सर्वज्ञ कहे जाते थे।[185]

तिलोपा—तिल्लोपा रत्नाकर शान्ति के गुरु नारोपा के गुरु थे। एक दूसरी परम्परा के अनुसार ये पद्मवज्र के शिष्य भी बताये गये हैं जो सम्भवतः पद्मवज्र के आम्नाय के अनुसरण का ही संकेत करते हैं।[186] कई स्थानों पर इन्हें लुईपा का वंशधर, इन्द्रभूति का शिष्य तथा विजयपा का शिष्य माना गया है और यह भी अनुमान किया गया है कि विजयपा इन्द्रभूति का ही दूसरा नाम है।[187] सस्क्य के अनुसार इनको राजवंशी बताया गया है और इनका मूल नाम प्रज्ञाभद्र था, किन्तु सिद्धचर्या में ये तिल कूटा करते थे।[188] तारानाथ का कहना है कि ये ब्राह्मण थे और पूर्वी भारत में पैदा हुए थे। बौद्धमत में आकर ये भिक्षु हो गये किन्तु अपने क्षेत्र की एक तेलिन, योगिनी से समागम कर इन्होंने सिद्धि लाभ की। उन्हें संघ से निकाल दिया गया। अन्त में इन्हें सहज विद्या की अनुभूति हुई।[189] कुछ विद्वानों ने यह भी बताया है कि इनका यवनों से घोर विरोध था किन्तु उसका कोई प्रमाण नहीं दिया है।[190]

जिन सिद्धों की कुछ भी अपभ्रंश रचनाएँ वज्रयानी दोहों या चर्यापदों के रूप में उपलब्ध हैं उनके जीवन-वृत्त के विषय में उल्लेखनीय तथ्य इतने ही हैं। इसके अतिरिक्त शैव सम्प्रदाय के ग्रन्थों तथा विभिन्न अनुश्रुति-परम्पराओं में इनके जीवन की जो विभिन्न गाथाएँ मिलती हैं उनमें ऐतिहासिक दृष्टि से उल्लेखनीय तथ्य लगभग नहीं के बराबर हैं।

■■

ग

साधना-केन्द्र तथा राज्याश्रय

सिद्धपीठ—इन सिद्धों की साधना के कुछ विशिष्ट केन्द्र देश के विभिन्न भागों में थे जिनका अतुल माहात्म्य तान्त्रिक परम्परा में माना गया है। ऐसे केन्द्रों को सिद्धपीठ कहा गया है। इन पीठों के अतिरिक्त उपपीठ, क्षेत्र तथा सन्दोह भी बताये गये हैं जो साधना के गौण केन्द्र थे। इन सिद्धपीठों की संख्या तथा नामों में कुछ मतभेद है। बागची ने दो परम्पराओं का उल्लेख किया है। एक के अनुसार जालन्धर, ओडियान, अर्बुद तथा पूर्णगिरि और दूसरी के अनुसार जालन्धर, ओडियान, कामरूप तथा पूर्णगिरि ये चार प्रमुख सिद्धपीठ माने गये हैं।[1] साधनमाला में ओडियान, पूर्णगिरि, कामाख्या और श्रीहट्ट इन चार पीठों का उल्लेख मिलता है।[2] तान्त्रिक साधना-पद्धति में इन पीठों की स्थिति शरीर के अन्दर भी परिकल्पित की गयी थी और उसी प्रसंग में चर्यापदों में हमें ओडियान तथा कामरूप का उल्लेख मिलता है।[3] इससे ज्ञात होता है कि इनके साधना-

केन्द्रों में ओडियान तथा कामरूप का विशेष माहात्म्य था और जालन्धर, पूर्णगिरि, अर्बुद तथा श्रीहट्ट का गौण महत्त्व था क्योंकि पहले दोनों पीठों को महासुख-चक्र माना गया है।[4]

विद्वानों के मतानुसार श्रीहट्ट, आसाम का वर्तमान सिलहट है तथा अर्बुद आबू पर्वत का पुराना नाम है। पूर्णगिरि के विषय में दो अनुमान हैं। कुछ लोग उसे महाराष्ट्र का पूना मानते हैं और एक मत यह है कि यह आसाम प्रान्त में स्थित पुण्यतीर्थ का ही पुराना नाम है।[5] पूना भी तान्त्रिक परम्परा से सम्बद्ध रहा है इसके कई प्रमाण मिलते हैं। सरहपा ने महामुद्रा की साधना महाराष्ट्र में ही सम्पन्न की थी अतः महाराष्ट्र में पहले ही से तान्त्रिक परम्परा के अस्तित्व का अनुमान किया जा सकता है।[6] नाथ सम्प्रदाय की परम्परा भी पूना से सम्बद्ध थी और गोरख के शिष्य सक्करनाथ ने अपना केन्द्र पूना में स्थापित किया था[7] अतः पूना तथा महाराष्ट्र तान्त्रिक और योग-साधनाओं के केन्द्र रहे हैं।

जालन्धर निस्सन्देह पंजाब में स्थित था क्योंकि तिब्बती अनुश्रुतियों में उसका जैसा उल्लेख है वह स्पष्ट आधुनिक जालन्धर के निकट ही उसकी स्थिति का प्रमाण प्रस्तुत करता है। वह महान् सिद्ध जालन्धरपा की साधना का केन्द्रस्थल था। जालन्धर सिन्धु प्रदेश के निवासी थे। उन्होंने ओडियान में जाकर महाराजा इन्द्रभूति की साधना-पद्धति अपनाकर हेरुक की साधना की थी और फिर आकर जालन्धर में बस गये थे। उसका वर्णन करते हुए तारानाथ कहता है कि जालन्धर देश में पर्वतों तथा झरनों से ज्वाला निकलती है। आज भी काँगड़ा में ज्वालामुखी है और वहाँ इसी नाम की तान्त्रिक देवी भी हैं। ओडियान भी जैसा हम आगे देखेंगे स्वात घाटी में स्थित एक तन्त्रप्रधान प्रान्त था। जालन्धर प्रदेश में ही बसने के कारण उनका नाम जालन्धरपा पड़ गया था।[8] नाथ सम्प्रदाय के बारह पन्थों में से तीन पन्थों के केन्द्र अबोहर, गुरुदासपुर तथा झेलम में अब भी पाये जाते हैं। झेलम प्रान्त में गोरख-टीला योगियों का केन्द्र है। अतः वह क्षेत्र भी तान्त्रिकों तथा योगियों का केन्द्र रहा है।[9]

कामाख्या या कामरूप बहुत प्राचीनकाल से तन्त्र-साधनाओं का केन्द्र रहा है। परिणामस्वरूप समस्त भारत की जनश्रुतियों में कामरूप कामाच्छा का जादू भयंकर माना गया है। कामरूप आसाम में गौहाटी के निकट ही स्थित है। युवान च्वांग के यात्रा-विवरण से पता चलता है कि कामरूप में बौद्ध तन्त्रों का प्रभाव कुछ बाद में पड़ा है। 7वीं शती में वहाँ के लोग व्यापक रूप से बौद्धधर्म से अपरिचित थे। वे देवों की पूजा करते थे। कुछ बौद्ध थे किन्तु वे राजभय से गुह्यसाधनाएँ ही करते थे। शालस्तम्भी वंश के राजा (700-1000 ई.) बौद्धधर्म को बहुत पसन्द नहीं करते थे। उनके उपास्य भगवान् कामेश्वर तथा महागौरी थे।[10] उनके भी पहले मौर्य राजाओं के बौद्ध होने के

कारण बहुत-से ब्राह्मण मध्यदेश से आसाम में आकर बस गये थे और इसी कारण आसाम की भाषा पर भी मध्यदेश का प्रभाव अधिक था। युवान च्वांग ने भी इसकी साक्षी दी है।[11] कामाख्या तथा कामरूप में निस्सन्देह शैव प्रभाव अधिक था और जैसा हम आगे चलकर देखेंगे कि कामरूप वह प्रमुख केन्द्र था जहाँ शैव तथा बौद्ध साधनाएँ बहुत निकट आयीं और बौद्ध तन्त्रों ने प्रचुर मात्रा में शैव प्रभाव ग्रहण किया।

शैव केन्द्र होते हुए भी बहुत-से बौद्ध साधकों ने प्रच्छन्न वेश में वहाँ जाकर तन्त्रों के रहस्य की शिक्षा ली। तारानाथ ने कुसलीभद्र नामक बौद्ध तन्त्राचार्य की कथा लिखी है जो मेवाड़ के रहनेवाले थे। तीर्थिकों से निराश होकर वे गया में बौद्धधर्म में दीक्षित हुए तथा ब्राह्मण का वेश बनाकर कामरूप गये। वहाँ उन्होंने सभी गुह्य विद्याएँ सीख लीं और वहाँ के किसी कर्ण नामक राजा ने तीर्थिकों और बौद्धभिक्षुकों का विवाद कराया तो उन्होंने कामरूप की गुह्य विद्या के साथ-साथ बौद्ध धरणियों का प्रयोग कर अबौद्धों को परास्त कर दिया। उसके बाद कामरूप देश में बौद्धों का प्रभाव बढ़ने लगा।[12] बाद में मीननाथ (?) मत्स्येन्द्रनाथ (?) अथवा लुईपा (?) भी कामरूप में साधना करते रहे, महीधरपा तथा दारिकपा भी कामरूप के ही बताये गये हैं। गौहाटी के पास 9वीं शती तक की बौद्ध मृण्मूर्तियाँ तथा प्रस्तर मूर्तियाँ पायी गयी हैं।[13]

अन्तिम तथा सबसे महत्त्वपूर्ण सिद्धपीठ ओडियान था जिसकी भौगोलिक स्थिति के विषय में विद्वानों में काफी मतभेद है। ओडियान का उल्लेख चौथे चर्यापद में तो है ही, सरहपा का भी सम्बन्ध ओडियान से था, इसका संकेत त्रैलोक्यशंकर लोकेश्वर की साधना में मिलता है जहाँ इस साधना का प्रवर्तक सरहपा को बताया गया है और इसकी गणना ओडियान क्रम में की गयी है।[14] वज्रयान तथा तान्त्रिक साधनाओं का बड़ा घनिष्ठ सम्बन्ध ओडियान से रहा है।[15] ओडियान के राजा इन्द्रभूतिपाद तथा उनकी बहन लक्ष्मीकरा वज्रयान के प्रख्यात आचार्यों में से थे।[16] आगे इनके सिद्धान्तों तथा कृतियों का उल्लेख किया गया है। तिब्बती अनुश्रुतियों में लुईपा को उद्यान (ओडियान) के राजा का कायस्थ बताया गया है।[17] मरुप्रदेश के आचार्य महापद्मवज्र ने भी ओडियान में जाकर महासिद्धि लाभ की थी।[18] इनके अतिरिक्त अश्वपाद, वज्रघण्टा, कम्बलाम्बरपाद, बुद्ध-श्रीज्ञान, बुद्ध-श्री शान्ति ललितवज्र तथा शान्तिगुप्त आदि बौद्ध तन्त्राचार्यों ने या तो ओडियान में जाकर साधना की थी या वहाँ से बहुत गुह्य तन्त्र और अनुष्ठान लाये थे और पूर्वी देशों में उनका प्रचार किया था।[19] इससे स्पष्ट ज्ञात होता है कि ओडियान सिद्धों की साधनाओं का प्रमुख केन्द्र रहा। डॉ. विनयतोष भट्टाचार्य भी तान्त्रिक पद्धतियों का उद्गम स्थान ओडियान को ही मानते हैं।[20]

महामहोपाध्याय हरप्रसाद शास्त्री ने ओडियान को उड़ीसा माना है। उन्हीं के अनुसरण में श्री राहुल सांकृत्यायन तथा श्री परशुराम चतुर्वेदी ने भी इन्द्र को उड़ीसा का राजा माना है।[21] किन्तु तारानाथ ने स्पष्टतः उड़ीसा का पृथक् उल्लेख किया है। उसके

लिए 'ओडिवीसा' शब्द का प्रयोग किया है।[22] साथ-ही-साथ उद्यान या ओडियान को तारानाथ ने पश्चिमी प्रान्त बताया है। डॉ. विनयतोष भट्टाचार्य का विशेष आग्रह ओडियान को बंगाल में ही मानने का है और अधिक-से-अधिक वे उसे आसाम में मान सकते हैं।[23] किन्तु उनके सभी तर्कों का समुचित उत्तर डॉ. बागची ने दिया है और ओडियान के पश्चिमोत्तर प्रदेश में ही स्थित होने का समर्थन किया है।[24] इसके लिए उन्होंने चीनी ग्रन्थों, हेवज्रतन्त्र तथा रोमक सिद्धान्त, कुशान काल के शिलालेखों के अकाट्य प्रमाण प्रस्तुत किये हैं। साथ ही इन्द्रभूति, लक्ष्मीकरा, शान्तिरक्षित तथा पद्मसम्भव के पारिवारिक सम्बन्धों पर प्रकाश डालते हुए डॉ. बागची ने शान्तिरक्षित के जन्मस्थान जहोर को भी पाश्चात्य प्रदेश में बताया है। कहा जाता है कि पद्मसम्भव इन्द्रभूति के पुत्र, लक्ष्मीकरा के भ्रातृ-पुत्र तथा शान्तिरक्षित के भगिनी-पति थे। शान्तिरक्षित जहोर के निवासी थे जहाँ कि लंकापुरी नामक धर्मस्थल था जिसे इन्द्रभूति देखने गये थे।[25]

इस लंकापुरी का उल्लेख चर्यापदों में भी मिलता है। सरहपा वज्र मार्ग का परित्याग कर सहज पथ ग्रहण करने का उपदेश करते हैं और समीप ही बोधि प्राप्त करने के बाद लंका जाकर साधना करने को व्यर्थ मानते हैं।[26] यदि यह लंका (जहोर) बंगाल में ही होता तो सरहपा जिन्होंने पूर्वी भारत में चर्यापद गाये, वे इसका उल्लेख दूरवर्ती स्थान के रूप में न करते। बाह्य प्रमाण भी ऐसे मिलते हैं कि पश्चिमोत्तर प्रदेश में लंका नामक कोई प्रान्त अवश्य था। ह्वेनसांग उसी प्रदेश में लंग-कि-लो नामक प्रदेश का वर्णन करता है जहाँ 100 बौद्ध विहार थे। डेरागाजी खाँ में भी लंग नामक उपजाति बसी है जो मूलतः जाट माने जाते हैं। अतः कहा जा सकता है कि चर्यापदों में उल्लिखित लंका सिंहलद्वीप या बंगाल का कोई स्थान न होकर ओडियान के पास पश्चिमोत्तर प्रदेश का कोई भूभाग था। लेवी तथा वैडेल ने भी ओडियान को पश्चिमोत्तर प्रदेश में स्थित माना हैं।[27] तिब्बती अनुश्रुतियों में ओडियान प्रदेश के दो भाग माने गये हैं, एक शम्भल तथा दूसरा लंकापुरी। शम्भल का राजा इन्द्रभूति था और लंकापुरी का जलेन्द्र। जलेन्द्र के पुत्र से लक्ष्मीकरा का विवाह हुआ था।[28] बौद्ध तन्त्रों में शम्भल प्रदेश को सीता नदी के तट पर माना गया है[29] और तन्त्रों का प्रथम उपदेश भी वहीं माना गया है।

इन पीठों के अतिरिक्त कहीं-कहीं श्रीपर्वत को वज्रयानी साधनाओं का केन्द्र बताया गया है। यह श्रीपर्वत दक्षिण में था और तारानाथ के अनुसार नागार्जुन ने वहाँ साधनाएँ की थीं।[30] 'मालती माधव' में भी श्रीशैल को बौद्ध कापालिक साधनाओं का केन्द्र माना गया है। तिब्बत तथा चीन से तो इन सिद्धों का विशेष सम्बन्ध था ही जिस पर बाद में विचार करेंगे।[31]

इस प्रकार हम इस परिणाम पर पहुँचते हैं कि यद्यपि इन सिद्धों का मुख्य केन्द्र पूर्वी भारत में था किन्तु इनके साधना-स्थल समस्त भारत में फैले हुए थे। एक बात

विशेष उल्लेखनीय है। मध्यदेश में इनके किसी प्रमुख साधना-केन्द्र का उल्लेख नहीं मिलता है। अधिकांश तन्त्रपीठ उन प्रान्तों में हैं जो बहिरंग प्रदेश माने जाते हैं और पूर्वागत आर्य जातियों के निवास-स्थल हैं। महाराष्ट्र, उत्तर-पश्चिमी भारत, बंगाल, आसाम, उड़ीसा आदि सभी प्रदेश बहिरंग प्रदेश हैं। यह तथ्य हमें ध्यान में रखना चाहिए क्योंकि तन्त्रों के विकास तथा व्रात्यों और बहिरंग आर्यों, अनार्य अनुष्ठानों और अथर्ववेद का बड़ा निकट सम्पर्क है जैसा हम आगे चलकर देखेंगे।

इन पीठों के बाद हम नालन्दा तथा विक्रमशिला पर भी थोड़ा विचार कर लें क्योंकि ये दोनों विद्यापीठ बौद्ध शिक्षा और तन्त्रों के विकास से बहुत सम्बन्धित रहे हैं। सरहपा, नागार्जुन, मैत्रीगुप्त, विरूपा आदि कितने ही सिद्धाचार्य नालन्दा के आचार्य रहे हैं।[32] नालन्दा के विषय में बहुत खोज हो चुकी है और हमें उसके विस्तार में जाने की आवश्यकता नहीं है। यह गौतम तथा महावीर के पहले से विद्या का प्रख्यात केन्द्र था। धर्मपाल, देवपाल आदि पालवंशी राजाओं ने इसको सदैव सहायता दी थी। बख्तियार खिलजी ने इसका विनाश किया और बहुत-से बौद्धभिक्षु तिब्बत भाग गये। इसके खँडहर विहार प्रान्त में बिहार शरीफ के निकट पाये गये हैं।[33]

नालन्दा विश्वविद्यालय में सम्भवतः प्रारम्भिक काल में रूढ़िवादी पारमितानय का विशेष प्रभाव था और तान्त्रिक पद्धतियों को स्वीकृति नहीं मिल पायी थी। सरहपा तथा विरूपा के नालन्दा छोड़ने का भी यही कारण बताया जाता है किन्तु बाद में नारोपा के समय में नालन्दा में न केवल गुह्य पद्धतियों और सहज पद्धति का प्रचार हो गया था, वरन् कालचक्र-पद्धति भी नालन्दा में स्वीकृत हो गयी थी।[34]

विक्रमशील या विक्रमशिला विहार पाल राजाओं ने ही स्थापित किया था और तन्त्रों की शिक्षा और प्रचार विक्रमशील में अधिक हुआ है। विक्रमशील की स्थापना धर्मपाल ने की थी।[35] मगध में पर्वत शिखर पर यह विहार था जिसमें एक केन्द्रीय तथा 100 मन्दिर चतुर्दिक् थे और उसमें 114 आचार्य विभिन्न पद्धतियों की शिक्षा देते थे।[36] नेपाली दन्तकथाओं में विक्रमशील को काशी के निकट बताया गया है।[37] किन्तु अनुमान यह किया गया है कि विक्रमशील भागलपुर के निकट पाथरघाटा नामक स्थान में था किन्तु अभी इसका निर्णय नहीं हो पाया है।[38] कालान्तर में विक्रमशील विहार नालन्दा से भी श्रेष्ठतर हो गया था। दीपङ्कर श्रीज्ञान विक्रमशील विहार के ही छात्र थे। बौद्ध तन्त्रों के तिब्बती अनुवाद का बहुत-सा कार्य यहीं सम्पन्न हुआ था।[39] विक्रमशील के अतिरिक्त सोमपुरी, उदन्तपुरी या ओडन्तपुरी के जीर्णोद्धार, जगद्दल आदि विहारों की स्थापना का भी उल्लेख मिलता है। इससे स्पष्ट है कि बाद में बौद्ध तन्त्रों का प्रमुख केन्द्र पूर्वी भारत हो गया था। किमूरा ने भी तन्त्रयान का उद्भव अयोध्या में माना है क्योंकि असंग अयोध्या के थे। कुमारगुप्त की माता ने योगाचार को प्रश्रय दिया था और

उधर से यह तान्त्रिक बौद्धधर्म पूर्वी भारत की ओर फैलने लगा। गुप्त वंश के शक्रादित्य तथा बुद्धगुप्त के समय ही नालन्दा बौद्धधर्म का केन्द्र हो गया था और पालवंशी राजा महीपाल के समय तक रहा। उसके बाद विक्रमशील की ख्याति बढ़ी और 10वीं से 12वीं शती तक विक्रमशील बौद्ध तन्त्रों का केन्द्र रहा।[40] इस बीच में राज्याश्रय तथा राजधर्म ने सिद्धों की परम्परा तथा बौद्ध तन्त्रों के उद्‌भव, प्रचार तथा ह्रास को विशेषतया प्रभावित किया है अतः पूर्वी भारत की राजनीतिक परिस्थिति पर दृष्टि डालते हुए बौद्ध धर्मावलम्बी पालवंश का थोड़ा-सा परिचय प्राप्त कर लेना आवश्यक है जिसने सिद्धों को राज्याश्रय प्रदान किया था।

सिद्धों की समकालीन राजनीतिक परिस्थिति को भलीभाँति समझने के लिए हर्ष और शशांक की प्रतिद्वन्द्विता का थोड़ा-सा इतिहास जान लेना अत्यन्त आवश्यक है। इसलिए नहीं कि वह एक पूर्वीय तथा एक मध्यदेशीय सम्राट् की प्रतिद्वन्द्विता थी वरन् इसलिए कि उस प्रतिद्वन्द्विता के मूल में शैव और बौद्ध प्रतिद्वन्द्विता भी थी। महाराजा हर्ष के समकक्ष प्रतिद्वन्द्वियों में गौड़ देश के राजा शशांक का नाम सर्वप्रथम आता है और लगभग सभी इतिहासकार इस विषय में सहमत हैं कि शशांक का व्यक्तित्व भारतीय इतिहास में अद्‌भुत है।

शशांक के प्रारम्भिक जीवन के विषय में अधिक नहीं ज्ञात होता। पहले वह सम्भवतः महासामन्त था किन्तु 606 ई. के कुछ पूर्व वह सम्राट् पद पर आसीन हो चुका था और बंगाल, उड़ीसा तथा मगध उसकी अधीनता में थे।[41] कुछ प्रमाण ऐसे भी मिले हैं कि उसका साम्राज्य पश्चिम में काशी तक फैला हआ था।[42] शशांक की मुख्य चिन्ता यह थी कि वह कन्नौज के मौखरी शासकों से अपने राज्य की रक्षा करे। मौखरी शासक ग्रहवर्मन ने हर्ष की बहन राज्यश्री से विवाह कर थानेश्वर से भी निकट का सम्बन्ध स्थापित कर लिया था। उस समय थानेश्वर में हर्ष के पिता की मृत्यु के उपरान्त उनके बड़े भाई राज्यवर्द्धन सिंहासन पर बैठे थे।[43]

शशांक ने मालवा के शासक देवगुप्त से सन्धि की और जब प्रभाकरवर्द्धन अस्वस्थ थे उसी समय देवगुप्त ने कन्नौज पर आक्रमण कर ग्रहवर्मन की हत्या कर डाली और राज्यश्री को कैद कर लिया। यह समाचार थानेश्वर तक पहुँचा जब प्रभाकरवर्द्धन की मृत्यु के उपरान्त राज्यवर्द्धन ने शासन-सूत्र ग्रहण किया था। राज्यवर्द्धन, हर्ष को शासन प्रबन्ध सौंपकर स्वतः देवगुप्त से प्रतिशोध लेने चला किन्तु शशांक ने उसे धोखा देकर मार डाला।[44]

यहीं से शशांक और हर्ष की कटुतम शत्रुता का सूत्रपात होता है। हर्ष एक विशाल सेना लेकर शशांक को पराजित करने चला। राह में उसे कामरूप के शैव राजा भास्करवर्मन का दूत मिला। भास्करवर्मन से हर्ष की सन्धि हुई और सम्भवतः दोनों ने मिलकर शशांक को पराजित किया। किन्तु यह विजय चिरस्थायी नहीं रही क्योंकि

स्वतः ह्वेनसांग की साक्षी के अनुसार अपनी मृत्यु के समय शशांक मगध तथा गौड़ का शासक था। उसकी मृत्यु 637 या 638 ई. के लगभग हुई।[45]

शशांक बौद्धों का कट्टर शत्रु था। उसने कुशीनगर में बौद्धों का एक विहार नष्ट कर दिया था। बुद्ध के पदचिह्नोंवाला एक पत्थर गंगा में फेंकवा दिया था, बोधिवृक्ष की शाखाएँ काट डाली थीं और बुद्ध-प्रतिमा को नष्ट कर शिव-प्रतिमा की स्थापना करनी चाही थी।[46] इस प्रकार शशांक ने बौद्धों पर बहुत अत्याचार किये थे।

शशांक की मृत्यु के उपरान्त कर्णसुवर्ण व गौड़ को महाराज हर्ष ने अपने साम्राज्य में मिलाया किन्तु बाद में उस पर कामरूप के राजा भास्करवर्मन का आधिपत्य हो गया। भास्करवर्मन शैव था। उसके दूत हंसवेग ने हर्ष को जो सन्देश दिया था उससे भी उसकी अटल शिवभक्ति झलकती है।[47] किन्तु वह शशांक की भाँति अनुदार और संकीर्ण नहीं था और बौद्धों का आदर करता था।[48] कहा जाता है भास्करवर्मन के वंश का चीन से भी कुछ सम्बन्ध था और उसने एक चीनी यात्री से ताओ मत सम्बन्धी कुछ साहित्य भी चीन से मँगवाया था।[49] इस ताओ मत से सहज साधना का भी कुछ सम्बन्ध बताया जाता है जिस पर हम आगे विचार करेंगे। भास्करवर्मन के बाद कामरूप से शालस्तम्भी वंश की स्थापना हुई किन्तु वह बहुत निर्बल वंश था। अधिकांश पूर्वी भारत में उसके बाद किसी भी सबल और सशक्त राजसत्ता का इतिहास नहीं मिलता। कभी-कभी पश्चिमी या पश्चिमोत्तर प्रदेश के राजा पूर्वी भारत पर आक्रमण करते थे किन्तु वे कुछ दिनों के बाद लौट जाते थे और पूर्ववत् अराजकता फैल जाती थी। ऐसे दिग्विजयी शासकों में कन्नौज के शासक यशोवर्मन तथा काश्मीर का राजा ललितादित्य था।[50] तारानाथ का कहना है कि पालवंश की स्थापना के पहले बंगाल में चन्द्रवंश के राजाओं का आधिपत्य था और यशोवर्मन के आक्रमण के समय ललितचन्द्र गौड़ का राजा था। इस पर हम आगे विचार करेंगे।

किन्तु इस काल में पूर्वी भारत की सबसे महत्त्वपूर्ण घटना पालवंश की स्थापना है। इसलिए ही नहीं कि पालवंशी राजाओं ने शशांक के भयानक अत्याचार के बाद खुलेआम बौद्धों और सहजयानी सिद्धों को प्रश्रय दिया, वरन् इसलिए भी कि वे जनता द्वारा चुने गये थे, निम्न वर्ग से उठे थे और यह तथ्य उस समय की जनता की अतुल शक्ति और प्रभाव का परिचायक है।

उस समय अराजकता फैली हुई थी। गौड़ तथा वंग में कोई भी राजा नहीं था। प्रत्येक ब्राह्मण, क्षत्रिय और वैश्य अपने-अपने घर में राजा थे।[51] इसी को पालों के एक शिलालेख में मत्स्य-न्याय की संज्ञा दी गयी है जहाँ केवल बलवान् को ही समाज में अनुकूल परिस्थितियाँ मिल पाती थीं। ऐसी अवस्था में एक अद्भुत घटना हुई। जनता ने स्वतः एक योद्धा को पूर्वी भारत का शासक चुन लिया ताकि वह इस समस्त

अराजकता (मत्स्य-न्याय) को समाप्त कर सके।[52] गोपाल के पुत्र धर्मपाल के शासन के 32वें वर्ष में एक ताम्रलेख पर यह घटना अंकित करायी गयी। इसमें स्पष्ट कहा गया है कि मत्स्य-न्याय को समाप्त करने के लिए श्रीगोपाल 'प्रकृतियों' द्वारा शासक चुना गया। प्रकृतियों का अर्थ कुछ विद्वान् राज्यकर्मचारी भी लेते हैं किन्तु अब यह सिद्ध किया जा चुका है कि इसका अर्थ यहाँ जनता ही है।[53] गोपाल वप्पट नामक किसी शूरवीर योद्धा का पुत्र था।

गोपाल की जाति के विषय में काफी मतभेद है। तारानाथ ने उसे क्षत्रिय बताया है। कुछ प्राचीन उल्लेख उसे सूर्यकुल अथवा समुद्रवंश से उद्भूत बताते हैं, किन्तु यह बाद की कथाएँ जान पड़ती हैं।[54] मंजुश्री-मूलकल्प में गोपाल की जाति का स्पष्ट उल्लेख है और उसे 'दास जीविनः' बताया गया है।[55] किन्तु यह पालवंश का ही गोपाल है इसमें सन्देह है क्योंकि उसी ग्रन्थ में गोपाल के राज्य में बौद्धधर्म का विनाश बताया गया है। अबुल फज्ल ने गोपाल को कायस्थ बताया है।

इसमें चाहे गोपाल की वास्तविक जाति का पता न लगे किन्तु वे किसी उच्च कुल या जाति के भी नहीं थे इसका आभास अवश्य मिलता है। सम्भवतः इसीलिए उन्होंने अपने शासनकाल में लोकप्रचलित तन्त्रों को प्रश्रय दिया, बौद्धधर्म को आश्रय दिया, नये लोकहित के नियम बनाये और लोक-कला को भी प्रश्रय दिया जिस पर हम सामाजिक पृष्ठभूमि के अन्तर्गत विचार करेंगे।

गोपाल के अभिषेक की तिथि लगभग 750 ई. अनुमानित की गयी है। 770 ई. में गोपाल का पुत्र धर्मपाल गद्दी पर बैठा।[56] धर्मपाल का शासनकाल धार्मिक और राजनीतिक दोनों दृष्टि से बहुत महत्त्वपूर्ण है। तारानाथ का कहना है[57] कि धर्मपाल ने अपनी तथा अपनी पत्नी के वजन के बराबर सोना बौद्धों को दान किया, उनके लिए एक नये बौद्ध विहार विक्रमशील की स्थापना की। पुराने विहार सोमपुरी का पुनरुद्धार किया। अन्य कितने ही बौद्ध हित के कार्यों का उल्लेख मिलता है।[58]

धर्मपाल के समय में भारत में दो राज्यशक्तियाँ और बलवती हो उठी थीं, एक तो दक्षिण के राष्ट्रकूट तथा उत्तर में गुर्जर के प्रतिहार। राष्ट्रकूटों ने 753 ई. के लगभग चालुक्यों से शक्ति अपहृत कर ली थी और राष्ट्रकूटवंशी ध्रुव (780-794 ई.) ने कन्नौज पर आक्रमण कर दिया।[59] गुर्जर के प्रतिहार और पूर्वी भारत के पाल भी आपस में युद्ध कर रहे थे। प्रतिहार वत्सराज (783-846 ई.) राजस्थान और मालवा जीतकर पूर्वी भारत की ओर बढ़ा आ रहा था और पाल राजा भी कन्नौज की ओर बढ़ रहा था। दोआब में कहीं दोनों का युद्ध हुआ और धर्मपाल पराजित हुआ। किन्तु उसी के बाद राष्ट्रकूटवंशी ध्रुव ने प्रतिहारों को हराया और कन्नौज में एक दरबार किया। किन्तु बाद में वह दक्षिण लौट गया। वत्सराज उस समय मरुस्थल में भटक रहा था अतः ध्रुव के

बाद धर्मपाल ने कन्नौज पर आक्रमण कर उसे जीता और चक्रायुध को वहाँ का सामन्त नियुक्त किया।[60] खलीमपुर ताम्रलेख से ज्ञात होता है कि उस दरबार में भोज, मत्स्य, मद्र, कुरु, यदु, यवन, अवन्ति, गान्धार और कीर के भी सामन्त प्रतिनिधि उपस्थित थे।[61]

किन्तु प्रतिहारों ने हार नहीं मानी थी। वत्सराज के पुत्र नागभट्ट द्वितीय ने फिर कन्नौज पर आक्रमण किया[62] और सम्भवतः मुँगेर के निकट धर्मपाल को बुरी तरह पराजित किया। किन्तु फिर इतिहास ने अपने को दोहराया और दक्षिण से राष्ट्रकूट गोविन्द तृतीय ने उत्तर भारत आकर नागभट्ट को पराजित किया।[63] चक्रायुध तथा धर्मपाल दोनों ने उसको आत्मसमर्पण किया और उसके उपरान्त गोविन्द तृतीय लौट गया।[64] किन्तु इससे धर्मपाल का पूर्व भारतीय साम्राज्य यथापूर्व समृद्ध रहा और उसने 'परमेश्वर-परमभट्टारक-महाराजाधिराज' की उपाधि धारण की।[65]

धर्मपाल के उपरान्त देवपाल 810 ई. में गद्दी पर बैठा। उसने अपने समय में कामरूप तथा उत्कल के राजाओं को अपने अधीन कर लिया और कभी-कभी प्रतिहारों से भी मोर्चा लेता रहा। जावा-सुमात्रा के शासक ने उसके दरबार में अपना दूत भेजा था। देवपाल का शासनकाल (810-850 ई.) पाल-साम्राज्य का स्वर्णकाल था।[66]

इसके बाद पालों की प्रतिष्ठा का ह्रास आरम्भ हुआ।[67] प्रतिहारों की शक्ति बढ़ी और भोज ने मगध का पश्चिमी अंश तक जीत लिया।[68] इसमें भोज को गहलौत सामन्तों और कल्चुरि नरेश ने भी सहायता दी थी। भोज के उत्तराधिकारी महेन्द्रपाल ने समस्त मगध को प्रतिहार साम्राज्य में मिला लिया। बाद में राज्यपाल ने राष्ट्रकूट कन्या मान्यदेवी से विवाह कर अपनी स्थिति सुदृढ़ बनाने का प्रयास किया किन्तु उसी समय प्रतिहारों से भी अधिक प्रबल चन्देलवंश का उदय हुआ जिसके प्रख्यात शासक यशोवर्मन ने हिमालय से मालवा और काश्मीर से बंगाल तक अपना राज्य स्थापित कर लिया। कालिंजर के किले को जीतकर उसने अपनी स्थिति दृढ़तम बना ली। उसके पुत्र धंग (954-1000 ई.) ने तो राढ़ तथा अंग की रानियों को कैद कर लिया था, ऐसा उल्लेख भी मिलता है।[69]

पालवंश के ह्रासकाल में एक अन्य राजवंश का उल्लेख मिलता है जिसके राजाओं के नाम के आगे चन्द्र जुड़ा रहता है। तारानाथ तो चन्द्रवंशी राजाओं को पालों के पूर्व का बताते हैं किन्तु इसका कोई भी ऐतिहासिक प्रमाण नहीं मिलता।[70] किन्तु बर्मी अराकान प्रदेश में 7वीं शती के कुछ सिक्के मिले हैं जो किन्हीं चन्द्र नामवाले राजाओं के हैं। बंगाल के चन्द्र राजाओं की वंशानुक्रमणी इस प्रकार मिली है—पूर्णचन्द्र, सुवर्णचन्द्र, त्रैलोक्यचन्द्र, श्रीचन्द्र।[71] रामपाल के शिलालेख से ज्ञात होता है कि सुवर्णचन्द्र ने बौद्धधर्म स्वीकार कर लिया था और उसके बाद अपने को 'परम-सौगत'

लिखने लगे थे।[72] किन्तु ये शासक केवल स्थानीय शासक थे और तारानाथ के चन्द्र राजाओं से इनकी एकता नहीं सिद्ध की जा सकती। तारानाथ ने उन्हें पालों का पूर्वाधिकारी बताया है और तन्त्र ग्रन्थों में वे शम्भल के राजा कहे गये हैं।[73]

पूर्वी बंगाल के चन्द्रवंश का सम्बन्ध राजा गोपीचन्द्र और मयनामती की प्रख्यात कन्या से जोड़ा जाता है। राजा गोपीचन्द्र को तारानाथ ने चटगाँव का राजा बताया है।[74] भर्तृहरि मालवा के राजा बताये गये हैं और कुछ विद्वान् उन्हें यशोवर्मन का निकट सम्बन्धी मानते हैं।[75] इनमें से गोपीचन्द्र काण्हपा के शिष्य थे और भर्तृहरि गोरख के। यद्यपि बौद्ध परम्परा तथा शैव परम्पराओं में इस विषय में तीव्र मतभेद है जिनके विस्तार में जाना हमें अभीष्ट नहीं। तारानाथ ने यह भी लिखा है कि भरथरी (भर्तृहरि) की बहन से विमलचन्द्र ने विवाह किया था और गोविन्दचन्द्र भरथरी का भानजा था। गोविन्दचन्द्र तथा उसके पुत्र ललितचन्द्र ने सिद्धि प्राप्त की थी। ललितचन्द्र को तारानाथ ने चन्द्रवंश का अन्तिम राजा बताया है और उसी के बाद बंगाल में अराजकता तथा गोपाल के चुनाव की ओर संकेत किया है।[76] चन्द्रवंशी राजाओं तथा मालवा से उनके सम्बन्धों को सिद्ध करने के लिए ऐतिहासिक सामग्री का सर्वथा अभाव है और तारानाथ पर बहुत विश्वास नहीं किया जा सकता। किन्तु पूर्वी बंगाल में गोविन्दचन्द्र नामक राजा के अस्तित्व के तो यथेष्ट ऐतिहासिक प्रमाण मिलते हैं। जिस समय राजेन्द्र चोल ने पूर्वी भारत पर आक्रमण किया (1021 ई.) तब पूर्वी भारत में महीपाल के अतिरिक्त गोविन्दचन्द्र भी राज्य करता था। तमिल कथाओं में गोविन्दचन्द्र को घनघोर वर्षावाले बंगाल देश का नृपति बताया गया है जिसने हाथी पर सवार होकर राजेन्द्र चोल से युद्ध किया और पराजित हुआ।[77] कुछ शिलालेखों में ऐसा उल्लेख मिलता है कि कल्चुरि राजा कर्ण ने चन्द्र राजा को पराजित कर उनके स्थान पर वज्रवर्मन को प्रतिष्ठित किया और इस सन्धि को चिरस्थायी बनाने के लिए जाटवर्मन से अपनी कन्या का विवाह कर दिया। उसके उपरान्त पूर्वी बंगाल में वर्मनवंश ने राजसूत्र ग्रहण किया। वर्मन बौद्ध विरोधी थे। यह घटना 1048 ई. के पहले ही हो चुकी होगी क्योंकि उपर्युक्त शिलालेख की तिथि 1048 ई. है।[78] इस प्रकार तारानाथ द्वारा वर्णित चन्द्र राजाओं की परम्परा के ऐतिहासिक प्रमाण तो मिलते हैं किन्तु यह सन्दिग्ध है कि चन्द्रपाल पालवंश के पूर्व हुए थे।

इन राजवंशों में पालवंश ही सिद्धों का आश्रयदाता रहा है। धर्मपाल ने बौद्धों के लिए जो किया उसका उल्लेख हम कर चुके हैं। धर्मपाल का समय सिद्धों के लिए भी उत्कृष्ट रहा है। तारानाथ ने लिखा है कि 'भारत में पहले सहस्रों ऐसे ग्रन्थ थे जिनमें गुह्य विद्याएँ और तन्त्र छिपे थे किन्तु जब श्री सरहपा आविर्भूत हुए तभी वे गुह्य विद्याएँ प्रकाश में आयीं। धर्मपाल की मृत्यु तक कई सिद्ध आविर्भूत हुए...अभयङ्कर की मृत्यु तक यह परम्परा चलती रहीं।'[79] अभयङ्कर को रामपाल का समकालीन माना गया (1077 ई.)।

महीपाल के बाद से नालन्दा और विक्रमशील के बौद्ध तन्त्राचार्यों का प्रभाव राज्यसत्ता पर बहुत बढ़ रहा था। जब दीपङ्कर श्रीज्ञान स्वर्णदीप और ताम्रदीप जावा आदि घूमकर लौटे तो महीपाल ने उन्हें विक्रमशील का अध्यक्ष बनाया।[80] अतिश दीपङ्कर श्रीज्ञान तिब्बत गये और उनका इतना व्यापक प्रभाव उस समय पूर्वी एशिया में था कि कोचीन, तिब्बत, नेपाल और पूर्वी भारत के राज्य अपने राजनीतिक विग्रहों में भी उनकी मध्यस्थता स्वीकार करते थे। दीपङ्कर ने नयपाल और कर्ण के विग्रह में मध्यस्थता की थी।[81] नयपाल भी विक्रमशील के अध्यक्ष स्थविर रत्नाकर की मन्त्रणा से ही सारे काम करता था। दीपङ्कर को तिब्बत के राजा ने इसीलिए बुला भेजा था कि गुह्य तन्त्र विद्या के अतिचारों ने बुद्ध धर्म को विकृत कर डाला है और अतिश उसे आकर सुधारें। नेपाल का महाराजा भी उनका सम्मान करता था। जब तिब्बत का सम्राट् शत्रुओं द्वारा बन्दी बना लिया गया तो उसने दीपङ्कर के पास सन्देश भेजा था।[82]

इस प्रकार हम देखते हैं कि पूर्वी भारत के दोनों प्रमुख राजवंश चन्द्र और पाल सिद्धों को प्रश्रय देते थे क्योंकि दोनों राजवंश बौद्ध थे, किन्तु कालान्तर में दोनों वंशों के विस्थापन के उपरान्त जो नये राजवंश स्थापित हुए वे अबौद्ध थे, इतना ही नहीं, वे दोनों बंगाल से बाहर के थे और उन पर पाश्चात्य तथा दाक्षिणात्य प्रभाव होने के नाते हिन्दुत्व की भावना प्रबल थी। वर्मनवंश परम वैष्णव था।[83] पालवंश का उत्तराधिकार सेनवंश को मिला जो कर्णाटक से आये थे और ब्रह्म क्षत्री होने के नाते कट्टर हिन्दू थे। उनका प्रारम्भिक इतिहास अन्धकार में है किन्तु अनुमान किया गया है कि वे लोग पाल राजाओं की सेना में पदाधिकारी थे। पहला प्रख्यात सेन राजा विजयसेन हुआ (1095 अथवा 1125 ई.)। सेन राजाओं की परम्परा 13वीं शती तक चलती रही किन्तु उसी बीच में मुहम्मद बख्तियार खिलजी के आक्रमण ने पूर्वी भारत में बौद्ध प्रभाव की रीढ़ तोड़ दी। तबकात-ए-नासिरी में इस आक्रमण का बड़ा अतिरंजित वर्णन मिलता है किन्तु उसका वह अंश सर्वथा विश्वसनीय है जिसमें बख्तियार खिलजी ने मगध पर आक्रमण कर नालन्दा को धूल में मिला दिया। उसके पुस्तकालयों को जला दिया गया और हजारों बौद्ध भिक्षु तिब्बत भाग गये। उसके बाद बख्तियार खिलजी झारखण्ड होते हुए लक्ष्मणसेन की राजधानी नदिया (नवद्वीप) की ओर चला गया।[84] खिलजी द्वारा नालन्दा तथा अन्य बौद्ध विहारों के ध्वंस का समय तिब्बती तथा भारतीय प्रमाणों से 1202 ई. सिद्ध होता है।[85]

इन नये तुर्क आक्रमणकारियों से बौद्धों और विशेषतया हमारे सिद्धों का बड़ा विरोध था इसके काफी प्रमाण मिलते हैं। यद्यपि यह बात बौद्ध-परम्परा के थोड़ा विपरीत अवश्य है। पश्चिमी भारत में कई बार ऐसी घटनाएँ हुईं कि हिन्दू शासकों के विरुद्ध बौद्ध प्रजा ने बाहरी तुर्क आक्रमणकारियों को आमन्त्रण भेजकर सम्प्रदाय के पीछे देश के प्रति विश्वासघात किया। सिन्ध के बौद्धों ने हिन्दू शासकों के विरुद्ध विदेशी यवन

आक्रमणकारियों की खुली सहायता की थी।[86] किन्तु तारानाथ ने स्पष्ट लिखा है कि बाद के सिद्धों ने समय-समय पर तुर्कों का विरोध किया और उनकी पराजय में सहायता पहुँचायी। विरूपा के चमत्कारों में दो बार म्लेच्छों के विरोध का उल्लेख है। सम्राट् रामपाल के समय में विरूपा ने अपना चरणामृत उनके वन-बादल नामक हाथी को पिला दिया और उसी के कारण वे म्लेच्छों पर विजयी हुए। विरूपा ने एक ताजिक युवराज की स्वप्न में भी ताड़ना की।[87] इसी प्रकार शान्तिगुप्त ने पश्चिमी भारत में जाकर तुरुष्क, मुहम्मदी और ताजिकों को सिद्धियों द्वारा परास्त किया। उसके उपरान्त वह और भी पश्चिम की ओर गये जहाँ एक पठान ने तमाम ब्राह्मण मन्दिरों और बौद्ध विहारों को जला दिया था। केवल एक खसर्पण लोकेश्वर का बौद्ध मन्दिर अपनी शक्ति के कारण बच गया। जब ये सिद्ध उस देश में गये तो पठान राजा ने इन्हें कारागार में डाल दिया। जब जल्लाद इन्हें सूली पर चढ़ाने आया तो इन्होंने मन्त्रों से अभिषिक्त सरसों उन पर छोड़ दी जिससे वे पागल हो गये। फिर इन्होंने यमान्तक चक्र प्रवर्तन किया जिसके छह महीने के अन्दर पठान और गंगोल पराभूत हो गये और बहुत-से तुर्क युद्ध में मारे गये।[88]

तारानाथ की इन कथाओं के पीछे इतिहास कम है, लोकवार्त्ता अधिक, किन्तु इनसे इतना तो स्पष्ट ही है कि पूर्वी भारत के बौद्ध सिद्ध देशद्रोही नहीं थे। इसी का दण्ड उन्हें बख्तियार खिलजी के हाथों भुगतना पड़ा। उनकी सिद्धियाँ और चमत्कार यवनों के विरुद्ध व्यर्थ सिद्ध हुए और अन्त में बौद्धधर्म और साहित्य को तिब्बत और नेपाल मठों में आश्रय लेना पड़ा।

इस प्रकार पूर्वी भारत की राजनीतिक परिस्थिति का सिद्धों की परम्परा और विकास-क्रम में बहुत निकट का सम्बन्ध रहा है। सिद्धों का साहित्य चूँकि लौकिक न होकर धार्मिक था अतः उसमें समकालीन इतिहास का उल्लेख बिलकुल नहीं है किन्तु एक तान्त्रिक अनुष्ठान बड़ी ही रोचक शैली में एक तत्कालीन ऐतिहासिक घटना को प्रतिबिम्बित करता है। हम पहले भी देख चुके हैं कि बाहरी स्थानों और नगरों को तान्त्रिक साधना में देहस्थ मान लिया जाता था। ऐसे ही एक देहस्थ दुर्ग का नाम सिद्धों ने कालिंजर बताया है।[89] यद्यपि इस प्रसंग में सिद्धों के इस अनुष्ठान का अर्थ स्पष्ट नहीं हो पाता किन्तु चौथे चर्यापद की टीका में कालिंजर समय (समय का अर्थ यहाँ पद्धति है) को विरजानन्द से सम्बद्ध माना गया है।[90]

कालिंजर के विषय में हम पहले उल्लेख कर चुके हैं कि जनश्रुतियों में सैनिक दृष्टि से अभेद्य दुर्ग माना जाता था और उसी को जीतने के उपरान्त यशोवर्मन ने काश्मीर से बंगाल तक अपनी प्रभुता स्थापित की थी और उसके पुत्र धंग ने बंगाल को उत्पीड़ित किया था। कालिंजर की प्रसिद्धि कई शताब्दियों से फैली हुई थी। सिद्धों ने कालिंजर सम्बन्धी लोक कल्पना का उपयोग अपनी तान्त्रिक संकेत शैली में किया होगा ऐसा

अनुमान किया जा सकता है। किस प्रकार सिद्धों ने अपने प्रतीकों को तत्कालीन जीवन से चुना था इस पर विस्तृत विचार उनके साहित्य के शैली पक्ष के अध्ययन के अन्तर्गत किया गया है।

■■

घ

सामाजिक पृष्ठभूमि

इनकी समकालीन राजनीतिक परिस्थिति का विश्लेषण कर लेने के उपरान्त अब वज्रयानी बौद्ध साहित्य की सामाजिक पृष्ठभूमि का विश्लेषण कर लेना अत्यन्त आवश्यक है।

अभी तक तान्त्रिक धर्म साधनाओं और उससे सम्बद्ध साहित्य का विवेचन करनेवाले विद्वानों ने समुचित सामाजिक पृष्ठभूमि में उसका विवेचन करने का प्रयास नहीं किया है। या तो उनकी दृष्टि सर्वथा पुनरुत्थानवादी रही है और वे तन्त्रों के सारे वामाचारों को शुद्ध आध्यात्मिक व्याख्याएँ देते रहे हैं, या उनकी दृष्टि शुद्धतावादी रही है और वे इन गुह्याचारों को दबी हुई प्रवृत्तियों का उच्छृंखल और कुत्सित विद्रोह मात्र मानते रहे हैं और उनका विचार है कि वज्राचार्यों ने इन वामाचारों को केवल इसलिए अपनाया कि वे निम्नवर्ग की जनता को अपनी ओर आकर्षित करना चाहते थे। तन्त्र साहित्य के अध्येताओं में से अधिकांश का यही मत रहा है। प्रज्ञापारमिताओं के सम्पादक श्री राजेन्द्रलाल मित्र[1] तथा बौद्ध तन्त्रों पर सर्वप्रथम विस्तृत अध्ययन प्रस्तुत करनेवाले डॉ. विनयतोष भट्टाचार्य[2] दोनों ही इन बौद्ध तन्त्राचार्यों की साधनाओं को विकृत, रोगग्रस्त, अस्वस्थ और पतनोन्मुखी बताते हैं। अरविन्द आदि कुछ विद्वानों ने इन तन्त्रों में निहित सिद्धान्तों की उदात्तता और गहन आध्यात्मिकता को स्वीकृत करते हुए भी यह कहा है कि ''कालान्तर में इनमें बहुत-से ऐसे तत्त्व आकर जुड़ गये...जिनके कारण अनियन्त्रित वामाचार, असंयत सामाजिक व्यभिचार-दुराचार का मानो एक पन्थ ही चल गया।''[3]

आचार्य रामचन्द्र शुक्ल अपनी उग्र शुद्धतावादी (प्योरिटन) दृष्टि के लिए प्रख्यात थे। उन्होंने इन्हीं आचार्यों, विशेषतया भट्टाचार्य महोदय के मत का आश्रय लेते हुए, अपने इतिहास में इन सिद्धों के साहित्य को बौद्धधर्म की विकृत और अस्वस्थ अवस्था का साहित्य बताया[4] और इन सिद्धों पर यह दोषारोपण किया कि उन्होंने इस बौद्ध वामाचार को अपनी चरम सीमा पर पहुँचा दिया और न केवल स्वतः वे इस पाप पंक

में गिरे वरन् जनता को भी उसमें गिराना चाहा अतः देशी भाषा में रचना की ताकि जनता पर भी उनका संस्कार पड़ सके।[5]

इस प्रकार के मत की तर्क-शृंखला इस प्रकार है कि ये धर्म-साधनाएँ तथा इनके आचार्य पहले ही विकृत हो जाते हैं और तब वे अपनी विकृतियों को जनसाधारण में फैलाने का प्रयास करते हैं या अपने को लोकप्रिय बनाने के लिए जनसाधारण की विकृत प्रवृत्तियों को उभारकर धर्म के नाम पर उन्हें स्वेच्छाचार की अनुमति दे देते हैं। इस तर्क-शृंखला को अपनानेवाले अधिकांश विद्वानों का यह मत है कि शंकर ने उच्च वर्ग और शिक्षित जनता में से बौद्धधर्म का उच्छेद कर दिया और तब बौद्धधर्म ने निम्नवर्ग का आश्रय लेकर जादू-टोने से उसे प्रभावित करना चाहा। किन्तु जैसा हम राजनीतिक परिस्थिति के अन्तर्गत विचार कर चुके हैं, पूर्वी भारत में ये सिद्ध राजदरबारों में सम्मानित थे, राजाओं के आचार्य थे और राजनीति निर्धारण में उनका विशेष योग भी रहा करता था। कामरूप, उड़ीसा, ओडियान, मालवा आदि के राजवंश सिद्ध-साधना में प्रवृत्त हो चुके और इन्द्रभूति, लक्ष्मीकरा, दारिकपा तथा अन्य कितने ही वज्रयानी सिद्ध स्वतः राजवंश से आये थे।

वास्तव में इसके सम्यक् निरूपण के लिए हमें यह मानकर चलना होगा कि धर्म-साधनाओं का विकास और उनका रूप-गठन तत्कालीन सामाजिक व्यवस्था से बहुत अधिक प्रभावित होता है और धर्म-साधनाओं के परीक्षण और विश्लेषण के लिए तत्कालीन सामाजिक व्यवस्था का विश्लेषण अनिवार्य है। 19वीं शती के जिन चिन्तकों ने इतिहास के सामाजिक मूल्यांकन की नयी कसौटी प्रस्तुत की है उनमें से एंजेल्स का मत अधिक वैज्ञानिक है। उसका कथन है कि मध्ययुग में समाजशास्त्र, दर्शन, न्याय सभी-कुछ धर्म-साधना के अंग बन चुके थे। अतः प्रत्येक सामाजिक और राजनीतिक जन-आन्दोलन उस समय धर्म-साधना का रूप लेकर आता था और संसार के ऐसे धर्मों में, जो जन-आन्दोलन की अभिव्यक्ति बनकर आये हैं[6] एंजेल्स ने सर्वाधिक प्रमुखता बौद्धधर्म को दी है।[7]

इस प्रकार के प्रत्येक धार्मिक सम्प्रदाय के विकास की प्रगति द्वन्द्वात्मक होती है। एक तो उसमें परम्परा का सूत्र होता है और उसके अनुसार वह चिन्ताधारा अपने पूर्ववर्ती आचार्यों के विचारों को ग्रहण करती है और अपने को उन्हीं की रूपरेखाओं के अन्तर्गत रखती है। दूसरे वह अपने युग की आवश्यकताओं से प्रभावित होती है, लोकपक्ष के प्रभावों को आत्मसात् करती है। जो चिन्ताधारा जीवित और जागरूक होती है वह लोकपक्ष के प्रभावों को गहनता से आत्मसात् करती है और परम्परागत दर्शन को नयी कल्पनाओं, नयी तर्क-शृंखलाओं से लोकमत के अनुरूप बनाने का प्रयास करती है।

लोकमत का प्रभाव—सिद्धों के साहित्य का अध्ययन करते हुए सबसे पहले आचार्य हजारीप्रसाद द्विवेदी ने सिद्ध-साहित्य के मूल्यांकन में लोकपक्ष के महत्त्व की

ओर संकेत किया है। वे उन आचार्यों से अपना विरोध प्रकट करते हैं जो लोकचिन्ता को शास्त्रीय दृष्टिकोण से मापकर यह कहते हैं कि यदि अमुक सम्प्रदाय लोकप्रियता की ओर बढ़ा तो उसका अधःपतन हो गया। वे लोकचिन्ता को मापदण्ड बनाकर उसी पर सम्प्रदायों के विकास और संस्कृति तथा साहित्य की प्रगति का मूल्यांकन करना चाहते हैं–"इस प्रकार महायान सम्प्रदाय या यों कहिये कि भारतीय बौद्ध सम्प्रदाय सन् ईस्वी के आरम्भ से ही लोकमत की प्रधानता स्वीकार करता गया। यहाँ तक कि अन्त में जाकर लोकमत में घुल-मिलकर लुप्त हो गया। सन् ईस्वी के हजार वर्ष बाद तक यह अवस्था सभी सम्प्रदायों, शास्त्रों और मतों की हुई। मुसलमानी संसर्ग से उसका कोई सम्पर्क नहीं है। हजार वर्ष पहले से वे ज्ञानियों और पण्डितों के ऊँचे आसन से उतरकर अपनी असली प्रतिष्ठा-भूमि लोकमत की ओर आने लगे थे। उसी की स्वाभाविक परिणति इस रूप में हुई। उसी स्वाभाविक परिणति का मूर्त प्रतीक हिन्दी साहित्य है। मैं इसी रास्ते सोचने का प्रस्ताव करता हूँ। मतों, आचार्यों, सम्प्रदायों और दार्शनिक चिन्ताओं के मानदण्ड से लोकचिन्ता को नहीं मापना चाहता बल्कि लोकचिन्ता की अपेक्षा में उन्हें देखने की सिफारिश कर रहा हूँ।"[8]

बौद्धधर्म तथा लोकमत–वास्तव में लोकमत की सापेक्षता में सामान्यतया सम्पूर्ण बौद्धधर्म और विशेषतया सिद्धों की चिन्तना का विश्लेषण करने का डॉ. द्विवेदी का आग्रह सर्वथा वैज्ञानिक है। लगभग सभी इतिहासकार इस बात को स्वीकार कर चुके हैं। भारतीय इतिहास की प्रगति में भी एक द्वन्द्वात्मकता रही है और उच्चवर्गीय पाण्डित्यपूर्ण विचार-परम्परा के विरुद्ध समय-समय पर व्यापक लोक-जीवन विद्रोह करता रहा है और नये धार्मिक विचारों के रूप में अपने को प्रतिष्ठित करता रहा है। समकालीन अंग्रेज इतिहासकारों के इण्डालोजिस्ट ग्रूप के प्रमुख सदस्य जॉन इर्विन का मत है कि भारतीय इतिहास में ऐसे समय आते रहे हैं जब आर्य लोग अपनी आत्मसात् कर लेने की प्रवृत्ति को खो देते रहे हैं और परिणाम यह होता था कि ब्राह्मणों की सत्ता निर्ममता से जनसाधारण पर लाद दी जाती थी। जनता पहले से अधिक दमन की शिकार होती थी। ऐसी परिस्थितियों में संकट आना अनिवार्य था। दलित जनशक्तियाँ परम्परागत रूढ़ियों के स्तर के नीचे-ही-नीचे वेग से संगठित होने लगती थीं और एक खुले विद्रोह की भूमिका प्रस्तुत करने लगती थीं। बौद्धधर्म का भी प्रारम्भिक इतिहास यही था। ब्राह्मण कर्मकाण्ड के विरुद्ध उसने जनव्यापी विद्रोह का रूप ग्रहण किया और विगत सामूहिक जीवन की प्रत्यागत स्मृति का आश्रय ग्रहण कर सारे भारत में फैल गया।[9]

राहुल जी का मत–इस दृष्टि से सिद्धों के साहित्य की सामाजिक पृष्ठभूमि का मूल्यांकन आवश्यक है और यह देखना है कि उस समय लोकमत प्रबल था अथवा दुर्बल और उसने सिद्ध-साहित्य में अपने को प्रगतियुक्त विद्रोह के रूप में अभिव्यक्त किया है या दुर्बल ह्रासोन्मुखता के रूप में।

हिन्दी में सिद्ध-साहित्य की सामाजिक पृष्ठभूमि की ओर सर्वप्रथम ध्यान आकर्षित करने का श्रेय श्री राहुल सांकृत्यायन को दिया जाना चाहिए। 'हिदी काव्यधारा' की भूमिका (1945 ई.) में राहुल जी ने विस्तार से सिद्धों तथा उनके समसामयिक कवियों की रचनाओं पर सामाजिक पृष्ठभूमि के प्रभाव का विश्लेषण किया। उस समय तक श्री राहुल सांकृत्यायन मार्क्सवादी विचार-पद्धति को पूर्णतया स्वीकार कर चुके थे अतः उनका विश्लेषण बहुत-कुछ वर्ग-संघर्ष के सिद्धान्तों पर आधारित था। ऐतिहासिक द्वन्द्वात्मक भौतिकवाद के अनुसार प्रत्येक युग का समाज शोषक और शोषित वर्गों में विभाजित रहता है[10] और उस युग का प्रधान साहित्य और दर्शन, वर्गों की सापेक्ष स्थिति का प्रतिफलन मात्र करता है।[11] अतः उसी सिद्धान्त के अनुसार राहुल जी ने भारतीय इतिहास के उस काल (600 से 1200 ई.) को सामन्तवादी युग स्वीकार किया और समाज को दो वर्गों में विभाजित मानकर उन्हीं वर्गों के पारस्परिक द्वन्द्व के आधार पर सिद्धों तथा अन्य समकालीन कवियों की चिन्तनधारा का विश्लेषण किया। चूँकि राहुल जी का यह प्रयास सिद्ध-साहित्य के अध्ययन की समाजशास्त्रीय दिशा में प्रथम और महत्त्वपूर्ण प्रयास है अतः राहुल जी के मत की विस्तृत रूपरेखा देते हुए फिर उनकी स्थापनाओं का ऐतिहासिक प्रमाणों की कसौटी पर विश्लेषण कर लेना अत्यन्त आवश्यक है।

राहुल जी ने इस युग के सामन्ती गठन को इतना महत्त्व दिया है कि उसका नामकरण ही उन्होंने सिद्ध-सामन्त-समाज किया है। सिद्ध-सामन्त-काल की रचनाओं की सामाजिक पृष्ठभूमि के महत्त्व की ओर सकेत करते हुए वे कहते हैं—'सिद्ध-सामन्त-युग की कविताओं की सृष्टि आकाश में नहीं हुई है। वे हमारे देश की ठोस धरती की उपज हैं। कवियों ने जो खास-खास शैली भाव को लेकर कविताएँ कीं, वह देश की तत्कालीन परिस्थितियों के कारण ही।'[12] फिर वे देश की आर्थिक सम्पन्नता का विवरण देते हैं—'उस समय भारत बहुत सम्पन्न था। अकेला रोम अपने यहाँ से हर साल ढाई लाख तोला सोना (साढ़े पाँच लाख सेस्तर्स, पौने दो करोड़ रुपये), कपड़ों और दूसरी चीजों को खरीदने के लिए भारत भेजा करता था...भारत उन पाँच शताब्दियों में शिल्प, व्यवसाय और वाणिज्य में दुनिया का सबसे समृद्ध देश था।'[13] भारत की इस समृद्धि का विवरण देते हुए फिर वे समाज के वर्ग-विभाजन की ओर संकेत करते हैं और शोषक वर्ग की तीन शाखाओं को इस अतुल सम्पत्ति के अपव्यय का उत्तरदायी ठहराते हैं। 'कौन भोगनेवाला था आइये इसे देखें...इस सम्पत्ति के सबसे अधिक भाग को सामन्त राजा अपने मौज और आराम के लिए कितना खर्च करते थे इसकी वहाँ कोई सीमा नहीं थी...प्रजा की मेहनत की कमाई से उपार्जित ये महार्घ वस्तुएँ चार-पाँच दिन में ही खतम हो जानेवाली थीं। इनके अतिरिक्त भी सामन्तों के भारी खर्च थे। नये-नये महल, क्रीड़ा-उपवन, सिंहासन, राजपलँग, मोरछल, चमर और लाखों की हीरा-मोती, महार्घ रत्नों के आभूषण, राजमहलों की सजावट, चित्रकला, क्रीड़ामृग, सोने के पिंजड़ों में बन्द शुक-

सारिका, लोहे के पिंजड़ों में बन्द केसरी...फिर सामन्त या राजा अकेले ही उस सम्पत्ति को स्वाहा नहीं करते थे। उस समय के राजाओं के आदर्श थे कृष्ण और दशरथ तथा उनकी सोलह हजार रानियाँ। इन हजारों रानियों और उसी के अनुसार उनके पुत्रों, पुत्रियों, बहुओं, दामादों का खर्च भी देश की उसी सम्पत्ति के मत्थे था...पुरोहित और महन्थ लोगों का भी खर्च राजसी ठाठ के साथ होता था। उनके पास भी महल, दास और कमकर थे उसी के अनुकूल उसका भी खर्च था...इसके बाद देश की सम्पत्ति के भारी हिस्से के मालिक थे वह श्रेष्ठी, सार्थवाह, कारवों के अध्यक्ष जिनकी कोठियों के जाल देश के भीतर ही नहीं, विदेशों तक में बिछे हुए थे और जिनके जहाज उस समय की सभ्य दुनिया में सभी जगह पहुँचते थे...वस्तुतः तत्कालीन भारत की अपार सम्पत्ति के मुख्य भोगनेवाले थे यही सामन्त, पुरोहित और सेठ तथा उनके दरबारी खुशामदी।'[14] इस प्रकार राहुल जी के मतानुसार देश में आनेवाली अतुल सम्पत्ति का अधिकांश भाग इन्हीं दस प्रतिशत सामन्तों, सेठों, पुरोहितों तथा दरबारियों के अधिकार में रहता था और शेष नब्बे प्रतिशत जनता निर्धन और शोषित थी।[15] वैसे राहुल जी यह स्वीकार करते हैं कि कृषि उस समय उन्नतावस्था में थी, 'आर्थिक हीनता के साथ कुछ सुभीते जरूर थे, लोगों के पास अधिक खेत, खेत बनाने के लिए अधिक जंगल, जंगलों में जरूरत के लिए अधिक शिकार थे। साथ ही यह भी अच्छा था कि अमीरों की शौकीनी की प्रायः सभी चीजें देश के भीतर तैयार होती थीं।' लेकिन फिर भी 'इतना होने पर भी अकाल, बाढ़, युद्ध और महामारी में जनता को साधारण कीड़े-मकोड़ों की तरह मरने से बचाया नहीं जा सकता था।' इन सत्तर सैकड़ा किसानों और कारीगरों को सिर्फ 'जीने और ब्याने भर का अधिकार था।' इतना ही नहीं उस समय भारत में दास-प्रथा वर्तमान थी और यदि 'दस सैकड़ा मौजवाले लोगों के लिए व्यक्ति के पीछे दो-दो दास-दासी रखे जाते थे तो भारत की जनसंख्या का बीस सैकड़ा या हर पाँच आदमी में एक आदमी दास था। दास आदमी नहीं थे यद्यपि उनकी शक्ल-सूरत आदमी की तरह होती थी। वह ढोरों की तरह अपने मालिक की जंगम सम्पत्ति थे जिन्हें मालिक जब चाहें बेच और खरीद सकते थे।' इन परिस्थितियों के कारण जनता में आत्मसम्मान की भावना बिलकुल नहीं रह गयी थी। 'ऊपरी वर्ग के सामने बिलकुल शून्य' परम भट्टारक परमेश्वर महाराजाधिराज के सामने सम्मान प्रदर्शन करने के लिए जब दूसरे राजाओं और सामन्तों को अपने मुकुट उनके चरणों पर रखने पड़ते थे तो साधारण जनता को किस प्रकार जुहार करनी पड़ती होगी इसे आप खुद समझ सकते हैं। और दूसरी बेबसियाँ? सत्तर सैकड़ा जनता को शरीर से मजबूत अपने तरुण पुत्रों को सामन्तों के युद्ध के लिए भेंट करना पड़ता था...सत्तर सैकड़ा जनता को अपनी सुन्दर लड़कियों को वैध या अवैध रूप से रनिवास में भेजने के लिए भी तैयार रहना पड़ता था। कितनी ही जगह तो नवविवाहिता की प्रथम रात भी सामन्त के लिए रिजर्व थी...उस वक्त साधारण जनता के आत्मसम्मान की बात करना ही फिजूल है।[16]

इस प्रकार आर्थिक अवस्था का विश्लेषण करने के उपरान्त राहुल जी तत्कालीन राजनीतिक अवस्था पर दृष्टिपात करते हैं। उनकी मार्क्सवादी धारणा राज्यसत्ता के विषय में इस प्रकार है कि 'राजनीति कहते ही हैं आर्थिक ढाँचे, आर्थिक स्वार्थों की रक्षा के लिए तैयार किये गये फौलादी शिकंजे को।' उनकी दृष्टि में राजा सर्वशक्तिमान् परमेश्वर बन गया। 'उसकी निरंकुशता को रोकने का कोई उपाय बहुसंख्य जनता के पास नहीं था।' ग्रामों में स्थानीय जनतन्त्र अवश्य थे पर वे एक-दूसरे से 'सर्वथा असम्बद्ध' शक्ति का मुकाबला नहीं कर सकते थे। साथ ही पुरोहितों ने राजा को पृथ्वी पर विष्णु का अंशावतार घोषित कर दिया था और भोग-विलास तथा दरिद्रता को पिछले कर्मों का फलाफल बता दिया था।[17]

सिद्ध-साहित्य पर प्रभाव—इसका तत्कालीन धार्मिक चिन्तन और साहित्य पर प्रभाव पड़ा। विशेषतया बौद्ध चिन्तन और सिद्ध-साहित्य पर इन परिस्थितियों का प्रभाव दिखाते हुए राहुल जी कहते हैं 'बौद्ध अब भारत की किसी सामाजिक समस्या का कोई हल अपने पास नहीं रखते थे। अब उन्हें अपनी पुरानी कमाई को बैठकर खाना था...बौद्ध कभी-कभी दिङ्नाग तथा धर्मकीर्ति के प्रौढ़ दर्शन को सामने रखकर लोगों की आँखों में चकाचौंध पैदा करना चाहते थे, कभी योग, समाधि, तन्तर-मन्तर, डाकिनी-शाकिनी के चमत्कार से लोगों को अपनी ओर खींचना चाहते थे और कभी सिद्धों के विचित्र जीवन और लोकभाषा की कविताओं को भी इस काम के लिए इस्तेमाल करते, मगर यह सब हवा में तीर चलाना था...बौद्धों के मस्तिष्क और हथियार कुण्ठित हो चुके थे।'[18]

इन समस्त परिस्थितियों के बीच भी सिद्धों ने पहले अपनी कविताओं में विद्रोह का स्वर गुंजित किया। यह राहुल जी भी स्वीकार करते हैं। पर उनके मतानुसर सिद्धों की चिन्तना को भी सामन्तवादी प्रभाव स्वीकार करना पड़ा और उनके नाम पर 'मन्त्र-तन्त्र और पाखण्ड चल पड़े।' गुरु की महिमा को भी इतना अनावश्यक महत्त्व दिया कि पीछे वही 'अन्धेर गरदी' का एक भारी साधन बन गया। उनकी सीधी-सादी भाषा को लोगों ने खींच-खाँचकर 'सन्ध्या-भाषा' बना डाला।[19]

यदि राहुल जी की इस तर्क-शृंखला को हम बहुत सूक्ष्म रूप से रखें तो वह इस प्रकार होंगी—

1. देश की जनता दो वर्गों में विभाजित थी, 10 प्रतिशत सामन्त, सेठ और पुरोहित आर्थिक दृष्टि से सम्पन्न थे, 70 प्रतिशत किसान और कारीगर तथा 20 प्रतिशत दासों का जीवन पशुओं से भी गया बीता था।

2. राजनीतिक सत्ता निरंकुश थी और ग्रामों की जनता का उस पर कोई नियन्त्रण नहीं था।

3. सभी धार्मिक आचार्य राज्य-सत्ता के समर्थक थे और जन-जीवन से उनकी कोई सहानुभूति नहीं थी।

4. जनता इतनी पददलित थी कि उसमें आत्मसम्मान और विद्रोह की सभी भावनाएँ मर चुकी थीं।

5. इन परिस्थितियों में केवल सरहपा तथा अन्य कुछ सिद्धों ने रूढ़ियों तथा परम्पराओं के विरुद्ध विद्रोह किया किन्तु बाद में सामन्तवाद के आगे वे लोग भी पराजित हो गये।

राहुल जी के मत का विवेचन—किन्तु वैज्ञानिक रीति से इस मत का परीक्षण करने पर हम राहुल जी के कथन में सबसे बड़ा अभाव ऐतिहासिक प्रमाणों का पाते हैं। उन्होंने अपने मत की पुष्टि के लिए बहुत कम ऐतिहासिक प्रमाण प्रस्तुत किये हैं और यदि किये भी हैं तो वे केवल एकांगी हैं। दूसरी कठिनाई यह है कि स्वतः उनकी भूमिका में बहुत-सी पारस्परिक विरोधी बातें पायी जाती हैं। वे स्वीकार करते हैं कि दशा बहुत उन्नत थी, फिर भी वे किसानों को निर्धन बताते हैं। वे स्वीकार करते हैं कि अमीरों के भोग-विलास की अधिकांश सामग्री देश के कारीगर बनाते थे फिर भी वे कहते हैं कि कारीगरों की दशा पशुवत् थी। एक स्थान पर वे ग्राम प्रजातन्त्रों का जिक्र करते हैं और स्पष्ट बताते हैं कि उनमें 'कोउ नृप होइ हमें का हानी' की मनोवृत्ति विकसित कर गयी थी और दूसरी ओर वे बताते हैं कि उनमें से प्रत्येक को अपना तरुण पुत्र सेना में भर्ती करना पड़ता था। जहाँ तक सिद्धों का सम्बन्ध है, वे एक ओर तो यह कहते हैं कि सिद्धों की कविता में अधिकतर रहस्यवाद ही मिलता है जिसकी सामन्त समाज को शृंगार और वीर रस की अपेक्षा कम आवश्यकता पड़ती और लगभग सभी कवि जनता की यातना पर इसलिए चुप रहते थे क्योंकि उन्हें सदा क्रूर राजदण्ड, छिपकर हत्या, भयानक यातना, सीधे सूली, देश और समाज से निष्कासन और अपमान का भय[20] लगा रहता था दूसरी ओर वे यह कहते हैं कि राजा सिद्धों की पूजा-अर्चा में सबसे आगे रहना चाहते थे। शान्तिपा या रत्नाकर शान्ति को गौड़ नरेश उसी तरह आँखों पर रखने के लिए तैयार थे जैसे मालव दरबार या सिंहलेश्वर।[21] इसी तरह उन्होंने यह भी नहीं स्पष्ट किया कि सरहपा तथा अन्य सिद्धों का यह विद्रोह केवल उनका वैयक्तिक विद्रोह था। वे किसी ऐसे लोकमत का प्रतिनिधित्व कर रहे थे जो इर्विन के पूर्व कथनानुसार परम्परागत रूढ़ियों के स्तर के नीचे-ही-नीचे ऐसे संकट काल में वेग से संगठित होने लगता है। स्वतः मार्क्सवादी दृष्टिकोण इस बात पर स्पष्ट जोर देता है कि प्रत्येक चिन्तनधारा सामाजिक शक्तियों का प्रतिफलन होती है, अतः सरहपा का सहजयान सरहपा की मौलिक उपज नहीं हो सकती। वह किसी-न-किसी रूप में सरहपा के युग के लोकमत की अभिव्यक्ति होनी चाहिए। इस विषय में प्रख्यात मार्क्सीय इतिहासशास्त्री प्लेखनाव स्पष्ट कहता है 'यह देखा गया है कि महान् प्रतिभाएँ वहीं प्रकट होती हैं जहाँ उनके विकास की अनुकूल सामाजिक परिस्थितियाँ होती हैं...प्रत्येक महान् प्रतिभा जो वास्तव में समाज में एक प्रभावशाली शक्ति बन जाती है तत्कालीन सामाजिक सम्बन्धों की उपज होती है...वे स्वतः उन प्रवृत्तियों की निर्माण होती हैं।'[22] यदि ऐसा

कोई लोकमत था तो उसका राहुल जी कोई उल्लेख नहीं करते हैं। इसका शायद प्रमुख कारण यह है कि जनता की जैसी दलित अवस्था का अतिरंजित चित्रण उन्होंने किया है, जिसमें जनता को केवल जीने और ब्याने का अधिकार था और जिसमें सामन्तों का विरोध करनेवालों को 'राजदण्ड, सूली और भयंकर शारीरिक यातना' देने का विधान था, जिसमें जनता के आत्मसम्मान की बात करना ही फिजूल था, ऐसी व्यवस्था में लोकमत का क्या प्रभाव ही हो सकता था। किन्तु फिर ये सिद्ध इतने निर्भीक क्यों थे, क्यों गौड़ नरेश, सिंह सम्राट् या मालव नरेश सभी इनसे डरते थे, क्यों इन्होंने परम्परागत धर्म के विरुद्ध आवाज बुलन्द की, इन्हें किसका बल प्राप्त था, और क्यों इनकी वाणी में निराशावाद नहीं था। इसका कोई भी समाधान श्री राहुल सांकृत्यायन नहीं दे पाये हैं और न वे अपने मत में मर्क्सवादी तर्क-शृंखला का ही उचित निर्वाह कर पाये हैं।

भारतीय समाज गठन की निजी विशेषता– ध्यान से निरीक्षण करने पर इस उलझन का मुख्य कारण यह जान पड़ता है कि श्री राहुल सांकृत्यायन ने तत्कालीन ऐतिहासिक परिस्थिति का सम्यक् विवेचन किये बिना ही मध्यकालीन यूरोपीय सामन्ती समाज के वर्ग-संघर्ष और उसकी धार्मिक और सामाजिक प्रतिक्रिया को ज्यो-का-त्यों तान्त्रिक काल के भारतीय समाज और उसके अन्तर्गत रचित सिद्ध-साहित्य पर घटाने का प्रयास किया है। इस यान्त्रिक, अवैज्ञानिक और संकीर्ण चिन्तन-प्रणाली के कारण वे न तो मार्क्सवादी विचार-पद्धति के साथ ही न्याय कर पाये हैं और न सिद्ध-साहित्य की सामाजिक पृष्ठभूमि के ही साथ। जिस प्रकार की सामाजिक व्यवस्था और सामन्ती शोषण उन्होंने मध्यकालीन भारत में परिकल्पित किया है वह वास्तव में इस रूप में भारत में कभी था ही नहीं। इसे न केवल भारतीय इतिहासज्ञों और विशिष्ट विदेशी विद्वानों ने ही स्वीकार किया है, वरन् गम्भीर मार्क्सवादी चिन्तकों ने भी स्थान-स्थान पर इस तथ्य को स्वीकार करते हुए कहा है कि भारत के इतिहास में वर्ग-संघर्ष का रूप बहुत-कुछ भारतीय समाज की कृषिप्रधान आर्थिक व्यवस्था, ग्राम-जनतन्त्र और भूमि पर जनता के अधिकार के कारण संशोधित रहा है। स्वतः मार्क्स ने न केवल भारत वरन् अधिकांश एशिया में ग्रामों की आर्थिक स्वाधीनता और भूमि पर जनता के अधिकार की ओर ध्यान आकर्षित करते हुए लिखा था–

'वास्तव में समस्त पूर्वी देशों को समझने की कुंजी है भूमि पर स्वत्वाधिकार का अभाव। इसी में उसका राजनीतिक और धार्मिक इतिहास निहित है। लेकिन यह हुआ कैसे कि एशियायी लोग सामन्त-काल में भी भूमि को राजसत्ता के अधिकार में जाने से बचा ले गये?' उसी पत्र में वह आगे पूर्वी समाज-व्यवस्था की इस विशिष्टता के दो कारण बताता है। पहला तो यह कि भारत में जनहित के समस्त कार्यों का उत्तरदायित्व केन्द्रीय सरकार के हाथ में रहता था और दूसरे ग्राम-जनतन्त्र अपने में सर्वथा स्वतन्त्र सत्ता होते थे जिन पर राजशक्ति का कुछ वश नहीं चल पाता था।[23] इसी मत

का समर्थन प्रख्यात सोवियत भारतवेत्ता डी. ए. सुलेकिन करता है और वह भी इस बात को स्वीकार करता है[24] कि भारत में दास-प्रथा का विकास और सामन्ती शोषण इस कारण आगे नहीं बढ़ा कि ग्राम पंचायतों के अन्दर दास और दासों पर अधिकार रखनेवाले सामन्तों को पारस्परिक सहयोग और नियन्त्रण में रहना पड़ता था। इसी कारण यहाँ कभी सामन्ती सत्ता उतनी निरंकुश नहीं हो पायी।

भारतीय आर्थिक व्यवस्था की इसी विशेषता की उपेक्षा कर जाने के कारण यूरोपीय सामन्ती व्यवस्था को ही भारतीय परिभाषाओं में अनुवादित कर देने की शीघ्रता के कारण राहुल जी उस लोकमत और उसकी शक्ति की ओर समुचित संकेत नहीं कर पाये जिसकी ओर आचार्य द्विवेदी ने संकेत किया है। उनके तर्कों के अन्तर्विरोध का भी मूल कारण यही है।[25] वास्तविकता यह है कि भारतीय आर्थिक व्यवस्था के कारण यहाँ की जनशक्ति कभी भी उतनी पददलित नहीं रही जितना राहुल जी ने चित्रित किया है, चिन्ता-स्वातन्त्र्य उतना दण्डनीय नहीं था जितना उन्होंने बताया है और विशेषतया पूर्वी भारत में उस काल में लोकमत अपने प्रभाव को क्रियात्मक रूप से प्रत्येक सांस्कृतिक दिशा में प्रतिष्ठित कर रहा था। इसके बारे में जॉन इर्विन स्पष्ट रूप से लिखता है–

"भारतीय लोकपरम्परा का ऐतिहासिक महत्त्व अत्यन्त स्पष्ट रूप से बंगाल में परिलक्षित होता है जहाँ उसकी जड़ें अब भी मजबूती से लोक-जीवन में हैं। यहाँ यह परम्परा 8वीं से 10वीं शताब्दी के काल से प्रारम्भ होती है जब पालवंश के अन्तर्गत पहली बार समस्त प्रान्त का एकीकरण हुआ था और इस परम्परा का पूर्ण विकास 14वीं और 18वीं शती के मध्य में हुआ। यह विकास वैष्णव और शाक्त जैसे लोकप्रिय सम्प्रदायों के विकास का समकालीन था। ये सम्प्रदाय ब्राह्मण धर्म की अनुदारता के विरुद्ध व्यापक जन-विद्रोह के रूप में जनता द्वारा उत्साह से अपनाये गये। ये साम्प्रदायिक आन्दोलन रहस्यवादी प्रकृति के थे और जाति तथा अन्य संकीर्ण परम्पराओं के विरुद्ध व्यक्ति को पूर्णता प्राप्ति की वैयक्तिक निजी स्वतन्त्रता देकर ब्राह्मण कर्मकाण्डियों को खुली चुनौती दे रहे थे। इस प्रकार जनसंस्कृति मुख्य वाहन बन गयी जिसके द्वारा ये धार्मिक विद्रोह जनता में फैल गये और कुछ दिनों में इन्हीं साम्प्रदायिक आन्दोलनों की भाँति जन-जीवन भी उच्चवर्गीय जीवन-पद्धति के विरोध का माध्यम बन गया। उसका परिधान सदैव एक सशक्त मानवतावाद रहा जिसमें जीवन को यथावत् स्वीकार करना और उसका उपभोग करना उचित माना गया। यह धारणा पुराने कट्टरपन्थी तप और वैराग्य की सर्वथा विरोधिनी थी।"[26]

जॉन इर्विन बौद्ध तान्त्रिक सम्प्रदायों और सिद्ध-सम्प्रदाय का उल्लेख नहीं करता है किन्तु वह इस लोकमत के उद्भव और शक्तिशाली होने का उद्गम काल वही निर्णीत करता है जो सिद्ध-साहित्य का प्रारम्भिक काल है अर्थात् पालवंश। हम पहले ही देख चुके हैं कि सिद्ध-साहित्य का सृजन प्रमुखतः पालवंश के संरक्षण में हुआ है और उसका

विकास भी मगध, बंगाल, कामरूप तथा उड़ीसा में हुआ है और इन्हीं क्षेत्रों में लोकमत की प्रबलता बतायी गयी है। इस प्रकार सिद्ध-साहित्य बहुत अंशों तक लोकमत का वाहक रहा हो इसकी सम्भावना बढ़ जाती है।

हमें यह देखना चाहिए कि मध्यकालीन आर्थिक, सामाजिक और राजनीतिक परिस्थिति में वे कौन-से तत्त्व थे जिनके कारण उस समय लोकशक्ति इतनी प्रबल हो गयी थी।

तत्कालीन सामाजिक अवस्था—मध्यकालीन भारत की सामाजिक अवस्था का विश्लेषण करने में एक विशेष कठिनाई इसलिए उपस्थित होती है कि मध्यकाल में और विशेषतया हर्ष के बाद आनेवाले, प्रस्तुत प्रबन्ध के विवेचन काल में किसी एक केन्द्रीय सत्ता के न होने के कारण सभी प्रान्तों और प्रदेशों में विभिन्न रूप में सामाजिक तथा आर्थिक विकास हो रहा था। इसीलिए इस निरूपण में यह अधिक वैज्ञानिक होगा कि मध्यकालीन भारतीय समाज की सामान्य अवस्था का चित्रण करते हुए हम विशेष ध्यान पूर्वी भारत की तत्कालीन अवस्था पर दें क्योंकि वहीं सिद्ध-साहित्य का विकास हुआ था।

जहाँ तक आर्थिक व्यवस्था का प्रश्न था लगभग समस्त भारत की आर्थिक व्यवस्था में ग्रामों का ही प्रमुखतम महत्त्व था। पूर्वी भारत में भी दूर-दूर तक फैली हुई शस्य श्यामला भूमि में ग्राम बसे हुए थे। ये ग्राम देश के सारे प्रबन्ध, राजनीति, व्यवसाय और संस्कृति की इकाइयाँ थे। जहाँ तक इन ग्रामों के भौगोलिक गठन का प्रश्न है, भारतीय ग्राम कुछ पाश्चात्य देशों की भाँति खलिहानों में अलग-अलग नहीं बसे होते थे। कुछ पाश्चात्य देशों में कृषि की अपेक्षा चरागाहों पर पशु तथा कृषक दोनों ही अधिक निर्भर होते हैं। अतः वे सब अपने-अपने खलिहानों और चरागाहों में अलग-अलग घर बनाकर रहते हैं। पूर्वी भारत और लगभग समस्त भारत में ग्राम-भूमि तीन भागों में बँटी रहती थी—गोचर भूमि, क्षेत्र भूमि तथा वस्तु। गोचर भूमि चरागाहों को कहते थे, क्षेत्र भूमि में खेत रहते थे और वस्तु ग्राम का वह भूमिभाग होता था जिसमें सभी रहा करते थे। इनके बीच-बीच गर्त, पोखर और सूखे गड्ढेवाले प्राकृतिक नाले और कृत्रिम नहरें तथा गोपथ हुआ करते थे।[27] ग्रामों के इस गठन का सद्यः प्रभाव यह हुआ था कि लोग एक साथ रहते थे अतः उनकी सामाजिक समवेदना अधिक विकसित थी, एक-दूसरे के सुख-दुःख में सहभागी हुआ करते थे, उनके उत्सव, पर्व, संस्कार और धार्मिक अनुष्ठान भी केवल वैयक्तिक या कौटुम्बिक मात्र न होकर समस्त ग्राम की जनता से सम्बद्ध होते थे। इसी कारण जनशक्ति कभी भी बिखर नहीं पायी थी।

जनता के जीविकोपार्जन का मुख्य आधार कृषि थी। कृषि का महत्त्व कितना अधिक था यह इससे भी प्रतीत होता है कि उस समय की राजसत्ता कृषि के विकास में सदैव तत्पर रहती थी। नहरों, तालाबों और कुओं द्वारा सिंचाई कराने का प्रबन्ध सरकार द्वारा होता था। बहुत-से तालाब और बाँध मौर्यकल में ही बनवाये गये थे और

तत्कालीन सरकारें उनकी मरम्मत करवाया करती थीं।[28] नहरें आदि निकालने का शिल्प हमारे यहाँ पहले ही बहुत उन्नत हो चुका था। कल्हण की 'राजतरंगिणी' में इस प्रकार के एक कुशल शिल्पी सूर्य का उल्लेख मिलता है। काश्मीर के राजा अवन्तिवर्मन ने संकट काल में सूर्य को बुलवा भेजा। सूर्य ने वितस्ता के पानी को नहरों में काटकर बाढ़ द्वारा आये हुए संकट का निराकरण कर दिया। यही नहीं उसने प्रत्येक ग्राम की भूमि का परीक्षण कर उसकी आवश्यकता के अनुमान से जल वहाँ पहुँचाया। कल्हण के शब्दों में नदियों को इस तरह नचाया जैसे 'सँपेरा साँपों को नचाता है।'[29]

इस प्रकार हम देखते हैं कि कृषि को सदैव राजकीय संरक्षण प्राप्त रहता था। केन्द्रीय सरकार का यह प्रमुख कर्त्तव्य होता था कि वह कृषि की उन्नति करती चले। इसके अतिरिक्त तत्कालीन वाङ्मय में भी हमें कृषि कला तथा उससे सम्बद्ध प्रसंगों पर इतनी कृतियाँ मिलती हैं कि उनसे ज्ञात होता है कि कृषि में कृषक रुचि लेते थे, वे केवल दास नहीं थे और उसे कला मानते थे। 'पादप विवक्ष', 'वृक्ष दोहद', 'वृक्षायुर्वेद', 'शस्यानन्द', 'कृषि-पद्धति', और 'कृषि संग्रह' आदि ग्रन्थों के अतिरिक्त पशुपालन तथा पशुओं की नस्ल और जाति के सम्बन्ध में भी काफी साहित्य मिलता है।[30] यहाँ तक कि लोकजीवन के पर्व और विशेष समारोह भी कृषि से ही सम्बद्ध थे और अधिकांश देवता जो उन पर्वों के अधिष्ठाता थे प्रत्यक्ष अथवा अप्रत्यक्ष रूप से कृषि से ही सम्बद्ध थे। ये पर्व ऐसे थे जो हिन्दू, बौद्ध तथा सभी धर्मावलम्बियों द्वारा समान रूप से मनाये जाते थे। इस प्रकार के पर्वों में शक्रोत्थान का विशेष महत्त्व है जिसमें इन्द्र की पूजा होती थी। इसी प्रकार का उत्सव शबरोत्सव था जो निस्सन्देह आदिवासी शबरों का उत्सव रहा होगा। उसमें जनसाधारण पत्तों के वेश परिधान ग्रहणकर उन्मत्त होकर आनन्द मनाते थे। कुछ उत्सव फसलों और ऋतुओं से भी सम्बद्ध होते थे जैसे चैत्र का काम-महोत्सव या होली और कुछ उत्सव फसल के बाद बिक्री से आनेवाली वार्षिक आय के स्वागत में होते थे जैसे कार्तिक की द्यूत प्रतिपदा जिसमें आनेवाली लक्ष्मी का उपयोग द्यूत क्रीड़ा में होता था।[31]

जनता को भूमि पर जैसे अधिकार यहाँ प्राप्त थे वैसे सामन्ती युग में यूरोपीय देशों में नहीं थे। अन्ततोगत्वा राजसत्ता ही भूमि की स्वामिनी मानी जाती थी किन्तु भूमि के विषय में जो परम्पराएँ प्रचलित थीं उनसे राजसत्ता कभी भी निरंकुश नहीं हो सकती थी। ताम्रलेखों से यह भी ज्ञात होता है कि कुछ केवल बेदख़ल और कुछ केवल कर्मी कृषक भी होते थे। ऐसा भी उल्लेख मिलता है कि अक्सर कुछ वर्ष तक कर न देने पर भूमि किसान से छीन ली जाती थी और फिर नीलाम कर दी जाती थी। किन्तु ऐसे अवसरों पर भूमि का हस्तान्तरण, बेदखली, पुनर्विक्रय आदि राज्य के अधिकारी नहीं वरन् स्थानीय ग्राम-सभाएँ करती थीं जो स्वतः प्रजातान्त्रिक सभाएँ होती थीं।[32] वैसे राज्य, भूमि आदि दान कर सकता था किन्तु वह कभी भी कृषकों से छीनकर भूमि दान नहीं

करता था। एक ताम्रपत्र जो लगभग 7वीं शती का है ऐसी दान भूमि का मनोरंजक उल्लेख करते हुए बताता है कि जो भूमि अप्रदा (बसने के अयोग्य), अप्रहता (कृषि के अयोग्य) तथा खिल (बंजर) है, ऐसी भूमि बौद्ध संघ को दान की गयी।[33]

सिद्धान्त रूप से भूमि का स्वामी कोई भी क्यों न माना जाय, किन्तु आर्थिक स्थिति को वास्तविक रूप से लगान व्यवस्था प्रभावित करती है। भूमिकर प्राचीन भारतीय परम्परा के अनुसार अधिकृत भूमि के क्षेत्रफल के अनुपात से न लिया जाकर उपज के अनुपात से लिया जाता था। वैसे इन करों के अलावा चाट तथा भट कर कृषकों को देने पड़ते थे जिनमें से प्रथम तो राजागमन के समय लगता था और द्वितीय ग्राम के निकट से किसी सेना के गुजरने पर। किन्तु इनके अतिरिक्त सेनाओं अथवा राज्याधिकारी को ग्रामीण जनता के साधारण जीवन में हस्तक्षेप करने का कोई अधिकार नहीं था। दान की हुई भूमि तो 'अभय-चाट-प्रवेश्य' मानी जाती थी। वैसे ये भट कभी-कभी ग्राम निवासियों को सताने का भी प्रयास करते थे तो ग्राम निवासी इनकी निरंकुशता का बराबर सामना करते थे।[34]

विशेषतया हमारे विवेच्य काल में पूर्वी भारत में पालवंश ने भूमि व्यवस्था में कई सुधार किये थे। उन्होंने घोषित किया था कि भूमि 'सादशापचाराः परिहत सर्वपीड़ाः अकिंचित् प्रगृह्याः भूमिच्छिन्द्र न्यायेन आचन्द्रर्कक्षित समकालम्' है। अर्थात् 'जब तक सूर्य और चन्द्र हैं तब तक यह भूमि दस प्रकार के अतिचारों से मुक्त है, पीड़ाओं से मुक्त है, अदेय करों से मुक्त है।' इस नये निविधर्म के बाद जनता की आर्थिक अवस्था और भी सुधर गयी। इसके अतिरिक्त उन्होंने अक्षयनिविधर्म अथवा, अप्रदाधर्म की भी घोषणा की जिसके अनुसार जिसको भूमि दी जाय वह जब तक चाहे उसका उपभोग कर सकता है किन्तु उसका विक्रय नहीं कर सकता या उसे रेहन भी नहीं रख सकता। यह नहीं कहा जा सकता कि यह धर्म (भूमिव्यवस्था) केवल राज्य द्वारा प्रदत्त भूमि पर ही लागू होता था या समस्त भूमि पर, किन्तु इतना स्पष्ट है कि 'पालवंशी राजाओं ने कृषक की भूमि को और भी सुरक्षित बना दिया। कृषक में अपनी भूमि, उसके उत्पादन तथा उसके उपभोग के प्रति एक स्वस्थ ममता तथा अभिमान जाग गया।'[35]

ग्राम-संगठन—इस प्रकार हम देखते हैं कि कृषि की समुन्नत अवस्था तथा कर-व्यवस्था दोनों ही इस प्रकार की थी कि जनशक्ति को बहुत बल प्राप्त हो गया था, तीसरी वस्तु जिसने जनशक्ति को बहुत बलशाली बना रखा था वह थीं भारत की ग्राम-सभाएँ। ये ग्रामसभाएँ ही वास्तव में वास्तविक शासक हुआ करती थीं[36] और ये केन्द्रीय सत्ता से सर्वथा स्वतन्त्र संस्थाएँ होती थीं। किन्तु इनका चुनाव प्रजातान्त्रिक रूप से होता था, यहाँ तक कि घड़ों में ठीकरियाँ डालकर गुप्त मतदान की प्रथा भी उस समय प्रचलित थी।[37]

निम्न वर्ग तथा निम्न जातियाँ—जातियों की सापेक्ष स्थिति की दृष्टि से अगर हम देखें तो स्थूल तौर पर अपभ्रंश काल में हमारे समाज गठन में बहुत-सी नयी जातियों

का समावेश हुआ है, बहुत-सी जातियों के सामाजिक स्तर बदले हैं, बहुत-सी पुरानी जातियों का सम्मिश्रण हुआ है और कुल मिलाकर अन्य कालों की अपेक्षा इस काल में कुछ दिनों के लिए बहुत-सी ऐसी जातियों का आर्थिक और राजनीतिक प्रभुत्व रहा है जो ब्राह्मणों द्वारा तिरस्कृत और हेय समझी जाती रही हैं।

इसका प्रमुख आर्थिक कारण यह प्रतीत होता है कि ज्यों-ज्यों नगरों का विकास होता गया और विदेशों से व्यवसाय की वृद्धि होती गयी त्यों-त्यों वैश्य कृषि तथा शिल्प छोड़ते गये, त्यों-त्यों शूद्र उन्हें अपनाते गये यहाँ तक कि ह्वेनसांग उन्हें कृषक ही कहता है। ये निम्न जातियाँ समाज के आर्थिक उत्पादन में विशेष योग देते हुए उन ब्राह्मणों को हेय दृष्टि से देखती होंगी जो स्वतः कोई भी उत्पादन श्रम न करते हुए केवल दानवृत्ति पर जीवित रहते हैं।

ब्राह्मण उस समय चिन्तक न रहकर राज्याश्रित कर्मकाण्डी पुरोहित मात्र रह गया था। वह दान की भूमि का उपयोग करता था। वह लोभी और कायर हो गया था। स्वयं बाण ने हर्षचरित में कहा है निरभिमानी राजा और लोभरहित ब्राह्मण मिलना कठिन है[38] और युद्ध के समय ब्राह्मण की वीरता का तो बाण ने अद्‌भुत चित्रण किया है। जिस समय हर्ष शत्रु पर आक्रमण करने के लिए अपनी सेना सहित प्रस्थान कर रहा था उस समय वृक्षों की चोटियों पर खड़े होकर काँपते और चीखते हुए योद्धा वीर ब्राह्मण को कंचुकी डण्डे द्वारा उतारने का प्रयास कर रहा था।[39]

किन्तु यह विद्रोह केवल तत्कालीन आर्थिक कारणों से ही नहीं था। इसके पीछे एक पुरानी विरोध-परम्परा चली आ रही थी, ऐसा लगता है। पूर्वीय प्रदेश के मगध, विदेह आदि प्रान्त के निवासी बाद में वैदिक संस्कृति के प्रभाव में आये थे और उन्होंने कभी भी पूर्णतया अपने को समर्पित नहीं किया था। विशेषतया उनकी अब्राह्मण जातियाँ बहुत पहले से ब्राह्मण विरोधी रही हैं और ब्राह्मणों की सत्ता उस रूप में नहीं स्वीकार कर पायीं। बौद्ध-साहित्य में स्थान-स्थान पर इस भावना की प्रतिच्छाया दीख पड़ती है। उद्‌दालक जातक में जन्म से वर्ण का निषेध किया गया है। मधुरा सुत्त, मज्झिम निकाय में मधुरा अवन्तिपुत्र समण काच्चाअन से पूछता है 'ब्राह्मण अपने को श्रेष्ठ कहते हैं। अपने को गौर अन्य को श्याम वर्ण कहते हैं। तुम्हारा क्या मत है?' तो समण जातिगत श्रेष्ठता का निषेध करते हैं।[40] दीघ निकाय से तो यहाँ तक ज्ञात होता है कि कोशलराज जब ब्राह्मण प्रजा से मिलते थे तो उनका मुँह तक नहीं देखते थे। बीच में पर्दा डलवा दिया जाता था।[41]

कहीं-कहीं इन जातियों का ब्राह्मण-विरोध दूसरे रूप में प्रकट होता था। वे स्वतः अपने को ब्राह्मण कहने लगती थीं। आचार्य क्षितिमोहन सेन का मत है कि उस समय इतनी रूढ़ जाति-व्यवस्था नहीं थी। बहुत-सी जातियों का पद उठता-गिरता रहता था। बहुत-सी नीची जातियाँ ब्राह्मण बन गयी थीं। इन जातियों में बहुत-से कृषक भी थे।[42]

डोम और चमार भी अक्सर अपने पूर्वजों के ब्राह्मण होने का दावा करते थे। यद्यपि यह कथाएँ पंजाब में मिलती हैं किन्तु नेतृत्व की दृष्टि से बंगाल के ब्राह्मणों की निकटता पंजाब के ब्राह्मणों से बहुत अधिक है।[43] बहुत-से ब्राह्मण ऐसे भी थे जो अपने को ब्राह्मण कहते थे किन्तु अन्य ब्राह्मण उन्हें ब्राह्मण नहीं स्वीकार करते। ऐसे ब्राह्मणों को अक्सर अनार्यों का ब्राह्मण कहा गया है। ऐसे ही ब्राह्मण बाद में भी तान्त्रिक तथा तथाकथित वेद-बाह्य साधनाओं और अनुष्ठानों को संरक्षण प्रदान करते रहे।[44]

तन्त्रों में अक्सर ऐसे ब्राह्मणों के विषय में मनोरंजक बातें मिलती हैं। पहले वे लोग वामाचार में कम भाग लेते थे, इस सीमा तक वे निम्न वर्ग से अपने को अलग रखना चाहते थे। इसी कारण से तन्त्रों की दो पद्धतियाँ स्वीकार की गयी थीं, दक्षिण वाम जिनमें से दक्षिण सात्त्विकी पद्धति थी और ब्राह्मणों द्वारा ग्रहणीय थी। बाद में यह भेद भी हटा दिया गया और यह सिद्धान्त निकाला गया कि भैरवी चक्र में प्रवृत्त होते समय कोई वर्ण नहीं रह जाता, निवृत्त होने के बाद पुनः वर्ण की सार्थकता हो जाती है।

किन्तु तन्त्रों में अधिकांश ब्राह्मण ऐसे थे जो रूढ़िवादी ब्राह्मणों द्वारा तिरस्कृत थे क्योंकि तन्त्रों में ऐसे ब्राह्मणों को भुक्ति और मुक्ति दोनों की आशा दिलायी गयी है जो शापनिर्दग्ध और ब्रह्म-कर्म-विवर्जित थे। ब्रह्म-कर्म से उन्हीं ब्राह्मणों को विवर्जित किया गया था जो रूढ़िवादी दृष्टिकोण से आधार-भ्रष्ट थे अथवा आर्थिक पेशे और सामाजिक दृष्टि से निम्न वर्ग के साथ थे।

तत्कालीन सामाजिक व्यवस्था में विभिन्न वर्णों में जीविकाओं का विपर्यय प्रचलित हो गया था। इसके बहुत उल्लेख मिलते हैं कि ब्राह्मण तैलकार, व्याध आदि का पेशा अपना लेते थे। यह रीति बहुत दिनों से प्रचलित थी और ऐसे ब्राह्मणों को शुद्ध कर्मकाण्डी ब्राह्मण अच्छी दृष्टि से नहीं देखते थे और उन्हें अपना समकक्ष नहीं मानते थे। मनुस्मृति में कहा गया है कि श्राद्ध में ऐसे ब्राह्मणों को न बुलावे जो कितव, मांसविक्रयी, पशुपाल और तैलिक हों।[45] इसी प्रकार कुसीदजीवी, पशुपालक, सोमविक्रयी, तैलकार, धनुष-बाण बनानेवाला, पक्षी पालनेवाला, नहर आदि का निर्माण करनेवाला तथा सोमविक्रेता इन व्यवसायोंवाले ब्राह्मणों को भी श्राद्ध भोजन में निषिद्ध ठहराया गया है।[46] इससे स्पष्ट है कि ब्राह्मणों का बहुत बड़ा भाग शुद्ध कर्मकाण्ड और पौरोहित्य छोड़कर कृषि और अन्य व्यवसायों को अपना चुका था और अनुदार उच्चवर्गीय ब्राह्मण उन्हें हेय दृष्टि से देखता रहा होगा। पूर्वीय प्रान्तों में यह व्यवसाय-विपर्यय और शीघ्रता से हुआ होगा क्योंकि पूर्वीय क्षेत्रों के लोगों ने पहले ही पश्चिमी अनुदार और कर्मकाण्डी ब्राह्मणों के नियम नहीं स्वीकार किये थे और इसी कारण उन्हें बराबर व्रात्यों की संज्ञा मिलती रही। बहुत-से विद्रोही, उदारमना ब्राह्मण इन नयी और सशक्त जातियों से अधिक निकटता अनुभव करते थे, उनका जीवन, उनकी चिन्तना सभी उन्हें अनुदार ब्राह्मण कर्मकाण्ड से अधिक मानवीय, स्वस्थ और सहज लगती थी और स्पष्ट है कि

सरहपा आदि उसी प्रकार के लोक-जीवन के साथ चलनेवाले विद्रोही ब्राह्मण थे। उनके अतिरिक्त भी बहुत-से सिद्ध या तो इन्हीं जातियों में उत्पन्न हुए थे या उन्होंने उन्हीं का रहन-सहन और व्यवसाय भी अपना लिये थे। इस विषय में डॉ. बागची का एक मत है जिस पर विचार कर लेना आवश्यक है। उनका यह कहना है कि इन अधिकांश सिद्धों का नाम चर्या का नाम था और ये चर्याएँ केवल योगचर्याओं का संकेत करती थीं अतः यह आवश्यक नहीं कि ये सिद्ध उन निम्न जातियों के हों जिनका संकेत उनके नामों से मिलता है।[47] किन्तु जैसा कि हम पहले विचार कर चुके हैं कि सस्क्य सूची में अधिकांश सिद्ध जन्मना शूद्र या क्षत्रिय बताये गये हैं और कुछ सिद्धों ने निम्न वर्ग की स्त्रियों से विवाह कर उनकी आजीविका अपना ली थी। सरहपा अपनी महामुद्रा साधना विवाह के उपरान्त तिल कूटने लगे थे। इस प्रकार रोटी (या रोजी) और बेटी दोनों ही दृष्टि से ये सिद्ध इन श्रमजीवी जातियों के साथ थे और आचार्य सेन ने रोटी और बेटी इन्हीं दो तत्त्वों को भारतीय जातिभेद का आधार माना है।[48]

ये जातियाँ न केवल आर्थिक दृष्टि से अधिक पुष्ट थीं, वरन् राजनीतिक सत्ता भी उस समय इन्हीं के हाथ में आ रही थी। पालवंश अब्राह्मण वंश था और 'मञ्जुश्री मूलकल्प' के अनुसार 'दासजीवी' था, इस पर हम विचार कर चुके हैं। कामरूप में भी 10वीं शती में ब्रह्मपाल नामक शासक जनता द्वारा चुना गया जो भगदत्त का वंशोद्भव था और भगदत्त की परम्परा निस्सन्देह अवैदिक और अभारतीय बतायी गयी है।[49] इन राजवंशों ने भारतीय सहिष्णुता की परम्परा निबाहते हुए ब्राह्मणों का भी आदर किया और प्रख्यात सम्राट् धर्मपाल का मन्त्री ब्राह्मण ही था किन्तु इन्होंने जन-संस्कृति, जन-कला और जन-भाषा को भी प्रश्रय दिया। धर्मपाल के समय में जिस सोमपुरी विहार के उद्धार का उल्लेख पीछे किया जा चुका है वह बंगाल के पहाड़पुर के निकट था। पहाड़पुर के पुराने मन्दिरों तथा विहारों में जो कला उपलब्ध है वह निस्सन्देह लोक-कला है। उसके विषय में प्रख्यात कलाविद् नीहाररंजन राय का मत है कि 'पहाड़पुर में प्राप्त 8वीं शताब्दी की स्थापत्य कला का मूल स्वभाव लोकपरक है और उसकी प्रमुख प्रेरणा सीधी-सादी ग्राम निवासी जनता की मनोवृत्ति और कल्पना से उद्भूत हुई है।'[50] वास्तव में राजसत्ता जनशक्ति से प्रभावित होने के कारण लोकाश्रयी हो गयी थी लोकपीड़क नहीं, और लोकमत इससे प्रोत्साहन पाकर धर्मसाधना और धार्मिक साहित्य पर गहरा प्रभाव डाल रहा था। समाज-पद्धति और उनके नियमों की ओर भी वे जागरूक थीं। इन निम्न वर्ग की जातियों में जो अपनी विचित्र गाथाएँ और किंवदन्तियाँ प्रचलित थीं उनमें कभी बहुत बड़े ही विचित्र तत्त्व ऐसे मिल जाते हैं जो इस ओर संकेत करते हैं कि ये जातियाँ मनु द्वारा निर्धारित नियमों से असन्तुष्ट हैं और एक ऐसी जीवन-पद्धति के प्रति उनका विशेष आग्रह है जो प्रवृत्तिमूलक हो। परवर्ती सहजिया कथाओं में से एक कथा के अनुसार ब्रह्मा के दो पुत्र थे मनु और प्रख्यात योगी जड़भरत। मनु ने मनुस्मृति लिखकर

वर्णाश्रम और बाह्याचारों का विधान किया। भरत रेवा-तट पर एक गुफा में ध्यान करने गये। वहाँ उन्होंने एक चरवाहे को अपनी प्रेमिका के साथ सहज प्रणय-केलि में तल्लीन देखा। उन्हें बड़ा आश्चर्य हुआ। वे नारायण के पास गये तो नारायण भी उन्हें अपनी शक्ति के साथ मिले। तब वे लौटकर आये और उन्होंने इस रागात्मक सहज जीवन-पद्धति का प्रचार किया।[51] इस कथा में मनु द्वारा निर्धारित जीवन-पद्धति के प्रति असन्तोष को सुन्दर ढंग से रखा गया है।

आगे के अध्यायों में सिद्ध-साहित्य के सिद्धान्त-पक्ष तथा काव्य-पक्ष का विवेचन करते समय हमने उन तत्त्वों की ओर विशेष संकेत कर दिया है जो लोकधर्म के प्रभाव से आये हैं। महायान का सारा आन्दोलन लोकपरक था, तन्त्रों की पद्धतियों में कैसे निम्न वर्ग तथा विद्रोही ब्राह्मणों ने अवैदिक देवताओं और अनार्य पद्धतियों को वैदिक देवताओं और ब्राह्मण कर्मकाण्ड की समकक्षता में प्रतिष्ठित कर दिया, वज्रयान में कैसे शून्य की नकारात्मक भावना की अपेक्षा विज्ञानवाद की तथता को प्रथम स्थान मिला, मन के मारण की साधना में कैसे अभावात्मक शून्य की अपेक्षा भावात्मक महाराग को प्रश्रय मिला, कैसे साधना-पद्धति में आर्थिक जीविकाएँ भी आध्यात्मिक चर्या के रूप में स्वीकृत हुईं, उपलब्धि में नकारात्मक निर्वाण की अपेक्षा देह को समस्त तीर्थों का आलय माना जाने लगा और किस प्रकार उनकी यह साधना केवल भोगवादी साधना न होकर राग द्वारा राग की अनासक्ति की साधना थी, इसका विस्तृत विवेचन आगे के अध्यायों में है।

कुछ तत्त्व अवश्य ऐसे हैं जो लोकपरक व्याख्या को सीमाबद्ध कर देते हैं—उनकी ओर प्रारम्भ में ही संकेत कर देना आवश्यक है। उनमें से प्रथम है सिद्धों की साधना-पद्धति में व्यक्ति का महत्त्व। लोकपक्ष का प्रभाव होते हुए भी व्यक्ति इतना महत्त्वपूर्ण क्यों हो गया था इसका कारण भी तत्कालीन समाज-पद्धति से घनिष्ठ रूप से सम्बद्ध है।

लोकमत की अभिव्यक्ति के रूप—ब्रिटिश इण्डोलोजिस्ट ग्रूप जो भारतीय सामाजिक इतिहास का अध्ययन कर रहा है उसको प्रमुख सदस्य जॉन इर्विन का कथन है कि सामन्ती समाज में लोक-संस्कृति को प्रमुखता तभी मिलती है जबकि देश की आर्थिक व्यवस्था सुगठित और स्वाधीन हो, कृषि और शिल्प का निकटतम सम्बन्ध हो और समाज छोटे-छोटे स्वाधीन गणों में विभाजित हो। ऐसी परिस्थितियों में उच्चवर्गीय सत्ताओं और लोक-प्रचलित सांस्कृतिक शैलियों में स्पष्ट विभाजन-रेखा दीख पड़ती है, किन्तु उसके लिए आवश्यक है कि जनता को इतनी स्वधीनता हो कि वह उच्चवर्गीय अनुदार मान्यताओं का विरोध कर सके।[52] ऐसी परिस्थितियों में लोक-संस्कृति उच्चवर्गीय निराशावादी जीवन विमुख दृष्टिकोण को त्यागकर, जीवन के स्वस्थ उपभोग का सन्देश देती है, मानवतावादी दृष्टिकोण अपनाकर तप, कष्टसाध्य साधनाएँ और वैराग्य का निषेध कर प्रवृत्ति मार्ग ग्रहण करती है।[53] किन्तु इन सभी मध्यकालीन

लोकपरक साधनाओं में वैयक्तिक साधना पर जोर दिया गया है, व्यक्ति प्रमुख है इसका भी सम्भवतः यही कारण है कि उत्पादन के उस रूप में अधिकांश शिल्पी स्वतः शिल्प की पूरी प्रणाली स्वयं सम्पन्न करते थे। स्वयं विक्रेता भी थे। इसी कारण धर्म-साधना में भी व्यक्ति को ही महत्त्व मिला हुआ था क्योंकि उस जीवन-प्रणाली में प्रत्येक व्यक्ति अपने में कमोबेश एक पूर्ण इकाई बन गया था।[54] यद्यपि वह वैयक्तिकता अस्वस्थ समाज-विरोधी वैयक्तिकता नहीं थी क्योंकि सामाजिक उत्पादन में वह व्यक्ति एक महत्त्वपूर्ण इकाई था। अतः मध्यकाल में धर्म व्यक्ति को केन्द्र बनाकर चलता था और लोकपक्ष को अभिव्यक्ति देनेवाला धर्म, जाति-व्यवस्था, नैतिक मर्यादा, सामाजिक अनुशासन सभी को व्यक्ति के आगे गौण मानने लगता है। व्यक्ति की यही अन्यतम महत्ता सिद्ध पुरुषों, नाथों, यतियों या सन्तों की अलौकिक चमत्कार शक्तियुक्त कल्पना के रूप में लोकमानस में प्रतिष्ठित हुई है जहाँ व्यक्तिगत साधक को वज्रसत्त्व या आदिनाथ, या स्वतः हरि के समकक्ष माना गया है। किन्तु इसका परिणाम यह भी होता रहा है कि मूल सामाजिक लक्ष्य को भूलकर व्यक्ति की महत्ता, उच्छृंखलता, असामाजिकता, अनैतिकता और अनुशासनहीनता की ओर ले जाती रही है, और राग द्वारा राग का परिशमन अन्त में वासनाओं की अदम्य और वीभत्स क्रीड़ाओं में परिणत होता रहा है।

दूसरा तत्त्व जो इनकी गति को सीमाबद्ध करता रहा है वह है सम्प्रदाय। सभी लोकतत्त्व अपने को धर्म के माध्यम से व्यक्त करते रहे हैं और इसके लिए वे किसी-न-किसी पूर्वागत धर्म-परम्परा में आश्रय लेते रहे हैं और जितना प्रबल विद्रोह हुआ है, परम्परा में अपनी जड़ें गहरी जमाने के लिए कभी-कभी वह उतना ही 'साम्प्रदायिक' भी हो गया है। सिद्धों ने सभी सम्प्रदायों के बाह्याचार का खण्डन करते हुए भी वज्रयानी अनुष्ठानों को अपनाया। गोरख ने जब तान्त्रिक गुह्याचारों का विरोध किया तो एक नया सम्प्रदाय संगठित किया। यहाँ तक कि कबीर-जैसे स्वतन्त्रचेता महापुरुष के पीछे भी एक सम्प्रदाय चल पड़ा जिसने उनकी लोकपरक चिन्तनाओं को छोड़कर साम्प्रदायिक संकीर्णताओं को प्रश्रय दिया।

तीसरी और सबसे विचित्र सीमा रही है अत्यधिक लोक-सम्पर्क। तत्कालीन लोकमानस ब्राह्मणों की निवृत्तिमूलक जीवन-पद्धति के विरुद्ध तो अवश्य था किन्तु उसमें उस संस्कार और परिशोधन का अभाव था जो सत् और असत्, शिव और अशिव के बीच की रेखा बन जाती है। उच्चवर्गीय विद्वानों ने ज्योतिष, भाषाविज्ञान, गणित, ओषधिविज्ञान, शरीरशास्त्र आदि में अभूतपूर्व उन्नति की थी। उसके स्थान पर निम्न वर्ग की जनता में टोना-टोटका, भूत-प्रेत, अन्धविश्वास, रहस्यमयी परम्पराएँ, बलिप्रथा आदि का बाहुल्य था जो उनके आदिम संस्कारों और बर्बर काल की अवशेष प्रवृत्तियों का द्योतक था। जब लोकपक्ष ने अपने को तत्कालीन धर्म-साधनाओं में प्रतिष्ठित किया तो वह असंस्कृत अंश भी उभर आया और ज्योतिष विज्ञान की राशियाँ और नक्षत्र,

गणित विज्ञान के रेखाचक्र, यन्त्र आदि, ओषधिविज्ञान की रस और रसायन कल्पनाएँ भी उन रहस्यमयी साधनाओं में तान्त्रिक अनुष्ठानों के रूप में अन्तर्भुक्त हो गयीं।[55] और बाद में भी उन विज्ञानों का विकास इन्हीं सीमाओं में होता रहा और उनका शुद्ध भौतिक रूप या वैज्ञानिक रूप गौण हो गया। धर्म-साधनाओं में भी मन का साधना, चित्त की विशुद्धि गौण हो गयी और लोक साधारण में अनुष्ठान तथा ये असंस्कृत गुह्य साधनाएँ ही प्रचलित रहीं यद्यपि सरहपा से लेकर कबीर तक अपनी-अपनी शैली में मन की साधना को प्रमुख बताते रहे। किन्तु लोकपक्ष का वह अंश जितना शिव था, कल्याणकारी था यह अंश उतना ही अशिव और यह इतना प्रबल था कि परवर्ती कबीरपन्थ तक में सुअरों की बलि आदि की प्रथा अपनायी गयी।[56] विशेष जातियों में खान-पान, विवाह, स्थानीय देवी-देवता, पुरानी गाथाएँ पहले से प्रचलित थीं और जब किसी विशेष धर्म-साधना का प्रवेश उनमें हुआ तो उन्होंने अपनी सुविधानुसार उस धर्म-साधना का रूप वैसा ही बदल लिया।[57]

यही मुख्य दिशाएँ हैं जिनके आधार पर हम वज्रयान के विकास का अध्ययन करते हुए लोकतत्त्व की भी व्याख्या करते चलेंगे। बौद्धधर्म इस लोकतत्त्व को प्रारम्भ से ही प्रश्रय देता रहा है। उसी के अन्तर्गत वज्रयानी सिद्धों ने सहज पद्धति का भी विकास किया।[58]

सन्दर्भ

(क)

1. हिस्ट्री ऑफ बंगाल, (खण्ड-1), पृ. 336; 2. दोहाकोष, पृ. 13; 3. सुभाषित संग्रह (1905), पृ. 32, 36, 39, 75, 77, 81, 85; 4. दोहाकोष, पृ. 48, 49, 50; 5. बौद्ध गान ओ दोहा, पृ. 62; 6. वही, पृ. 35 तथा 62; 7. वही, पृ. 43, 48, 50, 55, 71, 72, 74, 75; 8. दोहाकोष, पृ. 52, 53; 9. वही, पृ. 57; 10. बौद्ध गान ओ दोहा, पृ. 15; 11. वही, पृ. 31; 12. सेकोद्देश टीका, पृ. 48/1, 2, 3; 13. ओल्ड बंगाली टेक्स्ट्स, पृ. 33-36; 14. इं. हि. क्वा., खण्ड 6, पृ. 394 तथा दोहाकोष, पृ. 53 तथा 55; 15. ओल्ड बंगाली टेक्स्ट्स, पृ. 40; 16. चर्यागीतिकोष वृत्ति नामा (तिब्बती) नार्थेग संस्करण, खण्ड 47; 17. बा. स्टडीज इन तन्त्राज, पृ. 75; 18. पुरातत्त्व निबन्धावली, पृ. 184

(ख)

1. गुप्त,जायसी ग्रन्थावली, पृ. 298; 2. वही, पृ. 334; 3. टुची, स्फुट टिप्पणियाँ, ज. ए. सो. बं. खण्ड 4, 1930, पृ. 133 तथा आगे; 4. मोहनसिंह, गोरखनाथ. प्राक्कथन, पृ. 1, 15 तथा 16; 5. कल्चरल हेरिटेज ऑफ इण्डिया, खण्ड 2, पृ. 313, तथा आगे; 6. मोहनसिंह, गोरखनाथ. प्राक्कथन, पृ. 15 तथा 16; 7. वही, पृ. 15 तथा 16; 8. बौद्ध गान., पदकर्तार परिचय, पृ. 35; 9. पुरातत्त्व, निबन्धावली, पृ. 148 तथा आगे; 10. मिस्टिक टेल्स. परिशिष्ट 1, पृ. 84; 11. नाथ-सम्प्रदाय, पृ. 33, 37; 12. वही,

पृ. 27; 13. बा., कौलज्ञान निर्णय, भूमिका, पृ. 10; 14. मिस्टिक टेल्स, पृ. 26; 15.वही, पृ. 32; 16. कौलज्ञान निर्णय, भूमिका, पृ. 6; 17. मिस्टिक टेल्स., पृ. 14; 18. वही, पृ. 26; 19. ज. ए. सो. बं. 1930, पृ. 138; 20. बा., कौलज्ञान निर्णय, भूमिका, पृ. 14; 21. शाहिदुल्ला, मीननाथ ओ कानुपा, शनिवारेर चिठि, वर्ष 16, संख्या 12, पृ. 379; 22. भट्टाचार्य-साधनमाला, भूमिका, पृ. 11; 23. भट्टाचार्य द्वारा सम्पादित, तत्त्वसग्रह, भूमिका, पृ. 15 तथा आगे; 24. साधनमाला, खण्ड 2, भूमिका, पृ. 11 तथा आगे; 25. टुची, ज. ए. सो. बं. 1930, पृ. 138; 26. वही, पृ. 139; 27. वही, पृ. 143; 28. वही, पृ. 134; 29. वही, पृ. 141; 30. न्यू इण्डियन एण्टीक्वैरीज, खण्ड 1, सं. 1, 1938; 31. मजुमदार, हिस्ट्री ऑफ बंगाल, पृ. 333, टिप्पणी 2; 32. पुरातत्त्व निबन्धावली, पृ. 146, टिप्पणी संख्या 1; 33. वही, पृ. 155; 34. वही, पृ. 156; 35. मिस्टिक टेल्स., पृ. 12; 36. हिन्दी काव्यधारा में संगृहीत सिद्धों के पदों और दोहों के साथ उन्होंने जो तिथियाँ दी हैं उनका कोई भी आधार नहीं बतलाया गया है; 37. हिस्ट्री ऑफ बंगाल में सुनीति बाबू का लेख, पृ. 386; 38. ज. ए. सो. बं. सं. 17, पृ. 8; 39. ओ. डे. बं. लैं, पृ. 122; 40. द्विवेदी, मध्यकालीन भारतीय धर्मसाधना, पृ. 73, 74; 41. हिस्ट्री ऑफ बंगाल, पृ. 142; 42. कौलज्ञान निर्णय, भूमिका, पृ. 5; 43. वही, पृ. 26; 44. टुची, ज. ए. सो. बं., खण्ड 4, पृ. 137; 45. वही, पृ. 137; 46. मिस्टिक टेल्स., पृ. 8, 9, 10; 47. कौलज्ञान-निर्णय, भूमिका, पृ. 28; 48. ज. ए. सो. बं., खण्ड 4, पृ. 134; 49. मिस्टिक टेल्स., पृ. 12; 50. हिस्ट्री ऑफ बंगाल, पृ. 341; 51. पुरातत्त्व निबन्धावली, पृ. 147; 52. कौलज्ञान निर्णय, भूमिका, पृ. 28; 53. मिस्टिक टेल्स., पृ. 79; 54. दोहाकोष, टीका भाग, पृ. 72; 55. वही, पृ. 34, दोहा 84; 56. वही, पृ. 34, दोहा 85; 57. वही, पृ. 34; 58. साधनमाला, भाग-1, पृ. 80, 83; 59. मिस्टिक टेल्स., पृ. 11; 60. साधनमाला, खण्ड 2, पृ. 456; 61. वही, पृ. 455; 62. मिस्टिक टेल्स., पृ. 19; 63. वही, पृ. 11; 64. हिस्ट्री ऑफ बंगाल, पृ. 342, टिप्पणी 6; 65. वही, पृ. 343, टिप्पणी 2; 66. मिस्टिक टेल्स., पृ. 57; 67. कौलज्ञान निर्णय, भूमिका, पृ. 22, 23; 68. मिस्टिक टेल्स., पृ. 12; 69. पुरातत्त्व निबन्धावली, पृ. 146, टिप्पणी 1, तथा पृ. 148; 70. मिस्टिक टेल्स., पृ. 80; 71. बौद्ध गान., मुखबन्ध, पृ. 21, 35; 72. साधनमाला, द्वितीय खण्ड, भूमिका, पृ. 90, 122; 73. इण्डियन एण्टिक्वेरी, न्यू सीरीज, खण्ड 1, संख्या 1; 74. पुरातत्त्व निबन्धावली, पृ. 147, 204; 75. वीणा, सितम्बर, 1940; 76. कौलज्ञान निर्णय, भूमिका; 77. नाथ सम्प्रदाय, अध्याय 2, 3, 4, 6 तथा 12; 78. पदकर्तार परिचय, बौ. गा. दो, पृ. 26; 79. मिस्टिक टेल्स., पृ. 9; 80. साधनमाला, खण्ड 2, भूमिका, पृ. 117; 81. वही, पृ. 44; 82. मिस्टिक टेल्स., पृ. 8; 83. वही; 84. पुरातत्त्व निबन्धावली, पृ. 168, 169; 85. साधनमाला, प्रथम खण्ड; 86. वही, द्वितीय खण्ड, पृ. 46; 87. मिस्टिक टेल्स., पृ. 11; 88. पुरातत्त्व निबन्धावली, पृ. 171; 89. वही, पृ. 171; 90. साधनमाला, खण्ड 2, पृ. 387 तथा 456; 91. बौद्ध गान., पृ. 21; 92. ज. बि. ओ. रि. सो., 1928, पृ. 341 तथा आगे; 93. पुरातत्त्व निबन्धावली, पृ. 174; 94. मिस्टिक टेल्स., पृ. 11; 95. दे, न्यू इण्डियन एण्टिक्वेरी, खण्ड 1, संख्या 1; 96. पुरातत्त्व निबन्धावली,

पृ. 148; 97. मिस्टिक टेल्स., पृ. 11, 12; 98. साधनमाला, खण्ड 2, भूमिका, पृ. 43; 99. बौद्ध गान., पदकर्तादेर परिचय, पृ. 30; 100. मिस्टिक टेल्स, पृ. 11, 12; 101. पुरातत्त्व निबन्धावली, पृ. 179, 180; 102. बौद्ध गान., प्रथम संस्करण, परिशिष्ट; 103. पुरातत्त्व निबन्धावली, पृ. 180; 104. मिस्टिक टेल्स., पृ. 16; 105. वही, पृ. 21; 106. वही, पृ. 35; 107. साधनमाला, खण्ड 2, भूमिका, पृ. 60, 61; 108. वही, पृ. 61; 109. पुरातत्त्व निबन्धावली, पृ. 181; 110. मिस्टिक टेल्स, पृ. 22, 23; 111. बौद्ध गान., प्रथम संस्करण, परिशिष्ट; 112. पुरातत्त्व निबन्धावली, पृ. 185; 113. मिस्टिक टेल्स., पृ. 56 (इस अनुवाद में भूल से कुक्कुरी की जगह कुक्कुटी छपा है); 114. मिस्टिक टेल्स., पृ. 47; 115. पुरातत्त्व निबन्धावली, पृ. 185; 116. ज. ए. सो. बं., खण्ड 4; 117. मिस्टिक टेल्स., पृ. 56; 118. बौद्ध गान., पृ. 37, 38; 119. पुरातत्त्व निबन्धावली, पृ. 183; 120. मिस्टिक टेल्स., पृ. 24; 121. नाथ-सम्प्रदाय, पृ. 77, 78, 79; 122. पुरातत्त्व निबन्धावली, पृ. 184; 123. मिस्टिक टेल्स., पृ. 31; 124. पुरातत्त्व निबन्धावली, पृ. 187; 125. वही, पृ. 187; 126. मिस्टिक टेल्स., पृ. 32; 127. पुरातत्त्व निबन्धावली, पृ. 188; 128. चर्यापद, 36; 129. तुलनीय, नाथ-सम्प्रदाय, पृ. 80, टिप्पणी 1; 130. पुरातत्त्व निबन्धावली, पृ. 187, टिप्पणी 1, तथा नाथ-सम्प्रदाय, पृ. 81; 131. योगिसम्प्रदायाविष्कृतिः, अध्याय 14; 132. मिस्टिक टेल्स., पृ. 58, 59; 133. मिस्टिक टेल्स., पृ. 33; 134. गंगा पुरातत्त्वांक, पृ. 243, टिप्पणी; 135. चर्यापद, पृ. 54; 136. पुरातत्त्व निबन्धावली, पृ. 191; 137. बौद्ध गान., परिशिष्ट; 138. मिस्टिक टेल्स., पृ. 28; 139. वही, पृ. 32; 140. वही, पृ. 33; 141. पुरातत्त्व निबन्धावली, पृ. 192; 142. बौद्ध गान., पदकर्तादेर परिचय, पृ. 26; 143. ओल्ड बंगाली टेक्स्ट्स, पृ. 52; 144. बौद्ध गान., पदकर्तादेर परिचय, पृ. 25; 145. चर्यापद, पृ. 101; 146. पुरातत्त्व निबन्धावली, पृ. 151; 147. ओल्ड बंगाली टेक्स्ट्स, पृ. 39; 148. बौद्ध गान., प्रथम संस्करण; 149. पुरातत्त्व निबन्धावली, पृ. 186; 150. मिस्टिक टेल्स., पृ. 40, 46; 151. बौद्ध गान., पदकर्तादेर परिचय, पृ. 26; 152. चर्यापद, पृ. 73; 153. पुरातत्त्व निबन्धावली, पृ. 195; 154. चर्यापद, पृ. 81; 155. पुरातत्त्व निबन्धावली, पृ. 152; 156. साधनमाला, खण्ड 2, पृ. 100; 157. पुरातत्त्व निबन्धावली, पृ. 193; 158. साधनमाला, खण्ड 2, भूमिका, पृ. 100, टिप्पणी; 159. बौद्ध गान., पदकर्तादेर परिचय, पृ. 30; 160. पुरातत्त्व निबन्धावली, पृ. 149; 161. मिस्टिक टेल्स., पृ. 46; 162. मिस्टिक टेल्स., पृ. 58, 59; 163. योगिसम्प्रदायाविष्कृतिः अध्याय 33 तथा टिप्पणी, पृ. 247; 164. चित्त विशुद्धि प्रकरण, भूमिका; 165. मिस्टिक टेल्स., पृ. 21; 166. बौद्ध गान., पदकर्तादेर परिचय, पृ. 31; 167. पुरातत्त्व निबन्धावली, पृ. 177; 168. मिस्टिक टेल्स., पृ. 14, 17; 169. साधनमाला, खण्ड 2, पृ. 601; 170. पुरातत्त्व निबन्धावली, पृ. 178; 171. बौद्ध गान., प्रथम संस्करण, परिशिष्ट; 172. नाथ-सम्प्रदाय, पृ. 26; 173. बौद्ध गान., मुखबन्ध, 9, 10, 11; 174. चतुर्वेदी, सिद्ध भुसुकुपा, हिन्दुस्तानी; 175. पुरातत्त्व निबन्धावली, पृ. 176; 176. शिक्षा समुच्चय, प्राक्कथन; 177. पुरातत्त्व निबन्धावली, पृ. 175; 178. मिस्टिक टेल्स.,पृ. 62; 179. वही, पृ. 77; 180. बौद्ध गान. दो.,

मुखबन्ध, पृ. 12; 181. चर्यापद, पृ. 105; 182. चर्यापद 41 तथा 43; 183. मिस्टिक टेल्स., पृ. 64; 184. न्यू इण्डियन एण्टीक्वेरी, भाग 1, सं. 1; 185. मिस्टिक टेल्स, पृ. 12, 47, 48; 186. वही, पृ. 47; 187. चतुर्वेदी, सिद्ध तेलोपा, हिन्दुस्तानी; 188. पुरातत्त्व निबन्धावली, पृ. 194; 189. मिस्टिक टेल्स, पृ. 33, 34; 190. सर चार्ल्स ईलियट, हिन्दुइज़्म एण्ड बुद्धिज़्म, खण्ड 3, पृ. 387

(ग)

1. कौलज्ञान निर्णय, भूमिका, पृ. 57; 2. साधनमाला, पृ. 453; 3. चर्यापद 2, आठवीं पंक्ति तथा चर्यापद 4, छठवीं पंक्ति; 4. टीका भाग, बौद्ध गान., पृ. 6 तथा पृ. 10; 5. बुद्धिस्ट एसोटेरिज्म, पृ. 43; 6. मिस्टिक टेल्स., पृ. 8; 7. नाथ-सम्प्रदाय, पृ. 13; 8. मिस्टिक टेल्स., पृ. 24; 9. नाथ-सम्प्रदाय, पृ. 11; 10. बरुआ, अर्ली हिस्ट्री ऑफ कामरूप, द्रष्टव्य, 'कल्चरल रिव्यू'; 11. लिंग्विस्टिक सर्वे ऑफ इण्डिया,खण्ड 1, भाग 1, पृ. 125, 126 तथा काकती, आसमीज, इट्स फार्मेशन एण्ड डेवलेपमेण्ट, पृ. 3-11; 12. मिस्टिक टेल्स., पृ. 36, 37; 13. बरुआ, अर्ली हिस्ट्री ऑफ कामरूप, 'कल्चरल रिव्यू'; 14. साधनमाला, खण्ड 1, पृ. 80; 15. मिस्टिक टेल्स., पृ. 11; 16. साधनमाला, खण्ड 2, भूमिका; 17. मिस्टिक टेल्स., पृ. 11; 18. मिस्टिक टेल्स., पृ. 19; 19. मिस्टिक टेल्स., पृ. 22, 23, 24, 40, 43, 46, 63; 20. बुद्धिस्ट एसोटेरिज्म, पृ. 46; 21. मिस्टिक टेल्स., पृ. 18, अनुवादक की टिप्पणी तथा परशुराम चतुर्वेदी, 'चौरासी सिद्ध कौन थे', पृ. 12; 22. मिस्टिक टेल्स., पृ. 21, 22, 53; 23. बुद्धिस्ट एसोटेरिज्म, पृ. 44, 45, 46; 24. स्टडीज इन तन्त्राज, पृ. 38-40; 25. वैडेल, लामाइज्म, पृ. 382; 26. 'निअडि बोहि मा जाहु रे लङ्क'...चर्यापद 33; 27. वैडेल, लामाइज्म,पृ. 380 'स्टडीज इन तन्त्र'; 28. बुद्धिस्ट एसोटेरिज्म,पृ. 45; 29. सेकोद्देश टीका, पृ. 1; 30. मिस्टिक टेल्स., पृ. 102; 31. देखिये आगे, पृ. 150-152; 32. मिस्टिक टेल्स, पृ. 8, 9, 11, 14; 33. मेम्वायर्स ऑफ आर्क्यालॉजिकल सर्वे ऑफ इण्डिया, संख्या 66; 34. देखो आगे, पृ. 155; 35. मिस्टिक टेल्स., पृ. 41; 36. वही, पृ. 40, 41; 37. डैनियल राइट, हिस्ट्री ऑफ नेपाल, प्रथम अध्याय; 38. मजुमदार, हिस्ट्री ऑफ बंगाल, खण्ड 1, पृ. 417; 39. वही, पृ. 417; 40. किमूरा, शिफ्टिंग ऑफ सेण्टर्स ऑफ बुद्धिज्म इन इण्डिया, ज. डि. ले., खण्ड 1; 41. मजुमदार, हिस्ट्री ऑफ बंगाल, खण्ड 1, पृ. 59; 42. वही, पृ. 60, 61; 43. चटर्जी, हर्षवर्द्धन, पृ. 80-83; 44. मजुमदार, हिस्ट्री ऑफ बंगाल, खण्ड 1, पृ. 61; 45. वाटर्स, जिल्द दो, पृ. 115; 46. वही, पृ. 43, 92, 115, 116; 47. चटर्जी, हर्षवर्द्धन, पृ. 190, 191; 48. वाटर्स, जिल्द 1, पृ. 186; 49. बागची, इण्डिया एण्ड चाइना, पृ. 199, 201; 50. यशोवर्मन के आक्रमण की तिथि 725-775 ई. के लगभग मानी गयी ललितादित्य के गौड़ विजय के उल्लेख अप्रत्यक्ष ही हैं लालितादित्य ने यशोवर्मन को 736 ई. के लगभग पराजित किया था मजुमदार, हिस्ट्री ऑफ बंगाल, खण्ड 1, पृ. 82, 83; 51. तारानाथ के जर्मन रूपान्तर का अंग्रेजी अनुवाद, इण्डियन एण्टिक्वेरी, खण्ड 4, पृ. 365, 366; 52. मजुमदार, हिस्ट्री ऑफ बंगाल, खण्ड 1, पृ. 97; 53. वही, पृ. 98; 54. घोष, इ. हि.

क्वा., खण्ड 9, पृ. 484, 485; 55. मञ्जुश्रीमूलकल्प—जायसवाल संस्करण, श्लोक 883; 56. मजुमदार, हिस्ट्री ऑफ बंगाल, खण्ड 1, पृ. 104; 57. मिस्टिक टेल्स., पृ. 40, 41; 58. मजुमदार, हिस्ट्री ऑफ बंगाल, खण्ड 1, पृ. 115; 59. आल्तेकर, राष्ट्रकूट एण्ड देयर टाइम्स; 60. त्रिपाठी, हिस्ट्री ऑफ कन्नौज, अध्याय 10 तथा 11; 61. मजुमदार, हिस्ट्री ऑफ बंगाल, खण्ड 1, पृ. 107; 62. मजुमदार, गुर्जर प्रतिहार, ज. डि. ले. खण्ड 10, पृ. 40, 44; 63. डॉ. त्रिपाठी धर्मपाल की नागभट्ट द्वारा पराजय को गोविन्द के आक्रमण के बाद मानते हैं हिस्ट्री ऑफ कन्नौज, पृ. 232, 233; 64. आल्तेकर, राष्ट्रकूट एण्ड देयर टाइम्स, पृ. 66; 65. मजुमदार, हिस्ट्री ऑफ बंगाल, खण्ड 1, पृ. 113; 66. वही, पृ. 116; 67. पाल वंशावली, पाल राजाओं के अभिषेक की तिथियाँ—1. गोपाल प्रथम, 750 ई., 2. धर्मपाल 770 ई., 3. देवपाल, 810 ई., 4. विग्रहपाल प्रथम या शूरपाल, 850 ई., 5. नारायणपाल, 854 ई., 6. राज्यपाल, 908 ई., 7. गोपाल द्वितीय, 940 ई., 8. विग्रहपाल द्वितीय, 960 ई., 9. महीपाल प्रथम, 988 ई., 10. नयपाल, 1038 ई., 11. विग्रहपाल द्वितीय, 1055 ई., 12. महीपाल द्वितीय, 1070 ई., 13. शूरपाल द्वितीय, 1075 ई., 14. रामपाल, 1077 ई., 15. कुमारपाल, 1120 ई., 16. गोपाल तृतीय, 1125 ई., 17. मदनपाल, 1140 ई., 18. गोविन्दपाल, 1155 ई.; 68. मजुमदार, गुर्जर प्रतिहार, ज. डि. ले., खण्ड 10, पृ. 50 तथा आगे; 69. रे-डाइनेस्टिक हिस्ट्री ऑफ नार्दर्न इण्डिया, पृ. 674 तथा आगे; 70. मजुमदार, हिस्ट्री ऑफ बंगाल, खण्ड 1, पृ. 192; 71. वही, पृ. 193; 72. वही, पृ. 195; 73. सेकोद्देश टीका, पृ. 1; 74. मिस्टिक टेल्स., पृ. 26; 75. वही, पृ. 25; 76. इण्डियन एण्टिक्वेरी, खण्ड 4, पृ. 365 तथा आगे; 77. नीलकण्ठ शास्त्री, द चोल्स, पृ. 247; 78. एपिग्राफिका इण्डिका, खण्ड 24, पृ. 105; 79. मिस्टिक टेल्स., पृ. 79; 80. मजुमदार, हिस्ट्री ऑफ बंगाल, पृ. 336; 81. शरत्चन्द्र दास, इण्डियन पण्डित्स इन लैण्ड ऑफ स्नो, पृ. 51; 82. फ्रैंक, एण्टिक्विटीज ऑफ टिबेट, पृ. 169 तथा आगे; 83. मजुमदार, हिस्ट्री ऑफ बंगाल, पृ. 203; 84. वही, पृ. 205 के आगे; 85. वही, अध्याय 7, परिशिष्ट 31; 86. फ्रेदूनबेग-चाचनामा (अनूदित अंग्रे.) पृ. 72, 89,105; 87. मिस्टिक टेल्स., पृ. 151; 88. वही, पृ. 69, 70; 89. हले कालिंजर घणिअइ दुद्दरु वज्जिअइ, दोहाकोश, पृ. 55; 90. बौद्ध गान., पृ. 9

(घ)

1. संस्कृत बुद्धिस्ट लिटरेचर ऑफ नेपाल, पृ. 261; 2. बुद्धिस्ट एसोटेरिज्म, भूमिका, पृ. 1, 31, 33; 3. अरविन्द, 'तन्त्र और वेदान्त', कल्याण, शक्ति अंक, पृ. 31; 4. शुक्ल, हिन्दी साहित्य का इतिहास, पृ. 6; 5. वही, पृ. 7; 6. फ्रें. एंजेल्स, लुडविग फ्यूएरबाख, पृ. 67; 7. वही, पृ. 40; 8. हिन्दी साहित्य की भूमिका, पृ. 8; 9. मॉडर्न क्वार्टर्ली, खण्ड 1, संख्या 2, पृ. 75, 76; 10. मार्क्स, कम्युनिस्ट मेनीफेस्टो, पृ. 40, 41; 11. प्लेखनाव, मैटीरियलिस्ट कन्सेशन ऑफ हिस्ट्री, पृ. 39; 12. हिन्दी काव्यधारा, भूमिका, पृ. 13; 13. वही, पृ. 14; 14. वही, पृ. 14, 15, 16; 15. वही, पृ. 17; 16. वही, पृ. 17, 18, 19; 17. वही, पृ. 21, 22, 23; 18. वही, पृ. 35; 19. वही,

पृ. 48; 20. वही, पृ. 21; 21. वही, पृ. 47; 22. प्लेखनाव, रोल ऑफ इण्डिविजुअल इन हिस्ट्री, पृ. 45; 23. मार्क्स एण्ड एंजेल्स आन इण्डिया, पृ. 75, 76; 24. क्वेश्चन्स ऑफ हिस्ट्री से मा. क्वा. खण्ड 5, संख्या 3 में उद्धृत; 25. द्रष्टव्य मा. क्वा., 513 तथा इण्डिया टुडे 113 में डाँगे के ग्रन्थ की समीक्षाएँ; 26. मा. क्वा., खण्ड 1, संख्या 2; 27. हिस्ट्री ऑफ बंगाल, पृ. 743; 28. सरकार, पोलिटिकल इन्स्टीट्यूशन्स एण्ड थिअरीज ऑफ हिन्दूज, पृ. 103, 41; 29. ओझा, मध्यकालीन भारतीय संस्कृति, पृ. 130; 30. मध्यकालीन भारतीय संस्कृति, ओझा, पृ. 107; 31. हिस्ट्री ऑफ बंगाल, पृ. 607; 32. सरकार, पोलिटिकल थिअरीज एण्ड इन्स्टीट्यूशन्स ऑफ हिन्दूज, पृ. 53, 56; 33. इं. हि. क्वा., खण्ड 6, पृ. 59, 60; 34. फिक-सोशल आर्गनिजेशन इन ना. ई. इण्डिया, पृ. 118; 35. हर्षवर्द्धन, चटर्जी, 273, 274; 36. हिस्ट्री ऑफ बंगाल, पृ. 647; 37. आर्क्यालॉजिकल सर्वे ऑफ इण्डिया, वार्षिक विवरण, 1904-05, पृ. 142 तथा आगे; 38. चटर्जी, हर्षवर्द्धन, पृ. 287; 39. हर्षचरित, पृ. 249; 40. वही, पृ. 287; 41. मज्झिम निकाय, मधुरासुत्त; 42. दीघनिकाय, 3-4; 43. क्षितिमोहन सेन, जातिभेद, पृ. 41; 44. सेन, संस्कृति संगम, पृ. 41; 45. वही, पृ. 43; 46. मनुस्मृति 3, 151; 47. वही, अध्याय 3, श्लोक 152 तथा आगे तथा चाणक्य-नीति, एकादश अध्याय, पृ. 44, श्लोक 13, 14; 48. बागची, कास्ट्स ऑफ इण्डियन मिस्टिक्स, विश्वभारती क्वार्टर्ली, अगस्त, अक्टूबर, 1945, पृ. 143; 49. सेन, जातिभेद, पृ. 116; 50. बरुआ, अर्ली हिस्ट्री ऑफ कामरूप; 51. हिस्ट्री ऑफ बंगाल, खण्ड 1, पृ. 527 तथा आगे; 52. बसु, पोस्ट चैतन्य सहजीय कल्ट, पृ. 263, 264; 53. मा. क्वा. खण्ड 1, संख्या 2, पृ. 77; 54. वही, पृ. 84; 55. वही, 87; 56. दत्त, भारतीय समाज पद्धति, पृ. 150 तथा आगे; 57. द्रष्टव्य, बड़थ्वाल, हिन्दी काव्य में निर्गुण सम्प्रदाय, पृ. 62 तथा पृ. 324, और परशुराम चतुर्वेदी उत्तरी भारत की सन्त परम्परा, पृ. 282 तथा 283; 58. क्षितिमोहन सेन, जातिभेद, पृ. 201

●●●

2

वज्रयान की परम्परा

क

महायान का विकास

ये चौरासी सिद्ध जिस वज्रयान सम्प्रदाय के अनुयायी थे, वह कोई अलग सम्प्रदाय न होकर बौद्धधर्म की महायान शाखा का ही विकसित रूप था। इसके कई प्रमाण मिलते हैं। सबसे प्रबल प्रमाण यह है कि सर्वमान्य वज्रयानी सिद्धान्त ग्रन्थों में कई स्थानों पर महायान का उल्लेख है। त्रिसमय राज की साधना में 'अनया मन्त्री महायान्न परिहीयते', ऐसा उल्लेख मिलता है।[1] इसी प्रकार भगवती वज्रतारा की साधना में भी महायान का उल्लेख मिलता है जिसमें त्रिरत्नों में से धर्म को समग्र महायान का वाचक बताया गया है और उसी के प्रसंग में वज्रयान का भी उल्लेख है।[2] इससे यह स्पष्ट ज्ञात होता है कि 'बौद्ध तन्त्र साधना महायान की ही शाखा थी और वज्रयान महायान का पूर्वाधिकार स्वीकार करता है।'[3] वज्रयान का, महायान के ही परिणित रूप होने का एक और भी स्पष्ट अन्तरंग प्रमाण 'वज्र-गर्भ-तन्त्र-राजसूत्र' में मिलता है।[4] इस ग्रन्थ में दक्षिण भारत के किसी सम्राट् वीर्यदत्त का उल्लेख है 'जो श्रद्धायुक्त तथा गहन विश्वासी प्रकृति का था। उसने प्रसन्नता से अनुत्तर धर्म की शिक्षा ली और वज्र महायान में दीक्षित हो गया।'[5] इस उद्धरण से स्पष्ट ज्ञात होता है कि वज्रयान वास्तव में महायान की ही वह परवर्ती प्रणाली थी जिसमें तान्त्रिक प्रवृत्तियाँ प्रविष्ट हो गयी थीं। महायान का विकास बौद्धधर्म के अन्तर्गत ईसा की पहली शताब्दी के लगभग माना जाता है। वैडेल[6] तथा कीथ[7] दोनों ने महायान के प्रथम विकास का यही समय स्वीकार किया है। यदि भगवान् बुद्ध के परिनिर्वाण की तिथि 486 ई. पू. में मानी जाय[8] तो भगवान् बुद्ध के परिनिर्वाण के लगभग 400 वर्ष बाद महायान अंकुरित हुआ। बुद्ध ने अपने समय में ही अन्ध धार्मिक विश्वास को प्रोत्साहन न देकर तर्क-परम्परा और विचारशीलता का समर्थन किया था।

तत्त्व-संग्रह में भगवान् बुद्ध ने कहा था—'परीक्ष्य भिक्षवो ग्राह्यम् मद्वचो न तु गौरवात्।'[9] 'भिक्षुओं को स्वतः परीक्षा करने के उपरान्त मेरे वचनों को ग्रहण करना चाहिए, केवल मेरे गौरव से आतंकित होकर नहीं।' जिस धर्म में इतना विचार-स्वातन्त्र्य हो उसमें विभिन्न सम्प्रदायों तथा साधनाओं और विचार-पद्धतियों का विकसित होना सर्वथा स्वाभाविक है।

महायान के विकास की मूल प्रेरणा—महायान की विचार तथा साधना-पद्धति की मूल प्रेरणा यह थी कि बौद्धधर्म की कठिन और दुस्साध्य जीवन-पद्धति को अधिक लोकपरक और सहज बनाया जाय।[10] इस प्रवृत्तिमूलक साधना-पद्धति पर उनका इतना आग्रह होने का प्रमुख कारण यह था कि उनकी चिन्तना का केन्द्र केवल व्यक्ति तथा उसका निर्वाण नहीं था, वे लोकहित तथा समस्त लोक की मुक्ति के लिए उत्तरदायित्व का अनुभव करते थे।

इस सम्बन्ध में अवलोकितेश्वर बोधिसत्त्व की कथा बड़ी रोचक तथा महत्त्वपूर्ण है। जब अवलोकितेश्वर ने निर्वाण प्राप्त कर लिया और वह अनन्त शून्य में लीन होने जा रहा था तभी उसने सुमेरु पर्वत के शिखर से कोई दूरागत क्रन्दन का स्वर सुना और वह बहुत उदास हो गया। वह गहन चिन्तना में लीन हो गया और तब उसे यह ज्ञान हुआ कि यह क्रन्दन और कुछ नहीं है महाकरुणामय बोधिसत्त्व अवलोकितेश्वर के अन्तर्धान होने पर लोक साधारण का परिताप है। अवलोकितेश्वर जो उनके भौतिक दुःखों तथा पीड़ाओं में एकमात्र सहारा था, उसको खो देने की आशंका से वे निस्सहायावस्था में गगनभेदी क्रन्दन कर रहे थे। यह जानकर उसका हृदय विचलित हो गया और उसने निश्चय किया कि वह अपने सुकृत पुण्यों द्वारा अर्जित निर्वाण को तब तक स्वीकार नहीं करेगा जब तक भूमि पर एक भी व्यक्ति भवजाल में बँधा रहता है।[11] इसी प्रकार बोधिसत्त्व लोकहित के लिए प्रार्थना करते हुए कहता है, "मैं प्रत्येक दिशा के सभी सम्बुद्धों से बद्ध करों से प्रार्थना करता हूँ कि जो ममता-बन्धन के कारण दुःखजाल में आबद्ध हैं उनके लिए धर्म का दीपक प्रोज्ज्वलित करें। मैं सभी आत्मनिग्रही सम्बुद्धों से आग्रह करता हूँ जो महानिर्वाण प्राप्त करने को सन्नद्ध हैं कि वे असंख्य युगों तक रुके रहें, (ताकि उनके अभाव में) यह संसार तमाच्छादित न हो जाय। मैंने अपनी साधनाओं से जितने भी पुण्य अर्जित किये हैं उनसे सभी प्राणियों के सभी क्लेशों तथा तापों का परिशमन हो...तीनों भुवनों में व्याप्त अपने सम्पूर्ण सत्त्व, अपने सम्पूर्ण आनन्द और अपने सम्पूर्ण पुण्यों का मैं निस्संग परित्याग करता हूँ ताकि सभी प्राणियों की कामनाएँ पूर्ण हों।"[12] इसी कारण से लोक साधारण भी अन्त में स्वतः साधना के कठिन पथ पर विशेष ध्यान न देकर बोधिसत्त्व की ही महत्करुणा के आकांक्षी हो रहे थे।[13] वे लोग जो पूर्ण विकसित नहीं थे उनके लिए भी निर्वाण का तथा क्लेश-शमन का एक सरल मार्ग निर्दिष्ट कर दिया गया था। और उस दृष्टि से बौद्धधर्म को धीरे-धीरे साधना और अनुशासन की दृष्टि अधिक लोकपरक बनाया जाने लगा। यहाँ तक

कि अन्त में तो यह कहा जाने लगा कि यदि कोई प्रभुतारत्न बुद्ध का नाममात्र ही स्मरण कर ले तो उसे सम्यक् सम्बोधि प्राप्त हो जाती है या जो सुखावती प्रणिधान मात्र करता है वह उसी को प्राप्त हो जाता है।

ऐसा नहीं है कि महायानी आचार्य वैयक्तिक पूर्णत्व या वैयक्तिक साधनापरक हीनयान का सर्वथा निषेध करते हों किन्तु वे उसे हीन कोटि की साधना मानते हैं क्योंकि उसमें करुणा का अभाव होता है।[14] वज्रयानी ग्रन्थों में साधनाओं की दृष्टि से तीन यान स्वीकार किये गये थे। श्रावकयान, प्रत्येकयान तथा महायान[15] इनमें से प्रथम दो केवल शून्यता को प्राप्त होते हैं। करुणा केवल महायान की थाती है।

इस प्रकार हम इस परिणाम पर पहुँचते हैं कि महायान के विकास की मूल प्रेरणा बौद्धधर्म को लोकजीवन के निकट पहुँचाने और ऐसे पथ का विकास करने की थी जिसमें केवल सम्बुद्ध व्यक्ति ही नहीं वरन् समस्त लोक का कल्याण हो सके। यह प्रवृत्ति बुद्ध के बाद से ही किस प्रकार धीरे-धीरे अंकुरित हुई। अन्त में केवल महायान के विशाल, बुद्ध-शाखाओं से समन्वित वटवृक्ष में परिणत हो गयी। इसके लिए महायान के क्रमिक विकास पर संक्षेप में विचार कर लेना उचित होगा।

महायान का विकास-क्रम—जैसा पहले ही संकेत किया जा चुका है कि भगवान् बुद्ध ने अपने शिष्यों को इस बात की स्वतन्त्रता दी थी कि उनके वचनों को भी केवल उनके गौरव के आतंक से न ग्रहण करें वरन् उनकी सम्यक् परीक्षा करें। उनके कुछ शिष्य उनके विभिन्न उपदेशों की अपनी वैयक्तिक व्याख्याएँ करने लगे। अतः उनकी मृत्यु के उपरान्त ही इस बात की आवश्यकता प्रतीत होने लगी कि उनके उपदेशों को ठीक रूप से वर्गीकृत और संगृहीत किया जाय ताकि उनका रूप विकृत न हो। कहा जाता है कि महास्थविर काश्यप ने किसी सुभद्र नामक भिक्षु को बुद्ध भगवान् के नाम पर विचित्र से सिद्धान्तों का प्रचार करते हुए देखा। अतः उन्होंने इस बात की आवश्यकता समझी कि सभी अर्हतों को बुलाकर प्रवर्तक के उपदेशों को संगृहीत कर लिया जाय। महाराज बिम्बसार के पुत्र अजातशत्रु ने उसकी संरक्षता ग्रहण की और राजगृह के निकट की पर्वतशृङ्खलाओं में सत्पन्नी की गुफा में 499 अर्हतों की प्रथम 'संगीति' बैठी। उस संगीति में भगवान् बुद्ध के सभी उपदेशों का गायन हुआ तथा बुद्ध-कथित विनय के 10 नियम उपलि द्वारा, अभिधम्म भाग काश्यप द्वारा और सुत्त भाग आनन्द द्वारा उपस्थित किया गया और क्रमशः उन्हीं को विनय-पिटक अभिधम्म-पिटक, तथा सुत्त-पिटक के नाम से संगृहीत किया गया।[16]

इसके बाद बौद्धधर्म में सहसा बुद्ध द्वारा प्रवर्तित कठोर श्रमण आचारों के विरुद्ध विद्रोह की एक लहर आयी। कहा जाता है कि बुद्ध के समय में ही इन कठोर नियमों का उल्लंघन प्रारम्भ हो गया था। बहुत-से स्थानों में ऐसे बौद्ध-भिक्षु थे जो संघों के नियम का उल्लंघन कर पत्नियों, कन्याओं, तरुणियों और तरुण दासियों को पुष्पोपहार भेजते थे। उनके साथ आसन पर बैठते थे, मद्य पीते थे, नृत्य करते थे, गीत गाते थे और वाद्य यन्त्रों का प्रयोग करते थे। भगवान् बुद्ध को जब यह ज्ञात हुआ तो वे बहुत दुःखी हुए।[17] ऐसे भिक्षुओं को लोग आदर की दृष्टि से नहीं देखते थे। किन्तु स्वयं संघ के

अन्दर बहुत-से लोग ऐसे थे जो अनुभव करते थे कि संघ के नैतिक अनुशासन सम्बन्धी नियमों को और उदार बनाना चाहिए। विद्रोह का सूत्रपात वैशाली के वज्जि भिक्षुओं द्वारा हुआ और उन्होंने 10 नियमों के स्थान पर 10 ऐसे सिद्धान्तों का प्रचार करना प्रारम्भ किया जिनमें भिक्खुओं द्वारा सोना-चाँदी आदि ग्रहण करने की व्यवस्था और कभी-कभी रस आदि भी ग्रहण करने की स्वतन्त्रता थी। स्थविर यश नामक एक पश्चिम-देशीय वृद्ध भिक्खु उस समय वैशाली में ही था। इन वज्जि भिक्खुओं के विषय में सुनकर वह स्वतः कौशाम्बी गया और वहाँ जाकर उसने इनकी जीवन-पद्धति को स्वतः देखा। वह बहुत संत्रस्त हुआ और उसने तत्काल कुछ दूतों को भेजकर मथुरा और अवन्ति से बौद्ध प्रतिनिधि बुलवा भेजे। उसी के आमन्त्रण पर लगभग 386 ई. पू. में वैशाली में द्वितीय संगीति हुई। इसमें लगभग 700 भिक्षु सम्मिलित हुए और 8 प्रतिनिधियों का मण्डल एक-एक कर दसों नियमों पर विस्तार से विचार करता रहा, किन्तु लगभग 8 महीने तक विचार होने के उपरान्त वे दसों नियम गर्हित माने गये, महास्थविरों की जीत हो गयी। उन्होंने इनको 'अधर्मवादी' और 'पापभिक्षु' के नाम से पुकारा। किन्तु फिर भी पूर्वीय भिक्षुओं की संख्या बहुत अधिक थी। वे महास्थविरों के निर्णय के आगे झुकने के लिए भी प्रस्तुत नहीं थे अतः उन्होंने स्थविरवादियों के केन्द्र श्रावस्ती से अलग अपना केन्द्र मगध में स्थापित किया और अपने दल का नामकरण 'महासांघिक दल' किया।[18]

इस संगीति के बाद से बौद्धों में पूर्वी और पश्चिमी दो स्पष्ट दल हो गये और पश्चिमी दल स्थविरवादी या थेरवादी और पूर्वी दल महासांघिक दल कहलाने लगा। धीरे-धीरे इनके अन्तर्गत भी विभिन्न मार्ग विकसित हो रहे थे। उसी बीच में मौर्य सम्राट् अशोक ने बौद्धधर्म स्वीकृत कर लिया था। उन्होंने अपनी राजधानी पाटलिपुत्र में सन् 242 ई. पू. के लगभग तृतीय संगीति राजपुत्र तिस्स मोग्गलि की अध्यक्षता में आमन्त्रित की जिसमें प्रायः 1000 भिक्षु सम्मिलित हुए। यह सभा लगभग 8-10 महीने तक कार्य करती रही और इसमें दो विशेष कार्य सम्पन्न हुए। विनय, अभिधम्म तथा सुत्त को अन्तिम रूप दिया गया और त्रिपिटक रूप में संगृहीत किया गया।[19] इसके अतिरिक्त कथावस्तु नामक ग्रन्थ प्रस्तुत किया गया जिसमें बौद्ध मत के तत्कालीन 18 निकायों का उल्लेख है। इन अट्ठारह निकायों का विभाजन बुद्धघोष तथा दीपवंश के अनुसार इस प्रकार था।[20]

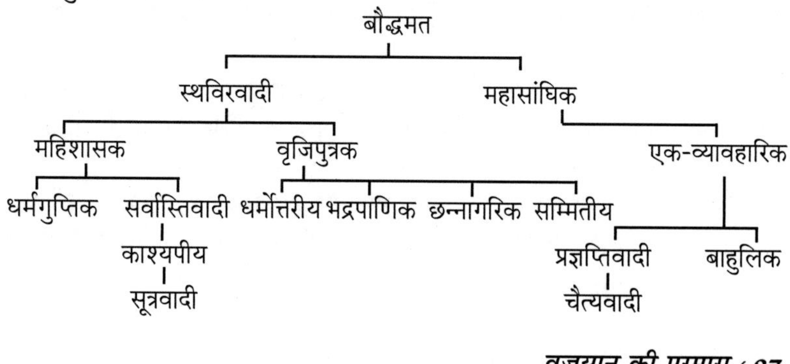

अन्धक सम्प्रदाय तथा महायान का उद्‌भव—अशोक की मृत्यु के पश्चात् ही 182 ई. पू. में पुष्परथ नामक एक सैनिक आमात्य ने वृहद्रथ की हत्या कर शुंगवंश की स्थापना की। इस वंश ने बौद्धधर्म का निर्ममता से दमन किया और पुष्यमित्र ने तो कितने ही संघाराम जलवा दिये, भिक्खुओं की हत्या करा दी और फलस्वरूप महासांघिक बौद्ध उत्तर भारत से भागकर दक्षिण में आन्ध्र देश और पश्चिमोत्तर में मिलिन्द के आश्रय में चले गये।

आन्ध्र देश में अशोक के समय में ही महादेव नामक भिक्षु ने बौद्धधर्म का प्रचार किया था। महादेव ने आन्ध्र देश में चैत्यशिला अथवा चैत्यवादी सम्प्रदाय की स्थापना की थी जो महासांघिक दल की ही प्रशाखा था।[21] यह शाखा धान्यकटक महाचैत्य के नाम पर प्रख्यात थी। उस नगर के दोनों ओर पहाड़ थे और पूर्व और पश्चिम में पर्वतों पर भिक्षुओं के दो दल रहा करते थे जिनके आधार पर यही चैत्यवादी शाखा पूर्व-शैलीय तथा अपर-शैलीय उपशाखाओं में विभाजित हो गयी। धीरे-धीरे उनमें राजगिरक तथा सिद्धार्थक दो और भी प्रभेद हो गये और ये चार प्रशाखाएँ अन्धक निकाय के नाम से प्रख्यात हुईं।[22] बुद्धघोष इनके अतिरिक्त हेमवातिक और वाजिरीय शाखाओं का भी उल्लेख करता है।[23] इन सम्प्रदायों में बौद्धधर्म के सिद्धान्तों का मूल रूप बहुत-कुछ बदल चुका था यहाँ तक कि वैपुल्यवादियों ने तीन ऐसे सिद्धान्त प्रचलित किये जो क्रान्तिकारी थे। उनका पहला सिद्धान्त था कि 'संघ न दान ग्रहण करता है, न उसका परिशोधन करता है। न उसे दान देने में महत्त्व है।' उनका दूसरा सिद्धान्त था कि 'न बुद्ध ने अवतार लिया, न वे लोक में ठहरे, न उन्होंने उपदेश दिया।' उनका तीसरा सिद्धान्त था कि 'विशेष परिस्थितियों में मैथुन सर्वथा उचित है।'[24] इसी वैपुल्यवादी तथा उसके आधारभूत निकाय अन्धक निकाय से महायान का जन्म हुआ और इस प्रकार के विभिन्न उदार सम्प्रदायों के बौद्ध अपने को महायानी और दूसरों को हीनयानी कहने लगे।

ठीक-ठीक कब महायान का नामकरण हुआ इसका तो कोई निर्णय विद्वान् लोग नहीं कर पाये हैं किन्तु अनुमान यह किया जा सकता है कि ईसा की पहली शताब्दी में ही महायान शब्द का व्यवहार होने लगा होगा। महासांघिकों ने स्थविरों द्वारा प्रयुक्त 'अधर्मवादी' और 'पापभिक्षु' के ही प्रतिशोध में उनके मार्ग को हीनयान के नाम से पुकारना प्रारम्भ किया।[25]

कनिष्क के समय में 140 ई. के लगभग 500 भिक्षुओं की एक चतुर्थ संगीति हुई और कहा यह जाता है कि इसमें बहुत-से ऐसे भिक्खु सम्मिलित हुए थे जो अपने को महायान-धर्मी कहते थे।[26]

महायान तथा हीनयान का एक और नामकरण है जो उसके एक महत्त्वपूर्ण पक्ष पर प्रकाश डालता है। महायान को गुह्योयान तथा हीनयान को व्यक्तोयान भी कहते हैं। इसका कारण यह था कि थेरवादियों द्वारा आयोजित तीनों संगीतियों के विरोध में

महायानी कहते थे कि कुछ गुप्त संगीतियाँ स्वतः भगवान् बुद्ध ने आयोजित की थीं जिनमें वे अपने अलौकिक रूप में विराजमान थे। अधिकांश महायान सूत्रों का उपदेश ऐसी ही लोकोत्तर संगीतियों में हुआ जो गुह्य थीं।[27] अतः इन सूत्रों पर आधारित मार्ग का नाम गुह्योयान भी पड़ गया। महायान को ही (एकयान, श्रेष्ठयान, अग्रयान, बुद्धयान, परमार्थयान, भद्रयान, बोद्धिसत्त्वयान) नाम से भी अभिहित किया जाता है।[28]

महायान की विशेष प्रवृत्तियाँ—बौद्धधर्म के इस नये लोकपरक स्वरूप के लिए इसके आचार्यों के मन में बड़ा उत्साह था और वे इसको पुराने स्थविरवादी बौद्धधर्म की तुलना में महायान या बड़ी नौका कहा करते थे। उनका कथन था कि भवसागर पार जाने के लिए पुराना बौद्ध मत हीन प्रकार की नौका है, जर्जर है किन्तु महायान श्रेष्ठ है। महायान को हीनयान से श्रेष्ठ सिद्ध करने के लिए उन्होंने आशय, उपदेश, प्रयोग, उपस्तम्भ तथा काल की श्रेष्ठता महायान में सिद्ध की थी। वैसे तो महायान में आगे चलकर कई सम्प्रदायों का विकास हुआ और बहुत-सी नयी साधनाओं ने प्रवेश किया किन्तु कुछ ऐसे तत्त्व हैं जो पूरे महायान धर्म में सामान्य रूप से पाये जाते हैं।[29] वे तत्त्व निम्नलिखित हैं—

1. बोधिसत्त्वों में आस्था और प्रत्येक व्यक्ति में निहित उस सामर्थ्य पर आस्था जिससे वह बोधिसत्त्व की स्थिति तक पहुँच सकता है। 2. लोकहित की भावना। 3. बुद्ध की लोकोत्तर सत्ता में विश्वास। 4. विभिन्न दार्शनिक प्रणालियों का प्रचार जो बुद्ध-तत्त्व तथा निर्वाण की लगभग वैसी ही व्याख्या देते थे जैसी ब्राह्मण वेदान्तों में प्राप्त होती है। 5. महायानियों का साहित्य अधिकतर संस्कृत में है और पालि धर्म-ग्रन्थों के बाद का है। 6. प्रतिमाओं की पूजा और पूजा-विधियों तथा अनुष्ठानों का विस्तार। 7. अमिताभ बुद्ध में केवल आस्था मात्र रखने से ही निर्वाण-प्राप्ति का विधान और इसी लक्ष्य से उनका नाम-जप।

महायान का दर्शन-पक्ष—उस समय तक पिछले समस्त सम्प्रदाय चार मुख्य दार्शनिक सम्प्रदाय में अन्तर्भुक्त हो गये थे—सौत्रान्तिक, वैभाषिक, माध्यमिक तथा विज्ञानवाद (योगाचार)।[30] ह्वेनसांग भी इन्हीं चारों का उल्लेख करता है। इनमें से पहले दो हीनयानी तथा अन्तिम दो महायानी सम्प्रदाय थे।[31] इन्हीं के आधार पर अक्सर महायान की दो शाखाएँ भी मानी जाती हैं—शून्यवादी तथा विज्ञानवादी।[32] लगभग द्वितीय शताब्दी ईस्वी के अन्तिम चरण में नागार्जुन ने अपनी 'माध्यमिक-कारिका' लिखकर शून्यवाद के सिद्धान्त को विस्तृत तर्कसंगत दार्शनिक रूप दिया और उनके लगभग एक शताब्दी बाद ही मैत्रेय के 'अभिसमयालङ्कार-कारिका' का प्रणयन माना जाता है।[33]

शून्यवाद–शून्यवाद के सबसे प्रबल प्रतिपादक आचार्य नागार्जुन थे जो दूसरी शताब्दी तथा तीसरी शताब्दी के मध्य में हुए थे।[34] उनका सबसे प्रसिद्ध ग्रन्थ 'माध्यमिक शास्त्र' है। अपनी कारिकाओं में नागार्जुन ने उत्पत्ति, गति, दुःख, बन्धन, मोक्ष आदि

सभी धारणाओं की तर्कसहित परीक्षा कर यह सिद्ध किया है कि सभी में विरोधी धर्मों की उपस्थिति है अतः सभी शून्य हैं।

नागार्जुन ने इस माध्यमिक मत के प्रचार का मुख्य लक्ष्य यह बताया है कि सभी जिनों को सही दृष्टि प्राप्त हो, किन्तु साथ ही वह इससे भी अवगत है कि यही सिद्धान्त सही दृष्टि की उपलब्धि में बाधक भी हो सकता है अतः वह स्पष्ट कह देता है कि जो केवल इसी सिद्धान्त में सीमित हो जाते हैं उनके भ्रम का निवारण होना कठिन है।[35] आर्यदेव इसी की व्याख्या करते हुए लिखते हैं कि जो रोगी है वह ओषधि द्वारा स्वस्थ हो सकता है पर ओषधि ही जिसका रोग बन जाय उसकी आशा त्याग देनी चाहिए।[36] अपने इसी शून्य सिद्धान्त के द्वारा सभी वस्तुओं के विरोधी स्वभावों का निरूपण करते हुए नागार्जुन ने प्रख्यात अष्ट-निषेधों का सिद्धान्त विकसित किया था जिसमें उन्होंने प्रत्येक वस्तु को अनिरोध, अनुत्पाद, अनुच्छेद, अशाश्वत, अनेकार्थी, अनार्थी, अनागमी, अनिर्गमी बताया था।[37] और प्रथम अध्याय की प्रथम कारिका में ही इन आठ निषेधात्मक स्वभावों का उल्लेख करते हुए उन्होंने कहा था कि जो इन आठ निषेधों से परिचित हो जाता है वह कभी भी अतिवादों का आश्रय नहीं लेता है और सदा मध्यम पथ ग्रहण करता है।

इसी माध्यमिक पथ की ओर साधकों को प्रेरित करने के लिए आचार्य नागार्जुन ने शून्यता के सिद्धान्त का प्रतिपादन किया था और उसे सृष्टि का मूल सिद्धान्त बताया था।[38] किन्तु इस शून्य का अर्थ हिन्दू दार्शनिक 'सत्ता का अभाव' लेते हैं जो भ्रमपूर्ण है। शून्यता को शून्यवादी आचार्य इस अर्थ में नहीं ग्रहण करते। वे वस्तुओं को नितान्त अतात्त्विक या सत्ताशून्य नहीं मानते जैसे कि शशशृंग या आकाश-कुसुम होते हैं।[39] किन्तु वे नितान्त तात्त्विक नहीं हैं क्योंकि वे कारणों पर निर्भर होती हैं और अनित्य होती हैं।[40] यही शून्यता है। संसार में कोई वस्तु नहीं जो कारणों पर निर्भर न हो, कोई धर्म नहीं जो हेतुओं पर आधारित न हो। अतः कोई वस्तु या धर्म स्वतन्त्र नहीं, सभी परतन्त्र हैं, अतः उनका कोई भी स्वभाव नहीं अतः वे स्वभावशून्य हैं।[41]

इस शून्य सिद्धान्त का प्रतिपादन उसने 'प्रतीत्य समुत्पाद' के सिद्धान्त द्वारा किया। शून्यता वह है जो 'प्रतीत्य समुत्पाद' द्वारा सिद्ध की जा सके।[42] 'प्रतीत्य समुत्पाद' के अर्थ हैं वह सिद्धान्त जो प्रत्येक वस्तु को कारणों, हेतुओं द्वारा उत्पन्न मानता है। चूँकि सभी वस्तुएँ हेतु पर आधारित हैं अतः उनका स्वतः कोई धर्म नहीं, कोई स्वभाव नहीं। अतः वे स्वभावशून्य हैं। इस प्रकार वस्तुओं और धर्मों के स्वभाव तथा निरपेक्षता का खण्डन करने के उपरान्त आचार्य नागार्जुन कार्य-कारण-सम्बन्ध का भी विरोध दिखाते हैं। उनका तर्क है कि यदि कारण से कार्य भिन्न है तो इसके अर्थ यह हैं कि उस कारण के बिना भी कार्य सम्भव था। जिससे परिणाम यह निकला कि किसी भी कार्य के लिए किसी भी कारण की आवश्यकता अनिवार्य नहीं है। बिना कारण के भी कार्य हो सकते हैं। यदि कारण और कार्य में कोई भिन्नता नहीं तो एक ही वस्तु को दो नाम देना और

उनकी पृथक् सत्ता मानना असंगत है।[43] इसी प्रकार वस्तुएँ दूसरी वस्तुओं से भी उत्पन्न नहीं हो सकतीं क्योंकि जब वस्तुओं का कोई अपना निरपेक्ष स्वभाव नहीं है तो दूसरी वस्तु जैसी कोई कल्पना भी असंगत है, इसी प्रकार तथागत से कोई वस्तु नहीं उत्पन्न की जा सकती क्योंकि जिस तथागत के पंचस्कन्ध हैं वह भी शून्यता से ग्रस्त होगा और जो पंचस्कन्धों से रहित हो वह तो शून्य है ही।[44]

इस प्रकार नागार्जुन संसार की सभी वस्तुओं को शून्य मानता है। उनकी उत्पत्ति, स्वभाव, धर्म सब-कुछ अकथनीय है। अतः वे शून्य हैं[45] और केवल एक अनन्त शून्यता की धारा में प्रवाहित होते चले जा रहे हैं।

किन्तु फिर प्रश्न उठता है कि निर्वाण क्या है, क्यों प्राप्त किया जाय। कैसे प्राप्त किया जाय। यदि कोई भी वस्तु समुत्पन्न नहीं होती और उसका विनाश भी नहीं होता तो वह क्या है जिसके निषेध अथवा विरोध से हमें निर्वाण प्राप्त होता है। और तब निर्वाण की इस कल्पना का निषेध करते हुए नागार्जुन कहते हैं कि 'न निर्वाण संसार से परे कोई वस्तु है, न संसार निर्वाण से।[46] फिर निर्वाण की निषेधात्मक व्याख्या देने के उपरान्त नागार्जुन कहते हैं कि भाव तथा अभाव के परामर्श के क्षय को निर्वाण कहते हैं।[47] इसके लिए कहा गया है कि 'आकाशेन कृतो ग्रन्थिराकाशेनैव मोचितः' अर्थात् शून्य (आकाश) द्वारा उलझी हुई गाँठ अन्त में शून्य द्वारा ही खुल जाती है।

विज्ञानवाद—आचार्य नागार्जुन की प्रखर तर्कशक्ति के आगे नतमस्तक होते हुए भी उनका दर्शन इतना निषेधात्मक है कि वह अन्ततोगत्वा हमें निष्क्रियता और बौद्धिक उलझन की ओर ले जाता है। स्वतः उनका निषेधात्मक तर्क उनकी बुद्ध के प्रति आस्था से सन्तुलित नहीं हो पाता और अन्ततोगत्वा उसे तथागत को निःस्वभाव मानना पड़ता है। यद्यपि उन्हीं की तर्क-परम्परा का आलम्बन ग्रहण कर यह कहा जा सकता है कि जो निःस्वभाव है वह सर्वोपरि कैसे हो सकता है। उनके दर्शन की यह अन्धवृत्त में सीमित निषेधात्मकता का अनुभव जिन चिन्तकों को हुआ उन्होंने योगाचार सम्प्रदाय के नाम से महायान के अन्तर्गत ही एक नयी चिन्तना-प्रणाली का प्रचार किया जो विज्ञानवाद या भूततथतावाद के नाम से भी प्रख्यात है।

अश्वघोष, वसुबन्धु, असंग तथा मैत्रेय योगाचार के प्रथम आचार्य माने जाते हैं। कहा जाता है कि नागार्जुन के लगभग 1 शताब्दी बाद मैत्रेयनाथ ने 'अभिसमयालंकार-कारिका' लिखकर विज्ञानवाद की चिन्तना-प्रणाली को एक विशेष रूप दिया।[48] इसके बाद यह परम्परा चलती रही और अन्त में असंग ने 5वीं शती में विज्ञानवाद को एक निश्चित रूप दिया।[49] माध्यमिक सब पदार्थों को शून्य घोषित करता है किन्तु विज्ञानवादियों के अनुसार द्रष्टा के अनुभव, चित्त या विज्ञान परम्परा को शून्य नहीं कहा जा सकता। उसका अस्तित्व मानना ही पड़ेगा। यदि मानसिक दशाएँ और क्रियाएँ भी सत्य नहीं हैं, तो माध्यमिक के तर्कों का भी कोई महत्त्व नहीं रहेगा। अतः विज्ञानवाद मनोमय जगत् का अस्तित्व मानता है। लेकिन वह केवल मनोमय जगत् या विज्ञान की

सत्ता मानता है। बाह्य विश्व का पूर्ण निषेध करता है। उसका कहना है कि बाह्य विश्व की सत्ता केवल हमारी अनुभूतियों और चेतनाओं में है। वस्तुएँ मन के बाहर दीखती हैं किन्तु हैं वे मन में ही। अतः विश्व केवल विज्ञानों, चेतनाओं और प्रत्ययों की शृङ्खलामात्र है।[50]

इस प्रकार यह समस्त संसार केवल विज्ञान-प्रवाहमात्र है जिसका अन्तिम लय 'आलयविज्ञान' या 'विज्ञप्तिमात्रता' में है।[51] इस आलयविज्ञान के प्रवाह में एक क्षणिक विज्ञान दूसरे विज्ञान को कार्यकारण शृङ्खला से उत्पन्न करता जाता है। इसी आलयविज्ञान को चित्त भी कहते हैं।[52]

परमार्थ को विज्ञानवादी भी भाव और अभाव से परे मानते हैं। न वह पैदा होता है, न उसका अवसान होता है, न घटता है, न बढ़ता है, न शुद्ध होता है, न अशुद्ध।[53] इसी को अश्वघोष ने 'भूततथता' भी माना है। यही निर्वाण है और यही विज्ञप्तिमात्रता है।

जब समस्त अस्तित्व और परम तत्त्व ही चित्त है, तब इस विज्ञानवाद की साधना भी चित्त के निरोध के अतिरिक्त और क्या हो सकती थी। इसीलिए इस मत के अनुयायियों ने साधना के क्षेत्र में योग अपनाया जिसे चित्तवृत्ति का निरोध कहा गया है। जैसा हम आगे देखेंगे कि इसी सम्प्रदाय ने सिद्धों के दर्शन पर बहुत बड़ा प्रभाव डाला था और वज्रयान भी इसी पर मूलतः आधारित था। उस समय भी योगाचार सम्प्रदाय का शून्यवाद से अधिक प्रचलन था। उल्लेख मिलता है कि ह्वेनसांग भी योगाचार सम्प्रदाय का था और हर्ष ने भी इसी सम्प्रदाय में दीक्षा ली थी।[54]

महायान का धर्म-पक्ष—महायान के दोनों प्रमुख सम्प्रदायों के दार्शनिक तथा तात्त्विक विवेचन पर दृष्टिपात कर लेने के पश्चात् अब उनके व्यावहारिक धर्मपक्ष से थोड़ा परिचय प्राप्त कर लेना आवश्यक है। इस दिशा में सबसे पहले बुद्ध-काया की कल्पना पर विचार करना चाहिए। महायानी स्तुतियों में बुद्ध-काया के तीन रूप बताये गये हैं[55] जो परम सत्ता के तीन पक्षों के प्रतीक हैं—1. धर्म काया, 2. सम्भोग काया, 3. निर्माण काया।

त्रिकाया का यह सिद्धान्त शून्यवाद तथा विज्ञानवाद दोनों के द्वारा मान्य था।[56] यह धर्म काया तीनों लोकों में अपने को अभिव्यक्त करते हुए भी सभी आवासों, क्लेशों और संस्कारों से मुक्त अनादि, अनन्त, अजर, अमर अपरिवर्तनशील होती है।[57] सम्भोग काया में आनन्द अथवा करुणा की प्रधानता होती है, यह काया बोधिसत्त्व के रूप में होती है। निर्माण काया वह काया है जिसमें वे मानुषी रूप धारण कर संसार के अनुरूप जीवन यापन करते हैं। शाक्य सिंह केवल एक निर्माण काया है उसके अतिरिक्त भी बौद्धधर्म के कई आचार्यों को अंश रूप में मानुषी बुद्ध परिकल्पित किया गया है जैसे दीपङ्कर, काश्यप, मैत्रेय आदि।[58]

धर्म और साधना पथ में त्रिकाया सिद्धान्त के उपरान्त दूसरी महत्त्वपूर्ण वस्तु है बोधिचित्त।[59] बोधिचित्त, विज्ञान अथवा चित्त की उस अवस्था को कहते हैं जब वह धर्म-

साधना के लिए उद्‌बुद्ध होता है। बोधिचित्त की बोधि-अवस्था ज्ञान और धर्म-साधना में निरत अवस्था है जिसमें दो प्रमुख तत्त्व होते हैं शून्यताज्ञान और करुणा।

इस बोधिचित्त को उत्पन्न करने के लिए छह पारमिताओं की साधना करनी होती है।[60] यही पारमिताएँ बोधिचित्त को पार ले जाती हैं।[61] पारमिताएँ इस प्रकार हैं—दान, शील, क्षान्ति (सहनशीलता), वीर्य (आध्यात्मिक शक्ति), ध्यान तथा प्रज्ञा अथवा परमार्थ ज्ञान। इनमें से प्रज्ञा अन्तिम है और सबसे महत्त्वपूर्ण है। इसकी साधना के बाद ही बोधिचित्तोत्पाद होता है और उसमें शून्यता-ज्ञान तथा करुणा समन्वित हो जाती है। उसके उपरान्त यह बोधिचित्त ऊपर की ओर उद्‌बुद्ध होता है और दस बोधिसत्त्व भूमियों को पार करता है। वे भूमियाँ हैं—प्रमुदिता, विमला, प्रभाकारी, अर्चिस्मती, सुदुर्जया, अभिमुखी, दूरंगमा, अचला, साधुमती और अन्त में मेघमयी भूमि आती है—धर्ममेघ। तब वह प्रज्ञा या परमार्थ ज्ञान का स्वामी हो जाता है। उसमें अनन्त करुणा का उदय होता है और वह पूर्ण बोधिसत्त्व होता है।[62]

यह समस्त प्रणाली चर्या कहलाती है और चूँकि बोधिचित्त के शून्यता ज्ञान तथा करुणा से समन्वित होने के उपरान्त यह चर्या-समन्वित होती है अतः इसे बोधिचर्या कहा गया। इस बोधिचर्या के मूल में करुणा और अशरण अनाथों को सुख और निर्वाण की प्राप्ति का लक्ष्य है। इसी बोधिचर्या को सम्पन्न कर साधक कल्पना-बन्धन से मुक्त अनुत्तर बोधि को प्राप्त कर लोक का बन्धु और रक्षक हो जाता है।[63]

किन्तु यह चर्या जनसुलभ नहीं है अतः जनसाधारण के लिए प्रज्ञापारमिताओं में कुछ सरल मार्ग भी बताये गये हैं। यह मार्ग बोधिसत्त्वों की शरण में जाना था। इस शरणागति के साथ-साथ पूजा-अर्चा का भी सम्यक् विधान मिलता है। यह पूजा न केवल मैत्रेय, वैरोचन अथवा अमिताभ की होनी चाहिए वरन् जहाँ-जहाँ वे गये हैं, आये हैं, धर्मचक्र प्रवर्तन किया है, वे सभी ग्राम, नगर, राष्ट्र, राजधानी पुष्पसमर्पण के योग्य हैं।[64] उनके द्वारा उपदिष्ट ये प्रज्ञापारमिताएँ भी महिमामयी हैं और पूजनीय हैं।[65] शत साहस्त्रिकी प्रज्ञापारमिता के बीसवें परिवर्त में चैत्यों में बुद्ध के अवशेषों की पूजा का माहात्म्य बताया गया है। इस प्रकार की पूजा न केवल निर्वाण वरन् भौतिक सिद्धियाँ भी प्रदान करती थीं।[66]

पारमितानय : मन्त्रनय—कालान्तर में साधकों की सुविधा के लिए तथा जनसाधारण को महायान में समाविष्ट करने के लिए पारमिता-शास्त्र को संक्षेप में लिखा जाने लगा। शत साहस्त्रिका को दश साहस्त्रिका, अष्ट साहस्त्रिका, शतश्लोकी और अन्त में केवल एक हृदयसूत्र मात्र में उसे संक्षिप्त कर दिया गया।[67] उन मन्त्रों के साथ विभिन्न ध्यानी बुद्धों का भी महत्त्व जुड़ गया और इस प्रकार महायान के साधना-पक्ष के दो रूप हो गये—पारमितानय तथा मन्त्रनय। धीरे-धीरे मन्त्रनय में तान्त्रिक साधनाओं का विकास हुआ, त्रिकाया में वज्रकाया भी जोड़ दी गयी, शून्यता तथा विज्ञान के साथ महासुख का सिद्धान्त विकसित हुआ। बोधिसत्त्वों की दशभूमि तथा पारमिताओं की साधना के बजाय प्रज्ञोपाय साधना का विकास हुआ। देवशृङ्खलाओं में अगणित देवताओं

की वृद्धि हुई और हर देवता की एक शक्ति देवी रूप में परिकल्पित हुई, गुह्य साधनाओं का विकास हुआ और महायान का रूप तान्त्रिक हो गया और उसे वज्रयान के नाम से अभिहित किया जाने लगा। उसमें सिद्धियों का भी विकास हुआ और अन्त में दर्शन की अपेक्षा क्रिया, चर्या, अभ्यास, अनुष्ठान, रहस्य साधनाओं का प्रचार हो गया। उन्हीं में निष्णात आचार्यों को वज्रयानी सिद्धों के नाम से अभिहित किया गया।[68]

मन्त्रनय से वज्रयान—इस प्रकार महायान की लोकपरक साधना ने ही मन्त्रनय और वज्रयानी तान्त्रिक साधनाओं में परिणति पायी।[69] यह भाग्य उस समय की लगभग सभी भारतीय धर्म साधनाओं का हुआ क्योंकि एक अदम्य तान्त्रिक लहर उस समय आयी थी जिसने हमारी समस्त संस्कृति को अभिभूत कर लिया। बौद्ध, वैष्णव, शैव, शाक्त, जैन सभी उससे प्रभावित हुए और सभी ने एक-दूसरे पर कुछ-न-कुछ प्रभाव छोड़ा। वज्रयान का स्वरूप समझाने के लिए उस तान्त्रिक धारा के उद्‌भव का विशेष परिचय पाना आवश्यक है।

■■

ख

समकालीन बौद्धेतर तान्त्रिक धर्म-साधनाएँ

लगभग 400 ईस्वी सन् तक महायान के देवतापरक, पूजाप्रधान, मन्त्र विधान से युक्त परवर्ती रूप का विकास हो चुका था। इसके बाद छठीं शताब्दी के लगभग बौद्धधर्म में सहसा तान्त्रिक प्रवृत्तियों का प्रवेश होता है और इतनी शीघ्रता से बौद्धधर्म का रूप परिवर्तित होता है, दो या तीन सौ वर्षों के ही अन्दर वज्रयानी साधनाएँ इतनी प्रचलित हो जाती हैं, बौद्ध देवताओं की संख्या इतनी अपरिमित, उनके रूप इतने विविध, उनकी शक्ति देवियाँ इतनी अगणित हो जाती हैं, उनके मन्त्र-तन्त्र-अभिचार, सिद्धियों और क्रियाओं का इतना प्रचार हो जाता है कि उसके मूल रूप का कहीं पता भी नहीं लगता।

तान्त्रिक-काल—वास्तव में 600 से 1200 ई. तक का काल ही ऐसा रहा है कि भारतीय धार्मिक संस्कृति में सहसा तान्त्रिक साधनाओं का प्रादुर्भाव होता है और वे इतनी व्यापक हो जाती हैं कि सभी सम्प्रदाय चाहे वे वैदिक हों या अवैदिक, चाहे वे वैष्णव हों या शैव, चाहे वे बौद्ध हों या जैन, सभी तान्त्रिक सृष्टि-तत्त्व, तान्त्रिक देवमण्डल, तान्त्रिक यन्त्रविधान, तान्त्रिक मन्त्र-साधना, तान्त्रिक आचार-विधान तथा हठयोगी साधनाओं को प्रत्यक्ष तथा अप्रत्यक्ष रूप से प्रश्रय देने लगते हैं। इसी कारण इस समस्त काल को ही विद्वानों ने तान्त्रिक काल के नाम से अभिहित किया है।[1]

वैसे इस काल के सामान्य सांस्कृतिक मूल्यांकन के विषय में मतभेद है। कुछ विद्वान् इसे ह्रास और पतन का काल कहते हैं, जब चिन्ता-पारतन्त्र्य अपनी चरम सीमा पर पहुँच गया था, कला में भी सजावट और पच्चीकारी की ओर अधिक दृष्टि थी।[2] किन्तु कुछ विद्वान् इसे 'भारतीय मनीषा की जागरूकता, कर्मण्यता और प्रतिभागिक उत्कर्ष का काल' मानते हैं।[3] वास्तव में इसका रूप बहुत-कुछ इस प्रकार है कि पुराने ग्रन्थों पर टीकाओं की परम्परा ज्यादा बढ़ जाती है और उनमें पुराने सिद्धान्तों के नये और कभी-कभी योगपरक या तन्त्रपरक अर्थ भी दिये जाने लगते हैं। कभी-कभी लोकधर्म के नये आचार पुराने सम्प्रदायों में प्रवेश कर जाते हैं और छोटे-छोटे सम्प्रदायों में यद्यपि उस एक ही तान्त्रिक प्रभाव की वृद्धि होती है किन्तु उनका पारस्परिक प्रभाव और विग्रह दोनों ही चरमसीमा पर पहुँच जाते हैं। दूसरी ओर भारतीय धर्म-प्रचारकों की पहुँच सुदूर जापान तक होती है और भारतीय चिन्तना का विदेशों से जितना आदान-प्रदान इस काल में होता है उतना पहले कभी भी नहीं हुआ था।

अगणित नये आचार-प्रवण सम्प्रदाय—इस काल में छोटे-छोटे अगणित सम्प्रदायों का उद्‌भव हुआ जिनका मुख्य आधारदण्ड किसी विशेष देवता की प्रधानता या किसी विशेष आचार-पद्धति की प्रधानता थी। कभी-कभी आचार के छोटे-से-छोटे सिद्धान्त पर नया सम्प्रदाय उठ खड़ा होता था। जैनियों में तो इस प्रकार के अगणित सम्प्रदायों का उल्लेख मिलता था। हत्थी-तावस जो हाथी का शिकार करते थे, बाल-तावस जो केवल पेड़ से गिरी पत्तियों का भक्षण करते थे, कण्डप्पिय जो बाजीगरी के कौतुक कर जीवनयापन करते थे, उत्तर कूलग जो गंगा के केवल उत्तरी तट पर रहते थे, दाहिण कूलग जो केवल दक्षिणी तट पर रहते थे आदि आदि।[4] ये छोटे-छोटे सम्प्रदाय मुख्यतया अपनी वृत्ति और अपने रहन-सहन की विलक्षणता पर बन जाते थे और धीरे-धीरे इनका बाह्याचार इनके धर्म का प्रमुख प्रतीक मान लिया जाता था। इससे प्रतीत होता है कि उस समय की धर्म-साधना में तत्त्व-चिन्तना गौण थी, बाह्याचार की अनुगामिनी थी और उस समय का धार्मिक वातावरण विशेषतया अनुष्ठान और क्रियापरक था।

आज उनमें से अधिकांश सम्प्रदाय विलुप्त हो गये हैं। वे अधिकांश निम्न वर्ग के लोकपरक सम्प्रदाय थे अतः उनकी भाषा लोकभाषा ही रही होगी।[5] इसी कारण उनका उल्लेख संस्कृत ग्रन्थों में भी कम ही मिलता है। किन्तु वे सभी सम्प्रदाय न जाने कितने आचार और कितने स्थानीय देवी-देवताओं और उनके पूजन की जाने कितनी विधियाँ छोड़ गये हैं जो अब भी उन बड़े तान्त्रिक सम्प्रदायों और ग्रन्थों में पायी जाती हैं जिनमें वे अन्तर्भुक्त हो गये हैं। उस समय समसामयिक साधना-पद्धतियों ने एक-दूसरे को बहुत प्रभावित किया है[6] और इस दृष्टि से बौद्धधर्म के तान्त्रिक रूप वज्रयान और उसके लोकभाषा में लिखे गये साहित्य चर्यापद तथा दोहों के अध्ययन के लिए उस समय की धार्मिक साधनाओं से सूक्ष्म परिचय प्राप्त कर लेना आवश्यक है। क्योंकि जैसा हम आगे

चलकर देखेंगे कि मूल बौद्धधर्म और तन्त्रों में कहीं कोई समानता ही नहीं है और यह किसी प्रकार भी सम्भव नहीं है कि बौद्धधर्म ने इसे अपनी ही परम्परा में, अपने ही क्षेत्र के अन्दर विकसित किया हो। उसने तत्कालीन प्रचलित साधनाओं को महायान के विकास के उत्तरार्द्ध में अपनाकर उन्हें बौद्ध शब्दावली प्रदान कर दी थी। वास्तविकता तो यह है कि बाद का वज्रयानी चिन्तन उन्हीं साधनाओं पर आधारित है। उन साधनाओं को पचाने के लिए, उनका औचित्य सिद्ध करने के लिए वज्रयानी आचार्यों ने त्रिकाया, बोधिचित्त, करुणा, शून्य आदि के तान्त्रिक अर्थ दे दिये हैं।

तन्त्र की व्याख्या—जैसा कहा जा चुका है कि अपनी समस्त विविधता के आवरण में भी इस तान्त्रिक काल में प्रचलित छोटे-बड़े सम्प्रदायों में एकसूत्रता यह थी कि इन सबों में तत्त्व-चिन्तन की अपेक्षा साधना-पद्धति की प्रधानता थी। किसी एक देवता या शक्ति को सृष्टि का मूल-तत्त्व मानना, उपासना की पद्धति की प्रचुर प्रसार और विस्तार से व्याख्या करना, मन्त्रों का महत्त्व, देवताओं के प्रतीक बीजाक्षरों और वर्णों का विधान, भूतसिद्धि, कुण्डलिनी-योग, रहस्यमयी साधनाएँ, बाहर से मर्यादा-विरुद्ध दीखनेवाले गुह्य वामाचार, दीक्षाएँ और गुरु का महत्त्व, ये सभी तत्त्व इनमें एक समान हैं। उनमें इतनी अधिक समानता है कि शैवों ने यदि उसे शैव परिभाषा दी है, बौद्धों ने बौद्ध, तो इससे कुछ भी अन्तर नहीं पड़ता। मूल स्वर उन सबों का एक है। वे सभी तान्त्रिक मत हैं। तन्त्र की व्याख्या करते हुए कहा गया है कि तत्त्व-मन्त्रों से समन्वित जो विपुल अर्थों का विस्तार करता है और त्राण भी करता है उसे तन्त्र कहते हैं।[7] इस साधनापरक धर्म-पद्धति को तन्त्र क्यों कहते थे, इसके विषय में कहा जाता है कि 'तन्त्र' की व्युत्पत्ति 'तन्' धातु से हुई है 'तन्यते विस्तारयते ज्ञानम् अनेन इति तन्त्रम्' के अनुसार किसी भी ज्ञान को जो विस्तार प्रदान करता है, उसका सांगोपांग विवरण देता है उसे तन्त्र कहते हैं। इसी के अनुसार हमें न्यायतन्त्र, चिकित्सातन्त्र आदि शब्द मिलते हैं।[8] ज्ञात यह होता है कि धर्म-साधनाओं में जिन नयी पूजाओं, मन्त्र-पद्धतियों, देवी-देवताओं, अनुष्ठानों, यन्त्रों, योग-साधनाओं का प्रवेश हो रहा था उन्हें पूर्ण रूप से एक ज्ञान या एक चिन्तना-पद्धति के अन्दर समन्वित कर एक नियम अथवा एक अनुशासन में सुयोजित कर देनेवाली प्रणाली का नाम तन्त्र पड़ गया।[9]

तन्त्र का उद्‌गम—एक विचारणीय प्रश्न यह है कि यह तन्त्राचार आया कहाँ से? क्या यह पहले से ही हमारे देश में प्रचलित था? यदि ऐसा था तो क्यों इसी शती में उसका इतना प्रभाव मिलता है। या इन्हीं दिनों या इसके कुछ पहले यह किसी विदेशी जाति के साथ आया और कुछ ही शतियों में समस्त देश की धर्म-योजना में इतना गहरा पैठ गया कि हमारी समस्त चिन्तना का रूप बदल गया। कई विद्वानों ने तन्त्रों के विदेशी उद्‌गम का उल्लेख किया है। महामहोपाध्याय डॉ. हरप्रसाद शास्त्री ने तन्त्रों का भारत में आगमन शकों के मग पुरोहितों के साथ बताया है।[10] यद्यपि इसके साथ उन्होंने कोई विशेष प्रमाण नहीं दिये थे किन्तु उनके इसी मत के आधार पर डॉ. विनयतोष भट्‌टाचार्य

ने इस सम्भावना की कल्पना की कि योगाचार मत का प्रमुख आचार्य और वज्रयान मत में तन्त्रों के प्रथम उपदेश के लिए प्रख्यात असंग गान्धार देश का निवासी था और सम्भव है वह गय पुरोहितों की तान्त्रिक साधना-पद्धति से परिचित हो।[11] किन्तु इसके अन्य कई प्रमाण मिलते हैं जो अधिक प्रबल हैं। पहला तो यह है कि प्राचीन वाङ्मय में कभी-कभी तन्त्रों की साधना-पद्धति को अद्भुत बताया गया है और उसे अवैदिक भी कहा गया है।[12] दूसरे स्वतः तन्त्र-ग्रन्थों में भी कभी-कभी ऐसे उल्लेख मिलते हैं कि तन्त्रों का प्रचार करने के लिए देवता बाहर से आये और फिर लौट गये।[13]

इसमें कोई सन्देह नहीं कि तन्त्रों में समय-समय पर विदेशी साधनाओं का भी प्रवेश हुआ है। चीनागम तथा चीनाचार तो स्पष्ट विदेशों से आया है। कालान्तर में तन्त्रों के दो भेद माने गये। एक परम्परागत आगम, यमल इत्यादि और दूसरे नवीन तन्त्र जिनमें बौद्ध तथा वामाचार, कौलाचार के अन्तर्गत आनेवाली तान्त्रिक साधनाएँ हैं।[14] इन पर किस प्रकार विदेशी प्रभाव पड़ा और उनमें से एक विशेष विदेशी सम्प्रदाय 'ताओ' ने कहाँ तक सहजयानी दर्शन को प्रभावित किया[15] इस पर बाद में विचार किया जायगा।

जहाँ तक पुराने तन्त्रों का प्रश्न है उनका नाम 'आगम' भी यह सूचित करता है कि वे सम्भवतः वैदिक परम्परा के नहीं थे।[16] हमें मध्यकालीन धार्मिक साहित्य से यह भी ज्ञात होता है कि प्रारम्भ में इन्हें अवैदिक कहा जाता रहा और अन्त में जो मत लोक-प्रचलित हो गया उसे ब्राह्मण परम्परा द्वारा ग्रहण कर लिया गया। जो अपेक्षाकृत नवीन पुराण[17] हैं उनमें भी अक्सर ऐसे बहुत-से नवोदित सम्प्रदायों का उल्लेख मिलता है जिन्हें रूढ़िवादी चिन्तक वर्ग अवैदिक मानता था। 'कूर्मपुराण' में लाकुल, वाम, पूर्व, पांचरात्र, भैरव कापालिक आदि मतों को अवैदिक बताया गया है। अधिक रोचक अंश यह है कि विष्णु तथा रुद्र इन दो देवताओं को इन मतों का मूल प्रवर्तक बताया जाता है और यह भी कहा जाता है कि इन्होंने इन मतों का प्रचार कुछ ऐसे ब्राह्मणों से कराया जो वेद पढ़ने का अधिकार खो चुके थे।[18] किन्तु कूर्मपुराण में ही अन्त में ग्यारहवें तथा बारहवें अध्याय में शिव का शक्ति और शक्तिमान् इन दो तत्त्वों में विभाजित होने का वर्णन तथा हिमालय द्वारा तपस्या कर अपने कुल में शक्ति का पुत्री रूप में अवतरित होने के वरदान पाने का वर्णन है और अन्त में देवी स्वतः कहती हैं कि 'ये कुशास्त्राभियोगेन मोहयन्तीह मानवाम्, मया सृष्टाणि शास्त्राणि मोहायेषाम् भवान्तरे।' इससे स्पष्ट होता है कि सम्भवतः यह अंश किसी शाक्त चिन्तक द्वारा प्रणीत है जिसने अपने मत को वैदिक सिद्ध करने का प्रयास किया है। इस प्रकार कितने ही नये मत प्रारम्भ में अवैदिक कहकर त्याज्य रहे और बाद में वे हिन्दू धर्म परम्परा में अन्तर्भुक्त होते गये।[19]

कूर्मपुराण से कम-से-कम एक बात बहुत महत्त्वपूर्ण ज्ञात होती है कि ये तान्त्रिक सम्प्रदाय ऐसे ब्राह्मणों द्वारा प्रवर्तित थे जो रूढ़िवादी ब्राह्मणों द्वारा नीची निगाह से देखे जाते थे और जिन्होंने अपना द्विजसुलभ वेदपाठन का अधिकार खो दिया था।

दूसरी ओर भारतीय वैदिक वाङ्मय के अध्ययन से हमें यह ज्ञात होता है कि अथर्ववेद में मारण, मोहन, उच्चाटन, मन्त्र, रक्षा, सिद्ध, गुह्य साधनाओं का प्रचुर उल्लेख मिलता है। उस समय भी अथर्ववेद को आर्य परम्परा में नहीं गिना जाता था। ऐसा विश्वास किया जाता है कि अथर्ववेद की गुह्य साधनाएँ भारत के अनार्य आदिवासियों की थीं जिन्हें पूर्वागत आर्यों ने अपना लिया था। इसी कारण बाद में आनेवाले अन्तरंग आर्य उन्हें 'व्रात्य' कहा करते थे। इन व्रात्यों का आचार-विचार बहुत-कुछ अनार्य जातियों से प्रभावित रहता था। पहले तो अन्तरंग आर्यों ने अनार्यों की भाँति उन्हें भी बहिष्कृत रखा किन्तु बाद में वे अक्सर 'व्रात्यस्तोम' नामक यज्ञ समारोहों में उन्हें शुद्ध कर अपनी सामाजिक परिधि में वापस ले लेते थे।[20] इन व्रात्यों के साथ-साथ बहुत-सी भारत के मूलनिवासियों की आदिम प्रवृत्तियाँ, अन्धविश्वास, यन्त्र-मन्त्र और जादू-टोना आ गया होगा। इसके अतिरिक्त कई स्थानों पर आर्यों ने इन मूलनिवासियों की रूपवती कन्याओं से विवाह सम्बन्ध स्थापित किया था।[21] इस प्रकार धीरे-धीरे आर्यों की विचार-परम्परा में आर्येतर साधनाएँ और देवी-देवता भी प्रवेश पाने लगे। प्रारम्भ में अन्तरंग आर्यों ने उनका स्वागत नहीं किया, वे केवल गौण देवता रहे किन्तु धीरे-धीरे प्रमुखता पाते गये। शिव इसके ज्वलन्त उदाहरण हैं।[22] ब्राह्मणों का विरोध होते हुए भी जनसाधारण में यह सभी जादू-टोने की सिद्धियाँ प्रचलित रहीं और रहस्य-साधनाएँ चलती रहीं। निस्सन्देह बहिरंग आर्यों में आसाम, उड़ीसा, महाराष्ट्र, काठियावाड़, गान्धार, भोटान्त, बंगाल, मगध आदि देशों में इनका प्राधान्य रहा होगा। ये व्रात्य जातियाँ रूढ़िवादी ब्राह्मणों के आचार-विचार और जाति-व्यवस्था की भी विरोधी थीं और उनकी कड़ी आलोचना करती थीं। अधिकांश विद्रोही चिन्तक, महावीर, गौतम आदि इन्हीं प्रदेशों के थे। तन्त्रों का सम्बन्ध निस्सन्देह इन रूढ़िगत आचार के विरोधी, जाति-व्यवस्था को उतनी कड़ाई से न माननेवाले, आदिम आर्येतर संस्कारों और साधनाओं से युक्त बहिरंग आर्यों से रहा होगा। तन्त्रों के अधिकांश केन्द्र इन्हीं बहिरंग क्षेत्रों में थे।[23] अथर्ववेद इनका मूल ग्रन्थ था इसे भी तान्त्रिक विचारक भूले नहीं थे।[24]

लोक-धर्म—कालान्तर में ये साधनाएँ लोकसाधारण में व्याप्त हो गयीं। उच्चवर्गीय ब्राह्मण धर्म के अतिरिक्त एक लोकप्रचलित धर्म भी था जिसमें ऐसे साधकों के प्रति आदर या भय रहा होगा। लोकसाधारण में उस समय कुलदेवियों और स्थानीय ग्रामीण देवी-देवताओं का भी पूजन प्रचलित था जिनको प्रसन्न करने के लिए टोना-टोटका भी होता था। ऐसी एक देवी थी जिसका मुख बिल्ली के समान होता था और बच्चों से घिरी होती थी।[25] तन्त्र परम्परा का सम्बन्ध लोकसाधारण में पूजित कुलदेवियों से अवश्य था इसके कई महत्त्वपूर्ण प्रमाण मिलते हैं। 'अक्षर विधान' में ईश्वर अपनी शक्ति से कहता है कि 'तुम प्रयाग के समीप कर्णवीर नामक महाग्राम में मेघदत्त के शुभ गृह में उत्पन्न हुई और तेरह वर्ष तक मेरी पूजा कर तुमने सिद्धि प्राप्त की।'[26] इनमें अक्सर निम्नवर्ग की कुलदेवियाँ भी होती थीं।[27] कुब्जिकातन्त्र में कुब्जिका देवी कुम्भकार के यहाँ उत्पन्न

हुई थीं और उनकी पूजा का विधान भी कुम्हार के ही यहाँ है और उससे सम्बन्धित समस्त आचार-प्रणाली को ही 'कौलिकाम्नाय' नाम दिया गया है।[28]

बहुत सम्भव है कि प्रारम्भ में इन पूजोपचारों के लिए कुलीन ब्राह्मण न प्रस्तुत होते हों अतः बहुत-से ब्राह्मण जो निम्नवृत्ति अपनाने के कारण या आचारभ्रष्ट हो जाने के कारण रूढ़िवादियों द्वारा तिरस्कृत कर दिये गये हों या जो स्वयं उनके प्रति विद्रोही हों और लोकधर्म और लोकाचार को ग्रहण कर चुके हों, वे इन जातियों और इनकी पूजाओं के पुरोहित बन गये हों। ऐसे उल्लेख हमें अक्सर मिलते हैं कि कुछ विशेष जातियों के विशेष पुरोहित रहे हैं,[29] या विशेष अभिचारों के लिए विशेष ब्राह्मण ही बुलाये जाते रहे हैं। इसी प्रकार के ब्राह्मणों ने तन्त्रों का तथा तान्त्रिक मतों का प्रचार किया होगा और तभी कूर्मपुराण में ऐसे सम्प्रदायों के प्रचारकों को वेदच्युत ब्राह्मण कहा गया है।[30]

इस प्रकार तन्त्र वास्तव में उन अगणित लोकाचारों, लोक में पूजित देवियों तथा लोकप्रचलित रहस्यमय अनुष्ठानों का परिणत रूप है जो आदि निवासियों ने सृष्टि से संग्राम करते समय अपना लिये थे और जो सदैव हमारे देश के निम्नवर्ग में प्रचलित रहे। तान्त्रिक काल में यह लोकधर्म उभरकर ऊपर आ गया और इसको ग्रहण करने के लिए कितने ही सम्प्रदाय प्रत्येक धर्म में बन गये जिनमें साधना प्रधान थी और उसी साधना के अनुरूप उन्होंने अपने देवी-देवताओं का स्वरूप, उनके पारस्परिक सम्बन्ध, उनकी चर्या, क्रिया, अभिचार, मन्त्र आदि परिकल्पित कर लिये। इसीलिए तन्त्रों का आगम नाम सर्वथा उपयुक्त है। वे लोकप्रचलित, आदिम परम्पराओं पर आधारित अनुष्ठान उच्चवर्गीय चिन्तना में 'आये', वे शुद्ध वैदिक दृष्टि से 'बाहरी' तत्त्व थे और कालान्तर में विदेशी साधनाएँ भी उनमें समाहित होती रहीं (इस लोकधर्म के उभरकर ऊपर आने का कारण निश्चित रूप से वह सामाजिक पृष्ठभूमि थी जिसका आभास हम पिछले अध्याय में दे चुके हैं)। तान्त्रिक आचार्यों ने तो घोषणा यह तक की कि श्रुतियों, स्मृतियों तथा पुराणों का युग बीत गया और अब केवल तन्त्रों का युग है।[31] और धीरे-धीरे तन्त्र साहित्य का महत्त्व इतना बढ़ा कि वह भी वैदिक श्रुतियों के समकक्ष गिना जाने लगा।[32]

तान्त्रिक सम्प्रदाय : पांचरात्र—तन्त्रों में जो कि वैष्णव-शक्ति लक्ष्मी की पूजा का विधान करते हैं वे संहिता, शैव-तन्त्र आगम तथा शक्ति-तन्त्र तन्त्र कहलाते थे।[33] इनमें से पांचरात्र संहिताओं की परम्परा बहुत प्राचीन है और उनके सम्पादक डॉ. श्रेडर का कहना है कि कुछ संहिताएँ ईस्वी शती के पहले भी वर्तमान थीं। शेष संहिताएँ या तो तान्त्रिक काल तक बन चुकी थीं या बन रही थीं। कहा यह जाता है कि इनके पहले भी वैखानस संहिताएँ दक्षिण भारत के मन्दिरों में व्यवहृत की जाती थीं। किन्तु रामानुज ने वैखानस संहिताओं का विरोध किया और उनके स्थान पर पांचरात्र संहिताओं का प्रचलन किया।[34]

इन पांचरात्र संहिताओं की विषयवस्तु चार पाद में विभाजित थी—ज्ञानपाद, योगपाद, क्रियापाद, चर्यापाद। इनमें से ज्ञान तत्त्व-दर्शन, योग चित्तवृत्ति-साधना, क्रिया

मन्दिरों तथा प्रतिमाओं की स्थापना उसके पूजा अर्पण आदि का विधान और चर्या मन्त्र-तन्त्र की साधना की व्याख्या करते थे।[35] तन्त्रों की सामान्य प्रकृति के अनुसार इसमें साधना पर विशेष आग्रह था क्योंकि पद्मतन्त्र में 45 पृष्ठों में ज्ञानपाद, 11 पृष्ठों में योगपाद, 215 पृष्ठों में क्रियापाद तथा 376 पृष्ठों में चर्यापाद के विधानों का वर्णन है। क्रिया तथा चर्या प्रमुख विषयवस्तु है और ज्ञान तथा योग तो केवल पीठिका या सन्दर्भ रूप में दे दिये गये हैं।[36]

साधना पक्ष में इन संहिताओं में मन्त्र-शक्ति तथा मन्त्रों का विशेष वर्णन किया गया है।[37] वाणी नारायण से उद्भूत हुई है। यह वाणी प्रारम्भ में एक घण्टे की गूढ़ ध्वनि बिन्दु या अनुस्वार में परिणत हो जाती है जिसके दो रूप हैं शब्द-ब्रह्म या तत्त्व का बोध करानेवाला शब्द, और भूति या वह वास्तविक तत्त्व। विन्दु दो रूप ग्रहण करता है। स्वर तथा व्यंजन। फिर परा, पश्यन्ती, मध्यमा और वैखरी[38] के सिद्धान्त के अनुसार ये प्रसुप्त स्वर कुण्डलिनी के साथ ऊर्ध्वगामी होकर चक्रों का भेदन करते हुए कण्ठ तक पहुँचते हैं जहाँ सबसे पहले ध्वनि उत्पन्न होती है, इसी कारण विसर्ग की व्याख्या सृजन-शक्ति का सृष्टि के रूप में गयी है और उसी का पूरक अनुस्वार संहार का प्रतीक माना गया है। अनुस्वार को सूर्य माना गया है तथा अ, इ, ऋ, उ, ऌ, ए, ओ को सूर्यकिरण समूह माना गया है। विसर्ग को चन्द्रमा माना गया है तथा दीर्घ स्वरों को आ, ई, ॠ, ॡ, ऊ, ऐ, औ को चन्द्रकिरण समूह। इनमें से अनुस्वार समूह दिन से सम्बद्ध है, पिंगला नाड़ी से सम्बद्ध है और विसर्ग समूह रात्रि से सम्बद्ध है, इड़ा से सम्बन्धित है।[39]

पुनश्च वर्णमाला के प्रत्येक अक्षर के त्रिविध रूप बताये गये हैं—1. वैष्णव, 2. शैव तथा, 3. शाक्त।[40] यन्त्र भी इन्हीं मन्त्रों के ही अविभाज्य अंग थे। इन यन्त्रों का स्वरूप रेखागणित के षट्कोणादि के रूप में था जो वास्तव में सुदर्शन पुरुष और उसके अन्तर्गत 12 व्यूहों के रेखा-रूप थे। जब इनमें से रूप हट जाता था तब वे केवल वाणी रूप में अधिष्ठित होकर मन्त्र का रूप ग्रहण कर लेते थे।[41]

इन मन्त्रों को अस्त्रों तथा चक्रों के अभिचार रूप में भी प्रयुक्त किया जाता था।[42] अस्त्र अदृश्य होते थे पर समय पड़ने पर वे भयंकर रूपवाले प्राणियों का शरीर धारण कर लेते थे, उनके विकराल दाँत तथा अग्निजिह्वाएँ होती थीं और कोई दाहक सूर्य के वर्ण का, कोई लोहित वर्ण का, कोई श्वेत वर्ण का होता था और लौह-फल जैसे घातक शस्त्र उनके हाथों में रहते थे।[43]

पांचरात्र संहिताएँ न केवल बौद्धधर्म से परिचित थीं वरन् वे बौद्धधर्म को अपना दूसरा प्रतिरूप ही मानती थीं। बौद्धों के शून्यवाद की गिनती उस समय के प्रमुख सम्प्रदायों में थी। पद्म तन्त्र में[44] प्रलय के उपरान्त वटपत्र पर शायी विष्णु को शून्य नाम से अभिहित किया गया है[45] सुदर्शन चक्र को कालचक्र का प्रतीक माना गया है जो बौद्धों को बुद्ध रूप दृष्टिगोचर होता है।[46]

शैवागम—इन वैष्णव संहिताओं के समान शैवागमों की परम्परा भी बहुत प्राचीन है। ये शैवागम शिव के पाँच मुखों द्वारा लोक में प्रकट किये गये थे।[47] इन पाँच मुखों से प्रकट आगमों की संख्या 28 मानी जाती है।[48] इनको शैव सिद्धान्त के नाम से भी पुकारते हैं। इसमें तीन पदार्थों की सत्ता मानी जाती है। प्रथम पति अथवा शिव। द्वितीय पदार्थ पशु है अर्थात् वह शिवरूप जो मलादि से युक्त हो गया है। तृतीय पदार्थ पाश है जिसके चार रूप हैं मल, कर्म, माया तथा रोधशक्ति। मुक्ति का परम साधन शिव का अनुग्रह माना गया है जिसमें आचार्य रूप से शिव पशु को 'दीक्षा' देते हैं। यह 'दीक्षा' ही अनुग्रह है।[49]

इन आगमों के आधार पर पद्म-तन्त्र (1.1.50) में शिव को तीन प्रमुख सम्प्रदायों का प्रवर्तक बताया गया है। पाशुपत, शुद्ध शैव तथा कापाल।[50] तान्त्रिक शैव मतों में पाशुपत मत सम्भवतः सबसे प्राचीन है और अवान्तर उपनिषत्काल में ही इसका विकास होने लगा था। इसके ऐतिहासिक संस्थापक का नाम लकुलीश या नकुलीश था। इनकी मूर्तियाँ अब भी गुर्जर, राजस्थान, मालवा तथा गौड़ देश में प्राप्त हैं जिनमें वे एक हाथ में लकुटी धारण किये हैं। अतः उनका नाम लकुटीश पड़ा। लकुटीश का समय मथुरा शैव स्तम्भ के शिलालेख के आधार पर डॉ. भण्डारकर ने द्वितीय शताब्दी का उत्तरार्द्ध माना है। इसी समय कुशानवंशी हुविष्क की मुद्राओं पर लकुटीधारी शिव की मूर्तियाँ मिलती हैं।

पाशुपत मत—पाशुपत तीन के स्थान पर पाँच पदार्थ मानते हैं—कारण, काया, योग, विधि तथा दुःखान्त। कारण साक्षात् शिव है। कारण द्वारा निर्मित पदार्थ कार्य कहलाता है जो परतन्त्र होता है और तीन प्रकार का होता है—विद्या, कला, पशु। विद्या पशु का गुण है जो दो प्रकार की है—बोधात्मिका तथा अबोधात्मिका। बोधात्मिका के भी दो भेद हैं—विवेकजनक, अविवेकात्मिका। अबोध अधर्म की जननी है। कला में चेतन के भी वश में होनेवाले द्रव्यों की गणना है और पशु स्वयं जीव है। पशु दो प्रकार का बताया गया है—शरीरेन्द्रियधारी पशु सांजन और उससे मुक्त पशु निरंजन। तीसरा पदार्थ है योग जो चित्त की क्रिया है उसी से आत्मा व ईश्वर का संयोग होता है "चित्तद्वारेण आत्मेश्वर संयोगो योगः।" चतुर्थ पदार्थ विधि है जो बाह्याचार का द्योतक है। इस पर तन्त्रों का स्पष्ट प्रभाव है।[51]

विधि के दो भेद हैं—व्रत तथा द्वार। व्रत पाँच प्रकार के होते हैं—भस्मस्नान, भस्मशयन, उपहार, जप तथा प्रदक्षिणा।

दुःखान्त मोक्ष को कहते हैं। यह भी दो प्रकार का है—अनात्मक अर्थात् जिसमें केवल त्रिविध दुःखों की निवृत्ति होती है। सात्मक में उसे सिद्धियाँ भी मिलती हैं।[52]

काश्मीरी शैवमत—शुद्ध शैवमत के दो रूप हो गये थे। उत्तर में काश्मीर में स्पन्द-शास्त्र, त्रिक् दर्शन या प्रत्यभिज्ञादर्शन जो कि अद्वैतवाद से प्रभावित था और दक्षिण में वीरशैव जो विशिष्टाद्वैतवाद से प्रभावित था। अनुश्रुति यह है कि भगवान् शंकर

ने इस मत के आदि प्रवर्तक वसुगुप्त (9वीं शती प्रारम्भ) को स्वप्न दिया कि वे महादेव गिरि में किसी गुहा में उत्कीर्ण शिवसूत्रों का उद्धार करें जिनके आधार पर उन्होंने बाद में 'स्पन्दकारिका' लिखी। उनके दो शिष्य थे—कल्लट तथा सोमानन्द। कल्लट ने त्रिक्दर्शन[53] और सोमानन्द ने प्रत्यभिज्ञादर्शन लिखा। इन्हीं के शिष्य उत्पल तथा उत्पल के शिष्य अभिनवगुप्त हुए थे। पूर्वीय देशों के शाक्त मतों का घनिष्ठ सम्बन्ध इस शैवमत से अवश्य था, चाहे हम यह स्वीकार करें या न करें कि शाक्त मत इन्हीं की एक शाखा थी। जहाँ तक सिद्धान्तों का प्रश्न है मुख्य सिद्धान्तों पर कल्लट तथा सोमानन्द में कोई अन्तर नहीं है। इन्होंने आगमों के ही सिद्धान्तों को अद्वैत सिद्धान्त के अनुसार व्यवस्थित कर दिया है। स्पन्द-शास्त्र के अनुसार केवल शिव सत्य है। वह पूर्ण स्वतन्त्र और सर्वशक्तिमान् है। जीव मूल रूप में शिव है केवल अणु, माया तथा कर्म इन तीन मलावरणों के कारण अपने को अलग मानता है। इन मलों का मूलकारण शब्द है। यह शब्द अथवा नाद शिव की शक्ति का स्त्री रूप है। इसको शिव में लीन करने का साधन माया है। परम साक्षात्कार को भैरव कहते हैं।

प्रत्यभिज्ञा में इसी परम साक्षात्कार का एक नया रूप है। लौकिक प्रयोग में 'यह वही व्यक्ति है', इस ज्ञान को प्रत्यभिज्ञा कहते हैं। ईश्वर से साक्षात्कार होने पर 'मैं वही ईश्वर हूँ' यह ज्ञान ईश्वर-प्रत्यभिज्ञा है। ईश्वर को पाँच शक्तियों से सम्पन्न बताया गया है। चित्, आनन्द, इच्छा, ज्ञान और क्रिया। अद्वैतवाद के समस्त सिद्धान्तों को लेते हुए भी इसमें ईश्वर को इच्छासम्पन्न बताया गया है।[54]

वीरशैव मत—दक्षिण में शैव मतों की दूसरी तान्त्रिक साधना विकसित हुई जिसे वीरशैव मत या लिंगायत सम्प्रदाय या शक्ति-विशिष्टाद्वैत के नाम से अभिहित किया जाता है। अनुश्रुति के अनुसार इसका प्रचार रेणुकाचार्य, दारुकाचार्य, घण्टाकर्ण, धेनुकर्ण तथा विश्वकर्म द्वारा हुआ था। ये आचार्य इतिहास तथा दिशा और काल की सीमाओं से परे माने जाते हैं। कलि में इनका नाम रेवणसिद्ध, मरुलसिद्ध, एकोरामाराध्य तथा विश्वाराध्य होगा।[55] कलचुरि नरेश बिजुल के मन्त्री बसव ने तथा एकान्त रामय्या ने भी जैनों का उच्छेद कर वीरशैव मत का प्रचार किया था।[56]

इसका मूल सिद्धान्त यह है कि जीव तथा ब्रह्म दोनों ही एक निहित शक्ति से समन्वित रहते हैं। इसी विशिष्टता से समन्वित होने के कारण दोनों का पारस्परिक लाभ होता है अतः इसे शक्ति-विशिष्टाद्वैत नाम दिया गया है। शिव की इच्छा से समन्वित इस शक्ति के निर्माणकारी रूप को विमर्श कहा जाता है[57] जो संसार रचती है। समस्त संसार के मूल में शिव है और यह संसार पत्र, शाखादि के रूप में स्थित है।[58]

इस मत में साधना के उपरान्त जिस आनन्द की प्राप्ति होती है उसे समरस और उस अवस्था को सामरस्य कहा जाता है। यह समरस लिंग तथा अंग के ऐक्य से प्राप्त होता है। लिंग तथा अंग उसी परशिव के दो रूप हैं जिसे 'स्थल' कहा जाता है क्योंकि उसी में चराचर जगत् की स्थिति तथा लय है।[59] उसके सक्रिय अंश को लिंग

भी इसलिए कहा जाता है उसमें संसार का लय और गमन है।[60] साधना के बाद महालिंग घन में लीन हो जाता है और उसके लिए सिद्धान्त-शिखामणि में रेणुकाचार्य कहते हैं :

जले जलमिव न्यस्तम् वह्नौवह्निरिवार्पितः

परे ब्रह्मणि लीनात्मा विभागेन न दृश्यते...(परिच्छेद 20, 2)

कालमुख—वीरशैव मत तथा काश्मीरी शैव सम्प्रदाय दोनों ही से अपेक्षाकृत पुराने कालमुख के विषय में उल्लेख मिलते हैं जिसका प्रभावक्षेत्र दक्षिण ही था। शंकर-दिग्विजय के प्रणेता तथा रामानुजाचार्य ने कालमुखों का जो वर्णन किया है उससे ज्ञात होता है कि वे कपाल में भोजन करते थे, अंग में चिता भस्म का लेपन करते थे, भस्म भक्षण करते थे, गदा धारण करते थे। मद्यपात्र रखते थे और उसी में भगवान् को आसीन मानते थे, किन्तु भण्डारकर का मत है कि इन वर्णनों में कालमुख के भ्रम में कापालिक मत के लक्षण मिलते हैं।[61] नान्दीमठ का भी मत है कि कालमुख कापालिक मत से अलग था। उसका राजदरबारों और पुरवासियों में प्रचुर सम्मान था। उसकी साधनाएँ इतनी विकृत और गुह्य नहीं थीं। उसके कई मठ और विद्यापीठ थे! कालान्तर में उनके मठों को वीरशैवों ने उत्तराधिकार रूप में प्राप्त किया और फिर वे मठ वीरशैवों के साम्प्रदायिक केन्द्र बन गये।[62]

कापालिक–कापालिक सम्प्रदाय इस दृष्टि से अत्यन्त महत्त्वपूर्ण है कि उसमें इन गुह्य तान्त्रिक सिद्धान्तों का विकास अपनी चरम सीमा तक पहुँच गया और अत्यन्त गुह्य रूप से उसकी साधनाएँ बहुत दिनों तक चलती रहीं। शबरतन्त्र में जो 24 कापालिकों की सूची मिलती है[63] उसमें कई कापालिक ऐसे हैं जो वज्रयानी सिद्ध थे तथा कई कापालिक नाथों की सूची में भी पाये जाते है।[64]

ये कापालिक माहेश्वर के उपासक थे इसका उल्लेख असंग के मध्यान्तानुगम शास्त्र में मिलता है।[65] कालान्तर में नाथ सम्प्रदाय में इन्हें श्रीनाथ द्वारा भेजे गये वीर दूतों के रूप में परिकल्पित किया गया है। उस समय तक विष्णु चौबीस अवतार ग्रहण कर चुके थे। बारह प्रमुख और बारह गौण। जब उन्होंने कूर्मादि जलचरों और पशुओं की-सी क्रीडाएँ कीं और कृष्ण का-सा व्यभिचारी रूप ग्रहण किया तो श्रीनाथ ने चौबीस कापालिकों को भेजा और उन्होंने आकर चौबीस अवतारों से तुमुल युद्ध किया और उनके कपाल काट लिये और उन्हें धारण करने लगे। तभी से ये कापालिक कहलाये।[66] किन्तु यह अन्तर्कथा गोरक्ष-सिद्धान्त-संग्रह की है जो अपेक्षाकृत अत्यधिक नवीन है और सम्भव है यह कथा वैष्णव द्वेष के कारण गढ़ दी गयी हो।

इनकी साधनाएँ सम्भवतः इन सभी सम्प्रदायों में सर्वाधिक गुह्य और विकराल हैं। ये उपर्युक्त वर्णित कालमुखों की 6 साधनाओं के अतिरिक्त 6 चिह्न-श्री धारण करते थे, जिनमें एक यज्ञोपवीत भी होता था और एक कर्ण-कुण्डल। इन छह चिह्नों का धारण करनेवाला आवागमन से मुक्ति पा जाता है। इनके यहाँ सम्भवतः दीक्षा को 'व्रत' कहते

थे। ये सोम मद्य पीते थे जिससे इनका चित्त जाग्रत होता था, मांस (कभी-कभी शव) भक्षण करते थे। कपाली शक्ति का आलिंगन करते थे और श्मशानों में योग-साधना करते थे। तान्त्रिक अनुष्ठान करते थे और भैरव शक्तियाँ जगाते थे, नरबलि देते थे और शिव के भैरव रूप और अघोर मुख के उपासक थे।[67]

भवभूति के मालतीमाधव में बताया गया है कि श्रीशैल कापालिकों का केन्द्र था। उनकी एक योगिनी कपालकुण्डला की माला पहना करती थी। वह राजमहल से मालती को उठा ले जाती है और अपने गुरु अघोरघण्ट की आज्ञा से उसे देवी करालचामुण्डा की मूर्ति के आगे बलि देना चाहती थी। हर्षचरित में कापालिक यति भैरवाचार्य का वर्णन मिलता है जिसने राजा पुष्यभूति के साथ श्मशान में जाकर महाकाल-हृदय नामक महामन्त्र का एक करोड़ बार जप किया था। अन्त में काले वस्त्र पहनकर, काली नकाब डाल, काला चूर्ण शरीर में मलकर शव पर बैठकर कृष्णचतुर्दशी को बेताल-साधना की थी।[68]

इनकी इन घृणित साधनाओं के कारण तथा इनकी रहस्यमयी सिद्धियों के कारण जनसाधारण इनसे भय खाता था। इनकी गणना वेदबाह्य मतों में की गयी है।[69] ये जाति-पाँति का बन्धन नहीं मानते थे। थोड़ी-सी विधि सम्पन्न होने से ही साधक ब्राह्मण हो जाता था और कपाल-व्रत लेने पर तो वह सिद्ध हो जाता था।[70]

इनकी साधनाओं के पीछे सोमसिद्धान्त की दार्शनिक पीठिका बतायी जाती है। कहा यह जाता है कि नर-कपाल में पिये जानेवाले मद्य को ये सोम कहा करते थे और सोम की व्युत्पत्ति स + उमा इस प्रकार बताते थे। इस सोम में शक्तियुक्त शिव का वास है। इसके समर्थन में टुची ने प्रबोधचन्द्रोदय की तीन टीकाएँ उद्धृत की हैं जो नेपाल के राजगुरु हेमराज शर्मा ने उनके पास भेजी थीं[71] प्रबोधचन्द्रोदय में सोमसिद्धान्त का प्रवेश कापालिक वेश में कराया गया है और कहा गया है कि इस पवित्र अमृत को पीने से पशु-पाश का उच्छेदन होता है और भैरव जाग्रत होते हैं। यह भाव-भेषज रूप है।[72] इस सोम की व्युत्पत्ति रुचिकर टीका में इस प्रकार है कि सह + माया के कारण इसे सोमसिद्धान्त कहा जाता है, प्रकाश टीका में कहा गया है कि कपाल में जहाँ ब्रह्मरन्ध्र, उपलक्षित हो जाता है उसे ब्रह्म-कपाल कहते हैं। उसमें तत्त्वों द्वारा कल्पित चन्द्रमा से झरनेवाला सोम या अमृत है। पारणा व्रत की समाप्ति पर उसे पीना चाहिए। चन्द्रिका नाम्नी टीका में यह कहा गया कि जैसे कैलास पर स्थित उमा सहित शिव आनन्द प्राप्त करते हैं उसी प्रकार ईश्वर-वेषधारी रुद्र-रूपधारी साधक कान्ता के सहित कैलास पर आनन्द भोग करता है। इसी से उमासिद्धान्त को सोमसिद्धान्त कहते हैं।[73]

इस सोमसिद्धान्त का उल्लेख बहुत-से परवर्ती ग्रन्थों में मिलता है। डॉ. बागची द्वारा टुची को प्रदत्त अकुलवीर तन्त्र की हस्तलिखित प्रति में 'सोम सिद्धान्त वादिनः' का उल्लेख मिलता है तथा न्यायदर्शन में बाह्य सिद्धान्तों की गणना में सोमसिद्धान्त भी परिगणित है।[74]

रसेश्वर सम्प्रदाय–इस सोमसिद्धान्त के अतिरिक्त रसेश्वर सम्प्रदाय का भी उल्लेख मिलता है। यह सम्प्रदाय भी शैव था। इस सम्प्रदाय में शरीर साधना पर और अमरत्व की उपलब्धि पर विशेष बल दिया जाता था। वे कहते थे कि छहों दर्शनों में मृत्यु के उपरान्त मुक्ति की उपलब्धि बतायी गयी है किन्तु जब हमारी मृत्यु ही हो जाती है, तब मुक्ति की क्या सार्थकता, अतः हमें 'रस' के द्वारा अमर रहने का प्रयास करना चाहिए। यह कहा जा सकता है कि काया तो नाशवान् है अतः अमरत्व की साधना कैसे हो। इसके उत्तर में यह कहा गया है कि आत्मा के छह आवरणोंवाला यह तन नाशवान् है पर पारद और अभ्रक के योग से हर और गौरी द्वारा निर्मित काया अमर होती है। क्योंकि महेश्वर ने स्वयं कहा है कि 'पारा मेरा वीर्य है और अभ्रक तुम्हारा रज। दोनों के संयोग से हे भगवती, दारिद्र्य और मृत्यु का सदा के लिए विनाश हो जाता है।'[75]

रसेश्वर सिद्धान्त में कहा गया है कि जाने कितने देवता महेश, शुक्रादि दैत्य, मुनिगण, बालखिल्यादि, सोमेश्वरादि, सम्राट्, गोविन्द भागवत, गोविन्द नायक, कपाली, व्याली आदि इस रस-साधना द्वारा दिव्यशरीर प्राप्त कर चुके हैं।[76]

इसकी विधि इस प्रकार बतायी गयी है कि पहले रस (पारे) का परिशोधन करना चाहिए। पारा मूर्च्छित और बद्ध दो प्रकार का होता है। जिसमें आर्द्रता, प्रगाढ़ता और चमक होती है वह पारा मृत होता है। मूर्च्छित पारे के परिशोधन की अट्ठारह विधियाँ गोविन्द भागवत तथा सर्वज्ञ रसेश्वर द्वारा बतायी गयी हैं। इस विधि में पारा और वायु-तत्त्व प्राण का व्यवहार होता है। दोनों का उचित मिश्रण रोगों का शमन करता है, मृत्यु का अवरोध करता है। बद्ध पारा प्राण में विद्ध होने पर उड्डयन या उड़ने की सिद्धि प्रदान करता है।[77]

इस सम्प्रदाय का प्रारम्भ कब से हुआ इसका स्पष्ट उल्लेख नहीं मिलता। सर्वदर्शन-संग्रह में इसका विवरण है, जो 14वीं शती का ग्रन्थ है। इसमें विष्णुस्वामी के नृसिंहावतार के दिव्यशरीर को भी उदाहरण रूप में प्रस्तुत किया गया है। इससे भी इसकी अर्वाचीनता प्रमाणित होती है। सम्भव है यह परम्परा और भी पुरानी हो और बौद्धों तथा शैवों दोनों ही ने उसे एक ही उद्गम से ग्रहण किया हो।[78]

शाक्त मत—इन पूर्वी प्रदेशों में सबसे प्रचलित तान्त्रिक मत शाक्त मत था जो आज भी पूर्वी भारत का एक जीवित सम्प्रदाय है। 12वीं शती के बाद के बहुत-से शाक्त तन्त्रों पर बौद्ध साधनाओं का विशेष प्रभाव है। कुछ तो शाक्त और बौद्ध तन्त्रों के नाम तक एक ही हैं—अम्बर, जल, शम्बर, कालचक्र, महाकाल।[79] लगभग उपर्युक्त सभी मत ऐसे हैं जिनमें परम तत्त्व चाहे वह विष्णु का रूपान्तर हो या रुद्र का, उनकी एक शक्ति की कल्पना की गयी है जो सृष्टि की जननी है।[80] यह शक्ति चित्रूपिणी है, माता रूप है।[81] उसमें विमर्श और संकोचिनी शक्ति है और उसका शिव के साथ जो अनन्त विलास चलता रहता है उसी का प्रतिफलन इस शरीर में, उसकी नाड़ियों में भी

चलता है।[82] कुण्डलिनी उसी अनन्त शक्ति के प्रतीक के रूप में मूलाधार में प्रसुप्त है और उद्‌बुद्ध होकर षट्‌चक्रों का भेदन कर वह ब्रह्मरन्ध्र में पहुँचती है जहाँ शिव का वास है।

तान्त्रिक साधनाओं के आम्नाय के अनुसार कई भेद हैं। स्थूल रूप से ये समस्त आचार दो वर्गों में बँट गये हैं—दक्षिण तथा वाम।[83] दक्षिणाचार में प्रभात में सन्ध्या, मध्याह्न में जप, उनके आसन पर बैठना, दूध शर्करा का पान, रुद्राक्ष की माला धारण करना तथा अपनी पत्नी से सम्भोग करना यह विहित था। वामाचार इसका प्रतिकूल था। नृदन्त की माला, कपाल का पात्र, छोटी कच्ची मछलियों का चर्वण, मांस भक्षण और सभी जातियों की परस्त्रियों में समान रूप से मैथुन यह वामाचार था।[84] बाड़वानलीय में यह कहा गया है कि दक्षिण मार्ग ब्राह्मण के लिए तथा वाम मार्ग शूद्रों वा अन्य वर्णों के लिए विहित है।[85] उपासना तीन प्रकार की है—सात्त्विकी, राजसी, तामसी। मेरुतन्त्र में सात्त्विकी उपासना को मानसी जप, स्मृति, राजसी को प्रतिमा पूजन और तामसी को पशुबलि और वाममार्गी आचारों से समन्वित माना गया है।[86] साधनाओं में गुरु ही दीक्षा का उचित मुहूर्त्त तथा उचित भूमि का विचार करता है।[87] गुरु द्वारा प्रदत्त रहस्यात्मक मन्त्रों की बड़ी शक्ति है। उनसे सभी सिद्धियाँ प्राप्त होती हैं। ये विभिन्न बीजाक्षरों के समूह होते हैं।[88]

वामाचार में पाँच मकारों का विधान है—'मद्यैर्मांसैस्तथा मत्स्यै मुद्राभि मैथुनैरपि।' इनके आधार पर भैरवी चक्रों की नियोजना होती थी। उन चक्रों में स्त्री साधिकाएँ तथा साधक मिलते थे और मद्यपान के उपरान्त 'मनोरथ सुखों की परस्पर पूर्ति' होती थी। इस प्रकार के चक्रों में वर्ण और जाति का कोई भेद नहीं रहता था। 'प्रवृत्ते भैरवी चक्रे सर्वे वर्णाः द्विजातयः' जैसे गंगा में मिलकर बाहरी जल या दूध में मिलकर जल फिर एकात्म हो जाता है उसी प्रकार भैरवी चक्र में सब उच्च वर्ण के होते हैं।[89] इन चक्रों के तीन भेद होते हैं—वीर, राज और देव। राजचक्र में यामिनी, योगिनी, रजकी, श्वपची, कैवर्तकनारी, ये पाँच शक्ति रूप में व्यवहृत होती हैं। देवचक्र में राजवेश्या, नागरी, गुप्त-वेश्या, देव-वेश्या तथा ब्रह्म-वेश्या, ये पाँच शक्तियाँ सम्मिलित होती हैं। नागरी में कोई भी रजस्वला कन्या परिगणित है।[90]

आगमसार में इन पंच-मकारों के सांकेतिक अर्थ दिये गये हैं :

मद्य : *सोमधारा क्षेरद् पातु ब्रह्मरन्ध्रात् वरानने*
पीत्वानन्दमयीम् तां यः स एव मद्यसाधकः

मांस : *मा शब्दात् रसनाज्ञेया तदंशान् रसना प्रियेः*
सदा यो भक्षयेद्‌देवि स एव मांससाधकः

मत्स्य : *गंगायमुनयोर्मध्ये मत्स्यौ द्वौ चरतः सदा*
तौ मत्स्यौ भक्षयेद् यस्तु स भवेन्मत्स्यसाधकः

मुद्रा : *सहस्त्रारे महापद्मे कर्णिका मुद्रिका चरेत्*
आत्मा तत्रैव देवेशि केवलम् पारदोपमम्
अतीव कमनीयम् च महाकुण्डलिनी युतम्
यत्र ज्ञानोदयस्तत्र मुद्रा साधक उच्यते

मैथुन : *मैथुनम् परमतत्त्वं सृष्टि स्थित्यन्त कारणम्*
मैथुनात् जायते सिद्धि ब्रह्मज्ञानम् सुदुर्लभम्

इससे ज्ञात होता है कि इन साधनाओं के सांकेतिक अर्थ भी थे। इसीलिए इसे खड्गधार-सा सूक्ष्म पथ बताया गया है और कहा गया है कि यदि केवल मद्यपान करने से व्यक्ति सिद्ध हो जाता है तो सभी मद्यपियों को सिद्धि मिल जाती, यदि स्त्री सम्भोग से मुक्ति मिलती होती तो कौन बचता। वास्तव में यह पथ बाघ के कान पकड़ने या खड्ग की धार पर चलने से भी ज्यादा कठिन है।[91]

जैन सम्प्रदाय—इन मतों के अतिरिक्त जैनों में भी शाक्त-दर्शन और तान्त्रिक साधनाओं का विकास हुआ था किन्तु वह साहित्य अभी तक प्रकाश में नहीं आया है। एक जैन तान्त्रिक सम्प्रदाय का उल्लेख कित्संग ने अवश्य किया है। असंग के मध्यान्तानुगम शास्त्र के चीनी अनुवाद में जिस न-य-सि-मो सम्प्रदाय का उल्लेख हुआ है, उसे प्रोफेसर उई ने न्यायशास्त्र बताया है किन्तु कित्संग उससे किसी जैनी तान्त्रिक सम्प्रदाय का अर्थ लेता है जो निर्ग्रन्थ[92] जैनियों की एक शाखा थी। उसकी दो प्रकार की साधनाएँ थीं; आठ साधनाएँ जो श्रुतज्ञान से आयी थीं—ज्योतिष, गणित, ओषधि, मन्त्र, ऋक्, यजु, साम तथा अथर्व तथा आठ साधनाएँ अनुभवजनित। प्रथम नक्षत्र, देवता, ग्रह की पूजा, द्वितीय ऋषि-सुलभ तपस्या और षट्कर्म जो गुह्य थे और तान्त्रिक थे।[93]

इन सम्प्रदायों की मूलभूत एकता—बौद्ध तन्त्र-सम्प्रदाय, मन्त्रयान, तन्त्रयान, वज्रयान (या सहजयान) आदि भी इसी विराट् तान्त्रिक वातावरण से ही उद्भूत थे जो सारे भारत पर छाया हुआ था। वह महायान के अन्तर्गत था अतः उसने इन तान्त्रिक साधनाओं की व्याख्या और विश्लेषण महायानीय शब्दावली में किये अन्यथा मूलतः इन सभी तान्त्रिक सिद्धान्तों में एकसूत्रता थी। और उसे ये भी पहचानते और मानते थे तथा एक सम्प्रदाय दूसरे सम्प्रदाय की प्रमुख साधनाएँ गौण रूप में और कभी-कभी गौण साधनाएँ प्रमुख रूप से अपना भी लेते थे। इनकी साधनाओं, देवी-देवताओं, अभिचारों तथा पौराणिक सिद्ध पुरुषों में तथा सिद्धान्तों में मुक्त विनिमय हो रहा था। इसीलिए महायान ने बहुत-कुछ अपने पूर्ववर्ती तथा समकालीन तन्त्रों से ग्रहण किया जैसा हम अगले अध्याय में देखेंगे और साथ ही लुप्त होते हुए सहजयान ने भी अपनी आगामी परम्परा पर अक्षुण्ण प्रभाव छोड़ा। कुछ विद्वानों का कथन है कि वज्रयान तथा हिन्दू तान्त्रिक साधनाओं में बहुत-सी पद्धतियाँ साथ-साथ और समानान्तर ही विकसित हुईं

हैं।[94] रसेश्वर सम्प्रदाय का अमर शरीर और वज्रयान की वज्र-काया, कापालिकों का सोम और सिद्धों की वारुणी, लिंगांग सामरस्य और सिद्धों का प्रज्ञोपाय युगनद्ध, सिद्धों की सहज-साधना और विष्णुपुराण की सहजासिद्धि[95] लगभग एक ही काल में 8वीं से 12वीं शती हिन्दू तथा बौद्ध दोनों ही सम्प्रदायों में मिलती हैं। उसमें समय का अन्तर कम है और इतनी कम सामग्री प्रकाश में आयी है कि कौन पहले विकसित हुआ यह निर्णय नहीं दिया जा सकता।

इस मूलभूत एकता को दक्षिणपन्थी ब्राह्मण तथा हीनयानी बौद्धों के बजाय तान्त्रिक बौद्ध और तान्त्रिक हिन्दू अधिक मुक्तकण्ठ से स्वीकार करते थे। पद्म-तन्त्र में पूर्वोक्त उल्लेखों के अतिरिक्त यह भी उल्लेख मिलता है कि भगवान् ने विष्णु रूप में संहिताओं का उपदेश करने के अतिरिक्त ब्रह्म रूप में योग, कपिल रूप में सांख्य, बुद्ध रूप में शून्यवाद तथा ऋषभ रूप में अर्हत् शास्त्र का भी उपदेश किया था।[96] बाद में कौलावली-निर्णय में भी इनकी एकता प्रतिपादित की गयी।[97] हनुमन्नाटक की वन्दना में भी शिव, ब्रह्म, अर्हत् तथा बुद्ध को एक माना गया।[98] वास्तव में परवर्ती वैष्णव परम्परा में बुद्ध को अवतार मान लिया गया। इसका सूत्र यही तान्त्रिक भावना थी जिसमें साधना प्रमुख थी और देवता गौण तथा साधना की एकता और सारूप्यता के कारण देवताओं की विभिन्नता पर ध्यान नहीं दिया गया।

बौद्धों ने भी हिन्दू देवता अपनाये। गणेश, सरस्वती, कभी-कभी विष्णु भी उनके तन्त्रों में मिलते हैं। करण्ड-व्यूह में बोधिसत्त्व अवलोकितेश्वर यह कहते हैं कि वे शिव, विष्णु, गणेश, राजा और माता-पिता का भी रूप धारण करेंगे और लोक का त्राण करेंगे।[99] इस प्रकार उसी समय हिन्दू और बौद्ध तान्त्रिकों में एकसूत्रता की जागरूक चेतना थी किन्तु अपने-अपने देवताओं और मन्त्रों तथा तत्त्वदर्शन के प्रति सभी सम्प्रदायों में उत्साह था और वे किसी से पीछे नहीं रहना चाहते थे। इस उत्साह के होते हुए भी वे सदैव दूसरे सम्प्रदायों के प्रति सहिष्णुता दिखाते हों ऐसा चित्रण सर्वथा अनैतिहासिक होगा। किन्तु यदि उन सम्प्रदायों की साधना-पद्धति लगभग समान हो तो धार्मिक विद्वेष उतना प्रबल नहीं होता था। उदाहरण के लिए बौद्ध साधनाओं में शिव का काल रूप वेशान्तर में कालचक्र में प्रविष्ट हुआ है। कापालिकों की साधना को काण्हपा ने बौद्ध रूप में अपनाया है और नाथ रूप में बुद्ध की भी प्रतिष्ठा की गयी। शैव तथा शाक्त मत बौद्ध तान्त्रिकों द्वारा उतने उपेक्षणीय नहीं रहे जितना वैष्णव मत और कालान्तर में कौल सम्प्रदाय तो बौद्ध तथा शैव तन्त्रों के सम्मिश्रण से ही बना।

किन्तु लगता है बाद में कुछ साम्प्रदायिक विद्वेष अधिक बढ़ गया और विष्णु को तथा ब्रह्म को स्थान-स्थान पर बौद्ध तन्त्रों में अपमानित करने का प्रयास किया गया है। 'हरि हरि हरि वाहनोद्भव साधन' में विष्णु को बौद्ध देवता का वाहन बताया गया है। इसी प्रकार वज्रज्वालानलार्क को लक्ष्मी सहित विष्णु को कुचलते हुए चित्रित किया गया है। ज्ञात होता है कि कालान्तर में बौद्धों तथा हिन्दू सम्प्रदायों में साम्प्रदायिक विद्वेष

अधिक बढ़ा और अपने देवताओं को ऊँचा सिद्ध करने के लिए ऐसी कथाएँ और प्रतिमाएँ कल्पित की गयीं। विष्णु पर विशेष आक्रोश का कारण सम्भवतः वैष्णव धर्म की बढ़ती हुई शक्ति थी। किन्तु यथास्थान ब्रह्म, शिव, कन्दर्प, कुबेर को भी छोड़ा नहीं गया है।[100]

देवताओं के विषय में यह मतभेद होते हुए भी साधना-पद्धति में आदान-प्रदान कभी भी बन्द नहीं हुआ। जैसा हम अगले अध्याय में देखेंगे कि थोड़े नाम-भेद से हिन्दू तन्त्रों के सभी सिद्धान्त वज्रयान में तथा उसकी विकसित शाखाओं में मिलते हैं।

सामान्य प्रवृत्तियाँ—इन सभी तान्त्रिक सम्प्रदायों की सामान्य प्रवृत्तियों को हम इस प्रकार अंकित कर सकते हैं—

1. प्रत्येक सम्प्रदाय के देवता, मन्त्र और तत्त्वदर्शन की शब्दावली अलग होते हुए भी साधना-पद्धति की सामान्यता थी। नयी साधना-पद्धतियों का एक-दूसरे सम्प्रदाय में उन्मुक्त आदान-प्रदान होता था।

2. तत्त्वदर्शन गौण था, साधना, क्रिया और चर्या प्रमुख थीं। साधना में गुरु का अत्यधिक महत्त्व था और यह साधना शिव-शक्ति, लिंग-अंग, रस-अभ्रक, प्रज्ञा और उपाय आदि किन्हीं दो पुरुष तथा स्त्री प्रतीकों के अद्वय की साधना थी।

3. लगभग सभी सम्प्रदायों में इस साधना की मिथुनपरक व्याख्या मिलती है और उसके साथ गुह्य आचार्यों का भी विधान मिलता है।

4. इस साधना में जाति-पाँति वर्ण का कोई भेद नहीं था।

5. इस साधना में शक्तिप्रधान होने के कारण स्त्री का विशेष महत्त्व था।

6. ब्रह्माण्ड में जो शिव तथा शक्ति थे वे ही शरीर में कुण्डलिनी और सहस्त्रार, या कमल और कुलिश के रूप में विद्यमान थे अतः योग-साधनाओं का विधान था और देह को बहुत महत्त्वपूर्ण समझा जाता था।

7. मिथुन-साधना तथा योग के कारण निरूपण शैली प्रतीकात्मक है।

8. लोक देवताओं और उनके पूजन की असंस्कृत विधियों का सम्मान और उन्हें वैदिक देवताओं से भी बड़ा सिद्ध करने की चेष्टा होती थी।

9. वेदों का असम्मान या उनकी समकक्षता प्राप्त करने का प्रयास और ब्राह्मणों (रूढ़िवादी) की उपेक्षा होती थी।

10. मरणोपरान्त मुक्ति अथवा निर्वाण की अपेक्षा साधना के द्वारा जीवनकाल में ही विभिन्न प्रकार की सिद्धियाँ प्राप्त कर, सिद्ध बनना, रसेश्वर, कापालिक, शाक्त तथा वज्रयानी, सभी पद्धतियों में सिद्ध मान्य हैं।

किस प्रकार बुद्ध द्वारा प्रवर्तित बौद्धधर्म-साधना की परिधि का विस्तार हो रहा था और किस प्रकार महायान ने उसको सर्वथा नये स्तर पर प्रतिष्ठित कर दिया था इस पर हम विचार कर चुके हैं। तन्त्रों की इन सामान्य प्रवृत्तियों को बौद्धों ने भी उत्साहपूर्वक ग्रहण किया और उन्हीं से समन्वित शाखा वज्रयान के नाम से अभिहित हुई। विचारणीय यह है कि ये तान्त्रिक प्रवृत्तियाँ बौद्धधर्म में कब से समाविष्ट होने लगीं। ■■

ग

बौद्धधर्म में तान्त्रिक प्रवृत्तियों का प्रवेश तथा वज्रयान का विकास

बौद्धधर्म में वैयक्तिक निर्वाण के स्थान पर महत्करुणा और लोकहित की जो भावना प्रबल हो रही थी क्या उसका कोई सम्बन्ध बौद्धधर्म में तान्त्रिक प्रवृत्तियों के प्रवेश से है या नहीं? इसमें कोई सन्देह नहीं कि धीरे-धीरे बौद्धधर्म में महायान की पारमिता पद्धति की अपेक्षा मन्त्रनय पद्धति को इसीलिए अधिक महत्त्व दिया जाने लगा कि वह अपेक्षाकृत सरल और लोक-तारण के लक्ष्य के अधिक अनुरूप है।[1] कालान्तर में वे चाहे जितनी विकृत हो गयी हों किन्तु उनके मूल में लोक-कल्याण की भावना अवश्य थी इसके बहुत-से स्पष्ट प्रमाण मिलते हैं। आर्यदेव जिनका समय लगभग 8वीं शती (यदि वे सिद्ध आर्यदेव नहीं हैं तो!) माना गया है,[2] स्पष्ट लिखते हैं कि बोधिचित्त का समुत्पाद जगत् के उद्धरण के आशय से ही किया जाना समुचित है।[3] 'डाकार्णव' नामक अपभ्रंश के तन्त्र ग्रन्थ में भी साधक को सकल त्रिभुवन का उत्तारक बनने का उपदेश दिया गया है।[4] 'सेकोद्देश टीका' में भी यही लक्ष्य मिलता है।[5] कालान्तर में मन्त्रनय को पारमितानय से उत्कृष्ट सिद्ध करने के पक्ष में यह भी तर्क दिया जाने लगा कि यह सर्वोपसेव्य नहीं है और केवल तीक्ष्ण बुद्धिवाले इसे ग्रहण कर पाते हैं[6] किन्तु फिर भी मन्त्रनय लोक-कल्याण और व्यापक प्रभाव के ही हेतु विकसित हुआ था। इसका प्रमाण यह भी है कि पारमितानय की अधिकांश कृतियाँ संस्कृत में रही हैं जबकि मन्त्रनय में देशी भाषा को भी समकक्षता दी गयी है[7] और यहाँ तक कि मन्त्रनय (वज्रयान) के संस्कृत ग्रन्थों में और टीकाओं में यथास्थान अपभ्रंश के पद प्रमाण रूप में उद्धृत किये गये हैं।[8] लोक-कल्याण के हित प्रवर्तित वज्रयान में लोकभाषा को प्रमुखता मिलना स्वाभाविक है।

बुद्ध के समय में चमत्कार–किन्तु यह सारी तान्त्रिक साधनाएँ और उनके मैथुनपरक रूप केवल लोक-कल्याण मात्र के लिए थे, ऐसा विचार एकांगी होगा। उसके पीछे बौद्ध संघ का संयम और शुद्धतावाद के प्रति आचारगत विद्रोह भी था और कहीं-कहीं उसकी अतिशयतागत विकृति भी, किन्तु उसके लोकपक्ष का भी महत्त्व कम नहीं है। अब यह प्रश्न आता है कि बौद्धधर्म में पहली बार इन साधनाओं का प्रवेश कब और किसके द्वारा हुआ। बौद्धधर्म अपने मूल रूप में तो बुद्धि और तर्कप्रधान धर्म था। उसमें योग-साधना का विशेष महत्त्व नहीं था[9] और उसके मर्यादित नियमानुशासित रूप में वज्रयान की गुह्य मिथुन साधनाओं की तो कल्पना भी नहीं की जा सकती थी। ये प्रवृत्तियाँ पुरातन काल से भारतीय जनता में प्रचलित थीं और बुद्ध के समय में भी इनका उल्लेख मिलता है। कुछ विद्वानों का मत है कि छठीं शती ई. पू. में दार्शनिक और

धार्मिक स्तर पर इतने वाद-विवाद, तर्क और वितर्क चल रहे थे कि सामान्य जनता में अन्धविश्वास और जादू-टोने की अभिवृद्धि अनिवार्य थी।[10] प्रारम्भिक बौद्ध साहित्य में भी इस प्रकार की सिद्धियों अथवा इद्धियों का उल्लेख मिलता है। विनयपिटक में भड्डीयनगर के मेण्डक नामक एक सद्गृहस्थ का उल्लेख मिलता है जिसका सम्पूर्ण परिवार इस प्रकार के सिद्धिगत चमत्कार कर सकता था और मगध के महाराज सेनीय बिम्बिसार ने अपने प्रतिनिधियों को इन चमत्कारों की वास्तविकता का पता चलाने भेजा था।[11] इसी प्रकार ब्रह्मजाल सुत्त में भी बहुत-सी ऐसी चमत्कारपूर्ण विद्याओं का उल्लेख है जो बुद्ध द्वारा 'तिरच्छान' समझी जाती थीं।[12]

इस प्रकार की इद्धियों का प्रचलन स्वतः बुद्ध के शिष्यों में भी था। अंगुत्तर निकाय में सारिपुत्त के पश्चात् सर्वप्रमुख शिष्य मोग्गलायन को इन इद्धियों में सिद्ध माना गया है।[13] पिण्डोल भारद्वाज की कथा बहुत मनोरंजक है। राजगृह के किसी सेट्ठी ने एक चन्दन पात्र बाँसों के सहारे अधर में टँगवाकर घोषणा की कि जो ब्राह्मण या श्रमण इद्धियों को सिद्ध कर चुका हो वह इसे उतार ले। पूर्ण कास्सप, मक्खलिगोसाल, अजित केश कम्बली, पाण्डुक काच्चायन, संजय वेलट्ठिपुत्त और निग्गन्थ नातपुत्त ये सभी बुद्ध के प्रतिद्वन्द्वी असफल होकर लौट आये तब मोग्गल्यायन और पिण्डोल भारद्वाज भी एक बार चमत्कार दिखाने के लिए गये और भारद्वाज ने ऊपर उड़कर वह पात्र उतार लिया और तीन बार राजगृह पर उड़े। समस्त पुरवासी आश्चर्य और आह्लाद से विभोर हो गये।[14] स्वतः बुद्ध ने दस्यु अंगुलिमाल के सम्मुख एक ऐसा स्वरूप धारण कर लिया था जो अपराजेय था।[15] इसके आधार पर डॉ. विनयतोष भट्टाचार्य का यह मत है कि स्वतः बुद्ध भी इस जादू-टोने में विश्वास करते थे और अपने मत के कुशल प्रचारक और नियामक के रूप में उन्होंने इन प्रवृत्तियों को प्रमुख स्थान दिया था ताकि उनका मत लोकप्रिय बन सके। यद्यपि स्वतः वे इन इद्धियों की सार्थकता में विश्वास करते थे या नहीं इसमें सन्देह है।[16] सर चार्ल्स ईलियट का भी झुकाव इसी मत की ओर है।[17]

किन्तु उपर्युक्त विद्वानों का यह मत प्रामाणिक नहीं ठहरता। इसका प्रथम कारण यह है कि बुद्ध ने स्थान-स्थान पर स्पष्ट शब्दों में इस प्रकार के चमत्कारों को निन्दनीय ठहराया है। पिण्डोल भारद्वाज के चमत्कार की कथा सुनने के उपरान्त उन्होंने पिण्डोल भारद्वाज की भर्त्सना की और नियम बना दिया कि जो भिक्षु इस प्रकार के चमत्कार प्रदर्शित करे उसे दण्ड दिया जाय।[18] दीघनिकाय में उन्होंने स्पष्ट कहा है कि "मैं इन इद्धियों और चमत्कारों के प्रदर्शन में अमंगल के चिह्न देखता हूँ, अतः मैं इनसे घृणा करता हूँ और इन पर मुझे ग्लानि होती है।"[19] उन्होंने यह भी कहा कि इद्धियों के स्वामी तो बुरे लोग भी हो सकते हैं। कहा जाता है कि देवदत्त भी इद्धियों को सिद्ध कर चुका था अतः उन्होंने चार इद्धिपादों का उपदेश किया जो भौतिक चमत्कार की अपेक्षा चित्त-निग्रह और ज्ञानोपलब्धि में सहायक थे।[20] प्रतीत यह होता है कि बुद्ध की दृष्टि में इन

चमत्कारों के प्रति जो उपेक्षा थी वह उनके शिष्यों में नहीं थी क्योंकि उनकी मृत्यु के कुछ ही दिनों बाद उन्होंने ऐसी कथाओं का यथास्थान समावेश कर दिया जिनमें बुद्ध भी इन चमत्कारों का उपदेश देते हैं। इसी प्रकार का एक उपदेश दीघनिकाय का आटानाटीय सूत्र है जिसमें गृध्रकूट पर तथागत की उपस्थिति में उनकी सहमति से वैश्रवण ने आटानाटीय रक्षा पढ़ी और यह कहा कि अमनुष्यों के संकट से यह रक्षा करेगी। राहुल जी के मत से यह सूत्र प्रक्षिप्त है और जब यह पिटक लंका में लिपिबद्ध किया गया उस समय इसका समावेश कर दिया गया।[21] स्थविरपिटक तो लिखे जा चुके थे अतः उनमें ऐसे प्रक्षेप अधिक नहीं आ सके किन्तु महायान सूत्रों में बाद में ऐसी प्रवृत्तियाँ अधिकाधिक आती गयीं और उनका प्रचार बढ़ता गया और कालान्तर में उन्होंने महायान का पूरा रूप ही बदल दिया।[22] वज्रयान तथा कालचक्रयान के ग्रन्थों में तो स्वतः भगवान् तथागत को ही तन्त्रों का उपदेष्टा मान लिया गया और उनके दीपङ्कर रूप की कल्पना की गयी जिसमें उन्होंने तन्त्रों का उपदेश किया था।[23] किन्तु यह सभी बाद में तन्त्राचार्यों द्वारा की गयी कल्पनाएँ थीं ताकि वे तन्त्रमार्ग को बुद्ध द्वारा सम्मत सिद्ध कर सकें।

योगाचार और तन्त्र—बौद्ध अनुश्रुतियों में योगाचार सम्प्रदाय से तान्त्रिक साधनाओं का उद्भव स्वीकार किया गया है। कहा यह जाता है कि योगाचार के प्रथम आचार्य असंग (400-500 ई.) को तुषित नामक स्वर्ग में मैत्रेय नामक बुद्ध ने इन तन्त्राचारों में प्रथम दीक्षा दी थी।[24] वैडेल की धारणा है कि योगाचार सम्प्रदाय में लगभग 700 ई. सन् में इद्धियों, धरणियों तथा तन्त्राचारों का समावेश हुआ।[25] वैडेल का मत सम्भवतः विण्टरनित्ज[26] और कर्न[27] के मतों पर अवलम्बित है। योगाचार से मन्त्रयान का घनिष्ठ सम्बन्ध है, यह तो साधनमाला से स्पष्ट है जहाँ एकाधिक बार योगाचार को स्मरण किया गया है।[28] टुची का मत है कि 700 ई. से पहले ही तन्त्रों का विकास हो चुका था क्योंकि महामयूरी, विद्यारंजनी तथा सुवर्णप्रभा सूत्र आदि कई तान्त्रिक बौद्ध ग्रन्थों का अनुवाद पाँचवीं शती में ही चीनी भाषा में हो चुका था। इतना ही नहीं, वे तो मैत्रेय को भी केवल अलौकिक व्यक्तित्व न मानकर लौकिक मानुषी आचार्य मानते हैं। इस पक्ष में उन्होंने जापानी बौद्ध विद्वान्, प्रोफेसर उई का मत प्रस्तुत किया है। 'मध्यान्त-विभाग' पर स्थिरमति की टीका में तथा हरिभद्र के 'अभिसमयालंकारालोक' में भी उन्होंने मैत्रेय के मानुषी रूप की ओर संकेत किया है।[29] यद्यपि इतना प्रमाण असंग के ही समय में तन्त्राचारों के समावेश को स्वीकार करने के लिए यथेष्ट नहीं है किन्तु स्वतः असंग के 'महायान-सूत्रालंकार' में तन्त्रों की मैथुनपरक साधना के कुछ स्पष्ट उल्लेख मिलते हैं। तथागत के विभुत्व के भेदों का निदर्शन करते हुए उसने परावृत्ति शब्द का प्रयोग किया है[30] पंचेन्द्रियपरावृत्ति, मानसपरावृत्ति, सार्थाग्रहपरावृत्ति, विकल्पपरावृत्ति और अन्ततोगत्वा मैथुनपरावृत्ति के कारण उनमें पाँच प्रकार की विभुताएँ समाश्रित हैं। प्रो. लेवी ने 'मैथुनस्यपरावृत्ति' का अर्थ 'मैथुनक्रिया में परावृत्ति' इस प्रकार किया है और

स्पष्टतः उसे तान्त्रिक संकेतों से पूर्ण बताया है।[31] विण्टरनित्ज का इससे मतभेद है और गुह्यसमाजतन्त्र की समीक्षा करते हुए उन्होंने इसे 'मैथुन का तिरस्कार' इस अर्थ में लिया है।[32] किन्तु बागची ने परावृत्ति को दस धर्मभूमियों में आठवीं अचला से सम्बन्धित करते हुए उसका अर्थ यह लिया है कि बुद्ध इसी प्रकार का आनन्द चित्तवृत्तियों के माध्यम से उपलब्ध करते थे जैसा मैथुन में प्राप्त होता है। डॉ. बागची का अर्थ अधिक प्रामाणिक ज्ञात होता है[33] और इस प्रकार हम देखते हैं कि असंग द्वारा तान्त्रिक पद्धति अंशतः ग्रहण कर ली गयी थी यद्यपि वह इतनी प्रमुख नहीं थी।

माध्यमिक सम्प्रदाय और तन्त्र—कुछ बौद्ध अनुश्रुतियाँ असंग के भी पूर्व नागार्जुन को तन्त्रों का प्रथम प्रवर्तक बताती हैं। उनके अनुसार दक्षिण भारत में लौहस्तूप में भगवान् वैरोचन ने वज्रसत्त्व नामक बोधिसत्त्व के माध्यम से नागार्जुन को तान्त्रिक दीक्षा दी थी।[34] किन्तु किसी समर्थ प्रमाण के अभाव में इसे स्वीकार करना कठिन है। यह आवश्यक है कि सिद्ध काल में कई वज्रयानी आचार्यों ने, विशेषतः अवधूतीपा अद्वयवज्र ने अपने कई ग्रन्थों में माध्यमिक सम्प्रदाय को योगाचार की तुलना में विशिष्ट बताया है।[35] किन्तु अद्वयवज्र की विशेष स्थिति थी जिस पर हम बाद में विचार करेंगे।[36]

मन्त्र, यन्त्र तथा देवश्रृंखला का विकास—जब तक कि मैत्रेय के अस्तित्व का कोई पुष्ट प्रमाण न मिले तब तक यही स्वीकार करना होगा कि बौद्धधर्म में तान्त्रिक प्रवृत्तियों का सर्वप्रथम प्रयोग मन्त्रों के रूप में हुआ। आटानाटीय सूत्र की प्रक्षिप्त कथा से भी यही ज्ञात होता है। यद्यपि स्थान-स्थान पर वज्रयानी ग्रन्थों में हमें इन मन्त्रों के प्रथम उपदेष्टा के रूप में बुद्ध का उल्लेख मिलता है।[37] किन्तु जैसा हम पहले देख चुके हैं कि यह बाद की कल्पनाएँ हैं। किन्तु इसमें कोई सन्देह नहीं कि महायान के पूर्ण विकास के पहले स्थविरवादियों में ही ये मन्त्र धरणियों के रूप में प्रविष्ट हो चुके थे और उन्होंने धरणियों को अपने साहित्य में स्थान देना प्रारम्भ कर दिया था।[38] ये धरणियाँ सूत्रों के संक्षिप्तीकरण थे और जो साधक सभी सूत्रों को नहीं समझ सकते थे उनकी सुविधा के लिए छोटी-छोटी धरणियाँ रची गयीं।[39] बहुत पहले ही पूर्वोक्त 18 बौद्ध सम्प्रदायों में लम्बे-लम्बे सूत्र लिखे गये थे। बाद में ईस्वी शती के लगभग उन सबों का धरणी रूप में संक्षिप्तीकरण किया गया और उनके पहले ओऽम् और बाद में स्वाहा लगाकर उन्हें सिद्धि, रक्षा, उपासना और सुख का साधन मान लिया गया।[40] कालान्तर में यही धरणियाँ तान्त्रिक प्रभाव में मन्त्र और बीजाक्षर रूप में परिवर्तित हो गयीं। इसका एक उदाहरण डॉ. विनयतोष भट्टाचार्य ने दिया है। प्रख्यात अष्ट साहस्रिका प्रज्ञापारमिता का सभी साधकों द्वारा पढ़ा जाना कठिन था। किन्तु उसके पाठ का बहुत बड़ा फल बताया गया है। अतः उसे पहले शतश्लोकी प्रज्ञापारमिता और बाद में प्रज्ञापारमिता हृदयसूत्र में संक्षिप्त किया गया। उसे भी दुस्तर जानकर प्रज्ञापारमिता धरणी बनी और अन्त में वह धरणी मन्त्र रूप में परिवर्तित हो गयी। फिर उस मन्त्र को भी 'प्रं' नामक बीजाक्षर में घनीभूत कर दिया गया। यह बीजाक्षर स्वतः समस्त प्रज्ञापारमिता साहित्य

की पुंजीभूत ध्वनि है और इसके जप से शून्य स्वतः प्रज्ञापारमिता देवी के रूप में प्रकट हो सकता है।[41] इस प्रकार के बहुत-से बीजाक्षरों की कल्पना मिलती है। वैरोचन का 'अ', अक्षोभ्य का 'य', रत्नसम्भव का 'र', अमिताभ का 'भ', अमोघसिद्धि का बीजाक्षर 'ल' था।[42] इन अक्षरों में देवताओं की कल्पना के पीछे मीमांसकों का शब्द-सिद्धान्त था,[43] जिसमें कहा गया है कि शब्द शाश्वत है, अक्षर रूप में वर्णमाला में सदैव विद्यमान रहता है। अर्थ की स्थिति शब्द में है, ज्ञाता में नहीं, अर्थ शब्द की ही विवृति है और इसीलिए तन्त्रों में लगातार शब्द-ब्रह्म की कल्पना मिलती है जिससे समस्त मानवों और देवों की सृष्टि हुई है।[44]

इन मन्त्रों के साथ-साथ इनकी रेखात्मक अभिव्यक्तियाँ यन्त्र और कवच रूप में वज्रयान में प्रचलित हो चुकी थीं। ये मन्त्र भी देवताओं की अभिव्यक्तियाँ होते थे और धातु या कागज या भोजपत्र पर अंकित किये जाते थे।[45] इनके साथ-साथ मुद्रा की भावना भी विकसित हो चुकी थी और मुद्रा अंगुलि-निर्देश के साथ मन्त्र कहने से समाधि की अवस्था प्राप्त होती थी।[46] कालान्तर में मुद्रा या महामुद्रा प्रज्ञा तथा उसकी अभिव्यक्ति नारी शक्ति मात्र को कहा जाने लगा जिनके समागम से सिद्धि मिलती थी, पर मन्त्रों से सम्बद्ध मुद्राएँ अवलोकितेश्वर द्वारा ग्रहीत पद्म, शंख, वज्र आदि को धारण करनेवाली उँगलियों की मुदाएँ थीं।[47]

इन मन्त्रों को किसी-न-किसी देवता से सम्बद्ध माना गया था और जैसे ये मन्त्र वस्तुओं के धर्मों की शून्यता की ओर संकेत करते थे, वैसे ही वे देवता भी शून्य के प्रतिबिम्ब थे।[48] इसके लिए अद्वयवज्र ने 4 अवस्थाओं का संकेत किया है। शून्यता-ज्ञान से बीज, बीज से बिम्ब, बिम्ब से न्यास-विन्यास और न्यास-विन्यास से देवता का बाह्य रूप परिकल्पित होता है।[49] मन्त्रयान में देवताओं के विभिन्न रूपों का विस्तृत विधान मिलता है। महायानी सम्प्रदायों में पाँच स्कन्ध रूप, वेदना, संज्ञा, संस्कार और विज्ञान माने गये हैं। ये वस्तुओं के समान धर्मों के पुंज हैं। किन्तु हैं वे सब शून्य। शून्य-धर्मों के इन पाँच स्कन्धों के आधार पर पाँच ध्यानी बुद्धों की परिकल्पना विकसित हुई।[50] ये पाँच ध्यानी बुद्ध थे—वैरोचन, रत्नसम्भव, अमिताभ, अमोघसिद्धि और अक्षोभ्य। तान्त्रिक पद्धति के अनुसार इनकी पाँच भार्याओं या शक्तियों की भी कल्पना की गयी—मोहरति, ईर्ष्यारति, रागरति, वज्ररति, द्वेषरति। ये पंच भार्याएँ या रतियाँ पंच कुलों को उत्पन्न करती थीं—मोह, ईर्ष्या, राग, वज्र और द्वेष। न्यास-विन्यास के अनुरूप इनके रंग, चिह्न, वर्ण, अक्षर, भूत और शक्तियों के भी चिह्न परिकल्पित किये गये।[51] इसके पूर्व भी त्रिकाया के अनुसार वैरोचन, ध्यानी-बोधिसत्त्व और शाक्य-मुनि का रूप विकसित हो चुका था और उनके समवेत स्वरूप तथागत या अमिताभ का रूप परम-रूप था और वे अपने परम-रूप में सुखावती नामक लोक में पश्चिम दिशा में निवास करते थे।[52] इन समस्त ध्यानी बुद्धों की जो मूर्तियाँ मिलती हैं उनमें विशेष समाधि और मुद्रा भी रहती है। कालान्तर में इनकी युगनद्ध मूर्तियाँ भी बनने लगीं जिनमें वे अपनी शक्तियों के साथ सम्भोग करते हुए प्रदर्शित किये गये।[53] इनके कुल के देवता जो इनसे

उद्भूत होते हैं उनके किरीट पर अपने कुल-पिता ध्यानी बुद्ध की छोटी-सी मूर्ति बनी रहती है।[54] इस प्रकार समस्त वज्रयानी देवशृंखला इन्हीं ध्यानी बुद्धों से उद्भूत हुई है।

वज्र की कल्पना और वज्रयान का नामकरण—डॉ. भट्टाचार्य ने इस मन्त्रयान को वज्रयान की एक प्रशाखा माना है और वज्रयान को सहजयान आदि से अलग माना है जो नितान्त भ्रमात्मक है।[55] जैसा हम देख चुके हैं कि समस्त बौद्ध तान्त्रिक-पद्धतियों को मन्त्रयान के समवेत नाम से पुकारा जाता रहा है और उसे पारमितानय से अलग माना गया।[56] सहज-साधना और कालचक्र पद्धति के विकसित होने के बाद भी मन्त्रयान संज्ञा का तिरस्कार नहीं हुआ और अद्वयवज्र तथा सिद्ध लोग भी मन्त्रयान नाम को स्वीकृत करते थे।[57] किन्तु कुछ ही दिनों में हम देखते हैं कि मन्त्रयान का यद्यपि तिरस्कार तो नहीं होता पर वज्र की एक सर्वव्यापी कल्पना बौद्ध तन्त्रों में विकसित होने लगती है और वह देव-कल्पना, बोधिचित्त-साधना, समाधि सभी पर आच्छादित हो जाती है। पहले प्रज्ञापारमिताओं में वज्रोपम समाधि[58] वज्री[59] आदि का उल्लेख है और उसके बाद तो स्वतः शून्य को वज्र की संज्ञा मिल जाती है। फिर वज्रसत्त्व, देवता का वज्रस्वभाव, शून्यज्ञान को वज्रज्ञान, उपाय को वज्र, योग को वज्रयोग, मन्त्रों को वज्रवर्ण और शक्तियों को वज्रवाराही, वज्ररूपिणी, वज्रमोहिनी कहा जाने लगता है और उनकी उपासना में तिल, यव, आसन, ध्वज, पात्र, अक्षत, अंजलि, पंचामृत सभी वज्र-सिक्त होने चाहिए।[60] कालान्तर में यह वज्र-कल्पना इतनी प्रमुख हो गयी कि उसने मन्त्र, देवता, साधना सभी पर अपनी छाप डाल दी और इसका नया वज्र-समन्वित नाम वज्रयान पड़ गया। वज्रयान मन्त्रयान का उत्तराधिकारी कोई नवीन तान्त्रिक सम्प्रदाय नहीं था। केवल वज्र की नवीन कल्पना के आधार पर मन्त्रयान का नया नामकरण था और उसमें उसने कई नवीन तत्त्व जोड़ दिये थे जिनका प्रत्यक्ष अथवा अप्रत्यक्ष सम्बन्ध वज्र से था।

किन्तु इस वज्र का प्रयोग सिद्ध लोग शून्य के अर्थ में करते थे। दृढ़ता, अछेद्यता, अभेद्यता आदि वज्र के लक्षण शून्यता में हैं अतः वही वज्र है[61] इसी शून्यता या नैरात्म्य दर्शन को वज्रयानियों ने वज्रयान की संज्ञा दी? और उसी को प्राप्त करानेवाले मार्ग को वज्रयान कहा। किन्तु यह वज्रयान महायान या मन्त्रयान से अलग नहीं था केवल अनुत्तर सम्यक् सम्बोधि को प्राप्त करने का वज्र-प्रधान मार्ग था।[62]

वज्रयान की इस केन्द्रीय कल्पना वज्र के शून्य स्वभाव को समझ लेने के उपरान्त अब यह प्रश्न उठता है कि वज्र की यह कल्पना आयी कैसे? वज्र इन्द्र का आयुध है और अश्म तथा मणि के अर्थ में भी प्रयोग होता है किन्तु हिन्दू देवता का अस्त्र बौद्धों की कल्पना में इतना प्रधान कैसे हो गया? और क्या इसका सम्बन्ध वज्र की परम्परागत वैदिक कल्पना से भी है?

अथर्ववेद में वज्र के स्वामी इन्द्र का अर्थ, इन् + द्रः, शत्रुओं का नाशक है और उससे प्रार्थना की गयी है कि 'इन्द्रः वज्रेण शीर्षाणि वृश्चतु।' अर्थात् वह वज्र से शत्रुओं

का शिरच्छेद करे।[63] वह शची-पति या शक्ति का पति है।[64] वज्र का दूसरा अर्थ मणि भी है और मणियों को अथर्ववेद में सुख, समृद्धि, रक्षा आदि का साधन बताया है।[65] और अमीवर्त नामक मणि का उल्लेख मिलता है जिसे धारण करने से इन्द्र दिग्विजयी हुआ था।[66] वज्र को अश्म भी कहते हैं और अथर्ववेद में अश्मतनु की कामना की गयी है।[67]

वज्रयान में वज्र के इन सभी धर्मों का उल्लेख मिलता है। बोधिचर्यावतार में बोधिसत्त्व को वज्री[68] या वज्र धारण करनेवाला बताया गया है जिसके भय से यमदूतादिक पराजित होकर भागते हैं। तिब्बती बौद्धधर्म में गुरु के पास वज्र (दॉर + जे) का अस्तित्व बताया गया है जिससे भूत-प्रेत पिशाचादि डरकर भागते हैं।[69] दूसरी ओर बौद्ध साधनाओं में वज्र का वैभवदाता मणि के रूप में भी उल्लेख मिलता है।[70] इनसे स्पष्ट है कि बौद्धों का वज्र मूल रूप में इन्द्र का ही वज्र है। बाद में उसे शून्यता का दार्शनिक परिधान अवश्य पहना दिया गया है पर कहीं-कहीं ऐसे उल्लेख हैं कि उसकी इन्द्र के वज्र से एकात्मकता स्पष्ट हो जाती है। एक स्थान पर वज्र को स्पष्ट त्रिदन्त बताया गया है और धर्म, बुद्ध और संघ को उसकी तीन अस्थियाँ बताया गया है।[71] इससे इन्द्र के वज्र में और इनके वज्र के मूल रूप में किसी सन्देह का स्थान नहीं रह जाता।

इन्द्र का इतिहास देखने पर ज्ञात होता है कि पौराणिक काल में इन्द्र की ब्राह्मणों द्वारा बहुत उपेक्षा हुई है और नये अवतार पुरुषों के आगे उनका महत्त्व बिलकुल लुप्तप्राय हो जाता है। उसके बाद सहसा प्रज्ञापारमिताओं में इन्द्र के नये रूप के दर्शन होते हैं।[72] संगीतियों में इन्द्र भगवान् बुद्ध के महायानी उपदेशों में श्रोता रूप में सम्मिलित होते हैं।[73] ज्ञात यह होता है कि ब्राह्मणों द्वारा उनकी उपेक्षा देखकर बौद्धों ने शक्र को अपनी मण्डली में सम्मिलित कर लिया है और कालान्तर में सम्भवतः गुरुदक्षिणास्वरूप उन्होंने अपना अस्त्र बोधिसत्त्वों को सौंप दिया और वे उससे इतने अभिभूत हुए कि उसे शून्यता का ही प्रतिरूप मान बैठे। एक वैदिक देवता को शिष्य बनाने की भावना, अपने विरोधियों से रक्षा के लिए अमोघ अस्त्र की प्राप्ति, मणि रूप में वैभव और सिद्धियों की उपलब्धि, अश्म-रूप में अमर काया की प्राप्ति, इन सबों ने वज्र की कल्पना को इतना सर्वाच्छादनकारी बना दिया कि पाँच ध्यानी बुद्धों के अधिष्ठाता परम दैवत के रूप में वज्रयानी सिद्धों और चिन्तकों ने वज्रसत्त्व नामक एक छठे बुद्ध की कल्पना की जो प्रज्ञापारमिता रूपी शक्ति के पति हैं, जिनका अस्त्र अमोघवज्र है और जो युगनद्ध रूप में सदैव अपनी शक्ति से समन्वित रहते हैं।

वज्रयान की रूपरेखा—तिब्बती अनुश्रुतियों में यह कहा गया है कि वज्रयान की यह तान्त्रिक परम्परा असंग के ही समय में प्रारम्भ हो गयी थी किन्तु असंग से लेकर आचार्य धर्मकीर्ति (लगभग 6वीं या 7वीं शती) तक यह गुप्त रूप से गुरु-परम्परा से चलती रही। प्रथम बार इन पद्धतियों को नियमित रूप देकर प्रचारित करने का श्रेय

सरहपा को दिया जाता है। इसके उपरान्त 7वीं शती से 10वीं शती तक इतने आचार्य हुए और उन्होंने इतनी प्रकार की चिन्ताएँ और पद्धतियों का प्रचार किया, इस बीच में वज्रयान का सम्पर्क भोट, चीन, जापान, गान्धार और इतने सुदूर देशों से हुआ, इतनी संस्कृतियों से हुआ, इतने नये देवी-देवता, शैवों, शाक्तों, वैष्णवों, बोनपा आदि से ग्रहण किये गये, इतने मन्त्र बने, बुद्ध के कुलों का इतना विकास हुआ कि वज्रयान का एक शृंखलाबद्ध चित्र प्रस्तुत कर सकना असम्भव है। इतना स्पष्ट है कि चिन्तना, साधना, मन्त्र, देवता, तन्त्र, योग, आचार, भाषा और जीवन-दर्शन इन सभी दिशाओं में बौद्धधर्म इतना सर्वग्राही कभी नहीं रहा जितना सिद्ध-काल में। एक ओर समस्त सांसारिक बन्धनों और भवजाल से मुक्त होकर केवल अनुत्तर सम्यक् सम्बोधि की साधना ही को श्रेयस्कर बताया गया है[74] तो दूसरी ओर शान्ति, वशीकरण, स्तम्भन, विद्वेषण, उच्चाटन और मारण[75] आदि षट्कर्मों, छह अभिचारों का भी विस्तृत विधान है। एक ओर हठयोग और उनके चार चक्रों का विधान है तो दूसरी ओर केवल सहज मन की साधना है। एक ओर पारमिता दर्शन भी मिलता है तो दूसरी ओर समस्त आचारों को त्यागकर सर्वथा उच्छृंखल असामाजिक अनैतिक आचारों का भी विधान मिलता है।[76] इसका कारण यह है कि बहुत-सी प्रवृत्तियाँ महायान की चली आ रही थीं जिन्हें वज्रयानी आचार्यों ने नया रूप दे दिया था।[77] बहुत-सी नयी पद्धतियाँ उन्होंने प्रचलित की थीं और वे सब-की-सब स्वीकृत होती चली गयीं। अन्त में इतनी विभिन्नताओं में एकसूत्रता स्थापित करने के लिए यह तरीका अपनाया गया कि वज्रयान के अन्तर्गत कई आम्नाय मान लिये गये[78] और साधक को स्वतन्त्रता दी गयी कि वह अपनी प्रवृत्ति के अनुसार उन आम्नायों की (जिन्हें बाद में यान कहा गया) साधना करे। इसके अतिरिक्त साधकों के मानसिक स्तर के अनुरूप इन पद्धतियों का विधान किया गया और पहले क्रिया, फिर चर्या, फिर योग, फिर अनुत्तर की साधना का विधान किया गया। कहीं-कहीं ये सभी पद्धतियाँ एक बड़ी साधना-प्रणाली की विभिन्न अवस्थाओं में ग्रहणीय बतायी गयीं। लगभग प्रत्येक आचार्य की प्रवृत्ति यह मालूम होती है कि वह दूसरी पद्धतियों का तिरस्कार नहीं करता है, किन्तु उसकी अपनी एक विशेष प्रिय पद्धति होती है जिसे वह दूसरों से श्रेष्ठ बताता है और यह सिद्ध करने का प्रयास करता है कि यह बड़ा गुह्य भेद है। अन्य पद्धतियों को तो साधारण लोग भी जान सकते हैं किन्तु यह केवल कुछ ही प्रज्ञावानों के लिए है। फिर अपनी-अपनी पद्धतियों के अनुसार वे वज्रयान की व्याख्या करते हैं।[79] किन्तु इस विषय में लगभग सब एकमत हैं कि वज्रयान ही भवसागर से पार उतारने में समर्थ है।[80]

शून्य नहीं वज्र, निवृत्ति नहीं प्रवृत्ति—इसके पहले कि इन विभिन्न पद्धतियों के कारण वज्रयान की विभिन्न शाखाओं पर हम विचार करें, हमें यह देखना चाहिए कि वज्रयान ने परम्परागत तत्त्वों की क्या नयी व्याख्या की या उसमें कौन-से नये तत्त्व जोड़े। सबसे पहले वज्रयानी आचार्यों ने शून्य को वज्र में बदल दिया। माध्यमिकों ने जगत् को शून्यता-स्वभाव का बताया था। इन्होंने शून्य को नकारात्मक और रहस्यात्मक

न रखकर उसकी वज्रपरक व्याख्या की, वज्र जो दृढ़ है, अछेद्य है, अभेद्य है, सुखदायक है।[81] अतः उसकी साधना केवल नकारात्मक साधना न रहकर सक्रिय, भोगमयी, सब प्रवृत्तियों को सन्तुष्ट कर चलनेवाली साधना हो गयी। इस प्रकार शून्य को वज्र में बदलकर इन्होंने अपने धर्म को केवल त्याग और संयमपरक न बनाकर भोग और सुख से समन्वित कर दिया, निवृत्तिमूलक धर्म न रहकर वज्रयान में बौद्धधर्म प्रवृत्तिमूलक बन गया।[82]

यह वज्र चूँकि शून्यता का प्रतीक है और शून्यता जगत् का स्वभाव होने के नाते तथागत का भी स्वभाव है अतः तथागत भी वज्रसत्त्व हैं। वज्रसत्त्व की व्याख्या अवधूतीपा ने इस प्रकार की है कि 'वज्र का अर्थ शून्यता है और सत्त्व विज्ञप्ति-मात्रता का प्रतीक है दोनों का तादात्म्य सिद्ध होने से वज्रसत्त्व कहा जाता है।'[83]

चूँकि यह वज्रसत्त्व शून्यता स्वभाव का है और शून्यता ही चरम धर्म है जिसकी प्रतीक धर्मकाया थी अतः वज्रयान में धर्मकाया के स्थान पर वज्रकाया की प्रतिष्ठा हुई,[84] और कालान्तर में उसी को सहजकाया कहने लगे। तीन कायाओं से पृथक् चौथी काया के रूप में उसकी गणना होने लगी।[85]

इस वज्रसत्त्व तथा इसी के अनुरूप समस्त संसार की वस्तुओं का मूल स्वभाव नैरात्म्य का है। इसी नैरात्म्य को पहचान लेना ही वज्रयान बताया गया है।[86] इसी वज्रज्ञान को प्राप्त करने के लिए साधक बोधिचित्त को उद्भूत करता है। इसी बोधिचित्त के द्वारा वह वज्रयान प्राप्त कर सकता है क्योंकि बोधिचित्त ही वज्रचित्त है या बोधिवज्र है।[87]

वज्रसत्त्व तथा उसको प्राप्त करानेवाले बोधिचित्त का स्वभाव पूर्ववर्ती ग्रन्थों में बहुत गहन चित्रित किया गया है। वह नैरात्म्य स्वरूप है, निःस्वभाव है, निरालम्ब है, प्रज्ञापारमिता रूप है, प्रकृति-शुद्ध है, अद्रव्य है, अग्राह्य है।[88] किन्तु वज्रयान में विशेषता यह थी कि इसे दो तत्त्वों के अद्वय के रूप में प्रधानता दी गयी। पहले भी महायान में शून्य तथा करुणा दोनों ही को बोधिचित्त में परिकल्पित किया गया था, इसमें शून्य तथा करुणा को प्रज्ञा तथा उपाय के रूप में परिकल्पित किया गया।[89] अतः वज्रज्ञान वास्तव में प्रज्ञोपाय का ज्ञान है और उसी के जलरूपी ज्ञान से चित्तरूपी रत्न पर जमा हुआ अनादिवासना का पंक धुल जाता है।[90]

अहंकार—अपने को देवता ही समझ लेना वज्रयानी साधना में अहंकार नाम से अभिहित होता है।[91] इस साधना में साधक लगातार इन मन्त्रों का पाठ करता है, 'ॐ सर्वतथागतात्मकोऽहम्' या 'ॐ शून्यताज्ञान वज्रस्वभावात्मकोऽहम्'[92] और उसके बाद तथागत की ही भाँति आचरण करता है। जब साधक स्वतः तथागत है तो उसकी मुद्रा भी प्रज्ञापारमिता होगी।[93]

इस अहंकार पद्धति में मन्त्र जप के उपरान्त साधक में आवेश जाग्रत होता है जो स्वतः देवता के स्वभाव के अनुरूप होता है। उस आवेश में देवता उसके माध्यम से

अपने को अभिव्यक्त करने लगता है और वह उसी के अनुरूप कार्य करता है। काम-क्रोध आदि अनेक आवेश 'अहंकार' पद्धति में आते हैं जिनके उपशमन के बाद साधक मण्डल में प्रवेश करता है।[94] इसी प्रकार कामावेश में उसका उपशमन मुद्राओं द्वारा होता है किन्तु वे मुद्राएँ प्रज्ञा की अभिव्यक्तियाँ होती हैं इसीलिए इस मुद्रायोग को 'गुह्यप्रज्ञांगसंग' भी कहा गया है।[95]

इस प्रकार हम देखते हैं कि वज्रयान वास्तव में तान्त्रिक पद्धति का बौद्ध संस्करण मात्र है। तन्त्रों के जिन दस सामान्य तत्त्वों की ओर हम संकेत कर आये हैं वे सभी वज्रयान में विकसित हो चुके थे। देह, गुरु का महत्त्व, मन्त्र, तन्त्र, हठयोग, जाति-पाँति का तिरस्कार, मैथुन तथा गुह्य साधनाएँ, सिद्धियाँ, मण्डल चक्रादि, अनुष्ठान, सभी ज्यों-के-त्यों वज्रयान में मिलते हैं। लिंगांग-सामरस्य, मुक्ति की अपेक्षा सिद्धियों के प्रति आग्रह, रसरसायन आदि की कल्पना, अमर शरीर तथा गुह्याचार आदि सभी प्रवृत्तियाँ वज्रयानियों में पायी जाती हैं, किन्तु उन सबों को स्वीकृत कर बौद्ध अर्थ दे दिये गये हैं। इसमें अपनी साम्प्रदायिक विशिष्टता भी है जिस पर हम उनके सिद्धान्तों का विवेचन करते समय विचार करेंगे।

इन सभी बाह्य अनुष्ठानों से बिलकुल ऊपर उठकर, अनुत्तर सम्यक् सम्बोधि की भी साधना थी जिसका विकास सहज पद्धति में हुआ। वास्तव में ये साधनाएँ एक-दूसरे की विरोधिनी न होकर पूरक मान ली गयी थीं। साधकों की चित्तवृत्तियों के अनुरूप, उसके मानसिक विकास के अनुरूप साधनाओं का विधान था। कभी-कभी एक साधना-पद्धति तथा दूसरी साधना-पद्धति एक ही प्रणाली में विभिन्न अवस्थाओं में विहित बतायी जाती थीं।[96] कभी-कभी कुछ आचार्य किसी एक विशेष देवता की प्रतिष्ठापना करते थे, फिर उसकी पूजा, उसके न्यास-विन्यास, उसकी साधना, मन्त्र, यन्त्र आदि के पूरे साधन का विवरण देते थे[97] और किसी एक साधना को इतना महत्त्वपूर्ण बताते थे कि उसके आगे अन्य सभी साधनाएँ हेय हैं। इससे यह अर्थ कदापि नहीं लेना चाहिए कि उनका सम्प्रदाय या मत वज्रयान से अलग कोई स्वतन्त्र सम्प्रदाय है, जैसा बहुत-से लोगों ने सहजयान या कालचक्रयान को मानने की भूल की है।[98] वास्तव में वे सभी साधना-पद्धतियों को स्वीकार करते हैं किन्तु अपनी विशेष पद्धति को सर्वोपरि रखते हैं और उसके महत्त्व को प्रचारित करने के लिए अन्य सभी साधनाओं को 'उसकी तुलना में' हेय समझते हैं।

साधक की अवस्थानुसार साधना-पद्धति अपनाने की दृष्टि से चार पद्धतियाँ प्रमुख थीं और उन्हीं के नाम पर वज्रयान के चार तन्त्र हो गये—क्रियातन्त्र, चर्यातन्त्र, योगतन्त्र, अनुत्तर तन्त्र।[99] ये चारों विभाग वैष्णव-तन्त्रों, संहिताओं तथा अधिकांश तन्त्रों में निर्दिष्ट ज्ञान-योग-क्रिया तथा चर्यापद के ही आधार पर बने थे।[100] इन्हीं तन्त्रों में कुछ की और भी प्रशाखाएँ हो गयी थीं। चूँकि सहज और कालचक्र दोनों पद्धतियों का विकास इसी प्रकार हुआ था और सिद्धों में दोनों का प्रतिपादन मिलता है अतः वज्रयान की शाखाओं के वर्गीकरण पर भी एक विहंगम दृष्टि डाल लेनी आवश्यक है।

शाखाएँ या पद्धतियाँ—आचार्य अवधूतीपा ने 'कुदृष्टिनिर्घातम्' में दो प्रकार के साधक बताये हैं—शैक्ष तथा अशैक्ष (इह द्विधा सत्त्वा शैक्षाः अशैक्षाश्च)। इनमें आदि-कर्म, प्रारम्भिक क्रियाएँ तथा चर्याएँ केवल शैक्षों के लिए आवश्यक हैं क्योंकि वे अविकसित मनवाले होते हैं। अशैक्षों के लिए आदिकर्म की विशेष आवश्यकता नहीं।[101] शैक्षों को आधार के सभी नियम पालन करने पड़ते हैं किन्तु अशैक्षों को आचारगत स्वतन्त्रता प्राप्त है।[102] उसी में साधक की तीन अवस्थाएँ बतायी गयी हैं हेत्ववस्था, फलावस्था, सत्त्वार्थ-क्रियावस्था। हेतु के भी आशय, प्रयोग तथा वसित वर्ग हैं। वसित भी पंच-विध है—क्लेश, उपपत्ति, कर्म, उपाय, सत्त्व-परिपाक। इन विभिन्न अवस्थाओं में साधना की विभिन्न पद्धतियाँ बतायी गयी हैं।[103] और इसी कारण वज्रयान के विभेदों को शाखाएँ न कहकर पद्धतियाँ कहना अधिक उचित होगा।

काजी दावासमदुप ने[104] वज्रयान के छह प्रमुख भेद बताये हैं—

1. क्रियातन्त्रयान
2. चर्यातन्त्रयान अथवा उपायतन्त्रयान
3. योगतन्त्रयान—इनमें से योगतन्त्रयान के भी तीन भेद मिलते हैं—
4. महायोगतन्त्रयान
5. अनुत्तर योगतन्त्रयान तथा
6. अतियोगतन्त्रयान।

इन छह भेदों का विस्तृत विवरण उन्होंने नहीं दिया है किन्तु उनके तिब्बती नामों से ज्ञात होता है कि तिब्बती बौद्ध तन्त्रों में ये छह साधना-पद्धतियाँ रही होंगी। इनमें से महायोगतन्त्रयान में सम्भवतः पुरुषयान से बोधिचित्त की भावना थी, अनुत्तर में स्त्री भाव से और अतियोगतन्त्र में अद्वैत भाव से। किन्तु इसका भी कोई विशेष प्रमाण नहीं मिलता है।[105] भारतीय बौद्ध तन्त्रों में केवल चार शाखाएँ परिगणित हैं—क्रियातन्त्र, चर्यातन्त्र, योगतन्त्र तथा अनुत्तरतन्त्र।[106] इनमें से प्रथम दो तन्त्र प्रारम्भिक अवस्था के शैक्षों के लिए हैं और तृतीय तथा चतुर्थ अशैक्षों के लिए हैं।[107] क्रियातन्त्र सम्भवतः उसी आदिकर्म-प्रधान पद्धति का नाम है जिसमें प्रज्ञापारमिताओं के नियम पालन का विधान है। दान, शील, क्षमा, वीर्य, ध्यान तथा प्रज्ञा का सेवन होना चाहिए।[108]

शरीर-दान के उपरान्त चर्या होती है।[109] यह चर्या उपायप्रधान है अर्थात् बोधिचित्त में उपाय तथा करुणा जाग्रत करने के लिए है।[110] उसके पहले ही उसकी दीक्षा या पोषध का अनुष्ठान होता है।[111] इस क्रिया तथा चर्या-पद्धति के माध्यम से भी साधक को सहज सिद्धि प्राप्त होती है। इस क्रिया तथा चर्या का भी उद्देश्य प्रज्ञा तथा उपाय का अद्वय ही है।[112] विधि, देवी, देवता, उनकी साधनाएँ, दीक्षा, अभिषेक, मण्डल, आवेश आदि क्रियाओं और चर्याओं के ही अन्तर्गत आते हैं।

योग तथा अनुत्तर उच्चस्तर की अधिक सूक्ष्म साधनाएँ थीं, जिनका अधिकार केवल ऐसे साधकों को था जो स्वभावतः निःस्वभाव हो गये हों तथा जिन्होंने सहज

स्वभाव या वज्रात्मक स्वभाव को पूर्णतया आत्मसात् कर लिया हो। ऐसे योगियों के लिए किसी भी आचार का कोई बन्धन नहीं था और यह विश्वास किया जाता था कि जिन आचारों के कारण लोक नरक-बन्धन में पड़ जाता है योगी उन्हीं से सिद्धि प्राप्त करता है।[113]

अनुत्तर में आस्था रखनेवाले सिद्ध अन्य पद्धतियों का तिरस्कार नहीं करते थे केवल वे सहज स्वभाव की साधना को लेनेवाले के लिए मन्त्र-तन्त्र आदि का कोई महत्त्व नहीं मानते थे। इसलिए वे सहज पर अधिक बल देते थे। वैसे ये सभी वज्रयानी थे और अनुत्तर सिद्धि के अतिरिक्त भी इन्हें अगणित भौतिक और गुह्य सिद्धियाँ प्राप्त थीं जिनका प्रयोग वे 'जगदुद्धारणाशय' से किया करते थे।

सहजयान—इस प्रकार सहजयान को वज्रयान से अलग कोई शाखा मानना अथवा सहजयान को वज्रयान के अन्तर्गत कोई स्वतन्त्र शाखा मानना अथवा सहज साधना में देवता, मन्त्र, तन्त्र, योग, मैथुन तथा अतिचारों का अभाव मानना युक्तिसंगत नहीं है। हाँ, यह अवश्य है कि सरह आदि कुछ आचार्य ऐसे हुए जिन्होंने उच्चकोटि के अनुत्तर साधकों के लिए तन्त्र-मन्त्र का निषेध कर केवल सहज में भावाभाव से विनिर्मुक्त होकर महासुख की साधना का विधान किया है। किन्तु वे भी तान्त्रिक थे, वज्राचार्य थे, उनकी चिन्तना को सहजयान क्यों पुकारा गया, इसका प्रमुख कारण अभी तक यह बताया जाता रहा है कि उन्होंने गुह्याचारों से भिन्न केवल सहज स्वाभाविक जीवन का उपदेश किया। जहाँ तक आचार का प्रश्न है महायान स्वतः हीनयान से अधिक उदार है और उतने कठोर 'विनय' और संयम को नहीं स्वीकार करता इसलिए महायान के विभिन्न नामों में से चीनी बौद्धधर्म में एक नाम सहजयान और हीनयान के लिए कठिनयान भी प्रचलित है।[114] इसमें भी कोई सन्देह नहीं कि इनका झुकाव सहज स्वाभाविक की ओर भी था इसीलिए इन्होंने वज्रकाया को सहजकाया अथवा स्वभावकाया कहा, किन्तु चूँकि प्रज्ञोपाय साधना ही इनकी प्रमुख साधना थी अतः इन्होंने सहज का अर्थ लिया था 'जो सहगमन से उद्भूत हो' और चूँकि बिना उपाय के प्रज्ञा और बिना प्रज्ञा के उपाय बन्धन का कारण है अतः जो इन दोनों के अद्वय अनुत्तर को सिद्ध कर सामरस्य का अनुभव करता है और महासुख की प्राप्ति करता है वही सहज सिद्ध है।[115] इस विषय में एक विचारणीय प्रश्न यह है कि इस मत को सहजयान नाम कब और कैसे दिया गया। जहाँ तक मैंने सामग्री देखी है वज्रयान, मन्त्रयान, तन्त्रयान आदि नामों का तो बौद्ध तान्त्रिक ग्रन्थों में प्रचुर प्रयोग है, किन्तु एक विशेष सम्प्रदाय के रूप में सहजयान नाम का प्रयोग नहीं मिलता। यदि हम चीनी साक्ष्य पर विचार करें तो वहाँ भी यह नाम महायान के लिए हीनयान की साधना-पद्धति की कठोरता का विरोध दिखाने के लिए प्रयुक्त हुआ है, वज्रयान के बाद किसी नवविकसित साधना-पद्धति के लिए नहीं। प्रतीत यह होता है कि विद्वानों ने सिद्धों के साहित्य में सहज का इतना अधिक प्रयोग देखकर उसे अन्य 'यानों' की तुलना में 'सहजयान' कहना उचित समझा।

स्वतः सिद्धों के दोहों या चर्यापदों में इस नाम का कहीं प्रयोग नहीं है। इन्द्रभूति, अनंगवज्र, अद्वयवज्र, आर्यदेव आदि के अब तक प्रकाशित ग्रन्थों में भी सहजयान का ऐसा प्रयोग मुझे नहीं मिला। गुह्य-समाज-तन्त्र में भी इस नाम का प्रयोग नहीं है। अद्वयवज्र ने सरहपा के दोहों की टीका करते हुए उसे 'सहजाम्नाय पञ्जिका' नाम दिया है। यह नामकरण महत्त्वपूर्ण है। वास्तव में सहज एक आम्नाय या पद्धति थी जिसमें हठयोग द्वारा प्रज्ञा और उपाय का सामरस्य स्थापित कर अनुत्तर ज्ञान, महासुख अनुभूति और सहज स्वभाव सिद्ध कर, महामुद्रा के साथ रहते हुए समस्त बाह्य अनुष्ठानों से मुक्त होने पर विशेष बल दिया जाता था। यद्यपि अनुष्ठानों का सर्वथा बहिष्कार नहीं था क्योंकि स्वतः महामुद्रा की साधना में हठयोग के बहुत ही सूक्ष्म और गहन मार्ग का विधान था जिसमें कभी-कभी प्रारम्भ में मण्डल-चक्र, अभिषेक आदि बाह्य अनुष्ठानों को सम्पन्न करना पड़ता था। साधना के उपरान्त समस्त अनुष्ठानों से मुक्त होने का विधान था।

चर्यापदों की टीका में एक स्थान पर सहजयान शब्द का प्रयोग हुआ है, किन्तु वह केवल एक काव्यात्मक अभिव्यक्ति मात्र है। 14वीं चर्या की टीका में डोम्बीरूपिणी भगवती नैरात्मा को सहजयान (सहजनौका) की खेवनहार कहा गया है।[116] सहजनौका कोई विशेष सम्प्रदाय न होकर ललना और रसनारूपी गंगा और यमुना अथवा प्रज्ञा और उपाय का वर्जन कर प्रज्ञोपाय के अद्वय-रूपी अवधूती के मध्य में स्थित शुक्र नाड़ी ही है। उसी नाड़ी के माध्यम से बोधिचित्त उष्णीष कमल तक पहुँचता है अतः उसे नौका कहा गया है, जो सहजरूपिणी है। नौका रूप में कभी करुणा, कभी अवधूती का वर्णन चर्यापदों में मिलता है किन्तु इसी के आधार पर सहजयान नाम पूरे सम्प्रदाय को देना उचित नहीं कहा जा सकता। इस 'सहज' को आम्नाय या पद्धति ही मानना उचित है।

सहज और चीनी ताओ मत–इस सहज की कल्पना का मूल उद्‌गम कहाँ है इसके विषय में डॉ. प्रबोधचन्द्र बागची का एक विचारणीय मत है। वे इस सहज को प्राचीन चीनी धर्म का प्रभाव मानते हैं और सहज को उनके मूल सिद्धान्त 'ताओ' का संस्कृत अनुवाद मात्र। वास्तव में ताओ धर्म चीनी जनता का बहुत पुराना धर्म है जिसका मूल प्रवर्तक लाओत्से लगभग 600 ई. पू. में हुआ था और उसका प्रमुख प्रचारक च्वांगत्से लगभग 400 ई. पू.।[117] इसमें कोई सन्देह नहीं है कि लाओत्से की ताओ भावना अपनी रूपरेखाओं में उपनिषदीय ब्रह्म से इतनी मिलती-जुलती है कि बहुत दिनों तक विद्वान् उस पर भारतीय प्रभाव का सूत्र ढूँढ़ने का प्रयास करते रहे।[118] किन्तु वह इतना पुराना धर्म है कि भारतीय चीन सांस्कृतिक सम्बन्ध स्थापित होने के पहले ही उसका समुचित विकास हो चुका था।[119]

ताओ मत का जीवन-दर्शन वास्तव में सहज जीवन-दर्शन था। वह मनुष्य के सहज शुद्ध स्वभाव में विश्वास करते थे और उनका सहज कभी-कभी तो निष्क्रिय कर्मशून्यता के स्तर तक चला जाता था। उनका मूल तत्त्व ताओ पूर्ण भी है और शून्य भी। वह

संज्ञाहीन है, स्वभावहीन है, रूपहीन है, नैरात्म्य-रूप है। यहाँ तक कि वह ज्ञान से भी परे है और तर्क उसे नहीं पा सकता। वह ताओ शून्य है, सर्वसत्त्वमय है और उसे समस्त संसार की जननी कहा जा सकता है, वह नारी रूप है। उसकी सृष्टि में त्रितत्त्वों का महत्त्व है। कहा जाता है कि प्रारम्भ में केवल शून्य था, फिर उससे एक की सृष्टि हुई, फिर एक से दो हुए, दो ने तीन का सृजन किया और तीन से समस्त संसार हुआ।[120]

ताओ साधना में निष्क्रियता और उसके माध्यम से अपनी शक्ति का अपव्यय रोककर अमरता-प्राप्ति का विधान है। च्वांगत्से ने एक स्थान पर नौ वर्ष में अमरता-प्राप्ति का मार्ग बताया है। च्वांगत्से ने ही एक चीनी स्त्री की कथा लिखी है जो अमर थी और जिसके रूप का कुछ भी क्षय नहीं हुआ था। उससे किसी ने पूछा कि तुम्हें यह अमरत्व का रहस्य कहाँ से मिला तो उसने कहा 'पुस्तकों से। और पुस्तकों ने इसे समवेत ज्ञान से ग्रहण किया और ज्ञान ने खोज से और खोज ने समन्वय बुद्धि से और समन्वय बुद्धि ने अभ्यास से और अभ्यास ने जिज्ञासा से और जिज्ञासा ने ज्ञानोपरि (अनुत्तर) से और ज्ञानोपरि ने महाशून्य से और महाशून्य ने ताओ से और ताओ ने अनन्त से।'

इनकी यह शून्योद्भूत साधना इन्हें विचित्र भौतिक सिद्धियाँ भी देती थीं। सिद्ध पुरुष ठोस तत्त्वों में से गुजर सकता था, वह अग्नि से बिना जले गुजर सकता था, उड़ सकता था, पवन पर सवार हो सकता था और नाना रूप धारण कर सकता था।

ताओ के इस वर्णन में वास्तव में यह ज्ञात होता है कि तन्त्रों से इस मत की बहुत समानता थी। इस मत का प्रमुख प्रचारक च्वांगत्से था और बहुत-सी प्राचीन चीनी किंवदन्तियों में ऐसी कथा मिलती है कि चीन में ताओ का उपदेश देने के बाद आचार्य च्वांगत्से भारत की ओर चले गये और शेष जीवन उन्होंने भारत में बिताया।[121] च्वांगत्से का समय लगभग 400 ई. माना जाता है, अतः सम्भव है 300 वर्ष में यह सिद्धान्त विकसित होकर सहज मत के रूप में आया हो।

तान्त्रिक काल में भारत का सम्बन्ध एशियायी देशों से बहुत घनिष्ठ था और सांस्कृतिक दृष्टि से कितने ही देशों को तो एक ही समझा जाता था जिसमें मध्य तथा पूर्वी एशिया के लगभग सभी देश थे। तन्त्रों के प्रभाव में तीन क्रान्ताएँ थीं जिनमें बहुत विदेशी राष्ट्र आते थे।[122] तन्त्रों के पाँच प्रमुख पीठों में से कई ऐसे पथों पर थे जो मध्यदेश को गान्धार, चीन, मंगोलिया, भोट, ब्रह्मा आदि से सम्बद्ध करते थे।[123] उस समय भारत और इन देशों में इतनी उदारतापूर्वक सांस्कृतिक आदान-प्रदान चल रहा था कि भारतीय आचार्य चीन और भोट के देवी-देवताओं की पूजा भारत में प्रचलित करते थे।[124] उग्रतारा, तारा, एकजटा, महानील सरस्वती ये बौद्धों तथा हिन्दू तान्त्रिकों द्वारा पूजित देवियाँ तिब्बती या चीनी हैं।[125]

इन परिस्थितियों में सम्भव है कि सहज सिद्धान्त ताओ से ग्रहण किया गया हो किन्तु केवल किंवदन्तियों के आधार पर इसे मान लेना कठिन है। डॉ. बागची के अनुसार

कामरूप के राजा भास्करवर्मन ने लगभग 600 ई. में कुछ चीनी दूतों से प्रार्थना की थी कि वे वापस जाकर ताओ की धर्म पुस्तक का एक संस्कृत अनुवाद तथा लाओत्से का चित्र अवश्य भेजें। कहा जाता है कि लाओ का संस्कृत अनुवाद कराया गया जिसमें ह्वेनसांग से सहायता भी माँगी गयी। ह्वेनसांग ने उसका अनुवाद मार्ग किया था। और अन्य विद्वान् बोधि कर रहे थे। कुछ दिनों तक उस पर विवाद भी और चला अन्त में ह्वेनसांग का अनुवाद स्वीकृत हुआ। वह अनुवाद भारत आया या नहीं इसका कोई उल्लेख नहीं मिलता किन्तु इसका उल्लेख मिलता है कि भारतीय विद्वान् कुमारजीव ने ताओ की पुस्तक पर टीका लिखी थी। डॉ. बागची का अनुमान है कि बाद में ताओ का अनुवाद 'सहज' प्रचलित हुआ क्योंकि स्वाभाविक प्रवृत्ति के रूप में सहज का प्रयोग अन्य किसी सम्प्रदाय में नहीं मिलता है।[126]

उपर्युक्त मत बहुत रोचक और आकर्षक होते हुए भी वैज्ञानिक दृष्टि से प्रमाण-सम्मत नहीं है। जहाँ तक लाओत्से के भारत आने की बात है, वह केवल किंवदन्ती है जो सम्भवतः बाद में ताओ मत और चीनी बुद्ध मत के बहुत निकट आने पर गढ़ी गयी है। ऐसी उर्वर कल्पना मध्यकाल की अपनी विशेषता रही है। भास्करवर्मनवाला अनुवाद यदि भारत आया भी होगा तो 700 ई. तक आया होगा। किन्तु सरहपा ने इतने शीघ्र सहज मत का इतना प्रचार कर दिया और उसकी एक बौद्ध व्याख्या भी कर डाली, यह सम्भव नहीं प्रतीत होता। यदि सरहपा या अन्य किसी आचार्य ने इसका समावेश बौद्ध परम्परा में किया भी होता तो उसका उल्लेख अनुश्रुतियों में अवश्य होता। तारानाथ ने लगभग सभी सिद्धों द्वारा प्रथम प्रवर्तित तन्त्रों का उल्लेख किया है।[127]

सहज और विष्णुपुराण—एक दूसरा सूत्र मिलता है जिसमें सहज शब्द लगभग इसी अर्थ में प्रयुक्त हुआ है और सिद्धों से कई शताब्दियों पूर्व प्रयुक्त हुआ है। वह है विष्णुपुराण। विष्णुपुराण का समय फर्कुहर ने लगभग 400 ई. माना है और उसका निर्माण जिस सामग्री पर हुआ है वह और भी पुरानी है।[128] मत्स्यपुराण में कहा गया है—

तता सा सहजासिद्धिस्तासांमनातीवजायते
रसोल्लासादयश्चान्याः सिद्धियोऽष्टौ भवन्ति या।[129]

और इसी को स्वाभाविक सिद्धि के रूप में भी प्रस्तुत किया गया है—

तेषाम् स्वाभाविकी सिद्धिः सुखप्राया ह्ययत्नतः।[130]

इस प्रकार हम देखते हैं कि स्वाभाविक मार्ग के अर्थ में हमें विष्णुपुराण में ही सहज सिद्धि का उल्लेख मिलता है। किन्तु केवल इतने ही से यह नहीं प्रमाणित किया जा सकता कि सहज की कल्पना चीन से नहीं आयी। यह हो सकता है कि सिद्धों ने इसे विष्णुपुराण या उसी समय की अन्य किसी भारतीय चिन्तना धारा से लिया हो, किन्तु चीनी जनश्रुतियों की भाँति कुछ भारतीय जनश्रुतियाँ भी ऐसी मिलती हैं कि ईसा के पूर्व ही कोई चीनी ताओवादी आचार्य भग या भोग भारत आया था और देह की अमरता

का उपदेश करता था। कुछ विद्वानों का यह भी अनुमान है कि भोग अगस्त्य का समकालीन था और उसने दक्षिण भारत के शैवागम तथा शाक्तागम सम्प्रदाय के कुछ अनुयायियों को शुद्ध मार्ग की दीक्षा दी थी। उसका निवास तिनेवेली के सिद्धकूट पर्वत पर था। पूर्वी भारत में भी कोई चीनी धर्म बहुत पहले से प्रचलित था क्योंकि इत्सिंग ने लिखा है कि नालन्दा से 40 योजन पूर्व महाराज श्रीगुप्त ने चीनी पुरोहितों के लिए एक चीनी मन्दिर बनवाया था और उसको 24 गाँव दान में दिये थे।[131] यद्यपि केवल इतने प्रमाण ही सहज भावना का चीनी उद्‌गम सिद्ध कर देने के लिए यथेष्ट नहीं हैं किन्तु यह अनुमान किया जा सकता है कि विष्णुपुराण में भी यह 'सहज' कहीं बाहर से आया हो।

ओषधियों द्वारा सिद्धि का उल्लेख पतञ्जलि में भी मिलता है जिनका समय 200 से 600 ई. तक कहीं भी अनुमानित किया जा सकता है। विष्णुपुराण में सहज की कल्पना स्वाभाविक जीवन के रूप में है। इस कल्पना को जो सहज रागात्मक प्रवृत्तिमूलक स्वाभाविक जीवन के रूप में थी, भारतीय चिन्तना-पद्धति में सर्वथा भुला नहीं दिया गया था। 12वीं शती में वल्लभदेव के कामरूप के एक शिलालेख में 'सहज' का प्रयोग इसी स्वाभाविक जीवन के अर्थ में प्राप्त होता है,[132] जिससे ज्ञात होता है कि बौद्धों के अतिरिक्त भी कोई सहज चिन्तना-पद्धति बराबर चली आ रही थी जिसका वैष्णव परम्परा से अधिक सम्बन्ध था, जो केवल भाव-साधना पर बल देती थी। सन्तों के 'सहज' की समीक्षा करते समय हम इस पर विस्तृत विचार करेंगे। सिद्धों ने उसी सहज में बौद्ध प्रज्ञोपाय के अंश को भी सम्मिलित कर लिया है। किन्तु सिद्ध और रसायन की कल्पना को वे भूले नहीं हैं। उनका 'अमिअ रस' और 'समरस' उसी कल्पना का तान्त्रिक रूप है। किस प्रकार उन्होंने इस रसायन और अमरत्व भावना को प्रज्ञोपायपरक रूप दिया था और सहज को प्रज्ञा तथा उपाय के युगनद्ध का रूप दिया था, इस पर हम आगे विचार करेंगे। उनकी यह व्याख्या, विष्णुपुराण, ताओवाद तथा रसायन मत या रसेश्वर सिद्धों से कुछ पृथक् थी।

कालचक्रयान—सहजमत के अलावा एक दूसरी वज्रयानी पद्धति थी जिसका परवर्ती सिद्ध-साहित्य से बहुत घनिष्ठ सम्बन्ध है। वह है कालचक्रयान। उसके विषय में विद्वानों में बहुत भ्रम और मतभेद रहे हैं जिनके विस्तार में जा सकना यहाँ सम्भव नहीं है। कालचक्र के विषय में वैडेल ने दो सर्वथा विरोधी मत दिये हैं। एक स्थान पर वह कहता है कि कालचक्रयान का उद्‌भव 10वीं शती में हुआ, उसने मन्त्रयान की पद्धति ग्रहण की और अपने को वज्रयान कहना प्रारम्भ किया और उसके अनुयायी वज्राचार्य कहलाते थे। दूसरे स्थान पर वह कहता है कि तन्त्रयान का चरम विकास कालचक्रयान में हुआ जिसमें आदिबुद्ध के सिद्धान्त का विकास हुआ जो काली से समागम करता है। वे तथा अन्य बुद्ध रक्तपिपासु भयंकर और कुरूप थे। उनकी पूजा बलिदानों और तन्त्र-मन्त्र से होती थी।[133] महामहोपाध्याय हरप्रसाद शास्त्री ने काल को

समय, काल और विध्वंस का देवता माना है। कालचक्र के अर्थ हैं ध्वंस का चक्र और कालचक्रयान वह यान है जो उससे रक्षा करे।[134] सर चार्ल्स ईलियट तिब्बती अनुश्रुतियों के अनुसार इसका प्रारम्भ शम्भल नामक देश में बताते हैं जिसकी स्थिति का कुछ पता नहीं चलता। उनका अनुमान है कि शम्भल चीनी तुर्किस्तान के निकट कोई देश है जहाँ के राजा कुलिक कहलाते थे, जहाँ बारह पशुओं के संकेतों से समयचक्र का प्रचार है, अतिश दीपङ्कर ने नये तिब्बती संवत् में जिसका उपयोग किया था। कहा जाता है कि उसी शम्भल के राजा सुचन्द्र (दूसरे स्थान पर मञ्जु-श्रीकीर्ति नाम मिलता है) ने प्रथम बार कालचक्र का प्रवर्तन किया। ईलियट इसे वैष्णव धर्म से प्रभावित सम्प्रदाय मानते हैं, जो 10वीं शती के मध्य में प्रचलित हुआ था, जिसमें विष्णु के चक्र की कल्पना भी समाविष्ट हो गयी थी।[135]

इधर कालचक्रयान के दो-तीन ग्रन्थ मिल जाने से कुछ उसका स्वरूप सम्मुख आया है। कुछ तिब्बती ग्रन्थों का सरांश प्रकाशित हुआ है।[136] पद्म कार पो (जिसका समय 16वीं शती था) ने अपने ग्रन्थ में लिखा है कि कालचक्र का उद्भव पहले हो चुका था। पितो नामक सिद्ध नालन्दा में आया और नालन्दा विहार के द्वार पर दस दिग्पालों का चित्र बनाकर उसने कालचक्र का सिद्धान्त लिख दिया।[137] उस समय विहार के अध्यक्ष सिद्ध नारोतपा (नरोत्तम या नडपाद, नारोपा) थे। वे अपने 500 शिष्यों के साथ आये और उन्होंने शास्त्रार्थ किया। अन्त में पितो (?) ने उन्हें निरुत्तर कर दिया तब उन्होंने पितो से दीक्षा ली और उनसे कालचक्र का सन्देश सुना।

सम्भवतः ये नारोतपा पूर्वोक्त सिद्ध नारोपा थे जिनका 'सेकोद्देश टीका' नामक ग्रन्थ मिलता है। यह ग्रन्थ 'कालचक्र तन्त्र' के सेक विभाग पर टीका है। मूल कालचक्र-तन्त्र की भी पाण्डुलिपि प्राप्त हो गयी है। डॉ. शशिभूषण दासगुप्त ने उसका प्रचुर उल्लेख किया है।[138] इन दोनों सूत्रों से कालचक्रयान का जो रूप हमारे सम्मुख आता है वह इस प्रकार है—

कालचक्रयान वास्तव में योगमार्ग है और उसमें योगसाधना की विशद व्याख्या है। यह साधना शम्भल के राजा सुचन्द्र (जो सीता नदी के तट पर राज्य करते हैं) की प्रेरणा से भगवान् तथागत ने धान्यकटक में प्रकट की थी।[139] इसमें काल की व्याख्या इस प्रकार दी गयी है—धर्म, धातु और आकाश के लक्षणवाले परम अक्षर और अच्युत क्षण को काल कहते हैं। वही काल वज्रज्ञान है। वह सर्वाकार है, सर्वेन्द्रिय है, विश्वरूप है, विन्दुरूप है। वही देहरूप है। वह प्रज्ञा और उपाय से समन्वित है।[140] वही आदिबुद्ध कालचक्र है। आदि शब्द के अर्थ हैं, आदि तथा अन्त से रहित। वह करुणा तथा शून्यरूप है और कालरूपी संवृत्ति शक्ति उसकी शून्यता-चक्र है। उसके नाम के अक्षरों का अर्थ इस प्रकार है। का के अर्थ हैं 'कारण', ल के अर्थ हैं लय, च के अर्थ हैं चलचित्त, क्र के अर्थ हैं क्रम-बन्धन।[141]

जहाँ तक साधना का प्रश्न है कालचक्र तत्त्व में इसकी साधना को केवल देह और उसके चक्रों और नाड़ी जाल में ही सीमित बताया गया है। समय या काल की भी स्थिति

देह में ही है और वह प्राणवायु की गति के रूप में है। अधिकांश रोगों का शमन प्राण और अपान के वशीकरण में बताया गया है। डॉ. शशिभूषण दासगुप्त का मत है कि तन्त्रालोक (11वीं शती) में वर्णित काल और प्राणवायु साधना शब्दशः कालचक्र की योग-साधना से मिलती है।[142]

इस प्रकार वैशाली की प्रथम संगीति से लेकर मन्त्रयान के विकास, भारतीय धर्म-साधना में तन्त्रों का आकस्मिक उदय और प्रभुत्व, महायान में तान्त्रिक प्रवृत्तियों का प्रवेश और उसका वज्रयान तथा उसकी सहज और कालचक्र पद्धतियों में परिणति एक समुचित पृष्ठभूमि प्रस्तुत करती है, जिसमें हम सिद्ध-साहित्य की दार्शनिक चिन्तना का सम्यक् आकलन कर सकते हैं। जैसा हम आगे देखेंगे कि सिद्धों ने वास्तव में जो विचार रखे हैं वे उपर्युक्त सभी विचार-सरणियों को प्रतिबिम्बित करते हैं और वज्रयान के विकास में तो सिद्धों का भाग सर्वोपरि रहा है। अगले अध्याय में हम चर्यापदों और दोहाकोष में प्राप्त सिद्धों की चिन्तना-प्रणाली का विवेचन करेंगे।

सन्दर्भ
(क)

1. साधनमाला, प्रथम खण्ड, पृ. 4; 2. वही, पृ. 225; 3. वही, खण्ड 2, भूमिका, पृ. 23; 4. वज्रयानी टेक्स्ट्स, भूमिका; 5. बा., साइनो इण्डियन स्टडीज, पृ. 39; 6. वैडेल लामाइज्म, भूमिका, पृ. 25; 7. कीथ, ओरिजिन ऑफ महायान बुद्धिस्ट फिलासफी; 8. अद्वयवज्र-संग्रह, भूमिका, पृ. 19; 9. बुद्धिस्ट एसोटेरिज्म, पृ. 16 पर उद्धृत; 10. चित्तविशुद्धि प्रकरण, पृ. 3; 11. बुद्धिस्ट एसोटेरिज्म, पृ. 29; 12. बोधिचर्यावतार पञ्जिका, तृतीय परिच्छेद 4, 18 तथा बँगला-अनुवाद, पृ. 22, 23; 13. शिक्षा समुच्चय, ब्रेडेल संस्करण, पृ. 160, 161; 14. दासगुप्त, तान्त्रिक बुद्धिज्म, पृ. 10; 15. तत्त्व रत्नावली, अद्वयवज्र संग्रह, पृ. 14; 16. ज. डि. ले., खण्ड 1, किमूरा का लेख; 17. से. बु. ई., खण्ड 17, पृ. 347 तथा आगे; 18. ज. डि. ले., खण्ड 1, किमूरा का लेख; 19. परशुराम चतुर्वेदी, महायान सम्प्रदाय का क्रमिक विकास, हिन्दुस्तानी, पृ. 66; 20. पुरातत्त्व निबन्धावली, पृ. 121; 21. वही, पृ. 128, 129; 22. वही, पृ. 128, 129; 23. कीथ, 'स्कूल्स ऑफ हीनयान', बुद्धिस्ट फिलासफी; 24. पुरातत्त्व निबन्धावली, पृ. 130; 25. किमूरा, ओरिजिन ऑफ महायान बुद्धिज्म, ज. डि. ले. 1924; 26. चतुर्वेदी, महायान का क्रमिक विकास, हिन्दुस्तानी, पृ. 76; 27. सूत्रों का रचनाकाल—100 ई. से 400 ई.; दासगुप्त, हिस्ट्री ऑफ इण्डियन फिलासफी; भाग 1, पृ. 125; 28. अष्ट साहस्रिका प्रज्ञापारमिता, पृ. 235, 236; 29. ईलियट, हिन्दुइज्म एण्ड बुद्धिज्म, खण्ड 2, पृ. 7; 30. बरुआ, प्रालोग्मेना टु ए हिस्ट्री ऑफ बुद्धिस्ट फिलासफी, प्रथम अध्याय; 31. चटर्जी, हर्षवर्द्धन, पृ. 350 तथा आगे; 32. वही; 33. शास्त्री, लिटरेरी हिस्ट्री ऑफ पाल पीरियड, ज.बं.ओ.रि.सो., खण्ड 5, अंक 2; 34. सोगेन, सिस्टम्स., पृ. 186; 35. माध्यमिक वृत्ति, 13, 8; 36. सोगेन, सिस्टम्स., पृ. 198; 37. अनिरोधम् अनुत्पादम् अनुच्छेदम् अशाश्वतम्, अनेकार्थम्, अनानार्थम् अनागमम् अनिर्गमम्; माध्यमिक वृत्ति, 1, 1;

38. वही, 24, 14; 39. देवराज, भारतीय दर्शनशास्त्र का इतिहास, पृ. 194; 40. सुजुकी, आउटलाइन्स ऑफ महायान बुद्धिज्म, पृ. 173; 41. अप्रतीत्य समुत्पन्नो धर्मः कश्चिन्न विद्यते; यस्मात्तस्मादशून्योहिधर्मः कश्चिन्न विद्यते...माध्यमिका वृत्ति 24, 19; 42. या प्रतीत्य समुत्पादा शून्यताम् ताम् प्रचक्ष्महे...वही 24, 18; 43. वही, चौथा प्रकरण; 44. वही, बाईसवाँ प्रकरण; 45. वही, पृ. 12; 46. माध्यमिका वृत्ति, पृ. 25, 19; 47. रत्नावली, माध्यमिका वृत्ति में उद्धृत, पृ. 524; 48. शास्त्री, लिटरेरी हिस्ट्री, ऑफ पाल पीरियड, ज. बं. ओ. रि. सो., खण्ड 5, अंक 2, पृ. 171 तथा आगे; 49. किमूरा का लेख, शिफ्टिंग ऑफ सेण्टर्स ऑफ बुद्धिज्म, अयोध्या काल; 50. यहाँ पर यह संकेत कर देना आवश्यक है कि विज्ञानवादियों ने शून्य को अभाव के रूप में ग्रहण किया है; यह अर्थ उपयुक्त नहीं है किन्तु उनके तर्कों के स्पष्टीकरण के लिए इस समय हम भी शून्य का वही अर्थ लेंगे; 51. आलयविज्ञान क्रमबद्ध चेतना की शृङ्खला है; यह सदा प्रवाहित और विकसित होती रहती है; सोगेन, सिस्टम्स., पृ. 210; 52. लंकावतार सूत्र, जिल्द 2; 53. सोगेन, सिस्टम्स., पृ. 230; 54. चटर्जी, हर्षवर्द्धन, पृ. 351; 55. महायान सूत्रालंकार, अन्तिम अध्याय; 56. किमूरा, ओरिजिनल एण्ड डेवेलप्ड थियोरीज ऑफ बुद्धिज्म, पृ. 49, 62; 57. सुजुकी, आउटलाइन्स ऑफ महायान बुद्धिज्म, पृ. 223, 224; 58. दासगुप्त, तान्त्रिक बुद्धिज्म, पृ. 13, 14; 59. शान्तिदेवेर बोधिचर्यावतार, पृ. 14; 60. माध्यमिकों ने दस पारमिताएँ मानी हैं, दान, शील, क्षान्ति, वीर्य, ध्यान, प्रज्ञा, उपाय, कौशल, प्रणिधान, बल और ज्ञान तथा इनके साथ चार अप्रमाणों की साधना भी अनिवार्य मानी है—मैत्री, करुणा, मुदिता तथा उपेक्षा; किन्तु योगाचार सम्प्रदाय में उपर्युक्त छह पारमिताएँ स्वीकार की गयी हैं और उनके अतिरिक्त तीन शिक्षाएँ भी साधना की अंग हैं—'शील, ध्यान, प्रज्ञा; (अष्ट साहस्रिका, पृ. 303); बोधिचर्यावतार में केवल क्षान्ति, वीर्य, ध्यान तथा प्रज्ञा का ही विस्तृत वर्णन छठे, सातवें, आठवें तथा नवें परिच्छेद में है जिससे ज्ञात होता है कि कालान्तर में 4 पारमिताएँ प्रमुख हुईं; अन्त में प्रज्ञा में सभी अन्तर्भुक्त हो गयीं; उसी को साधने से सब सध जाती थीं; (अष्ट साहस्रिका प्रज्ञापारमिता, तीसरा परिवर्त); 61. वास्तव में महायान एक विशाल जलयान के समान है; ये छह पारमिताएँ उसके यान की पतवारें हैं; 62. सुजुकी, आउटलाइन्स ऑफ महायान, पृ. 311; 63. नागार्जुन, महायान विशक, 11, 12; 64. अष्ट साहस्रिका, प्रथम परिवर्त, पृ. 458; 65. वही, प्रथम परिवर्त, पृ. 462; 66. वही, भूमिका, पृ. 18; 67. भट्टाचार्य, बुद्धिस्ट एसोटेरिज़्म, पृ. 31; 68. बाद में भी बहुत-से ऐसे महायानी बौद्ध साधक थे जो मान्य थे किन्तु वे तान्त्रिक साधनाओं में निष्णात नहीं थे; किन्तु ऐसे लोगों को वह श्रेष्ठता प्राप्त नहीं थी जो वज्रयानी सिद्धों को थी; ऐसे पण्डितों का केन्द्र नालन्दा था; 69. श्री राहुल सांकृत्यायन ने मन्त्रयान का समय 400-700 ई. तथा वज्रयान का समय 700-1200 ई. माना है जो उचित ही प्रतीत होता है;

(ख)

1. डॉ. बेनीप्रसाद, हिन्दुस्तान की पुरानी सभ्यता; 2. वही, तान्त्रिक काल; 3. ना. प्र. प. वर्ष 50, अंक 1, 2, 2002, पृ. 66; 4. सेन, स्कूल एण्ड सेक्ट्स इन जैन लिटरेचर, पृ. 40; 5. द्विवेदी, ना. प्र. प. वर्ष 50, अंक 1,पृ. 64; 6. वही, पृ. 64; 7. सर जे. वुडरफ, शक्ति और शाक्त, पृ. 18; 8. दासगुप्त, फिलासिफिकल एसेज; 9. भट्टाचार्य, थियरी एण्ड

प्रेक्टिस ऑफ तन्त्राज, पृ. 2; 10. बोस, 'मॉडर्न बुद्धिज्म एण्ड इट्स फालोअर्स इन उड़ीसा', भूमिका; 11. बुद्धिस्ट एसोटेरिज़्म पृ. 54; 12. वही, पृ. 54; 13. साधनमाला, भाग 2, भूमिका, पृ. 36; 14. बागची, स्टडीज इन तन्त्र, पृ. 45; 15. बागची, इण्डिया एण्ड चाइना, पृ. 199, 202; 16. कालान्तर में आगम की नयी व्याख्या खोज ली गयी—द्रष्टव्य महापरिनिर्वाण तन्त्र, भूमिका तथा ना. प्र. पत्रिका, 50, 1, पृ. 72; 17. कूर्मपुराण, भूमिका, पृ. 17; 18. वही, पृ. 181, 185; 19. उपाध्याय, शंकराचार्य, पृ. 286; 20. हरप्रसाद शास्त्री, प्रोसीडिंग्स ऑफ रा. ए. सो. बं., खण्ड 18, 1921; 21. सेन, संस्कृति संगम, पृ. 19; 22. भण्डारकर, द्रष्टव्य 'शैविज्म'; 23. बुद्धिस्ट एसोटेरिज्म, पृ. 54; 24. रुद्र यामल तन्त्र में यह कथा मिलती है कि वशिष्ठ बहुत दिनों तक जप, तप और संयम करते रहे किन्तु उन्हें सिद्धि नहीं मिली तो उन्होंने क्रुद्ध होकर भगवती को शाप दे दिया; उसके अनन्तर देवी ने प्रकट होकर कहा कि तुम्हें सिद्धि मिलेगी किन्तु तुम अथर्ववेद की मूलभूमि महाचीन को जाओ; महाचीन में उन्हें बुद्ध दीख पड़े जो नग्न, मद्यपी, रक्त पायी स्त्रियों से घिरे थे; उनके रहस्य को जानकर वशिष्ठ को सिद्धि मिली; इससे यह स्पष्ट होता है कि तान्त्रिक साधनाओं का अथर्ववेद से घनिष्ठ सम्बन्ध था और इसे बौद्ध तान्त्रिक भी स्वीकार करते थे; इसी प्रकार वैष्णव तन्त्रों में भी नारद ने जब अहिर्बुध्न्य से संहिता के 19वें अध्याय में वर्णित विधानों का उद्‌गम तथा अध्यक्ष देवता का नाम पूछा तो अहिर्बुध्न्य ने उत्तर दिया कि ये साधनाएँ अथर्ववेद से ली गयी हैं और इनके देवता स्वयं भगवान् विष्णु हैं जो सुदर्शन चक्रधारी हैं तथा समस्त प्राणियों के रक्षक हैं; 25. चटर्जी, हर्षवर्द्धन, पृ. 303; 26. बागची, स्टडीज इन तन्त्र, पृष्ठ 102; 27. वही, पृ. 112; 28. वही, पृ. 45; 29. सेन, संस्कृति संगम, पृ. 32; 30. इसका प्रमाण इसमें भी मिलता है कि शापनिर्दग्ध और ब्रह्मकर्म विवर्जित ब्राह्मणों को इस धर्म में आमन्त्रित किया गया है और उन्हें भोग और मुक्ति दोनों की आशा दिलायी गयी है; ये विप्राः शापनिर्दग्धाः ब्रह्मकर्म विवर्जिताः तेषाम् तु कौल धर्मोऽयम् मुक्ति मुक्त्योस्तु साधनम् ये विप्राः पापसंजाताः शाप निर्दग्ध विप्लुतः तेषाम् कुलाऽधिकारोऽयम् मार्गस्यास्य प्रजायते; पुरश्चर्यार्णव, पृ. 24; 31. कृते श्रुत्युक्त आचारस्त्रेतायाम् स्मृति सम्भवः द्वापरे तु पुराणोक्तम् कलौ आगम केवलम्। कुलार्णव, 32. 'वैदिकी तान्त्रिकीश्चैव द्विविधाः श्रुति कीर्तितः' कुल्लूक भट्ट, वुडरफ, शक्ति एण्ड शाक्त, पृ. 19; 33. ना. प्र. प., 50, 1, पृ.70; 34. फर्कुहर, पृ. 181; 35. ज. रा. ए. सो. 1911, पृ. 951, 953; 36. श्रेडर, पृ. 22; 37. उपाध्याय, भारतीय दर्शन, पृ. 460; 38. अर्थविज्ञान और व्याकरण दर्शन, पृ. 36; 39. श्रेडर, पृ. 120; 40. श्रेडर, अहिर्बुध्न्य संहिता, परिच्छेद 17; 41. वही, पृ. 127; यन्त्र पूर्वाङ्ग तथा मन्त्र अपराङ्ग कहलाते थे; 42. वही, पृ. 131; 43. वही, पृ. 126; 44. वही, पृ. 113; 45. वही, पृ. 43; 46. वही, पृ. 112; 47. किसी समय शिव के चार मुखों की भी कल्पना थी; महाभारत अनुशासन पर्व, 141, श्लोक 5, 8 तथा आदि पर्व 216, श्लोक 22, 28; 48. आगम के पाँच मुख, सद्योजात, वामदेव, अघोर, तत्पुरुष व ईशान थे; 49. देवराज, दर्शनशास्त्र का इतिहास, पृ. 483, 486; तथा उपाध्याय, भारतीय दर्शन, पृ. 545 आगे; 50. श्रेडर, पृ. 112; 51. सर्व-दर्शन-संग्रह, नकुलीश पाशुपत मत; 52. विश्वभारती, जुलाई, 1942, पृ. 245 आगे; 53. पशु, पाश और पति या शिव, शक्ति और अणु के कारण इसे त्रिक् दर्शन कहते हैं;

54. भण्डारकर, पृ. 183; 55. डॉ. काशीनाथ मिश्र, शक्ति-विशिष्टाद्वैतवाद की भूमिका, पृ. 4, 5; 56. सी. नान्दीमठ, हैण्डबुक ऑफ वीरशैविज्म, प्रथम परिच्छेद; 57. सिद्धान्त शिखामणि 20, 31; 58. वही, 10, 66; 59. अनुभव सूत्र; 60. वही; 61. भण्डारकर, पृ. 181; 62. नान्दीमठ, हैण्डबुक ऑफ वीरशैविज्म का प्रथम परिच्छेद; 63. आदिनाथ, अनादि काल, अतिकालक, कराल, विकराल, महाकाल, कालभैरव नाथ, वटुक, भूतनाथ, वीरनाथ, श्रीकण्ठ, नागार्जुन, जड़भरत, हरिश्चन्द्र, सत्यनाथ, मीननाथ, गोरक्ष, चर्पट, अद्वय, वैराट्य, कन्थाधारिन, जालन्धर, मलयार्जुन; इनमें से 12 आदिगुरु शिव हैं तथा 12 उनके शिष्य हैं; 64. द्विवेदी, नाथ सम्प्रदाय, पृ. 273; 65. द्विवेदी, नाथ सम्प्रदाय, पृ. 73; 66. टुची, आन मैत्रेय, ज. ए. सो. बं., 1930, पृ. 125 तथा आगे; 67. द्विवेदी, नाथ सम्प्रदाय, पृ. 7; 68. भण्डारकर, पृ. 182; 69. चटर्जी, हर्षवर्द्धन, पृ. 335, 336; 70. ज. ए. सो. बं. 1930, पृ. 125 तथा आगे; 71. भण्डारकर, पृ. 82; 72. टुची, ज.ए.सो. बं. 1930, पृ. 125 तथा आगे; 73. प्रबोध चन्द्रोदय, अंक 3; 74. झा, न्याय दर्शन, पृ. 30; 75. सर्वदर्शन संग्रह, (कावेल गफ संस्करण), नवाँ परिच्छेद, पृ. 137; 76. वही, पृ. 138; 77. वही, पृ. 139; 78. वही, पृ. 142; 79. फर्कुहर द्रष्टव्य सहायक पुस्तक-सूची; 80. देवताओं की शक्ति की कल्पना वैदिक काल में भी थी किन्तु इस रूप में नहीं; उस समय शक्ति के स्थान पर उन्हें शची कहा जाता था; ऋग्वेद में लगभग 11 बार शक्ति का प्रयोग है और हर बार वह इन्द्र से सम्बद्ध है; पहले शची केवल इन्द्र की शक्ति थी, बाद में उसको नारी रूप में माना गया और उसे पत्नी पद इन्द्राणी दिया गया; ऋग्वेद 3, 60, 2 में शची को ही प्रज्ञा भी कहा गया है; यह 'ज्ञा' देवियों का वाचक है और बाद में यह वाक् का पर्याय हो गया; कहा गया कि इसी 'ज्ञा' से समस्त मन्त्र बने और उनके छन्द प्रकट हुए; कहीं-कहीं यह सृजनात्मक शक्ति के रूप में भी आयी है पर यह स्वीकार करना होगा कि वैदिक शक्तियों में वह मातृरूप, देवीत्व नहीं विकसित हुआ था और लोक-परम्परा तथा लोकधर्म ने बाद में इन शक्तियों को जगज्जननी रूप दे दिया है; एस. के. दास, शक्ति आर डिवाइन पावर, अध्याय 1, विशेषतः पृ. 4; 81. वुडरफ, शक्ति एण्ड शाक्त, पृ. 30; 82. वही, पृ. 170; 83. वही, पृ. 41; 84. पुरश्चर्यार्णव, पृ. 21; 85. वही, पृ. 24; 86. वही, पृ. 37; 87. कुलार्णवतन्त्र, पृ. 120; 88. वही, पृ. 37; 89. वही, पृ. 75, 76, 77; 90.-91. पुरश्चर्यार्णव, पृ. 27; 92. सातवीं शती के लगभग पूर्वी देशों में इस निर्गन्थ सम्प्रदाय का विशेष प्रभाव था; मजुमदार, हिस्ट्री ऑफ बंगाल, प्रथम खण्ड, पृ. 411; 93. टुची, शक्ति अंक, कल्याण, पृ. 545; 94. दासगुप्त, आब्सक्योर रेलीजस कल्ट्स, पृ. 20; 95. विष्णुपुराण, 1, 6, 16; 96. श्रेंडर, पृ. 113; 97. कौलावली निर्णय, पृ. 140; 98. यं शैवा समुपासते शिव इति ब्रह्मेति वेदान्तिनो। बौद्धः बुद्ध इस प्रमाण पटवः कर्तेति नैयायिकाः। अर्हुन्नित्यथ जैन शासन रतः कर्मेति मीमांसकम्। सोऽयम् वो विदधातु वांछित फलम् त्रैलोक्यनाथो हरिः। 99. आर. एल. मैत्र, संस्कृत बुद्धिस्ट लिटरेचर ऑफ नेपाल, पृ. 95; 100. द्रष्टव्य, यही ग्रन्थ, पृ. 316 320;

(ग)

1. चित्त विशुद्धि प्रकरण, पृ. 9, श्लोक 122; 2. वही, भूमिका, पृ. 16; 3. वही, पृ. 3, श्लोक 33; 4. डाकार्णव, पृ. 1, छन्द 1; 5. तन्त्रस्य देशना पुंसां पुण्यज्ञान प्रयोजनम्,

सेकोद्देश टीका, पृ. 4; 6. अद्वयवज्र संग्रह, पृ. 21; 7. 'संस्कृत भाषया पारमितानयम्, मन्त्रयानम् तन्त्र तन्त्रान्तरम् संस्कृत भाषया प्राकृतभाषया अपभ्रंशभाषया असंस्कृत शबरादि म्लेच्छभाषया' लघुकालचक्र-तन्त्र-राज टीका रा. ए. सो. बं. में संगृहीत पाण्डुलिपि; दासगुप्त, 'तान्त्रिक बुद्धिज्म' में उद्धृत, पृ. 61; 8. सेकोद्देश टीका, पृ. 48; 9. फ्लैग, योग आर ट्रान्सफार्मेशन, पृ. 17; 10. डॉ. मथुरालाल शर्मा, मेजिकल बिलीफ्स इन बुद्धिज्म, ज. बं. ओ. रि. सो., खण्ड 17, मान 1; 11. महावग्ग, विनय पिटक (से. बु. ई.); 12. ब्रह्मजाल सुत्त, पालि टेक्स्ट सोसाइटी, पृ. 9 तथा आगे; 13. सर चार्ल्स ईलियट, हिन्दुइज्म एण्ड बुद्धिज्म, खण्ड 1, पृ. 317; 14. चुल्लवग्ग (से. बु. ई, खण्ड 20), पृ. 78 तथा आगे; 15. सर चार्ल्स ईलियट, हिन्दुइज्म एण्ड बुद्धिज्म, खण्ड 1, पृ. 317; 16. बुद्धिस्ट एसोटेरिज़्म, पृ. 18; 17. सर चार्ल्स ईलियट, हिन्दुइज्म एण्ड बुद्धिज्म, खण्ड 1, पृ. 319; 18. चुल्लवग्ग (से. बु. ई., खण्ड 20), पृ. 79; 19. राइस डेविड्स, पालि-इंगलिश डिक्शनरी, पृ. 211; 20. सर चार्ल्स ईलियट, हिन्दुइज्म एण्ड बुद्धिज्म, खण्ड 1, पृ. 319; 21. द्रष्टव्य, यही ग्रन्थ, पृ. 102; 22. शान्तिभिक्षु, बौद्धधर्म में तान्त्रिक प्रवृत्तियों का प्रवेश, विश्वभारती, जनवरी-मार्च, 1945; 23. सेकोद्देश टीका, पृ. 2, 3; 24. दासगुप्त, आब्सक्योर रेलीजस कल्ट्स, पृ. 17; 25. वैडेल, लामाइज्म, पृ. 128; 26. टुची, आन मैत्रेय, ज. ए. सो. बं., खण्ड 26 में उद्धृत; 27. टुची, वही; 28. साधनमाला, खण्ड 1, पृ. 210, खण्ड 2, पृ. 481; तथा चित्तविशुद्धि प्रकरण श्लोक 5; 29. अभिसमयालंकारालोक में मैत्रेय को अनागत बुद्ध कहा गया है; टुची संस्करण, पृ. 225, 279; 30. महायान सूत्रालंकार, लेवी संस्करण, पृ. 41; 31. वही, पृ. 41; 32. विण्टरनित्ज, गुह्य समाज तन्त्र एण्ड एज ऑफ तन्त्र, ई. हि. क्वा., खण्ड 19, अंक 1; 33. बागची, स्टडीज इन तन्त्राज, पृ. 87; 34. दासगुप्त, आब्सक्योर रेलीजस कल्ट्स, पृ. 17; 35. अद्वयवज्र-संग्रह, तत्त्व-प्रकाश, पृ. 46; अप्रतिष्ठान प्रकाश, पृ. 48; 36. द्रष्टव्य, यही ग्रन्थ, पृ. 318; 37. साधनमाला, पृ. 334; 38. नैरीमान, लिटरेरी हिस्ट्री ऑफ संस्कृत बुद्धिज्म, पृ. 112 तथा मित्र, संस्कृत बुद्धिस्ट लिटरेचर ऑफ नेपाल, पृ. 80; 39. भट्टाचार्य, बुद्धिस्ट आइकानोग्राफी, सर्वे ऑफ बुद्धिज्म; 40. पुरातत्त्व निबन्धावली, 'वज्रयान का प्रारम्भ और विकास'; 41. बुद्धिस्ट एसोटेरिज्म, पृ. 556; 42. दासगुप्त, तान्त्रिक बुद्धिज्म, पृ. 64; 43. एस. एन. दासगुप्त, इण्ट्रोडक्शन टु तन्त्र फिलासफी; फिलासोफिकल एसेज में संगृहीत; 44. द्विवेदी, अर्थविज्ञान और व्याकरण दर्शन, पृ. 62, 63; 45. डाकार्णव, भूमिका, पृ. 15; 46. वैडेल, लामाइज्म, पृ. 147; 47. दासगुप्त, तान्त्रिक बुद्धिज्म, पृ. 70; 48. अद्वयवज्र संग्रह, पृ. 51; 49. अद्वयवज्र संग्रह, पृ. 50; 50. विश्वभारती, जनवरी-मार्च, 1945, पृ. 20; 51. बुद्धिस्ट एसोटेरिज्म, पृ. 111, 130; 52. सुखावती-व्यूह (मैक्समूलर और नान्जियो द्वारा सम्पादित); 53. भट्टाचार्य, इण्डियन बुद्धिस्ट आइकानोग्राफी, पृ. 166; 54. वही, अध्याय 1; 55. बुद्धिस्ट एसोटेरिज्म, पृ. 52, 53; 56. द्र. यही ग्रन्थ, पृ. 111; 57. अद्वयवज्र संग्रह, पृ. 54 तथा दोहाकोष, पृ. 155; 58. अष्ट साहस्रिका, पृ. 490; 59. बोधिचर्यावतार पञ्जिका, प्रज्ञाकरमति, अध्याय 2, श्लोक 53 की टीका; 60. साधनमाला, पृ. 18, 19; 61. अद्वयवज्र संग्रह, पृ. 23; 62. साधनमाला, प्रथम खण्ड, पृ. 225; 63. अथर्ववेद का स्वाध्याय, सातवलेकर,

पृ. 47; 64. सुधीन्द्रकुमार दास, शक्ति या डिवाइन पावर, अध्याय 1; 65. अथर्ववेद; 4, 20; 66. अथर्ववेद का स्वाध्याय, पृ. 153; 67. वही, पृ. 22; 68. बोधिचर्यावतार, अध्याय 2, श्लोक 53; 69. वैडेल, लामाइज्म, पृ. 27; 70. सेकोद्देश टीका, भूमिका, पृ. 6; 71. वही, पृ. 13 तथा साधनमाला, पृ. 227; 72. अष्ट-साहस्त्रिका, प्रथम परिवर्त, तृतीय परिवर्त; 73. इन्द्र कामावचर रूप में उपस्थित होते हैं और ब्रह्मादिक रूपावचर रूप में; 74. साधनमाला, पृ. 225; 75. वही, पृ. 368, 369; 76. परस्व हरणम् कुर्यात् परदारा निसेवनम्, वक्तव्यम् च मृषा वाक्यम् सर्व बुद्धान् च पीतयेत; गम्यागम्य विकल्पन्तु भक्ष्याभक्ष्यन्तथैव च, पेयापेयम् तथा मन्त्री कुर्यान्नैव समाहितः... अद्वयसिद्धि, लक्ष्मीकरा; 77. स्तूप बनाने के समय भूमि चुनते समय जिन 40 देवी-देवताओं की पूजा का विधान है वे सब महायानी पारमिताओं के बिम्ब तथा विवृत्ति रूप हैं; पश्चिमाभिमुख होकर पूर्व में दसभूमियों प्रमुदिता आदि की उपासना करनी चाहिए; दक्षिण में दस पारमिताओं के प्रतीक दस देवता; पश्चिम में पूर्वाभिमुख होकर आपः, चित्त, परिष्कार, कर्म, उपपत्ति, सिद्धि, अभिमुक्ति, प्रणिधान, ज्ञान और धर्म वंशिता की उपासना करनी चाहिए; उत्तर में वसुमती, रत्नस्था, उष्णीष विजया मारिची, पर्णशवरी, अनेकमुखी, जांगुली चण्डा, प्रज्ञावर्द्धिनी, सर्वबुद्ध क्रोशाती इन धरणी देवियों की पूजा करनी चाहिए; क्रिया-संग्रह नाम पञ्जिका, तान्त्रिक बुद्धिज्म, पृ. 42; 78. सरहा के दोहाकोष की टीका का नाम 'सहजाम्नाय पञ्जिका' है; 79. साधनमाला में चित्त विशुद्धि को ही प्रमुख मानकर 'अनुत्तर सम्यक् सम्बोधि मार्ग' वज्रयान की यह परिभाषा मिलती है; पृ. 225 किन्तु श्री गुह्य समाज तन्त्र में बुद्ध के पाँच कुलों की वज्र रति और उस तक पहुँचने के मार्ग का नाम वज्रयान बताया गया है; पृ. 154; 80. ज्ञानसिद्धि, पृ. 68; 81. अद्वयवज्र संग्रह, पृ. 26; 82. न कष्टकल्पनाम् कुर्यान्नोपवासेन चक्रियाम्, स्नानम् शौचम् न चैवान्न ग्रामधर्मम् विवर्जयेत्... 58...चित्तविशुद्धि प्रकरण; 83. अद्वयवज्र संग्रह, पृ. 24; 84. प्रज्ञोपायविनिश्चय सिद्धि, पृ. 1; 85. सेकोद्देश टीका, भूमिका, पृ. 6; 86. चित्तविशुद्धि प्रकरण, श्लोक 67, 70; 87. वही, भूमिका, पृ. 19; 88. नैरात्म्य परिपृच्छ, पृ. 20; 89. चित्तविशुद्धि प्रकरण, श्लोक, 93, 97, तथा प्रज्ञोपायविनिश्चय सिद्धि, पृ. 5; 90. चित्तविशुद्धि प्रकरण, श्लोक 117; 91. बुद्धिज्म एसोटेरिज्म, पृ. 101, 102; 92. साधनमाला, पृ. 226; पृ. 238, 359; 93. या भगवती प्रज्ञापारमिता साऽहम् साधनमाला, पृ. 318; 94. इन आवेशों में से क्रोधावेश का रोचक वर्णन सेकोद्देश टीका में मिलता है; पहले साधक 'ॐ अ र र र र ल ल ल ल वज्रावेश्य हुं,' इस मन्त्र के जाप से क्रोधावेश में होता है; फिर आवेश में आने पर प्रहार, हनन, आक्रमण कुछ भी कर सकता है; वज्रनृत्य करता है, मनुष्यों के लिए अगम्य ध्वनियाँ करता है, गीत गाता है, निर्लज्ज और निर्विशंक व्यवहार करता है; आचार्य उसके सिर पर मन्त्राभिषिक्त पुष्प रखता जाता है और लोचन आदि सौम्य देवताओं का आह्वान करता है और मुद्रा द्वारा उसका क्रोध उपशमित होता है; सेकोद्देश, पृ. 14, 15; 95. साधनमाला, पृ. 449; 96. कुदृष्टि निर्घातम्, अद्वयवज्र संग्रह; 97. कहा जाता है कि डोम्बीपा ने हेरुक की साधना का प्रचलन किया था; नागार्जुन ने भोट देश की एकजटा का प्रचलन किया था; 98. देखिये यही ग्रन्थ, पृ. 154; 99. भारत में यही विभाजन प्रचलित है, तिब्बत में और प्रशाखाएँ हैं; 100. जे. आर. ए. एस., 1901, पृ. 900; 101. कुदृष्टि निर्घातम्, अद्वयवज्र संग्रह; 102. ज्ञानसिद्धि, पृ. 32;

103. चक्रसंवर तन्त्र, भूमिका, पृ. 32; 104. चक्रसंवर तन्त्र, भूमिका, पृ. 32; 105. शक्ति अंक, कल्याण, पृ. 545; 106. वैडेल, लामाइज्म, पृ. 152; 107. दासगुप्त, इण्ट्रोडक्शन टु तान्त्रिक बुद्धिज्म, पृ. 71; 108. कुदृष्टि निर्घातम्, पृ. 2, अद्वयवज्र संग्रह; 109. कुदृष्टि निर्घातम्, पृ. 3 (अद्वयवज्र संग्रह); 110. वही, पृ. 5; 111. वही, पृ. 2; 112. वही, पृ. 2; 113. चित्त विशुद्धि प्रकरण, श्लोक 6; 114. इ ग्य दो (सहजयान), नन् ग्य दो (कठिनयान), किमूरा, ओरिजिन ऑफ महायान बुद्धिज्म, ज. डि. ले. 1924; 115. सहजे णिच्चल जेण किअ समरसे णिअमण राह, सिद्धो सो पुण तक्खणे णअ जरामरणह भाअ, दोहाकोष, पृ. 43; 116. बौद्ध गान., 14वीं चर्या की टीका; 117. गाइल्स, रेलीजन्स ऑफ ऐन्शियण्ट चाइना; 118. सर चार्ल्स ईलियट, हिन्दुइज्म एण्ड बुद्धिज्म, खण्ड 3, पृ. 246; 119. बागची, इण्डिया एण्ड चाइना, पृ. 199; 120. फ्लैग योग आर ट्रान्सफार्मेशन, पृ. 134, 207, 214, 215, 335; 121. ईलियट, हिन्दुइज्म एण्ड बुद्धिज्म, खण्ड 3, पृ. 245; 122. विष्णुक्रान्ता, विन्ध्य से चटगाँव तक, अश्वक्रान्ता, विन्ध्य से महाचीन तक और रथक्रान्ता, विन्ध्य के कम्बोज तथा जावा द्वीप तक; 123. एवलन, प्रिन्सिपिल्स ऑफ तन्त्राज, भूमिका; बागची, स्टडीज इन तन्त्र, भाग 1, पृ. 48; 124. एकजटा साधनम्, साधनमाला, भाग 2; 125. 'आन फारेन एलीमेण्ट्स इन तन्त्राज'...बागची-स्टडीज इन तन्त्राज; 126. बागची, इण्डिया एण्ड चाइना, पृ. 199, 201; 127. साधनमाला भूमिका, पृ. 43; 128. फर्कुहर, पृ. 143; 129. विष्णुपुराण, 1, 6, 16; 130. वही, 2, 1, 25; 131. डाक्ट्रिनल कल्चर एण्ड ट्रेडिशन ऑफ सिद्धाज, बी. वी. आर. शास्त्री, कल्चरल हेरिटेज ऑफ इण्डिया, खण्ड 2, पृ. 313, 317; 132. एपिग्राफिका इण्डिका, खण्ड 5, पृ. 186; 133. वैडेल, लामाइज्म, पृ. 131, 151; 134. बसु, 'मॉडर्न बुद्धिज्म एण्ड इट्स फालोअर्स इन उड़ीसा' की भूमिका, पृ. 8; 135. सर चार्ल्स ईलियट, हिन्दुइज्म एण्ड बुद्धिज्म, खण्ड 3, पृ. 385, 387; 136. कोरोस, टिबेटियन-टिट्बिट्स कलकत्ता, 1912; या ज. ए. सो. बं. खण्ड 2, पृ. 57; 137. पितो का उल्लेख कालचक्र तन्त्र के प्रथम प्रवर्तक के रूप में तारानाथ ने भी किया है; साधनमाला, खण्ड 2, भूमिका, पृ. 43; 138. इण्ट्रोडक्शन टु तान्त्रिक बुद्धिज्म, पृ. 76; 139. सेकोद्देश टीका, पृ. 1; 140. सेकोद्देश टीका, पृ. 3; 141. सेकोद्देश टीका, पृ. 8; 142. दासगुप्त, तान्त्रिक बुद्धिज्म, पृ. 78;

●●●

3

सिद्धान्त-पक्ष

क

तत्त्व-चिन्तन

तत्त्वदर्शन की मूल भित्ति : जगतानुबोध—सिद्धों के समस्त तत्त्वदर्शन की मूल पीठिका विज्ञानवाद का वह परमार्थ सिद्धान्त है जिसे अनिर्वचनीय बताया गया है क्योंकि वह अद्वय[1] है और उसमें शून्य तथा अशून्य, अभाव तथा भाव का अद्वय हो जाता है। इस अद्वय की सिद्धि विज्ञानवादियों ने शून्यवादियों की भाँति चित्त का भी अनस्तित्व और अनुत्पाद मानकर नहीं की थी। जैसा हम देख चुके हैं कि वे चित्त की सत्ता स्वीकार करते थे और संसार को चित्त की ही भ्रान्ति मानते थे। उनकी दृष्टि में संसार का अस्तित्व बाह्य न होकर चित्तगत ही था। जिस समय चित्त इस भ्रान्ति से मुक्त होकर जगत् के वास्तविक स्वभाव का अनुबोध कर लेता है उसी समय वह सदेह निर्वाण प्राप्त कर लेता है। अतः विज्ञानवाद में जगतानुबोध को तत्त्वदर्शन की मूल भित्ति माना गया है।[2]

सिद्धों ने भी स्थान-स्थान पर जगत् को चित्तगत बताकर अभ्यन्तर और बाह्य की दृश्यमान् भिन्नता को भ्रान्ति बताकर दोनों की एकता का प्रतिपादन किया है। तिलोपा ने स्पष्ट कहा है कि 'निर्मल चित्त स्वभाव से देखने पर यही परिभावना होती है कि जो आत्मा है वही जगत् है...पर तथा आत्म का भेद केवल भ्रान्ति मात्र है।[3] सरहपा भी दोनों की द्वयता को छोड़कर दोनों को एक ही समझने का आग्रह करते हुए कहते हैं 'उसे एक ही करके जानो, दो नहीं। उसमें भेद न करो क्योंकि जो अभ्यन्तर है वही बाहर है, एक ही तत्त्व है जो 14 भुवनों में निरन्तर स्थित है। और वह तत्त्व है चित्त जो कि निरालम्ब स्थित है। उसे अन्य किसी रूप में देखना भ्रान्ति है।[4] डाकार्णव में भी पार उतरने का साधन जगत् के इसी चित्तगत स्वभाव का परिदर्शन माना गया है।[5]

समस्त जगत् कतिपय धर्म-समूहों का स्वप्न या माया-निर्माण है। वे सभी धर्म अन्ततोगत्वा नैरात्म्य-स्वभाव के हैं किन्तु मोहजाल के रूप में वे चित्त को भ्रान्त कर देते हैं। उनका अस्तित्व बाह्य जगत् में नहीं है, चित्त में ही है।[6] सरहपा चित्त को जहाँ निरालम्ब कहते हैं वहाँ उनका यही तात्पर्य है कि स्कन्ध, आयतन, धातु आदि सभी चित्त की उत्पत्तियाँ हैं जैसा हम आगे देखेंगे।

जगत् के स्वरूप का विश्लेषण करते हुए सिद्धों ने स्थान-स्थान पर इन आयतन, स्कन्ध, भूत तथा इन्द्रियों की ओर संकेत किया है जो विज्ञानवाद द्वारा मान्य थे। इन्हीं की चेतना एक नदी प्रवाह की भाँति बहती रहती है, एक अविरल स्रोत की भाँति जिसे भव नदी कहा जा सकता है और इसीलिए इसे पार करने के लिए पारमिताओं का विधान है। सिद्ध चाटिल्लपाद अपने चर्यापद में इसी का उल्लेख करते हुए कहते हैं कि भवरूपी नदी गहन गम्भीर वेग से बहती है। दोनों तटों पर पंक के कारण स्थान नहीं मिलता।[7]

स्कन्ध, भूत, आयतन, इन्द्रिय–सिद्ध तिल्लोपा इस संसार को स्कन्ध, भूत, आयतन और इन्द्रियों द्वारा निर्मित मानते हैं जो सहज स्वभाव से बाँधे जा सकते हैं।[8] इसी प्रकार सरहपा भी क्षिति, जल, पवन, हुताशन आदि पंच महाभूत तथा इन्द्रिय विषयों से युक्त चित्त को पंच जिनों अथवा ध्यानी बुद्धों में आबद्ध करने का आदेश देते हैं।[9] इन्हीं विषयपरक इन्द्रियों को उन्होंने जन्म तथा मरणरूपी संसार का कारण माना है[10] तथा उसमें प्रवेश करने का निषेध किया है,[11] क्योंकि यह जगत्-प्रवाह अबोध को बहा ले जाता है और उसमें बालक अबोध, अज्ञानी अपने मुक्त स्वभाव को नहीं पहचान पाते।[12] इसी को भवमुद्रा भी कहते हैं जो कल्मष से युक्त है और तत्त्व से, परमार्थ से वंचित है।[13] उसी के कारण काम, लोभ आदि की उत्पत्ति होती है तथा मन्त्र और तन्त्रादिक भी उसी के कारण मलिन हो जाते हैं।[14] अतः इन्द्रियों का विलयन आवश्यक है क्योंकि वे ही संसार की विधायिका हैं।[15] इन्द्रियमय यह संसार तो मृगतृष्णा है, आकाश-जल मात्र है जिसमें तत्त्व नहीं है[16] क्योंकि यह तो स्कन्ध, धातु, भूत, आयतन तथा इन्द्रियों के विषय और विकल्प से रचित विभ्रम मात्र है और सरहपा कहते हैं कि 'दोहों में, नये-नये दोहों में मैं बार-बार इस तत्त्व की ओर संकेत कर रहा हूँ। मैं यह भेद उद्घाटित कर रहा हूँ, इसमें कुछ भी नहीं छिपा रहा हूँ।[17] रूपादि पंच स्कन्ध तथा धातुओं से यह भ्रान्तिरूप संसार निर्मित है यह काण्हपा ने भी कहा है। वे पंच महाभूतों को बीज मानते हैं जिससे समग्र भूतों की उत्पत्ति होती है, उसी से समस्त सुरासुर उत्पन्न होते हैं।[18] इन्हीं पंच महाभूतों की महत्ता को हेवज्र-तन्त्र में भी बताया गया है।[19] चर्यापद भी संसार के मूल में इन्द्री रूपादि स्कन्ध, धातु और आयतन का उल्लेख करते हैं। लुईपा कायारूपी तरुवर को पाँच शाखाओं का पुञ्ज मानते हैं जिसमें चंचल चित्त कालाच्छादित होकर भ्रमता रहता है।[20] टीकाकार ने इस तरुवर के रूपक को और भी विस्तृत करते हुए रूपादि पाँच स्कन्धों को शाखा माना है और षडेन्द्रिय, आयतन, धातु आदि को ग्राह्य, ग्राहक और ग्रहण भाव से उपलक्षित पल्लवादि माना है। सिद्ध

कम्बलाम्बरपाद भी अपनी करुणा नौका के सम्बन्ध में इन रूपादि स्कन्धों का संकेत सन्धा भाषा में करते हैं।[21] इन पाँच स्कन्ध, इन्द्रिय विषयादि का स्पष्ट विवेचन करना सिद्धों ने इसलिए आवश्यक समझा है कि अशुद्ध चित्त इन्हीं में भ्रमण करता रहा है, यद्यपि यह केवल संवृत्ति-सत्य है। इसीलिए सरहपा बड़े साहस और बलपूर्वक कहते हैं कि पण्डित लोग जो इस ज्ञान को यत्नपूर्वक छिपाकर रखते हैं, मुझे क्षमा करें क्योंकि मैं इसमें विकल्प नहीं करूँगा, मैं कृत संकल्प हूँ कि नये-नये दोहा छन्दों में इस ज्ञान को, जगत्-बोध को विकीर्ण करूँ, यह जगत् जो स्कन्ध, भूत, आयतन, इन्द्रिय आदि के विषय विचार का ही माया-जाल है। मेरे गुरु ने यह ज्ञान मुझे दिया है तो मैं इसे गोप्य क्यों रखूँ। क्योंकि इसी अज्ञान के कारण असावधान जीव विषयतृष्णा में भटक-भटककर प्यासे मर जाते हैं जैसे मीन, पतंग, करी, भ्रमर और हरिण।[22]

इन सिद्धों ने लोक-कल्याण के लिए जिस 'जगतानुबोध' का उपदेश किया है उस पर थोड़ा विस्तार में विचार करना उचित है। हम देख चुके हैं कि स्थान-स्थान पर इन्होंने स्कन्ध, भूत, आयतन तथा इन्द्रियों से इस संसार की रचना मानी है। इनमें से सबसे पहले हम भूत (तत्त्व) की विवेचना करेंगे।

पंच महाभूत—काण्हपा ने पंच महाभूतों का उल्लेख करते हुए पृथ्वी, आप, तेज, गन्धवह वायु तथा गगन की गणना की है और उन्हें इस समस्त संसार का बीज रूप माना है। मनुष्य, सुर-असुर आदि यह समस्त देहधारी सृष्टि इन्हीं पंच महाभूतों से निर्मित है।[23] किन्तु अन्य स्थानों में हमें भूतों की गणना में गगन का उल्लेख नहीं मिलता है केवल क्षिति, जल, वायु तथा हुताशन की गणना मिलती है। सरहपा ने केवल उपर्युक्त 4 महाभूतों, उनकी इन्द्रियों तथा उनके विषयों का उल्लेख किया है और गगन की गणना नहीं की है।[24] किन्तु ऐसा नहीं है कि सरहपा ने गगन भूत को विस्मृत कर दिया हो। वास्तव में सरहपा तथा काण्हपा में भूतों की संख्या के विषय में इस भिन्नता का एक कारण है और वह बौद्ध चिन्तना की विकास-परम्परा से सम्बन्ध रखता है। सरहपा द्वारा कथित ये 4 भूत ही मूलतः बौद्धों द्वारा माननीय थे। आचार्य वसुबन्धु अपने अभिधर्म कोष में केवल 4 महाभूतों की गणना करते हैं। पृथ्वी जिसकी प्रकृति स्थैर्य है, आप जिसकी प्रकृति सम्पिण्डन है, तेज जिसकी प्रकृति उष्ण है तथा वायु जिसकी प्रकृति चलनशीला है।[25] इन महाभूतों में गगन की कहीं भी गणना नहीं है। योगाचार में गगन तत्त्व को स्वीकार कर लिया गया था और झाण साधना में गगन तत्त्व का निरन्तर उल्लेख मिलता है।[26] फिर सरहपा द्वारा गगन तत्त्व के उल्लेख न होने का क्या कारण हो सकता है। प्रतीत यह होता है कि गगन तत्त्व को नैरात्म्य या सभी धर्मों में व्याप्त मानकर इन्होंने उसकी गिनती पंच महाभूतों में न कर अलग, समस्त विश्व में व्याप्त शून्यता रूप में की है। जहाँ इन्होंने 4 महाभूतों का उल्लेख किया उसके दो ही पंक्ति पहले वे सकल आकारों को गगन (शून्य) रूप ही बता चुके हैं।[27] अतः फिर महाभूतों में गगन की गणना सरहपा ने नहीं की। गगन को पंचम तत्त्व के रूप में शून्यता अथवा सर्वव्यापी नैरात्म्य

का महत्त्व दिया जाता था। इसका संकेत हमें हेवज्र में उद्धृत एक दोहे से भी मिलता है जहाँ क्षिति, जल, पवन, हुताशन तथा शून्य की गिनती करने के पश्चात् यह कहा गया है कि इस पंचम गगनतत्त्व का भेद कोई भी नहीं जानता।[28] अतः सरहपा द्वारा गगनतत्त्व का विस्मरण नहीं है या सर्वास्तिवादियों के चार महाभूतों के सिद्धान्त का अनुसरण नहीं है। वे भी गगनतत्त्व को स्वीकार करते हैं पर उसे विशिष्ट नैरात्म्य रूप में ग्रहण करते हैं, शेष चार भूतों को साधारण मानते हैं। काण्हपा यह अन्तर न कर प्रचलित परम्परा के अनुसार पाँचों महाभूतों की गणना करते हैं। इन महाभूतों को काण्हपा ने संसार का बीज माना है।[29] आचार्य वसुबन्धु भी इनकी व्याख्या करते हुए कहते हैं कि भूत की संज्ञा इन्हें इसलिए मिली है कि ये 'भव' के आधार हैं। प्रत्येक अणु का निर्माण इनके मेल से हुआ है और अणुओं से समस्त संसार का निर्माण हुआ है। 'महा' इन्हें इसलिए कहा जाता है कि ये सर्वत्र व्याप्त हैं।[30] इसीलिए काण्हपा इन्हें बीज रूप कहते हैं।

इन्द्रिय, विषय—इन्द्रियाँ तथा उनके विषय जिनकी ओर सिद्धों ने संकेत किया है वे भी इन्हीं पंच महाभूतों के आश्रित हैं। इसीलिए सिद्धों ने जहाँ-जहाँ महाभूतों का उल्लेख किया है उनके साथ-साथ इन्द्रियों और उनके विषयों का भी उल्लेख किया है, किन्तु महाभूतों की भाँति इन्द्रियों और विषयों की पृथक् गणना और विवरण उन्होंने देने की आवश्यकता नहीं समझी है। काण्हपा के उपर्युक्त दोहे की टीका में इन इन्द्रियों और विषयों का विवरण मिलता है। उसके अनुसार क्षिति अथवा पृथ्वी का विषय है गन्ध और उसे ग्रहण करनेवाली इन्द्रिय है—नासिका, जल का विषय है रस-स्वाद और उसकी ग्राहक इन्द्रिय है—रसना, तेजस् का विषय है रूप और उसको ग्रहण करनेवाली इन्द्रिय है चक्षु। वायु की इन्द्रिय है त्वचा और उसके द्वारा स्पर्श का ग्रहण होता है। आकाश का विषय है—शब्द और शब्द को श्रोत्र ग्रहण करते हैं। सिद्ध नारोपा भी इन पाँच इन्द्रियों और उनके पाँच विषयों का उल्लेख करते हैं।[31]

छठीं इन्द्रिय मन—किन्तु चर्यापदों में पाँच इन्द्रियों के बजाय षडेन्द्रियों का उल्लेख है।[32] और 'रूपादयः पंच स्कन्धाः' का उल्लेख है। इन्द्रियों की संख्या छह बतायी गयी है। यहाँ पर पुनः सर्वास्तिवादी और विज्ञानवादी चिन्तनधारा का प्रभाव प्रतीत होता है। इन्द्रिय की व्याख्या करते हुए आचार्य वसुबन्धु ने इसकी व्युत्पत्ति इस प्रकार दिखायी है। इन्द्रिय की मूल धातु है 'इदि' जिसका अर्थ होता है अध्यक्षता जिससे इन्द्राणी बनता है। जो विज्ञानों की अधिष्ठात्री है, जिससे हम ज्ञान प्राप्त करते हैं वह है इन्द्रिय अर्थात् जो विज्ञान की अधिष्ठात्री है। विज्ञान 5 प्रकार के हैंः चाक्षुष, श्रोत्रिय, घ्राण, रसना तथा काया (त्वचा) और इन्हीं की अधिष्ठात्रियों को पंचेन्द्रिय कहा गया है।[33] किन्तु विज्ञानवाद में इन पाँच इन्द्रियों में एक इन्द्रिय मन भी जोड़ दी गयी क्योंकि वह मनोविज्ञान की अधिष्ठात्री है।[34] अतः बाद में षडेन्द्रियों की कल्पना प्रमुख हो गयी, अर्थात् 5 कर्मेन्द्रियाँ और एक मन और चर्यापदों में इन्हीं षडेन्द्रियों का उल्लेख है।

आयतन—इन्द्रियों के साथ-साथ आयतनों का भी उल्लेख है और उनकी भी संख्या 6 गिनी जाती है। आयतन के अर्थ होते हैं निवास अथवा गृह। इसके लिए हम एक उदाहरण लें। यदि हम एक सुन्दर पुष्प को देखते हैं तो पुष्प का दर्शन यह चाक्षुष विज्ञान है। इसके आधार-स्थल दो हैं, पुष्प तथा चक्षु। चक्षु, इस चाक्षुष विज्ञान का इन्द्रिय-आयतन हुआ और पुष्प विषय-आयतन अथवा रूप-आयतन। यदि फूल सूँघें तो नासिका इस घ्राण-विज्ञान की या गन्ध-विज्ञान की इन्द्रिय-आयतन होगी और पुष्प गन्ध-आयतन। इस प्रकार मनोविज्ञान को सम्मिलित कर 6 विज्ञानों के 12 आयतन होते हैं। जिनमें कभी-कभी इन्द्रिय-आयतनों को अलग गिना जाता है और उन्हें षडेन्द्रिय कहते हैं। दोहाकोषों तथा चर्यापदों में आयतनों की संख्या तथा विज्ञानों की संख्या का अलग उल्लेख नहीं है। किन्तु सिद्ध नारोपा ने 6 ज्ञानों, विज्ञानों तथा 12 आयतनों की संख्या विस्तार में दी है।[35] इस प्रकार 6 ज्ञान, 6 इन्द्रिय-आयतन तथा 6 विषय-आयतनों की समवेत संख्या 18 होती है और यही 18 धातुएँ हैं जिनका उल्लेख 13वीं चर्या की टीका में है।[36] इन्हें धातु इसीलिए कहा जाता है कि वे ही जगत् को धारण करती हैं।[37]

स्कन्ध—सर्वास्तिवादियों ने समस्त संसार का जगत् का विभाजन दो दृष्टियों से किया था। चित्तगत दृष्टिकोण से सारा संसार उपर्युक्त 6 विज्ञानों और उनके 12 आयतनों और इनकी 18 धातुओं में विभाजित है, तथा वस्तुगत दृष्टिकोण से वस्तुओं के असंस्कृत व संस्कृत धर्मों में विभाजित है।[38] शून्यवाद ने इन सभी धर्मों को प्रतीत्यसमुत्पाद के तर्क से शून्य या नैरात्म्य सिद्ध कर दिया तथा विज्ञानवाद ने इन्हें चित्तगत ही माना, वस्तुगत नहीं। इन धर्मों में पाँच प्रकार के साम्य माने गये हैं—रूप, वेदना, संज्ञा, संस्कार तथा विज्ञान। अतः समस्त धर्मों को इन्हीं पाँच स्कन्धों में वर्गीकृत कर दिया गया है। इन पाँचों स्कन्धों का स्पष्ट उल्लेख और पूरी संख्या दोहों और चर्यापदों की टीकाओं में मिलती है।[39] इन पाँच स्कन्धों का भी विस्तार विज्ञानवादी आचार्यों ने किया था।[40] किन्तु सिद्धों ने उतने विस्तार में जाने की आवश्यकता नहीं समझी है। इस प्रकार सरहपा ने 'कन्ध भूअ आअत्तण, इन्दी विषअ विआरु' जगत् की जो व्याख्या दी है वह उसकी पूर्ण व्याख्या है।[41] रूप, वेदना, संस्कार, संज्ञा तथा विज्ञानादि पाँच स्कन्ध; पृथ्वी, आप, तेज, वायु, गगनादि पाँच महाभूत; चक्षु, श्रोत्र, जिह्वा, घ्राण, त्वक्, काया व मन; इनके 12 इन्द्रिय-आयतन और रूप, रस, गन्ध, स्पर्श तथा शब्द (नाद) ये विषय, इनके अन्तर्गत समस्त संसार अथवा मायाजाल आ जाता है।

चित्त, मन, विज्ञान—जैसा हम देख चुके हैं कि सिद्धों ने निरन्तर इस संसार की आभ्यन्तरिक प्रकृति पर जोर दिया है और बार-बार उन्होंने चेतावनी दी है कि इस संसार को अपने आन्तरिक चित्त से अलग करके मत देखो, दोनों वास्तव में एक हैं, संसार और मन में कोई भेद नहीं है। इसका कारण यह है कि सिद्ध लोग वास्तव में संसार का बीज विज्ञानवाद के अनुसार चित्त को मानते थे और इसकी ओर बार-बार उन्होंने संकेत किया है। विज्ञानवाद में अन्तिम तथ्य विज्ञान की तीन स्थितियाँ मानी गयी

हैं—चित्त, मन और विज्ञान। चित्त वह है जो कर्मों का चयन करता है, मन उसका विधान करता है और विज्ञान उन्हें जानता है, उनकी संवेदना प्राप्त करता है।[42] अतः वास्तव में चित्त रूप में विज्ञान चंचल होकर बाह्य दृश्यों की कल्पना करता है और उनके जाल में उलझता रहता है। इसीलिए लुईपा ने इसे 'चंचल चित्त' कहा है।[43]

सरहपा ने इसी चित्त को भव तथा निर्वाण दोनों का बीज कहा है। इसी से भव-बन्धन की भी प्राप्ति होती है और इसी के द्वारा निर्वाण की भी।[44] यह समस्त अविद्या का बीज है और भव निर्वाण दोनों की स्थिति इसी में है।[45] वास्तव में यह निरालम्ब है।[46] काण्हपा ने मन रूप में इसी को तरुवर कहा है और इसकी पाँच स्कन्धरूपी शाखाएँ हैं अपनी शाखाएँ फैलाये हुए यही मन संसाररूपी वृक्ष है।[47] यह संसार उसी का विस्तार है, आच्छादन है, संवृत्ति है। आशा के बढ़ते ही उसके पत्र फल आदि बढ़ने लगते हैं। केवल सद्गुरु के उपदेश द्वारा वज्र-कुठार से, ज्ञानरूपी कुठार से इसका उच्छेदन होता है।

चित्त के दो रूप बद्ध-मुक्त—संसार की सापेक्षता में इस चित्त के दो रूप हैं—बद्ध तथा मुक्त। जब अपने ही संकल्पों द्वारा निर्मित इस संसाररूपी मोहजाल में मन आबद्ध रहता है तब तक उसे परमार्थ ज्ञान की प्राप्ति नहीं होती क्योंकि वह अपने स्वभाव को भूला रहता है। सरहपा कहते हैं कि मन कर्मों के द्वारा बँध जाता है और प्रज्ञा द्वारा कर्म करने से उन्हीं के द्वारा मुक्त भी होता है, स्वतः बँधने से वह बँध जाता है और मुक्त होने से मुक्त हो जाता है और जिस प्रकार ऊँट बँधने पर इधर-उधर भागता है, किन्तु मुक्त होने पर निश्चल खड़ा हो जाता है उसी प्रकार चित्त भी भव-बन्धन तथा विषयासक्ति में आबद्ध होने पर इधर-उधर भागता है किन्तु मुक्त होने पर निश्चल खड़ा हो जाता है।[48] इसी मन की निश्चलता पर सरहपा का विशेष आग्रह है और वे कहते हैं कि निश्चल होने पर मन भव-प्रवाह से मुक्त हो जाता है।[49] इसी बद्ध मन को अपने स्वभाव का ज्ञान नहीं होता है अतः पाशुपतों की ही भाँति सरहपा इस बद्ध आत्म-स्वरूप से अचेत मन को पशु कहते हैं क्योंकि वह पशु इव निर्बोध है।[50] विषयासक्त होने पर उसकी दशा मीन (स्वादासक्त), पतंग (रूपासक्त), करी (विषयासक्त), भ्रमर (गन्धासक्त) तथा हरिणा (नादासक्त) की-सी होती है।[51] इसीलिए काण्हपा अपने मन को बाँधकर उसे आत्मस्वभाव में स्थित करने का उपदेश देते हैं।[52] सरहा भी स्थान-स्थान पर निज स्वभाव को पहचानने का उपदेश देते हैं। वे कहते हैं कि 'हे मूर्ख अपने को जान, ध्येय, धारण, जप से क्या होता है।[53] जब तक तू अपने और पर (संसार) में भेद मानता है तब तक तुझे अनुत्तर की प्राप्ति भला कैसे होगी। तू अपने चित्त के द्वारा ही अपने को जान।[54] निज स्वभाव को तो कोई जानता ही नहीं और ध्यानादि के पीछे लोग भागे जाते हैं।'[55]

वास्तव में यह संसार तो उन्हीं की संवृत्ति है और लोग उसी में बँध गये हैं। यह संवृत्ति उन्हीं के हृदय में प्रविष्ट हो जाती है[56] और उन्हें भ्रमजाल में डाल देती है। अतः

स्वतः निर्मित स्वसंवृत्ति में भ्रमण नहीं करना चाहिए।[57] यहाँ पर इस संवृत्ति का अर्थ समझ लेना आवश्यक है। यह संवृत्ति जगत् का या सृष्टि का स्रोत है। चित्त में यह अविद्या तथा राग रूप में वास करती है, किन्तु वज्रसत्त्व में शक्ति रूप में। सेकोद्देश टीका में सिद्ध नारोपा ने इसे चित्तगत होने पर अनन्त, भाव-संवृत्ति को मायाजाल के रूप में वर्णित किया है। करुणा-शून्यता मूर्ति के साथ-साथ यह संवृत्ति काल रूप में भी निवास करती है।[58] इसी के अनुसार सत्य को भी विज्ञानवादियों तथा शून्यवादियों ने दो प्रकार का माना है—एक तो सांसारिक, दूसरा पारमार्थिक। पहले को संवृत्ति सत्य कहते हैं दूसरे को पारमार्थिक। संवृत्ति में सांसारिक ज्ञान होता है किन्तु पारमार्थिक सत्य में चित्त को शून्यता ज्ञान होता है।[59] सिद्धों ने भी निरन्तर विषय-सुख छोड़कर शून्य में विहार करने का उपदेश दिया है।[60] इसी शून्य में प्रवेश करते ही इन्द्रिय-विषय मात्र अदृश्य हो जाते हैं।[61]

इस शून्य स्वभाव में व्याप्त चित्त को निर्मल चित्त कहा गया है क्योंकि वह वेदनाओं, क्लेशों, वासनाओं के आवरण से मुक्त हो जाता है। वह स्वभावतः शुद्ध होता है।[62] स्वसंवृत्ति के प्रति मोह टूट जाने पर रात में खिले चाँद की तरह निर्मल होता है।[63] चंचल चित्त लोकाचार में लीन रहता है किन्तु निश्चल निर्मल चित्त शून्य निरंजन में वास करता है। बद्ध चित्त के लिए यही लोक मोहजाल है, मायाजाल है, मुक्त निर्मल चित्त के लिए यही भव परमज्ञान-रूप निर्वाण में परिवर्तित हो जाता है। इस वासनामुक्त निर्मल चित्त का बड़ा ही मनोरम वर्णन काण्हपा के 25वें चर्यापद में है। यह पद मूल रूप में नहीं प्राप्य है किन्तु डॉ. बागची ने इसका तिब्बती रूपान्तर प्रकाशित किया है। उसकी छाया इस प्रकार होगी : 'निर्मल होने पर चित्तराज उस प्रकार सुशोभित होता है जैसे नवोदित चन्द्रमा। गुरु के उपदेश से मोहमल छिन्न होकर सभी आयतन इन्द्रियादि गगन शून्य में समाविष्ट हो जाती हैं। इस प्रकार चित्त जो खसम का बीज है खसम में लीन हो जाता है। आत्म-वृक्ष से त्रिभुवन में छाया विस्तार होता है। जैसे सूर्य के उदय होते ही रात्रि चली जाती है उसी प्रकार भव-समुद्र से मोह-तिमिर दूर हो जाता है। काण्हपा कहते हैं कि जैसे हंस क्षीर में से जल विलग कर उसका पान करता है उसी प्रकार भव को भोग करना चाहिए।'[64]

वही भव, वही निर्वाण—अतः सिद्धों ने स्थान-स्थान पर भव और निर्वाण के अभेद की ओर जो संकेत किया है वह इसीलिए कि वास्तव में ये दोनों चित्तवृत्तियों की ही दो स्थितियों के भेद हैं। सरहपा ने 20वें चर्यापद में स्पष्ट कहा है कि :

अपणे रचि रचि भव निब्बाणा, मिछें लोअ बँधावए अपणा अर्थात् अपनी चित्तवृत्तियों के अनुसार भव निर्वाण की रचना कर लोग अपने को भव-बद्ध रखते हैं। चित्त का संकल्प और विकल्प, राग और विराग, मोह और ज्ञान ही भव और निर्वाण के नाम से प्रख्यात हैं। सरहपा इसीलिए कहते हैं कि जो भव है वही निर्वाण है, उसको अन्यथा नहीं मानना चाहिए।[65] आर्य नागार्जुनपाद भी युगनद्ध-क्रम में भव-निर्वाण की एकता का प्रतिपादन करते हैं।[66]

वास्तव में भव का परिज्ञान ही निर्वाण है। काण्हपा की चर्या की टीका[67] तथा सरहपा के दोहों की टीका[68] में आगमों का यह वचन उद्धृत है कि 'परिज्ञानम् भवस्यैव निर्वाणमिति कथ्यते।' काण्हपा की 12वीं चर्या की टीका में भी चित्त के वैराग्य विकल्प ज्ञान को निर्वाण बताया गया है। उसके अतिरिक्त निर्वाण और कुछ भी नहीं है।[69] प्रज्ञोपायविनिश्चय सिद्धि में संसार और निर्वाण का यह स्वभाव बड़े ही स्पष्ट ढंग से निरूपित किया गया है। अनंगवज्र कहते हैं कि वज्री, अर्थात् वज्रयानी या वज्र-साधक चित्त की उस स्थिति को संसार कहते हैं जिसमें वह अगणित संकल्पों के तम से आच्छादित होता है। उन्मत्त प्रभंजन में चमकती हुई विद्युत् की भाँति चंचल होता है, रागादि के दुर्निवार मलिन पंक से लिप्त होता है। निर्वाण उसे कहते हैं जो इस प्रकार की कल्पनाओं से विमुक्त, ज्योतिर्मय, रागादि मलों से शुद्ध और निर्लिप्त, ग्राह्य तथा ग्राहक भाव से परे, नित्य होता है।[70]

संसार, माया-संकल्प निर्मित मोहजाल—यह भव चूँकि संकल्पों से निर्मित, चित्त का ही प्रक्षेपण मात्र है अतः इसे माया कहा गया है और चूँकि यह चित्त के निर्मल, सहज स्वभाव को आच्छादित कर लेता है अतः इसे मोहजाल भी कहते हैं। सरहपा ने इसे मोहजाल कहा है जो ज्ञान प्राप्त होते ही टूट जाता है।[71] और इस मायाजाल को अपने अंकस्थ करने का निषेध किया है।[72] महायान-विंशक में आर्य नागार्जुनपाद ने इस संसार को स्वांकित चित्र के समान बताया है तथा चर्यापदों की टीका में (पद 2) महायान-विंशक के इस श्लोक का प्रमाण दिया गया है। नागार्जुनपाद कहते हैं कि जैसे कोई चित्रकार किसी अति भयंकर यक्ष का चित्र स्वतः आलेखित कर उससे भयभीत होने लगे उसी प्रकार अपनी कल्पना से निर्मित इस संसार से चित्त भयभीत होने लगता है।[73] आर्यदेव (जो सम्भवतः सिद्ध आर्यदेव से पृथक् नहीं हैं) जगत् के मायामय स्वरूप का विवेचन करते हुए कहते हैं कि यह जगत् माया-मरीचिका है, गन्धर्वनगर के समान केवल भ्रान्ति है, स्वप्नवत् है।[74] वास्तव में चित्त इन कल्पनाओं से रंजित हो जाता है जैसे स्वच्छ वर्णहीन स्फटिक दूसरे के रंग की आभा ग्रहण कर ले।[75] नैरात्म्यपरिपृच्छ में भी संसार को मृगमरीचिका तथा केवल प्रतिबिम्बमात्र बताया है।[76] सूत्रालंकार में असंग[77] ने तथा ज्ञानसिद्धि[78] में इन्द्रभूतिपाद ने भी इसे मायाजाल बताया है। साधनमाला में भी स्थान-स्थान[79] पर जगत् के मायोपम रूप की ओर संकेत है। वाक्साधनम् में संसार को जल में चन्द्र की परछाईं-सा बताया गया है।[80]

भुसुकुपा अपने एक पद में कहते हैं :—

'इस जगत् का आदि-अन्त नहीं है अतः इसे भ्रान्ति जानो। जो रस्सी में साँप देखकर डरता है, उसे यह भव खा जाता है। इसे हाथ में स्थित लवणवत् जानकर आश्चर्य मत करो। यदि इसी प्रकार इस जगत् को जान लोगे तो तुम्हारी वासना का क्षय हो जायगा। यह संसार मरुमरीचिका है, गन्धर्वनगरी है। दर्पण में पड़नेवाले प्रतिबिम्ब

के समान है...वन्ध्यासुत जैसे क्रीड़ा करे वैसे ही यह संसार है, बालुका से निःसृत तेल की भाँति, शशशृंग की भाँति, आकाशपुष्प की भाँति...[81]

इस भ्रान्ति और मोहजाल से छुटकारा पाकर, अपने निर्लिप्त स्वभाव को जानकर मोक्ष पा लेना ही निर्वाण है। सरहपा इसीलिए कहते हैं कि जिन संकल्पयुक्त मोहलिप्त रागबद्ध कर्मों से जन्तु बँधते हैं उनके परित्याग से ही मनमोक्ष प्राप्त होता है। इसी मनमोक्ष से वह परमनिर्वाण को प्राप्त कर लेता है।[82] यह निर्वाण वास्तव में भव के अनित्य स्वरूप का ही ज्ञान है इसी को जाननेवाला मोहजाल को तोड़ पाता है, तभी कहा गया है कि 'सिफिट्टइ मोहजाल जइ जाणसि।'[83] इसी ज्ञान के द्वारा चित्त का हनन होता है अर्थात् उसके संकल्पाभिनिविष्ट स्वरूप का विनाश होता है।[84] और ज्यों ही मन अस्त होता है[85] त्यों ही बन्धनों का विनाश होता है, इसीलिए काण्हपा ने कुठार द्वारा इस चित्त के आच्छादन तरु को समूल उत्पाटित करने का व्रत लिया था। वे कहते हैं 'मनरूपी तरुवर में पाँच इन्द्रियों की विषयासक्तिरूपी शाखाएँ निकल आयी हैं। आशादिक के बढ़ने से उसमें पत्ते और फल बढ़ते ही जा रहे हैं। गुरु-वचन (नैरात्म्यज्ञान) रूपी कुठार लेकर मैं उसे इस प्रकार काटूँगा कि वह फिर कभी न उगे। वह शुभाशुभ, संवृत्तिजन्य पुण्यापुण्यरूपी पानी से बढ़ता है। विद्वान् उसे गुरु के समर्थन से काट देते हैं। जो इस संकल्पात्मक अज्ञान और विषयासक्ति से लिप्त बद्ध-चित्तरूपी तरुवर के उत्पाटन की रीति नहीं जानते वे ही इसे (भव को) मान्यता देते हैं।'[86] इस निर्वाण के कारण साधक अपने स्वभाव को पहचान लेता है। वह स्वभाव (निज स्वभाव) ही कल्याणकारी है, उसी कारण वांछनीय है, ऐसा सिद्धों ने बराबर बताया है। इस निज स्वभाव की व्याख्या सरहपा ने 32वें चर्यापद में इस प्रकार की है—'नाद, विन्दु, रविमण्डल, शशिमण्डल सब गौण हैं। चित्तराज तो स्वभावतः मुक्त हैं। ऋजु पथ को छोड़कर कुटिल पथ ग्रहण करने की क्या आवश्यकता। पास ही आत्मस्थ होकर बोधि मिलती हो तो दूर जाने से क्या लाभ है। हाथ के कंगन में ही अपने को देख सकते तो आरसी का क्या होगा। अपने-आप अपने स्वभाव को जानने का प्रयास करो।'[87] उस 'निज स्वभाव' को जानते ही वह जग को अपने से अलग नहीं मानता। अपने को ही जग, बुद्ध और निरंजन, शून्य मानने लगता है। वह अमनसिकार हो जाता है और भव का भंजन कर देता है, अर्थात् जिस परिकल्पित मोहजाल ने उसे आबद्ध कर रखा था उसे छिन्न-भिन्न कर देता है।[88] 'मैं ही जगत् हूँ, तीनों भुवन मुझसे ही उत्पन्न हुए हैं, सभी दृश्यमान् जगत् में मैं ही व्याप्त हूँ' ऐसा जाननेवाला योगी निश्चय ही सिद्ध हो जाता है।[89]

शून्यवाद में निर्वाण—इस प्रकार हम देखते हैं कि चित्त के ही संकल्प और विकल्प, कल्पना और ज्ञान के रूप में भव निर्वाण की स्थिति मानकर सिद्धों ने भव और निर्वाण की एकता प्रतिपादित की है। नागार्जुन ने भी शून्यवाद का प्रतिपादन करते हुए संसार और निर्वाण को एक ही माना है।[90] वे निर्वाण की स्थिति सुखावती में नहीं

मानते।[91] केवल सर्वज्ञान के विनाश में मानते हैं, लेकिन जब प्रतीत्यसमुत्पाद के अनुसार न कुछ उत्पन्न होता है, न नष्ट होता है, न कुछ स्थित है, न अनस्थित तो विनाश किस वस्तु का? इसीलिए वे निर्वाण की निषेधात्मक व्याख्या करते हैं न उसमें कुछ खोता है, न सम्प्राप्त होता है, न कुछ उच्छिन्न होता है, न कुछ शाश्वतता को प्राप्त होता है, न कुछ निरुद्ध होता है, न कुछ उत्पन्न होता है[92] वह तो केवल आकाश (शून्य) द्वारा बँधी हुई गाँठ है जो खुल जाती है।[93]

विज्ञानवाद में भव और निर्वाण—किन्तु विज्ञानवाद ने निर्वाण का केवल निषेधात्मक रूप नहीं लिया था। 'लंकावतार सूत्र' में यह कहा गया है कि शून्य तो वस्तुओं के धर्म का स्वभाव है, दृश्यमान् जगत् चाहे शून्य स्वभाव हो, किन्तु चित्त का तो अस्तित्व है ही। अतः निर्वाण में भव का विनाश होने पर भी चित्तमात्रव्यवस्था का अभाव नहीं होता।[94] इसी को अश्वघोष ने महायान-श्रद्धोत्पाद-सूत्र में तथता तथा आलयविज्ञान के सिद्धान्त से समझाया है।[95] वे संसार की परिकल्पना करनेवाले चित्त को आलयविज्ञान की संज्ञा देते हैं। चित्त अपनी स्मृतियों, अज्ञानजन्य कल्पनाओं को एक ऐसे विज्ञान में संगृहीत करता जाता है जो आलय है, भण्डार है।[96] उसी का पुंज संसार कहलाता है। बाह्य संसार मिथ्या है। किन्तु उन स्मृतियों के विनाश से भी चित्त का विनाश तो नहीं होता। इसका उदाहरण अश्वघोष ने जल और तरंगों से दिया है। अविद्यारूपी वायु के झोंके से जल में तरंगें उठती हैं। उसके शान्त होने पर तरंगें नष्ट हो जाती हैं, किन्तु जल का शान्त धरातल बना रहता है। वही परमार्थ है, सत्य है, वही 'तथता' है। उसका कभी विनाश नहीं होता। निर्वाण में हम उसी तथता-स्वभाव को प्राप्त करते हैं।[97] यही तथता-स्वभाव सम[98] तथा अद्वय-स्वभाव है, यही परमार्थ है।[99]

सिद्धों का निर्वाण शून्यतावादियों की अपेक्षा विज्ञानवादियों के निर्वाण से अधिक निकट है। काण्हपा ने निर्वाण में चित्त का अनस्तित्व नहीं बताया है, वे कहते हैं कि जो चित्तस्थिति निश्चल है, निर्विकल्प है, निर्विकार है, उदयास्तरहित है, ऐसी स्थिति को निर्वाण कहते हैं, जिसमें चित्त कुछ भी नहीं करता।[100] इसकी व्याख्या करते हुए मेखला टीका में कहा गया है कि निश्चल इसलिए है क्योंकि इसमें मन सभी संकल्प-अविद्यारूपी वायु आघातों में भी अचल रहता है, निर्विकल्प इसलिए कहा गया कि वह भवमुद्रा से रहित होता है, इन्द्रियजन्य विषयों की आसक्ति से मुक्त होता है। अतः वह निर्विकार है, उत्पत्ति तथा मन से रहित होता है। जाड़े के निर्मल मध्याह्न के निरभ्र आकाश की भाँति यह निर्वाण है। इसमें चित्त मन की चौबीस प्रकृतियों के द्वारा भी कुछ नहीं करता।[101]

उपर्युक्त व्याख्या में हम देखते हैं कि चित्त का अनस्तित्व नहीं स्वीकार किया गया है, यही नहीं भवाच्छादितावस्था में मन की 24 प्रकृतियों का भी उल्लेख है। ये 24 प्रकृतियाँ विज्ञानवाद द्वारा निर्दिष्ट विप्रयुक्त संस्कार-धर्म हैं जो अचैत्त हैं तथा अरूप

हैं, वे चित्त तथा रूप के प्रतिघात से उदित होती हैं, केवल विज्ञान, मनोविज्ञान द्वारा ग्राह्य हैं और अशाश्वत हैं तथा प्रभास्वर ज्ञानोदय के क्षण में इनका विनाश हो जाता है। ये अधिकांश विप्रयुक्त संस्कार-धर्म आलयविज्ञान में संचित रहते हैं।[102] इस 'आलयविज्ञान' का उल्लेख सरहपा के दोहाकोष की टीका में एक स्थान पर आया है जहाँ गन्धर्व-सत्त्वात्मकता के कारण आलयविज्ञान में प्रवृत्ति बतायी गयी है अतः देवपूजा भी मिथ्या घोषित की गयी है।[103] इससे स्पष्ट है कि सांसारिक वासनाओं[104] का आश्रय सिद्धों के टीकाकारों ने आलयविज्ञान माना है। वही संसार है, उसके परिशोधन के बिना संसार से निस्तार नहीं है।[105] संसार से निस्तार पाने के लिए तथता-ज्ञान आवश्यक है इसका संकेत चर्यापदों में मिलता है। जयनन्दीपा ने अपने चर्यापद में तथता-स्वभाव द्वारा चित्त के विशोधन का विवरण दिया है। वे कहते हैं 'जिस प्रकार स्वप्न में प्रतिबिम्ब दीख पड़ता है, उसी प्रकार यह समस्त भव अन्तराल में, मन में, आलयविज्ञान में प्रतिभासित है। यदि मन उसके मोह से विनिर्मुक्त हो जाय तो गमनागमन का बन्धन टूट जाता है। तब न उसे अग्नि व्यापती है, न जल और न उस पर शस्त्रों का प्रभाव पड़ता है। यह देखते हुए भी लोग मोह में आबद्ध हैं। पक्षद्वय भाव-अभाव आदि के कारण नाना विज्ञानों की उत्पत्ति होती है, उसी से छाया, माया, काया आदि सांसारिक वस्तुओं का अस्तित्व है। जयनन्दीपा स्पष्ट कहते हैं कि ऐसे चित्त का तथता-स्वभाव से ही विशोधन करना चाहिए, अन्यथा नहीं।[106] इसकी टीका में कहा गया है जो मोह-विमुक्त हो जाता है वही परमार्थ को जान लेता है। इसके लिए चित्त का विशोधन आवश्यक है जो तथता-स्वभाव से मिलता है, अन्यथा नहीं।[107] नवीं चर्या में काण्हपा कहते हैं कि जहाँ-जहाँ चित्तरूपी महाकरी, शून्यतारूपी करिणी पर आसक्त होता है, वहीं-वहीं 'तथता' रूपी मदजल की वर्षा होती है।[108]

कोंकणपाद भी अपने चर्यापद में तथता-स्वभाव का महत्त्व प्रतिपादित करते हुए उसकी योगपरक व्याख्या करते हैं और उसे नाद के रूप में परिकल्पित करते हैं।[109] और टीकाकार कहता है कि बालयोगी उस साकार-निराकार, भाव-अभाव को तथतारूपी कलकल नाद से मग्न कर देते हैं, आगमसूत्रों में इसी को शून्यता सिंहनाद कहा गया है जिससे शत्रु भी भयतीत हो जाते हैं।[110] काण्हपा इसी चित्त-साधना को द्यूतक्रीड़ा शतरंज के रूपक में प्रस्तुत करते हैं जिसमें वे कमल कुलिश साधना से बोधिचित्त को जाग्रत कर निर्माण चक्र के 64 खानों को जीतना चाहते हैं।[111] उसी में वे तथतारूपी चित्त गजेन्द्र से पंचेन्द्रियों को जीतते हैं।[112]

इस प्रकार हम देखते हैं कि सिद्धों द्वारा मान्य भव और निर्वाण की परिकल्पना का मुख्य आधार विज्ञानवाद है और अपने तत्त्वदर्शन के मूल सिद्धान्त उन्होंने विज्ञानवाद से लिये हैं। सिद्धों का तत्त्वदर्शन चित्तपरक है, बाह्य जगत् की सत्ता अस्वीकार करता है किन्तु वह शून्यवाद की भाँति शुद्ध निषेधात्मक नहीं है।

शून्य—किन्तु फिर प्रश्न उठता है कि अपने भव और निर्वाण का विवेचन करते

समय उन्होंने सबको शून्य स्वभाव क्यों बताया है। काण्हपा के टीकाकार ने निर्वाण प्राप्त चित्त को ख+सम (शून्य) के समान बताया है।[113] निर्वाण से चित्त का हनन करने के बाद त्रिभुवन शून्य-निरंजन में प्रवेश करना चाहिए।[114] चित्त जब शून्यात्मक हो जाता है तब इन्द्रिय विषयों का लोप हो जाता है।[115] मन को ध्यान करना चाहिए कि मैं शून्य हूँ, जग शून्य है, त्रिभुवन शून्य है,[116] शून्य से संगम की सम्भावना धारण करनी चाहिए।[117] इन सभी उपदेशों से ज्ञात होता है कि वे शून्य को अत्यधिक महत्त्व देते थे। योगाचार तथा विज्ञानवाद के अनुयायी होते हुए भी वे शून्य को इतना महत्त्व क्यों देते थे इसका एकमात्र कारण यह है कि विज्ञानवादियों ने तथता ज्ञान को भी शून्यता ज्ञान माना था, वे तथता को शून्य मानते थे। शून्य को उन्होंने शून्यवाद से भी विस्तृत अर्थ में ग्रहण किया था और क्योंकि शून्यवाद में तो प्रतीत्यसमुत्पाद के द्वारा केवल धर्म और पुद्गल का अभाव प्रतिपादित कर उनके भाव का निषेध किया गया था, तथतावाद में धर्म और पुद्गल नैरात्म्य को स्वीकार कर भाव की शून्यता तो बतायी ही गयी थी किन्तु तथता तथा चित्त-विज्ञप्ति-व्यवस्था स्वीकार कर अभाव की भी शून्यता मान ली गयी। अतः वे इस तथता को शून्यता कहते थे।[118]

सिद्धों ने अपने शून्य के सम्बन्ध में जो कुछ कहा है सभी विज्ञानवाद में तथता के लिए कहा जा चुका है और अन्त में वे तथता को ही शून्य कहने लगे थे। यह तथता शून्य-तत्त्व रूप में धर्म और पुद्गल के नैरात्म्य रूप में विद्यमान थी, और इसी को परमार्थ कहते थे। भावाभाव, ग्राह्यग्राहक आदि की द्वयता से विवर्जित परिनिष्पन्न ज्ञान के रूप में यह तथता थी। अतः इसे परिनिष्पन्न ज्ञान, अद्वय या सम कहते थे और जब यही साधक की प्रवृत्ति में प्रवेश कर जाती थी तो यही शून्य स्वभाव बन जाती थी। तत्त्व रूप में वह 'तथता' परमार्थ कहलाती थी। इसका उल्लेख हम कर चुके हैं।[119] सिद्ध लोग भी इस परमार्थ का बार-बार इसी अर्थ में प्रयोग करते हैं। सरहपा तो इसको परम तत्त्व मानकर बड़े बल से कहते हैं, 'मैं सरहा तुझसे कहता हूँ कि इस प्रकार तू विमति को प्राप्त होगा। ओ मूर्ख, परमार्थ को बूझ।'[120] तिलोपा इसी को तत्त्व फल बताते हैं जिसका आस्वादन उन्होंने किया है, किन्तु उसे प्रकट कैसे करें क्योंकि वह मनगोचर नहीं है।[121] वह गुण-दोष से भी रहित है।[122] सरहपा उसी परमार्थ को पथ और महासुख मानते हैं।[123] सरह के टीकाकार ने अपने गुरु की साक्षी देते हुए इसी परमार्थ को सिद्ध करना[124] उचित ठहराया है। यह परमार्थ ज्ञान परिनिष्पन्न ज्ञान था[125] जिसके लक्षण थे भाव और अभाव में समानता।[126] यही नैरात्म्यज्ञान था जो द्विविध है, धर्म नैरात्म्यज्ञान, अर्थात् सांसारिक वस्तुओं का नैरात्म्य या शून्यता और पुद्गल नैरात्म्य अर्थात् आत्मा जैसी किसी शाश्वत सत्ता के अभाव का ज्ञान।[127] यही सम ज्ञान है क्योंकि समस्त वस्तुओं के 'अनुत्पाद' से सब-कुछ आदिरहित है, अन्तरहित है, अतः यही अद्वय ज्ञान है।[128] यही ज्ञान साधक का स्वभाव हो जाता है तो वह शून्य स्वभाव का हो जाता है, सम स्वभाव का हो जाता है, अद्वय स्वभाव का हो जाता है[129] और ऐसे को शून्यज्ञ

कहते थे क्योंकि वह भाव की शून्यता, अभाव की शून्यता और प्रकृति अर्थात् स्वभाव-ज्ञान की शून्यता को जान लेता है।[130]

त्रिविध शून्य तत्त्व, ज्ञान, स्वभाव—सिद्धों ने भी शून्य का उल्लेख इसी आधार पर तत्त्व रूप में किया है जो अगोचर है, अगम है, तथा ज्ञान रूप में किया है जहाँ वह भाव-अभाव, ग्राह्य-ग्राहक, आदि-अन्त आदि से रहित है। तथा वही चित्त में प्रविष्ट होने पर 'ख-सम' स्वभाव हो जाता है। इस प्रकार शून्य स्वभाव का साधक, शून्य तत्त्व को प्राप्त कर शून्य रूप हो जाता है, या वज्र रूप और सहज रूप हो जाता है जैसा कि कंकणपा ने कहा है।[131]

इस शून्य तत्त्व को भादेपा ने 'सर्वशून्य' कहा है।[132] तिलोपा इसे उत्पादविहीन, आदिरहित एवं अन्तरहित, अद्वय[133] कहते हैं। यह प्रतीत्यसमुत्पाद के ही सिद्धान्त से आदिरहित एवं अन्तरहित है। वह तत्त्व वर्णविहीन है, आकृतिविहीन है क्योंकि उसका कोई आकार नहीं, वही शून्यता रूप में समस्त आकृतियों में व्याप्त है। न वह महान् है, न ह्रस्व है, न लघु है, न दीर्घ है, न वह लाल है, न हरा है, न मजीठ रंग का है, न पीला है, न काला है, वह वर्णहीन है, सभी वर्णों और आकारों में व्याप्त है।[134] यही तत्त्व चित्त में, जग में, त्रिभुवन में व्याप्त है।[135] सरहपा कहते हैं कि जिस समय यह भव रूप में होता है तब सभी आकारों में व्यक्त होता है।[136] जब सम रूप में होता है तो ख+सम, गगनोपम शून्य हो जाता है।[137] इसी को सरह ने नदी तरंग न्याय से समझाया है। वे कहते हैं कि वायु आघात से तरंगें उत्पन्न होती हैं पर वे नदी से भिन्न नहीं हैं, उनके शान्त होने पर नदी का स्वरूप सम शान्त रूप होता है। इसी प्रकार भव केवल उस परम-तत्त्व का तरंग प्रवाह मात्र है जो उसी में विलीन हो जाता है, जैसे जल जल में मिलकर समरस हो जाता है। यह तत्त्व इतना गूढ़ है कि इसे कौन कहे, किससे कहे। सुरंग में उठनेवाली धूल की भाँति यह हृदय में ही उठकर हृदय में विलीन हो जाता है।[138] इसी को काण्हपा तथा अन्य सिद्धों ने 'निरंजन' कहा है क्योंकि यह अंजन अर्थात् कलुष से विहीन है।[139] किन्तु इसका स्वरूप इतना गुह्य है कि कुछ स्पष्ट नहीं कहा जा सकता।[140]

शून्यताज्ञान—इसका इतना अनिर्वचनीय रूप इसलिए है कि यह प्रत्येक प्रकार की द्वयता का निषेध करता चलता है। शून्यताज्ञान में चित्त का भी निषेध है और अचित्त का भी, भाव का भी अभाव का भी, ग्राह्य का भी ग्राहक का भी, भव का भी निर्वाण का भी, यहाँ तक कि शून्य का भी और अशून्य का भी। सिद्धों ने स्थान-स्थान पर शून्यता ज्ञान के इस द्वयता विवर्जित रूप का वर्णन किया है। तिलोपा कहते हैं जहाँ चित्त का गमन है वहीं अचित्त का भी, समरस निर्मल भावाभावरहित ज्ञान को प्राप्त करो।[141] भव निर्वाण दोनों का परित्याग उचित है।[142] काण्ह तो शून्य और अशून्य दोनों के परित्याग का उपदेश देते हैं।[143] चर्यापदों की टीकाओं में रूपकों में सन्ध्या-भाषा द्वारा निर्दिष्ट नैरात्म्यज्ञान तथा ग्राह्य दोनों को वर्जित करने की ओर संकेत है।[144] धर्म और पुद्गल नैरात्म्य से क्या तात्पर्य है यह हम पिछले अध्याय में देख चुके हैं।[145] इसी

को ग्राह्य-ग्राहक भाव से भी मुक्ति की संज्ञा मिली है क्योंकि जब धर्मों का नैरात्म्य सिद्ध हो गया तो कोई ग्राह्य वस्तु नहीं रही और पुद्‌गल का नैरात्म्य सिद्ध हो गया तो उन्हें ग्रहण करनेवाला कोई नहीं रहा। संसार की समस्त वस्तुओं को 'प्रतीत्यसमुत्पाद' के सिद्धान्त से मिथ्या सिद्ध कर देने पर भाव का निषेध हो जाता है।[146] किन्तु फिर उसके बाद सर्वथा अभाव की भावना भी भ्रान्तिपूर्ण है। क्योंकि यदि हम पूर्ण अभाव ही मान लें तो फिर कौन बद्ध रहता है और किसे मोक्ष प्राप्त होता है। इस प्रकार की अभाव कल्पना से तो भाव कल्पना ही श्रेष्ठ है क्योंकि जलते दीप का निर्वाण तो हो सकता है। बुझे हुए दीप के बुझने की कल्पना ही असंगत है। अतः भाव तो नैरात्म्य के कारण निषिद्ध है ही, अभाव कल्पना भी श्रेयस्कर नहीं है।[147] इसी प्रकार भाव कल्पना संकल्पात्मक होने के कारण भवजाल में बद्ध करनेवाली है किन्तु अभाव कल्पना भी तथता के कारण भ्रमोत्पादक है और श्रेयस्कर भी नहीं है। इसलिए सिद्धों ने स्थान-स्थान पर भावाभाव दोनों के निषेध की देशना की है।[148]

भावाभाव की ही भाँति सिद्धों ने भव निर्वाण दोनों के ही निषेध की व्यवस्था दी है।[149] भव तो मोहजाल के रूप में बन्धनकारी होने से त्याज्य है ही, निर्वाण भी केवलमात्र साध्य नहीं है क्योंकि निर्वाण केवल भवज्ञान मात्र है और उससे प्रत्येकयानियों और श्रवकयानियों को सन्तोष हो सकता है, महायान ने सदा निर्वाण की अपेक्षा लोकहित को बोधिसत्त्वों का ध्येय माना है। वज्रयानी सिद्धों ने भी इस लोक-कल्याण भावना को भुलाया नहीं था।[150] इसके अतिरिक्त वे निर्वाण को ही अन्तिम उपलब्धि नहीं मानते थे। महासुख उससे भी ऊपर है। अतः जो केवल निर्वाण में सीमित रह जाते हैं वे महासुख को नहीं प्राप्त कर सकते।[151] अद्वयवज्र ने सरहपा के दोहाकोष की टीका में भव और निर्वाण की व्यर्थता प्रतीत्यसमुत्पाद के सिद्धान्त से सिद्ध की है। वे कहते हैं कि भव का जब धर्म-नैरात्म्य तथा अनुत्पाद के कारण अस्तित्व नहीं है तो उससे मोक्ष का प्रश्न भी नहीं उठता।[152] सिद्धों में से सभी का यही तात्पर्य था यह नहीं कहा जा सकता क्योंकि अद्वयवज्र माध्यमिक सिद्धान्तों की तर्कशृंखला से विशेष प्रभावित थे और उसका प्रभाव उनकी टीका पर पड़ना भी स्वाभाविक है।[153]

चित्ताचित्त दोनों का निषेध भावाभाव के ही निषेध पर आधारित है। चित्त संकल्पात्मक होने के कारण मोहजाल उत्पन्न करता है और विषयासक्त होकर बद्ध हो जाता है, वह ग्राह्य-ग्राहक-भाव युक्त होता है। अचित्त निःस्वभाव नैरात्म्यज्ञान रूप है।[154] किन्तु केवल नैरात्म्यज्ञान भी अश्रेयस्कर है, वह निष्केवल शून्य है, करुणाविहीन है जो त्याज्य है।[155] अतएव भवोत्पादकारी चित्त भी त्याज्य है और केवल शून्य अचित्त भी।[156]

और इसी आधार पर शून्य तथा अशून्य दोनों को त्याज्य बताया गया है। प्रतीत्यसमुत्पाद के कारण अशून्य तो त्याज्य है ही किन्तु केवल शून्य में सीमित हो जानेवाला साधक भी कभी करुणा को ग्रहण नहीं कर पाता, अतः प्रज्ञोपाय साधना में

वह सिद्धि नहीं प्राप्त कर सकता। इसके साथ ही एक कारण इसका और है। तथता-सिद्धान्त में तथता के दो रूप व्याख्या की दृष्टि से बताये गये हैं। शून्य जिसमें तथता की निषेधात्मक व्याख्या है, अशून्य जिसमें तथता की सकारात्मक व्याख्या है। परन्तु तथता इन दोनों के परे हैं।[157] सिद्ध काण्हपा सम्भवतः परमार्थ के उसी रूप की ओर संकेत करते हैं जब वे शून्याशून्य दोनों के निषेध का उपदेश करते हैं।[158] इस भावाभाव विवर्जित शून्यताज्ञान को लुईपा अपने चर्यापद में शून्यता पाश के रूप में चित्रित करते हैं जिससे इन्द्रियाँ संयमित और नियन्त्रित हो जाती हैं।[159] कृष्णाचार्य इस शून्यताज्ञान में आयतन तथा इन्द्रियों के शून्यात्मक होने को ख-सम बीज का ख-सम में प्रविष्ट होना बताते हैं।[160] भावाभाव, चित्त-अचित्त, भव-निर्वाण और शून्याशून्य इन सभी द्वयताओं का निषेध कर चित्त में उदित होनेवाले इस शून्यज्ञान की साधना कितनी सूक्ष्म है इसका वर्णन शान्तिपाद भी अपने चर्यापद में बड़े रोचक ढंग से करते हैं : 'चित्तरूपी कपास को धुनते-धुनते उसके रेशे-रेशे अलग कर दिये। फिर उन रेशों को भी धुनना प्रारम्भ किया इस प्रयास की कोई सीमा नहीं रही। भव का भी निषेध किया, फिर अभाव का भी, फिर भाव का भी निषेध हुआ। उसके बाद फिर उन्हें धुनना प्रारम्भ किया और अपने को भी धुन डाला और अपना भी निषेध किया। इस अद्वय की भी कोई सीमा है। कार्य और कारण की शृंखला पर आधारित संसार सब शून्य सिद्ध हुआ। तब उससे उपलब्ध स्वसंवेद्य अनुभूति का उदय हुआ।'[161] यही स्वसंवेद्य शून्यमार्ग है और यद्यपि इसका सही स्वरूप पहले समझ में नहीं आता किन्तु इसी पर चलना श्रेयस्कर है।[162]

इस शून्यमार्ग पर चलकर साधक शून्य स्वभाव में स्थित हो जाता और शून्य में विचरण करने लगता है। वहाँ वह गुण-दोष, शुभाशुभ तथा पुण्य-पाप से विमुक्त हो जाता है।[163] क्योंकि यह वह स्थिति है जिसमें मन ख-सम स्वभाव का हो जाता है और सभी रूपादि विषय ख-सम या शून्य स्वरूप के हो जाते हैं।[164] इसी को भुसुकुपा ख-सम स्वभाव कहते हैं जिससे बन्धन टूटते हैं और अन्त में मनोरत्न शून्य में समा जाता है।[165] यह पाप-पुण्य से रहित है, अद्वय है, सम है, शान्त है, समरस है और यही तथता रूप है।[166]

यहाँ तक हमने देखा कि सिद्धों ने शून्य-तत्त्व, शून्यताज्ञान तथा शून्य स्वभाव को विज्ञानवादी परम्परा के अनुसार ही अपनाया है, उसके लिए तथता, परमार्थ, अद्वय, सम, शान्त आदि जिन शब्दों का भी व्यवहार वे करते हैं वे सब योगाचार सम्प्रदाय के ही शब्द हैं। किन्तु एक सर्वथा नवीन शब्द हमें सिद्ध-साहित्य में मिलता है जिसका योगाचार परम्परा में कोई उल्लेख नहीं है, वह शब्द है 'सहज'। जो-जो गुण शून्य के हैं बिलकुल वे ही सहज के हैं जिससे स्पष्ट है कि सहज से शून्य से अलग कोई अन्य तत्त्व नहीं।

सहज—सहज शब्द का प्रयोग सिद्धों ने बराबर उसी प्रसंग में और लगभग उसी अर्थ में किया है जिसमें उन्होंने शून्य का प्रयोग किया है। सहज परम तत्त्व है। वह एकमात्र परम तत्त्व है, जिसे काण्हपा जानते हैं किन्तु बहुत-से शास्त्रागम का पठन-पाठन

और श्रवण करनेवाले उसे नहीं जान पाते।[167] किन्तु जो उस सहज लक्षण को जान लेता है उसको विषय विकल्परूपी जगत् से छुटकारा मिल जाता है, ऐसा वेद तथा आगमों में भी कहा गया है।[168] इसी सहजरूपी परमतत्त्व में स्थित होकर जिस अमृत रस की उपलब्धि होती है उसे कौन किससे कहे क्योंकि न गुरु उसे कह सकता है न शिष्य उसे समझ सकता है।[169] वह गुह्य तथा रहस्यमय अवश्य है किन्तु फिर भी उसी की साधना करना श्रेयस्कर है।[170] क्योंकि जो अपने मन को निश्चल, सहज तथा समरस कर देता है वही सिद्ध है।[171] अतः सहज ही वह शून्यतत्त्व है, वह परमार्थ है जिसकी साधना अभिप्रेत है।

यही सहज नैरात्म्यज्ञान के रूप में भावाभाव की भावना को वर्जित करता है। उसमें भव और निर्वाण का भी स्थान नहीं है। न सहज भाव स्वभाव है न अभाव स्वभाव। यदि भाव स्वभाव हो तो वही बन्धनकारी संसार हो जायगा यदि अभाव रूप है तो वह उच्छेद है, अनस्तित्व है।[172] सहज के इसी परिज्ञान से मोक्ष मिलता है। अन्य कोई पथ नहीं।[173] अन्य जितने भी मोक्ष के पृथक् पथ हैं वे सभी सहज ही हैं अन्य नहीं, किन्तु इस सहज ज्ञान को जो नहीं हृदयंगम करता वह संसार में भ्रमता रहता है। यह सहजज्ञान शून्यताज्ञान ही है जिसमें वाच्य-वाचक, या धर्म और पुद्‌गल नैरात्म्य या ग्राह्य-ग्राहक भाव का विलयन हो जाता है।[174]

इसी शून्यताज्ञानरूपी सहज ज्ञान को प्राप्त कर चित्त सहज-चित्त हो जाता है क्योंकि वह सहज द्वारा विशोधित होता है। इस सहज स्वरूप में चित्त की स्थिति को सहज स्वभाव कहते हैं। इस सहज स्वभाव से स्कन्ध-भूत-आयतनेन्द्रियजन्य संसार के प्रवाह को बाँध लेना चाहिए।[175] इसमें चित्त तथा अचित्त दोनों का शमन हो जाता है।[176] विभिन्न वासनाओं के पवनावर्तों में यह मन जो भ्रमित हो रहा था, वह सहज स्वभाव में स्थित होकर निश्चल हो जाता है।[177] इस सहज में पाप-पुण्य भी नहीं व्यापता[178] इसी सहज स्वभाव में स्थित होने में शोभा है[179] और श्रेय भी क्योंकि जो सहज को छोड़कर निर्वाण के पीछे दौड़ता है वह परमार्थ लाभ कभी नहीं करता।[180] इस अत्यन्त गहन स्वरूप में जिसमें न मन, न पवन, न रवि, न शशि किसी का भी प्रवेश नहीं है, सरह उसमें अपने चित्त को स्थित करने का उपदेश देते हैं।[181] उसमें स्थित होने के उपरान्त व्यक्ति की जीवनचर्या ऐसी हो जाती है कि वह सकल कलुष, वासना, क्लेशादि से मुक्त होकर, निस्तरंग सहज रूप में पाप और पुण्य से निर्लिप्त हो जाता है।[182]

सहज का विस्तार—इस प्रकार हम देखते हैं कि तत्त्व, ज्ञान अथवा स्वभाव रूप में 'सहज', नाम से नवीन होने पर भी वास्तव में वज्रयानियों का चिरपरिचित परमार्थ और शून्य ही है। किन्तु सिद्धों ने इसे इतना महत्त्व दिया है कि अपनी साधना से सम्बन्धित प्रत्येक वस्तु का नाम सहज दिया है। सहज तत्त्व, सहज ज्ञान, सहज स्वरूप, सहज सुख, सहज समाधि, सहज काया, सहज पथ, यहाँ तक कि बुद्ध को

सहज संवर और नैरात्मा या शून्यता को सहज सुन्दरी कहा जाने लगा।[183] परमतत्त्व को यह नयी संज्ञा देने का क्या कारण है। क्या 'शून्य' उस परमतत्त्व के पूरे अर्थ को नहीं अभिव्यक्त कर सकता था। वास्तव में बात यही थी। शून्यताज्ञान या ख-सम-स्वभाव के अतिरिक्त एक तत्त्व और था जिसकी ओर सिद्ध विशेष रूप से संकेत करना चाहते थे। वह तत्त्व था करुणा।

हम पहले ही देख चुके हैं कि महायान के अन्तर्गत करुणा को विशेष स्थान दिया गया था और करुणा के अभाव में ही प्रत्येकयान और श्रावकयान को बोधिसत्त्वयान से निम्न स्तर का माना गया था। उसी करुणा को वज्र रूप में प्रतिष्ठित किया गया और उसे शून्य का अभेद्य, अछेद्य रूप माना गया, सिद्धों ने भी उसे मणि, कुलिश तथा उपाय रूप में स्वीकार किया किन्तु उसकी शून्यता के साथ समरसता पर, अद्वय पर विशेष बल दिया। वह उपाय या वज्र या कुलिश या मणि या सक्रिय चित्त जब प्रज्ञा या शून्यता या कमल या पद्म या ख-सम में प्रविष्ट होकर एकमेक रूप हो जाता है तब वही अद्वय सहज कहलाता है क्योंकि वह शून्यता और करुणा या प्रज्ञा और उपाय के सहगमन से उत्पन्न हुआ है।[184] जिस समय सिद्ध लोग सबको सहजस्वरूप कहते हैं तो उनका तात्पर्य प्रत्येक वस्तु के आन्तरिक स्वभाव में निहित उस नैरात्म्य से है जिसमें शून्यता तथा करुणा अद्वय रूप में स्थित हैं। और सहज ज्ञान के अर्थ हैं कि शून्यता के साथ-साथ करुणा को भी उपाय रूप में जान लेना चाहिए अन्यथा परमार्थ की प्राप्ति नहीं होती है। इस सहज तत्त्वदर्शन में शून्य का महत्त्व कम नहीं है। वास्तव में तो सब-कुछ शून्य ही है और जैसा हम आगे देखेंगे सिद्धों ने वज्र, उपाय आदि को भी शून्य का ही सक्रिय या करुणा रूप माना है किन्तु शून्य दर्शन के बिना करुणा लक्ष्यभ्रष्ट होती है और करुणा के बिना शून्यता ज्ञान भी निष्फल होता है। अशून्य के साथ-साथ शून्य का भी तिरस्कार करने में सिद्धों का संकेत इसी ओर था।

करुणा तथा शून्य का ऐक्य—सरहपा शून्यता और करुणा की अद्वय साधना के विषय में स्पष्ट कहते हैं कि करुणा छोड़कर जो केवल शून्य में लीन रहता है वह उत्तम मार्ग, सहज मार्ग नहीं ग्रहण कर पाता। साथ ही जो शून्यता के बिना करुणा की परिभावना करता है वह सहस्त्र जन्मों तक मोक्ष नहीं पा सकता।[185] जो सहज द्वारा चित्त को विशुद्ध कर जीवन का उपभोग नहीं करता केवल शून्य में विहार करता है, वह बोहित के काग की भाँति बार-बार उड़कर भी अज्ञान में गिरता रहता है।[186] सरह की टीका में अद्वयवज्र ने भी केवल शून्यता की साधना करने का निषेध किया है क्योंकि उससे सत्ता ही उच्छिन्न हो जाती है।[187] इसीलिए शून्यता और करुणा दोनों की समरसता का आदेश है[188] और जो योगिनी उसे सिद्ध कर लेती है वह भव निर्वाण की प्रवंचना में भ्रान्त नहीं होती।[189] योग वही है जहाँ दोनों का एकात्म हो, द्वयता विवर्जित हो, ऐसा गुरु का उपदेश है।[190] वास्तव में यही शून्य तथा करुणा समस्त ब्रह्माण्ड में मूल धर्म है। सारा विस्तार इन्हीं दोनों तत्त्वों का है जिसमें कि शून्य गगनोपम अभाव

है, एकता है और करुणा उसका वैविध्य और विचित्रता। किन्तु निष्करुण शून्य-वृक्ष निर्मूल और शाखाविहीन हो जाता है और उसका आश्रय लेनेवाले की बाँहें टूट जाती हैं। किन्तु जो इनको एक करके मानता है उसका फल भी अद्वय या समरसता रूप में ग्रहण करता है वह भव-निर्वाण से मुक्त हो जाता है।[191]

चतुर्विध शून्य—उपर्युक्त कथन में सरहपा ने यह आदेश दिया है कि इस तरु को एक ही करके मानो। अर्थात् शून्य और करुणा वास्तव में अभिन्न हैं। 'ए अभिण्णा जो मुणइ सो भवणिव्वाण विमुक्क।' इस अभिन्नता को उन्होंने पंचक्रम शून्य के 4 क्रमिक विकासों के सिद्धान्त द्वारा प्रतिपादित किया था।[192] नागार्जुनपाद की एक संस्कृत कृति 'पंचक्रम' में चतुर्विध शून्य का रूप इस प्रकार समझाया गया है—शून्य चार हैं—शून्य, अतिशून्य, महाशून्य तथा सर्वशून्य। इनका भेद कार्य-कारण शृङ्खला पर आधारित है।[193] पहला शून्य आलोक ज्ञान प्रज्ञा है, चित्त इसमें संकल्पाभिभूत रहता है और यह स्वभाव से परतन्त्र है। इस अवस्था में यह मनजात 33 दोषों से आच्छादित रहता है। इसकी समस्त मायाओं में सर्वश्रेष्ठ माया स्त्री है जो इस शून्य प्रज्ञा की अभिव्यक्ति है। इसी को वाम चन्द्रमण्डल का कमल या अकारादि बीजाक्षर भी कहते हैं। द्वितीय क्रम में अतिशून्य है जो आलोक का आभास है, इसका स्वभाव परिकल्पित है, वह उपाय है, दक्षिण है, सूर्यमण्डल है, वज्र है, पुरुष है और मन की पूर्वकथित 24 प्रकृतियों से आवेष्टित है। तृतीय क्रम में महाशून्य है जो आलोक तथा आलोकाभास के युगनद्ध से उदित होता है। प्रज्ञोपाय, शून्यातिशून्य के युगनद्ध से यह अवस्था आती है। जिसे आलोकोपलब्धि कहते हैं वह परिनिष्पन्न स्वभाव की होती है। किन्तु वह भी अविद्यारूप है क्योंकि उसमें भी दोष रहते हैं। तीनों क्रमों में दोषों की कुल संख्या 106 है। उन दोषों से भी मुक्त होने पर प्रज्ञोपाय अद्वैत का सर्वशून्य रूप उदित होता है[194] जो प्रज्ञोपाय के सहगमन से उद्भूत होने के कारण सहज माना जा सकता है। क्योंकि यही सर्वशून्य परमतत्त्व है, आदि-अन्त से विहीन, गुण-दोषरहित, भाव-अभाव से रहित तथा भावाभाव से भी रहित।

काण्हपा ने अपने एक दोहे में महासुख की स्थितिवाले कमल के चार पाँखुरियाँ और चार मृणाल बताये हैं।[195] इन चार पत्रों और मृणालों को टीकाकार ने शून्य के चार रूप—शून्य, अतिशून्य, महाशून्य और सर्वशून्य बताया है।[196] शबरपा भी एक स्थान पर प्रथम तीन शून्यों को अतिक्रमण कर सर्वशून्यरूपी नैरात्मा नैरामणि बालिका को कण्ठ लगाने का वर्णन करते हैं।[197] इस प्रकार प्रज्ञा, उपाय, प्रज्ञोपाय तथा दोनों के सहगमन से उत्पन्न सहज को एक ही रूप मानकर सिद्धों ने चतुर्विध शून्य द्वारा सबका एक ही तत्त्व के क्रमिक विकास के रूप में चित्रित किया है। परमतत्त्व या सर्वशून्य या सहज तक पहुँचने के लिए प्रज्ञोपाय का समागम अनिवार्य है।[198] सहज इसी से उद्भूत है। वह समस्त वासनाओं, क्लेशों, सुख-दुःखादि संकल्पों और वेदनाओं से मुक्त है।

ये सारे दोष तृतीय अवस्था तक समाप्त हो जाते हैं। इस प्रज्ञोपायोद्भूत सहज-भावना से सिद्धों ने अभी तक महायानी परम्परा से आगत समस्त तत्त्वों और सिद्धान्तों को प्रज्ञोपायमूलक या मिथुनपरक रूप दे दिया।

प्रज्ञोपाय–प्रज्ञा तथा उपाय का युगनद्ध सिद्धों की चिन्तना और साधना की मूलभित्ति हो गयी। उसे स्थान-स्थान पर विभिन्न रूपकों में अभिव्यक्त किया गया है। भगवान् वज्रधर और भगवती नैरात्मा, चित्त-वज्र और नैरात्म-स्वभाव वज्र और ख-सम, कुलिश और कमल, मणि और पद्म, शुक्र और रज, चन्द्र और सूर्य आदि रूपकों में इसी प्रज्ञोपाय सिद्धान्त का विस्तार है। ये सब युगनद्ध रूप में हैं। इनका स्वरूप मिथुनपरक है। प्रज्ञा तथा उसके अप्रस्तुत भग के प्रतीक हैं और उपाय तथा उसके अप्रस्तुत लिंग के प्रतीक हैं। इसके अनुसार महायान की भी नवीन व्याख्या दी गयी और कहा गया कि महाप्रज्ञा और महाउपाय के युगनद्ध का प्रतिपादन करने से इसका नाम महायान पड़ा।[199]

मैथुन कल्पना का विकास—प्रज्ञा तथा उपाय को पुरुष और नारी के रूप में परिकल्पित करने की प्रवृत्ति उसी तान्त्रिक प्रवृत्ति का बौद्ध रूप था जो तत्कालीन प्रत्येक सम्प्रदाय में परमतत्त्व और उसकी परम शक्तियों की युग्म कल्पना के रूप में प्रकट हो रही थी। वज्र की ही भाँति इस कल्पना का भी अथर्ववेद की परम्परा से कोई सम्बन्ध था या नहीं, यह नहीं कहा जा सकता। किन्तु अथर्ववेद में स्थान-स्थान पर पर्जन्य को पिता और पृथ्वी को माता रूप में परिकल्पित किया गया है जिससे शर की उत्पत्ति होती है।[200] चर्यापदों में करुणा का मेघ के रूप में वर्णन आया है।[201] यद्यपि प्रज्ञा सदैव गगन के रूप में ही वर्णित है, गगन जिसमें मेघ विहार करता है और प्रवेश करता है जो शून्य रूप है ख-सम है। किन्तु पति-पत्नी या नारी-पुरुष के रूप में प्रज्ञा और उपाय का उल्लेख हमें विमलकीर्तिसूत्र में मिलता है जिसमें तान्त्रिक साधनाओं की अपेक्षा शुद्ध महायानी दृष्टि से प्रज्ञा की बोधिसत्त्वों की माता और उपाय की पिता रूप में परिकल्पना है। प्रज्ञा समता है, शून्यता है, उपाय नानात्व है, वैसे दोनों भिन्न नहीं, प्रज्ञा का ही सक्रिय रूप करुणा है किन्तु दोनों के समागम के बिना कभी भी महासत्त्वों (महापुरुषों) की उत्पत्ति नहीं होती।[202] इस प्रकार प्रज्ञा और उपाय के पूर्वागत नारी-पुरुष रूपक को तान्त्रिक साधनाओं का आधार बना लिया गया और जहाँ पहले पारमितानय में युग्म केवल बोधिसत्त्वों का उत्पादक था, वहाँ मन्त्रनय के विकसित रूप वज्रयान में वह तत्त्व और शक्ति, नारी और पुरुष, चित्त और ख-सम (शून्य), योगी और योगिनी के युग्म के रूप में समस्त सिद्धियों का प्रदायक माना गया और सिद्धों ने इसी से उद्भूत परिकल्पनाओं को 'सहज' की समवेत संज्ञा दी। विद्वानों ने सिद्धों की प्रज्ञोपाय भावना की एक विलक्षणता की ओर संकेत किया है[203] जो उनके प्रज्ञोपाय सिद्धान्त को समस्त तान्त्रिक पद्धतियों से भिन्न एक विशिष्टता प्रदान करती हैं। शैवों, शाक्तों, वैष्णव तन्त्रों तथा ताओवादियों में भी जिनमें 'ताओ' पुरुष तथा 'ती' उसकी शक्ति मानी गयी है

निष्क्रिय चरम तत्त्वज्ञान को पुरुष माना गया है और सृष्टि, विविधता और सक्रियता को स्त्री शक्ति। सिद्धों ने इस क्रम को उलट दिया है। वे अन्तिम निष्क्रिय निस्संग सत्य, परमार्थ या तथता को प्रज्ञा परिकल्पित करते हैं और विविधता तथा सक्रियता का प्रतीक उपाय हैं। इस क्रम विपर्यय के पीछे क्या आधार हो सकता है इसका कोई संकेत विद्वानों ने नहीं किया है। यह कहा जा सकता है कि केवल साम्प्रदायिक प्रतिद्वन्द्विता के कारण ऐसा हुआ है और अपनी विशिष्टता सिद्ध करने के लिए सिद्धों ने यह क्रम उलट दिया है। किन्तु यह क्रम विपर्यय का यथेष्ट कारण नहीं है। इसके लिए हमें वज्र के विकास की ओर ध्यान देना होगा जिस पर हम पिछले अध्याय में विचार कर चुके हैं। वज्र इन्द्र की कल्पना से बौद्धधर्म में आया था और शची प्रज्ञा इन्द्र की पत्नी हैं। अतः उपाय वज्र का बोधक हो गया और प्रज्ञा वज्रधर की स्वामिनी। उधर करुणा को पुरुष रूप तथा प्रज्ञा को नारी रूप महायान में ही प्रदान किया जा चुका था। अतः अपनी साम्प्रदायिक परम्परा का निर्वाह करते हुए उन्हें तान्त्रिक पद्धतियों का यह क्रम उलटना पड़ा।

कुछ विद्वानों ने वज्रयान की ऐसी भी शाखा का उल्लेख किया है जो परमतत्त्व या शून्यता को पुरुष रूप में मानते थे, किन्तु इसका कोई प्रमाण नहीं मिलता।[204] सिद्ध-साहित्य में तो प्रज्ञा का नारी और उपाय का पुरुष रूप ही सर्वस्वीकृत है।

हम देख चुके हैं कि उपाय 'नानात्व' और सक्रिय प्रयास का बोधक है। उपाय या वज्र से तद्रूप हो जानेवाले साधक को सिद्धों ने स्थान-स्थान पर 'वीर' की संज्ञा दी है। कमल कुलिश साधना की प्रणाली में गुण्डरीपा अपने को कुन्दुरु वीर कहते हैं।[205] कुक्कुरीपा एक चर्या में कमल कुलिश योग का रहस्य जाननेवाले को वीर कहते हैं।[206] एक स्थान पर साधक को तथता रूपी खंग से शून्य वासनागारों पर प्रहार करने का रूपक मिलता है।[207] सिद्धों का यह वीरतापरक रूपक वास्तव में बौद्ध परम्परा के अन्दर उपाय के पूर्व-इतिहास की ओर संकेत करता है। योगाचार में केवल षड्पारमिताएँ स्वीकृत थीं जिनमें उपाय कौशल नामक पारमिता नहीं थी और वीर्य नामक पारमिता में उपाय कौशल के लक्षण बताये गये थे।[208] कालान्तर में पारमिताओं की संख्या में वृद्धि हुई और वीर्य के अतिरिक्त उपाय कौशल भी जोड़ दिया गया।[209] किन्तु साधना में प्रज्ञा एक प्रमुख पारमिता के रूप में स्वीकृत हुई और बोधिचित्त में शेष 9 पारमिताएँ विलयित हो जाती थीं। कालान्तर में उपाय का प्रज्ञा के वर के रूप में विकास हुआ जिसमें वीर्य पारमिता के लक्षण भी जुड़ गये। इसीलिए उसे वज्रोपम भी कहा गया।[210] दोहों की टीका में इसीलिए स्थान-स्थान पर उपाय से समन्वित सहजोन्मुख चित्त को चित्तवज्र कहा गया है। यह चित्तवज्र सांवृत स्पन्द रूप है, शुक्र और रज से भूषित है[211] इस चित्तवज्र से ही प्रज्ञोपाय योग की साधना हो सकती है।[212] इसी उपाय की कालचक्रयान में कालरूप में व्याख्या की गयी। परमतत्त्व या आदिबुद्ध की दो मूर्तियाँ हैं—शून्यता और करुणा।[213] इसमें से शून्यता रूप अज्ञेय रूप है, ज्ञान से परे अरूप। किन्तु समय, काल, अथवा सृजन शक्ति से समन्वित होकर वही अभिव्यक्त और ज्ञेय हो जाता है

और उसे उपाय, करुणा अथवा काल कहते हैं।[214] इस प्रकार उपाय के साथ वीर, वज्रकाल आदि की प्रतीक-योजना जुड़ गयी। इसी प्रकार उपाय के अन्य प्रतीकों का भी आधार है जिस पर हम बाद में विचार करेंगे, जिनमें इसे नौका, कुठार, मणि आदि प्रतीकों से अभिव्यक्त किया गया है। चूँकि इनका संगम प्रज्ञा से अनिवार्य है अतः उस साधक को जो इस प्रज्ञोपाय अद्वय योग को सिद्ध कर लेता है, परम सुरत वीर कहा गया है।[215] इसी प्रज्ञोपाय के कारण सिद्धों की साधना भी मिथुनपरक हो गयी थी और मन को भगवान् और ख-सम शून्य को भगवती रूप में प्रतिष्ठित करने का उपदेश मिलता है। उसी से रात-दिन सहज की साधना होती है।[216] भगवान् और भगवती का यह स्वरूप सिद्धों के उपास्य देवताओं की योजना में भी मिलता है।

प्रज्ञापारमिता आदि के आधार पर विकसित यह अद्वय ज्ञान प्रज्ञोपाय युगनद्ध ही वास्तव में तथागत बुद्ध है और उसकी अविकल चित्त से उपासना करनी चाहिए। यह सिद्ध तिल्लोपा ने अपने दोहाकोष में स्पष्ट कहा है।[217] सरहपा के टीकाकार भी सकल अशेष बुद्ध वज्रधर का संकेत करते हैं।[218] शुद्ध भाववाले साधक को समस्त जगत् बुद्धमय जानना चाहिए।[219]

समस्त जगत् बुद्धमय है और यह जगत् पंचस्कन्धों से निर्मित है तो तथागत के भी प्रत्येक स्कन्ध के आधार पर पाँच रूप होने चाहिए। उस दृष्टि से ही बौद्ध परम्परा में 5 ध्यानी बुद्धों की कल्पना की गयी थी जिसे ये सिद्ध स्वीकार करते थे और उन्हें हृदयंगम करते थे। कृष्णाचार्य अपने चर्यापद में उन पाँचों तथागतों की परिभावना कर महासुख नौका को ग्रहण कर साधना पथ पर अग्रसर होते हैं। वे पाँचों उस नौका के केडुआल हैं। पाँचों स्कन्धों के स्वामी पंच-तथागत ही जब केडुआल हैं तो अब पंचस्कन्धों से निर्मित यह संसार भला कृष्णाचार्य का क्या कर सकता है।[220] इसीलिए क्षिति, जल, पवन, हुताशनादि से युक्त इस चित्त को पंच जिनों से वेष्टित करने का आदेश सरहपा भी देते हैं।[221] ये पाँच तथागत वैरोचन आदि हैं[222] जो समस्त जगत् में व्याप्त हैं और उनमें मिलकर एकीभूत होकर साधक भी वज्रधर शरीर को प्राप्त करता है। उसके काय, वाक्, चित्त सभी वज्र रूप हो जाते हैं।[223] इन वैरोचन, अक्षोभ्य, रत्नसम्भव, अमिताभ तथा अमोघसिद्धि आदि की पाँच शक्ति-रूपिणी देवियों का सिद्धों की प्रज्ञोपाय साधना में विशेष महत्त्व है। क्रिया-समुच्चय में 'महासमय गीतिका' नामक पाँच दोहों का एक लघु संग्रह मिला है जिसके रचयिता का नाम तो नहीं मिलता[224] किन्तु उसके कुछ उद्धरण चर्यापदों की टीका में मिलते हैं।[225] महासमय गीतिका 5 दोहों की है और वे दोहे भगवती नैरात्म्य योगिनी, लोचना, मामक्षा (मामकी), पाण्डुरा (चण्डा) और तारा का आह्वान करने के लिए गाये जाते हैं। उनके साथ नृत्य भी होना अनिवार्य है। वास्तव में वे भगवान् को शुक्र और उनके सुख को कामिनी मानते थे।

युगनद्ध—समस्त उत्तरी महायानी बौद्धधर्म इन बुद्धों और इनकी देवियों की युगनद्ध की भावना से अभिभूत है। वास्तव में धर्म, बुद्ध और संघ का त्रिरत्न भी इसी

युगनद्ध के सिद्धान्त में ढाल दिया गया। प्रज्ञा धर्म है, उपाय बुद्ध है, संघ दोनों का युगनद्ध है। इसके लिए दो धातुओं की कल्पना की गयी। प्रज्ञा के लिए गर्भधातु और उपाय के लिए वज्रधातु। ये ही दोनों मिलकर मण्डल चक्र का निर्माण करते हैं। नेपाल में इस युगनद्ध को चन्द्र से उठती हुई अग्निशिखा के रूप में चित्रित करते हैं, तिब्बत में एक पात्र में स्थित अशोक की शाखा के रूप में तथा चीन में समागम करती हुई मूर्तियों के रूप में।[226]

इस प्रकार त्रिकाय सिद्धान्त द्वारा बुद्ध के दिव्यरूप की जो परम्परा महायानी आचार्यों ने प्रारम्भ की थी उसका चरम विकास सिद्धों में हुआ। महायानी आचार्यों ने बुद्ध की तीन कायाओं के मूल में तीन धातुओं की कल्पना की थी जो सिद्धों को मान्य थी।[227] रूपधातु से निर्मित निर्माणकाया, कामधातु से सम्भोगकाया और धर्मधातु से धर्मकाया। धर्मधातु से वे 'तथता' का अर्थ लेते थे।[228]

सिद्धों ने इन तीन कायाओं को स्वीकृत किया किन्तु प्रज्ञोपाय सिद्धान्त की प्रतिष्ठा इस दिशा में भी करने के लिए उन्होंने एक चतुर्थ काया की प्रतिष्ठा की जिसे वे स्वभावकाया, वज्रकाया, सहजकाया या महासुखकाया कहते थे।[229] इन चारों कायाओं में सहजकाया सर्वश्रेष्ठ थी। क्योंकि इसी में तथागत अपने उपाय रूप में प्रतिष्ठित होते हैं। और उनका प्रज्ञा से एकात्म रहता है। युगनद्ध की काया यही सहजकाया है। यह समस्त द्वयताओं और क्लेशादि मलावरणों से निरावृत शुद्ध सहज रूप होती है अतः इसी को निरंजन कहते हैं।[230] बुद्ध की इस सहजकाया का रहस्य केवल सिद्धों को ज्ञात था। पुराने बौद्ध सम्प्रदायों के आचार्य इसे नहीं जानते, इसीलिए उनका परमार्थ ज्ञान का गर्व सर्वथा भ्रान्ति है क्योंकि वास्तविक परमार्थ तो यही बुद्ध का सहजकाया स्थित निरंजन रूप है जिसमें करोड़ों साधकों में से कोई एक ही लीन हो पाता है।[231]

देवताओं को सिद्धों ने प्रज्ञोपायात्मक स्वभाव का माना है। जब वे प्रज्ञोपायात्मक हैं, सहज रूप हैं तो उनकी उपासना का एक ही रूप हो सकता है, अपने चित्त को प्रज्ञोपायात्मक बनाना, सहज बनाना। अपने में और बुद्ध में अद्वय स्थापित करना और यह सोचना कि मैं ही बुद्ध हूँ।[232] अपने मन को बुद्ध तथागत के लिए प्रेरित कर दिन-रात प्रज्ञोपायात्मक मिथुनपरक सहज रूप में रहना चाहिए।[233] यही प्रज्ञोपाय समाधि का लक्ष्य है जिससे अनुत्तर की सिद्धि होती है।[234] इसीलिए साधनमाला में साधक को सदैव वज्रात्मक स्वभाव की कामना करते दिखाया गया है। जब साधक वज्र स्वभाव धारण कर नैरात्म्यज्ञान से मुक्त होकर प्रज्ञोपायात्मक सहज रूप हो जाता है तब वह स्वतः बुद्ध हो जाता है,[235] निरंजन हो जाता है। स्वतः को बुद्ध मानकर क्रियाएँ करना अहंकार साधना है।[236]

ऐसी परिस्थिति में वह कामचारी हो जाता है, कुछ भी कर सकता है क्योंकि वह स्वतः बुद्ध है, स्वामी है। उसका समस्त राग और द्वेष परावृत होता है। योगाचार में ही इस कल्पना का विकास हो चुका और सिद्धों के समकालीन आचार्य इन्द्रभूति जिस

प्रकार ऐसे बुद्धमय योगी को कामचारी[237] कहते हैं उसी प्रकार असंग भी उसे कामचारी कहते हैं।[238] इसी को सिद्ध सहज रूप में 'रहना' कहते हैं जिसमें पाप और पुण्य नहीं व्याप्त होता।[239] किन्तु यह सब स्वतः को बुद्ध मानकर करना चाहिए, उसे वज्र वाक्य बोलना चाहिए, वज्रसत्य के रूप में रहना चाहिए। उस परिस्थिति में नृत्य, गीत, वास, पुष्पमालादि भूषण, चमर, छत्र आदि से अपनी पूजा भी करा सकता है, उपभोग कर सकता है। यदि वह यह स्मरण रखे कि सर्व बुद्धमय है तो वह सुगन्धि आदि में लिप्त आत्म-सन्तुष्ट रह सकता है, व्रती, मुण्डी, गृहस्थ, सेवक, राजा किसी भी रूप में वह स्थित रह सकता है।[240] किन्तु इसके लिए अनिवार्य है कि वह प्रज्ञोपाय समाधि के द्वारा अनुत्तर की सिद्धि कर ले और सहज स्वभाव को धारण कर ले।

इस प्रकार हम देखते हैं कि सिद्धों का तत्त्व-चिन्तन आचारोन्मुख है। वह शून्यवाद की तटस्थता का निषेध कर विज्ञानवाद के योगाचार की परम्परा ग्रहण करता है और तथता या शून्य की साधना तत्कालीन समस्त तान्त्रिक पद्धतियों की भाँति परम तत्त्व और उसकी शक्ति के अद्वय रूप में, सहज रूप में प्रज्ञोपायात्मक है, मिथुनपरक है। उपायरूपी चित्त का शून्य या नैरात्मरूपी भगवती से योग, यही वह साधना है जिसकी पीठिकास्वरूप सिद्धों के समस्त तत्त्व-चिन्तन ने, प्रज्ञोपायात्मक रूप धारण किया है। अब हम उनकी साधना पर दृष्टिपात करेंगे।

■■

ख

साधना-पद्धति (1)

साधना का केन्द्र-बिन्दु बोधिचित्त–सिद्धों ने चूँकि चित्त को ही वज्रसत्त्व का रूप और भगवान् माना था और साधक को वज्र स्वभाव ग्रहण करने का आदेश दिया था अतः उनकी साधना-पद्धति का केन्द्र-विन्दु चित्त ही है जिसे वे संकल्पात्मक मोहजाल से मुक्त कर सहज रूप में प्रतिष्ठित करना चाहते हैं। जब तक चित्त में सहज-बोधि नहीं जाग्रत होती तब तक वह चंचल रहता है और काल में प्रवेश कर जाता है। उसे दृढ़ (वज्र-रूप) करना अभीष्ट है।[1] इस चंचल संकल्पाभिनिविष्ट चित्त[2] की उपमा भुसुकुपा चूहे से देते हुए कहते हैं—'अँधेरी रात में चंचल उन्मुक्त मनरूपी मूषक स्वच्छन्द विचरण करता है। यह चंचल मूषक रूपादि स्कन्धों का भक्षण कर विनष्ट हो जाता है और अमृत-तत्त्व को भी दूषित कर देता है। इस पवन सरीखे चंचल मूषक को योगी लोग मारकर गमनागमन से मुक्ति पाते हैं। जब इस मूषक का मुक्त विचरण समाप्त होता है तभी भव-बन्धन से योगी मुक्त हो जाता है।'[3]

किन्तु यही मूषकरूपी संकल्पाभिनिविष्ट चित्त जब नैरात्म्यज्ञान के प्रति जाग्रत होकर उपाय से समन्वित हो जाता है तो वह बोधिचित्त हो जाता है और उसे सिद्ध नलिनीवन में प्रवेश करनेवाले गजेन्द्र की उपमा देते हैं जो ज्ञानामृत पान कर पंच-इन्द्रिय-विषयों का नायक कामचारी बन जाता है।[4]

सिद्धों ने बोधिचित्त के दो रूप बताये हैं—पहला है प्रज्ञोपायात्मक मार्ग में प्रवृत्त होने के पूर्व, जो संवृत और स्पन्द रूप है और दूसरा प्रज्ञोपायात्मक मार्ग में प्रवृत्त होने के बाद, जो चित्त का वज्र-रूप है।

इसी को सन्धाभाषा में उलटवाँसी शैली में ढेण्ढणपा बैल द्वारा प्रसव और गो के बन्ध्यात्व के रूपक में अभिव्यक्त करते हैं। अर्थात् जब तक बोधिचित्त नैरात्म्य से संग नहीं करता तब तक वह बलद के रूप में रहता है और उससे संसार उत्पन्न होता रहता है। जब वह ज्ञान प्राप्त कर ख-सम या नैरात्मा रूप गाय हो जाता है तब वह संसार का उच्छेद कर बन्ध्या हो जाता है। बोधिचित्त के पहले रूप को सांवृत स्पन्द रूप कहा गया है।[5] इन दोनों विशेषणों को समझ लेना आवश्यक है। संवृत सत्य परमार्थ सत्य के विपरीत भवज्ञानरूपी सत्य को कहते हैं।[6] इस अवस्था में बोधिचित्त संसार-लिप्त और संवृत रहता है। स्पन्द के अर्थ 'चलनशील' हैं। 'स्पन्द' वास्तव में त्रिक्वादी काश्मीरी शैवों का शब्द है।[7] और अभिनवगुप्त इससे मन की उस अवस्था का बोध कराते हैं जिसमें वह 'किंचिच्चलनशील' रहता है और अहम्-संलग्न होने के कारण उसमें नानात्व का आभास रहता है।[8] सिद्ध 'स्पन्द' शब्द का अर्थ 'किंचिच्चलनशील' ही लेते हैं और क्योंकि चलनशील चित्त से उनका तात्पर्य भव-निमज्जित चित्त से है। अतः सांवृत स्पन्द रूप में भी बोधिचित्त में थोड़ा-सी चंचलता या भवचेतना रह जाती है जिनके कारण उसके च्युत होकर साधनास्खलित होने का भय रहता है। काण्हपा ने स्पष्ट कहा है कि शुक्रद्रवाकार विमल सलिलरूपी बोधिचित्त भी सूख जाता है यदि उसमें कालाग्नि पैठ जाय।[9] किन्तु इस सांवृत स्पन्द शुक्रद्रवाकार चित्त को नैरात्म्यज्ञानरूपी रज से युक्त कर देने पर यही चित्त 'वज्र' हो जाता है।[10] इस प्रज्ञोपाय युगनद्ध के कारण इसको सहज-चित्त भी कहते हैं।

बोधिचित्त समुत्पाद—विज्ञानवाद में चित्त को भवजाल से मुक्त कर करुणा से समन्वित कर साधना के लिए अग्रसर करने की प्रणाली को समुत्पाद कहा जाता था। उसको वे साधना का महारम्भ, चित्त का महाउदय तथा साधक का महाउत्साह कहते थे।[11] इस समुदित करुणा-समन्वित महाचित्त के लिए वे पृथ्वी, रत्नाकर, चिन्तामणि, नौका तथा मेघ आदि के रूपकों[12] का प्रयोग करते थे जिसमें से कई अप्रस्तुत सिद्धों ने भी अपने चर्यापद में प्रयुक्त किये हैं।[13] किन्तु समुत्पाद की भावना सिद्धों के साहित्य में इस रूप में नहीं आती। केवल एक स्थान पर चित्तवृत्तियों के अस्त के बाद शीतल रजनी का उदय चित्रित है, वह रजनी प्रज्ञा या शून्य की रजनी है, उसी को प्रज्ञाज्ञानाभिषेक-दान का समय भी कहते हैं। उसी में कमल या महाउष्णीष कमल का

विकास होता है।[14] इसी रात्रि के कारण बोधिचित्त की नवचन्द्र के रूप में कल्पना की गयी है।[15]

सिद्धों ने इस बोधिचित्त समुत्पाद के लिए चार शब्द प्रयुक्त किये हैं। पहला है 'विशोधन' दूसरा है 'हनन'। इन दोनों के पीछे एक तान्त्रिक परम्परा थी जैसा हम आगे देखेंगे। इनके अतिरिक्त कहीं-कहीं 'स्थिरीकरण'[16] या 'दृढ़ीकरण'[17] का भी प्रयोग है। 'स्थिरीकरण' तो चित्त की चपलता के कारण प्रयुक्त है। इस चंचलता का उल्लेख पहले किया जा चुका है। उसे दृढ़ भी इसीलिए कहा गया है कि बोधिचित्त च्युत नहीं होता।

चित्त-विशोधन—किन्तु सिद्धों ने जिस शब्द का विशेष प्रयोग किया है वह है 'चित्त-विशोधन'। सरहपा इस चित्त को महासुख द्वारा शोधनीय बताते हैं।[18] तिल्लोपा भी चित्त को सहज ज्ञान से शोधित करने का उपदेश देते हैं[19] और दोनों ही इसके द्वारा मोक्ष की सिद्धि बताते हैं।

यह 'विशोधन' शब्द वास्तव में रसायनशास्त्र और उस पर आधारित वज्रयान में प्रयुक्त प्राचीन परम्परागत शब्द है जो तान्त्रिक सम्प्रदायों में पारे के विशोधन तथा उसके द्वारा काया के अजरत्व और अमरत्व की प्राप्ति के सन्दर्भ में प्रयुक्त होता था।[20] पिछले अध्यायों में हम देख चुके हैं कि रसेश्वर सम्प्रदाय में अभ्रक को पार्वती का रज तथा पारे को शिव का शुक्र मानकर रस-साधना की जाती थी और उससे अमर शरीर की प्राप्ति की कल्पना की जाती थी। रसेश्वर सम्प्रदाय की प्राचीनता के किसी निश्चित प्रमाण के अभाव में यह कहना तो उचित न होगा कि सिद्धों ने यह कल्पना रसेश्वर सम्प्रदाय से ग्रहण की है, किन्तु धातुओं के विशोधन द्वारा अमरत्व या स्वर्ग की प्राप्ति की परम्परा से ही यह शब्द सिद्धों ने तथा उनके समकालीन आचार्यों ने ग्रहण किया है, इसमें कोई सन्देह नहीं। कहीं-कहीं तो उन रासायनिक प्रक्रियाओं का भी स्पष्ट उल्लेख मिलता है जिनमें रस स्पर्श से ताम्र के स्वर्ण बनाने का या मधु तथा घृत के रसायन रूप सेवन का विधान है।[21]

सिद्धों ने इसको दूसरे अर्थ में प्रयुक्त किया है। बुद्ध की तीन कायाओं में से परम्परागत सर्वमान्य धर्मकाया धर्मधातु से निर्मित होती है। धर्मधातु अजर, अमर तथा अक्षय है। मन को बुद्ध की धर्मकाया तथा सहजकाया में लीन होकर बुद्धत्व ग्रहण करने का उपदेश बराबर सिद्धों ने दिया है।[22] इस विशोधन-प्रक्रिया से चित्त धर्मकाया में लीन हो जाता है, निःस्वभाव हो जाता है और उसे सहजकाया में अमरता प्राप्त हो जाती है। अमरता वास्तव में मरण का निषेध है और मरण केवल शून्यता के अज्ञान से होता है। शून्यता के ज्ञान के पश्चात् तो साधक जान जाता है कि न मरण है न उत्पत्ति, 'प्रतीत्य-समुत्पाद' के सिद्धान्त से सभी वस्तुएँ निःस्वभाव हैं, नैरात्म्य हैं। इसी ज्ञान के द्वारा[23] धर्मधातु में प्रवेश करना ही अमरत्व है। अतः रसायनशास्त्र में धातुओं के परिशोधन को सिद्धों ने बुद्धकाया के धातु परिशोधन के अर्थ में ग्रहण किया है।

किन्तु यह परिशोधन की क्रिया बड़ी ही भ्रान्तिपूर्ण है और जो इसे भली-भाँति नहीं जानता है वह नष्ट हो जाता है। इसीलिए सरहपा साधकों को चेतावनी देते हुए कहते

हैं कि 'ओ वत्सो! इस रसरसायन का भेद तो पहले समझ लो। सब लोग तो उसे पढ़ते मात्र हैं उसका शोधन कोई भी नहीं जानता।[24] वास्तव में अजर-अमर वह है जो जीवन का उपभोग करते हुए भी वृद्ध नहीं होता।'[25] इसीलिए काण्हपा कहते हैं कि जो सहज में अपने मन को निश्चल कर लेता है वह सिद्ध होता है और उसे जरा-मरण का भय नहीं रहता। महामुद्रा से संग करने के लिए ऐसा ही रसायन सिद्ध समर्थ है।[26]

किन्तु लोकप्रचलित धातु को स्वर्ण बनानेवाली रसायन-साधना को सिद्ध लोग त्याज्य समझते थे क्योंकि वास्तविक धातु तो धर्मकाया की धर्मधातु है। इसीलिए सरहपा अपने चर्यापद में कहते हैं कि :

'लोक स्वतः निर्वाण और भव की रचना करते हैं और उसमें बँधकर फिर दुःखी होते हैं। जो नैरात्म्यज्ञान को जानता है वह मरण और जन्म में कोई अन्तर नहीं समझता। अतः वह अमर हो जाता है। जो जन्म और मरण की भ्रान्ति में पड़ा रहता है ऐसा योगी ही लौकिक स्वर्ण-सिद्धि के लिए रसायन शोध में पड़ा रहता है।[27] वास्तव में यह तो नैरात्म्यज्ञान के रस द्वारा चित्त के विशोधन की प्रक्रिया है। यह नैरात्म्यज्ञान का रस बहुत रहस्यमय है। इसीलिए सरहपा पुनः कहते हैं कि पुत्रो यह तो प्रज्ञोपाय या सहज-तत्त्वरूपी विचित्र रस है इसका वर्णन ही नहीं हो सकता।'[28]

चित्त का हनन—विशोधन के अतिरिक्त सिद्धों द्वारा प्रयुक्त दूसरा शब्द है हनन अर्थात् मन का हनन। चर्यापदों की रूपकप्रधान शैली में चित्त के हनन को चंचल मूषक के हनन तथा शतरंज की गोटी के हनन के रूपकों में व्यक्त किया गया है। भुसुकुपा इस चंचल चित्तरूपी मूषक को मारने का आदेश योगियों को देते हैं ताकि वे 'अवणा-गवणा' से मुक्ति पा सकें।[29] कृष्णपा करुणारूपी पीढ़िका पर साधनारूपी शतरंज खेलते हुए ठाकुर को मति द्वारा (वजीर द्वारा) पराजित करने का उल्लेख करते हैं।[30] मति के अर्थ टीका में प्रज्ञापारमिता ज्ञान तथा ठाकुर का अर्थ चित्त बताया गया है। चित्तरूपी ठाकुर के मारे जाने का अर्थ है चित्त का परिनिर्वाण में स्थित होना।[31] तिल्लोपा अपने दोहों में निर्वाण द्वारा चित्त का हनन कर उसे मारने का उपदेश देते हैं।[32] जब वह मर जाता है तब वह पवन में लीन हो जाता है।[33] महामुद्रा की साधना के लिए इस चित्त का मारना और निर्मूल कर देना अनिवार्य है।[34] इस प्रसंग में मारने या हनन करने का भी एक परम्परागत रासायनिक अर्थ ही है।

रसेश्वर सम्प्रदाय में परम्परागत रासायनिक प्रक्रियाओं के आधार पर मन को पारद की संज्ञा दी गयी थी। वह चंचल है। उसे बद्ध कर उसको मृत कर दिया जाता था और विशोधन की प्रक्रिया से स्थिर और निश्चल हो जानेवाले पारे को मूर्च्छित और शुद्ध पारा कहते थे और तब उसका अभ्रक से संयोग कराया जाता था जो गौरी का रज है।[35] इस पारे के हनन और विशोधन में पवन विशेष साधन था। पवन में लीन बद्ध-पारा मनुष्य साधक को उड़ने की शक्ति दे देता था। सिद्धों ने भी मृत चित्त की पवन में लीन होने की बात कही है। जिससे उनका अर्थ वज्र चित्त को कमल तक ले जानेवाली श्वास-

प्रक्रिया से है। तथा मृत्यु का विकल्प करनेवाले इस चित्त को खेचरी पद भी प्राप्त हो जाता है। बौद्ध अष्ट महासिद्धियों में भी रसरसायन के बाद ही खेचरी की गणना की गयी है। इससे स्पष्ट है कि चित्त के हनन से भी सिद्धों का तात्पर्य रासायनिक प्रक्रिया में वर्णित पारे के रूपक से चित्त को हठयोग में प्रवृत्त करना है।

अमनसिकार—पुरानी बौद्ध परम्परा में इसी प्रक्रिया को अमनस्कार या अमनसिकार साधना कहते थे। सिद्धों ने इस शब्द को भी अपनाया है और उसका प्रचुर प्रयोग किया है। प्रबुद्ध साधक को उन्होंने स्वतः को 'भवभंजन अमनसिकार' मानने का उपदेश दिया है।[36]

इस अमनस्कार साधना का योगाचार में ही विधान मिलता है। असंग के महायान-सूत्रालंकार में ही अमनसिकार प्रणाली का विवेचन है।[37] इस अमनसिकार की व्याख्या करते हुए हरिभद्र कहते हैं कि यह बोधिसत्त्व मन का स्वभाव है।[38] अमनस्कार के अर्थ वास्तव में 'मनस्कार' का विरोधी स्वभाव है। मनस्कार की कल्पना महायानी सम्प्रदायों में इस प्रकार विकसित हुई है। सर्वास्तिवादी मनस्कार को दशभूमिक चैत्त धर्मों में से एक मानते थे जिसका अर्थ था सांसारिक कार्यों में प्रवृत्त होना।[39] विज्ञानवादियों ने इसे व्यापक चैत्त धर्मों में से प्रमुखतम तथा सर्वप्रथम माना और वह केवल एक प्रवृत्ति न रहकर मन की सभी वृत्तियों को परिचालित करनेवाली मूल प्रवृत्ति के रूप में स्वीकार की गयी।[40] अतः अमनसिकार साधना का उपदेश दिया गया जिसके द्वारा वह उस मूल मनस्कार वृत्ति से छुटकारा पा जाता है जो पंचस्कन्धादि चित्त के विकाररूपी संसार में बोधिसत्त्वों को प्रवृत्त करती है।

सिद्धों के टीकाकार भी इसकी अमन संज्ञा देते हैं और इसकी व्याख्या 'न मनसिक्रियते इति अमनसिकारः' इस प्रकार कहते हैं।[41] सरहपा भी इस मन को 'अमन' करने का उपदेश देते हैं और सहज स्वभाव में स्थित करने का उपदेश देते हैं।[42]

किन्तु यह अमनस्कार की साधना केवल निषेधात्मक साधना नहीं थी। इसके बाद साधक विरक्त नहीं होता था। वह फिर भी विषयों में रमता था, समस्त कार्यों में भाग लेता था किन्तु विशुद्ध मन से। इसके लिए वे प्रख्यात परम्परागत जल और कमल की उपमा देते थे। सरहपा कहते हैं कि विषयों में रमण करते हुए भी विषयों में लिप्त न हो जैसे उत्पल जलतरंगों पर विकसित होता है किन्तु जल से निर्लिप्त रहता है।[43]

राग और महाराग—वास्तव में सिद्धों के मार्ग में कहीं भी मन की वृत्तियों को सर्वथा निर्मूल कर वैराग्ययुक्त निवृत्तिमय साधना का उपदेश नहीं है। वे जीवन को ज्यों-का-त्यों स्वीकार करना चाहते थे और राग का शुद्ध रूप पहचानने का आग्रह करते थे। इसीलिए उन्होंने सांसारिक राग का तो परित्याग करने का उपदेश दिया ही है किन्तु निवृत्तिमूलक, निषेधात्मक, निराशावादी विराग को भी बन्धन का कारण बताकर उसके भी परित्याग का उपदेश दिया है।[44] इस प्रकार सांसारिक राग का[45] परित्याग कर और विराग का भी परित्याग कर उस राग का स्वरूप पहचानना चाहिए जो मोक्ष का कारण है। वह राग उस तरुणी महामुद्रा ज्ञानरूपी प्रज्ञा के प्रति स्नेह के रूप में है, उसके बिना

इस जन्म में तो बोधि की उपलब्धि नहीं हो सकती और न बोधिचित्त की साधना हो सकती है।[46] क्योंकि बोधिचित्त तो शून्यता और करुणा के अद्वय से सिद्ध होता है और राग ही करुणा है।[47] यदि राग नहीं रहा तो केवल शून्यताज्ञान कुछ नहीं कर सकता। सम्बोधि का वास्तविक लक्षण तो महाराग ही है।[48] राग करुणा का प्रतीक होने से वज्र है, उपाय है और महामुद्रा की साधना उसके बिना सम्पन्न नहीं हो सकती।[49] चूँकि राग करुणा का प्रतीक है और शून्यता से संग करने के लिए उन्मुख है अतः उसे वज्र राग कहा गया है।[50] जो वज्र स्वभाव धारण कर लेता है, उसे यही वज्र राग (महामुद्रा के प्रति अनुरक्त होने से महाराग) बन्धन से मुक्त कर देता है, यद्यपि यही राग सांसारिक बुद्धि से ग्रहण किये जाने पर बन्धन का कारण होता है। इस प्रकार राग को सिद्धों ने राग द्वारा ही परिशमित करने का प्रयास किया था। यही उनके जीवन-दर्शन की मूल भित्ति थी।[51]

गुरु—किन्तु इस महारागयुक्त सहज-बोधि का समुत्पाद गुरु द्वारा प्रदत्त ज्ञान के बिना असम्भव है। इसीलिए सिद्धों की साधना-पद्धति में समस्त तान्त्रिक पद्धतियों की ही भाँति गुरु का अद्‌भुत महत्त्व है। गुरु के प्रति अपनी अटल भक्ति का प्रमाण सिद्धों ने कई प्रकार से दिया है। तिलोपा कहते हैं कि समस्त लोक तथा पण्डितों के लिए भी परमतत्त्व अगम अगोचर है। किन्तु गुरु के प्रसन्न होने पर कौन ऐसी वस्तु है जो अगम रह जाय।[52] आगमन तथा निगमन से रहित 'तथता' केवल गुरु के ही उपदेश से हृदय में प्रविष्ट हो सकती है।[53]

सरहपा भी सद्‌गुरु के वचनों से ही परम गुह्य सत्य का स्फुट रूप से प्रतिभासित होना मानते हैं।[54] वह परम तत्त्व इस प्रकार नहीं दीख पड़ता किन्तु केवल एक गुरु ऐसे हैं जो उसे प्रदर्शित कराते हैं।[55] साधक तो मूर्ख बालक के समान है जो जगत्प्रवाह में बहता चला जा रहा है किन्तु यदि गुरु के वचन हृदय में प्रवेश कर जायँ तो निश्चित रूप से साधक को इष्ट हस्तगत हो जाता है।[56] जहाँ इन्द्रियाँ अपना धर्म छोड़कर प्रज्ञोपाय में विलयित हो जाती हैं उस सहज तनु, उस महासुखकाया का भेद गुरु से ही पूछकर स्पष्ट जाना जा सकता है।[57] केवल गुरु के वचनों से ही सत्य पर प्रत्यय किया जा सकता है।[58] यही नहीं साधना-पद्धति में भी गुरु की सहायता अनिवार्य है। गुरु द्वारा प्रदत्त बोध से ही चित्त का निरोध और पवन का श्वास निरोध होता है।[59] गुरु के उपदेश से ही साधक अजर और अमर हो जाता है।[60] विरले ही यह भेद जानते हैं कि गुरु के उपदेशों से ही पुण्यों की प्राप्ति होती है।[61] वास्तव में सद्‌गुरु के वचन तो भवसागर के पार उतारनेवाली नौका के पतवार है जिन्हें धारण कर साधना प्रारम्भ की जाती है।[62]

शबरपा अपनी रूपक शैली में गुरु के वचनों को धनुष मानते हैं जिस पर उन्होंने अपने बोधिचित्तरूपी बाण का सन्धान कर एक ही बार में भव और निर्वाण दोनों को

वेध दिया है।[63] लुईपा भी समस्त ज्ञान की गुरु से ही प्राप्ति बताते हैं।[64] काण्हपा भी वज्ररूपी कुठार से भवरूपी वृक्ष का उन्मूलन करने का पक्ष लेते हैं।[65]

सिद्धों के उपर्युक्त कथनों का विश्लेषण करने पर हम पाते हैं कि गुरु के महत्त्व के निम्नलिखित कारण हैं—

क. गुरु जगत्प्रवाह में बहते साधक को निरुद्ध कर लेता है।

ख. जो तत्त्व शिष्य अपनी अज्ञानता के कारण नहीं ग्रहण कर पाता वह गुरु की प्रसन्नता से सहज में ही प्राप्त हो जाता है।

ग. साधना में गुरु के वचन पतवार के समान रहते हैं। वह शिष्य की साधना का निर्देशन करता रहता है।

इन्हीं कारणों से सिद्धों ने गुरु का नाम सदैव बड़े आदर से लिया है। 'वरगुरुपाद'[66] या 'श्री गुरुनाथ'[67] का प्रयोग तो मिलता ही है, सरहपा एक स्थान पर गुरु को तथागत वज्रधर बताते हैं।[68] अतः शिष्य को उनके चरणों की आराधना करनी चाहिए[69] और उनके प्रति अटल भक्ति रखनी चाहिए। गुरु के सामने मुग्ध बालक की भाँति सरल चित्त से रहना चाहिए तभी सहज उल्लास की अनुभूति होती है।[70]

सिद्धों में गुरु के प्रति यह अटल भक्ति तान्त्रिक होने ही के नाते थी, बौद्ध होने के नाते नहीं। क्योंकि बौद्धों में संघ को महत्त्व दिया गया था। गुरु को इतना महत्त्व नहीं मिला था। कहा जाता है कि एक बार बुद्ध से किसी ने पूछा कि आपका गुरु कौन है तो उन्होंने उत्तर दिया था 'मैंने सबको पराभूत कर लिया है, मैं सर्वविद् हूँ, सब धर्मों में निर्लिप्त हूँ, सबका मैंने परित्याग किया है, मेरी समस्त तृष्णाओं का क्षय हो चुका है। किन्तु यह सब मेरे निजी अभिज्ञान का फल है, इसमें किसी के उपदेश का क्या। मेरा गुरु कौन है?'[71]

किन्तु ज्यों-ज्यों महायानी परम्परा में बौद्धधर्म तर्कशीलता छोड़कर साधना और अनुभूतिपरक होता गया त्यों-त्यों बौद्धधर्म में गुरु का महत्त्व बढ़ता गया। समस्त तान्त्रिक साधनाओं में गुरु का विशेष महत्त्व है क्योंकि तन्त्र, योग तथा अनुष्ठानों को विशेष महत्त्व देते हैं। ये योग और अनुष्ठान दुरूह तथा अगम्य हैं और अज्ञानी व्यक्ति इनकी साधना नहीं कर सकता। साधना की इस दुरूहता के अतिरिक्त गुरु की महत्ता में इस अद्भुत वृद्धि का एक दूसरा रहस्य भी है। तन्त्र-सम्प्रदाय नये सम्प्रदाय थे और उनके प्रवर्तक अधिकांश या तो अब्राह्मण थे या ऐसे ब्राह्मण जो कर्मकाण्डी वैदिक ब्राह्मणों द्वारा हेय समझे जाते थे। अतः अपनी स्थिति सुदृढ़ बनाने के लिए और अपने प्रतिद्वन्द्वी वैदिक ब्राह्मण आचार्यों को पराजित करने के लिए उन्होंने अपने सम्प्रदाय और अपने शिष्यों का समुचित संगठन करना चाहा होगा जो गुरु के प्रति अटूट श्रद्धा के बिना असम्भव है। यह प्रतिद्वन्द्विता कभी-कभी जातीय और कभी-कभी स्थानीय आधार पर चलती होगी। यही कारण है कि तन्त्र कई क्रान्ताओं[72] में विभाजित थे और कहीं-कहीं तन्त्रों में इस प्रकार के भी निर्णय मिलते हैं कि कहाँ के गुरु श्रेष्ठ होते हैं।[73] इस प्रदेश के अतिरिक्त प्रदेशों के गुरु द्वितीय अथवा तृतीय श्रेणी के बताये गये हैं।

बौद्धों में ज्यों-ज्यों तान्त्रिक प्रवृत्तियों का प्रवेश होता गया त्यों-त्यों गुरुओं का महत्त्व बढ़ता गया। साधना की प्रमुखता के साथ-साथ साधना के निर्देशक गुरु का महत्त्व बढ़ना स्वाभाविक है। अनंगवज्र ने तो गुरु की महत्ता का कारण ही यह बताया है कि वे साम्नाय होते थे अर्थात् विभिन्न आम्नाओं का भेद जानते थे और अपने आम्नाय में शिष्य को दीक्षित कर वे उसे निर्वाण और भव दोनों से विमुक्त कर प्रज्ञोपायात्मक सहज सुख में प्रतिष्ठित कर देते थे। वसुधातल पर यह तत्त्व केवल गुरु जानता है। अतः सिद्धि के लिए उसकी उपासना करनी आवश्यक है।[74] इसलिए तत्त्व-रत्न वही प्राप्त करते हैं जो आम्नाय में दीक्षित होकर वज्राचार्यों की उपासना करते हैं।[75] गुह्य-समाज-तन्त्र में तो प्रत्येक तथागत का भी एक वज्राचार्य बताया गया है और वे तथागत उसकी पूजा करते हैं।[76] क्योंकि तथागत तो केवल बुद्ध हैं जबकि गुरु बुद्ध भी है, संघ भी है, धर्म भी है।[77] इसीलिए आर्यदेव ने उसकी छाया का उल्लंघन भी वर्जित ठहराया है।[78] ऐसे गुरु के प्रति श्रद्धा आवश्यक है क्योंकि जैसे जलमणि मलिन जल को भी स्वच्छ कर देती है उसी प्रकार गुरु के प्रति श्रद्धारूपी मणि भी चित्त को विशुद्ध कर देती है।[79] इस प्रकार यह चित्त-विशुद्धि बिना गुरु के असम्भव है और इसीलिए गुरु का इतना महत्त्व है।

किन्तु इसके साथ-ही-साथ सिद्ध स्पष्ट संकेत करते हैं कि गुरु वही होना चाहिए जो सहज साधना में निष्णात हो या अनंगवज्र के शब्दों में प्रज्ञोपायोपदेशक हो, अन्यथा गुरु और शिष्य दोनों की वैसी परिस्थिति होगी जैसे अन्धा अन्धे को खींचता है और दोनों कूप में जा गिरते हैं।[80]

बाह्य अनुष्ठान—शिष्यों अथवा साधकों की विभिन्न अवस्थाएँ बतायी गयी हैं और उन्हीं के अनुसार साधनाओं का विधान गुरु करता था इसकी ओर हम पहले संकेत कर चुके हैं। इस विभिन्न क्रमिक अवस्थाओं की ओर पूरी तान्त्रिक परम्परा का ध्यान था। वैष्णव संहिताओं में ही पूरी साधना-पद्धति को चार पादों या चरणों में विभाजित किया गया था—ज्ञान, योग, क्रिया तथा चर्या। वज्रयान में कुछ क्रमान्तर से ये ही चारों पद्धतियाँ मिलती हैं और उन्हीं के आधार पर वज्रयान की प्रमुख शाखाएँ परिकल्पित की गयी हैं।[81]

हिन्दी के कुछ विद्वानों का यह विचार है कि 'सिद्धों ने इस समस्त क्रिया और चर्या-साधना के मन्त्र, तन्त्र, देवपूजा आदि का प्रबल विरोध कर केवल सहज जीवन-पद्धति पर विशेष आग्रह किया। सिद्ध समस्त बाह्य अनुष्ठानों में एकदम विश्वास नहीं करते थे...और किसी प्रकार की पूजा-अर्चा में विश्वास नहीं करते थे।'[82] कुछ विद्वान् सहजयान की परवर्ती अवस्था में उसमें तन्त्र-मन्त्र का प्रवेश मानते हैं और सरहपा को इन सभी 'पाखण्डों' का विरोधी मानते हैं।[83] उनके इस मत का आधार दोहाकोष में स्थान-स्थान पर की गयी मन्त्र-तन्त्र, देवता, पूजा आदि की कठोर आलोचना है जो सरहपा, तिलोपा तथा काण्हपा में एक समान मिलती है।[84] किन्तु उस समय सिद्धों की साम्प्रदायिक परिस्थिति और तान्त्रिक सम्प्रदायों की अतान्त्रिक सम्प्रदायों और एक

तान्त्रिक सम्प्रदाय की दूसरी तान्त्रिक सम्प्रदायों से जो द्विविध प्रतिद्विन्द्विता चल रही थी उसकी पृष्ठभूमि में देखने से यह आलोचना सिद्धान्ततः सभी देवताओं, मन्त्रों, मण्डल-चक्रों और तन्त्रों की आलोचना न होकर अपने देवता, मन्त्र, मण्डल-चक्र और तन्त्रों को उचित प्रमाणित करने के लिए दूसरे सम्प्रदायों के देवता, मन्त्र, मण्डल-चक्र और तन्त्रों की आलोचना सिद्ध होती है,[85] जिस पर आगे विस्तार से विचार करेंगे।

इसका एक पहलू और है। सिद्धों की पद्धति प्रज्ञोपाय योग की पद्धति थी अतः वे बाह्य पद्धतियों के बौद्ध रूप को बहुत सीमा तक स्वीकार करते हुए भी अन्तर्साधना या चित्त साधना पर विशेष बल देते थे। इसीलिए उन्होंने तत्त्वज्ञान के बिना की जानेवाली क्रिया और चर्या को निष्फल ठहराया है।[86] किन्तु उसका सर्वथा निषेधपरक अर्थ नहीं लिया जा सकता क्योंकि न केवल सिद्ध वरन् अन्य तान्त्रिक आचार्यों ने भी सांकेतिक अर्थ से विहीन अपनी पद्धति के अनुष्ठानों का भी उतना ही विरोध किया है जितना अन्य सम्प्रदायों के अनुष्ठानों का। तन्त्रों में एक स्थान पर कहा गया है कि यदि मद्यपान से मुक्ति मिल जाती है तो सभी मद्यपी मुक्त हो जाते। यदि केवल स्त्री संग से मुक्ति मिलती तो संसार में कौन है जो मुक्ति से बच जाता। तन्त्रों का पथ इतना सरल नहीं है। वह खड्गधार पर चलने के समान है।[87]

जब वे अनुष्ठानों का विरोध करते थे तब उनका तात्पर्य प्रज्ञोपाय की चेतना से रहित 'बाह्य' अनुष्ठानों से था क्योंकि प्रज्ञोपाययुक्त नैरात्म-स्वभाव के अनुष्ठान तो बाह्य रहे ही नहीं। यह तर्क हमें सरहपा के दोहाकोष की अद्वयवज्र द्वारा की गयी टीका में कई जगह मिलता है। अद्वयवज्र ने ही अपने ग्रन्थों में अन्यत्र इन बाह्य अनुष्ठानों के पक्ष में काफी तर्क दिये हैं। एक स्थान पर उन्होंने लिखा है कि यद्यपि अन्ततोगत्वा शुभ तथा अशुभ में कोई अन्तर नहीं, फिर भी शुभ अनुष्ठान सुखद ही होते हैं जैसे जल में बिम्बित चन्द्र सुखद ही होता है, दुःखद नहीं। अन्य स्थान पर उन्मत्त व्रती के लिए भी उन्होंने आदि कर्मों का विधान किया है और यदि कोई यह तर्क दे कि संसार नश्वर है, बाह्य अनुष्ठान व्यर्थ हैं तो उसका यह तर्क नास्तिक चार्वाक मत के अन्तर्गत आयेगा, वज्रयान के अन्तर्गत नहीं।[88]

किन्तु इसके विरुद्ध यह तर्क प्रस्तुत किया जा सकता है कि सम्भव है सरहपा का यह तर्क न रहा हो, यह तर्क टीकाकार का है जो सरहपा के बाद हुआ जब सहजयान में मन्त्र-तन्त्र फिर अपना लिये गये हों।[89] किन्तु हमें कई स्थानों पर सरहपा के ही दोहों में बाह्य अनुष्ठानों का संकेत मिलता है और बाह्य प्रमाण तो इस बात के यथेष्ट मिलते हैं कि सरहपा तथा सिद्धों की पूरी परम्परा मन्त्र-तन्त्र में निष्णात थी। पहले हम बाह्य प्रमाणों पर विचार करेंगे।

पंच तथागत तथा उनके पाँच कुलों से उद्भूत अगणित बौद्ध देवी-देवताओं के पूजन आदि की विधियों के कुछ संग्रह साधनमाला में हैं। उनमें से बहुत-सी साधनाएँ ऐसी हैं जिनके सिद्धों के द्वारा रचित होने का उल्लेख मिलता है। यदि हम उनमें से उन सिद्धों

की गणना न भी करें जिनकी रचनाएँ दोहाकोष और चर्यापद में नहीं मिलती हैं तो भी कई महत्त्वपूर्ण सिद्ध हैं जिनकी साधनाएँ उस संग्रह में प्राप्य हैं।

स्वतः सरहपा के नाम की दो साधनाएँ 'त्रैलोक्यशंकर लोकेश्वर' के प्रति मिलती हैं। उनमें से पहली तो उनके द्वारा रचित बतायी गयी है[90] और दूसरी उनके द्वारा ओड्डियान क्रम में अवतरित बतायी गयी है।[91] ये साधनाएँ वास्तव में सरहपा द्वारा ही रचित हैं, इसका कोई प्रमाण नहीं मिलता लेकिन यह साधना सरहपा ही के नाम की है इसका कोई कारण तो होगा ही।

शबरपाकृत सित कुरुकुल्ला साधना[92] प्राप्त होती है जिसमें सिद्ध शबरपा का एक दोहा भी प्राप्त है।[93] इसी प्रकार विरूपाक्षकृत एक साधना महाकाल के प्रति मिलती है[94] कुक्कुरीपा महामाया साधन[95] के लेखक हैं और तिब्बती अनुश्रुतियों के अनुसार वे महामाया तन्त्र के प्रवर्तक भी थे। इसी प्रकार कृष्णपाद द्वारा कृत कुरुकुल्ला साधना प्राप्त है जिसमें सर्पों के विष-मोचन का भी साधन बताया गया है।[96] कोंकणपा की एक साधना में शव पर आसीन होकर मन्त्र जाप का विस्तृत विधान मिलता है।[97] यदि हम इन साधनाओं को इन सिद्धों द्वारा रचित न भी मानें तो ये उनके आम्नाय से सम्बन्धित थीं इसमें सन्देह नहीं किया जा सकता।

बाह्य अनुष्ठानों की दृष्टि से अगर हम इन साधनाओं का परीक्षण करें तो क्या है जो हमें इन साधनाओं में नहीं मिलता है। देवी-देवताओं के भयोत्पादक विचित्र रूप, वेशभूषा, वाहन, मुद्राएँ और विन्यास, पूजा का समय-निर्णय, तान्त्रिक चक्र रेखाएँ और मन्त्र, धूप, दीप, नैवेद्य, होम, मन्त्र जाप, तन्त्र, मुद्रा, शव और कपाल साधनाएँ, जादू-टोना, छोटे-छोटे चमत्कार और षट्कर्म सभी का उल्लेख इन साधनाओं में है।

अब हम आन्तरिक प्रमाणों पर विचार करेंगे। जहाँ तक पंच तथागत और उनकी पूजा का उल्लेख है हम देख चुके हैं कि दोहों में 'बुद्ध आराहिअ अविअल चित्ते' ऐसा स्पष्ट उल्लेख मिलता है।[98] इन पंच तथागत, उनकी शक्तियों और कुलों की समस्त कल्पना सिद्धों को मान्य थी और वे इनके अतिरिक्त अन्य देवताओं का निषेध करते थे। दोहों की टीका में अष्ट-साहस्रिका का वह आदेश उद्धृत किया गया है जिसमें अन्य देवताओं को धूप, दीप, पुष्प देने का निषेध है और केवल बुद्ध की पूजा का विधान है।[99] अगले दोहों की टीका में तथागत को अद्वय प्रज्ञोपायात्मक ज्ञान का रूप बताया गया है।[100] किन्तु अद्वय की स्थिति सिद्धाम्नाय में धुनन कम्पन आदि क्रियाओं में भी मानते थे। ऐसा हम सरहपा की साधना में देख चुके हैं। शबरपा की साधना में वर्णित वं बीजाक्षर का सिद्धों के दोहों में स्पष्ट उल्लेख है। एवंकार को बीज बताते हैं जिसे ग्रहण कर सुरत वीर साधक कुसुमित अरविन्द उष्णीष कमल में मधुकर रूप से प्रवेश कर मकरन्द सहजानन्द का पान करता है।[101] इस एवंकार को जो जान लेता है वह सकल अशेष को जान लेता है।[102] इस 'एवं' को हेवज्र तन्त्र में प्रज्ञोपाय, युगनद्ध, अद्वय का अक्षर प्रतीक माना गया है। एकार के मध्य जो वकार प्रतिष्ठित है वह सर्वसुखों

का आलय है।[103] क्योंकि यह ए माता, प्रज्ञा, कमल, भगवती है और वं पिता, उपाय, करुणा, कुलिश और भगवान् है।[104] एवं रूपी बीज को ग्रहण करने के अर्थ ही हैं कि योग के समय इन दोनों अक्षरों पर ध्यान केन्द्रित कर या उनका जप करते हुए पवन का निरोध करना चाहिए। योग-साधना में सभी सम्प्रदायों में इन तन्त्राक्षरों का विशेष महत्त्व रहा है और प्रत्येक चक्र की पाँखुरियों पर ये तन्त्राक्षर स्थापित किये गये थे। दोनों में भी हमें अवधूती पर हं अक्षर की स्थापना मिलती है।[105]

यद्यपि इन अक्षरों के मन्त्र रूप जप करने में कई सिद्धियाँ बतायी गयी हैं किन्तु यह अच्छी तरह ध्यान रखना चाहिए कि केवल योग में चित्तवृत्ति को दृढ़ रखने तथा शून्यताज्ञान और वज्रस्वभाव से समन्वित बोधिचित्त का समुत्पाद करने के लिए ही इनका जप सार्थक है। ये मन्त्रादि स्वतः प्रमुख साधन नहीं हैं। ये योग के सहायक साधन हैं। इस प्रकार के बाह्य अनुष्ठानों से आन्तरिक साधना में सहायता लेने की परम्परा योगाचार से ही चली आ रही है। योगाचार में श्वास-प्रक्रिया के समय अर्हन् शब्द के जाप का महत्त्व था क्योंकि अर्हन् त्रिरत्न का प्रतीक था। अ धर्म का, र बुद्ध का और हन् संघ का। इस प्रकार के बीजाक्षरों को वे 'सद्द गहन' कहते थे।[106] इन अक्षरों को मन में धारण करके वे विस्तार का ध्यान करते थे अर्थात् मूलाधार से हृदय तक के आन्तरिक विस्तार का, जिनमें चक्र स्थित हैं।[107] फिर इस ध्यान को और भी केन्द्रित करने के लिए वे मोम समिधाओं का उपयोग करते थे। एक समिधा मोम में गाड़कर जला दी जाती थी। जब एक मोम समिधा जलती होती थी तब तक वे ध्यान करते जाते थे और एक समिधा के बुझते ही उनके मन में प्रथम महाभूत का उदय होता था। इस प्रकार 5 समिधाओं के बाद पाँचों महाभूत उदित होते थे और पंचविध सुख की प्राप्ति होती थी।[108] मोमदीपों की ही भाँति, पृथ्वी कषिण, आपो कषिण, अग्नि कषिण, वायु कषिण, सभी कषिणों का समवेत प्रबन्ध, नील, पीत, रक्त, श्वेत कषिण, क्षिति कषिण और ज्योति कषिण का प्रयोग होता था। अतः आन्तरिक साधनाओं पर विशेष ध्यान रखते हुए भी बाह्य अनुष्ठानों का प्रयोग सिद्धों को विज्ञानवादी परम्परा से ही प्राप्त हुआ था, इसी कारण वे क्रियाचर्यादि के उस रूप का बहिष्कार करते थे जो केवल बाह्य अनुष्ठानात्मक हो और आन्तरिक साधनाओं का सहायक न हो।

चर्या या जीविका वृत्ति—इस प्रकार सिद्धों ने क्रिया और चर्या का आन्तरिक साधनाओं से अभेद स्थापित कर दिया था। चर्या का तो एक विशेष अर्थ सिद्ध सम्बन्धी अनुश्रुतियों में प्राप्त होता है। कहा यह जाता है कि इन सिद्धों की दैनिक चर्या सम्भवतः उनकी जीविका या उस जाति की जीविका से सम्बद्ध होती थी जिससे कि वे आये हैं। अनुमान किया गया है कि लुईपा मछली पकड़ते थे, तिलोपा तिलों से तेल निकालते थे।[109] तन्तिपा जुलाहे थे। सिद्ध होने के उपरान्त भी इन्होंने अपनी चर्या नहीं छोड़ी केवल उसका अध्यात्मपरक अर्थ दे दिया। शून्यताज्ञान की प्राप्ति को किस प्रकार रुई धुनने के रूपक में व्यक्त किया गया है यह हम देख चुके हैं।[110] कौन जानता है कि

जैसे कबीर करघे पर बैठकर ताना-बाना बुनते हुए 'झीनी-झीनी बीनी रे चदरिया' के रूपक से आत्म-ज्ञान का उपदेश देते थे, वैसे ही ये सिद्ध भी अपनी-अपनी दिनचर्याओं को नैरात्म्य-ज्ञान का अनुष्ठान बना चुके हों।[111]

वास्तव में इसके पीछे वही सामाजिक परिस्थिति, जातिगत संघर्ष रहा होगा जिसमें वे ब्राह्मण जो निम्न वर्ग के श्रमिकों की वृत्ति अपना चुके थे, उन ब्राह्मणों द्वारा तिरस्कृत किये जा रहे थे जो केवल कर्मकाण्ड पर निर्भर थे। इन नयी वृत्तियोंवाले ब्राह्मणों तथा उनके साथ अन्य नयी श्रमिक जातियों ने नये तान्त्रिक सम्प्रदाय अपनाये।[112] और उनके नये प्रकार के अध्यात्म में आन्तरिक और बाह्य, दिव्य और भौतिक तथा साधना और श्रम में एक समन्वय मिलता है। वे अपने श्रम को भी सम्मान की दृष्टि से देखते होंगे और अनुदार कर्मकाण्डी ब्राह्मणों को समुचित उत्तर देने के लिए उस श्रम की भी अध्यात्मपरक व्याख्या करते रहे होंगे।

श्रम को एक लय और गठन देने के लिए संगीत का सदैव विशेष महत्त्व रहा है। इन बाह्य अनुष्ठानों के साथ-साथ गीत का विधान बराबर योगाचार में भी मिलता है। झाण (ध्यान) की एकाग्रता के लिए साधक को महामैत्री-गीतिका का गान करना चाहिए।[113] सिद्धों की साधना में भी इनको गीतिकाएँ कहते हैं। कुक्कुरीपाद के महामाया साधन में एक वज्रगीति का उल्लेख है जो नृत्य के साथ साधना में गायी जानी चाहिए।[114] इसी प्रकार क्रिया-समुच्चय में वज्राचार्य द्वारा प्रणीत एक महासमय गीतिका दी गयी है जिसमें 5 दोहे हैं और पाँचों द्वारा नैरात्म्य-योगिनी, लोचना, मामाक्षी, पाण्डुरा तथा तारा के आह्वान का विधान है।[115] इन वज्रगीतिकाओं में चर्या तथा बाह्य अनुष्ठानों के आन्तरिक आध्यात्मिक अर्थों की व्याख्या रहती थी अतः चर्यादिक में इन गीतियों और पदों के गाने का विधान था।[116]

कुदृष्टि निर्घात—इस प्रकार ये बाह्य अनुष्ठान और आन्तरिक साधनाएँ इतनी घुल-मिल गयी थीं कि यह कह सकना असम्भव है कि यह विशुद्ध बाह्य अनुष्ठान है और यह शुद्ध आन्तरिक योग-पद्धति। किन्तु एक अनुष्ठान का उल्लेख सरहपा के दोहों में मिलता है जो बोधिचित्त समुत्पाद और साधक को इस गुह्य मार्ग में दीक्षित करने की विधि रूप में सम्पन्न होता था। वह है कुदृष्टि निर्घात। सरहपा मूर्ख साधक को चित्त द्वारा चित्त का निरीक्षण करने, उपदेश देते हुए समस्त कुदृष्टि का त्याग करने का उपदेश देते हैं।[117] सेकोद्देश टीका में नडपाद ने भी सरहपाद की एक उक्ति उद्धृत की है जिसमें सरहपा दृष्टि के निरोध का उपदेश देते हैं।[118] इस कुदृष्टि के परित्याग और निरोध के साथ कौन-से बाह्य अनुष्ठान थे और गुरु उनका निर्देशन किस प्रकार करता था इसका विस्तृत विवरण हमें अद्वयवज्रपाद की कुदृष्टि निर्घात नामक छोटी-सी कृति में मिलता है।[119]

कुदृष्टि निर्घात साधना के विस्तार में न जाकर इतना ही जान लेना यथेष्ट होगा कि मन्त्र, देवताराधन आदि से समन्वित यह अनुष्ठान-चर्या आदि-कर्म के नाम से पुकारी जाती थी और इस आदि-कर्म का विधान साधना की प्रारम्भिक अवस्था में था।

देह का महत्त्व—आदि-कर्म द्वारा शुद्ध दृष्टि प्राप्त कर लेने के बाद दीक्षा प्राप्त साधक को गुरु यह बताता है कि यह सब बाह्य अनुष्ठान तो चित्त के निरोध से तुम शरीर के ही अन्दर कर सकते हो क्योंकि देह में बुद्ध का वास है पर अज्ञानी उसे नहीं जानता है। इसी को सरहपा योगिनी के दृष्टान्त से समझाते हुए कहते हैं कि जैसे कोई योगिनी घर में प्रियतम के होते हुए भी ग्राम भर में जाकर पूछती फिरे कि प्रिय कहाँ गये, उसी प्रकार अज्ञानी साधक है जो देह ही में भगवती नैरात्मा तथा तथागत दोनों का वास होते हुए भी संसार भर में बाह्य अनुष्ठानों के माध्यम से उन्हें खोजता फिरता है।[120]

सरहपा इसीलिए कहते हैं कि पण्डितगण समस्त शास्त्रों का बखान करते हैं किन्तु इसी देह में बुद्ध का वास है और पंच तथागत अपनी शक्तियों से युक्त इसी में निवास करते हैं इस भेद से कोई अवगत नहीं है।[121] चर्यापदों में भी कृष्णाचार्य इसी देहरूपी नगरी में कपाली योगी द्वारा एकाकार होकर विहार करने का वर्णन करते हैं।[122] दूसरे पद में वे कायारूपी नौका में पंच तथागतों को डाँड़ बनाकर मायाजाल को पार करने का व्रत लेते हैं।[123] सरहपा भी अपने एक पद में कायारूपी नौका का कर्णधार मन को प्रज्ञोपायज्ञान से विशुद्ध बताते हैं।[124] वास्तव में सरहपा ने काया के महत्त्व को सबसे सुन्दर रूप में प्रस्तुत किया है। अपने दोहों में वे कहते हैं—'यही देह सुरसरि है, यमुना है, यही गंगासागर, यही प्रयाग, वाराणसी, चन्द्र, दिवाकर, धर्मक्षेत्र, पीठ, उपपीठ सभी यहीं हैं। मूर्ख! तू कहाँ-कहाँ घूमता-फिरता है। देह के समान सुख प्रदान करनेवाला तीर्थ और कहीं नहीं है।[125] इसकी व्याख्या करते हुए अद्वयवज्र लिखते हैं कि यह तन यमुना है, क्योंकि यमुना गहरी है, उसका पाट चौड़ा है, उसमें सभी प्रकार की नौकाएँ आ-जा सकती हैं अतः सभी प्रकार के यानों (साधना-पद्धतियों) को आश्रय देनेवाला यह शरीर यमुना है। यह गंगा है, क्योंकि यह समस्त समाधिरूपी सागरों में निमग्न होता है। प्रयाग है क्योंकि जैसे प्रयाग में संगम है उसी प्रकार इस तन में कमल और कुलिश का संगम होता है। यह वाराणसी भी है क्योंकि जैसे वाराणसी में जल की धारा को न केवल गंगा कह सकते हैं क्योंकि उसमें यमुना का अंश है और न उसे गंगा-यमुना का अद्वय ही कह सकते, वह गंगा ही कहलाती है, उसी प्रकार इस तन में निहित तत्त्व भी भाव और अभाव, भव निर्वाण दोनों से ही परे है। इसी में चन्द्र, दिवाकर का भी वास है। उसमें ये पुराने परम्परागत तीर्थ ही नहीं बुद्ध-क्षेत्र और सहज सिद्धि के पीठ आदि भी हैं। ये धर्म-महासुखपीठ हैं। ऐसे अद्भुत तीर्थ को छोड़कर बाह्य तीर्थों में भ्रमण करने से क्या लाभ है।[126]

देह को समस्त तीर्थों, क्षेत्रों तथा पीठों का आलय मानने की भावना सभी तान्त्रिक सम्प्रदायों और योगमार्गों में प्रचलित थी। कामरूप, पूर्णगिरि, जालन्धर और ओडियान आदि पाँचों प्रख्यात तन्त्र पीठों का स्थान इस शरीर में ही बताया गया है। (योगसार)।[127]

अतः यह देह का महत्त्व केवल शुद्ध भौतिक दृष्टिकोण से प्रतिपादित नहीं किया गया था। इसके पीछे एक गूढ़ आध्यात्मिक रहस्य था। इसीलिए हेवज्र तन्त्र में महासुख को देह में स्थित बताया है किन्तु 'देहज' नहीं।[128] प्रज्ञोपायात्मक ज्ञान से जब साधक अपनी देह को भी तथागत के स्वभाव का जान लेता है तब यही देह धर्मकाया हो जाती है।

जो पाँच डालोंवाली तरुवररूपी विनाशवान् काया है उसे साधक धर्मकाया के रूप में परिलक्षित करने लगता है। उस समय वह काया में रहते हुए भी काया से भिन्न रहता है। यदि काया से संयुक्त हुआ, उसमें लिप्त हुआ तो उसको ज्ञान नहीं प्राप्त होता।[129] किन्तु यदि वह अपनी काया में वास करनेवाले अशरीरी बुद्ध को जान लेता है, बुद्धकाया को जान लेता है तो वही ज्ञानवान् व्यक्ति 'कायस्थ' कहलाता है।[130] वह पवनरूपी काल का निरोध कर चन्द्र, दिवाकर का संगम कर अजरामर शरीर प्राप्त कर लेता है और उसी को सिद्ध कहते हैं।[131] इसी शरीर में स्थित मेरुदण्ड के सहारे पवन के निरोध से बोधिचित्त ऊर्ध्वगामी होता है। चारों चक्रों को भेदकर नाड़ियों में से होता हुआ प्रज्ञा-कमल से संगम करता है तभी रस (अमृत) की वर्षा होती है। यही कमल-कुलिश योग है जिस पर अब हम विचार करेंगे।

■■

ग

साधना-पद्धति (2)

पंचमहाभूत चित्त में—लगभग सभी तान्त्रिक और योग-साधना-पद्धतियों की भाँति सिद्धों की साधना-पद्धति में भी समस्त सृष्टितत्त्व और उसके मूल में व्याप्त सिद्धान्तों का और उनके सापेक्ष सम्बन्धों का साक्षात्कार अपनी देह में ही करने का उपदेश मिलता है। कैसे समस्त सृष्टि पंच-महाभूतों से निर्मित हुई है और उनके सम्मिलन का मूल आधार प्रज्ञा और उपाय तथा उनका मिलन है, इस पर हम विचार कर चुके हैं। सिद्ध भी उन पंच महाभूतों और उनके सृष्टि-रूप में गठन के मूल आधार प्रज्ञोपाय अद्वय की अनुभूति अपने ही अन्दर करने का उपदेश देते हैं क्योंकि वे समस्त बाह्य सृष्टि की उत्पत्ति चित्त की परिकल्पना से ही मानते हैं। अतः ज्ञान प्राप्त करने का एकमात्र साधन यह है कि ध्यान एकाग्र कर अपने ही अन्दर उन पंच महाभूतों और प्रज्ञा तथा उपाय का साक्षात्कार किया जाय, तभी वह संसार के धर्म और पुद्गल-नैरात्म्य का दर्शन कर, वज्रज्ञान प्राप्त कर सिद्ध बन सकेगा।

इस साधना की ओर काण्हपा ने अपने दोहों में संकेत किया है। वे कहते हैं कि पृथ्वी, आप, तेज, समीर तथा गगन इन पाँचों तत्त्वों को बीज-रूप में ग्रहण करना

चाहिए। इन्हीं पाँचों से यह शरीर बनता है और इसी से समस्त सुरासुर उत्पन्न होते हैं।[1] किन्तु इसका बीज वास्तव में बोधिचित्त का सुख-स्वभाव है जो रज से भूषित अक्षोभ्य वैरोचन रूप में स्थित है। अब महासुखरूपी गगन नीर अभिताभरूपी पंक का सृजन कर देता है तब यह वज्ररूपी सुख-स्वभाव अवधूतीरूपी मूल नाल पर चतुर्शून्यरूपी कमल के रूप में खिलता है। किन्तु इन सबों को 'णिअ देहहि दिट्ठओ' अर्थात् अपनी देह में ही देखना चाहिए।[2]

इसका साक्षात्कार अपनी देह में अपने ही चित्त के अन्तर्गत प्राप्त करने की प्रणाली काण्हपा इस प्रकार बताते हैं कि पहले साधक को प्रज्ञोपाय की एकता पर ध्यान करना चाहिए। इसके लिए उसे 'एवं' बीजाक्षर को केन्द्र बनाना चाहिए।[3] एवं का अर्थ प्रज्ञा और उपाय या कमल और कुलिश, या पद्म और वज्र है।[4] इस ध्यान में एवं के प्रज्ञोपाय युगनद्ध से सहज-ज्ञान की उत्पत्ति होती है,[5] जो बिन्दु रूप में होता है और ऊर्ध्वगामी होता है।

इस 'एवं' युगनद्ध से चित्त में ही पंच महाभूतों की उत्पत्ति होती है इसका उल्लेख टीकाकार ने हेवज्रतन्त्र के उद्धरण से स्पष्ट किया है।[6] उसमें प्रज्ञा तथा उपाय को कक्कोल और बोल कहा गया है। यह नाम हमें और भी कई स्थानों पर मिलता है।[7]

इस बोल-कक्कोल योग से स्पर्श और काठिन्य धर्म की अभिव्यक्ति पृथ्वी के रूप में होती है।[8] इसी सहज से बोधिचित्त की उत्पत्ति होती है जिसे शुक्र या वज्रोदक[9] कहा गया है। इसी से अप्धातु की उत्पत्ति होती है। यह चन्द्र रूप है। इसी से जल उत्पन्न होता है। जब यही बोधिचित्त वज्र या कुलिश के रूप में पद्म अथवा कमल प्रज्ञा से घर्षण करता है तो उससे तेज धातु अग्नि की उत्पत्ति होती है। उसके चलने से, हिलने से वायु की उत्पत्ति होती है और जो सुख प्राप्त होता है वही आकाश है। ये वही पाँच महाभूत हैं जिन्हें अशुद्ध चित्त बाह्य सांसारिक तत्त्वों के रूप में परिकल्पित कर भवजाल में उलझ जाता है किन्तु इन्हीं को जब बोल-कक्कोल योग से प्रज्ञोपाय युगनद्ध का ध्यान करते हुए अपने ही अन्दर अनुभव करता है तो पूर्णता को प्राप्त होता है।[10]

पूर्व-परम्परा—इस योग का मूल रूप हमें विज्ञानवाद की 'झाण' (ध्यान) साधना में मिलता है। विज्ञानवाद ने चित्त को एकमात्र सत्य माना था अतः विज्ञानवाद में भी भव की स्थिति और पंच महाभूतों की स्थिति मन के अन्दर ही मानी गयी थी और 'झाण' या ध्यान साधना में बाह्य भव-प्रवाह से मुक्त होने के लिए साधक एकान्त में जाकर इस बाह्य दृश्यमान् जगत् का चित्त के अन्दर साक्षात्कार करने की साधना करता था।[11] इसका साधन था चित्त की एकाग्गता (एकाग्रता)। योगाचार के अनुसार पहले साधक को अर्हन् शब्द को अपने मन में धारण कर उसी पर ध्यान एकाग्र करना चाहिए। यह अर्हन् साधारण शब्द नहीं वरन् बीजाक्षर है और इसके तीनों अक्षर त्रिरत्न धर्म, बुद्ध और संघ के वाचक हैं।[12] एक लम्बी साधना के उपरान्त उसके मन में दो रूप-चित्रों का उदय होता है। एक धूमिल और दूसरा स्पष्ट। दूसरे के उदय का अर्थ यह है कि

अब उसका समस्त व्यक्तित्व जाग्रत हो गया है। सबसे पहले तेज धातु का उदय होता है। इसमें स्वर्ण-वर्ण और अरुणोदय के वर्ण की अनुभूति होती है। इसका स्वरूप ब्रह्मवेला में उगनेवाले शुक्रतारक का होता है। इसके बाद आपो धातु का उदय होता है जो षोडश कलाओं से पूर्ण चन्द्र से उद्भूत है और पीत पुष्प और कमल वर्ण का द्योतक है। उसके पश्चात् वायु की उत्पत्ति होती है जो मेघ की भाँति उदित होती है और उसका वर्ण दोपहर के सूर्य का होता है। उसके बाद चमेली और कमल की भाँति, मयूरपंखों की भाँति आकाश-धातु का उदय होता है।[13] साधक इन सबों को समग्र रूप से नासिकाग्र से ग्रहण कर नाभि में स्थित करता है और तत्पश्चात् पथवी धातु (पृथ्वी) का उदय होता है। तब उसके पश्चात् वह हठयोग की साधना में प्रवृत्त होता है और इन पंच महाभूतों को ऊर्ध्व प्रवृत्त कर चक्रों में स्थापित करता है।[14]

वास्तव में सिद्धों ने इसी साधना को संशोधित कर बोल-कक्कोल योग के रूप में ग्रहण किया है। उनका प्रमुख संशोधन इस साधना का प्रज्ञोपायात्मक रूप देना है। अर्हन् के बजाय उन्होंने 'एवं' बीज को ग्रहण करने का आदेश दिया है ताकि साधक इस योग के प्रज्ञोपायात्मक स्वरूप के सदैव ध्यान में रखने और अन्त में उपाय का प्रज्ञा से युगनद्ध अभीष्ट था अतः सिद्धों ने प्रज्ञा (शून्य, गगन) का उदय अन्तिम धातु के रूप में माना। योगाचार में जहाँ पृथ्वी अन्तिम धातु थी, यहाँ वह पहली हो गयी और गगन अन्तिम हो गया। योगाचार में शुक्रतारक के रूप में तेज धातु का उदय माना गया था, सिद्धों में बोधिचित्त का उदय शुक्रतारक[15] के रूप में मिलता है।

दूसरी मौलिक स्थापना सिद्धों ने इस बोल-कक्कोल साधना को रासायनिक अर्थ देकर की। कुछ स्थानों पर बोल-कक्कोल रस का उल्लेख मिलता है।[16] सम्भवतः यह रस-साधना 'कर्पूर' के किसी प्रयोग के रूपक में अभिव्यक्त की जाती थी। योगाचार की झाण साधना में भी हम देख चुके हैं कि प्रथम महाभूत तेज का उदय शुक्र के रूप में माना गया है और उसी प्रसंग में[17] वहीं शुक्र को ओषधि-तारक भी कहा गया है। प्रतीत होता है कि ओषधियों के उसी प्रसंग को कर्पूर-साधना के रूप में सिद्धों ने विकसित किया और बाद में उसे योग का भी प्रतीक मान लिया। कर्पूर के रूप में उपाय का उल्लेख तिलोपा के दोहाकोष की टीका में मिलता है जहाँ कहा गया है कि कक्कोल में (कमल में) बोल (कुलिश) का प्रक्षेपण कर उसका कुन्दुरु योग करे तो उससे कर्पूररूपी सहज उत्पन्न होता है।[18] कर्पूर का उल्लेख प्रज्ञोपाय-विनिश्चय-सिद्धि में बोधिचित्ताभिषेक के समय है जहाँ इसका प्रयोग रक्तचन्दन के साथ बताया गया है।[19] क्रियासमुच्चय में उद्धृत कुछ वज्रयानी दोहों में भी इसका उल्लेख कस्तूरी, मालती ईंधन आदि के साथ आता है, जिनमें किसी गुह्य रासायनिक प्रयोग तथा सन्धाशैली में किसी चित्तगत साधना का समानान्तर वर्णन मिलता है।[20] शबरीपा भी 28वें चर्यापद में समागम के समय ताम्बूल तथा कर्पूर के भक्षण का वर्णन करते हैं।

इस बोल-कक्कोल साधना के क्रम-विकास में हमें एक अवस्था और मिलती है जिसमें इसका महाभूत-समुत्पाद-योग या रसायन का पक्ष सर्वथा गौण हो जाता है और

यह शुद्ध मुद्रा मैथुन के प्रसंग में आता है। दोहाकोष की टीका में कर्पूर की व्याख्या कर्ममुद्रा से संयोग के क्षण का वर्णन देते हुए की गयी है।[21] अद्वयवज्र भी चतुर्मुद्रा निरूपण में कर्ममुद्रा के प्रसंग में बोल-कक्कोल वयस का उल्लेख करते हैं।[22]

योगाचार की परम्परा में सिद्धों ने एक संशोधन और किया। योगाचार में हठयोग की मुख्य प्रणाली से अलग एक प्राथमिक साधना के रूप में यह पंचमहाभूतों की ध्यान-साधना स्वीकृत थी। जब इस साधना द्वारा पंचमहाभूतों को अन्तःस्थ कर लिया जाता था, उसके उपरान्त हठयोग-साधना प्रारम्भ होती थी और साधक मेरुदण्ड में स्थित चक्रों पर ध्यान केन्द्रित करता था।[23] किन्तु ऐसा प्रतीत होता है कि सिद्धों में यह साधना हठयोग में ही अन्तर्भुक्त हो गयी थी और द्वितीय मुद्रा से समागम की अवस्था में इसकी साधना की जाती थी।[24] इस प्रकार सिद्धों ने इसको योगाचार से ग्रहण किया, प्रज्ञोपायात्मक भावना से ग्रथित किया और हठयोग तथा मुद्रा-मैथुन-साधना में अन्तर्भुक्त कर रासायनिक प्रक्रियाओं से संयुक्त कर दिया।

हठयोग षडंग योग—बौद्ध तन्त्रों में योग के लगभग वे सभी अंग स्वीकृत थे जो योगशास्त्र में निर्दिष्ट थे। उनको वे षडंग योग कहा करते थे। इसमें 6 अंग थे—प्रत्याहार, ध्यान, प्राणायाम, धारणा, अनुस्मृति तथा समाधि। प्रत्याहार में बाह्य रूपादि में अप्रवृत्ति, प्रत्याहारांग में त्रैधातुक बुद्ध-बिम्ब का दर्शन, ध्यान में एवं धर्म-शून्यता में चित्त-प्रवृत्ति, और पाँच ध्यानांग प्रज्ञा, वितर्क, विचार, रति और अचल सुख, प्राणायाम में ललना-रसना (वाम-दक्षिण) का मार्ग-निरोध और मध्यमार्ग अवधूती में प्राणवायु की प्रवृत्ति, प्राणायाम के तीन अंग पूरक, कुम्भक, रेचक, धारणा में प्राण का नाभि, हृदय, कण्ठ और ललाट में प्रवेश, धारणांग में विन्दु का प्राणप्रवेश, अनुस्मृति में अपने इष्टदेवता का विकल्परहित प्रतिबिम्बाकार दर्शन, इसके अंगों में देवता की अनेकाकार रूपाभिव्यक्तियाँ तथा समाधि में इष्टदेवता के अनुराग में अपार सुख; बौद्ध-तन्त्रों में षडंग योग का वर्णन इसी प्रकार मिलता है।[25] गुह्य-समाज-तन्त्र में उपाय को योग के रूप में परिकल्पित किया गया है और उसके चार रूप या चार अवस्थाएँ निर्दिष्ट हैं। सेवाविधान, उप-साधन, साधन तथा महासाधन।[26] सेवा भी दो प्रकार की है—सामान्य सेवा तथा उत्तम सेवा।[27] उत्तम सेवा में षडंग योग आता है।[28]

वास्तव में यह हठयोग चित्त का निरोध कर गुह्य साधनाओं के लिए भूमिका प्रस्तुत करता है। बिना इस हठयोग के द्वारा विन्दु का निरोध किये गुह्य साधनाएँ कभी भी सफल नहीं होतीं, उनमें च्युति तथा स्खलन का भय रहता है। अतः योगदर्शन में जो योग एकमात्र साधन माना गया है, यहाँ वही हठयोग केवल तन्त्र की आनुषंगिक सहायक साधना मात्र है। इसके लिए भी दो परिस्थितियों का उल्लेख है। एक तो गुह्य साधनाओं के पूर्व चित्त-विशुद्धि के लिए और दूसरा उन गुह्य साधनाओं में ही विभिन्न क्षणों में विभिन्न मुद्राओं से युगनद्ध स्थापित कर विभिन्न आनन्दों का उपभोग करने के लिए विन्दु को ऊर्ध्वमुखी कर उन मुद्राओं के उपयुक्त चक्रों में विन्दु धारण करना। ऐसी परिस्थिति

में योग-साधना अन्दर श्वासनिरोध द्वारा चलती रहती है और बाहर मुद्रा-मैथुन द्वारा तान्त्रिक गुह्य साधनाएँ। दोनों एक-दूसरे का समर्थन करती रहती हैं।[29]

हठयोग द्वारा पवन का निरोध कर मेरुदण्ड में स्थित चक्रों का वेधन, यह योगाचार की स्वीकृत पद्धति थी। ध्यान द्वारा चित्त में 5 महाभूतों के उदय के उपरान्त साधक के लिए अन्तःस्थ चक्रों का ध्यान करने का आदेश था। योगाचार में हिन्दू योग की भाँति मस्तक नहीं, वरन् हृदय में ही अन्तिम चक्र की स्थिति मानी जाती थी। हृदय ही मन का केन्द्र या मनोविन्दु था। योगाचार सम्प्रदाय में केवल 5 चक्र माने गये थे। पाँच चक्र थे, पाँच धातुएँ अन्तःस्थ थीं, पूर्वोक्त ध्यान-पद्धति द्वारा पाँच पीतियाँ थीं, पाँच सुख थे और ध्यान की 5 पद्धतियाँ थीं। जब साधक ध्यान द्वारा पंच महाभूतों को अन्तःस्थ कर लेता था तब वह मनोवत्थु से नाभि तक के प्रदेश पर चिन्तन करता था और ध्यान एकाग्र कर चक्रों का वेधन करता था।[30]

सिद्धों ने इसमें से बोल-कक्कोल योग द्वारा पंच महाभूतों को अन्तःस्थ करना स्वीकृत किया।[31] यद्यपि उसकी प्रणाली उन्होंने चित्त की एकाग्रता न रखकर प्रज्ञोपायात्मक घर्षण के रूप में संशोधित कर दी। नैरात्म्यज्ञान अथवा भगवती प्रज्ञा का स्थान उन्होंने हृदय के बजाय हिन्दू योग दर्शन के समान कपाल या मस्तक के अन्दर रखा। किन्तु चक्रों की संख्या उन्होंने घटाकर चार कर दी क्योंकि उनके योग का मूल आधार उनका परम्परागत तीन बुद्ध कायाओं के साथ चौथी सहज या महासुख काया (चतुर्काया) सिद्धान्त था। यह 4 की संख्या सिद्धों के हठयोग में उतनी ही महत्त्वपूर्ण है जितनी 5 की संख्या योगाचार में। चार कायाएँ हैं, चार क्षण हैं, चार मुद्राएँ हैं, चार आनन्द हैं, चार शून्य हैं और चार चक्र हैं। ये चारों चक्र मेरुदण्ड में स्थित हैं।

काण्हपा इस मेरुदण्ड को मेरुगिरि या सुमेरु पर्वत के रूप में परिकल्पित करते हुए कहते हैं कि यह कंकालरूपी श्रेष्ठ सुमेरु पर्वत है जिसके शिखर पर शबरी नैरात्मा का वास है। उसके मूल में कन्दरा (मूलाधार चक्र) है जिसमें विमल सलिलरूपी शुक्र वैरोचन बोधिचित्त स्थित है। अन्दर-ही-अन्दर कालाग्नि है जो साधना के बिना अधोमुखी होकर शुक्र को सुखा डालती है, और पवन निरोध के बाद ऊर्ध्वमुखी होकर प्रकाश करती है और शुक्ररूपी उपाय भी प्रज्ञा के समागम के लिए गतिमान् होता है।[32] शबररूपी वज्रधर साधक[33] को चित्रित कर उसी अपनी चर्या में शबरपाद भी मेरुदण्ड को सुमेरु परिकल्पित कर उसके ऊँचे शिखर पर शबरी का वास चित्रित करते हैं और उस शबरी को नैरात्मा सहज-सुन्दरी की संज्ञा देते हैं।[34]

इस मेरुदण्ड के उच्चतम शिखर पर महासुखचक्र या उष्णीष कमल है जिसमें नैरात्मा का वास है। इसके मूल में नाभिचक्र है जिसमें बोधिचित्त शुक्ररूप में वास करता है। इसके बीच में दो चक्र और हैं, हृदय प्रदेश में और कण्ठ के समीप। इन चार चक्रों को चार कमल के रूप में परिकल्पित किया गया है। इनको नीचे से क्रमशः नाभिकमल, हृत्कमल, सम्भोगचक्र तथा उष्णीष कमल कहा जाता है।[35] बौद्ध तन्त्रों में प्राप्त इन चक्रों के वर्णन पर दृष्टिपात कर लेना आवश्यक है।

पहली महत्त्वपूर्ण बात यह है कि इन चारों चक्रों में बुद्ध की चार कायाओं का वास माना गया है और उन्हीं पर इन चक्रों का नामकरण भी कर दिया गया है। उष्णीष कमल में महासुखकाया है अतः उसे महासुखचक्र भी कहते हैं। कण्ठ के समीपवर्ती चक्र में सम्भोगकाया है अतः वह सम्भोगचक्र है। हृदय प्रदेश में स्थित चक्र में धर्मकाया अतः वह धर्मचक्र और नाभि में निर्माणकाया अतः वह निर्माणचक्र कहा जाता है। यहाँ पर एक बात विचारणीय है। इन चक्रों के प्रसंग में कायाओं के क्रम में कुछ व्यतिरेक हो गया है। परम्परा में निर्माण के बाद सम्भोगकाया और सम्भोग के उपरान्त धर्मकाया, यह क्रम चला आ रहा था। चक्रों में इन कायाओं को स्थापित करते समय वज्राचार्य ने धर्मकाया को नीचे और सम्भोगकाया को ऊपर स्थान दिया। यह क्रम बदल क्यों दिया गया इसका कोई भी स्पष्टीकरण नहीं मिलता।[36] इसके सम्बन्ध में एक अनुमान यह किया जा सकता है कि सम्भोगकाया में ही भगवान् तथागत ने सूत्रों तथा संगीत साहित्य का उपदेश दिया था और यही काया 'उपाय-कौशल' से सम्बद्ध है। अतः इसकी सक्रिय उपाय-सिद्धान्त से अधिक निकटता है और इसी कारण प्रज्ञोपायात्मक योग में इसे महासुखकाया के पहले और धर्मकाया के ऊपर स्थान मिला हो क्योंकि यह हम देखते आ रहे हैं कि प्रज्ञोपाय सिद्धान्त के निर्वाह के लिए सिद्धों ने पूर्वागत परम्परा में यथेष्ट संशोधन किये हैं। हेवज्रतन्त्र में भी सम्भोगकाया को 6 रसों के उपभोग की काया बताया गया है।[37] अतः इस क्रम व्यतिरेक का यह कारण ठीक ही मालूम देता है।

इन चक्रों को कमल के रूप में चित्रित किया गया है और लगभग सभी तन्त्र इस बात से सहमत हैं कि निर्माणचक्र में 64, धर्मचक्र में 32, सम्भोगचक्र में 16 और उष्णीष कमल या महासुखचक्र में 6 पाँखुरी हैं।[38] इन कमल की पाँखुरियों पर बीजाक्षर भी अंकित हैं। महासुखचक्र पर हः अंकित है, इसी कमल में चन्द्र की षोडश कलाओं से अभिषिक्त योगिनी का वास है जिसके दो ओर आली तथा काली स्वभाव की ललना तथा रसना नाड़ियाँ स्थित हैं। ये ही षोडश कलाएँ दिन तथा रात्रि के स्वभाव का अनुगमन कर द्विगुणित होकर 32 पाँखुरियों का रूप धारण कर लेती हैं। हेरुकतन्त्र में महासुख कमल की चार पाँखुरियों पर 32 पाँखुरियोंवाले कमल का आवेष्टन बताया गया है जो इन्हीं षोडश कलाओं के दिवारात्रि द्विविध स्वरूप का द्योतक है। सम्भोगचक्र पर हुं बीजाक्षर है। धर्मचक्र पर अंकित हुं बीजाक्षर निम्न मुख होकर अंकित है और निर्माणचक्र पर 'अं' बीजाक्षर अंकित है। श्री सम्पुट तन्त्र में से चारों चक्र, नाभि ए, हृदय वं, कण्ठ म उष्णीष या (एवम् मया) बीजाक्षरों से अंकित हैं और क्षिति, जल, पावक और समीर भूतों के आवास बताये गये हैं। इनकी शासिका देवियाँ भी हैं। लोचना, मामकी, पाण्डरा और तारा। ये चारों देवियाँ करुणा, मैत्री, मुदिता और उपेक्षा की अधिस्वामिनी हैं।[39] करुणा, मैत्री, मुदिता और उपेक्षा ये चार निर्दोष चित्त बताये गये हैं जिन्हें योगाचार परम्परा में 4 ब्रह्मविहार बताया गया है।[40]

इस प्रकार हम देखते हैं कि योगाचार परम्परा से काफी प्रभाव ग्रहण किया गया है। योगाचार में भी चक्रों की शृंखला का प्रारम्भ नाभि से माना गया है, और बौद्ध तन्त्रों

में भी एक स्थल को छोड़कर सभी जगह निर्माणचक्र की स्थिति नाभि में मानी गयी है।[41] ब्रह्मविहारों का भी समन्वय चार चक्रों में कर दिया गया है। किन्तु बौद्ध तन्त्रों में हिन्दू परम्परा का अनुसरण करते हुए अन्तिम चक्र मनोवत्थु (हृदय) में न मानकर मस्तक में माना गया है।

हिन्दू योग के चक्रों से तुलना—इसके पहले कि हम दोहों और चर्यापदों में इन चक्रों के उल्लेख पर दृष्टिपात करें, इन चक्रों की तुलना हिन्दू परम्परा के षट्चक्रों से कर लेनी आवश्यक है। षट्चक्र परम्परा में सहस्रार के अतिरिक्त 6 चक्र और सहस्रार को सम्मिलित कर 7 चक्र माने गये हैं। मूलाधार, स्वाधिष्ठान, मणिपूर, अनाहत, विशुद्ध, आज्ञा तथा सहस्रार। मूलाधार-पद्म उपस्थ तथा गुदा के बीच रीढ़ मूल में स्थित चतुर्दल कमल है।[42] स्वाधिष्ठान लिंगमूल में[43], दशदलयुक्त मणिपूर चक्र नाभि प्रदेश में[44]; द्वादशदली अनाहत चक्र हृदय प्रदेश में;[45] सोलह दलों से युक्त विशुद्धाख्य चक्र कण्ठ प्रदेश में[46]; द्विदलयुक्त आज्ञाचक्र भ्रूमध्य ललाट में स्थित है।[47] अन्त में सहस्रार चक्र है जिसमें सहस्र पाँखुड़ियाँ हैं जहाँ पवन विलीन हो जाती है और बुद्धि का उद्भव होता है।[48]

इस षट्चक्र परम्परा से तुलना करने पर हम पाते हैं कि मूलाधार और स्वाधिष्ठान नामक चक्रों की तरह बौद्ध साधकों में लिंगमूल में कोई भी चक्र नहीं है। उनकी चक्र परम्परा नाभि[49] से प्रारम्भ होती है और इसमें उन्होंने योगाचार की परम्परा का अनुसरण किया है।[50] विशुद्ध और आज्ञाचक्रों में अधिकांश बौद्ध तन्त्रों ने सम्भोगचक्र के रूप में विशुद्ध को स्वीकृत किया है किन्तु सेकोद्देश में नडपाद ने विशुद्ध को अस्वीकृत कर आज्ञा की भाँति सम्भोगचक्र की स्थिति ललाट में मानी है। इसके साथ-ही-साथ बीजाक्षरों में भी उन्होंने बौद्ध तन्त्रों के एवं आदि अक्षर लिये हैं और दलों की संख्या भी चार शून्यों की संख्या पर आधारित है।[51] चार शून्यों के प्रतीक रूप में उष्णीष कमल में चार दल हैं और उसके कारण सभी तत्त्व चार ही हैं—मुद्राएँ, क्षण, आनन्द इत्यादि।

काण्हपा ने इस चतुर्दल से युक्त उष्णीष कमल का उल्लेख अपने दोहों में किया है।[52] वे कहते हैं कि 'ललना रसनारूपी सूर्य चन्द्र दोनों को वर्जित कर चार दलों और चार मृणालोंवाले कमल में महासुख का वास है।' टीकाकार इन चार दलों को शून्य, अतिशून्य, महाशून्य और सर्वशून्य बताता है। यह मेरुगिरि के शिखर पर स्थित उष्णीष कमल है। इसी को भुसुकुपा नलिनीवन या पद्मवन कहते हैं जिसमें प्रवेश कर चित्त की द्विविधा समाप्त हो जाती है।[53] इसी में वास करने के कारण भगवती नैरात्मा को कमलिनी भी कहा गया है।[54] यह उष्णीष कमल प्रज्ञाज्ञानाभिषेक के समय भरपूर खिल जाता है और इसमें से अमृत-वर्षण होता है।[55]

सिद्धों के प्राप्य साहित्य में धर्मचक्र और सम्भोगचक्र की साधनाओं का उल्लेख लगभग नहीं के बराबर है तथापि उनमें प्राप्त परमानन्द और विरमानन्द का उल्लेख बराबर मिलता है, जिस पर हम आगे विचार करेंगे। किन्तु निर्माणचक्र[56] का उल्लेख बराबर

मिलता है क्योंकि पवन निरोध कर बोधिचित्त को उद्बुद्ध करने का साधनास्थल वही है। कृष्णपाद नैरात्मा को डोम्बी रूप में परिकल्पित कर कहते हैं कि चौंसठ पाँखुरियोंवाला एक कमल है जिस पर चढ़कर डोम्बीरूपी नैरात्मा नाच रही है।[57] इस कमल का अर्थ टीकाकार निर्माणचक्र बताता है जिसमें चौंसठ पाँखुरियाँ होती हैं।[58]

इन चक्रों के वेधन का मार्ग नाड़ियों में से होकर है। इन नाड़ियों की संख्या मुनिदत्त ने अपनी टीका में 32 बतायी है।[59] हेवज्र में भी नाड़ियों की संख्या 32 ही बतायी गयी है।[60] इन बत्तीस नाड़ियों में से भी तीन नाड़ियाँ प्रमुख हैं—ललना, रसना और अवधूती।[61] चर्यापदों में इन तीन नाड़ियों को विभिन्न प्रतीकों से लक्षित किया गया है। विरूपा अवधूती की (शुण्डिनी) मधुबाला से उपमा देते हैं जो दो स्थानों से मद को खींचती है, ललना और रसना।[62] इसी को गुण्डुरी तिअड्डा या त्रिनाड़ी कहते हैं।[63] इनमें से ललना वाम नासापुट के समीप है, वह चन्द्र स्वभाव की है और प्रज्ञारूप है।[64] रसना दक्षिण नासापुट के समीप है, सूर्य स्वभाव की है और उपायरूप है।[65] इन्हीं दोनों को नैरात्म-दर्शन की परिभाषा में ज्ञेय और ज्ञान, ग्राह्य-ग्राहक भी कहा जाता है और अवधूती इन दोनों के बीच ग्राह्य-ग्राहक-वर्जित रूप में स्थित है। उसी नैरात्म्यज्ञान रूपी मध्यम सहजपथ की भाँति वह क्लेशों को धुननेवाली है अतः उसका नाम अवधूती है।[66] इसी अवधूती में से होकर शुक्र नामक और भी सूक्ष्म नाड़ी है जिसमें से बोधिचित्त ऊर्ध्वगामी होता है विन्दु रूप में।[67] यह नाड़िका वैरोचन द्वार में लीन होती है जो नवद्वारों के अतिरिक्त दसवाँ द्वार है।[68]

चर्यापदों का यह नाड़ीजाल हिन्दू योग-परम्परा में भी मिलता है। योग-साधना में भी मेरुदण्ड के बहिर्पार्श्व में चन्द्र और सूर्यरूपी इड़ा और पिंगला नाड़ियों की स्थिति बतायी गयी है। बीच में सुषुम्णा है जो मेरुदण्ड के विवर में है और वह अग्निरूपी है।[69] इड़ा वामगा है, देवी है; पिंगला शिव है, सूर्य है। इड़ा यमुना है, पिंगला सरस्वती है, सुषुम्णा गंगा है। इस प्रकार त्रिवेणी बनती है।[70] इनमें से सुषुम्णा भी त्रिगुण के अनुसार 3 नाड़ियों का गुम्फन है। सत्त्वगुणमयी चित्रिणी, रजोगुणमयी वज्रा और तमोगुणमयी सुषुम्णा, इसीलिए उसे अग्निमयी बताया गया है।[71] शंखिनीरूपी नाल को ग्रहण कर वह ब्रह्मसदन को जाती है।[72]

हेरुकतन्त्र में भी ललना-रसना की यही स्थिति बतायी गयी है। ललना या आली धनुषाकार रूप में गर्दन से प्रारम्भ होती है और नाभि में वाम दिशा से प्रवेश करती है। रसना नाभि से प्रारम्भ होती है और कण्ठप्रदेश में होती हुई अवधूती वैरोचन द्वार तक जाती है। इसीलिए उसे मध्यम कहा गया है। चूँकि ललना और रसना को प्रज्ञोपाय कहा गया है अतः यह सहज है।[73]

तन्त्रों तथा चर्यापदों में विभिन्न प्रतीकों में आली-काली, गंगा-यमुना, सूर्य-चन्द्र, धमन-चमन, ललना-रसना का उल्लेख है। इन नामों में से कुछ युग्मों पर विचार कर लेना आवश्यक है। आली के अर्थ हैं अ से प्रारम्भ होनेवाली स्वर माला, और काली

के अर्थ हैं क से प्रारम्भ होनेवाली व्यंजन माला। तन्त्रों में स्वरों को रात्रि से और व्यंजनों को दिन से सम्बद्ध माना गया है अतः आली-वाहिका नाड़ी ललना रात्रि है, चन्द्र है, शशि है, उससे द्रवित सोम है, प्रज्ञा है, इसी प्रकार काली-वाहिका रसना सूर्य है, रवि है, अग्नि है। इन्हीं में से प्राण से राहु तथा अपान से कालाग्नि की उत्पत्ति होती है।[74] धमन और चमन के अर्थ स्पष्ट नहीं हो पाते पर बागची का अनुमान है कि धमन सम्भवतः 'ध्म' धातु से है जिसके अर्थ हैं जाना, गति और चमन 'चम्' धातु से है जिसके अर्थ हैं निगलना।[75] इन नाड़ियों में से वामस्थित ललना शुक्र का वहन करती है और रसना रज का और अवधूती रज-भूषित शुक्र अथवा प्रज्ञोपाय अद्वैतरूपी बोधिचित्त का इसीलिए इसको सहज पथ भी कहा गया है।[76] इसीलिए यह नैरात्मा या सहजसुन्दरी भी कही गयी है। यह जोगिनी भी कहलाती है। चर्यापदों में अवधूती के दो रूप मिलते हैं— परिशुद्धा और अपरिशुद्धा। परिशुद्धा अवधूती को डोम्बी कहते हैं जिससे बोधिचित्त समागम करता है और अपरिशुद्धा को छिनाली भी कहते हैं क्योंकि वह भेद ज्ञान युक्त होती है।[77]

अपानवायु से कालाग्नि प्रज्वलित होती है जो अधोमुखी रहने पर शुक्र को सुखा डालती है और मनुष्य की शक्तियों का क्षय होता रहता है।[78] काण्हपा के टीकाकार ने इसी शुक्र को बोधिचित्त बताते हुए कहा है कि अपान निम्नगा वायु होती है और उसके वशीभूत होकर बोधिचित्त पतित कहलाता है और उसका विनाश हो जाता है। इसी को लुईपा ने चंचल चित्त में काल का प्रवेश करना बताया है।[79] अतः काल पर विजय प्राप्त कर बोधिचित्त को उद्‌बुद्ध करने के लिए पवन का निरोध करना आवश्यक है। सरहपा ने कहा है कि जो वायु बहती है (अधोमुखी या ऊर्ध्वमुखी, अपान या प्राण) वह जब निश्चल हो जाती है तब उस योगी का काल क्या बिगाड़ सकता है।[80] तिलोपा के अनुसार ऐसी ही बद्ध नियन्त्रित वायु में लीन होकर चंचल चित्त मृत[81] अर्थात् विशुद्ध हो जाता है।[82] इसी को कुक्कुरीपा कुम्भीर फल (कुम्भक योग) कहते हैं और साँस की निद्रा (श्वास की निश्चलता) कहते हैं।[83] इसी पवन के निरोध को सरहपा पवन का क्षय भी कहते हैं।[84] इस साधना में वायु के निश्चल करने के अर्थ हैं प्राणवायु को ऊपर जाने और अपानवायु को नीचे जाने से रोककर यथास्थान रोक देना ताकि उससे चित्त भी चंचल न रहकर स्थिर और एकाग्र हो जाय। अध-ऊर्ध्व से विमुक्त बोधिचित्त उसी समय प्राण-अपान से विमुक्त तथता-स्वरूप का हो जाता है।[85] इसी से काण्हपा ने ऐसी गृहिणी को इस बोधिचित्त का प्रतीक माना है जो घर ही में रहती है बाहर नहीं आती-जाती है।[86] इसके लिए कुम्भक, रेचक, पूरक आदि का विधान है[87] जो योगाचार में ही अपनाया जा चुका था।[88]

किन्तु इसके साथ-ही-साथ स्वेच्छा से लिंग और गुदा के समीप की मांसपेशियों का संकुचन कर एक प्रकार का मूलबन्ध भी किया जाता था जिससे शुक्र अधःपतित न हो।[89] ये बन्ध देह के अन्दर स्थित विभिन्न पीठों ओडियान जालन्धर आदि के समीप

की पेशियों को संकुचित कर किये जाते थे। इसी के आधार पर तन्त्रों में जालन्धर बन्ध, उड्डीयान बन्ध आदि उल्लेख मिलते हैं।[90] इस मणिमूल बन्ध के कारण चन्द्र और दिवाकररूपी ललना और रसना का निरोध हो जाने से अन्धकार हो जाता है।[91] कालाग्नि का भी क्षय हो जाता है। तब उस समय साधक अवधूती का उद्घाटन करता है और चण्डाग्निरूपी आलोक ऊपर की ओर उठता है और उससे बोधिचित्त मणि की भाँति जगमगा उठता है। इसी को चाण्डाली योग भी कहा जाता है।[92] इसी चण्डाग्नि के ऊपर पहुँचकर सभी क्लेश वासनाओं को जलाकर भस्म कर देने का वर्णन चर्यापदों में बड़े सुन्दर ढंग से मिलता है। धामपा कहते हैं—कमल और कुलिश के मध्य में मैं लीन हो गया हूँ। समता योग से मेरी चाण्डाली प्रज्वलित हो गयी है। डोम्बी के घर में राग-दाह से आग लग गयी है। शशहर (परिशुद्ध चित्त) को लेकर मैं आग को बुझा रहा हूँ। यह ज्वाला दाहक नहीं है, न इससे नयन में धुआँ लगता है। यह अग्नि सुमेरु शिखर में जाकर गगन में प्रवेश कर रही है। उससे हरिहर ब्रह्मादिक सब जल गये हैं। नवगुण वासना क्लेशादि सब इससे भस्म हो गये हैं। अन्त में पाँच नाड़ियों से जल पहुँचा।[93]

टीका के अनुसार[94] इसमें कमल-कुलिश या ललना-रसना के बीच में अवधूती मार्ग के उद्घाटन से चाण्डाली प्रज्वलित करने का वर्णन है। यह महासुखरूपी राग की अग्नि है जो परिशुद्धावधूतीरूपी डोम्बी के घर में लग गयी है। इससे सभी विषयाश्रय दग्ध हो गये हैं। यह ज्ञानाग्नि है अतः इसमें दृष्टिदोष (आँख में धुआँ लगना) नहीं होता। हरिहर और ब्रह्मा से मूत्र नाड़ी, शुक्र नाड़ी और विट नाड़ी परिलक्षित हैं। ये तीन उपनाड़ियाँ हैं और हिन्दू देवताओं को नीचा दिखाने के लिए इन्हें त्रिदेव की संज्ञा दी गयी है। ये तीनों नाड़ियाँ भस्म हो गयी हैं। पाँच नाड़ियाँ पूर्वोक्त तीन नाड़ियाँ तथा ललना और रसना हैं।[95] या टीका के अनुसार इन्हें चतुर्शून्य और अवधूती, इन पाँचों के रूप में गिनना अधिक संगत होगा। इन पाँचों से अमृत झरता है।

इस चाण्डाली के प्रज्वलित होने के उपरान्त साधक वज्रजाप आदि साधनाओं से काय, वाक् और चित्त को वज्र बनाकर तब मध्यपथ, अवधूती को वधू के रूप में ग्रहण करता है। इस काय-वाक्-चित्त वज्र साधना की व्याख्या चौथी चर्या की टीका में की गयी है जहाँ देवता योग से काय-वज्र, वज्र जाप द्वारा वाक्-वज्र और पवन निरोध द्वारा चित्त-वज्र का प्रतिपादन किया गया है।[96] कृष्णाचार्य इसी काय-वाक्-चित्त को त्रिशरण कहते हैं और उससे चतुर्थ अर्थात् महासुखकाय नौका रूप में ग्रहण करने का आदेश देते हैं।

इस काय-वाक्-चित्त वज्र[97] की साधना से सिद्धों का अर्थ हठयोग में अन्तर्भुक्त उन चार वज्रयोगों से है जिनका विस्तृत विवरण हमें सेकोद्देश टीका में मिलता है। निर्माणकायरूपी तथागतों की काया का ध्यान कर काया को वज्र बना लेना चाहिए। इसीलिए कृष्णाचार्य देहरूपी नौका का केडुआल पंच तथागतों को बनाते हैं।[98] इसीलिए

टीकाओं में देवता योग से काय-वज्र की सिद्धि बतायी गयी है। इसके बाद वज्रजाप द्वारा वाग्वज्र की सिद्धि का उल्लेख मिलता है। वज्रजाप प्राणायाम के समय एवं आदि बीजाक्षरों तथा मन्त्रों के निरन्तर जप को कहते हैं। वज्रजाप का उल्लेख हमें पाँचवीं चर्या की टीका में भी मिलता है।[99] यह वज्रजाप सदैव प्राणायाम से सम्बद्ध रहता था अतः बहुत-से वज्रयानी मन्त्र तीन अक्षरों के मिलते हैं ताकि पूरक, कुम्भक और रेचक इन तीनों में उसका जाप हो सके।[100] सेकोद्देश टीका में चौथी अवस्था को ज्ञानवज्र बताया है।[101]

इसी प्रकार अवधूती द्वारा चारों चक्रों का वेधन करने की प्रणाली में चार क्षणों, चार आनन्दों और चार मुद्राओं का उल्लेख बार-बार सिद्धों ने किया है जिसका परिचय प्राप्त कर लेना आवश्यक है। तिलोपा कहते हैं कि क्षण और उनके आनन्दों का भेद भलीभाँति जान लो।[102] जो क्षण तथा आनन्दों का भेद जान लेता है वही योगी कहलाता है।[103] सरहपा भी क्षणों के उपाय और उनके सुख का वर्णन करते हुए चतुर्थ क्षण में प्राप्त सहजानन्द की उपलब्धि को श्रेयस्कर मानते हैं।[104]

इन चार क्षणों की व्याख्या टीका में इस प्रकार की गयी है कि क्षण चार होते हैं।[105] इन चार क्षणों को हेवज्रतन्त्र में विचित्र, विपाक, विमर्द और विलक्षण की संज्ञा दी गयी है।[106] विचित्र निर्माणचक्र के वेधन का क्षण है, विपाक धर्मचक्र का, विमर्द सम्भोगचक्र का और विलक्षण उष्णीष कमल का। इसी न्याय से विचित्र निर्माणकाया का क्षण है, विपाक धर्मकाया का, विमर्द सम्भोगकाया का और विलक्षण महासुखकाया का। अद्वयवज्र भी इन्हीं चारों क्षणों का विवरण देते हुए चतुर्थ तक पहुँचने के लिए हठयोग की साधना का उपयोग करते हैं।[107]

चार आनन्द—दोहों के टीकाकार ने इन्हीं चार क्षणों के भेद से 4 आनन्द बताये हैं।[108] ये चारों आनन्द उन्हीं चारों क्षणों के होते हैं।[109] ये चार आनन्द हैं—प्रथमानन्द, परमानन्द, विरमानन्द और सहजानन्द। प्रथमानन्द विचित्र क्षण का आनन्द है जिसकी अनुभूति आलिंगन-चुम्बनादिक से मिलती-जुलती है। परमानन्द ज्ञानसुख का योग है। विरमानन्द समागम सुख की भाँति है और इन सभी राग-विरागों से वर्जित चतुर्थ आनन्द है सहजानन्द जो सर्वश्रेष्ठ है। परम और विरम इन दोनों के मध्य और दोनों से श्रेष्ठ यह सहजानन्द है जो साधक को महासुख की अनुभूति देता है।[110]

यहाँ पर एक बात ध्यान में रखना चाहिए। हिन्दू योगशास्त्र में जहाँ सुख को आनन्द से नीचा स्थान दिया गया है वहाँ सिद्धों ने साम्प्रदायिक प्रतिद्वन्द्विता के कारण महासुख को शीर्ष स्थान दिया है जो प्रज्ञोपाय योग के उपरान्त प्राप्त होता है और आनन्दों को उससे निम्न श्रेणी का माना है। उसमें भी हिन्दुओं की सर्वोच्च अनुभूति ब्रह्मानन्द को उन्होंने केवल तीसरा स्थान दिया है और अपने प्रज्ञोपाय मैथुन से प्राप्त सहजानन्द को ब्रह्मानन्द से भी ऊँचा ठहराया है।

मुद्रा-मैथुन—इन आनन्दों को प्राप्त करानेवाली 4 मुद्राएँ हैं जिनका नाम दोहाकोष में कर्ममुद्रा, धर्ममुद्रा, ज्ञानमुद्रा और महामुद्रा बताया गया।[111] चर्यापदों में

कर्ममुद्रा, ज्ञानमुद्रा और महामुद्रा का कई बार उल्लेख आता है जैसा हम आगे देखेंगे। बौद्ध तन्त्रों में बाद में इन नामों में कुछ विपर्यय भी हुआ है। अद्वयवज्र ने ज्ञानमुद्रा का उल्लेख नहीं किया है और समयमुद्रा को सर्वश्रेष्ठ माना है।[112] श्रीसम्पुट में भी यही क्रम है।[113] सरहपा ने एक और मुद्रा भवमुद्रा का उल्लेख किया है जो सांसारिक सुख-दुःख और क्लेश देकर भव बन्धन में बाँधनेवाली है।[114] बोधिचित्त के उद्‌बुद्ध हो जाने के बाद प्राप्त होनेवाली उपर्युक्त चारों मुद्राएँ मोद प्रदान करनेवाली हैं। इसीलिए उन्हें मुद्रा कहा गया है।[115] 'मोद प्रदान करनेवाली' यह व्याख्या बौद्ध तन्त्रों की अपनी व्याख्या है अन्यथा पहले तन्त्रों में मुद्रा का अर्थ यह नहीं दिया गया है।[116]

इन चारों मुद्राओं में प्रथम मुद्रा होने के कारण कर्ममुद्रा का काफी महत्त्व बताया गया है। तिलोपा कर्ममुद्रा को दूषित न करने का उपदेश देते हैं।[117] क्योंकि क्षण आनन्द का भेद कर्ममुद्रा के बिना पहचाना ही नहीं जा सकता।[118] बोल-कक्कोल-साधना द्वारा पंच महाभूतों को अन्तःस्थ करने की साधना भी कर्ममुद्रा के समागम में विचित्र क्षण में ही बतायी गयी है।[119] अद्वयवज्र वज्रयोगों द्वारा काय वाक् चित्त की दृढ़ता और वज्र-परिणति भी कर्ममुद्रा के ही सहयोग से बताते हैं।[120]

मुद्रा अर्थात् मोद देनेवाली इस व्याख्या से मुद्रा को नारी रूप में परिकल्पित किया गया है। श्रीसम्पुट में भगवान् बुद्ध को निर्माणचक्र में लोचना मुद्रा, धर्मचक्र में मामकी, सम्भोगचक्र में पाण्डरा और महासुखचक्र में महासुखकाया में तारा से मुद्रारूप में सम्भोग करते बताया गया है। सिद्धों ने भी भगवती नैरात्मा को महामुद्रा में परिकल्पित कर उनके डोम्बी, चाण्डाली, कपाली, योगिनी, शबरी आदि कई नाम दिये हैं, जिन पर विचार कर लेना आवश्यक है।[121] इन नामों से यह भ्रम हो सकता है कि ये निम्न जातियों की स्त्रियों के वाचक हैं जो सम्भवतः इन सिद्धों की गुह्य साधनाओं में सम्मिलित हुआ करती होंगी। किन्तु इनके पीछे लोक साधनाओं से सम्बन्धित गहन सांकेतिक अर्थ हैं जिन पर आगे हमने विचार किया है।[122] किन्तु यह सब केवल सांकेतिक शब्दावली है और वास्तविक नारियाँ इनकी साधना में सम्मिलित नहीं होती थीं, यह धारणा भी सर्वथा एकांगी है।

बौद्ध तन्त्रों के सर्वमान्य ग्रन्थों में इस विषय में स्पष्ट उल्लेख मिलते हैं कि मण्डल चक्र और मुद्रा-मैथुन में स्त्रियों का उपभोग उनके यहाँ आवश्यक अनुष्ठान माना जाता था। किन्तु वे इन साधनाओं को केवल भौतिक अर्थ में ग्रहण नहीं करते थे। वे प्रज्ञा को परमार्थ रूप में नैरात्म्यज्ञान मानते थे और संवृति रूप में देहधारी नारी रूप। अतः प्रज्ञा का वास्तविक ज्ञान प्राप्त करने के लिए पहले नारीरूपिणी संवृत प्रज्ञा, देहधारिणी प्रज्ञा का उपभोग करना आवश्यक है।[123] यदि नारी के इस प्रज्ञारूप को हृदयंगम कर लेते हैं तब फिर किसी कुल जाति की स्त्री में रमण कर हम शून्यताज्ञान की उपलब्धि कर सकते हैं।[124] मुद्रा की जाति की विशेष चिन्ता नहीं करनी चाहिए क्योंकि जाति की स्थिति तो देह में है और प्रतीत्य-समुत्पाद के सिद्धान्त से देह अनित्य और नैरात्म्य-स्वभाव की है। अतः कैवर्ती, चाण्डाली, ब्राह्मणी, क्षत्रिया, वेश्या, शूद्रा इनमें से कोई

भी त्याज्य नहीं हैं। हमें वज्रज्ञान के प्रभाव में इनसे समागम करना चाहिए।[125] इस वज्रज्ञान प्राप्त साधक के लिए गम्य-अगम्य तथा पेय-अपेय का कोई ध्यान नहीं रहता। सभी वर्णों में उत्पन्न स्त्रियाँ ग्राह्य हैं उनसे घृणा नहीं करनी चाहिए। वे भगवती प्रज्ञापारमिता की ही संवृत रूपाभिव्यक्ति हैं।[126]

बौद्ध तन्त्र ग्रन्थों में स्पष्टतः मुद्राओं की आयु, जाति, रूप आदि के विषय में सांगोपांग विवेचन मिलता है। उनकी मण्डल चक्र साधनाओं में यह दायित्व गुरु पर है कि वह शिष्य को मुद्रा के चुनाव और उपभोग में निर्देशन दे। उनकी अभिषेक साधना ही मुद्रा के समागम से आरम्भ होती है।[127] सेकोद्देश टीका में शिष्य को दीक्षित करते समय मुद्रा की आयु बारह से बीस वर्ष पर्यन्त की बतायी गयी है। उसका उपयोग प्रज्ञोपायात्मक देवता योग से अपनी कुलिश मणि से करना चाहिए।[128] प्रज्ञोपाय-विनिश्चय में बताया गया है कि मुद्रा के आलिंगन से साधक में वज्रावेश जागता है, और वह साधना-मार्ग में प्रवृत्त होता है।[129]

किन्तु ये समस्त आलिंगनादि कर्म क्षुब्ध, आसक्त और विषयी मन से नहीं करने चाहिए अन्यथा ये बन्धन के कारण बन जाते हैं और इनसे सिद्धि प्राप्त नहीं होती।[130] मन को इतना अनासक्त रहना चाहिए कि योगी को कभी स्खलित नहीं होना चाहिए।[131] बाद में तो इन पद्धतियों का इतना विकास हुआ कि वज्रोली, सहजोली आदि पद्धतियों का उल्लेख मिलता है जिनमें साधक मैथुन के समय मुद्रा-योगिनी को स्खलित करा देता है, किन्तु स्वतः क्षरित नहीं होता। इसके अनन्तर वह नारी के रज को भी प्राणायाम के द्वारा अपने शरीर में खींच लेता है और उससे काय वाक् चित्त की वज्रता को उपलब्ध कर लेता है।[132]

महामुद्रा की यह साधना सबसे कठिन साधना मानी जाती थी और इसी साधना में निष्णात होने के उपरान्त ही किसी की गणना सिद्धाचार्यों में होती है। इन सिद्धों में से कई ने महामुद्रा साधना सम्पन्न की थी ऐसा तिब्बती अनुश्रुतियों में मिलता है। तारानाथ ने स्वतः सरहपा के विषय में लिखा है कि वे महामुद्रा साधना के प्रथम आचार्य थे (बौद्ध परम्परा में)। नालन्दा से जब वे दक्षिण गये तब महाराष्ट्र में उन्हें अपनी ही समकक्ष योगिनी मिली जिससे महामुद्रा मैथुन सम्पन्न कर वे सिद्ध हुए।[133] शबरीपा को दो मुद्राओं का स्वामी बताया जाता है। उनका नाम लोगी और गुनी था और जब शबरीपा ने उन्हें मुद्रा रूप में स्वीकार किया तो उनका नाम डाकिनी, पद्मावती और ज्ञानावती हो गया। उनका बाह्य जीवन अनैतिक और पापमय-सा प्रतीत होता था।[134] लुईपा बंगाल गये और गंगातट पर मछलियों के ढेर में रहकर उन्होंने अपनी साधनाएँ कीं और मैथुन कर महामुद्रासिद्धि प्राप्त की।[135]

बौद्ध परम्परा के बाहर भी कभी-कभी इस बात के प्रमाण मिलते हैं कि सिद्ध लोग सपत्नीक गृहस्थ जीवन बिताते थे। यह परम्परा अवश्य पहले से चली आ रही थी। कालिदास में हमें सपत्नीक सिद्धों का एक रोचक उल्लेख मिलता है। जब मेघ से यक्ष

अलकापुरी जाने की प्रार्थना करता है तब वह कहता है कि 'इस पहाड़ी से जब तुम ऊपर उड़ोगे तो तुम्हारी गति से आकृष्ट होकर सिद्धों की भोली-भाली प्रेयसियाँ अनिमेष दृष्टि से तुम्हारी ओर देखेंगी और आश्चर्य में पड़ जायँगी कि कहीं यह पर्वत ही तो नहीं उड़ा जा रहा है।[136] कालिदास के इस उल्लेख से स्पष्ट है कि मालव के दक्षिण में सम्भवतः महाराष्ट्र के आस-पास सिद्धों की परम्परा थी जो सपत्नीक रहते थे। वे बौद्ध सिद्ध नहीं रहे होंगे किन्तु उन्हीं के अनुकरण में सरहपा ने इस पद्धति को ग्रहण किया होगा। किस प्रकार सरहपा ने इस योगिनीनय को दोहाकोष में प्रज्ञापरक अर्थ दिये हैं इस पर हम विचार कर चुके हैं। इनके अतिरिक्त कई स्थानों पर सखी के प्रति उद्बोधन मिलता है जिससे इन साधनाओं में महामुद्रा नारी का साथ होना प्रमाणित होता है।

कुक्कुरीपा की महामाया साधना में वज्रनृत्य के साथ गायी जानेवाली वज्रगीति में सखी के प्रति स्पष्ट सम्बोधन है। 'ओ सखी वज्र द्वारा प्रबोधित होने पर कमल विकसित हो गया है आओ महासुख पर आरोहण कर नृत्य करें।'[137] इसी प्रकार वीणापा की चर्या में हठयोग की वीणा का वर्णन देने के उपरान्त वे अपनी सखी को सम्बोधित कर कहते हैं—हे सखि हेरुक वीणा बजा रही है...राजा नाच रहा है, और देवी गा रही है। यह बुद्ध-नाटक हो रहा है।[138] टीका में इस सखी देवी योगिनी को नैरात्म्यरूप बताया गया है जिससे स्पष्ट है कि मण्डल चक्रों में वे स्त्रियों को नैरात्मा (प्रज्ञा) के ही रूप में ग्रहण करते थे।

अब प्रश्न उठता है कि सिद्धों ने इस महामुद्रा साधना के शारीरिक मैथुन रूप के विषय में कुछ क्यों नहीं कहा। सिद्धों के शेष साहित्य में यदि इनका विवरण हो तो नहीं कहा जा सकता किन्तु चर्यापदों और दोहों में तो इनका बहुत अप्रत्यक्ष और थोड़ा-सा उल्लेख है जैसा हमने देखा। इसके कई कारण हैं। पहला तो यह कि वे महामुद्रा साधना के आध्यात्मिक पक्ष पर अधिक बल देना चाहते थे इसीलिए सरहपा, तिलोपा और काण्हपा तीनों में जोगिनी, महामुद्रा और धारिणी का उल्लेख है किन्तु उसे प्रज्ञाज्ञानपरक व्याख्या वे बराबर देते गये हैं। दूसरी बात यह है कि ये साधनाएँ विकसित अवस्था के साधकों के लिए थीं और जनसाधारण को इनका उपदेश देना वर्जित था। अद्वयवज्र ने वज्रयान के साधक के मूल और स्थूल दो प्रकार के दोष बताये हैं और उनमें 'गुह्याख्यान जने पक्षे' यह दोनों में परिगणित है।[139] अतः इस ज्ञान को सभी पर प्रकाशित नहीं किया जा सकता। इसके लिए साधक को पहले 4 अभिषेकों की साधना से गुजरना पड़ता है तब वह महामुद्रा-साधन-प्रणाली में दीक्षित किया जा सकता है। इन अभिषेकों का उल्लेख जहाँ-तहाँ चर्यापदों की टीकाओं में मिलता है।[140] इन्हीं अभिषेकों से दीक्षित साधक को चर्याधर या कपाली भी कहा जाता था।[141]

महामुद्रा का वरण करने के उपरान्त योगी गुरु के पास जाता है जो उसे अभिषिक्त करता है। अभिषेकों से महामुद्रा साधना सम्पन्न होती है।[142] चौदहवीं चर्या की टीका में 'गगन दुखोल' से पानी उलीचने को चतुर्थ सेक कहा गया है जिससे सम्भवतः

प्रज्ञाभिषेक का संकेत है क्योंकि गगन शून्य-प्रज्ञा का प्रतीक है। 27वीं चर्या की टीका में भी टीकाकार ने प्रज्ञाज्ञानाभिषेक का उल्लेख किया है और उसका समय चतुर्थी सन्ध्या बताया है।[143]

इस अभिषेक के उपरान्त साधक महामुद्रा के साथ मण्डल चक्र में प्रवेश करता है। सिद्धों ने स्थान-स्थान पर निम्न प्रकार के, अर्थात् अन्य सम्प्रदायों के, या बौद्धों के भी प्रज्ञोपायात्मक ज्ञान से विहीन मण्डल चक्रों का खण्डन किया है।[144] किन्तु इसी से यह समझ लेना उचित नहीं है कि वे मण्डल चक्र मात्र के विरोधी थे। कई स्थानों पर ऐसा उल्लेख मिलता है कि वे मण्डल चक्र की साधना में प्रवृत्त होते थे किन्तु उत्तम मण्डल चक्र वे उसे मानते थे जो प्रज्ञोपायात्मक हो। सेकोद्देश टीका, गुह्य-समाज-तन्त्र तथा अन्य कितने ही बौद्ध तन्त्रों में मण्डल चक्र की साधना का विवरण देते हुए यह स्पष्ट कहा गया है कि प्रथम दीक्षा या अभिषेक के समय गुरु साधक के लिए मण्डल चक्र की नियोजना करता है किन्तु साधना की विकसित अवस्थाओं में उससे कहा जाता है कि वह इस बाह्य मण्डल चक्र को देह में व्याप्त पंच स्कन्धात्मक मण्डल चक्रों की अभिव्यक्ति मात्र समझे। इसके भी बाद उससे कहा जाता है कि वास्तविक चक्र तो तथागत की निर्माणकाया में विन्दु और रज अथवा कमल और कुलिश के युग्म से नियोजित होता है।

मण्डल चक्र की प्राथमिक साधनाओं के विषय में सेकोद्देश टीका में बड़ा रोचक विवरण मिलता है। गुरु पहले एक मण्डल चक्र बनाकर उसमें मन्त्र, पीठ, उपपीठ, देवतास्थान आदि अंकित कर देता है। फिर साधक के हाथ में एक फूल दे दिया जाता है जिसे गुरु की वन्दना कर साधक चक्र के अन्दर फेंकता है। उसके बाद गुरु उसकी आँख में पट्टी बाँधकर साधक को मण्डल के पूर्वी द्वार पर ले आता है। मण्डल के अन्दर प्रवेश कर वह फिर बाहर विजयकलश पर फूल फेंकता है। इस पुष्पाक्षेप के बाद उसकी आँखों की पट्टी खोल दी जाती है।[145]

इस मण्डल चक्र को भी तथागत की काया बतलाया गया है क्योंकि मण्डल चक्र के उस भाग को, जो रंगमयी अल्पना से सुसज्जित है, तथागत की काया माना गया है और उसमें फूल फेंकना वर्जित है क्योंकि यदि रंगों की एक रेखा भी बिगड़ी तो उससे तथागत की काया को आहत करने या एक चैत्य तोड़ने का पाप होता है।[146]

जहाँ तक सिद्धों का सम्बन्ध है, वे निर्माणकाया से उद्भूत आन्तरिक मण्डल चक्र को श्रेष्ठ मानते थे और सदा मण्डल चक्र के आध्यात्मिक पक्ष पर बल देते थे। यह मण्डल चक्र तथागत की निर्माणकाया का प्रतीक होता था।[147] इसका उल्लेख गुह्य-समाज-तन्त्र में भी मिलता है और वहाँ पंच स्कन्धों के मण्डल चक्रों का ध्यान करने का सन्देश दिया गया है और उन पंच स्कन्धों के अधिष्ठाता पाँच तथागत हैं।[148] उनमें वज्रसत्त्व को जोड़कर षट् तथागत होते हैं और काण्हपा को टीकाकार ने षट् तथागतचक्री बताया है।[149] गुह्य-समाज-तन्त्र के अनुसार नारी महामुद्रा के तन में भी पंच

तथागतों का वास है अतः उसकी साधना कर लेनेवाले को भी तथागतचक्री कहते हैं।[150] इसीलिए महामुद्रा की साधना कर लेनेवाला फिर समस्त बाह्य अनुष्ठानों से मुक्त हो जाता है। काण्हपा ने कहा है कि 'तन्त्र मन्त्र करने की फिर कोई आवश्यकता नहीं रह जाती। निज गृहिणी महामुद्रा को लेकर प्रणयकेलि, कमल-कुलिश साधना करना ही पर्याप्त है। ऐसे जप, होम, मण्डलकर्म केवल बाह्य होने के कारण निरर्थक हैं, उस तरुणी महामुद्रा के स्नेह के बिना बोधि (ज्ञान) नहीं प्राप्त हो सकती।'[151]

समाधि—महामुद्रा के साथ साधक की साधना की चरम परिणति को समाधि कहते हैं जो प्रज्ञा और उपाय के समागम के कारण प्रज्ञोपाय समाधि या दोनों से उद्भूत होने के कारण सहज समाधि कहलाती है। समाधि का उल्लेख योगाचार में भी है और प्रज्ञापारमिता में भी, किन्तु सिद्धों की सहज अथवा प्रज्ञोपाय समाधि वज्रयान के तान्त्रिक आचार्यों की अपनी निजी कल्पना है। यही समाधि सिद्धि, महासुख तथा अनुत्तर प्रदान करनेवाली है और इसमें स्थित होने के उपरान्त फिर साधक आचार के बन्धनों से मुक्त हो जाता था। गम्यागम्य, भक्ष्याभक्ष्य का कोई भी बन्धन उस पर अनिवार्य नहीं रहता था क्योंकि वह सभी कर्म नैरात्म्य भावना से करता था। उसमें उसकी आसक्तियाँ नहीं रहती थीं।

यही समाधि अष्ट महासिद्धि, महासुख, समरस और अनुत्तर ज्ञान की उपलब्धि कराती थी।

■■

घ

उपलब्धि

सिद्धियाँ—हम देख चुके हैं कि तान्त्रिक काल में साधनाओं द्वारा सिद्धि की उपलब्धि का विशेष महत्त्व था और सिद्ध पुरुष उन्हें कहते थे जो साधनाओं द्वारा असाधारण, अति-मानवीय शक्तियाँ उपलब्ध कर लेते थे।[1] इन सिद्धियों का हठयोग, रसायन-साधना आदि की चिन्तनधारा में भी विशेष महत्त्व था। अथर्ववेद के ही सूक्तों में हमारा परिचय इन अति-प्राकृतिक सिद्धियों से होता है और उन्हें सिद्ध करने के अभिचार और अनुष्ठानों का उल्लेख मिलता है। योगशास्त्र में मन्त्रादि के अतिरिक्त समाधि द्वारा सिद्धि-लाभ को सर्वोत्कृष्ट मार्ग बताया गया। भारतीय चिन्तन-परम्परा में धीरे-धीरे जगत् का अस्तित्व चित्तगत माना जाने लगा अतः चित्त की वृत्तियों को भलीभाँति निरुद्ध कर एक ही दिशा में उन्मुख करने से विभिन्न प्राकृतिक शक्तियों पर नियन्त्रण और प्रभुत्व लाभ करने को उत्कृष्ट सिद्धि माना जाने लगा। इसी परम्परा के

अनुसार कालान्तर में सिद्धियों को तीन वर्गों में विभाजित किया जाने लगा—अधम, मध्यम तथा उत्तम।[2] अधम और मध्यम सिद्धियाँ अनुष्ठानपरक थीं और भौतिक सम्पन्नता को लक्ष्य मानती थीं, लेकिन उत्तम सिद्धि में केवल चित्त में विचार उठते ही कार्य का सम्पन्न होना बताया गया है।

अतः उत्तम सिद्धि चित्तगत ही मानी जाती थी और शेष सिद्धियों को उससे नीचा स्थान दिया गया था। यह उत्तम सिद्धि चित्तवृत्तियों के निरोध या समाधि से प्राप्त होती थी। पातञ्जल योग-दर्शन में साधन की दृष्टि से सिद्धि पाँच प्रकार बतायी गयी हैं—जन्मजा, ओषधिजा, मन्त्रजा, तपोजा, समाधिजा।[3] समाधिजा सिद्धि को प्रकृति का विश्लेषण करते हुए पातञ्जलि ने लिखा है कि जिस प्रकार वर्षा की नदी की समस्त दिशाएँ अवरुद्ध कर एक ही दिशा उद्घाटित कर दी जाय तो उसमें अदम्य और अपराजेय शक्ति आ जाती है उसी प्रकार चित्त की समस्त वृत्तियों का निरोध कर एक ही दिशा में उन्हें निर्देशित किया जाय तो उनमें असाधारण दैवी शक्ति आ जाती है।[4]

बौद्ध तन्त्र-परम्परा में भी सिद्धियों के दो वर्गों को स्वीकार किया गया है—उत्तम तथा सामान्य। गुह्य-समाज-तन्त्र में अन्तर्धान आदि को सामान्य सिद्धि तथा बुद्धत्व-साधन द्वारा प्राप्त सिद्धियों को उत्तम कहा गया है।[5] यह बुद्धत्व साधन प्रज्ञोपाय-समापत्ति-योग या प्रज्ञोपाय समाधि ही है।[6] सेकोद्देश में भी दो प्रकार की सिद्धियाँ बतायी गयी हैं—लौकिक तथा लोकोत्तर। लोकोत्तर सिद्धि को महामुद्रा सिद्धि, अनुत्तर सिद्धि या महासुख की सिद्धि बताया गया है।[7]

इन सिद्धियों की संख्या यूँ तो अनगिनत है किन्तु फिर भी इनमें से प्रमुख तथा उत्कृष्ट सिद्धियों की एक संख्या निर्धारित करने की परम्परा रही है। ब्रह्मवैवर्त में मनोयातित्व, सर्वज्ञत्व, दूर-श्रवण, परकाय-प्रवेश, चिरजीवित, वायु-स्तम्भ आदि 34 सिद्धियाँ बतायी गयी हैं।[8] कहीं-कहीं सिद्धियों की संख्या 18 तथा 24 भी बतायी गयी हैं।[9] किन्तु हठयोग साधना में 8 प्रमुख सिद्धियाँ मानी जाती थीं।[10] अणिमा, लघिमा, महिमा, प्राप्ति, प्राकाम्य, ईशित्व, वशित्व तथा काम-वशायित्व। बौद्ध तन्त्रों ने भी इसी परम्परा का अनुगमन कर 8 विशेष महासिद्धियाँ स्वीकार की थीं किन्तु सम्प्रदाय भेद से ये अष्ट महासिद्धियाँ हिन्दू योगशास्त्र की अष्ट महासिद्धियों से अलग थीं। ये अष्ट महासिद्धियाँ थीं—खड्ग, अंजन, पादलेप, अन्तर्धान, रस रसायन, खेचर, भूचर, पाताल।[11] उत्तम, अनुत्तर सिद्धि के अतिरिक्त इन लौकिक अथवा सामान्य अष्ट महासिद्धियों की भी उपलब्धि तान्त्रिक साधनाओं द्वारा हो जाती थी।

चर्यापदों में एक स्थान पर इन अष्ट महासिद्धियों का उल्लेख आया है। शान्तिपा वाम और दक्षिण मार्ग को छोड़कर, अर्थात् केवल शून्य या केवल करुणा, केवल रसना या केवल ललना, केवल उपाय या केवल प्रज्ञा का मार्ग छोड़कर मध्यम सहज पथ या ऋजु पथ को ग्रहण करने का उपदेश देते हुए यह कहते हैं कि उसमें महासुख की अनुभूति तो होती है, अष्ट महासिद्धियों की भी उपलब्धि होती है।[12]

अंजन आदि—अभी तक प्राप्त बौद्ध तन्त्रों में इन सिद्धियों का सांगोपांग शृङ्खलाबद्ध विवेचन नहीं मिला है किन्तु अलग-अलग साधनाओं में इन सिद्धियों की ओर अप्रत्यक्ष संकेत मिलते हैं। खड्ग सिद्धि सम्भवतः मन्त्रों से अभिषिक्त शस्त्र सिद्धि को कहते थे जो शत्रुओं को पराजित करने और बलि देने के उपयोग में आती थी।[13] इस खड्ग की स्थिति मण्डल चक्र में उत्तर की ओर मानी जाती थी।[14] खड्ग वास्तव में पंच रश्मि-प्रभाओं से युक्त वज्र[15] को ही कहते थे और उसे धारण करनेवाले सिद्ध को खड्गधर या वज्रधर कहते थे।[16] इसी वज्र या खड्ग धारण करने के कारण उस सिद्ध को महाशूर अथवा वीर भी कहा जाता था।[17] अंजन के अर्थ उस अंजन से है जो आँख में लगाने से निहित तथा परोक्ष सत्ताओं और वस्तुओं को देखने की शक्ति दे देता है।[18] इसका चित्तगत अर्थ होगा नैरात्म्यदृष्टि या सर्व-शून्य-दृष्टि। पादलेप उस सिद्धि को कहते थे जिसमें पाँवों में कुछ लेप कर लेने से सिद्ध कहीं भी जा सकता था। अर्थात् उसकी गति निर्बाध हो जाती थी। अन्तर्धान के अर्थ थे लोगों के सम्मुख खड़े-खड़े लुप्त हो जाना।[19] इसके लिए गुह्य साधनाओं में महामांस-समय का विधान है और इसको सिद्ध कर लेनेवाले को अन्तर्धानाधिप कहा जाता है।[20] रस रसायन सिद्धि तथा उसकी योगपरक साधना का विवरण पीछे दिया जा चुका है।[21] खेचर सिद्धि के अर्थ थे आकाश में विहार करने की शक्ति जिसके दार्शनिक अर्थ थे शून्य में विहार करना। इसी प्रकार भूचर के अर्थ हैं संसार में किसी भी स्थान में विचरण कर सकना जिसके दार्शनिक अर्थ हम भव ज्ञान को पूर्णतः सिद्ध कर लेना भी कर सकते हैं। पाताल के अर्थ थे निम्न लोकों में गमन करने की शक्ति।[22] वास्तव में तन्त्रों की प्रकृति यह थी कि उन्होंने भौतिक तथा आध्यात्मिक का भेद बिलकुल मिटा दिया था। प्रत्येक वस्तु के लौकिक तथा अलौकिक दोनों अर्थ होते थे और दोनों ही मान्य होते थे। इसी प्रकार इन सिद्धियों को हृद्गत, चित्तगत[23] भी माना जाता था और भौतिक-लौकिक भी। दोनों अर्थ एक-दूसरे से अभिन्न होकर चलते थे।

कालान्तर में लोक-परम्परा में सिद्धियों के भौतिक चमत्कारपूर्ण अर्थों को महत्त्व दिया जाने लगा था और ये चौरासी सिद्ध उन्हीं चमत्कारों के लिए प्रख्यात थे। इन सिद्धों के चमत्कारों की एक झलक हमें मिल चुकी है।[24] उनमें रस रसायन, अन्तर्धान तथा अन्य कितनी ही सिद्धियों को उनके दर्शनपरक अर्थ की अपेक्षा लौकिक अर्थों में ग्रहण किया गया है जो लोक-परम्परा के लिए स्वाभाविक है।

सिद्धियों का प्रयोग—अनुभूतियों द्वारा प्राप्त इन सिद्धों की चमत्कार-गाथाओं के विश्लेषण करने से इन विशेष बातों का पता लगता है। पहली तो यह कि ये इन सिद्धियों का प्रयोग अपने सम्प्रदाय की रक्षा के लिए करते थे और अन्य सम्प्रदाय के लोगों को पराजित करते रहते थे। दूसरे इन सिद्धियों के प्रयोग में लोक-कल्याण की भी भावना रहती थी, लोकरक्षा का भाव रहता था। अकाल, अनावृष्टि, अतिवृष्टि, महामारी, रोग, दारिद्र्य आदि में यह जनता की सहायता करते थे। तिब्बती अनुश्रुतियों में इसके उल्लेख

स्थान-स्थान पर मिलते हैं। सरहपा के शिष्य नागार्जुन इन सिद्धियों में पारंगत थे। जिस समय सरहपा आर्यतारा की साधना में लीन थे उस समय मगध में अकाल पड़ा। जनता भूखों मरने लगी। भिक्षुओं को भी अन्न नहीं मिलता था। उसी समय नागार्जुन संघाराम में पधारे और उन्होंने रस रसायन की साधना की और दुर्भिक्ष समाप्त हो गया।[25] इसके अतिरिक्त ये सिद्ध महायान की रक्षा तथा अन्य सम्प्रदायों को पराजित करने के लिए भी सिद्धियों का उपयोग करते थे। विरूपा ने त्रिलिंग देश में जाकर ऐसा चमत्कार किया कि वहाँ जितनी बौद्धेतर देव-मूर्तियाँ थीं, सब खण्ड-खण्ड होकर गिर गयीं, त्रिशूल भी टूट गया।[26] मध्यदेश में जाकर विरूपा ने अपने पैर धोकर उसका जल राजा के वनबादल नामक हाथी को पिला दिया जिससे वह रण में गया और एक शत म्लेच्छ राजाओं को पराजित कर चला आया।[27] इसी प्रकार विरूपा ने गौड़ देश में एक ताजिक सुल्तान को अपनी सिद्धियों द्वारा त्रस्त कर दिया था।[28] कभी-कभी ये सिद्ध इन रक्षात्मक सिद्धियों का प्रयोग राजाओं तथा प्रजाओं को अपने सम्प्रदाय में दीक्षित करने के लिए भी किया करते थे। इस सम्बन्ध में एक रोचक कथा योगिनी-चिन्ता की मिलती है।[29] योगिनी-चिन्ता पहले शुण्डिनी (मद्य विक्रेता) थी। उसकी भेंट वीणापा तथा डोम्बी हेरुक से हुई। उस देश का राजा तीर्थिकों का शिष्य था। चिन्ता ने डोम्बी हेरुक से कहा कि 'तुम इस राजा को बौद्ध बना सकते हो यदि इसे साँपों का भय दिलाओ।' डोम्बी हेरुक ने ऐसा चमत्कार किया कि उसके महल के चारों ओर विषधर सर्प घूमने लगे। राजा भयाकुल बैठा था कि यह स्त्री मदिरा लेकर गयी और कहा कि 'तीर्थिकों की पूजा से कुछ नहीं होगा। आचार्य डोम्बी हेरुक अपनी सिद्धि द्वारा इस आपत्ति को दूर कर देंगे।' डोम्बी हेरुक को राजा ने बुलाया और उन्होंने ऐसी साधना की कि सभी साँप पाताल में प्रविष्ट हो गये। उसके बाद उस स्त्री को तथागतों का प्रेमी देखकर वीणापा ने अभिषेक और दीक्षा प्रदान की और भगवती लक्ष्मीकरा[30] ने उसे साधना सिखायी और अन्त में वह वज्र-योगिनी चिन्ता के नाम से प्रख्यात हुई।

अनुत्तर सिद्धि—इन लौकिक या सामान्य सिद्धियों से उच्चतर स्तर की सिद्धि अध्यात्मपरक चित्तगत सिद्धि थी जो साधक अपने ही देह में प्रज्ञोपाय योग या समाधि द्वारा सिद्ध करता था। उसी के लिए तिल्लोपा ने कहा है कि प्रज्ञोपाय समाधि में जब साधक लीन होता है, तभी उसे काय-वाक्-चित्त की दृढ़ता (वज्रता) प्राप्त होकर अनुत्तर की सिद्धि होती है।[31] यह अनुत्तर वास्तव में बुद्धज्ञान या तत्त्वज्ञान है जो शून्यता या करुणा, प्रज्ञा तथा उपाय के एकात्म ज्ञान का ही दूसरा नाम है।[32] इस अनुत्तर की उपलब्धि को काण्हपा ने बड़ी ही रोचक शैली में अपने एक पद में वर्णित किया है।[33] इसको डोम्बी वधू तथा कान्ह वर या महामुद्रा और साधक के विवाह में दहेजस्वरूप मिलनेवाला धन मानते हैं जो टीकाकार के अनुसार अनायास बिना श्रम (अक्लेशेन) प्राप्त हो जाता है।[34] जब काण्हपा डोम्बी से विवाह करने जा रहे हैं तब भव और निर्वाण दोनों की ढोल और पखावज बज रही है। मन को पवन में लीन कर पालकी बनायी

गयी है (धर्मकाय का लय) और जय-जय-युक्त दुन्दुभिनाद आकाश में गूँज रहा है। कान्ह ने डोम्बी से विवाह कर जन्मादि बन्धनों को नष्ट कर दिया है और दहेज रूप में उसे अनुत्तर धर्म की प्राप्ति हुई है।[35]

अनुत्तर उपलब्धि की यह परम्परा सिद्धों ने योगाचार से ग्रहण की थी। अनुत्तर के अर्थ हैं सर्वश्रेष्ठ, जिसके उपरान्त कुछ न हो, जो अशेष हो। विज्ञानवाद में उसे सर्वाकारज्ञता या तथता कहा गया है। और इस ज्ञान को प्राप्त कर लेने से अनुत्तर पद की उपलब्धि बतायी गयी है।[36] यह अनुत्तर सहज का ही पर्याय बन गया क्योंकि अद्वयवज्र ने इसे अनुत्तर सहज कहा है।[37] वास्तव में सहज (प्रज्ञोपाय अद्वय) ही मूल तत्त्व है और अनुत्तर उसका विशेषण है जो उसके पर्याय रूप में प्रयुक्त किया गया है। इसी की उपलब्धि प्रमुख उपलब्धि है।

यह उपलब्धि जो ज्ञान के क्षेत्र में सहज या अनुत्तर ज्ञान है, अनुभूति के क्षेत्र में वही महासुख, सहजानन्द, सहज सुख या समसुख है जो कि प्रज्ञा और उपाय के समान युगनद्ध से प्राप्त होता है। सिद्ध की व्याख्या करते हुए काण्हपा ने उसको सिद्ध बताया है जो समरसता द्वारा अपने चित्त को सहज में स्थित कर जरा-मरण के भय से मुक्त हो जाता है।[38] यह समरस गृहिणी महामुद्रा के प्रगाढ़ स्नेह में प्राप्त होता है।[39] तिलोपा भी इसी समरस को श्रेयस्कर बताते हैं।[40] इस समरसता में शूद्रत्व और ब्राह्मणत्व का कोई विचार नहीं है क्योंकि यह अभेद-बुद्धिजन्य है, भेद-बुद्धिजन्य नहीं।[41] जिस प्रकार जल जल में प्रवेश कर समरस हो जाता है उसी प्रकार प्रज्ञोपाय में प्रज्ञा और उपाय का दाम्पत्य रूप में युगनद्ध हो जाता है।[42] भुसुकुपा भी यही उदाहरण देते हुए कहते हैं कि जैसे जल जल में समाकर अभेद हो जाता है, उसी प्रकार समरस में मनरूपी मणि शून्यता में समाकर अभेद हो जाती है।[43]

महासुख—इसी समरसता की अनुभूति को समसुख[44] अथवा महासुख कहते हैं। इस महासुख की व्याख्या करनी बहुत कठिन है, क्योंकि यह समरस है, सहजानन्द है, न घटता है, न वह श्रवण से सुन पड़ता है, न नयन से दीख पड़ता है, न पवन उसे हिला पाती है, न अग्नि उसे जला पाती है, न जल वर्षा से वह आर्द्र होता है, न वह बढ़ता है, न घटता है, न वह अचल है, न गतिशील है, उपनिषदों के ब्रह्म की ही भाँति उसकी नेतिपरक व्याख्या ही दी जा सकती है। किन्तु साथ ही वह केवल नेतिपरक नहीं है क्योंकि जिस भव में लगकर व्यक्ति मरता है, उत्पन्न होता है, बन्धन में पड़ता है, उसी में लगकर वह परम महासुख को भी सिद्ध कर लेता है।[45] इसकी तो केवल अनुभूतिपरक व्याख्या ही की जा सकती है और इसीलिए सिद्धों ने स्थान-स्थान पर उस अनुभूति की ओर संकेत करने पर भी अन्त में हारकर कह दिया कि उस अनुभूति की अभिव्यक्ति ही नहीं की जा सकती।[46]

इसी सहजानन्द परम महासुख को वे सहजामृत भी कहते हैं। अनुभूति की अगम्यता के कारण उसे भी व्याख्या से परे बताया गया है और गुरु केवल उस मार्ग

में शिष्य को प्रवृत्त करा सकता है, उसकी व्याख्या नहीं कर सकता।[47] किन्तु जो अनुभूतिपरक महासुख की साधना न कर केवल ज्ञानपथ में शास्त्रागम इत्यादि के मरुस्थल में भटकते रहते हैं उनका विनाश हो जाता है, वे अमृत से वंचित रह जाते हैं।[48]

साधना के लक्ष्य का विश्लेषण—इस प्रकार सिद्धों ने अपनी साधना का लक्ष्य ज्ञान नहीं वरन् अनुभूति मान ली थी। तन्त्रों से प्रभावित होकर प्रज्ञोपायात्मक कल्पना से उन्होंने अपने समस्त तत्त्वज्ञान, साधना-पद्धति, हठयोग, अनुष्ठान और अभिव्यक्ति को रँग डाला था किन्तु इसके पीछे उनका उद्देश्य क्या था इसका एक संक्षिप्त मूल्यांकन कर लेना आवश्यक है। सिद्धों का उद्देश्य था बौद्धों के निवृत्तिमूलक दुःखवादी रूप का निराकरण कर सुख, आनन्द, भावना और भोग की प्रतिष्ठा करना। वह जीवन जो कि सहज है, प्रवृत्तिमूलक है, मानवीयता का निषेध नहीं करता, उसी को उन्होंने अपने ढंग से, अपनी सीमाओं के अन्दर बौद्ध परम्परा में प्रतिष्ठित किया। वे सीमाएँ हठयोग की दुरूहताएँ थीं किन्तु उनके अतिरिक्त जो कुछ बचा रहता था वह लोकमानस के निकट था।

इसके लिए उन्होंने बौद्ध परम्परा से भी विद्रोह करने में संकोच अनुभव नहीं किया यद्यपि सम्प्रदाय परम्परा के अनुसार उस विद्रोह को उन्होंने पूर्वागत सिद्धान्तों की नवीन व्याख्या या नये संशोधन के रूप में रखा। उन्होंने सहज की कल्पना की और सारी परम्परा को सहजपरक व्याख्या देने का प्रयास किया। अभी तक साधना की उपलब्धि निर्वाण ही माना जाता रहा, इन्होंने निर्वाण को गौण स्थान दिया, उसे केवल भव का ज्ञानमात्र बताकर अन्तिम परिणति नहीं माना, निर्वाण को केवल पथ का एक मोड़ मानकर उसके भी आगे प्रज्ञोपाय अनुष्ठान और सहजानन्द को प्राप्त करने का उपदेश दिया। वैराग्यमूलक अस्वाभाविक जीवन को त्यागकर सिद्धों ने महामुद्रा रूप में गृहिणी से परिणय कर गृहस्थ जीवन में समस्त भोगोपभोगों के बीच ही तत्त्वज्ञान का उदय सिद्ध किया। वे जीवन में विराग के स्थान पर राग, निवृत्ति के स्थान पर प्रवृत्ति और ज्ञान के स्थान पर अनुभूति की प्रतिष्ठा करने के लिए सन्नद्ध थे। यह पिछली बौद्ध परम्परा की कठिन श्रमण साधनाओं की अस्वस्थ प्रतिक्रिया मात्र ही नहीं थी। इसके पीछे सिद्धों का एक स्वस्थ, सुगठित जीवन-दर्शन था। वे प्रवृत्तियों के दमन को हानिकर मानते थे, प्रवृत्तियों की स्वस्थ तृप्ति में ही जीवन का पूर्ण विकास और लौकिक जीवन के चेतन समरस निर्वाह में ही आध्यात्मिक मूल्यों का प्रस्फुटन होता है यह उनका दृढ़ विश्वास था।

तिलोपा ने एक स्थान पर कहा है 'जिम विस भक्खइ विसहिं पलुत्ता, तिम भव भुंजहि भवहिं ण जुत्ता।'[49] जैसे विष का विधानपूर्वक उपभोग करनेवाला फिर विष के प्रभाव से मुक्त हो जाता है उसी प्रकार भव का विधानपूर्वक उपभोग करनेवाला फिर भव में लिप्त नहीं होता। उसी को योगी कहते हैं। वह विराग-योगी नहीं है, महाराग-

योगी है, गृहिणीयुक्त है और गृहिणी को वह महाप्रज्ञा के रूप में ग्रहण करता है। इसी भाव को आर्यदेव बड़े सुन्दर रूपकों में इस प्रकार प्रस्तुत करते हैं : 'जैसे कान में जाकर कष्ट पहुँचानेवाला जल, जल के ही आघात से बाहर निकलता है, जैसे काँटे से काँटा निकलता है, उसी प्रकार राग से राग-लिप्ति का भी निराकरण होता है। जैसे धोबी कपड़ों का मैल छुड़ाने के लिए मैली सज्जी मिट्‌टी का ही प्रयोग करता है उसी प्रकार मन से विषयासक्ति दूर करने के लिए विषयों की ही साधना अनिवार्य है। जैसे लोहा पानी में डालने से डूब जाता है, किन्तु वही लोहा पात्र रूप में गठित होने पर जलपोत बनकर यान के रूप में न केवल स्वयं तरता है वरन् दूसरों को भी तार देता है उसी प्रकार प्रज्ञोपाय-विधान से इस चित्त को पात्रीकृत कर साधक भवभोग करता हुआ स्वयं भी मुक्त हो जाता है और दूसरों को भी मुक्त करता है। जैसे अग्नि दाहक होती है किन्तु स्नेह से सिक्त होकर वर्तिका में प्रतिष्ठित होकर वह निष्कम्प दीपशिखा के समान तिमिर का नाश करती है उसी प्रकार राग भी संस्कृत होकर ज्योति विकीर्ण करता है, अन्धकार का नाश करता है।[50]

इस प्रकार इन सिद्धों का दर्शन भव के उपभोग का उपदेश देता था किन्तु महाराग द्वारा परिशोधित कर लेने के उपरान्त। वह केवल भोगवादी जीवन-दर्शन नहीं था। आध्यात्मिक चेतना के बिना, यह उपभोग बन्धन में डाल देता था। खाओ पियो, सुख से रमण करो किन्तु उसका आध्यात्मिक लक्ष्य समझकर, उसके पीछे की व्यापक प्रज्ञोपायात्मक भूमिका को भलीभाँति हृदयंगम कर।[51] खाने का अर्थ है सहजामृत का पान और सुख में रमण करने का अर्थ है महासुख का उपभोग करना। इस प्रकार उन्होंने एक ओर साधना को प्रवृत्तिमूलक बनाकर उसमें लोकजीवन की प्रतिष्ठा की, वहाँ दूसरी ओर केवल विषयासक्तियों पर निरोध भी किया। अन्तर और बाह्य में उन्होंने अद्वय स्थापित करने की चेष्टा की। उन्होंने ऐसा जीवन-दर्शन प्रतिपादित किया जो चित्त की विशुद्धता के साथ-साथ बाह्य भव के उपभोग पर भी कोई प्रतिबन्ध नहीं लगाता था।[52]

इसी प्रकार उन्होंने स्त्री और शूद्र को भी न केवल धर्म-साधना में समाविष्ट किया वरन् उन्होंने उनको सर्वोच्च महत्त्व दिया। डोम्बी, चाण्डाली, रजकी उनके लिए प्रतीक शब्द थे, किसी जातिमात्र के वाचक होने के कारण ही सिद्ध इन्हें त्याज्य नहीं समझते थे।

महामुद्रा की साधना के उपरान्त सिद्ध बाह्य तन्त्र-मन्त्रों का विरोध भी करते थे और अनुत्तर पद पाने के उपरान्त वे समस्त आचार बन्धनों और कर्मकाण्ड विधानों के निषेध का भी प्रतिपादन करते थे। परम्परागत पाण्डित्यपूर्ण ज्ञान की अपेक्षा वे जीवन की भावात्मक अनुभूतियों को अधिक महत्त्व देते थे। इस प्रकार सिद्धों ने निस्सन्देह लोक-धर्म की प्रतिष्ठा बौद्ध-परम्परा में की और एक नया जीवन-दर्शन सम्मुख रखा।

किन्तु उनमें सब-कुछ विराट्, उदार और जीवन को विकास देनेवाला ही नहीं था। उनकी अपनी सीमाएँ थीं। वे सीमाएँ अधिकतर युग-प्रभाव से समन्वित साम्प्रदायिक

सीमाएँ थीं। वे बौद्ध थे अतः साम्प्रदायिक परम्परा कायम रखने के लिए उन्हें बहुत-सी ऐसी बातें अपनानी पड़ीं जो उनके मूल जीवन-दर्शन से मेल नहीं खाती थीं। वह तान्त्रिक युग था और तन्त्रों में जहाँ लोक-जीवन के कुछ स्वस्थ पक्ष थे वहीं अन्धविश्वास, चमत्कारवाद आदि कुछ ऐसे भी तत्त्व थे जिन्हें हम दूसरे अध्याय में आदिम तत्त्व (Primitive element) या असंस्कृत तत्त्व बता चुके हैं, जो हानिकर थे, जिन्होंने अन्त में उनकी परम्परा को जर्जर बना दिया।

सन्दर्भ

(क)

1. 'अद्वयार्थो ही परमार्थः', लेवी संस्करण, पृ. 22; 2. उच्छिन्तपापा मम सर्वधर्मान्तेनास्त्रि बुद्धो जगतानुबोधात्...सद्धर्म पुण्डरीक सूत्र, पृ. 47; 3. एहुसे अप्पा एहु जगु जो परिभावइ, णिम्मल चित्त सहाव सोकि बुज्झइ, बागची दोहाकोष, पृ. 5; पर अप्पाण म भन्ति करु सअल निरन्तर बुद्ध; बागची दोहाकोष, पृ. 5; 4. जिम बाहिर तिन अभ्भन्तरु, चउदहभुवणे ठिअउ निरन्तरु; वही, पृ. 35; सोहिअ वित्त णिरालम् दिण्णा, वही, पृ. 34; 5. डाकार्णव, चौधरी, पृ. 141; 6. दृश्यम् न विद्यते चित्तम् चित्तम् दृश्यात् प्रमुच्यते...लंकावतार सूत्र, जिल्द 2; 7. चाटिल्लपाद पद 5, बागची दोहाकोष, पृ. 111; 8. बागची दोहाकोष, पृ. 3; 9. बागची दोहाकोष, पृ. 11; 10. बागची दोहाकोष, पृ. 12; 11. बागची दोहाकोष, पृ. 13; 12. बागची दोहाकोष, पृ. 18; 13. बागची दोहाकोष, पृ. 13; 14. बागची दोहाकोष, टीका भाग, पृ. 91; 15. बागची दोहाकोष, पृ. 21; 16. बागची दोहाकोष, पृ. 36; 17. बागची दोहाकोष, पृ. 36, दोहा 92; 18. बागची दोहाकोष, पृ. 41, दोहा 7, 8; 19. बागची दोहाकोष, पृ. 52, दोहा 15; 20. पद 1, बागची चर्यापद, पृ. 107; 21. बौद्ध गान ओ दोहा, पृ. 4, 16; 22. बागची दोहाकोष, पृ. 36; दो. 93, 6 पृ. 31 दो. 71; 23. बागची दोहाकोष, टीका भाग, पृ. 152, 153; 24. बागची दोहाकोंष, पृ. 11; 25. अभिधर्म कोष, राहुल संस्करण, प्रथम अध्याय; 26. मैन्युएल ऑफ ए मिस्टिक, पृ. 9; 27. सअल आआरहि गअण सम्पुण्णा, बागची दोहाकोष, पृ. 11; 28. बागची दोहाकोष, पृ. 52, दोहा 15; 29. बागची दोहाकोष, पृ. 41; 30. सोगेन, सिस्टम्स., पृ. 125; 31. सेकोद्देश टीका, पृ. 7; 32. बौद्धगान ओ दोहा, पृ. 4; 33. अभिधर्म कोष, (राहुल), प्रथम अध्याय; 34. सोगेन, सिस्टम्स., पृ. 231, 232; 35. सेकोद्देश टीका, पृ. 7; 36. टीका भाग, बौद्ध गान ओ दोहा, पृ. 25; 37. सोगेन, सिस्टम्स., पृ. 231; 38. वही, पृ. 111, 112; 39. टीका भाग, बागची दोहाकोष, पृ. 62, 58, सेकोद्देश टीका पृ. 7; 40. सोगेन, सिस्टम्स., पृ. 216, 230; 41. बागची दोहाकोष, पृ. 92; 42. लंकावतार सूत्र, जिल्द 2; 43. चर्यापद 1; 44. बागची दोहाकोष, पृ. 24; 45. वही, पृ. 102; 46. वही, पृ. 34; 47. वही, पृ. 4; 48. वही, पृ. 24; 49. वही, पृ. 28; 50. वही, पृ. 19; 51. वही, पृ. 31; 52. वही, पृ. 43; 53. वही, पृ. 29; 54. वही, पृ. 29; 55. वही, पृ. 22; 56. वही, पृ. 10; 57. वही, पृ. 21; 58. वही, पृ. 143; 59. महायान सूत्रालंकार 11,

16; 60. बागची दोहाकोष, पृ. 8; 61. वही, पृ. 3; 62. वही, पृ. 5; 63. वही, पृ. 11; 64. बागची चर्यापद, पृ. 53; 65. बागची दोहाकोष, पृ. 37; 66. वही, पृ. 144; 67. पद 7 की टीका, बौद्ध गान ओ दोहा, पृ. 15; 68. बागची दोहाकोष, पृ. 145; 69. बौद्ध गान ओ दोहा, पृ. 24; 70. प्रज्ञोपाय-विनिश्चय-सिद्धि, पृ. 18, श्लोक 23; 71. बौ. दो., पृ. 12; 72. वही, पृ. 22; 73. महायानविंशक, श्लोक 10 तथा 12; 74. चित्तविशुद्धि प्रकरण, श्लोक 18; 75. चित्तविशुद्धि प्रकरण, पृ. 3, श्लोक 27; 76. नैरात्म्य परिपृच्छ, पृ. 15, श्लोक 19 तथा 20; 77. महायान सूत्रालंकार 9, 15; 78. ज्ञानसिद्धि, पृ. 46; 79. साधनमाला, प्रथम खण्ड, पृ. 29, 271; 80. साधनमाला, प्रथम खण्ड, पृ. 133; 81. बागची चर्यापद, पृ. 147; 82. बागची दोहाकोष, पृ. 101; 83. बागची दोहाकोष, पृ. 12; 84. मारह चित्त णिव्वाणें हाणआ; तथा टीका, बा. दोहाकोष, पृ. 62; 85. बागची दोहाकोष, पृ. 104; 86. पद 45, तथा टीका, बौद्ध गान ओ दोहा, पृ. 69; 87. बागची चर्यापद, पृ. 138; 88. बागची दोहाकोष, पृ. 65; 89. बागची दोहाकोष, टीका, पृ. 65; 90. माध्यमिक वृत्ति- 15-19; 91. सोगेन, सिस्टम्स., पृ. 201; 92. माध्यमिक वृत्ति, पृ. 521; 93. देखिये पीछे, शून्यवाद; 94. लंकावतार सूत्र, अध्याय 3; 95. महायान श्रद्धोत्पाद सूत्र (अ.), पृ. 67; 96. सोगेन, सिस्टम्स., पृ. 67; 97. महायान श्रद्धोत्पाद सूत्र (अ.), पृ. 58; 98. महायान सूत्रालंकार, पृ. 65; 99. अद्वयार्थो हि परमार्थः, महायान सूत्रालंकार 6; 1; 100. बागची दोहाकोष, पृ. 43; 101. बागची दोहाकोष, पृ. 159; 102. प्राप्ति, जीवितेन्द्रिय, निकाम समाग, पृथंजाति, असंज्ञा समापत्ति, निरोध समापत्ति, असंज्ञिकम्, व्यंजनकाय, नामकाय, पदकाय, जाति जरा, स्थिति, अनित्यता, प्रवृत्ति एवम्मागीय, प्रत्युबन्ध, जावन्यम्, अनुक्रम, देश, काल, संख्या, सामग्री, भेद; सोगेन, सिस्टम्स., पृ. 226; 103. दोहाकोष, पृ. 124; 104. अश्वघोष द्वारा वर्णित स्मृतियों को डॉ. दासगुप्त ने वासना के अर्थ में ग्रहण किया है : दासगुप्त, तान्त्रिक बुद्धिज़्म, पृ. 24; 105. टीका, दोहाकोष, पृ. 124; 106. जयनन्दीपा, बा. चर्यापद, पृ. 152; 107. बौद्ध गान ओ दोहा, पृ. 91; 108. 9वीं चर्यापद; 109. चर्यापद, बागची, पृ. 150; 110. बौद्ध गान ओ दोहा, पृ. 68; 111. बागची चर्यापद, पृ. 119, 12; 112. बौद्ध गान ओ दोहा, पृ. 23; 113. बागची दोहाकोष, पृ. 159; 114. वही, पृ. 3; 115. वही, पृ. 3; 116. वही, पृ. 98; 117. वही, पृ. 32; 118. अश्वघोष का कथन है कि तथता न तो भाव है न अभाव, न भावाभाव है, न भावाभाव का निषेध, न एक है, न अनेक है, न एक अनेक का अभाव; एक शब्द में सर्व सत्त्व इसका ज्ञान नहीं प्राप्त कर सकते अतः इसे शून्यता की संज्ञा दी गयी है; महायान श्रद्धोत्पाद सूत्र : सुजुकी का अनुवाद, पृ. 59, 60; 119. आर्य सत्यद्वयावतार सूत्र, मध्यान्त विभाग, पृ. 374; 120. बागची दोहाकोष, पृ. 121; 121. वही, पृ. 4; 122. गुणदोस रहिअ एहु परमत्थ, 29 दोहाकोष, बागची, पृ. 7; 123. पत्था एहु सो एहु परमत्थवि; 3; बागची दोहाकोष, पृ. 9; 124. एवमनेन मुनिर्भगवान् परमार्थ रूपकम् सरोरुहवज्रादिनोक्तम्...सिद्धम् परमार्थम् भ्रम सर्वेषु तदाश्रिता चेति; 125. विज्ञानवादी तीन प्रकार के ज्ञान मानते थे—परिकल्पित, परतन्त्र, परिनिष्पन्न; इनमें से प्रथम दो संवृति सत्य या माया के प्रभासस्वरूप थे और ग्राह्य-ग्राहक भाव से युक्त थे; परिनिष्पन्न ज्ञान दोनों से मुक्त था; महायानसूत्रालंकार, पृ. 22; 126. महायानसूत्रालंकार,

पृ. 65; 127. वही, 13; 1; 128. ''सर्वधर्मानुत्पाद समतया परमार्थतः'' मध्यान्त विभाग, पृ. 374; 129. सर्वे भावाः स्वभावेन प्रतिबिम्ब समामताः; शुद्धाः शान्तस्वभावाश्च अद्वयस्तथता समाः; महायान-विंशक; तथा अनादिनिधनम् शान्तम् भावाभाव विवर्जितम्, निर्विकल्पम् निरालम्बमनवस्थितमद्वयम् ।।1।। चित्तविशुद्धि प्रकरण; 130. महायानसूत्रालंकार, पृ. 94; 131. चर्यापद, पृ. 150; 132. चर्यापद, पृ. 141; 133. आइ रहिय एहु अन्तरहिअ, वरगुरुपाअ अद्वअ कहिअ; बागची दोहाकोष, पृ. 7 तथा टीका पृ.70; 134. हउ सुण्ण, जग सुण्ण, तिहुअण सुण्ण; पृ. 8, दो. बागची; 135. सअलाआरहि गअण सम्पुण्णा; 16; पृ. 11 बा. दो.; 136. अण्ण तरंग की अण्ण जल भवनम ख-सम सरूअ; बागची दोहाकोष, पृ. 31; 137. बागची दोहाकोष, पृ. 31; 138. पृ. 40 बागची दोहाकोष, तथा तिलोपा, बा. दोहाकोष, पृ. 5; 139. बागची दोहाकोष, पृ. 41; 140. वही, पृ. 4; 141. वही, पृ. 6; 142. वही, पृ. 41; 143. चर्यापद 1 तथा 10; 144. देखिये वज्रज्ञान; 145. देखिये पीछे 'शून्यवाद'; 146. भावग्राहम् परित्यज्य नाभावम् कल्पयेद् बुधः, वरम् हि भावसंकल्पो तत्त्वभाव प्रकल्पना; निर्वानि ज्वलितो दीपो निर्वृत्तः का गतिम् ब्रजेत् ; 9; प्रज्ञोपाय विनिश्चय सिद्धि, पृ. 4; 147. 9वाँ चर्यापद काण्हपा; 29वाँ चर्यापद लुईपा; 30वाँ चर्यापद भुसुकुपा, पृ. 136; सरहपा, बागची दो., पृ. 94, सरहपा, बा. दो., पृ. 119; 148. तिलोपा, बा. दो., पृ. 6; 149. देखिये पीछे 'लोकधर्म'; 150. देखिये आगे 'महासुख'; 151. बा. दोहाकोष, पृ. 145; 152. देखिये पीछे 'माध्यमिक सम्प्रदाय और तन्त्र'; 153. 'चित्ता ज्ञान ज्ञेयादि, अचित्तो निःस्वभावादि; बा. दोहाकोष, टीका, पृ. 118; 154. वही,. पृ. 39; 155. वही, पृ. 4, 7; 156. सोगेन, सिस्टम्स., पृ. 257; 157. वही, पृ. 41; 158. बा. चर्यापद, पृ. 107; 159. आयतनेन्द्रियादि गगनम् प्राप्ताणि; खसम बीजम् यत् खसमम् याति; बा. चर्यापद, पृ. 53; उपर्युक्त चर्या मूल ताड़पत्र लिपि में नहीं प्राप्त है; बागची ने तिब्बती अनुवाद की छाया दी है; 160. चर्यापद, पृ. 131; 161. सुनापान्तर उह न दीसइ भान्ति न बाससि जान्ते; 15वीं चर्या, चर्यापद, पृ. 122; 162. बा. दोहाकोष, पृ. 7; पृ. 56; बा. चर्यापद, पृ. 141; 163. बागची दोहाकोष, पृ. 32; 164. बा. चर्यापद, पृ. 149; 165. सर्वे भावाः स्वभावेन प्रतिबिम्ब समामताः; शुद्धाः शान्तस्वभावाश्च अद्वयस्तथता समाः; महायान-विंशक; 166. बा. दोहाकोष, पृ. 42; 167. वही, पृ. 46; 168. वही, पृ. 47 तथा पृ. 13; 169. वही, पृ. 104; 170. वही, पृ. 43; 171. वही, पृ. 61; 172. वही, पृ. 86; 173. वही, पृ. 63; 174. वही, पृ. 3; 175. वही, पृ. 69; 176. वही, पृ. 25; 177. वही, पृ. 8; 178. वही, पृ. 122; 179. वही, पृ. 131; 180. वही, पृ. 17; 181. जहि मण पवण ण संचरइ रवि ससि णाह पवेस; तहि बढ़ चित्त विसाम करु सरहें कहिअ ।।10।। तथा इसकी टीका पृ. 96 बा. दोहाकोष; 182. णित्तरंग सम सहजरुअ सअल कलुस विरहिए; पाप पुण्ण रहिए कुच्छ णाहि काण्ह फुड़ कहिये।।10।। तथा टीका, बा. दो., पृ. 154; 183. बा. चर्यापद, पृ. 149; 184. देखिये पीछे 'सहज'; 185. बा. दोहाकोष, पृ. 48; 186. वही, पृ. 127; 187. टीका बा. दोहाकोष, पृ. 129; 188. तिलोपा, पृ. 3, बा. दो.; 189. बा. दो, पृ. 48; 190. वही, पृ. 26; 191. वही, पृ. 39, छन्द 108, 109, 110; 192. इस पंचक्रम प्रणाली का उल्लेख प्रथम चर्या की टीका में कई बार मिलता है; देखिये बौद्ध गान

ओ दोहा, पृ.2; साथ ही डोम्बीपा इस पंचक्रम को ही भवसागर से पार उतारनेवाले केडुआल मानते हैं; देखिये 14वें चर्यापद की टीका। बौद्ध गान ओ दोहा, पृ. 26; 193. शून्य रचति शून्यंच महाशून्यम् तृतीयकम्; चतुर्थम्, सर्वशून्यंच फल हेतु प्रभेदतः; दासगुप्त द्वारा उद्धृत; 194. दासगुप्त, आब्सक्योर रेलिजस कल्ट्स, पृ. 53; 195. पत्तो च उट्ठ चउ मूणाल ठिअ महासुह वासे; 5; पृ. 40 दोहाकोष, बागची; 196. शून्यातिशून्य महाशून्य सर्व्वशून्यमिलत चतुःशून्यस्वरूपेण पत्रचतुष्टयम् चतुरादिस्वरूपेण चतुर्मृणाल संस्थिता; टीका बा. दोहाकोष, पृ. 151; 197. 50वाँ चर्यापद तथा टीका, बौद्धगान ओ दोहा, पृ. 95; 198. दोहा 6 तथा टीका, पृ. 151 बा. दोहाकोष; 199. महाप्रज्ञा महोपाय महाकृपाधिमोक्षतः, महायानसमुद्दिष्टम् महासात्त्वस्यगोचरम्; 84; चित्तविशुद्धिप्रकरण, पृ. 6; 200. सातवलेकर, अथर्ववेद का स्वाध्याय, पृ. 20; 201. बा. चर्यापद, पृ.136; 202. सुजुकी—आउटलाइन्स ऑफ महायान बुद्धिज़्म, पृ. 298; 203. एस. बी. दासगुप्त, एन इण्ट्रोडक्शन टु तान्त्रिक बुद्धिज़्म, पृ. 110, 111; 204. दीवान नर्मदाशंकर मेहता, कल्याण (शक्ति अंक), पृ. 544 तथा आगे; 205. बागची, चर्यापद, पृ. 110; 206. वही, पृ. 127; 207. बौद्धगान ओ दोहा, पृ. 56; 208. सुजुकी, आउटलाइन्स ऑफ महायान बुद्धिज्म, पृ. 63; 209. देखिये पीछे; 210. वीर्य पारमिता सहगतो वज्रोपमो दृढ़ात्वाद भेद्यत्रया; महायानसूत्रालंकार, पृ. 16; 211. बोधिचित्तम् सांवृतस्पन्दरूपम् शुक्रम् रजोभूषितम् तन चित्तवज्रेणश्लिष्टम्; टीका पृ. 150 बा. दोहा.; 212. एवम् बीजम् गृहीत्वा कुसुमितम् अरविन्दम् कमलम् मधुकररूपेण चित्तवज्र, प्रज्ञोपाय योगात्....टीका, पृ. 151, बा. दोहाकोष; 213. करुणाशून्यता मूर्तिः कालः संवृत्ति रूपिणी, पृ. 8 सेकोद्देश टीका; 214. स एव काल चन्द्रो भगवान् प्रज्ञोपायात्मको ज्ञानज्ञेय सम्बन्धेत्मो यथाक्षर सुग्वज्ञानम् सर्वमवरण क्षय हेतुभूतम् काल इत्युक्तम्। उपायः करुणात्मक...। 'सेकोद्देश टीका; 215. दोहाकोष टीका, पृ. 151, 152; 216. बा. दोहाकोष, पृ. 5; 217. बा. दोहाकोष टीका, पृ. 67; 218. बा. दोहाकोष, पृ. 119; 219. सर्वे ते शुद्ध भावाहि; यस्मात् बुद्धमयम् जगदिति; टीका, पृ. 70, बा. दोहाकोष; 220. 13वीं चर्या तथा टीका बौद्ध गान ओ दोहा, पृ. 25; 221. बा. दोहाकोष, पृ. 11; 222. देखिये 'देवशृङ्खला'; 223. सर्वे ते वैरोचनादयस्तथागत रूपादि पंच स्कन्ध रूपेण जगदाकारस्तेषाम्... वज्रधर—शरीरमित्यर्थ; बा. दोहाकोष, पृ.162; 224. संकीर्ण दोहासंग्रह, पृ. 56, बा. दोहाकोष; 225. बौद्ध गान ओ दोहा, 46वीं चर्या की टीका, पृ. 70; 226. ए. गेटी, गाड्स ऑफ नार्दर्न, बुद्धिज्म, पृ. 11; 227. दोहाकोष, बा. पृ. 162; 228. महायान श्रद्धोत्पाद सूत्र। सुजुकी। पृ. 55, 56; 229. बा. दोहाकोष, पृ. 70; 230. बा. दोहाकोष, पृ. 149; 231. वही, पृ. 40; 232. ज्ञानसिद्धि, पृ. 43; 233. बा. दोहाकोष, पृ. 65; 234. वही, पृ. 67; 235. वही, पृ. 65; 236. डाकार्णव, पृ. 54; 237. ज्ञानसिद्धि, पृ. 38; 238. महायान सूत्रालंकार 11; 18; 239. णिम्मल सहजे पाप ण पुण्ण, तिलोपा बा. दोहाकोष, पृ. 8; 240. ज्ञानसिद्धि, पृ. 38, श्लोक 66, 71।

(ख)

1. बा. चर्यापद, पृ. 107; 2. बा. दोहाकोष, पृ. 61; 3. भुसुकुपा, पद 21, बा. चर्यापद, पृ. 128; 4. महीधरपा, पद 16, बा. चर्यापद, पृ. 123; 5. बा. दोहाकोष, पृ. 150;

6. देखिये पीछे, 'संवृत सत्य'; 7. देखिये पीछे, 'त्रिक्‌वाद'; 8. दास, शक्ति आर डिवाइन पावर, पृ. 118; 9. 'विमल सलिल सोख जाइ जइ कालाग्नि पइट्ठइ,' काण्हपा, बा. दोहाकोष, पृ. 156; 10. 'वोहि रअभूसिअ अक्खोहेहिं सिट्ठओ...काण्हपा वही, पृ. 150; 11. 'महोत्साहा महारम्भा महार्थाथ महोदया'...महायान सूत्रालंकार, पृ. 14; 12. महायान सूत्रालकंार, श्लोक 15, 20, पृ. 76; 13. देखिये आगे, अध्याय 4; 14. बौ. गा. ओ. दो., पृ. 42; 15. बागची दोहाकोष, पृ. 11; 16. बा. दोहाकोष, पृ. 7, 62, 158, 160; 17. बागची चर्यापद, पृ. 107; 18. बागची दोहाकोष, पृ. 37; 19. वही, पृ. 63; 20. देखिये पीछे, 'रसेश्वर सम्प्रदाय'; 21. चित्तविशुद्धि प्रकरण, पृ. 4; 22. बा. दोहाकोष, पृ. 101; 23. बागची दोहाकोष, टीका भाग, पृ. 98, पृ. 100; 24. सरहपा, दोहा 51, बा. दोहाकोष, पृ. 26; 25. सरहपा, दोहा 69, बा. दोहाकोष, पृ. 31; 26. काण्हपा, दोहा 19 तथा टीका, बा. दोहाकोष, पृ. 158; 27. सरहपा, पद 22, तथा टीका, बौद्ध गान ओ दोहा, पृ. 39; 28. बा. दोहाकोष, पृ. 26; 29. बा. चर्यापद, पृ. 128; 30. पद 12, बा. चर्यापद, पृ. 119; 31. बौद्ध गान ओ दोहा, पृ. 23; 32. बा. दोहाकोष, पृ. 3; 33. वही, पृ. 4; 34. वही, पृ. 7; 35. सर्व दर्शन संग्रह, कावेल तथा गफ, पृ.138; 36. बागची दोहाकोष, पृ. 5; 37. अमनस्कार बाहुल्यम् कौशीद्यम् योग विभ्रमः...10, 4...महायान सूत्रालंकार; 38. अमिसमयालंकारालोक; टुची संस्करण, पृ. 115; 39. सोगेन, सिस्टम्स ऑफ बुद्धिस्ट थाट, पृ. 142; 40. सोगेन, सिस्टम्स ऑफ बुद्धिस्ट थाट, पृ. 219; 41. बा. दोहाकोष, टीका भाग, पृ. 62; 42. 'सोवि मणु ताहि अमणु करिज्जइ' तथा टीका, बागची दोहाकोष, पृ. 131; अद्वयवज्र ने 'अमनसिकार' शब्द की व्याख्या करते हुए 'अ' को तान्त्रिक बीजाक्षर बताया है; वह नैरात्म्य-स्वरूप, वर्णों में अग्रणी, महार्थयुक्त, परमाक्षर, महाप्राण और स्वर होने के नाते अनुत्पादक है; अद्वय-वज्र-संग्रह, पृ. 62; 43. विसअ रमन्त ण विसअं विलिप्पइ, ऊअर हरइ ण पाणी छिप्पइ; तथा टीका, बा. दोहाकोष, पृ. 123; 44. बा. दोहाकोष, पृ. 34; 45. बा. चर्यापद, पृ. 118; 46. काण्हपा बा. दोहाकोष, पृ. 163; 47. प्रज्ञोपायविनिश्चयसिद्धि, पृ. 5, श्लोक 15, 45; 48. बागची दोहाकोष, टीका भाग, पृ. 162; 49. बागची दोहाकोष, टीका भाग, पृ. 163; 50. महारागानुरागेण महाराग स्वभावतः, महाराग समाधिस्थो महामुद्रा प्रसाधयेत् ; सुभाषित संग्रह, वैडेल; 51. देखिये आगे, 'उपलब्धि'—मूल्यांकन; 52. बागची दोहाकोष, पृ. 4; 53. वही, पृ. 7; 54. वही, पृ. 9; 55. वही, पृ. 18; 56. बागची दोहाकोष, पृ. 18, दोहा 18; 57. बागची दोहाकोष, पृ. 21, दोहा 11; 58. बा. दोहाकोष, पृ. 22; 59. वही, पृ. 30; 60. वही, पृ. 31; 61. वही, पृ. 36; 62. बा. चर्यापद, पृ. 144; 63. बागची चर्यापद, पृ. 133; 64. बागची चर्यापद, पृ. 107; 65. बागची चर्यापद, पृ. 151; 66. बा. दोहाकोष, पृ. 3; 67. वही, पृ. 26; 68. वही, पृ. 13; 69. वही, पृ. 6; 70. वही, पृ. 27; 71. विश्वभारती मार्च 1945, पृ. 19, 20; 72. देखिये पीछे, 'तन्त्र'; 73. कुछ आगमों में मध्यदेश, कुरुक्षेत्र, कोंकण आदि में प्रथम श्रेणी, गौड़, शाल्व, मगध, केरल, कोशल आदि में द्वितीय तथा कर्णाटक, कच्छ, कलिन्द और कम्बोज में तृतीय श्रेणी के गुरु बताये गये हैं; बागची, स्टडीज

इन तन्त्राज, पृ. 18; 74. साम्नाया सन्ति ये केचिद् प्रज्ञोपायार्थदेशकाः...प्रज्ञोपायविनिश्चय सिद्धि, पृ. 6; 75. वज्राचार्याराधन निर्देश, प्रज्ञोपायविनिश्चय सिद्धि, पृ. 10; 76. गुह्य समाज तन्त्र, पृ. 137, 138; 77. 'गुरुर्बुद्धो भवेद्धर्मः संघश्चापि स एव हि' ज्ञानसिद्धि; 78. गुरो राज्ञाञ्च मुद्राञ्च छायामपि न लंघयेत्, चित्तविशुद्धि प्रकरण, पृ. 9; 79. चित्तविशुद्धि प्रकरण, पृ. 9, श्लोक 131; 80. बागची दोहाकोष, पृ. 10; 81. देखिये पीछे, 'वज्रयान'; 82. द्विवेदी, कबीर, पृ. 25; 83. राहुल, हिन्दी काव्यधारा, भूमिका, पृ. 47, 48; 84. देखिये आगे, 'साम्प्रदायिक स्थिति'; 85. देखिये आगे, 'साम्प्रदायिक स्थिति'; 86. बा. दोहाकोष, पृ. 66, 67, 91, 114, 121, 162; इन आलोचनाओं पर आगे 'साम्प्रदायिक स्थिति' के अन्तर्गत विचार किया गया है; 87. देखिये पीछे, अध्याय 2, ख, टिप्पणी संख्या 90; 88. अद्वयवज्र संग्रह, पृ. 3; 89. राहुल जी का भी ऐसा अनुमान है; हिन्दी काव्यधारा, भूमिका, पृ. 48; 90. साधनमाला, खण्ड 1, पृ. 80; 91. साधनमाला, खण्ड 1, पृ. 83; 92. साधनमाला, खण्ड 2, पृ. 384 तथा आगे; 93. तं कुरुकुल्ला रूप करिये ह्यग्र, अहणिसि वीअ हन्ते दहयग्र; गुरु वअणं दिढ़ करि माणहु, भणह सवरपा विसडा करे हाणहु; 94. षोडश भुज महाकाल साधनम्, साधनमाला, खण्ड 2, पृ. 597; 95. महामायासाधनोपायिका; 96. साधनमाला, खण्ड 2, पृ. 466; 97. प्रज्ञालोक साधनम्, साधनमाला, खण्ड 2, पृ. 426; 98. देखिये पीछे, अध्याय 3 क, बुद्ध; 99. बागची दोहाकोष, पृ. 66; 100. वही, पृ. 67; 101. वही, पृ. 15; 102. वही, पृ. 159; 103. एकाराकृत यद्दिव्यम् मध्ये वकार भूषितम्, आलयः सर्वसौख्यानाम् बुद्ध रन्तकरण्डकम्...हेवज्र से उद्धृत, बा. दोहाकोष, पृ. 159; 104. बागची दोहाकोष, पृ. 159; 105. अवधूइ किअ मूल णाल हङ्कारो टीका, बागची दोहाकोष, पृ. 150; 106. मैन्युएल ऑफ ए मिस्टिक, पृ. 1; 107. मैन्युएल ऑफ ए मिस्टिक, पृ. 18; 108. मैन्युएल ऑफ ए मिस्टिक, पृ. 24; 109. चतुर्वेदी, तिलोपा हिन्दुस्तानी; 110. पद 26, बागची चर्यापद, पृ. 131; 111. इसी कारण डॉ. बागची को यह भ्रम है कि सभी सिद्धों और सन्तों की जातियाँ चर्या की परिचायक हैं; 112. देखिये पीछे, 'सामाजिक स्थिति'; 113. मैन्युएल ऑफ ए मिस्टिक, पृ. 4, 5; 114. साधनमाला, खण्ड 2, पृ. 458, 466; 115. बागची दोहाकोष, पृ. 56; 116. सेकोद्देश टीका, पृ. 481; 117. बागची दोहाकोष, पृ. 37; 118. वही, पृ. 22; 119. अद्वयवज्र संग्रह में संकलित; 120. 'घर अच्छइ बाहिरे पुच्छइ' तथा टीका, बा. दोहाकोष, पृ. 121; 121. बागची दोहाकोष, पृ. 30; 122. देह नअरी विहरइ एकाकारे, पद 11, बागची चर्यापद, पृ. 118; 123. बाहअ काअ काण्हिल माआजाल, पद 13, बा. चर्यापद, पृ. 120; 124. काआ नावडि खांट मन केडुआल, पद 28, बा. चर्यापद, पृ. 144; 125. सरहपा, दोहा 47, 48, बागची दोहाकोष, पृ. 25; 126. टीकाभाग बा. दोहाकोष, पृ. 133; 127. पुरश्चर्यार्णव भाग 2, पृ. 490; 128. दासगुप्त, आब्सक्योर रेलिजस कल्ट्स, पृ. 104; 129. ज्ञानसिद्धि, पृ. 44, श्लोक 38; 130. ज्ञानसिद्धि, श्लोक 37, पृ. 44; 131. काण्हपा, 19वाँ दोहा; बागची दोहाकोष, पृ. 43।

(ग)

1. बागची दोहाकोष, पृ. 152, 153; 2. काण्हपा दोहा, 3, 4 तथा टीका, बा. दोहाकोष, पृ. 150; 3. 'एवंकार वीअ लइअ कुसुमिअ अरविन्दए' तथा टीका, बा. दोहाकोष, पृ. 151;

4. दासगुप्त, एन इण्ट्रोडक्शन टु तान्त्रिक बुद्धिज्म, पृ. 124; 5. एकारस्तु भवेत् माता वकारस्तु पिता स्मृतः...एकारस्तु भवेत् प्रज्ञा वकारः सुरताधिपः—वैडेल, सुभाषित, संग्रह, पृ. 76; 6. टीकाभाग, बागची दोहाकोष, पृ.152; 7. इण्डियन हिस्टारिकल क्वार्टर्ली, खण्ड 6, पृ. 394, तथा बा. दोहाकोष, पृ. 69; 8. बोल-कक्कोल योगेन स्पर्शात् काठिन्य धर्म्मणः...पृथ्वी तत्र जायते, बा. दोहाकोष, पृ. 152; 9. ज्ञानसिद्धि, पृ. 42; 10. टीकाभाग, बा. दोहाकोष, पृ. 152 तथा 153; 11. मैन्युएल ऑफ ए मिस्टिक, पृ. 1 तथा भूमिका, पृ. 13; 12. देखिये पीछे, अध्याय 3 ख, टिप्पणी संख्या 103; 13. मैन्युएल ऑफ ए मिस्टिक, पृ. 8; 14. वही, पृ. 22; 15. दुक्ख दिवाअर अत्थगउ उवइ तरावइ सुक्क; सरहपा, बागची दोहाकोष, पृ. 37 तथा उइअ रे...गअण मंजो अद्भूआ...उइअ उरे भुसुकु तारा; सेकोद्देश टीका में उद्धृत, पृ. 481; 16. अद्वयवज्र संग्रह, पृ. 33; 17. मैन्युएल ऑफ ए मिस्टिक, पृ. 8; 18. बागची दोहाकोष, पृ. 69; 19. महारत्नम् सकर्पूरम् रक्तचन्दन योजितम्; प्रज्ञोपायविनिश्चय सिद्धि, पृ. 13; 20. इण्डियन हिस्टारिकल क्वार्टर्ली, खण्ड 6, पृ. 394; 21. बागची दोहाकोष, पृ. 68; 22. अद्वयवज्र संग्रह, पृ. 33; 23. मैन्युएल ऑफ ए मिस्टिक, पृ. 18; 24. देखिये आगे, मुद्रा-मैथुन (इसी अध्याय में); 25. सेकोद्देश टीका, पृ. 39; 26. गुह्य समाज तन्त्र, पृ. 162; 27. वही, पृ. 162; 28. वही, पृ. 163; 29. सेकोद्देश टीका, भूमिका, पृ. 20; 30. मैन्युएल ऑफ ए मिस्टिक, पृ. 18, 22; 31. गुह्य समाज तन्त्र में भी पाँच ज्ञानमय श्वास प्रक्रियाओं के साथ पंचमहाभूतों को नासाग्र पर स्थिर कर ध्यान करने का विधान है; पृ. 163; 32. बागची दोहाकोष, पृ. 156, 157; 33. वही, पृ. 161; 34. ऊँचा ऊँचा पावत तहि वसइ सवरी वाली तथा टीका, बौद्ध गान ओ दोहा, पृ. 44; 35. सेकोद्देश टीका, पृ. 28; यहाँ सम्भोगचक्र की स्थिति कण्ठ के बजाय ललाट में मानी गयी है; हेवज्रतन्त्र की कुछ अमुद्रित प्रतियों में निर्माणचक्र की स्थिति नाभि के बजाय उपस्थेन्द्रिय के पास मूल स्थान में मानी गयी है; एन इण्ट्रोडक्शन टू तान्त्रिक बुद्धिज्म, पृ. 163; इस प्रकार इस विषय में कुछ मतभेद मिलता है; 36. दासगुप्त, एन इण्ट्रोडक्शन टु तान्त्रिक बुद्धिज्म, पृ. 163; 37. दासगुप्त, एन इण्ट्रोडक्शन टु तान्त्रिक बुद्धिज्म, पृ. 167; 38. सेकोद्देश टीका, पृ. 27; 39. एन इण्ट्रोडक्शन टु तान्त्रिक बुद्धिज्म, पृ. 163; 40. मैन्युएल ऑफ ए मिस्टिक, पृ. 96; 41. देखिये टिप्पणी, 35; 42. षट्चक्र निरूपण, पृ. 7, 8, श्लोक 4 तथा 5; 43. वही, पृ. 19, श्लोक 14; 44. षट्चक्र निरूपण, पृ. 22, 23 (टीका); 45. षट्चक्र निरूपण, पृ. 25, श्लोक 22; 46. षट्चक्र निरूपण, पृ. 30, श्लोक 28; 47. षट्चक्र निरूपण, पृ. 35 (टीका); 48. षट्चक्र निरूपण, पृ. 49, श्लोक 40; 49. हेवज्रतन्त्र मात्र इसका अपवाद है; 50. मैन्युएल ऑफ ए मिस्टिक, पृ. 18, 22; 51. देखिये पीछे, चतुर्विध शून्य, अध्याय 3 क; 52. बा. दोहाकोष, पृ. 151; 53. पद 23, बा. चर्यापद, पृ. 130; 54. बौद्ध गान ओ दोहा, पृ. 166; 55. पद 27, बागची चर्यापद, पृ. 132; 56. टीका भाग, बा. दोहाकोष, पृ. 71; 57. बागची चर्यापद, पृ. 116; 58. बौद्ध गान ओ दोहा, पृ. 20; 59. 'द्वात्रिंश नाडिकाः,' टीका भाग, बौद्ध गान ओ दोहा, पृ. 21; 60. दासगुप्त, एन इण्ट्रोडक्शन टु तान्त्रिक बुद्धिज्म, पृ. 167; 61. काण्हपा, दोहा, 4, 5, तथा टीका, बा. दोहाकोष, पृ. 150, 151; 62. एक से शुण्डिनि दुइ धरे सान्धअ, पद 3, तथा टीका बौ. गा. दो., पृ. 7; 63. तिअड्डा चापि जोइनि दे अंकवाली, पद 4, तथा टीका,

बौ. गो. दो., पृ. 9; 64. वामनासापुटे प्रज्ञाचन्द्र स्वभावेन ललना स्थिता, टीका. बा. दोहाकोष, पृ. 151; 65. दक्षिण नासापुटे उपाय सूर्य स्वभावेन रसनास्थिता, टीका, बागची दोहाकोष, पृ. 151; 66. क्लेशानि पापानि धुनोतीत्यवधूती, बा. दोहाकोष, पृ. 150; इसके अतिरिक्त रजकी रूप में भी अवधूती की एक व्याख्या मिलती है, अनादि भाव विकल्पान् च धूत्वा प्रकृति परिशुद्धावधूतीरूपेण (पद 2 की टीका) अर्थात् जो भाव विकल्पों का प्रक्षालन कर नैरात्म्य स्वभाव की प्राप्ति कराये; 67. पद 14 की टीका, बौद्ध गान ओ दोहा, पृ. 26; 68. 'दशमि दुआरे तें', पद 3 की टीका, बौद्ध गान ओ दोहा, पृ. 8; 69. दासगुप्त, एन इण्ट्रोडक्शन टु तान्त्रिक बुद्धिज्म, पृ. 171; 70. दासगुप्त, एन इण्ट्रोडक्शन टु तान्त्रिक बुद्धिज्म, पृ.173; 71. बागची, स्टडीज इन तन्त्र, पृ. 65; 72. पद 15 की टीका, बौद्ध गान ओ दोहा, पृ. 21, 22; 73. पद 18 की टीका, बौद्ध गान ओ दोहा, पृ. 32, 33; 74. बागची दोहाकोष, पृ. 156; 75. बागची चर्यापद, पृ. 107; 76. बा. दोहाकोष, पृ. 30; 77. चित्त का विशोधन, देखिये पीछे, अध्याय 3, ख; 78. बागची दोहाकोष, पृ. 63; 79. पद 2, तथा टीका, बौद्ध गान ओ दोहा, पृ. 6; 80. बागची दोहाकोष, पृ. 94; 81. अधो न गच्छति...ऊध्व न गच्छति...टीका, बा. दोहाकोष; 82. बागची दोहाकोष, पृ. 42; 83. पद 2 तथा टीका, बौद्ध गान ओ दोहा; 84. मैन्युएल ऑफ ए मिस्टिक, पृ. 1, 2; 85. बागची दोहाकोष, पृ. 43; 86. काण्हपा के दोहा, 21 तथा 22 की टीका, बा. दोहाकोष, पृ. 160; 87. मणिकूले बाहिआ ओडिआणे समाअ, गुण्डुरीपा, पद 4, बा. चर्यापद, पृ. 110; 88. अध उधाडिय आलोअणे ज्झाणें होइ रे थिति...तिलोपा...तथा टीका, बा. दोहाकोष, पृ. 71; 89. बागची चर्यापद, पृ. 153; 90. बौद्ध गान ओ दोहा, पृ. 92; 91. सेकोद्देश टीका में पाँच नाड़ियाँ तथा उनके अधिष्ठाता पाँच तथागत बताये गये हैं, पृ. 51; 92. बौद्ध गान ओ दोहा, पृ. 10; 93. सरह, दोहाकोष, पृ. 135; 94. द्रष्टव्य, बौद्ध गान ओ दोहा, टीका भाग, पृ. 24; 95. टीका भाग, बौद्ध गान ओ दोहा, पृ. 10; 96. दासगुप्त, एन इण्ट्रोडक्शन टु तान्त्रिक बुद्धिज्म, पृ. 184; 97. सेकोद्देश टीका, पृ. 5, 6; 98. बागची दोहाकोष, पृ. 68; 99. वही, पृ. 69; 100. वही, पृ. 36; 101. वही, पृ. 68; 102. वही, पृ. 68 पर उद्धृत; 103. चतुर्मुद्रा, अद्वयवज्र संग्रह, पृ. 32; 104. बागची दोहाकोष, पृ. 141; 105. वही, पृ. 68; 106. विचित्रम् विविधम् ख्यातम् आलिंगन चुम्बनादिकम्...आदि, बा. दोहाकोष, पृ. 68 पर उद्धृत; 107. बागची दोहाकोष, पृ. 70; 108. चतुर्मुद्रा, अद्वयवज्र संग्रह, पृ. 32; 109. श्री सम्पुट में लोचना, मामकी, पाण्डरा तथा तारा को क्रमशः कर्म, ज्ञान, महा तथा समय मुद्रा माना गया है। दासगुप्त, एन इण्ट्रोडक्शन टु तान्त्रिक बुद्धिज्म, पृ. 165; 110. "भव मुद्दे सअल हि जग वाहिउ"...तथा टीका, पृ. 96; 111. मुद्रयते लक्षणेनेति मुद्रणम् तेन भण्यते; 112. देखिये पीछे, तन्त्र, मुद्रा; ... 113. बागची दोहाकोष, पृ. 68; 114. वही, पृ. 68; 115. टीका भाग, बागची दोहाकोष, पृ. 68; 116. कर्मया कायवाक्चित्त चिन्ता तु प्रधाना मुद्रा कल्पनास्वरूपा तस्याम् कर्ममुद्रायाम् आनन्दाम् जायते; चतुर्मुद्रा, अद्वयवज्र संग्रह, पृ. 32; 117. बाद में तो बौद्ध तन्त्रों में अगणित नाम मिलते हैं; इन्द्रा, वज्रा, यमा, गौरी, वारुणी, वारियोगिनी, कौबैरा, वज्रडाकिनी, नैरात्मयोगिनी, ऐशाना, वुक्कसी, पावका, राक्षसा, आशया, वायव्या, चौरिका, वैताली, भूचरी, खेचरी आदि साधनमाला, खण्ड 2, पृ. 344, 345; 118. देखिये,

अध्याय 4 ख; 119. प्रज्ञोपायविनिश्चय सिद्धि, पृ. 22; 120. वही, पृ. 23; 121. चित्त-विशुद्धि प्रकरण, पृ. 8; 122. गम्यागम्य विकल्पम् तु भक्ष्याभक्ष्यम् तथैव च, पेयापेयम् तथा मन्त्री कुर्यान्नैव समाहितः; सर्ववर्ण समुद्भूता जुगुप्सा नैव योषितः, सैव भगवती प्रज्ञा संवृत्यारूपमाश्रिता; लक्ष्मीकरा, अद्वय-सिद्धि, अमुद्रित, किन्तु बुद्धिस्ट एसोटेरिज्म में अंशतः उद्धृत, पृ. 77; 123. प्रज्ञोपायविनिश्चय सिद्धि, पृ. 11; 124. अथ सर्वालंकार युक्ताम्...द्वादशाब्दाम् सुकन्याम् विंशति वर्ष पर्यन्ताम्...आदि, सेकोद्देश टीका, पृ. 24; 125. प्रज्ञोपायविनिश्चय सिद्धि, पृ. 24; 126. वही, पृ. 24; 127. ज्ञानसिद्धि, पृ. 78; 128. हठयोग प्रदीपिका, तृतीयोपदेशः, श्लोक 90, 105, पृ. 119 तथा आगे; 129. मिस्टिक टेल्स ऑफ लामा तारानाथ, पृ. 8; 130. वही, पृ. 11; 131. वही, पृ. 12; 132. अद्रे श्रृंगहरति पवनः किस्विदित्युन्मुखींमिर्दृष्टोत्साह चकित चकितम् मुग्ध सिद्धांगनाभिः; मेघदूत, कालिदास ग्रन्थावली, पृ. 345; 133. साधनमाला, पृ. 460; 134. बा. चर्यापद, पृ. 124; 135. अद्वयवज्र संग्रह, पृ. 13; 136. "अर्द्धरात्रौ प्रज्ञाज्ञानाभिषेकम्", टीका चर्यापद 1; 'अर्द्ध रात्रौ चतुर्थी सन्ध्यायाम्' टीका चर्यापद 2; 137. हंउ कापालिकः; चर्यावरश्च...टीका, बौद्ध गान ओ दोहा, पृ. 20; 138. सेकोद्देश टीका, पृ. 27 तथा भूमिका, पृ. 20; 139. टीका भाग, बौद्ध गान ओ दोहा, पृ. 143; 140. देखिये आगे, 'सिद्धों की साम्प्रदायिक स्थिति'; 141. सेकोद्देश टीका, पृ. 17; 142. तेन गन्धादिकम् मण्डल बाह्ये न रजोभूम्याम्; रजो मण्डल भगवतः कायोज्ञेयः...सेकोद्देश टीका, पृ. 17; 143. ठिअ णिझाणे जिम्मिअउ तेण वि मण्डल चक्क, तथा टीका बा. दोहाकोष, पृ. 143; 144. द्रष्टव्य, गुह्य समाज तन्त्र में आकाश धातु के मण्डलों का उल्लेख, पृ. 25; 145. टीका भाग, बौद्ध गान ओ दोहा, पृ. 20; 146. गुह्य समाज तन्त्र, पृ. 33; 147. एक्कु ण किज्जइ तन्त न मन्त, निअ घरिणी लइ केलि करन्त, ऐसो जप होमे मण्डल कम्मे, अणुदिण अच्छसि काहिउ धम्मे...बागची दोहाकोष, पृ. 162, 163; तथा—न मन्त्र जापो न तापो न होमो न माण्डलेयच; न मण्डलम् स मन्त्र जापः स तपः सः होमः तन्माण्डलेयम् तन्मण्डलम् च; अद्वयवज्र संग्रह, पृ. 35। ऐसे सिद्ध को चर्याधारी कहते थे चाहे वह चर्या करे या न करे—अद्वयवज्र संग्रह, पृ. 49। किन्तु यह बौद्धों की ही विशेषता नहीं थी, यह स्थिति तो सभी तान्त्रिक पद्धतियों में मान्य थी; 148. मैन्युएल ऑफ ए मिस्टिक, भूमिका; 149. अष्ट साहस्रिका में वज्रोपम तथा गगनोपम समाधियों का कई बार उल्लेख है; 150. पग्गोपाअ समाहि लग्गहु, बागची दोहाकोष, पृ. 67; 151. देखिये पीछे, टिप्पणी, 122।

(घ)

1. देखिये 'तन्त्र' (पीछे); 2. साधनमाला, खण्ड 2, भूमिका, पृ. 81; 3. जन्मोषधि मन्त्रतपः समाधिजा सिद्धयः, कैवल्पयाद योग रहस्य, पृ. 105; 4. योग रहस्य 74, कैवल्यपाद; 5. गुह्य समाज तन्त्र, पृ. 162; 6. वही, पृ. 153; 7. सेकोद्देश टीका, पृ. 27, अध्याय 78, श्लोक 20-29; 8. ब्रह्मवैवर्त पुराण, कृष्णजन्म खण्ड; 9. बुद्धिस्ट एसोटेरिज्म, पृ. 83; 10. पातंजल योगसूत्र, 3; 45 तथा टीका; 11. साधनमाला पृ. 350; 12. बा. चर्यापद, 15, पृ. 122; 13. बुद्धिस्ट एसोटेरिज्म, पृ. 89; 14. गुह्य समाज तन्त्र, पृ. 18; 15. वही, पृ. 52; 16. वही, पृ. 15; 17. वही, पृ. 53; 18. बुद्धिस्ट एसोटेरिज्म, पृ. 89; 19. गुह्य समाज तन्त्र, पृ. 57, 117; 20. वही, पृ. 55; 21. देखिये पीछे, 'रसायन';

22. बुद्धिस्ट एसोटेरिज़्म, पृ. 89; 23. गुह्य समाज तन्त्र, पृ. 63; 24. देखिये जीवनवृत्त; 25. मिस्टिक टेल्स ऑफ लामा तारानाथ, पृ. 9; 26. वही, पृ. 14; 27. वही, पृ. 15; 28. वही, पृ. 15; 29. वही, पृ. 21; 30. बागची दोहाकोष, पृ. 6; 31-32. वही, पृ. 67; 33. जौतुके किअ अणुतु धाम...बा. चर्यापद, 19, पृ. 126; 34. अतएव जोतकेना क्लेशेनानुत्तरधर्म साक्षात्कृतम्...टी. बौद्ध गान ओ दोहा, पृ. 24; 35. चर्यापद, वसु, पृ. 100-103 टिप्पणियाँ; 36. सर्वाकारज्ञताम् चैव लभ्यतेऽनुत्तरम् पदम्...14-46...महायान सूत्रालंकार; 37. 'अनुत्तरम् सहजम्' टीका बागची दोहाकोष, पृ. 122; 38. बागची दोहाकोष, पृ. 43; 39. बागची दोहाकोष, पृ. 46; 40. सुण्ण करुण तहि समरस इच्छह...2...तिलोपा, बागची दोहाकोष, पृ. 3; समरसं भावाभाव रहिअ...11...ति., दोहाकोष, पृ. 4; 41. तव्वें समरस सहजें वज्जइ णउ सुद्द ण वह्मण—46...सरहपा...बागची दोहाकोष, पृ. 25; 42. जत्त वि पइसइ जलहि जल तत्रइ समरस होइ...74...सरहपा...बागची दोहाकोष, पृ. 31; 43. तिम मन रअणा समरस गअण समाअ...43वाँ पद; बागची चर्यापद, पृ. 149; 44. चित्त खसम जहि समसुह पइट्ठइ...तिलोपा, बागची दोहाकोष, पृ. 3; 45. बागची दोहाकोष, पृ. 12, 19; 46. चर्यापद, संख्या, 1, 8, 13, 18, 21, 28, 34, 49, 50; 47. बागची दोहाकोष, पृ. 13; 48. वही, पृ. 27; 49. टीका, बागची दोहाकोष, पृ. 67; 50. चित्तविशुद्धि प्रकरण, पृ. 3, 4; 51. खाअन्त पिवन्ते, सुहहिं रमन्ते; अइस धम्म सिज्झइ परलोअह; सरहपा, बागची दोहाकोष, पृ. 20 सुख से रमण के अर्थ यह नहीं थे कि खाओ पियो और सुख से रमण करो; यह तो पशुता है; इस अज्ञानपरक भोग के ही कारण पुद्गल को पशु कहा गया है; सरहपा, बागची दोहाकोष, पृ. 19; 52. धम्माधम सो सोहिअ खाई...सरहपा, बागची दोहाकोष, पृ. 23।

●●●

4

काव्य-पक्ष

क

भाव-पक्ष

'चर्यापद' वास्तविक रूप में 'साहित्य' नहीं कहे जा सकते। उनका अभिप्राय और उनका मर्म प्रमुखतः धार्मिक है, साहित्यिक नहीं। साहित्य के वास्तविक अर्थों में वे साहित्यिक सौन्दर्य से हीन हैं। उनका प्रमुख महत्त्व भाषात्मक और धार्मिक है। फिर भी कहीं-कहीं उनमें ऐसे पद मिल जाते हैं जिनमें असाहित्यिक वातावरण के बावजूद शुद्ध काव्य की छटा दीख पड़ती है।'[1]

यह मत चर्यापदों तथा दोहों के काव्यपक्ष के विषय में डॉ. सुनीति कुमार चटर्जी ने व्यक्त किया है। न केवल सिद्ध वरन् उनकी परम्परा में माने जानेवाले नाथों और सन्तों के साहित्य के विषय में भी विद्वानों की यह सम्मति रही है कि उनमें काव्य गौण रहा है, धार्मिक विवेचन प्रमुख। हिन्दी क्षेत्र में अभी तक कवि के रूप में कबीर का स्थान सर्वमान्य नहीं हो पाया है।

निस्सन्देह इस प्रकार का निर्णय लौकिक काव्यशास्त्र की कसौटी पर कसकर दिया जाता रहा है। किन्तु हमें यह भूलना नहीं चाहिए कि इन समस्त कवियों के सम्मुख जीवन का लौकिक पक्ष उतना महत्त्वपूर्ण नहीं था। वे साधक थे और साधक के लिए लौकिक जीवन बन्धन था, अज्ञान था, मायाजाल था। उसकी समस्त साधना का लक्ष्य ही यह था कि वह इस मायाजाल से किसी प्रकार मुक्त होकर लौकिक जीवन के दिव्य और आध्यात्मिक अर्थों को ग्रहण कर पाये। इसीलिए उनके काव्य को लौकिक काव्यशास्त्र की कसौटी पर कसकर हम उनका सही मूल्यांकन नहीं कर सकते और न उनके दृष्टिकोण को सही समझ सकते हैं। उनके काव्य का सही मूल्यांकन करने

के लिए हमें उसी दृष्टिकोण का परिचय प्राप्त करना चाहिए जिससे प्रेरित होकर, जिसे आधार बनाकर यह काव्य प्रणीत किया गया है।

तन्त्र और काव्यशास्त्र—इसके साथ-ही-साथ हमें इस भ्रम को भी दूर कर देना चाहिए कि वे सिद्ध तथा इनके समकालीन अन्य सम्प्रदाय के तान्त्रिक पद्धति के धार्मिक कवि काव्यशास्त्र के नियमों से अपरिचित थे। उनमें से बहुतों ने सम्पूर्ण संस्कृत वाङ्मय का गहरा अध्ययन किया था और तान्त्रिकों में कितने ही आचार्य ऐसे थे जिन्होंने व्याकरण और काव्यशास्त्र की दिशा में अपनी अमूल्य देन दी है। अभिनवगुप्त का स्फोटवाद और ध्वनि-सम्प्रदाय भारतीय काव्यशास्त्र का सम्भवतः सबसे महत्त्वपूर्ण मोड़ है[2] और अभिनवगुप्त एक प्रख्यात तान्त्रिक साधक थे यह तथ्य सर्वविदित है। किन्तु अभिनवगुप्त के इस सिद्धान्त के पीछे काव्यशास्त्र के विषय में तान्त्रिक धारणाओं[3] की एक लम्बी पूर्वागत परम्परा थी जिसकी ओर कम विद्वानों का ध्यान गया है। अभिनवगुप्त ने उन समस्त धारणाओं का विवेचन कर उनको एक तन्त्र (रीति, नियम) में अनुशासित कर उसके एक विशिष्ट परिणाम को तर्क सहित सम्मुख रखने और उसे काव्य-शैली की एक नयी कसौटी के रूप में मान्यता देने का दुस्तर कार्य सम्पन्न किया था।

वास्तविकता यह है कि जिस प्रकार तान्त्रिक पद्धति ने एक सर्वथा नवीन जीवन-दर्शन और आचार-व्यवस्था का प्रतिपादन किया था उसी प्रकार भाव-जगत् हमारी अनुभूतियाँ और उनकी अभिव्यक्ति का माध्यम भाषा, उसकी इकाइयाँ स्वर और व्यंजन आदि की भी वे नयी, नाद और बिन्दु सिद्धान्त पर आधारित व्याख्याएँ प्रस्तुत कर रहे थे। उनकी दिशा ही सर्वथा अलग, एक नयी दिशा थी, जिससे वे इन समस्याओं की ओर अग्रसर हो रहे थे। जिस प्रकार उन्होंने यह प्रतिपादित किया था कि हमारे सारे बाह्य अनुष्ठानों के पीछे लौकिकता से सर्वथा ऊपर एक दूसरा गहन और अध्यात्मपरक अर्थ है, उसी प्रकार वे मानवीय भावों, वासनाओं, राग-द्वेष, काम-क्रोध आदि के भी एक दूसरे मानवोपरि दिव्य अर्थ पर विश्वास करते थे, यहाँ तक कि सम्भोग तक को उन्होंने किसी आन्तरिक आध्यात्मिक साधना का बाह्य समानान्तर मात्र माना था। इसी प्रकार भाषा का भी वे एक दूसरा अर्थ लेते थे। लौकिक प्रयोग में, लौकिक जीवन में, लौकिक पदार्थों का बोध करानेवाली भाषा ही अन्तिम नहीं है। भाषा के, अक्षरों के अर्थों में कई स्तर होते हैं। सबसे ऊपर के छिछले स्तर पर ही भाषा का लौकिक अर्थ है, उससे और गहरे उतरने पर भाषा के, अक्षरों के सर्वथा दूसरे आध्यात्मिक और देवतापरक अर्थ निकलते हैं यहाँ तक कि स्वतः शब्द ही ब्रह्म है या अक्षर विभिन्न देवताओं के स्वरूप मात्र हैं। वाणी के परा, पश्यन्ती, मध्यमा और वैखरी नामक बहुत पुराने वैदिक विभाजन का भी यही अभिप्राय है।[4] और तन्त्रों में स्वीकृत मन्त्रों की शक्ति शब्दों के वैष्णव, शैव और शक्ति रूप तथा बीजाक्षरों के सिद्धान्त का मर्म यही है।[5]

चूँकि तन्त्रों ने हठयोग की साधनाएँ अपनायी थीं और बाह्य शब्द-तत्त्व का परम-रूप भी माना था अतः धीरे-धीरे वाणी के गहनतम आध्यात्मिक रूप 'परा' का सम्बन्ध योग के नाद से कर दिया गया। इस सम्बन्ध में नागेश के शब्द-ब्रह्म का सिद्धान्त विशेष रूप से द्रष्टव्य है क्योंकि विद्वानों का मत है कि नागेश पर तान्त्रिक प्रभाव बहुत अधिक है।[6] नागेश ने ब्रह्म-तत्त्व में लीन शक्ति को स्वीकार किया है और नाद का सम्बन्ध उसी से जोड़ा है। उनका कहना है कि प्रलय के समय समस्त प्राणी माया में लीन हो जाते हैं और माया चेतन ईश्वर में लीन हो जाती है। जब प्राणियों के कर्म कालवशात् अपरिपक्वता से परिपक्वता की अवस्था में पहुँचते हैं तब उन्हें फल प्रदान करने के लिए परमात्मा सृष्टि की कामना करता है। सृष्टि की इच्छा ही माया है। इसी माया को शक्ति-तत्त्व कहते हैं जिसके तीन विभाग होते हैं—बीज, नाद और विन्दु। बीज अचित् होता है, नाद चित्-अचित् होता है और विन्दु चित् होता है। इसी विन्दु से शब्द-ब्रह्म नामक नाद की उत्पत्ति होती है जिसे रव या परा भी कहते हैं, जो सृष्टि की उत्पत्ति का उपादान कारण है। यूँ तो यह शब्द-ब्रह्म सर्वव्यापक है किन्तु प्राणियों में यह मूलाधार चक्र में गतिहीन रूप में स्थित रहता है किन्तु जब ज्ञात अर्थ के बोध की इच्छा से प्रयत्न होता है तब उसमें गति जागृत होती है और शब्द की अभिव्यक्ति होती है।[7]

इस अभिव्यक्त शब्द की स्थिति चूँकि कण्ठ में है अतः कण्ठस्थ विशुद्धाख्य चक्र की भाषा और काव्य से बहुत निकट का सम्बन्ध माना गया है। विशुद्ध चक्र के चिन्तन में साधक कवि, वाग्मी और ज्ञानी बनता है।[8] इस प्रकार तन्त्रों में कविता भी हठयोग की साधना से प्राप्त होनेवाली एक सिद्धि मान ली गयी थी। अन्य तान्त्रिक आम्नायों में केवल बाह्य अनुष्ठानों द्वारा भी कविता की सिद्धि का स्पष्ट विधान मिलता है। सुरा और मीठा मिले हुए दूध का उपहार देवता पर चढ़ाने से त्रैलोक्य का वशीकरण और काव्य-कौशल की उपलब्धि होती है। इसी प्रकार जप करने से गद्य-पद्यमयी सर्वविध सम्पूर्ण वाणी का लाभ होता है।[9]

तान्त्रिक होने के नाते वज्रयानी सिद्धों में भी काव्य और भाषा-शैली आदि के विषय में यही विचार बौद्ध शब्दावली में पाये जाते हैं। उनके यहाँ बहुत पहले, महायान के विकास के साथ-ही-साथ न केवल कविता वरन् कला के समस्त रूप, चित्र, स्थापत्य, संगीत, नृत्य आदि को धार्मिक साधना-पद्धति के अनिवार्य अंग के रूप में स्वीकृत कर लिया गया था। सद्धर्म-पुण्डरीक में उपाय-कौशल नामक द्वितीय परिवर्त में स्थापत्य, मूर्तिकला, संगीत आदि की साधना द्वारा बोधिलाभ करने का विधान मिलता है।[10] इसी प्रकार कविता भी उनके यहाँ तान्त्रिक साधनाओं द्वारा प्राप्त एक सिद्धि मानी जाती थी। मृत्युवंचन-तारा की साधना में खंग, अंजन, पादलेप आदि अष्ट महासिद्धियों के अतिरिक्त कविता, वक्तृता, मेधा तथा एकान्त निर्मला प्रज्ञा आदि की भी सिद्धि का विधान है।[11] इसी प्रकार आर्य जांगुली की साधना द्वारा भी कविता, सर्वशास्त्रज्ञान आदि सिद्धियों की उपलब्धि बतायी गयी है।[12]

सरहपा का मत—इसका कारण यह है कि बौद्ध तन्त्रों और वज्रयानी साधनाओं में भी काव्यशास्त्र, भाषा, शब्द और उनके अर्थों की स्थिति, बीज, नाद और विन्दु के सम्बन्ध में लगभग वे ही धारणाएँ प्रचलित थीं जो हिन्दू तन्त्रों में मिलती हैं। जिस प्रकार शब्द-ब्रह्म की हिन्दू कल्पना है उसी प्रकार सरहपा ने इस समस्त सृष्टि को एक ही वर्ण में आबद्ध बताया है।[13] उसी अक्षर में सकल आबद्ध है और जो उस अक्षर की साधना करता है वह निरक्षर लौकिक अक्षर (जो बन्धनरूप हैं) से मुक्त हो जाता है।[14] उसी अक्षर की साधना सरहपा करते हैं यद्यपि उसका रहस्य इतना गुह्य है कि उसके नाम की भी वे व्याख्या नहीं कर सकते।[15]

यही एक महाअक्षर बीज के रूप में समस्त बौद्ध तान्त्रिक देवताओं का उत्पादक है। ए तथा वं के दिव्य रूप पर हम विस्तृत विचार कर चुके हैं।[16] यह बीज शून्यतारूप होता है और इसी से देवता के बिम्ब, न्यास-विन्यास आदि की उद्भावना होती है।[17] इसी को गुह्य-समाज-तन्त्र में वज्रचतुष्टय कहा गया है।[18]

यह महाअक्षर काव्य की शैली के रूप में सन्धावचन कहलाता है जिस पर हम आगे विस्तार में विचार करेंगे। सरहपा ने इसके लिए एक स्थान पर वाच् या वाक् शब्द का प्रयोग किया है जो महत्त्वपूर्ण है। सरह कहते हैं कि मैंने गुरु के वचनों में सत्य विश्वास किया है और जो कुछ कहा है वह वाक् द्वारा कहा है।[19] वाक् का परम्परागत तान्त्रिक अर्थ है जिसका आधार वाणी की वैदिक कल्पना है। वैदिक कल्पना में वाक् के चार भेद माने जाते थे—परा, पश्यन्ती, मध्यमा और वैखरी जिन पर हम विचार कर चुके हैं।[20] यह वाक् ही विश्वरूप है, गोरूप है, वाक् ही सरस्वती है, माया है, यही ब्रह्म का विराट् रूप है, यही वाक् अक्षर है और यही दिव्य काव्य है।[21] किस प्रकार यही वाक् इन्द्र (वज्र) की पत्नी या प्रज्ञा के रूप में वेदों में परिकल्पित की गयी इस ओर भी हम संकेत कर चुके हैं।[22] इसी वाक् का मन अथवा प्राणतत्त्व से पत्नी रूप में समागम का भी संकेत ब्राह्मणों में मिलता है।[23] सरहपा तथा अन्य सिद्ध ब्राह्मण होने के नाते वेद-वेदांगों के पूर्ण ज्ञाता थे। यह तारानाथ ने बराबर कहा है। फिर भी यदि हम उन पर वेदों का प्रत्यक्ष प्रभाव न भी मानें तो तान्त्रिक परम्परा के माध्यम से ये धारणाएँ उनसे अज्ञात नहीं रही होंगी। इसी काव्य की मूल शक्ति वाक् को वज्र से समन्वित कर वाग्वज्र सिद्ध करने की पद्धति सिद्धों की साधना में महत्त्वपूर्ण स्थान रखती थी। उस पर हम पीछे विचार कर चुके हैं।[24] वाग्वज्र में बीजाक्षरों के प्राणायाम सहित जप की साधना का विधान है और उसी से साधक की वाक्शक्ति या शून्यता-बोधि में वज्र या उपाय की प्रतिष्ठा होती है। उपाय बोधिचित्त या मन का प्रतीक है। इस प्रकार वाक् और मन के जिस मैथुन की ओर श्रुतियों का संकेत है, वह प्रज्ञोपाय साधना द्वारा वज्रयान में सम्पन्न होता है। इस प्रकार समस्त वाक् या काव्य-शैली प्रज्ञोपायात्मक संकेतों से परिपूर्ण हो जाती है और उसमें वज्र और कमल का समागम पूर्ण होता है। अक्षर, पद, वाक्य सभी इसी प्रज्ञोपाय भावना से युक्त होते हैं, कम्बलाचार्य (कम्बलाम्बरपा)

के कुछ श्लोक सरहपा के दोहाकोष की टीका में उद्धृत हैं जिनमें भाषा तथा काव्यशैली की इस तान्त्रिक प्रकृति की ओर संकेत किया गया है।[25]

महाराग—जिस प्रकार सिद्धों के इस तान्त्रिक काव्यशास्त्र में भाषा-शैली का एक प्रज्ञोपायात्मक सांकेतिक रूप प्रधान हो गया था, उसी प्रकार भाव-पक्ष में भी सिद्धों का काव्य लौकिक-भाव का आश्रय ग्रहण न कर महाराग का आश्रय ग्रहण करता था। महाराग किस प्रकार सम्बोधि-प्राप्त चित्त का भाव था और उसमें किस प्रकार लौकिक प्रणय भावना अलौकिक आध्यात्मिक अर्थ ग्रहण कर लेती थी इसकी ओर हम पीछे संकेत कर चुके हैं।[26] यह राग तरुणी महामुद्रा के प्रति साधक का अटूट स्नेह था जिसके बिना इस जन्म से तो बोधि मिलना असम्भव है। किन्तु यह राग केवल एकपक्षीय नहीं था। भगवती प्रज्ञा भी महामुद्रा के रूप में साधक से उतना ही प्रेम करती थी और नायक-नायिका के रूप में उपाय तथा प्रज्ञा, मन तथा वाक्, बोधिचित्त तथा नैरात्मा या साधक तथा महामुद्रा इस महारागरूपी स्थायीभाव के आलम्बन थे। इतना ही नहीं, सिद्धों के काव्य में नायिका-भेद का भी एक रूप है और प्रज्ञा का डोम्बी, चाण्डाली, रजकी आदि के रूप में विभाजन उनके अपने नायिका-भेद के रूप में माना जा सकता है। इस वर्गीकरण का आधार मन की विभिन्न वृत्तियाँ थीं। कुछ विद्वानों ने इन शक्तियों, प्रज्ञाओं या महामुद्राओं को तीन[27] और कुछ ने पाँच वर्गों[28] में बाँटा है। बसु महोदय तीन प्रमुख वर्ग बताते हैं, अवधूती जिसमें द्वैत भाव की प्रधानता है, चाण्डाली जिसमें द्वैत भाव अद्वैत की ओर उन्मुख है और बंगाली अथवा डोम्बी जिसमें अद्वैत भाव प्रधान होता है। उन्होंने अपने इस वर्गीकरण के कोई प्रमाण नहीं दिये हैं। किन्तु जैसा हम पीछे सिद्धों के पदों की टीकाओं के आधार पर देख चुके हैं अवधूती द्वैत भाव नहीं वरन् द्वैत-ललना-रसना को विवर्जित करनेवाली वधू है, चाण्डाली उसी में प्रकाशमान् चण्डाग्नि की संज्ञा है, डोम्बी ज्ञान से सम्बद्ध होने के कारण नैरात्मा प्रज्ञा को कहते हैं, और बंगाली तो नायिका नहीं वरन् नायक के लिए प्रयुक्त हुआ है जो चाण्डाली का स्वामी है।[29] इस प्रकार बसु महोदय का यह वर्गीकरण प्रामाणिक नहीं प्रतीत होता। डॉ. बागची ने इन नायिकाओं को पाँच कुलों में बाँटा है—डोम्बी, नटी, रजकी, चाण्डाली तथा ब्राह्मणी और इसके आधार 5 स्कन्ध बताये हैं। पाँच स्कन्धों के आधार पर तथागत और उनकी शक्तियों के कुलों के वर्गीकरण पर हम विस्तृत विचार कर चुके हैं।[30] उद्दीपन की दृष्टि से हठयोग में अन्दर-ही-अन्दर मेरुशिखर, उसके दुर्गम मध्यस्थित सहज पथ, अवधूती, कमल, उनकी पंखुड़ियाँ, मार्ग के समस्त पीठ, उपपीठादि, समय की दृष्टि से विभिन्न अभिषेकों के विभिन्न समय, अर्द्धरात्रि आदि, चन्द्र-सूर्य, अमृत आदि अन्तःस्थ तत्त्व थे जिससे प्रकृति की एक विराट् सांकेतिक पृष्ठभूमि अन्दर ही विद्यमान थी। प्रज्ञा तथा उपाय की प्रणयलीला के लिए यह समस्त तान्त्रिक संकेतों से युक्त चित्त में स्थित रहनेवाली प्रकृति उद्दीपन का काम देती थी। इस प्रकार सिद्धों के तान्त्रिक रहस्यवादी काव्यशास्त्र की रूपरेखा इस प्रकार होगी।

(भाव) महाराग

आलम्बन
उपाय+प्रज्ञा

डोम्बी, रजकी, नटी, चाण्डाली, ब्राह्मणी

उद्दीपन
प्रकृति
(तान्त्रिक संकेतों से पूर्ण
अन्तःस्थ प्रकृति)

शैली
सन्धा-भाषा
(महाक्षर से उद्भूत, संकेतयुक्त, प्रतीकात्मक)

काव्यरूप और विषयवस्तु—इस प्रकार कविता के विषय में सिद्धों का दृष्टिकोण तथा उसके पीछे की तान्त्रिक पृष्ठभूमि समझ लेने के बाद हम उनके काव्य की सही पीठिका से अवगत हो जाते हैं। उनके काव्य का विश्लेषण करने पर हम पाते हैं कि स्थूल रूप से हम उनके काव्य को दो वर्गों में विभाजित कर सकते हैं—गीति तथा मुक्तक। सिद्धों के तथा उन्हीं के समकालीनों के वज्रयानी दोहे, पद तथा प्रहेलिकाओं में काव्य के इतने रूप में मिलते हैं—चर्यापद, वज्रगीति, मुक्तक, दोहे तथा अर्द्धालियाँ।[31] इन रूपों में प्रथम दो गीति-काव्य और अन्तिम तीन मुक्तक-काव्य के अन्तर्गत आते हैं। इस प्रकार स्थूल रूप से हम सिद्धों के साहित्य के दो भेद मान सकते हैं—गीति तथा मुक्तक।

काव्यरूप की दृष्टि से हम इन पर बाद में विचार करेंगे किन्तु विषयवस्तु की दृष्टि से इनमें से गीति (चर्यापद, वज्रगीति) भावप्रधान और मुक्तक (दोहे, प्रहेलिका) आदि नीतिप्रधान हैं। यह स्वाभाविक भी है। चर्यापद में बोधिचित्त की चर्या, अर्थात् प्रज्ञा को ग्रहण करने की महारागयुक्त चर्या का सन्धा-भाषा में काव्यात्मक वर्णन है और दोहे आदि जनता में उसी तत्त्व-चिन्तन और साधना को प्रचलित करने, साम्प्रदायिक खण्डन-मण्डन करने, सैद्धान्तिक विवेचन करने, साधक को ज्ञान और चेतावनी देने के लिए थे। इनके इन विभिन्न लक्ष्यों का विधान हमें अन्य बौद्ध तान्त्रिक ग्रन्थों और विधानों में भी मिलता है। किस प्रकार साधना के समय गीतिकाओं के गाने की परम्परा योगाचार से ही चली आ रही है इस पर हम विचार कर चुके हैं।[32] हेरुक के बुद्धकपाल रूप को जागृत करने के लिए चर्यागीति के गाने का विधान साधनमाला में मिलता है।[33]

किन्तु दोहों का उल्लेख सर्वथा दूसरे प्रसंगों में मिलता है। तारानाथ ने अपनी कथाओं में सिद्धों और उनके दोहों का उल्लेख किया है। उसने यह दिखाया है कि इन दोहों से सिद्धों ने किस प्रकार अपने धर्म का प्रचार किया और किस प्रकार बड़े-बड़े

राजा अपनी समस्त प्रजा समेत इन दोहों के प्रभाव से बौद्धधर्म में दीक्षित हो गये।[34] इससे स्पष्ट है कि इन दो प्रमुख काव्यरूपों में न केवल रूप भेद था वरन् उनकी विषयवस्तु तथा उनका उपयोग भी अलग-अलग था। एक में भाव-पक्ष प्रधान था, दूसरे में नीति-पक्ष तथा विवेचना।

एक पारमिता के दो पक्ष—किन्तु उनका इतिहास देखने से एक बड़े रोचक तथ्य का पता चलता है। वास्तव में ये दोनों काव्यरूप एक विशेष पारमिता के विकास की दो अवस्थाओं के ही काव्यात्मक प्रतिफलन मात्र हैं, इसीलिए उनमें एक गहरी साम्प्रदायिक एकसूत्रता भी है। वह पारमिता है उपाय-कौशल। पहले उपाय-कौशल पारमिता के अर्थ थे वह कौशल और प्रयत्न जिसके द्वारा बौद्ध भिक्षु घूम-घूमकर जनता में बुद्ध का सन्देश और महायान धर्म के सिद्धान्तों का प्रचार करते थे। इसी उपाय-कौशल के अन्तर्गत सन्धा-भाषा का प्रयोग तथा चैत्य-निर्माण, प्रतिमांकन, संगीत आदि कलाओं के उपयोग का विधान था।[35]

कालान्तर में जब सिद्धों की प्रज्ञोपाय-साधना का विकास हुआ, मैथुन भावना आयी और उपाय-कौशल पारमिता वज्र में परिवर्तित होकर उपाय रूप में बदल गयी तब जनपक्ष में धर्म-प्रचार के अतिरिक्त उसका रूप व्यक्ति-पक्ष में वज्र, मणि, कुलिश या वज्रचित्त हो गया और उसका सम्बन्ध लोकसाधारण में धर्मप्रचार से न रहकर वैयक्तिक साधना में मुद्रा-मैथुन की गुह्यचर्या से हो गया।[36] इस प्रकार उपाय को जब पुराने उपाय-कौशल के महायानी रूप में जन-पक्ष में धर्मप्रचार के रूप में ग्रहण किया जाता है तब उसका काव्यात्मक माध्यम दोहा होता है जो नीति और विवेचनाप्रधान है। और जब वही उपाय कमल-कुलिश-साधना में व्यक्ति-पक्ष में कुलिश रूप ग्रहण किया जाता है तब उसका माध्यम होता है पद या गीति जो भाव तथा अनुभूतिप्रधान है। इसी दृष्टि से सिद्ध-साहित्य में विषयवस्तु की दृष्टि से दो पक्ष प्रमुख हैं—भाव-पक्ष तथा नीति-पक्ष, जो स्थूल रूप से चर्यापद तथा दोहों में अभिव्यक्त हुए हैं। किन्तु इसके पहले कि हम इन दोनों का विवेचन करें, यह भली-भाँति हृदयंगम कर लेना चाहिए कि भाव तथा नीति पक्ष में कोई ऐसी स्पष्ट विभाजक रेखा नहीं खींची जा सकती और बहुत स्थलों में भाव-साधना गाते-गाते सिद्ध नीति का उपदेश देने लगते हैं और बहुत स्थलों पर नीति का उपदेश और धर्मतत्त्व का विवेचन करते-करते भावविभोर हो जाते हैं। इसका एक प्रमुख कारण यह माना जा सकता है कि मूल में ये दोनों पक्ष एक ही पारमिता से विकसित हुए हैं।

भाव-पक्ष : सहज रस—हम पीछे देख चुके हैं कि उपलब्धि पक्ष में सिद्धों ने परम्परा से आती हुई निर्वाण भावना का तिरस्कार कर महासुख की अनुभूति को प्रमुखता प्रदान की है। अपने साहित्य के भाव-पक्ष में उसी महासुख की उपलब्धि की प्रणाली का वर्णन तथा उसकी अनुभूति की अभिव्यक्त, यही उनका मुख्य लक्ष्य रहा है। महासुख उपलब्धि की प्रज्ञोपायात्मक योग-प्रणाली को दाम्पत्य प्रणय के रूपकों में वे

वर्णित करते रहे हैं जिस पर हम अभी विचार करेंगे, किन्तु जहाँ तक महासुख की अनुभूति का प्रश्न है सिद्धों ने वाणी की विवशता स्वीकार कर ली है और स्पष्ट कहा है कि यह रहस्यानुभूति ऐसी है जिसे अभिव्यक्त ही नहीं किया जा सकता। इस रस की उद्भावना और आस्वादन इतना गुह्य है कि सारे व्यापार हृदय में ही हो जाते हैं, बाह्याभिव्यक्ति तो उन्हें छू ही नहीं पाती। जैसे सुरंग में उठनेवाली धूल सुरंग में ही विलीन हो जाय वैसी ही यह अनुभूति है। इसे कौन कह सकता है और कौन समझ सकता है।[37] इस सहजामृत रस का आस्वादन ही किया जा सकता है, गुरु भी इसे समझा नहीं सकता, न शिष्य केवल गुरु के वचनों से समझ सकता है। इसके लिए तो स्वतः उसी मार्ग में प्रवृत्त होना पड़ता है।[38] चर्यापदों की टीका में भी इस अनुभूति की अतिशय गुह्यता का समर्थन सरहपा के एक दोहे का उद्धरण देकर किया गया है।[39] अन्ततोगत्वा इस अनुभूति की अभिव्यक्ति की असमर्थता को एक बड़े ही मार्मिक उदाहरण से सरहपा ने समझाया है। वे कहते हैं कि इस महासुखरूपी परमतत्त्व को कैसे अभिव्यक्त किया जाय? इसमें साधक की परिस्थिति उसी कुमारी की भाँति होती है जिसने पहली बार सम्भोग का अनुभव किया हो और जब सखियाँ उससे बार-बार पूछती हों कि अपने सुख का कुछ वर्णन तो करो, तो वह हारकर कहती हो कि उसके विषय में कहूँ क्या, वह वाणी से बताया ही नहीं जा सकता, उसे तो तुम तभी समझोगी जब स्वतः परिणय के उपरान्त प्रिय से मिलोगी। वह तो अनुभव की वस्तु है, अभिव्यक्ति की नहीं[40] और उस अनुभूति की उपलब्धि का मार्ग यही है कि हम मन को नायकरूप में और शून्यता खसम को नायिकारूप में आयोजित कर रात-दिन सहज भाव से रहें।[41]

आलम्बन-विभाव नायक-नायिका : दूती—इस प्रकार वास्तव में इस भाव-साधना के वास्तविक नायक और नायिका तो तथागत और उनकी भगवती नैरात्मा है। उसी विश्वव्याप्त प्रणयकेलि को साधक बोधिचित्त को नायक और नैरात्म्य ज्ञान को नायिका मानकर अपने चित्त में आयोजित करता है। डोम्बी के प्रति कपाली का प्रेम-निवेदन, चाण्डाली के प्रति भूसुकु बंगाली का प्रेम-निवेदन, यह सब वास्तव में बोधिचित्त और शून्यता की ही प्रणय-केलि के विभिन्न रूपक हैं। अद्वयवज्र ने इस दाम्पत्य भाव-साधना का अपने 'प्रेमपंचक' में बड़ा ही स्पष्ट निरूपण किया है। उनके कथनानुसार शून्यता कामिनी है और प्रतिभासरूपी बोधिचित्त उसका नायक है। दोनों एक-दूसरे से अलग नहीं रह पाते, एक-दूसरे के बिना वे अपूर्ण हैं, मृत हैं। अतः वे अपने विरह का अतिक्रमण कर एक-दूसरे से मिलने के लिए प्रवृत्त होते हैं। किन्तु ज्ञान के बिना वे शंकित हैं। उन्हें पथ नहीं ज्ञात, एक-दूसरे का व्यक्तित्व और प्रकृति नहीं ज्ञात। अतः गुरु उनके बीच में दूती का कार्य करता है और उनका मिलन करा देता है। उस मिलन से सहज प्रेम उत्पन्न होता है और अनुत्तर की प्राप्ति होती है, निःस्वभाव का उदय होता है।[42]

चर्याचर्यविनिश्चय के लगभग चौदह पदों में इस प्रज्ञोपाय दाम्पत्य प्रणय का काव्यात्मक वर्णन मिलता है।[43] उनमें नायक को वीर, शबर, कपाली, बंगाली आदि

की संज्ञा दी गयी है और नायिका को डोम्बी, चाण्डाली, शबरी आदि शब्दों से अभिहित किया गया है। इन शब्दों के पीछे काव्यशास्त्र की कोई परम्परा न होकर हठयोग तथा मुद्रामैथुन सम्बन्धी गुह्य संकेत हैं जिन पर हम आगे सन्धा-भाषा के प्रतीकों के रूप में विचार करेंगे।

स्वकीया—लौकिक काव्यशास्त्र की दृष्टि से सिद्धों ने नायिका के स्वकीया रूप पर विशेष बदल दिया है। बाद में वैष्णवों में परकीया रूप पर जो इतना आग्रह मिलता है, उसका सिद्धों में सर्वथा अभाव है। वे बराबर नायिका को गृहिणी, वधू आदि शब्दों से अभिहित करते हैं।[44] काण्हपा तो व्यवस्थित रूप से परिणय के लिए वर-यात्रा की सारी सज्जा के साथ प्रस्थान करते हैं, जिसमें पटह भी है, मादल भी, पालकी भी, दुन्दुभिनाद भी है।[45] अपने दोहों में भी वे प्रज्ञा महामुद्रा को बार-बार गृहिणी के रूप में वर्णित करते हैं और स्पष्ट कहते हैं कि जैसे नमक पानी में घुल जाता है, उसी प्रकार अपनी गृहिणी को अपने चित्त में धारण करो।[46]

परकीया—किन्तु कुछ चर्यापदों में नायिका का वर्णन ऐसा मिलता है कि उनसे उनका परकीयत्व लक्षित होता है। 10वें चर्यापद में जहाँ काण्हपा तन्त्री और भाजन लेकर नौका से प्रतिदिन नगर आनेवाली डोम्बी से कापालिक के रूप में समागम की इच्छा प्रकट करते हैं वहाँ उनकी शब्दावली और डोम्बी का वर्णन ऐसा है कि वह स्वकीया तो कदापि नहीं हो सकती है। इसी प्रकार जहाँ अनुराग की अभिव्यक्ति करते हैं वहाँ अभी अनूढ़ा परकीया ही प्रतीत होती है।[47]

सामान्या—दो चर्यापदों में शुण्डिनी तथा मातंगी का ऐसा वर्णन मिलता है कि वे बहुत-कुछ सामान्या की कोटि में रखी जा सकती हैं। शुण्डिनी नायिका दो घड़ों में वल्कल चूर्ण से मदिरा खींचती है। उसके मदिरालय के कई द्वार हैं जिनमें से दशम वैरोचन द्वार से ग्राहक चिह्न दिखाकर आते हैं, जिन्हें वह मदिरा पिलाकर सन्तुष्ट करती है।[48] इसी प्रकार गंगा तथा यमुना के बीच से नाव खेकर ले जानेवाली मातंगी भी है जो सभी यात्रियों को नाव पर बिठाकर बारी-बारी से पार उतारती है।[49]

मुग्धा, मध्या, प्रौढ़ा—कामचेष्टा की दृष्टि से सिद्धों के पदों में नायिकाओं में मुग्धात्व, मध्यात्व तथा प्रौढ़ात्व तीनों ही प्रवृत्तियाँ मिलती हैं। शबरपा की शबरी संसार से दूर, ऊँचे पर्वत पर, मोर पंखों से शृंगार किये हुए अबोध प्रकृति बालिका की भाँति रहती है। उसकी चेष्टाओं का जो विवरण शबरपा ने दिया है, उससे शबरी बालिका का मुग्धात्व प्रकट होता है।[50] कुक्कुरीपा की चर्या में वर्णित वधू जो दिन में काग से भय खाती है और रात को सास के सोने पर प्रिय से मिलने कामरूप जाती है, वह काम और लज्जा दोनों की स्थिति के कारण मध्या नायिका कही जा सकती है।[51] नायिका महामुद्रा की प्रौढ़ा प्रवृत्ति के संकेत कई स्थानों पर मिलते हैं। गुण्डुरीपा कुन्दुरु वीर के रूप में जब योगिनी से त्रिनाड़ियों को दबाकर एक भरपूर आलिंगन देने का आग्रह करते हैं जिस प्रकार उस आलिंगन के उपरान्त वे योगिनी में चरम अनुरक्त होकर यह प्रकट

करते हैं कि वे एक क्षण भी उसके बिना जीवित नहीं रह सकते तब स्पष्ट हो जाता है कि महामुद्रा रतिप्रिया प्रौढ़ा है, जिसे सम्भोग प्रिय है और जो नायक को पूर्णतया आनन्द दे सकने में समर्थ है।[52] जैसा हम पहले देख चुके हैं कि बौद्ध साधना में मुद्रा का अर्थ ही मुद्+रा (आनन्द देनेवाली) बताया गया था, और समरसता पर विशेष बल दिया गया था जिसमें शून्यता तथा करुणा अथवा प्रज्ञा और उपाय दोनों ही का एक-दूसरे के प्रति समान रूप से अनुरक्त होना अनिवार्य बताया गया था। इसी के निर्वाह के लिए महामुद्रा का प्रौढ़ा रूप में चित्रण प्रज्ञोपायात्मक दृष्टि से भी अधिक उपयुक्त है।

अभिसारिका आदि—इसी प्रकार अवस्था की दृष्टि से नायिकाओं का जो निरूपण किया गया है, उनमें से कई स्थानों पर नायिका नैरात्मा की अभिसारिका, स्वाधीनपतिका आदि अवस्थाएँ मिलती हैं। पूर्वोक्त गुण्डुरीपा की चर्या में वे कहते हैं कि वे योगिनी का चुम्बन कर कमल-रस पीते हैं और योगिनी ने उनके हृदय पर इतना अधिकार कर लिया है कि उसके बिना वे एक क्षण भी नहीं जी सकते। इस परिस्थिति में योगिनी नैरात्मा स्वाधीनपतिका नायिका है। इसी प्रकार पूर्वोक्त कुक्कुरीपा की चर्या में सास के सो जाने पर वधू अभिसारिका नायिका के रूप में प्रस्थान करती है और कामरूप आदि पीठ इस अभिसार के सहेट स्थल के रूप में परिकल्पित हैं।

दूती : गुरु—नायक और नायिका के इस मिलन में अद्वयवज्र ने गुरु को दूती-रूप में जिस प्रकार चित्रित किया है, वैसा कोई स्पष्ट उल्लेख तो इन पदों में नहीं मिलता किन्तु अप्रत्यक्ष रूप से इन साधनाओं में गुरु का अतिशय महत्त्व माना गया है। जिस पर हम पीछे विस्तार से विचार कर आये हैं। जहाँ नायिका को मातंगी मानकर नौका बालिका के रूप में चित्रित किया गया है[53], वहाँ बिना गुरु की प्रसन्नता के नौका जिनपुर नहीं जा पाती ऐसा स्पष्ट उल्लेख मिलता है। भारतीय रहस्य धर्मसाधनाओं में गुरु का दूती रूप में बराबर चित्रण होता रहा है।

सम्भोग नायकारब्ध—शृंगार के सम्भोग तथा विप्रलम्भ दोनों पक्षों का चित्रण चर्यापदों में मिलता है। सम्भोग शृंगार के अधिकतर स्थल नायिकारब्ध हैं और नायक ही प्रणयप्रार्थी के रूप में चित्रित किया गया है। केवल एक स्थल (चर्यापद 2) में नायक का कोई उल्लेख नहीं है। नायिका कामपीड़ित होकर जागती है और अभिसार के लिए जाती है। अन्य पदों में नायक ही नायिका के प्रति आसक्त है और उससे प्रणयदान माँगता है। चौथे चर्यापद में गुण्डुरीपा योगिनी से आलिंगन की भिक्षा माँगते हुए उसके मुख का चुम्बन कर कमल-रस पीने की आकांक्षा प्रकट करते हैं। इसी प्रकार दसवें चर्यापद में कपाली के रूप में काण्हपा डोम्बी से समागम करने की कामना करते हैं और उसके मन में कामना जाग्रत करने की इच्छा से अस्थिमालाएँ धारण करते हैं। इसी प्रकार काण्हपा ही वर रूप में डोम्बी को वरण करने के लिए प्रस्थान करते हैं। शबर भी अपने को प्रेमोन्मत्त नायक के रूप में चित्रित करते हैं और शबरी के मिलन के लिए पर्वतारोहण

करते हैं। अन्त में पूर्ण सम्भोग का चित्रण करते हुए शबरपा शून्य बालिका या नैरात्मा बालिका को कण्ठ से लगाकर सुहाग-शयन का वर्णन करते हैं।[54]

सम्भोग-रति के नायकारब्ध होने का दार्शनिक कारण यह है कि नायक उपाय का प्रतीक है और प्रज्ञोपाय-प्रणयलीला में उपाय को ही सक्रिय तथा सचेष्ट माना गया है। हठयोग साधना के अनुसार भी उपाय रूप में बोधिचित्त जाग्रत होकर, उद्‌बुद्ध होकर ऊर्ध्वगामी होता है और वधू (अवधूती) को ग्रहण करता है। इस पक्ष पर हम पीछे विचार कर चुके हैं।[55]

विप्रलम्भ नायिकारब्ध—विप्रलम्भ शृंगार का एक ही चर्यापद है और वह नायिकारब्ध है। कुक्कुरीपा उसमें भगवती नैरात्मा को आसन्नप्रसवा विरहिणी नायिका के रूप में चित्रित करते हैं जिसका पति शून्य-चित्त होने के कारण अन्यमनस्क (अमनसिकार) है और विरागी है। उसी परिस्थिति में उसने एक मृत शिशु को जन्म दिया है और वह प्रसव श्रम से पराभूत है। अपने इस दुःख को स्वतः भगवती नैरात्मा चर्यापद में अभिव्यक्त करती है।[56]

नायिकारब्ध रति-भाव की दो मार्मिक परिस्थितियाँ वज्रगीतियों में मिलती हैं। पहली वज्रगीति बुद्धकपाल साधना में मिलती है जिसमें प्रज्ञा की अभिव्यक्ति के रूप में 25 योगिनियाँ हेरुक को समागम के लिए जगाती हैं। हेरुक उपाय के प्रतीक बौद्ध देवता हैं और अनुष्ठान के समय कल्पित किया गया है कि वे शून्य स्वभाव में ही लीन (निष्क्रिय, अन्यमनस्क) हैं और उपाय या सक्रिय स्वभाव को धारण नहीं कर रहे हैं। इस परिस्थिति में कामार्त्त नायिकाएँ उनके मन में काम (उपाय) जगाने का प्रयास करती हुई प्रणय-निवेदन करती हैं और कहती हैं—'यदि तुमने निश्चित कर लिया है कि मिलन के समय, अनुष्ठान के समय तुम सदैव इसी प्रकार अन्यमनस्क रहोगे तो इतने लोगों को (25 योगिनियों को) निमन्त्रित करने की क्या आवश्यकता थी। तुम्हें प्रणय की पूर्व वार्त्ताएँ याद नहीं रहीं। उन्हें याद करो, इस विषादमयी उपेक्षा स्थिति से उठो। प्रियतम! तुम्हारा अपना कार्य (उपाय-पक्ष) भी तो सम्पन्न होना चाहिए। तुम चित्त में यह द्वैत और द्विविधा क्यों लाते हो। समस्त लोग भव-भय से आकुल हैं, हे योगिनियों के मित्र उठो। अपने पूर्व पद को याद करो, विषाद त्यागो। तुम्हारे अस्तमित (उदास) होने से सभी लोग हतोत्साह हो गये हैं। उनकी निराशा दूर करो। प्रिय! यह मिथ्या मान क्यों धारण किये हो। इस शून्य निष्क्रिय स्वभाव का परित्याग करो। द्विविधा भाव का परित्याग कर योगिनियों की कामना करो। उनकी कामना पूर्ण करो।[57]

इसी प्रकार की दूसरी वज्रगीति हेवज्रतन्त्र से बागची ने उद्धृत की है।[58] उसमें भी अपने को शबरी और डोम्बी की संज्ञा देती हुई नायिका नैरात्मा हेवज्र को शून्य स्वभाव का परित्याग कर सक्रिय करुणा अथवा उपाय का आश्रय लेकर शबरी की कामना (महासुख-युगनद्ध) पूर्ण करने का आग्रह करती है। नैरात्मा उसमें 'करुणामय' हेवज्र से कहती है—'उठो हे करुणामय प्रियतम, मेरी अवस्था तो देखो। महासुख संगम में ही

काममधु है, वहीं शून्य-समाधि है। तुम्हारे बिना मैं मरणासन्न हूँ, उठो हे हेवज्र! शून्य स्वभाव का परित्याग करो, सक्रिय उपाय-स्वभाव ग्रहण करो ताकि शबरी के सभी कार्य सिद्ध हों। तुमने लोगों को नायिका को निमन्त्रित किया और अब शून्य स्वभाव धारण किये हुए हो। मैं चाण्डाली हूँ, कोई अन्य नहीं हूँ, तुम्हारे बिना मुझे कुछ भी नहीं दीख पड़ता। अपना यह इन्द्रजाल रूप (इन्द्रियाबद्ध) छोड़ो। मैं तुम्हारे हृदय की बात जानती हूँ। मैं उन्मन डोम्बी हूँ, अपनी करुणा को यों व्यर्थ नष्ट न करो।'

इसी प्रकार का एक कामोद्बोधक अंश डाकार्णव में भी मिलता है। उसमें भी प्रज्ञा वज्रधर साधक से नायिका रूप में प्रणय-निवेदन करती हुई कहती है—'तुमने समस्त जगत् को (जगद्व्याप्त शून्यता को) निमन्त्रित किया है प्रभु! अब तुम करुणा को भूलकर केवल शून्य स्वभाव में क्यों रम गये हो। उठो हे मेरे करुण स्वभाववाले स्वामी! वज्रधर तो महासुख की कामना करते हैं, तुम क्यों समागम नहीं करते। सुनो तो, तुम परोपकारगत हो, फिर पशुलोक की भाँति म्रियमाण निष्क्रिय क्यों हो। मेरे सम्पूर्ण विकसित कमल (भग, स्त्रीन्द्रिय) की कामना करो ताकि समस्त संसार में सुख छा जाय। मुझमें रमण करो, रमण करो हे वज्रधर! यह प्रज्ञोपायात्मक सहज-भाव बड़ा ही गहन है...तुम यह शून्य निष्क्रियता छोड़ो।'[59]

नायिका की अभिलाषाजन्य प्रणयाकुलता लौकिक साहित्य में अधिकतर दूती द्वारा नायक के सम्मुख रखी जाती रही है। किन्तु यहाँ प्रज्ञा नायिका स्वतः नायक की करुणा (काम) को जाग्रत करती है। इसका कारण शुद्ध दार्शनिक है। महायान के उद्भव काल से ही करुणा को प्रमुख सिद्धान्त मान लिया गया था और महायानी साधक की विशेषता ही यह थी कि वह शून्य ज्ञान ही नहीं वरन् करुणारूपी उपाय से भी समन्वित होता था। बिना उस करुणा के शून्य स्वभाव की कोई सार्थकता नहीं होती है। इसीलिए स्थान-स्थान पर करुणा को जाग्रत करने का आदेश है।

लौकिक दृष्टि से एक विशेषता अवश्य है जिस पर विचार करना आवश्यक है। लौकिक शृंगार में कभी भी नायक इतना निष्क्रिय और निष्काम नहीं रहता है जितना इन पदों में चित्रित किया गया है। किन्तु वज्र-साधना की दृष्टि से यह सर्वथा संगत है। हम पहले यह देख चुके हैं कि साधना के प्रारम्भ में नायक वज्रधर होते हुए भी निष्क्रिय होता है, प्रज्ञोपाय भाव उसमें प्रसुप्त रहता है। जब वह प्रज्ञा का आलिंगन करता है तब वह आवेश में आता है और साधना में प्रवृत्त होता है।[60] साधना की इसी स्थिति का प्रतिफलन योगिनियों द्वारा हेरुक और हेवज्र के प्रति इन प्रणय-निवेदनों में मिलता है जो नायिकारब्ध है।

लौकिक काव्य की दृष्टि से पहले के नायकारब्ध शृंगार पदों में नायक की प्रकृति अनुकूल नायक की है जो केवल अपनी वधू डोम्बी गृहिणी में अनुरक्त है और उसके बिना जीवित नहीं रह सकता, किन्तु हेरुक दक्षिण नायक है क्योंकि उनकी एकाधिक योगिनियों में समान अनुरक्ति है। नायिका भी उत्तमा प्रकृति की है क्योंकि अन्य

योगिनियों को हेरुक के प्रति अनुरक्त देखकर भी उसमें ईर्ष्याभाव नहीं जाग्रत होता। वैसे इसकी दार्शनिक व्याख्या यह दी जा सकती है कि सभी योगिनियाँ एक ही प्रज्ञा की विभिन्न अभिव्यक्तियाँ हैं, अतः ईर्ष्या का कोई प्रश्न नहीं उठता क्योंकि उनमें आन्तरिक अभेद है।

उद्दीपन विभाव रूप-वर्णन—नायक तथा नायिकाओं के रूप-वर्णन में सिद्धों ने प्रतीकात्मक शैली का आश्रय लिया है किन्तु लौकिक दृष्टि से भी उन्हें यथार्थ बनाने का प्रयास किया है। इस दृष्टि से काण्हपा का डोम्बी के रूप का वर्णन तथा शबरीपा द्वारा शबरी के रूप का वर्णन उत्कृष्ट है। शबरीपा जब नैरात्मा को शबरी के रूप में परिकल्पित करते हैं तो उसके शृंगार को लौकिक शबरी बालिका से पूर्णतया एकरूप कर देते हैं। यह मयूरपंख धारण करती है और गुंजमाला से अपने अंगों को सजाती है। घने तरुओं के बीच वह वज्र-कुण्डलों को धारण करती घूमती है। नायक शबर का रूप-वर्णन उन्मत्त प्रेमी के रूप में है जो भुजंग की भाँति कृष्ण वर्ण का है। उसने मिलन के अवसर पर कर्पूरयुक्त ताम्बूल खाया है और त्रिधातुओं की शय्या बिछायी है। और शबर आदिवासियों की ही भाँति उसने धनुष-बाण भी धारण कर रखा है।[61] इसी प्रकार जब काण्हपा नायिका का चित्रण डोम्बी रूप में करते हैं तो लौकिक डोम्बी नारियों की भाँति उसका चित्रण बहुत ही यथार्थ हुआ है। वह डोम्बी नारियों की भाँति नगर के बाहर की कुटिया में रहती है। वह नृत्य में कुशल है।[62] वह नौका पर चढ़कर नदी पार कर नगर के हाट में अपना सामान बेचने आती है। तन्त्री, मालाएँ तथा हाथ की बुनी टोकरियाँ बेचती है। उससे समरस रति के लिए नायक ने भी अस्थि की माला ग्रहण की है और कापालिक का वीर वेश बनाया है, आली काली का घण्टा और नूपुरादि धारण कर नायक नगर में विचरण कर रहा है।[63]

इस रूप-वर्णन से यह प्रकट होता है कि सिद्धों ने प्रज्ञोपाय रतिभावना को लौकिक रति का रूपक देने के लिए नायक और नायिका के रूप-वर्णन के लौकिक प्रतीक बड़ी ही सावधानी से चुने हैं और उनका बड़ी कुशलता से निर्वाह किया है। शबरी के मन में एक शबर नायक तथा डोम्बी के मन में एक कापालिक नायक के लिए रति जाग्रत होना अधिक स्वाभाविक है, अतः कापालिक के वेश में रति की अपेक्षा जुगुप्सा अधिक होते हुए भी परिस्थितियों को देखते हुए वह संगत माना जा सकता है।

प्रकृति-चित्रण—उद्दीपन का दूसरा अंग है प्रकृति। रति भाव के सन्दर्भ में चर्यापदों में प्रकृति का वर्णन अपेक्षाकृत कम है। इसका एक सैद्धान्तिक कारण है। बाह्य प्रकृति सिद्धों की दृष्टि में बन्धन का कारण है। वह धर्मशून्य है, भ्रम है। भव और चित्त की सापेक्षता का विवेचन करते हुए सिद्ध-साहित्य के दर्शन पक्ष में हम यह देख चुके हैं कि सिद्ध लोग प्रतीत्यसमुत्पाद के शून्यवादी सिद्धान्त के अनुसार बाह्य प्रकृति को सत्य नहीं मानते थे। विज्ञानवादी सिद्धान्त के अनुसार वे इस समस्त संसार को चित्तगत मानते थे। उन्होंने ध्यान-पद्धति के द्वारा हठयोग साधना में महाभूतों का उदय चित्त के

अन्दर ही माना था, वही प्रकृति सत्य है और हठयोग की साधना में वही प्रज्ञोपायात्मक रूप ग्रहण कर लेती है।

इसी सिद्धान्त के अनुसार सिद्धों ने प्रकृति को अन्तःस्थ माना था। वही प्रकृति सत्य है क्योंकि वह प्रज्ञोपायात्मक है और बोधिचित्त से उद्भूत है। ये बाह्य गंगा झूठी हैं, बाह्य यमुना केवल भ्रम हैं, वास्तविक गंगा-यमुना तो दोनों नाड़ियों में हैं जिनके मध्य से अवधूती पथ द्वारा सहजयान (सहजनौका) प्रवाहित होता है। बाह्य कामरूप, उड्डीयान, जालन्धर, प्रयाग, वाराणसी, मेरु-पर्वत आदि सब मिथ्या हैं। वास्तविक कामरूप, उड्डीयान, जालन्धर की स्थिति देह के अन्दर है। प्रयाग ललना-रसना के मिलन-स्थल को कहते हैं, वाराणसी उसके उपरान्त अवधूती मार्ग को कहते हैं। वास्तविक पर्वत तो रीढ़ की हड्डी या मेरुदण्ड है जिसके शिखर पर शबरी नैरात्मा वास करती है।

इस प्रकार उनकी प्रकृति अन्तःस्थ है और हठयोगात्मक है। उसमें अग्नि है जो अधोमुखी होकर वाड़वाग्नि बन जाती है और ऊर्ध्वमुखी होकर चण्डाग्नि। उसमें सूर्य और चन्द्र हैं जो ललना और रसना हैं। उसमें गंगा-यमुना हैं। उसमें निष्कलंक चन्द्रमा है जो बोधिचित्त है। उसमें मेघ हैं जो करुणामेघ हैं, नाव भी करुणा नौका है जिसमें भरा हुआ स्वर्ण, शून्य-स्वर्ण है। स्थान-स्थान पर कमल खिले हुए हैं जिनमें से कोई चौंसठ पाँखुड़ी का है, कोई 4 पाँखुड़ी का। इन समस्त प्राकृतिक तत्त्वों का हठयोगपरक संकेत क्या है, इस पर हम पीछे हठयोग साधना के अन्तर्गत विचार कर आये हैं।

भौतिक नियमों से मुक्त प्रकृति—चूँकि यह प्रकृति अन्तःस्थ है, चित्तगत है, अभौतिक है अतः इसमें कभी-कभी भौतिक प्रकृति के नियमों का अतिक्रमण भी है। उदाहरण के लिए भौतिक प्रकृति में कमल रात को नहीं विकसित होता किन्तु भूसुकुपा कहते हैं कि 32 योगिनियाँ जिसकी पाँखुरियों पर क्रीड़ा कर रही हैं ऐसा कमल आधी रात को खिला हुआ है (चर्यापद 27)। भौतिक दृष्टि से यह वर्णन असंगत है किन्तु हठयोग की दृष्टि से यही स्वाभाविक है क्योंकि प्रज्ञाज्ञानाभिषेक का समय अर्द्धरात्रि है और उसी समय महासुखचक्ररूपी कमल पूर्णतया विकसित हो जाता है। वही समय अभिसार का समय है। इसी प्रकार भौतिक प्रकृति में कच्छपी का दूध नहीं दुहा जाता, घड़ियाल इमली नहीं खाता, बैल प्रसव नहीं करता किन्तु कुक्कुरीपा (चर्यापद 2) और ढेण्ढणपा की चर्या (पद 33) में यह सर्वथा संगत और युक्तियुक्त है क्योंकि इसके हठयोग सम्बन्धी गहन संकेत हैं।

इस प्रकार इन्होंने अपनी साधनाओं के लिए बाह्य प्रकृति के प्रतीक अपनाये थे और अपनी साधना को भौतिकता से मुक्त सिद्ध के लिए उन्होंने क्रम और प्रकृति, उनकी भौतिक कार्यकारण-शृंखला, उनके स्वरूप आदि में संशोधन कर दिया था और दार्शनिक दृष्टि से उनका आग्रह था कि उनकी आन्तरिक प्रकृति ही सत्य है। यह बाह्य प्रकृति तो सर्वथा मिथ्या और भ्रमजाल है और उसकी तुलना वे काल्पनिक गन्धर्व-नगरी

या रज्जु में दृश्यमान सर्प, वन्ध्यापुत्र, शश-शृंग, खपुष्प, मृगमरीचिका आदि से करते थे और इस प्रकृति का परित्याग कर आन्तरिक हठयोगपरक प्रज्ञोपायात्मक पद्धति को पहचानने का आदेश देते थे (चर्यापद 41)।

रात्रि, रति का समय—किन्तु जहाँ तक रतिभाव के उद्दीपन का प्रश्न था सिद्ध भी रात्रि को रति का उपयुक्त समय मानते थे और दिन में रतिदोष मानते थे। इस रात के अर्थ थे प्रज्ञाज्ञानाभिषेक का समय जो चतुर्थी सन्ध्या का समय होता है।[64] इस समय कालाग्निरूपी धूप अस्त हो जाती है, निर्मल चन्द्र या शुक्ररूपी चित्त का उदय होता है।[65] और दिन में काग से भी भय खानेवाली वधू अभिसार के लिए कामरूप सहेट-स्थल को प्रस्थान करती है।

अन्य भाव : उत्साह, क्रोध—इस प्रकार हम देखते हैं कि सिद्ध-साहित्य का भावात्मक अंश मुख्यतया शृंगारपरक है। किन्तु अन्य भाव भी स्थान-स्थान पर मिल जाते हैं। उनमें से उत्साह, विस्मय तथा क्रोध मिलते हैं, हास्य तथा शोक भी कहीं-कहीं मिल जाते हैं। जहाँ तक उत्साह का प्रश्न है आचार्यों ने दान, धर्म, युद्ध और दया में उत्साह की प्रवृत्ति कल्पित कर चार प्रकार के वीर माने हैं। सिद्धगण एक अन्य वीर सुरतवीर की भी कल्पना करते हैं।[66] वह वीर मधुकर रूप में पद्म का मकरन्द पीने में उत्साह दिखाता है और महाराग द्वारा विराग के दमन के कारण उसे वीर कहते हैं। रति के अन्तर्गत उत्साह (वीर) की स्थिति सम्भव है या नहीं, या उत्साह में रति-सम्बन्धी उत्साह को परिगणित किया जाय या नहीं इस पर आचार्यों में काफी तक-वितर्क रहा है (सम्भवतः भूषण रति में भी उत्साह को स्थान देते थे[67] और अपने एक कवित्त में उन्होंने रति का युद्ध के रूप में चित्रण किया है)। काण्हपा ने भी रति के समय वीर कापालिक की वेशभूषा धारण की है (चर्यापद 11) किन्तु उस पद की परिणति रौद्र में होती है जहाँ वे सास आदि की हत्या करने को सन्नद्ध होते हैं। इस रौद्र भाव या क्रोधावेश को सिद्धों की तान्त्रिक साधना में विशेष स्थान था। लौकिक काव्य की दृष्टि से इनमें चाहे संगति हो या न हो। तान्त्रिक अनुष्ठानों में यह क्रोधावेश प्रज्ञोपाय साधना का एक अनिवार्य अंग था। इसका वर्णन करते हुए सेकोद्देश में सिद्ध नडपाद (नारोपा) लिखते हैं कि पहले क्रोध के स्वामी वज्रपाणि का 'ओं अ र र र ल ल ल ल वज्रावेशाय हुं' इस मन्त्र द्वारा आह्वान करना चाहिए। इसका निरन्तर जाप करना चाहिए। इस प्रकार अहंकार साधना द्वारा साधक वज्रपाणि रूप हो जाता है। उसमें असीम बल आ जाता है और उस समय यदि वह शस्त्र द्वारा किसी पर आघात करे तो वह जीवित नहीं बच सकता। वह उस समय उन्मत्त होकर पागलों की तरह नृत्य करता है, गाता है, अमानवीय व्यवहार करता है, वह निश्शंक और निर्लज्ज हो जाता है। उसके बाद इस क्रोधावेश के उपशमन की रीतियों का वर्णन है।[68] इस अनुष्ठान के वर्णन में स्पष्ट उल्लेख है कि क्रोधावेश में शत्रु नष्ट हो जाते हैं। इस प्रकार बुद्ध द्वारा मार-विजय की प्रतीकात्मक यह क्रोध-साधना काण्हपा की चर्या में परिलक्षित है, यद्यपि उसके

हठयोगपरक अर्थ यहाँ दिये हुए हैं। इस प्रकार शृंगार और रौद्र में सिद्धों के काव्य में विरोध नहीं है क्योंकि वे एक ही साधना-प्रणाली के अनिवार्य अंग हैं।

विस्मय—तीसरा भाव जो चर्यापदों में अक्सर मिलता है, वह है विस्मय भाव। जिन चर्यापदों में हठयोग की साधनाओं की अभिव्यक्ति के लिए ऐसे प्रतीकों का प्रयोग किया गया है जो बाह्य भौतिक दृष्टि से एक-दूसरे के विरोधी हैं, जहाँ कार्य और कारण, विशेषण और विशेष्य, वस्तु और धर्म का ऐसा सम्बन्ध दिखाया गया है जो बाह्य भौतिक जगत् में नहीं होता, उस स्थान पर विस्मय भाव की उत्पत्ति होती है। उदाहरण के लिए पूर्वोक्त कुक्कुरीपा की चर्या में घड़ियाल का इमली खाना, कच्छपी के दूध से पूरा बर्तन भर जाना, या ढेण्ढणपा की चर्या (पद 33) में नगर के मध्य स्थित गृह में भी किसी पड़ोसी का न होना, मेंढक से सर्प का भयभीत होना, दुहे हुए दूध का पुनः स्तन में प्रवेश कर जाना, गाय का वन्ध्या रहना और बैल का प्रसव करना, जो चोर है उसी का कोतवाल होना और शृगाल का सिंह से युद्ध करना, ये तत्त्व ऐसे हैं कि इन्हें कोई समझ नहीं पाता। सभी विस्मय से स्तब्ध रह जाते हैं। इस प्रकार की अद्‌भुत प्रतीक-योजना निश्चय ही सचेत रूप से श्रोताओं को विस्मय मुग्ध करने के लिए की जाती रही होगी क्योंकि दोनों ने ही गर्व से कहा है कि इस चर्या को करोड़ों में से कोई एक ही समझ पाता है। किस प्रकार इस विस्मय भाव को जाग्रत करने के लिए कुशल प्रतीक-योजना की जाती थी, इसका विवेचन हम शैली-पक्ष के अन्तर्गत करेंगे।

शोक—शोक भाव केवल एक चर्यापद में मिलता है (चर्यापद 50) जिसमें शबर की मृत्यु (निर्वाण-प्राप्ति) का रूपकात्मक वर्णन है। इसी प्रकार पिता बोधिचित्त की मृत्यु का वर्णन (चर्यापद 20) कुक्कुरीपा ने भी किया है जिसका उल्लेख हम विप्रलम्भ शृंगार के अन्तर्गत कर चुके हैं। निर्वाण का अर्थ अनस्तित्व यदि मान लिया जाय तो कुक्कुरीपा की चर्या भी शोक भाव के अन्तर्गत मानी जायगी। शबरपा की चर्या का पूरा अर्थ मुनिदत्त की टीका में भी मिलता है। किन्तु डॉ. सुकुमार सेन द्वारा की गयी अंग्रेजी छाया में छायाकार ने शबरपा की मृत्यु पर शबरी के शोक को ही प्रधानता दी है और उनका अर्थ असंगत नहीं प्रतीत होता।[69]

हास्य—हास्य का व्यंग्य और विद्रूप के रूप में शैलीगत प्रयोग हमें दोहों की नीतिप्रधान शैली में मिलता है, जिसकी शैली पक्ष पर विचार करते समय समीक्षा करना उचित होगा। इन भावों का उल्लेख करते समय यह स्पष्ट हो जाना चाहिए कि शुद्ध लौकिक दृष्टि से इनमें से शायद ही कोई भाव रस की स्थिति तक पहुँचता हो, शायद ही इनमें से कोई स्थल दोषहीन हो। कई स्थलों पर तो स्पष्टतः रसाभास की स्थिति है जैसे भुसुकुपा ने हरिण तथा हरिणी आदि पशुजगत् से प्रतीक लेकर उनमें रतिभाव का आरोप किया है (चर्यापद 5)। किन्तु पहले भी इस ओर संकेत किया जा चुका है कि जिस लौकिक काव्यशास्त्र में ये सिद्ध विश्वास ही नहीं करते थे उसी को इनका मानदण्ड बनाना अन्याय होगा। इनकी समीक्षा में तो हमें सदैव लौकिक के साथ-साथ

प्रतीकात्मक का ध्यान रखना होगा क्योंकि इनकी साधना के साथ-साथ इनके साहित्य की मूल भावना भी लौकिक और अलौकिक के बीच की मध्यम और सहज भूमि पर स्थित थी।

निर्वेद—इस दृष्टि से कई धार्मिक कवि ऐसे भी हुए हैं जिन्होंने अपने काव्य में रति आदि सभी लौकिक भावों का चित्रण करते हुए अन्त में सभी का शमन निर्वेद में किया है। किन्तु सिद्धों को हम उस कोटि में नहीं रख सकते। इसलिए कि सिद्धों का लक्ष्य ही निवृत्तिमूलक निर्वेद नहीं था। वे महाराग की साधना में विश्वास करते थे और महासुख की उपलब्धि के लिए सचेष्ट थे जो करुणाजन्य है, उपायस्वरूप है, प्रवृत्तिमूलक है। विराग का महाराग द्वारा दमन करने ही से साधक को वीर की संज्ञा दी गयी है। अतः विरागपरक निर्वेद सिद्धों का प्रधान भाव कैसे हो सकता है? सिद्धों का प्रधान भाव प्रज्ञोपायात्मक महाराग या महारति है, लौकिक रति के प्रतीक तो केवल अभिव्यक्ति के माध्यम हैं।

रसोद्रेक—किन्तु किसी भी काव्य के सम्बन्ध में अन्तिम प्रश्न यह उठता है कि रसोद्रेक की दृष्टि से यह कहाँ तक सफल है। इस दृष्टि से भी तान्त्रिक साधकों ने गहन विचार किया था और अन्त में वे इस परिणाम पर पहुँचे थे कि दर्शकों या श्रोताओं के हृदय में जो मनोविकार वासना के रूप में उपस्थित रहते हैं वही जब विभाव के संयोग से, व्यंजना-वृत्ति के साधारणीकरण या विभावन व्यापार से जाग्रत होते हैं तभी रसास्वाद की अवस्था होती है।[70] यह मत अभिनवगुप्त के अभिव्यक्तिवाद के रूप में प्रख्यात हुआ था। रस-ध्वनि को श्रेष्ठ ध्वनि के रूप में माना गया। इन विचारों और धारणाओं को सुव्यवस्थित करने का श्रेय अवश्य तन्त्राचार्य अभिनवगुप्त को था किन्तु ये पहले ही से दूसरे रूपों में प्रचलित थीं। इस प्रकार लौकिक काव्य श्रोताओं की लौकिक वासनाओं को उद्बुद्ध करता था किन्तु सिद्धों का काव्य अलौकिक था, उनकी दृष्टि में लौकिक वासना-क्लेश आदि तो भवजाल थे, मोहजाल थे जो वज्रज्ञान से तोड़े जाते थे। इसीलिए सिद्ध सदैव यह कहते थे कि भवमुद्रा का परित्याग कर मणिमूल में चण्डाग्नि के आलोक में कर्ममुद्रा को ग्रहण कर साधक को अलौकिक वासना जगाकर प्रज्ञोपाय मार्ग में प्रवृत्त होना चाहिए। यह करुणा या उपाय ही अलौकिक रति-वासना है जिसको उद्दीप्त करने के लिए योगिनियाँ हेरुक से प्रणय-निवेदन करती हैं। यह करुणा करोड़ों में से किसी एक में ही पूर्णतया जग पाती है इसीलिए करोड़ों में से कोई एक ही इन चर्याओं का भाव पूर्णतया ग्रहण कर पाता है।

सिद्ध-काव्य और साधारण जन—अब प्रश्न यह उठता है कि फिर इस काव्य के आस्वादन में साधारण जन (प्रज्ञोपाय साधना में अप्रवृत्त) की क्या स्थिति है। वह इनके मर्म को नहीं समझ सकता। वह केवल लौकिक प्रतीकों का लौकिक अर्थ ही ग्रहण करता है और एक लौकिक रति का आभासमात्र उसे मिल पाता है, किन्तु सिद्धों को यह अभीष्ट नहीं, इसीलिए वे कभी-कभी उलटे रूपक बाँधकर, चमत्कारयुक्त प्रतीक-

योजना कर लोगों को चेतावनी देते थे कि यह पथ लौकिक पथ नहीं है, यह रस लौकिक रस नहीं है, कुछ और गहन और गुह्य रस है जिसे न गुरु कह सकता है, न शिष्य सुन सकता है, इसे तो जिसने चाखा है वही जान सकता है। यही इस अनुभूति की अतिशयातिशय गुह्यता है जिसकी ओर हम पहले ही संकेत कर चुके हैं। सिद्ध लौकिक रस के बजाय इसी कमल रस, अमृत रस, सहज रस के साधक थे और वही उनके काव्य का मूल रस है।

किन्तु उनकी साधना साधारण जन के लिए निषिद्ध तो नहीं थी। वे तो अपने धर्म से लोक को तारना चाहते थे। उन सबों में प्रज्ञोपाय की वासना जगाना चाहते थे, अतः उन्होंने काव्य का एक पक्ष, नीति-पक्ष रखा जो साधक के मन का संशय दूर कर, उसे भवजाल से मुक्त कर, अन्य सम्प्रदायों के भ्रान्तिपूर्ण मार्ग को त्यागकर प्रज्ञोपाय साधना की ओर उन्मुख करता था। इस नीति-पक्ष के लिए उन्होंने दोहों का माध्यम अपनाया और जैसा हम तारानाथ की साक्षी से जान चुके हैं, ये दोहे पदों की अपेक्षा कहीं अधिक प्रभावशाली और लोकप्रिय थे।

नीति-पक्ष—हम पहले यह संकेत कर चुके हैं कि बौद्धों में उपाय-कौशल पारमिता का अर्थ था, लोक-साधारण में बौद्धधर्म का प्रचार करना और सिद्ध-साहित्य का नीति-पक्ष उसी पारमिता की परम्परा का निर्वाह करता है। इस नीतिपक्ष का प्रधान माध्यम दोहा है किन्तु चर्यापदों में भी स्थान-स्थान पर साधना तथा तत्त्व-दर्शन के उपदेश और विवेचन मिलते हैं जो प्रतीकप्रधान हैं, जिनका विवेचन हम आगे प्रतीक-योजना के अन्तर्गत करेंगे। प्रतीकों से मुक्त शुद्ध तार्किक दृष्टि से तत्त्व का विवेचन करनेवाले पदों की संख्या[71] इस प्रकार है—

लुईपा, एक पद, संख्या 2। भूसुकुपा, दो पद, संख्या 13, 14। काण्हपा, दो पद, संख्या 25, 26। सरहपा, दो पद, संख्या 34, 35, तथा जयनन्दीपा, एक पद, संख्या 47। इनके अतिरिक्त एक शुद्ध विवेचनात्मक पद सहज-विलास की कुरुकुल्लासाधना में भी मिला है।[72] इन पदों में वे पद नहीं सम्मिलित किये गये हैं जिनमें साधकों ने आत्मानुभूति की अभिव्यक्ति की है, या उन्होंने किस प्रकार ज्ञान-तत्त्व की उपलब्धि की, इसका वर्णन किया है। ये पद स्पष्टतः श्रोताओं को सम्बोधित किये गये हैं और निश्चित रूप से नीति-पक्ष में सम्मिलित किये जा सकते हैं क्योंकि उनका स्वर आत्माभिव्यक्ति का नहीं वरन् उपदेश का स्वर है।

इस सम्बन्ध में एक विशेषता समझ लेनी आवश्यक है। हिन्दी में भक्ति तथा रीतिकाल में हमें जिस प्रकार नीतिपरक मुक्तकों की परम्परा मिलती है उनमें लौकिकता अधिक है। वे व्यक्ति को लौकिक व्यवहार का उपदेश देते हैं किन्तु सिद्धों अथवा तत्कालीन अन्य सम्प्रदाय के तत्त्व-चिन्तकों की मुख्य चिन्ता यह नहीं थी कि व्यक्ति लौकिक जीवन में कैसे सफल हो, लौकिक जीवन को तो वे बन्धन का कारण मानते थे। उनकी मुख्य चिन्ता यह थी कि कैसे व्यक्ति इस सांसारिक मोहजाल को तोड़कर

सहज प्रज्ञोपायात्मक पथ पर चले और नैरात्म्यज्ञान उपलब्ध करे। अतः उनका नीतिपरक उपदेश साधक को धर्म-साधना में ही प्रवृत्त कराने के लिए था। धर्म प्रमुख था, लौकिक व्यवहार गौण। नीति धर्मसाधना की सहायिका के रूप में थी।

एक विशेषता और है। परम्परागत संस्कृत नीतिग्रन्थ—विदुरनीति, चाणक्यनीति आदि में जो उपदेश हैं वे व्यक्ति के सामाजिक व्यवहार पर अधिक केन्द्रित हैं। समाज का गठन कैसे हो, किस वर्ग का क्या स्थान हो, व्यक्ति की स्वतन्त्रता कहाँ पर बाधित होती है, परिवार में पिता, पति, पुत्र और भाई आदि का सामाजिक पक्ष क्या है, इन विषयों का विशेष प्रतिपादन होता है। उनका स्वर अनुशासनात्मक अधिक है।

सिद्धों का नीतिपरक साहित्य इस दृष्टि से परम्परागत सामाजिक अनुशासन की उपेक्षा करता है और पूर्णतया व्यक्ति पर केन्द्रित है। उस समय की अधिकांश साधनाएँ व्यक्तिपरक थीं अतः वह व्यक्ति को साधना-पथ में प्रवृत्त होने का उपदेश देते थे, उस साधना-पथ का विवेचन करते थे, अन्य साधना पथों का खण्डन करते थे और अपने द्वारा उपदिष्ट विशेष साधना-पद्धति के मार्ग के खतरों का निर्देश करते थे। उसका अनुशासन साधन-पथ का अनुशासन है। उच्च-वर्ग द्वारा परम्परा से आनेवाले समाज-गठन का अनुशासन नहीं।

इस प्रकार विषयवस्तु की दृष्टि से हमें इस नीतिपरक साहित्य में तीन अंग मिलते हैं—1. विवेचन, 2. खण्डन, 3. चेतावनी।

विवेचन में इन्होंने शून्य, सहज, प्रज्ञोपाय समाधि, भवनिर्वाण, चित्त, वज्रज्ञान, नैरात्म-दर्शन आदि का उपदेश दिया है और कभी प्रत्यक्ष शैली में और कभी अप्रस्तुतों और प्रतीकों के सहारे उन्होंने इन सिद्धान्तों और साधनाओं को समझाने का प्रयास किया है। खण्डनात्मक साहित्य में उन्होंने तीन दिशाएँ अपनायीं। समकालीन अन्य सम्प्रदायों का खण्डन, पुराने महायान की तन्त्रेतर साधनाओं का खण्डन और अपने ही वज्रयान में अनुष्ठानों और हठयोग के माध्यम से महामुद्रा सिद्धि कर लेने के उपरान्त अपने सम्प्रदाय के भी अनुष्ठानों का निषेध। चेतावनी अंग में उन्होंने स्थान-स्थन पर साधक को बाह्य का परित्याग कर आन्तरिक मर्म को समझने और चित्त को दृढ़ करने का उपदेश दिया है। साधना-मार्ग के उन स्थलों पर सचेत किया है जहाँ साधक के च्युत होने का भय है। पिछले अध्यायों में हम यथास्थान उनके इन विचारों और धारणाओं का उल्लेख कर चुके हैं।

विवेचन—काव्य-पक्ष की दृष्टि से इन नीतिपरक पदों और दोहों में विवेचना के अंश जहाँ अप्रस्तुतों और प्रतीकों से रहित हैं, वहाँ उनकी गति बहुत ही शिथिल और नीरस है। उनमें किसी प्रकार की मार्मिकता नहीं है। किन्तु जहाँ प्रतीक-योजना आ जाती है वहाँ शैली कुछ चमत्कारिक हो जाती है और पाठक उनकी ओर आकर्षित हो जाता है। ऐसे स्थलों पर उनका काव्य-कौशल इस प्रकार का है कि पहले वे केवल प्रतीकात्मक पंक्तियाँ रखते हैं ताकि उनकी अद्भुत रहस्यात्मक प्रतीक-योजना से श्रोता

उनकी ओर आकर्षित हो। उसके बाद वे उन प्रतीकों के रहस्य का कभी प्रत्यक्ष उद्‌घाटन कर देते हैं, कभी उनके पीछे के तत्त्व की ओर, अप्रत्यक्ष संकेतमात्र कर देते हैं। कभी-कभी वे और भी चमत्कार लाने के लिए परस्पर विरोधी प्रतीकों का प्रयोग करते थे। इनका उद्‌देश्य यह तो रहा ही होगा कि भाव या रस के अभाव में ये चमत्कारपूर्ण उक्तियाँ जनता को आकर्षित करें, साथ ही, जहाँ अधिक गुह्य साधनाओं का उपदेश है, वह केवल सम्प्रदाय में दीक्षित लोगों को ही ग्राह्य हो सके क्योंकि 'गुह्याख्यान जने पक्षे' वज्रयानी उपदेशकों के लिए अपराध माना गया था। किन्तु इसका परिणाम यह हुआ कि धीरे-धीरे उनके ये प्रतीक दुरूहतम होते गये और आज उनमें से बहुत-से ऐसे हैं जिनका वास्तविक अर्थ लुप्त हो गया है। स्वतः चर्यापदों के टीकाकार मुनिदत्त बहुत-से प्रतीकों को नहीं समझ पाये हैं और कुछ चर्याओं की टीका तो उन्होंने अधूरी छोड़ दी है।[73]

खण्डन—खण्डनात्मक अंशों में सिद्धों की शैली अधिक बलशाली, प्रवाहमयी और ओजयुक्त है। उसमें साहस का स्वर है और कहीं-कहीं प्रच्छन्न व्यंग्य भी है। उसमें तर्क है किन्तु वह शुद्ध बौद्धिक विवेचना का तर्क नहीं है। व्यंग्य के कारण वह अधिक मर्मस्पर्शी, सहज ग्राह्य और रोचक है। वह खण्डन निस्सन्देह साम्प्रदायिक सीमाओं से बँधा हुआ है और इसके साम्प्रदायिक पक्ष पर हम पीछे विचार कर चुके हैं किन्तु यह लौकिक जीवन की सहज प्रवृत्ति के अधिक निकट है अभिव्यक्ति की दृष्टि से सिद्धों के कतिपय श्रृंगारपरक पदों के बाद उनके साहित्य का सबसे सफल अंश है। जहाँ सरहपा मिट्‌टी, पानी और कुश लेकर संकल्प करनेवाले, घर बैठकर अग्निहोत्र करनेवाले, होम के कड़ुए धुएँ से आँख को कष्ट देनेवाले, घर में बैठकर दीया जलानेवाले, घण्टा बजानेवाले, मूँड़ मुँड़ानेवाले, नंगे होकर केश उखाड़नेवाले मिथ्या-साधकों का उल्लेख करते हैं वहाँ उनकी वाणी में अद्‌भुत बल और साहस है। उनमें अपने सम्प्रदाय के प्रति आस्था होते हुए भी सहज-सिद्धि प्राप्त कर लेने के उपरान्त अपने तथा दूसरे सम्प्रदायों के बाह्य अनुष्ठानों की निरर्थकता पर इतना अटूट विश्वास था कि वे उसके बल पर किसी भी अनुष्ठान का उपहास कर सकते थे। उनमें वह वृत्ति कूट-कूटकर भरी थी जिसे कबीर के सम्बन्ध में द्विवेदी जी ने 'अक्खड़ता' कहा है।[74]

व्यंग्य—उनके इस व्यंग्य का काव्यशास्त्र की दृष्टि से विवेचन करने पर हम पाते हैं कि वह दो तत्त्वों के विषमता प्रदर्शन पर आधारित है। व्यंग्यकार जब किसी भी व्यक्ति या प्रवृत्ति पर व्यंग्य करना चाहता है तो वह उसे ऐसी पृष्ठभूमि में दिखाता है जिसमें वह हास्यास्पद लगने लगता है। उदाहरण के लिए गाँवों में एक अत्याधुनिक युवक का व्यवहार और नगरों में एक ग्रामीण युवक का व्यवहार हास्यास्पद लगने लगता है, क्योंकि दोनों ही अपनी-अपनी पृष्ठभूमियों से मेल नहीं खाते। सिद्धों ने सहज और शून्य की विराट् अगम्य पृष्ठभूमि और उसकी अत्यन्त दुरूह साधना का वर्णन करने के बाद इन छोटे-छोटे अनुष्ठानों का वर्णन किया है। जो सहज-सिद्धि इतनी दुरूह साधना से

प्राप्त होती है उसे केवल घण्टा बजाकर, मूँड़ मुँड़ाकर, मन्त्र पढ़कर, संकल्प पढ़कर पाने का प्रयास करनेवाले वे मिथ्यासाधक ऐसे ही हास्यास्पद लगते हैं जैसे कोई शिशु कुदाल लेकर हिमालय खोदने का प्रयास करे।

व्यंग्य का सामाजिक पक्ष—नीति-पक्ष में इस व्यंग्य-शैली अपनाने का एक विशेष कारण यह है कि व्यंग्य सदैव उस साहित्य का मुख्य अस्त्र रहा है जिसका उद्देश्य समाज या व्यक्ति का सुधार करना चाहता है। जो नाटक सामाजिक व्यवहारों या पात्रों की जीवन-पद्धति के दोष दिखाना चाहते हैं वे दुःखान्त न होकर प्रहसन या व्यंग्य नाटिकाओं का रूप लेते हैं। उनमें वे ही पात्र ऐसी पृष्ठभूमि में प्रदर्शित किये जाते हैं जिनमें उनका व्यवहार अपनी असंगति के कारण दर्शकों में हास्य का उद्रेक करता है और दर्शक हँसते-हँसते अचेतन रूप से यह भी सोचने लगता है कि जैसा यह पात्र है वैसा मैं न बनूँ। इस प्रकार उनका सुधार हो जाता है जो व्यंग्यकार को अभीष्ट है।[75]

वही उद्देश्य सिद्धों का भी था जो इन साधकों को हास्यास्पद चित्रित कर जनता को उनसे विमुख करना चाहते थे। किन्तु जब ये व्यंग्यबाण भी व्यर्थ सिद्ध होते थे और साधक सहज का गहन अर्थ नहीं समझ पाते थे और सहज-साधना के भी बाह्य अनुष्ठानों और प्रतीकों में उलझे रह जाते थे तब सिद्ध उन्हें चेतावनी देते थे और उन चेतावनियों में उनकी शैली कुछ तीखी हो जाती थी। कहीं-कहीं वे अज्ञानी साधक को स्पष्ट मूर्ख सम्बोधित करते थे और उसे सचेत किया करते थे।[76]

सिद्धों और जैन मुनियों के दोहे—सिद्धों के इन नीतिपरक दोहों का एक पक्ष और है जिसे समझ लेना बहुत आवश्यक है। लगभग उसी समय अर्थात् 10वीं और 11वीं शताब्दी के पश्चिमी अपभ्रंश में जैनियों के जो दोहे मिले हैं उनमें और सिद्धों के दोहों में आश्चर्यजनक समता है। बाह्य अनुष्ठानों का खण्डन जैन दोहों में भी लगभग उसी शब्दावली में मिलता है। वे कहते हैं कि यदि अभ्यन्तर मैला है तो बाहर तप करने से क्या लाभ। चित्त में निरंजन को धारण करने से ही मल से मुक्ति मिल सकती है।[77] उस निरंजन में जिसने मन को लीन कर लिया उसके लिए तन्त्र और मन्त्र सब व्यर्थ हैं।[78] ऐसे दोहे, जिनमें लगभग समान अप्रस्तुतों में उन्हीं भावों की अभिव्यंजना हुई है बहुत बड़ी संख्या में मिलते हैं जिनमें से कुछ इस प्रकार हैं—

1. अशरीर की साधना

जैन— असरीरहं सन्धाणु किउ सो धाणुक्कु निरुत्तु...पाहुड़दोहा, पृ. 36।

बौद्ध— असरिर कोई शरीरहि लुक्को। दोहाकोष, पृ. 35।

2. तन्त्र-मन्त्र का निषेध

जैन— मन्तु ण तन्तु ण धेउ ण धारणु,
ण वि उच्छासइ किज्जुइ कारणु। पाहुड़दोहा, पृ. 62।

बौद्ध— मन्त ण तन्त ण धेउ ण न धारण,
सब्बवि रे बढ़ विब्भम कारण। दोहाकोष, पृ. 20।

3. निरक्षर साधना

जैन— किम किज्जइ बहु अक्खरहं जे कालि खउजन्ति
जेम अणक्खरु सन्तु मुणि तव वढ़ मोक्खु कहन्ति...। पाहुड़दोहा, पृ. 36।

बौद्ध— अक्खर वाढ़ा सअलु जगु णाहि णिरक्खर कोइ
ताव से अक्खर घोलिआ जाव णिरक्खर होइ...। दोहाकोष, पृ. 35।

4. योगिनी गृहिणी

जैन— धंधवालु मो घर पड़िहासइ,
घरि अच्छन्तु ण घरवइ दीसइ। पाहुड़दोहा, पृ. 36।

बौद्ध— घरे अच्छइ वाहिरे पुच्छइ। दोहाकोष, पृ. 28।

5. विषय भोगते हुए भी निर्लिप्त

जैन— आभजन्ता विसय-सुह जे ण वि हियहि धरन्ति
ते सासय सुहु लहु लहहिं जिणवर एम भणन्ति...। पाहुड़दोहा, पृ. 1।

बौद्ध— विसअ रमन्त ण विसअं विलिप्पइ,
ऊअर हरइ ण पाणी छिप्पइ। सरहपा, दोहाकोष, पृ. 29।

6. परमधाम

जैन— हत्य अहुट्ठहं देवली वालहं णाहि पवेसु
सन्तु निरंजणु तहिं वसइ णिम्मल होइ गवेसु...। पाहुड़दोहा, पृ. 28।

बौद्ध— जहि मण पवण ण संचरइ रवि ससि णाह पवेस
तहि वढ चित्त विसाम कुरु सरह कहिअ उएस...। दोहाकोष, पृ. 20।

7. एकाक्षर साधना

जैन— बहुयइं परियइं मूढ़ पर तालू सुक्कइ जेण,
एक्कु जि अक्खर तं पढ़हु सिवपुरि गमइजेण। पाहुड़दोहा, पृ. 30।

बौद्ध— सिद्धिरत्थु मइ पढ़में पढ़िअउ, मण्ड पिवन्तें विसरअ एमइउ
अक्खर एक्कु एत्थु मइ जाणिउ, ताहर णाम जाणमि सइउ। दोहाकोष, पृ. 35।

8. करभरूपी मन की सहजावस्थिति

जैन— सहज अवत्थहिं करहु लउ जोइय जतउ वारि। पाहुड़दोहा, पृ. 52।

बौद्ध— बद्धो धावहि दहदिहहिं मुक्को णिच्चल ठाइ
एमइ करहा पेक्खु सहि विहरिअ महुँ पड़िहाइ...। दोहाकोष, पृ. 24।

9. लवण पानी की समरसता

जैन— जिम लोण विलिज्जइ पाणियहँ तिम जइ चितु विलिज्ज
समरसि हूवइ जीवड़ा काइँ समाहि करिज्ज...। पाहुड़दोहा, पृ. 54।

बौद्ध— जि लोण विलिज्जइ पाणिएहि तिम घरिणी लइ चित्त
समरस जाइ तक्खणे जइ पुणु ते सम णित्त...दोहाकोष, पृ. 46।

10. देह में ही तीर्थ

जैन— देहादेवलि सिव बसइ तुहुँ देवलइं विएहि। पाहुड़दोहा, पृ. 56।

बौद्ध— देहा सरसिअ तित्थ मइं सुह अण्ण ण दिट्ठओ। दोहाकोष, पृ. 25।

11. शून्य में पाप-पुण्यविहीनता

जैन— उव्वस वसियाँ जो करइ वसिया करइ ज सुण्णु।
बलि किज्जउ तसु जोइयहि जासु ण पाउ ण पुण्णु।। पाहुड़दोहा, पृ. 58।

बौद्ध— हउ सुण्ण जगु सुण्ण तिहुअण सुण्ण।
णिम्मल सहजे ण पाप ण पुण्ण।। दोहाकोष, पृ. 8।

दोहों की परम्परा पाश्चात्य—इस प्रकार हम देखते हैं कि सिद्धों और जैनों के दोहों में न केवल विषयवस्तु वरन् भाषा, शैली, प्रतीक-योजना आदि की आश्चर्यजनक समता है। हमने पहले कई बार इस बात का संकेत किया है कि उस समय तन्त्रों और हठयोग से प्रभावित लगभग सभी धर्मसाधनाओं के साहित्य में और पद्धतियों में आश्चर्यजनक समता पायी जाती थी और लगभग वे सभी इतने समानान्तर विकसित होते रहे हैं कि उनमें से किसका प्रभाव किस पर है, यह कह सकना कठिन है। दर्शन के पारिभाषिक शब्द तो चाहे एक-दूसरे से लिये गये हों किन्तु सबों की समान प्रतीक-योजना से ऐसा लगता है कि वे सभी एक ही अविच्छिन्न परम्परा के जैन, बौद्ध, शाक्त और शैव संस्करण मात्र हैं।

अभिव्यक्ति की दृष्टि से भी वही अक्खड़ता, वही साहस, वही व्यंग्य और वही तीव्रता इन जैन दोहों में भी मिलती है जो सिद्धों के दोहों में मिलती है। भाषा और शैली की दृष्टि से यह नीति-साहित्य पश्चिमी परम्परा का लगता है, पूर्वी परम्परा का नहीं। भाषा तथा छन्द की दृष्टि से तो इस पर हम बाद में विचार करेंगे, शैली की दृष्टि से साम्प्रदायिक परम्परा तथा काव्य-परम्परा से गृहीत प्रतीकों के अतिरिक्त जो प्रतीक दैनिक जीवन से लिये गये हैं वे पश्चिमी प्रान्तों के हैं, पूर्वी प्रान्तों के नहीं। मन के लिए करभ या ऊँट, मृगतष्णा[79] आदि प्रतीक बंगाल, बिहार या आसाम के नहीं हो सकते। चर्यापदों में वर्णित मछुए, डोम्बी, चाण्डाली, शुण्डिनी, मातंगी आदि अवश्य पूर्वी देशों के जीवन से लिये गये हैं, किन्तु नीतिपरक दोहे पश्चिमी ही हैं। सरहपा का भी महाराष्ट्र के आसपास सिद्धि पाना और तब दोहों का उपदेश करना प्रसिद्ध ही है। ■■

ख

शैली-पक्ष

तन्त्रों में काव्यशास्त्र सम्बन्धी विचारों का विवेचन करते हुए हमने यह संकेत किया था कि तन्त्रों में भाषा-शैली का एक अलौकिक रहस्यात्मक गुह्य स्वभाव विकसित हो रहा था जिससे समस्त भाषा मन्त्र-स्वभाव की होती जा रही थी। बौद्धों ने अपने तन्त्रों की इस रहस्यमयी प्रतीकात्मक शैली को सन्धा-भाषा का सन्धा वचन कहा। सरहपा दोहों में अपनी शैली को गहण गुहिर भास कहते हैं जिससे उनका तात्पर्य इसी प्रतीकात्मक शैली से है।[1] चर्यापदों की टीकाओं में बराबर इन सिद्धों द्वारा प्रतीकों का अर्थ बताते हुए मुनिदत्त ने कहा है कि 'सन्धाभाषा में इसका अर्थ अमुक होता है।' और लगभग प्रत्येक टीका में वे सन्धाभाषा का उल्लेख करते गये हैं।

सन्धाभाषा या सन्ध्याभाषा—यहाँ पर इस बात का उल्लेख कर देना अत्यन्त आवश्यक है कि महामहोपाध्याय हरप्रसाद शास्त्री ने जिस प्रति से चर्यापदों की प्रतिलिपि करायी थी, उसमें लिपिकार ने बराबर सन्धा के स्थान पर 'सन्ध्या-भाषा' लिखा था। शास्त्री महोदय ने सन्ध्या-भाषा की रहस्यमय सांकेतिकता को देखकर अनुमान यह लगाया था कि सन्ध्या के अर्थ हैं 'आलो-आन्धारी-भाषा' या धूपछाँही शैली जिसके बाह्य अर्थ कुछ और हों तथा आन्तरिक अर्थ कुछ और। डॉ. विनयतोष भट्टाचार्य ने भी इस शैली का नाम 'सन्ध्या-भाषा' ही स्वीकार किया है और अंग्रेजी अनुवाद 'लैंग्वेज ऑफ ट्वाइलाइट' किया है।[2]

किन्तु पण्डित विधुशेखर शास्त्री ने अपने एक अत्यन्त विद्वत्तापूर्ण लेख में बहुत-से प्रमाणों द्वारा यह सिद्ध किया है कि 'सन्धा' भाषा की प्रतिलिपि 'सन्ध्या' के रूप में लिपिकारों के भ्रमवश हुई है। वास्तविक शब्द 'सन्ध्या' नहीं 'सन्धा' है, 'सन्धा' के अर्थ हैं अभिसन्धि अथवा अभिप्राययुक्त भाषा। अतः यह अभिप्रायिका-शैली या नेयार्थ-वचन है जिसका लक्ष्य है बाह्य अर्थों के बजाय किसी दूसरे निहित अभिप्राय की अभिव्यक्ति करना।[3] डॉ. बागची ने भी इस मत का समर्थन करते हुए, हेवज्रतन्त्र की अप्रकाशित पाण्डुलिपि में इसका रूप 'सन्धा-भाषा' ही बताया है, 'सन्ध्या' नहीं। इसके चीनी पर्याय का भी अर्थ उन्होंने औपचारिक या औपायिक बताया है।[4] तिब्बती अनुवादों से तुलना करने के उपरान्त भी वे इसी परिणाम पर पहुँचते हैं कि इसका शुद्ध रूप 'सन्धा' ही है और इसका अर्थ अभिसन्धियुक्त शैली है।[5]

डॉ. दासगुप्त ने एक दूसरा सुझाव दिया है। वे यह कहते हैं कि चूँकि अधिकांश तान्त्रिक पाण्डुलिपियों में 'सन्धा' के बजाय 'सन्ध्या' रूप ही मिलता है तो सम्भव है यह लिपिकारों की त्रुटि न हो, इसके पीछे यह कारण हो सकता है कि कालान्तर में इसका 'आलो-आन्धारी-भाषा' वाला अर्थ भी गौण रूप से स्वीकृत कर लिया गया हो।[6] किन्तु यह केवल अनुमान ही है। जहाँ तक बौद्ध तन्त्रों की पाण्डुलिपियों, उनके

लिपिकारों, यहाँ तक कि उनके रचयिताओं का सम्बन्ध है, यह सर्वविदित है कि भाषा और व्याकरण के कड़े नियमों के प्रति उन्होंने बड़ा ही विद्रोही रुख अपनाया था और वे उन लोगों की हँसी उड़ाते थे जो संस्कृत के नियमों का अत्यन्त कठोरता से पालन करते थे। उन्होंने स्पष्ट घोषित किया था कि अपशब्द, वृत्तिभंग, वर्णस्वर लोपादि ह्रस्व का दीर्घ करना और दीर्घ का ह्रस्व करना आदि तन्त्र के उपदेशकों के लिए वैध है।[7] इस दृष्टि से वे सन्धा को सरलता से सन्ध्या लिख सकते थे उसके लिए इसके गौण रूप या गौण अर्थ की कल्पना करने की आवश्यकता नहीं पड़ती। पुनश्च हम देख चुके हैं कि सरहपा ने भी इसे 'गहण गुहिर भास' कहा है। सिद्ध लोग रूपकों में बात करने के प्रेमी थे। यदि इसका गौण अर्थ भी आलो-आन्धारी-भाषा होता तो वे उसको काव्य में अवश्य प्रयुक्त करते, 'गहण गुहिर भास' वाले अर्थ को प्रधानता न देते। टीकाओं में भी स्थान-स्थान पर 'सन्ध्या' और अभिसन्धि का समानार्थक प्रयोग मिलता है और उससे भी इसी मत की पुष्टि होती है कि इसका अर्थ अभिसन्धि या अभिप्राययुक्त भाषा है। विरूपा की चर्या में स्पष्टतः 'अभिसन्धि' का प्रयोग है और उसका तात्पर्य सन्धा या सन्ध्या ही है।[8] बागची का कथन है कि तिब्बती रूपान्तरों में सन्ध्या और अभिसन्धि के लिए एक ही शब्द प्रयुक्त है जिसका अर्थ 'अभिप्रायात्मक भाषा' है।[9]

इस प्रकार की प्रतीकात्मक शैली का प्रयोग सिद्धों का अपना आविष्कार नहीं है। ऋग्वेद तथा अथर्ववेद में ही इस प्रकार की प्रतीकात्मक शैली का प्रयोग होता था।[10] मीमांसकों ने शब्दों के इन्हीं निहित, प्रच्छन्न अभिप्रायार्थों के आधार पर अपने सिद्धान्तों का विकास किया था। तन्त्रों में व्यापक रूप से यह शैली प्रचलित थी।[11] बौद्ध परम्परा में भी यह शैली पहले ही समाविष्ट हो चुकी थी। सद्धर्म पुण्डरीक में हमें कई स्थानों पर सन्धाभाषा का उल्लेख मिलता है। औपम्य-परिवर्त नामक तृतीय परिवर्त के दो श्लोकों में तथागत से प्रार्थना की गयी है कि 'हे महावीर! हम महर्षियों द्वारा प्रयुक्त इस सन्धाभाषा को आदरपूर्वक ग्रहण करते हैं...हम भी लोक में अनुत्तर बुद्ध बनें, ऐसे बुद्ध बोधिसत्त्व जो सन्धाभाषा में अनुत्तर बोधि का उपदेश देते हैं।[12] कर्न ने इस प्रसंग में सन्धाभाषा का अनुवाद रहस्यमयी वाणी 'मिस्टीरियम स्पीच' किया है।[13] इसके पहले ही दूसरे परिवर्त में की एक टिप्पणी में कर्न ने सन्धाभाषा को (ब्यूर्नौफ का प्रमाण देते हुए) वह शैली बताया है जिसकी प्रकृति मन्त्रणा की प्रकृति है अर्थात् गम्भीर रहस्यों का उद्‌घाटन कर सही मार्ग का प्रदर्शन करनेवाली भाषा।[14] ह्वेनसांग ने भी इसका अनुवाद 'गुह्य अभिप्रायवाली भाषा' इस प्रकार किया है।[15]

इस प्रकार इस भाषा की प्रकृति मन्त्र-प्रकृति थी। मन्त्र-सिद्धान्त में प्रत्येक शब्द और अक्षर का एक गुह्य, दिव्य या परम अर्थ होता था। शब्दों की उसी द्व्यर्थक प्रकृति का परिचय सन्धाभाषा में भी मिलता है। महायान में इस सन्धाशैली का प्रयोग उपाय-कौशल पारमिता के अन्तर्गत बताया गया था। उपाय-कौशल पारमिता का बौद्ध तन्त्रों के काव्यरूपों के विकास से क्या सम्बन्ध रहा है इस पर हम विचार कर चुके हैं। प्रारम्भ

में उपाय-कौशल के अर्थ थे, बौद्ध सम्प्रदाय में अदीक्षित लोकसाधारण को बौद्धधर्म के भेदों से अवगत कराकर उन्हें बोधिसत्त्व यान में दीक्षित करना। इस कार्य के लिए बोधिसत्त्वों को सन्धाशैली के प्रयोग का आदेश मिला था।[16] इसके द्वारा वे अशिक्षितों को भी बौद्ध मत में दीक्षित कर सकते थे। इसके लिए भगवान् तथागत का यह भी आदेश था कि औपम्य द्वारा अर्थात् अप्रस्तुतों तथा प्रतीकों द्वारा नियोजित औपम्य-कथा, या रूपकों द्वारा ज्ञान को सरलता से रखा जा सकता है क्योंकि उससे सुविज्ञ जन तत्त्व को तत्क्षण ग्रहण कर लेते हैं।[17]

तन्त्रों तक आते-आते इनमें से बहुत-से अप्रस्तुत रूढ़ होकर सर्वमान्य प्रतीक हो गये और बौद्ध तन्त्र ग्रन्थों में अक्सर साधना शैली में प्रयुक्त इन प्रतीकों के गुह्यार्थों की व्याख्या मिलती है। गुह्य समाज-तन्त्र में लगातार इन गुह्य-प्रतीकों का प्रयोग है। हेवज्रतन्त्र के चीनी अनुवाद के आधार पर डॉ. बागची ने इनमें से कुछ प्रतीकों का अर्थ निश्चित किया है। हेवज्रतन्त्र के 13वें अध्याय का नाम ही 'हेवज्र सर्वतन्त्र निदान सन्धाभाषा नाम पटल' है। इसमें सन्धाभाषा को योगियों की महाभाषा कहा गया है जिसमें समय (पद्धति) के संकेतों का विस्तार है।[18] इन्हीं प्रतीकों का प्रयोग कर सिद्धों ने ऊपर से लौकिक (शृंगारपरक) लगनेवाले पदों में प्रज्ञोपायात्मक कमल-कुलिश योग के गम्भीर अर्थों के संकेत समाविष्ट कर दिये थे। टीकाकार ने इन्हीं प्रतीकों के गुह्य अर्थ ढूँढ़कर इनके मर्मार्थों का प्रकाशन किया। किस प्रकार इनके इन पदों में हठयोग तथा मुद्रा-मैथुन सम्बन्धी संकेत मिलते हैं इसके लिए कुछ पदों की प्रतीक-योजना पर एक दृष्टि डालनी आवश्यक है। यह समस्त प्रतीकात्मक योजना प्रज्ञोपायात्मक या नायक-नायिकापरक है। नायक के लिए सिद्धों ने वीर, बंगाली, कपाली, शबर, हरिण आदि प्रतीक रखे हैं जिनके पीछे योगपरक अर्थ हैं।

चर्यापदों के कुछ प्रतीक—जहाँ तक वीर का प्रश्न है उसकी व्याख्या दोहाकोष में इस प्रकार मिलती है कि चित्त-वज्र-प्रज्ञोपाय योग से जो महाराग द्वारा विराग का दमन करता है उसे वीर कहते हैं।[19] यह वीर सुरत वीर है क्योंकि वह मकरन्द पान करता है और महासुख चक्र में रमणी महामुद्रा नैरात्मारूपी नायिका का उत्साहपूर्वक उपभोग करता है।[20] इसी को गुण्डुरीपा कुन्दुरु वीर कहते हैं और उसकी व्याख्या करते हुए टीकाकार कहता है कि योगाक्षर सुख लाभ कर जो क्लेशादि का मर्दन करे उसे कुन्दुरु वीर कहते हैं। योगाक्षर सुख दो इन्द्रियों की समापत्ति से लाभ करता है। ये दो इन्द्रियाँ कमल और कुलिश या भग और लिंग हैं।[21] इसी नायक को अद्वैतज्ञान प्राप्ति के उपरान्त बंगाली कहा जाता है और तब वह चाण्डाली का स्वामी होता है। भुसुकु अपने चर्यापद में इसीलिए अपने को बंगाली कहते हैं और अपनी गृहिणी के रूप में चाण्डाली को ग्रहण करते हैं।[22] कपाली के प्रतीकार्थ पर हम काण्हपा की कापालिक साधनाओं के सिलसिले में विचार कर चुके हैं। शबरी के प्रति उन्मुख होने के ही कारण साधक को शबर भी कहा गया है। शबरी नैरात्मा का ही प्रतीक है जैसा हम अभी देखेंगे। नायक

तथा नायिका की हरिण तथा हरिणी रूप में[23] कल्पना इसलिए हुई है कि विषय के प्रति मन बहुत शीघ्र आसक्त हो जाता है।[24] जैसे हरिण संगीत के प्रति। उसी की प्रेयसी का प्रतीक हरिणी मान लिया गया है।

नायिका पक्ष पर विचार करने से हम देखते हैं कि चाण्डाली, शबरी, सहज-सुन्दरी, वधू, गृहिणी, योगिनी, नैरामणि-योगिनी, डोम्बी, मातंगी, कमलिनी, पद्मिनी आदि संकेतों का प्रयोग किया गया है। इनमें से 'चाण्डाली' पर हम विचार कर चुके हैं।[25] मणि मूल में सम्पुटीकरण के उपरान्त चण्डाग्नि प्रज्वलित कर साधक अवधूतिका के द्वारा उसे ऊपर की ओर प्रवाहित करता है। इसी चण्डाग्नि को चाण्डाली तथा कभी-कभी इसे ग्रहण करने के कारण अवधूतिका को भी चाण्डाली कहा जाता है। कभी-कभी महामुद्रा नैरात्मा को भी इसी प्रतीक द्वारा व्यक्त किया गया है।

सहस्त्रार चक्र में मेरुशिखर पर वास करने से नायिका, नैरात्मा को शबरी भी कहा गया है। शबरी जाति की स्त्रियाँ मध्यप्रदेश के ऊँचे पर्वतों और विन्ध्य के शिखरों पर रहती हैं। नैरात्मा की उपमा ऐसी ही ऊँचे मेरुशिखर पर रहनेवाली शबरी से देते हुए और उसी का प्रेमी होने के कारण अपने को शबर कहते हुए शबरपा प्रणय-निवेदन करते हैं—'एक ऊँचा, बहुत ऊँचा पर्वतशिखर है जिस पर एक शबरी बालिका रहती है। मोर के पंखों से सजी हुई, अंगों पर घुँघचियों की मालाओं से शृंगार किये हुए। मैं उन्मत्त शबर प्रेमी हूँ। सांसारिक सुखों से मैं विरक्त हो गया हूँ, मेरा मन तो उसी सहज-सुन्दरी पर आसक्त है। उस पर्वत पर वृक्षों के घने कुंज हैं जिनकी शाखाएँ आकाश को छू लेती हैं। शबरी बालिका कानों में वज्र-कुण्डल धारण किये हुए अकेली वन में विचरण करती फिरती है। और मैं हूँ शबर, नाग-सा उन्मत्त और आवेशयुक्त। मैं त्रिधातु (काय-वाक्-चित्त अथवा रूप-काम और धर्म) की पलँग डालकर महासुख शय्या का प्रबन्ध करता हूँ और उसके बाद प्रेयसी नैरात्मा को ग्रहण कर उस पर प्रणय-रात्रि बिताऊँगा'...इस प्रकार हम देखते हैं कि शबरी वास्तव में नैरात्मा या सहज-सुन्दरी का ही दूसरा नाम है और मेरुशिखर की वासिनी होने के कारण शबरी का प्रतीक प्रयुक्त हुआ है और बाद में उसे सांग रूपक बनाने का प्रयास किया गया है। उसी शबरी के कारण साधक का नाम भी शबर रखा गया है।[26]

इसी प्रकार नायिका अवधूती को वधू के रूप में कई स्थानों पर चित्रित किया गया है क्योंकि साधक ललना रसना को त्यागकर उसी को ग्रहण करता है। इसी वधू से परिणय करने के लिए कृष्णपाद बारात सजाकर जाते हैं जिसमें पटह, मादल सभी प्रकार के बाजे हैं और दहेज में उन्हें अनुत्तर धर्म प्राप्त होता है।[27] इसीलिए वे इस नैरात्मा को गृहिणी भी कहते हैं। दोहों में बराबर धरिणी का उल्लेख मिलता है जिसमें विलीन हुए बिना सिद्धि नहीं मिलती।[28] उस तरुणी गृहिणी के निरन्तर स्नेह के बिना इस जन्म में बोधि प्राप्ति नहीं हो सकती।[29] परमार्थ का बोध उन्हीं को होता है जिन्होंने इस गृहिणी में अपना मन डुबो दिया है,[30] जो इस गृहिणी से पानी और नमक की तरह घुल-मिलकर एक हो गये हैं।[31] यह गृहिणी ही महामुद्रा और चाण्डाली है।[32]

योगी की गृहिणी होने के कारण नायिका को योगिनी भी कहा गया है। गुण्डुरीपा कहते हैं कि 'ओ योगिनी, तीनों नाड़ियों को दबाकर मुझे एक भरपूर आलिंगन दो।[33] इस कमल-कुलिश योग में समय बीतता जाय[34] और हमें ज्ञान न हो। ओ योगिनी, मैं तुम्हारे बिना एक पल भी नहीं जी सकूँगा। मैं तुम्हारे होंठ चूमकर कमल-रस पीऊँगा।'[35]

योगिनी को कहीं-कहीं नैरात्म-योगिनी भी कहा गया है। शबरपा इसी को नैरामणि भी कहते हैं।[36]

यह योगिनी ज्ञानरूप है। कुछ विद्वानों का कथन है कि ज्ञानी को तिब्बती में द्रङ्ब कहते हैं जिससे डोम या डोम्बी बना जिसके अर्थ ज्ञानवती होते हैं।[37] इसी अर्थ में डोम्बी को वायु तत्त्व से संलग्न माना गया है अर्थात् प्राण तथा अपान वायु के निरोध से सम्बद्ध।[38] डोम्बीपा अपनी चर्या में डोम्बी को गंगा-यमुना के बीच से पार करानेवाली अवधूतिका बताते हैं।[39] कृष्णाचार्यपा इसी को डोम्बी वधू बताते हुए उसके साथ विवाह समारोह रचाते हैं और इसी को काम-चाण्डाली की संज्ञा भी देते हैं।[40] काण्हपा की एक चर्या महत्त्वपूर्ण है जिसमें कि उन्होंने इस डोम्बी बालिका से कापालिक के रूप में प्रणय भिक्षा माँगी है। उस चर्या में काण्हपा कहते हैं—'हे डोम्बी, नगरी के बाहर तुम्हारी कुटिया है, अस्पृश्य होने के कारण ब्राह्मण का लड़का उसे छू-छूकर ही वापस लौट जाता है। ओ डोम्बी, मैं काण्ह हूँ, निपट निर्घृण कापालिक योगी, मैं तुम्हारे साथ समागम करूँगा...तुम डोम्बी हो, मैं कपाली हूँ, तुम्हारे ही कारण मैंने अस्थियों की माला धारण की है...'[41]

टीका के अनुसार इसमें डोम्बी परिशुद्धावधूती को कहा गया है। ब्राह्मण लड़का से उन योगियों की ओर संकेत है जो अबौद्ध होने के कारण प्रज्ञोपायात्मक ज्ञान से रहित हैं अतः सिद्धि को केवल बाहर से छू पाते हैं। काण्ह कापालिक हैं अतः वे इस नैरात्म-योगिनी को पराभूत कर सकते हैं। कापालिक के अर्थ हैं चर्याधर अर्थात् चर्याओं में निष्णात। कापालिक शब्द की व्युत्पत्ति इस प्रकार टीका में बतायी गयी है 'कम् महासुखम् पालयति इति कपाली।' अर्थात् 'क' महासुख के बीज को जो पालता है, वह कापालिक है। इसीलिए डोम्बी के साधक को कापालिक कहते हैं।[42]

कुक्कुरीपा ने इसी नायिका को अभिसारिका के रूप में चित्रित किया है।[43] 'कच्छपी को दुहने से भाजन छलक उठा है, दूध भाजन में समा नहीं पाता। वृक्ष की इमली घड़ियाल खा रहा है। ओ तरुणी वधू, तेरे घर में ही आँगन है। तेरे मलिन वस्त्र आधी रात के समय चोर चुरा ले गया है। सास को नींद आ गयी है, बहू जाग रही है। तेरे जो वस्त्र चोरी चले गये उन्हें अब किससे माँगेगी। दिन में वधू काग से भी डरती है किन्तु रात होते ही वह अभिसार के लिए कामरूप तक चली जाती है। ऐसी चर्या कुक्कुरीपा गा रहे हैं। करोड़ों में से कोई एक ही इसे समझ पायेगा।'

उपर्युक्त चर्या में प्रतीकों के द्वारा हठयोग का वर्णन है। कच्छपी, जिसके लिए चर्यापद में दुलि शब्द का प्रयोग है, के अर्थ हैं द्वयाकार जिसमें लीन हो जाय ऐसा

महासुख कमल। उसको दुहने के अर्थ हैं अवधूती मार्ग से उसका रस पान करना। भाजन के अर्थ हैं वज्रमणि पीठ। चर्या में 'पिटा' का प्रयोग है। अर्थात् पहली पंक्ति का अर्थ हुआ कि महासुख कमल से झरनेवाला रस वज्रमणि पीठ में भी नहीं समा रहा है। यह वज्रमणि पीठ सम्भवतः साधना की प्रारम्भिक अवस्था से सम्बद्ध है क्योंकि टीका में इसके साथ 'बालयोगी' का उल्लेख है। सेकोद्देश टीका में साधकों की चार श्रेणियाँ बतायी गयी हैं—बाल, प्रौढ़, वृद्ध और प्रजापति। बालयोगी प्रारम्भिक अवस्था में होता है अतः उसका अधिकार महामुद्रा के पयोधरों तक ही होता है। इस प्रसंग में ही कच्छपी के क्षीर का वर्णन है।[44]

इन उल्लेखों से फिर इस पंक्ति का मर्मार्थ यह निकला कि महासुख कमल की साधना से साधक को जिस रस की प्राप्ति होती है वह बालयोगी के वश की बात नहीं क्योंकि बालयोगी केवल प्रारम्भिक साधक होता है। अतः पहले उसे बोधिचित्त की साधना करनी चाहिए।

इसलिए दूसरी पंक्ति में कहा गया है कि वृक्ष की इमली कुम्भीर खाता है। संधा-शैली में कुम्भीर के अर्थ हैं कुम्भक योग में निष्णात योगी। अर्थात् श्वास निरोध करनेवाला साधक। वही इमली अर्थात् बोधिचित्त का भक्षण कर सकता है, अर्थात् उसी के द्वारा इमली की भाँति टेढ़ा-मेढ़ा, भव-संवृत बोधिचित्त निःस्वभावीकृत हो सकता है।

अगली पंक्तियों में वधू को सम्बोधित किया गया है जिसके लिए 'विआती' सबद का प्रयोग है। विआती सम्भवतः विज्ञप्ति (विज्ञप्ति-मात्रता) का अपभ्रंश रूप है।[45] किन्तु टीकाकार ने यहाँ यह सम्बोधन माना है। उस वधू को सम्बोधित कर कवि कहता है कि हे वधू! तेरे गृह के समीप ही आँगन है। गृह का अर्थ वज्रजाप द्वारा प्राप्त विरमानन्दरूपी गृह है। उसमें आँगन है। आँगन का अर्थ टीकाकार ने नहीं दिया किन्तु आँगन जिसमें ऊपर से छाजन नहीं होती, उसकी हम संवृत सत्य के विपरीत विवृत या पारमार्थिक सत्य के अर्थ में व्याख्या कर सकते हैं। टीका के अन्त में भी काण्हपा के दोहे का जो उद्धरण दिया है उसमें इस परमार्थ और निरंजन का उल्लेख है। अतः विरमानन्दरूपी गृह में परमार्थरूपी आँगन है।

उस आँगन में से सहजानन्दरूपी चोर ने मलिन वस्त्र अर्थात् 'प्रवेश-वातादि दोष' चुरा लिये हैं। उनका अपहरण कर लिया है। आधी रात में अपहरण किया है। आधी रात के अर्थ हैं प्रज्ञाज्ञानाभिषेक का समय जिसे अर्द्धरात्रि भी कहते हैं।[46] उस आँगन में सास सो गयी है। अर्थात् श्वास निरुद्ध होकर योगनिद्रा में लीन हो गयी है किन्तु वधू अर्थात् परिशुद्धावधूती निरन्तर जाग्रत है। क्योंकि कहा गया है कि संयमी सदा जागता रहता है।[47]

वह वधू चोर को ढूँढ़ने का व्यर्थ प्रयास कर रही है क्योंकि चोर तो सहजानन्द है और सहजानन्द का स्वरूप कोई विरला ही जान सकता है। उसको पकड़ना ग्रहण करना अत्यन्त कठिन है। दिन में वह वधू काग से भी डरती है, अर्थात् जब प्रज्ञाज्ञान

उसे नहीं प्राप्त होता, अर्द्धरात्रि नहीं होती, दिन होता है तब वह भव-बुद्धि से चारों ओर काल-संवृत (काग) वस्तुओं को देखती है और अपने ही चित्त की विवृति (संसार) से भय खाती है।[48] किन्तु रात होने पर अर्थात् प्रज्ञाज्ञान में दुःख दिवाकर के अस्त हो जाने पर वही अवधूती समागम के लिए कामरूप जाती है। कामरूप[49] के अर्थ हैं महासुख चक्र।

इस प्रकार प्रतीकों के माध्यम से यह कहा गया है कि योग का मार्ग बहुत गूढ़ है और प्रारम्भिक साधक महासुख कमल की साधना को नहीं समझ सकते। उसके लिए पहले कुम्भक योग द्वारा बोधिचित्त को निःस्वभाव (नैरात्म-स्वभाव) कर देना चाहिए। अवधूती पहले मलिन वस्त्रों, क्लेश-वासनादि से आवृत रहती है किन्तु जब वज्रजापादि के द्वारा वह विरमानन्दरूपी गृह में प्रतिष्ठित होकर परमार्थरूपी आँगन का ज्ञान प्राप्त कर लेती है तब वह निद्रा (अज्ञान) खो देती है और श्वास निरोध के बाद जाग्रत हो जाती है। उसके दोषादि अपहृत हो जाते हैं, उसमें उपाय की, साहस की प्रतिष्ठा हो जाती है और वही वधू जो दिन में काग से भी डरती थी रात को अकेले अभिसार के लिए कामरूप पीठ को प्रस्थान करती है। महासुख कमल में प्रवेश करता है। यह रहस्यमयी चर्या है जिसे कुक्कुरीपा ने गाया है जिसे कोटि-कोटि योगियों में से कोई एक ही समझ सकता है।[50]

इसी नायिका का गंगा-यमुना की नौका-वाहिका मातंगी के रूप में वर्णन डोम्बी[51] की चर्या में मिलता है :—

'गंगा और यमुना इन दोनों के बीचोंबीच से एक नौका बह रही है। उसमें एक मातंगी बैठी है जो लीलाभाव सहज भाव से योगियों को पार उतार देती है। खेती चलो, ओ डोम्बी, खेती चलो, पथ में देर हो रही है। सद्‌गुरुपाद के उपदेश से हम पंचजिनपुर (पंच तथागतों का देश) में शीघ्र पहुँच जायँगे। पाँच पतवार इस नाव को खे रहे हैं। पाल बँधे हुए हैं। गगन-शून्य-पात्र से नौका में भर आनेवाले जल को मैं उलीच रहा हूँ। सूर्य और चन्द्र ये दोनों दो चक्र हैं, सृष्टि और संसार के पालों को फैलाने और उतारने के। वाम और दक्षिण इन दोनों कूलों से बचकर स्वच्छन्द मार्ग पर चलती चलो। यह डोम्बी कौड़ी लेकर पार नहीं उतारती, स्वेच्छा से श्रम करती है। जिन्होंने यह यान ग्रहण नहीं किया और रथ पर चढ़े हैं वे (अन्य सम्प्रदाय के योगी) पार नहीं उतर पाते।'

इस चर्या का अर्थ अपेक्षाकृत स्पष्ट है। गंगा तथा यमुना, ललना तथा रसना की वाचक हैं। वाम-दक्षिण और सूर्य-चन्द्र से भी इन्हीं नाड़ियों का बोध होता है। मातंगी है डोम्बी नैरात्मा जो प्रमत्त है, यह नौका जो सहज पथ से बह रही है, सहजयान[52] है। यह भवसागर से लोगों को पार करा देती है। पाँच डाँड़ों का अर्थ यहाँ चतुर्विधशून्य सम्बन्धी पंचक्रमोपदेश है। इस प्रकार ललना और रसना को परित्याग कर मध्यमार्ग अवधूती को ग्रहण करना ही हठयोग साधना में सहज-पद्धति या मध्यम मार्ग है जिससे महामुद्रा सिद्ध होती है।

यही नायिका पद्मिनी है क्योंकि मृणाल बनकर वह कमल रस को प्रवाहित कर रही है। आधी रात कमल खिला है। बत्तीस योगिनियाँ उसके दलों पर क्रीड़ा कर रही हैं। अवधूती मार्ग से चित्तरूपी चन्द्र प्रवेश करता है। वह सहज ज्ञान की अभिव्यक्ति कर रहा है क्योंकि सद्गुरु के वचन रत्नों से प्रभावित है। चलते-चलते वह चित्तरूपी चन्द्र निर्वाण को प्राप्त हो जाता है। कमलिनीरूपी अवधूतिका मृणाल बनकर कमल रस को (महासुख को) प्रवाहित कर रही है। विरमानन्द विलक्षण है, जो इसे जानता है वही बुद्ध हो जाता है। भूसुकु कहते हैं कि मैंने तो इसे मिलन कर (समागम कर) जाना है। मुझे महासुख की लीला में सहजानन्द की प्राप्ति हुई है।[53]

इस चर्या में अधी रात के अर्थ हैं प्रज्ञाज्ञानाभिषेक का चतुर्थ सन्ध्या समय। बत्तीस योगिनियों के अर्थ हैं कमल में लीन होनेवाली बत्तीस नाड़ियाँ। चित्त को चन्द्र इसलिए कहा गया है कि वह संवृति से मुक्त होकर उपाय रूप हो गया है, शून्य में चन्द्र के समान विहार करता है। अवधूती का मृणाल रूप में संकेत काण्हपा ने भी किया है।[54] उससे आनेवाला रस समस्त शरीर में बिंधकर काय-वाक्-चित्त को वज्र बना देता है। यह लीला नायिका महामुद्रा के समागम से सम्पन्न होती है।

प्रतीकों का उद्‌गम—चर्यापदों तथा बौद्ध तान्त्रिक साहित्य में प्रयुक्त इन प्रतीकों के सांकेतिक अर्थ समझ लेने के उपरान्त अब इस दृष्टि से इन पर विचार कर लेना आवश्यक है कि ये प्रतीक कहाँ से आये और कैसे ये बौद्ध तान्त्रिक परम्परा में किसी विशेष निश्चित अर्थ का बोध कराने लगे। हम पहले ही इस बात पर विचार कर चुके हैं सिद्धों की चिन्तन-परम्परा विज्ञानवादी दर्शन और योगाचार की साधनाओं से प्रभावित है। अतः विज्ञानवादी ग्रन्थों में जिन अप्रस्तुतों तथा उपमानों के द्वारा तथता और विज्ञप्तिमात्रता का सिद्धान्त समझाया गया है, उनमें से बहुत-से अप्रस्तुत ज्यों-के-त्यों सिद्धों के साहित्य में मिलते हैं। उदाहरण के लिए भूसुकुपा ने अपने पद में इस संसार के लिए मरु-मरीचिका, गन्धर्वनगरी, रज्जु में सर्प, दर्पण में प्रतिबिम्ब, वन्ध्यासुत, खपुष्प, बालुका का तैल, शश-शृंग आदि अप्रस्तुतों का प्रयोग किया है।[55] ये अप्रस्तुत उस समय के अन्य वज्रयानी ग्रन्थों में भी मिलते हैं।[56] ये अप्रस्तुत सिद्धों के अपने नहीं थे वरन् उन्होंने इन्हें विज्ञानवाद से लिया था। विज्ञानवादी चिन्तक अपने आत्म-ख्याति के सिद्धान्त के प्रतिपादन में इन अप्रस्तुतों का उपयोग करते थे, ऐसा शंकराचार्य के भाष्य से ज्ञात होता है। क्योंकि विज्ञानवादी चिन्तना का खण्डन करते हुए शंकराचार्य ने विज्ञानवाद की उन्हीं उपमाओं का उल्लेख किया है और उनकी तर्कपद्धति की असंगतियों की ओर संकेत किया है।[57] वैसे ये उपमान उस समय केवल बौद्धों में ही नहीं वरन् अन्य सम्प्रदायों में भी संसार के माया रूप का निदर्शन कराने के लिए प्रयुक्त होते थे। किन्तु साम्प्रदायिक स्थिति ने सम्भवतः उन्हें विज्ञानवाद की परम्परा से इन अप्रस्तुतों का उत्तराधिकार दिलाया होगा।

कुछ प्रतीक तथा अप्रस्तुत योगाचार की झाण साधना से इन्हें प्राप्त हुए हैं। इस साधना पर विचार करते हुए[58] हमने यह देखा था कि ये पंच महाभूतों को प्राणायाम

द्वारा नासाग्र पर केन्द्रित कर अपनी चित्तवृत्तियों को अन्तर्मुखी कर लेते थे। इसके उपरान्त उनके ध्यान में बहुत-से चित्रात्मक प्रतीकों का उदय होने लगता था। पावक धातु के उदय के समय शुक्र (ओषधितारक), आप् धातु के उदय के समय षोडश कला-सम्पन्न पूर्ण चन्द्र और पीले कनेर के पुष्प, वायु के उदय के समय वर्षा के मेघ, आकाशधातु के उदय के समय मोरपंख मन में प्रतिबिम्बित होने लगते थे। ये बिम्ब ही बोधिचित्त के उदय से सम्बद्ध होकर विभिन्न प्रतीकों में परिवर्तित हो गये। सिद्धों ने इन समस्त अप्रस्तुतों का कभी प्रतीक तथा कभी उपमान रूप में उपयोग किया है।[59] इसी प्रकार महायान-सूत्रालंकार में बोधिचित्त समुत्पाद को पृथ्वी के समान, यान के समान, राजा के समान, गन्धर्वों के मधुर घोष के समान बताया गया है।[60] चर्यापदों में भी ये उपमान ग्रहण किये गये हैं।[61] कहीं पर ये बोधिचित्त के लिए हैं और कहीं बोधिचित्त के प्रमुख तत्त्व करुणा के लिए।

योगाचार के अतिरिक्त तान्त्रिक पद्धतियों से उन्होंने बहुत-से प्रतीक लिये जिनका बाद में इन्होंने प्रज्ञोपायात्मक बौद्ध अर्थ दे दिया। इनमें से रस रसायन और उससे सम्बन्धित समस्त प्रतीकों के बौद्ध अर्थों पर हम पीछे विचार कर चुके हैं।[62] इसी सम्बन्ध में सिद्धों ने बोल-कक्कोल साधना के अन्तर्गत अन्य ओषधियों को भी प्रतीक रूप में ग्रहण किया। बल, मअणा, कालिञ्जर, दुद्धरु, चउसम, कस्तूरी, कर्पूर, सिल्हा, मालती-ईंधन, खेट, मलयज, प्रेंखण, डिण्डिम, कुन्दुरु आदि।[63] हेवज्रतन्त्र में इन प्रतीकों का तान्त्रिक अर्थ क्रमशः मांस, मदिरा, शुभ, अशुभ, चार सम अंश, मूत्र, शुक्र, स्वयम्भू, व्यञ्जन, अगति, युगनद्ध, गति, अस्पर्श तथा द्वीन्द्रिय-समापत्ति मिलता है।[64] इन सांकेतिक अर्थों से भी इस पद का अर्थ नहीं निकल पाता क्योंकि प्रतीक-योजना अत्यन्त दुरूह हो गयी है।[65]

इसके अतिरिक्त तान्त्रिक परम्परा में उस समय जो पीठ उपपीठ आदि प्रख्यात थे उनको भी प्रतीकार्थ में ग्रहण किया गया। कामरूप, ओडियान (उड्डीयान)[66] बंगाल[67] आदि इन सिद्धों की हठयोग साधनाओं में प्रतीक रूप में ग्रहण किये गये हैं।

अर्थ या शब्द-साम्यमूलक प्रतीक—चर्यापदों के कुछ प्रतीक शब्द चमत्कार पर भी आधारित हैं। कुक्कुरीपा की एक चर्या में 'कुम्भीर' प्रतीक रूप में आया है और कुम्भीर को इमली खाते हुए वर्णित किया गया है। कुम्भीर का प्रतीकार्थ टीका में कुम्भक-समाधि बताया गया है।[68] निस्सन्देह शब्दसाम्य के कारण यह प्रतीक ग्रहण कर कुक्कुरीपा ने शैलीगत चमत्कार का प्रदर्शन किया है। ऐसे प्रतीक उन थोड़ी-सी चर्याओं में मिलते हैं जहाँ उलटवाँसी शैली व्यवहृत है। इसी प्रकार श्वास प्राणवायु के लिए सास, अवधूती के लिए वधू आदि प्रतीक भी शब्द-साम्य के कारण ग्रहण किये गये हैं। श्लेष पर आधारित कुछ प्रतीक भी मिलते हैं। उदाहरण के लिए ढेण्ढणपा की चर्या में बलद का प्रसव करना वर्णित है और बलद का प्रतिभासित अर्थ बैल है किन्तु श्लेषार्थ बल देनेवाला बोधिचित्त बताया गया है।[69] अपने इसी श्लेषार्थ के कारण बैल बोधिचित्त का प्रतीक बन गया है।

साधर्म्यमूलक प्रतीक—इसी प्रकार कुछ प्रतीक समानधर्मी अप्रस्तुत हैं। उदाहरण के लिए संवृत, भव-प्रवृत्त, अज्ञानी, चित्त का प्रतीक अँधेरी रात का चूहा बताया गया है[70] चूहा अँधेरी रात में विहार करता है, चित्त अज्ञान में विहार क़रता है, चूहा बर्तनों में भोजन चुराकर नष्ट करता है, चित्त रूपादि स्कन्धों का भक्षण कर अमृत तत्त्व को दूषित कर देता है। चूहा चंचल होता है, चित्त चंचल है। चूहे को गृहपति मार डालता है, योगी चित्त का हनन करता है। अतः सभी प्रकृतियाँ धर्म, स्वभाव समान होने के कारण चूहा चित्त का अप्रस्तुत उपमान हुआ और फिर प्रतीक रूप में रूढ़ हो गया। किन्तु वही चित्त जब मुक्त हुआ, बलशाली हुआ, महासुखचक्र-रूपी कमल में उसने प्रवेश कर लिया तब चूहा न रहकर मत्त गजेन्द्र हो गया, वह महारस का पान करने लगा।[71] इस अवस्था में चूँकि उसने गज के धर्म अपना लिये अतः उसका प्रतीक गज हो गया। इसी प्रकार पशु जगत् से एक तीसरा प्रतीक भी सिद्धों ने साधर्म्य के कारण ग्रहण किया है वह है हरिण। हरिण भोला अज्ञानी होता है। वह व्याध के जाल में सरलता से फँस जाता है। उसी प्रकार अज्ञानी होता है, काल-पाश में सरलता से उलझ जाता है। अतः भूसुकुपा उसे हरिण भी कहते हैं।[72]

चर्यागत प्रतीक—कुछ प्रतीक चर्यागत हैं। हम पहले इस बात का संकेत कर चुके हैं कि बाह्य अनुष्ठानों में इन सिद्धों की अपनी-अपनी चर्याएँ होती थीं जिनके आधार पर कभी-कभी इनको चर्यागत नाम भी दिया जाता था और उन चर्याओं से सम्बन्धित वस्तुओं और प्रक्रियाओं को ये आध्यात्मिक अर्थ दे दिया करते थे।[73] इस प्रकार की कई प्रतीक-शृंखलाएँ हमें चर्यापदों में मिलती हैं। उदाहरण के लिए हम दो प्रतीक-शृंखलाएँ लेंगे। एक वीणापा के वीणावादन की चर्या का आध्यात्मिक रूपक और दूसरा शान्तिपा के कपास धुनने का रूपक। इनमें से शान्तिपा के कपास धुनने के रूपक में सूक्ष्मातिसूक्ष्म ज्ञान और चित्त के गहन विशोधन को बार-बार कपास धुनने के रूपक में अभिव्यक्त किया गया है और इसी प्रक्रिया से सम्बन्धित प्रतीकों का प्रयोग है जिन पर हम पहले विचार कर चुके हैं।[74] वीणापा की चर्या में वीणा को हेरुक ज्ञान की वीणा के रूप में परिकल्पित किया गया है। इस वीणा में सूर्यरूपी तुम्बी में शशिरूपी तन्त्री लगी है, अनाहत का दण्ड दोनों को सम्बद्ध करता है। आली (स्वर) तथा काली (व्यंजन) इसके प्राथमिक सरगम हैं। साधक वज्रनृत्य कर रहा है, सहसाधिका योगिनी गा रही है, बुद्ध-नाटक का अभिनय हो रहा है। इस रूपक में कई प्रतीक वीणावादन की प्रक्रिया से लिये गये और तत्सम्बन्धी अन्य उपमान ग्रहण कर रूपक को परिपूर्ण बना दिया गया है, और वीणापा की वीणावादन चर्या को आध्यात्मिक रूप दिया गया है। जैसा हम पहले संकेत भी कर चुके हैं कि इन चर्याओं का सम्बन्ध इन सिद्धों की आजीविका से भी हो सकता है।[75]

बहुत-से प्रतीक तथा अप्रस्तुत ऐसे हैं जो सिद्धों ने तत्कालीन जन-जीवन से ग्रहण किये थे। सिद्धों में से बहुत-से लोग निम्न वर्ग से आये थे। बहुत-से ब्राह्मण सिद्ध अपनी

उच्चता का परित्याग कर लोकजीवन में घुल-मिल गये थे। अतः उन्होंने अपनी शैली में बहुत-से अप्रस्तुत सामान्य जीवन से ग्रहण किये। प्रज्ञा को डोम्बी रूप में परिकल्पित करने के उपरान्त काण्हपा ने डोम्बी के निवास, उसकी तन्त्री, उसकी डलिया, उसके नृत्य आदि को अप्रस्तुत रूप में ग्रहण कर इसके चित्र को बहुत सजीव कर दिया है। इसी प्रकार ज्ञान के सो जाने पर बहू के प्रणयाभिसार के लिए जाने की प्रक्रिया निस्सन्देह तात्कालिक सामन्ती पारिवारिक मर्यादा से ग्रहण की गयी है। काण्हपा ने अपने एक चर्यापद में शतरंज के लोकप्रचलित खेल का रूपक बाधा है।[76] इसके अतिरिक्त नौका, घाट, पुल, लकड़ी चीरना आदि दैनिक जीवन की सामान्य और चिरपरिचित वस्तुओं तथा प्रक्रियाओं को इन्होंने अपनी शैली के अप्रस्तुत ग्रहण किये हैं। इसका एक बहुत ही रोचक उदाहरण विरूपा की चर्या से मिलता है। विरूपा ने अपने एक पद में[77] अवधूती का उपमा शुण्डिनी मद्यविक्रेता नारी से दी है। इन मद्य-विक्रयी नारियों और उनकी मद्यशालाओं का तत्कालीन लोकजीवन में बड़ा महत्त्वपूर्ण स्थान था जिसका कुछ उल्लेख हम पीछे कर चुके हैं।[78] स्वतः विरूपा के जीवन में एक घटना का उल्लेख पाया जाता है, जिसके अनुसार मदिरालय में विरूपा ने अपना एक चमत्कार प्रदर्शित किया था।[79] इसी प्रकार अपने दैनिक जीवन के प्रभावों और व्यक्तियों को अप्रस्तुत रूप में ये सिद्ध अपनी शैली में समाविष्ट कर देते थे।

प्रतीकों का विकास—इन प्रतीकों का विस्तृत अध्ययन करने पर एक रोचक तथ्य का पता लगता है। इनमें से कई प्रतीक ऐसे हैं जिनके अर्थ में समय के साथ-साथ विकास होता चला गया है। उदाहरण के लिए हम एक प्रतीक लें शुक्र। हम देख चुके हैं कि योगाचार में शुक्र पावक-तत्त्व के उदय के समय चित्त में बिम्बरूप उदय होता था। उसके बाद वह निर्मल बोधिचित्त का प्रतीक माना जाने लगा। किन्तु प्रज्ञोपायात्मक मैथुन कल्पना का विकास होने पर शुक्र का अर्थ सहसा बदल गया है और वह वीर्य के रूप में माना जाने लगा। डाकार्णव में इस शुक्र धातु का कई स्थान पर उल्लेख है।[80] इसी शुक्र को रजरूपी प्रज्ञा से भूषित करने का उपदेश काण्हपा ने दिया है।[81] इस प्रकार अब यही प्रतीक बोधिचित्त के दो धर्मों का संकेत करने लगा। जब बोधिचित्त मल से रहित अद्वय स्वभाव का हो, तब शुक्रतारक का और जब वह प्रज्ञा से मैथुन करने के लिए गतिशील हो तब शुक्र (वीर्य) धातु का। इसी प्रकार कुछ अन्य प्रतीकों में भी विकास का क्रम ढूँढ़ा जा सकता है।

अन्तरावलम्बन—कुछ प्रतीक अन्तरावलम्बन के कारण आये थे। अन्तरावलम्बन में वे ऐसे प्रतीक तथा अप्रस्तुतों का प्रयोग करते थे जिनके धर्म एक-दूसरे पर अवलम्बित हों। उदाहरण के लिए चित्त को गजेन्द्र मानने का एक कारण तो यह भी था कि करुणायुक्त बोधिचित्त मुक्त होता है किन्तु उसका एक कारण और है। सिद्धों ने महासुख चक्र तथा अन्य चक्रों के लिए 'कमल' प्रतीक निश्चित किया था। गज को परम्परा में कमल का प्रेमी माना गया है और उसकी यह प्रकृति बतायी गयी है कि वह कमल-

सरोवर में प्रवेश कर कमल का उपभोग करता है। इसी परम्परागत सम्बन्ध के कारण, कमल पर अवलम्बित प्रतीक गज भी स्वीकार कर लिया गया। इस प्रकार एक प्रतीक हठयोग परम्परा से ग्रहण किया गया और उसी पर अवलम्बित दूसरे अप्रस्तुत को भी प्रतीक रूप में ग्रहण कर लिया गया। इसी प्रकार चित्त को हरिण मान लेने पर साधक का प्रतीक अहेरी मान लिया गया है।[82]

औपम्यमूलक प्रतीक-योजना—आलंकारिक प्रतीक-योजना की दृष्टि से सिद्धों ने दो प्रमुख रीतियाँ अपनायी हैं। पहली थी औपम्यमूलक और दूसरी थी विरोधमूलक। औपम्यमूलक योजना में प्रस्तुतों तथा ऐसे अप्रस्तुतों को एक विस्तृत रूपक में नियोजित किया जाता था जिनमें धर्म-साम्य हो और जिनकी प्रकृति अन्तरावलम्बन की हो। बहुधा ऐसा होता था कि एक विशेष रूढ़ प्रतीक को ग्रहण कर लेने के उपरान्त उसे सर्वांग सम्पूर्ण बनाने के लिए उसके समस्त अवयवों या अंगों के आरोप्यमाण ढूँढ़ लिये जाते थे। ऐसे सांग रूपक सिद्धों में बहुत-से मिलते हैं। उदाहरण के लिए शबरपा द्वारा प्रस्तुत शबरी का रूपक सांग रूपक है। उसका रूढ़ प्रतीक तो है मेरुपर्वत, जो मेरुदण्ड का आरोप्यमाण है। उसके ऊपर वास करनेवाली नैरात्मा के लिए मेरुपर्वत पर वास करनेवाली शबर बालिका प्रमुख अप्रस्तुत बन गयी। उसके उपरान्त शबर बालिका के अंगों पर सजे हुए मोर पंख और गुंजमाला भी, उसके नाना रूप विकल्प और उसकी ग्रीवा (कण्ठ स्थित सम्भोगचक्र) में मन्त्र हार के आरोप्यमाण मान लिये गये। पर्वत पर उगे हुए वृक्ष अविद्या के अप्रस्तुत हो गये, उसके वज्र-कुण्डल मुद्रा के अप्रस्तुत हो गये। इस प्रकार एक प्रमुख आरोप्यमाण ग्रहण कर उसके समस्त अवयवों का भी आरोप कर दिया गया।[83] इसी प्रकार काण्हपा द्वारा प्रस्तुत वरयात्रा का रूपक भी सांग रूपक है। डोम्बी को वधू रूप में परिकल्पित कर काण्हपा वर बनकर उससे विवाह करने चलते हैं। उसमें पटह, दुन्दुभि, मादल आदि समस्त अप्रस्तुतों को अंग भाव में आरोपित कर उन्होंने सुन्दर सांग रूपक प्रस्तुत किया हैं।[84] इस रूपक अलंकार-योजना को अपनाने का एक विशेष कारण था। रूपक की मूल प्रकृति है आरोप-विषय तथा आरोप्यमाण में अभेद स्थापित करना। सिद्धों के तत्त्व दर्शन में हम यह देख चुके हैं कि वे अन्तर तथा बाह्य में अभेद मानते थे और सदैव बाह्य अनुष्ठानों से आन्तरिक साधना की प्रक्रिया तथा आन्तरिक योग से बाह्य अनुष्ठानों को अनुशासित करते थे। पार्थिव तथा अपार्थिव का वही अभेद आलंकारिक शैली में प्रस्तुत तथा अप्रस्तुत का अभेद बन गया था।

इसका एक साम्प्रदायिक कारण भी था। महायान में ही धर्म-प्रचार के लिए 'औपम्य' का विशेष महत्त्व माना गया था। सर्द्धम-पुण्डरीक में भगवान् तथागत औपम्य-शैली में अशिक्षितों को उपदेश देने की मन्त्रणा देते हैं क्योंकि औपम्य के द्वारा अशिक्षित भी गूढ़ तात्त्विक रहस्यों को समझने में समर्थ हो जाते हैं।[85] इसी कारण सद्धर्म-पुण्डरीक का दूसरा परिवर्त ही 'औपम्य परिवर्त' कहा गया है। यह औपम्य ही वास्तव में प्रमुख अलंकारों की मूल प्रकृति है इसे उस समय के काव्यशास्त्री भी स्वीकार करते थे। रुद्रट

ने (जो 9वीं शताब्दी में था) अपने निरूपित अलंकारों को चार श्रेणियों में वर्गीकृत किया और एक पूरे वर्ग का नाम औपम्य रखा। 12वीं शताब्दी में रुय्यक ने अलंकारों का सात वर्गों में विभाजन किया और सर्वप्रमुख वर्ग औपम्यमूलक अलंकारों का बताया।[86] इन औपम्यमूलक अलंकारों में उपमा, रूपक, परिणाम, दृष्टान्त आदि की गणना होती थी।

दोहों में, जो लोक-प्रचार के लिए थे, उपमा का प्रचुर प्रयोग है। उन उपमाओं में अप्रस्तुतों के धर्म की प्रस्तुत के धर्म से समानता प्रदर्शित की गयी है। सरहपा अपने एक दोहे में कहते हैं 'हे सखि, यह मन तो करभ के समान है जो कि बँधने पर, भार से लदा होने पर इधर-उधर भागता है और मुक्त होने पर निश्चल खड़ा हो जाता है।[87] इसी प्रकार अनेक उदाहरण सफल उपमाओं के मिलते हैं।[88]

इस दृष्टि से चर्यापद की टीकाओं में प्राप्त 'उत्प्रेक्षा' शब्द पर विचार कर लेना आवश्यक है। मुनिदत्त ने प्रथम चर्यापद की टीका में ही सन्धाशैली की प्रतीक-योजना की तुलना बहिःशास्त्रकारों द्वारा स्वीकृत उत्प्रेक्षा अलंकार से की है।[89] मुनिदत्त के समय तक उत्प्रेक्षा अलंकार एक विशिष्ट अलंकार के रूप में स्वीकृत हो चुका था किन्तु पहले 'उत्प्रेक्षा' शब्द शैली की उस प्रवृत्ति के अर्थ में व्यवहृत होता था जिनमें प्रस्तुतों का वर्णन अप्रस्तुतों के व्याज से किया जाय। इसी अर्थ में बाणभट्ट ने दक्षिण के साहित्य में उत्प्रेक्षा की प्रधानता बतायी थी।[90] इस शैली में अप्रस्तुत-योजना की प्रधानता रहती थी। यही प्रवृत्ति सन्धाशैली की मूल प्रवृत्ति है।

विरोधमूलक प्रतीक-योजना—सिद्धों की दूसरी प्रतीक तथा अप्रस्तुत-योजना विरोधमूलक थी। यह शैली उस समय लौकिक काव्यशास्त्र में भी प्रचलित हो रही थी। क्योंकि 12वीं शताब्दी में रुय्यक ने विरोधमूलक अलंकारों का एक स्वतन्त्र वर्ग बतलाया है जिसमें विरोध, विभावना, असंगति, विषम आदि का उल्लेख है। इसमें अप्रस्तुतों तथा धर्मों की विरोधमूलक योजना रहती है। इस अप्रस्तुत-योजना ने उलटवाँसी का रूप धारण कर लिया। इस दृष्टि से ढेण्ढणपा की चर्या विशेष रूप से उल्लेखनीय है। उसमें ढेण्ढणपा कहते हैं 'टीले पर मेरा घर है, पर कोई भी पड़ोसी नहीं है। हाँड़ी में भात का दाना नहीं पर अतिथि आ रहे हैं। मेंढक से सर्प भयभीत है, दुहा हुआ दूध क्या थनों में लौट जायगा? बैल ने प्रसव किया है, गाय बाँझ हो गयी है। बैल तीनों समय दूध देता है। जो बुद्धिमान् है वही बुद्धिहीन है। जो चोर है, वही साह है। एक शृगाल सिंह से युद्ध करता है। ढेण्ढणपा की यह चर्या विरले ही बूझ सकते हैं।'[91]

इसमें ऐसे प्रतीकों को योजित किया गया है जिनके धर्म विरोधी हैं किन्तु सांकेतिक अर्थों में उनकी पूर्ण संगति बैठती है। पड़ोसी का अर्थ यहाँ चन्द्र-सूर्य-रूपी ग्राह्य-ग्राहक भाव है, जिनका अस्तित्व अब नहीं रहा। हाँड़ी का अर्थ साधक की काया है जिसमें भात के अर्थ हैं संवृत बोधिचित्त। आमन्त्रित अतिथि स्वतः योगमार्ग में प्रवृत्त साधक है। प्रभास्वर रूपी मेंढक से विज्ञान-शृंखलारूपी सर्प भयभीत है। दुहा हुआ दुग्ध अर्थात्

मूलाधार में स्थित बोधिचित्त, पुनः स्तनों में अर्थात् महासुख चक्र में समा जाता है। बलद अर्थात् संवृत चित्त संसार का प्रसव करता है, नैरात्मरूप गाय हो जाने पर बाँझ हो जाता है। उसका तीनों समय दोहन (निःस्वभावीकरण) किया जा सकता है। जो सविकल्प चित्त का ज्ञानी है वही अज्ञानी है। जो इसी सविकल्प चित्त से विषय सुख का अपहरण करते हैं वे चोर हैं। गुरु के उपदेश से वे ही साधु हो जाते हैं। मरणादि भय से व्याकुल कायर शृगाल की भाँति मन ही गुरु उपदेश से ज्ञान लाभ कर शून्यतारूपी सिंह से भी युद्ध करता है। करुणा रूप में शून्यता के समकक्ष हो जाता है। इसमें शृगाल में वीरता, बैल में प्रसव, सर्प में मेंढक से भय आदि विरुद्ध धर्मों का आरोप है जिसकी संगति प्रतीकार्थों द्वारा बैठती है।[92]

इन उलटवाँसियों का मुख्य उद्देश्य जनता को चमत्कृत करना और आकर्षित करना प्रतीत होता है। यह भी धर्म-प्रचार का ही एक ढंग था और उसी परम्परा में था जिसमें अन्य सभी शैलीगत तत्त्व उपाय-कौशल पारमिता के अन्तर्गत धर्म-प्रचार के साधन मान लिये गये थे। यही काव्य-पद्धति परवर्ती नाथ तथा सन्त सम्प्रदायों में भी अपनायी गयी जिसके कारण आज भी उनके काव्य को शुद्ध लौकिक काव्यशास्त्र की कसौटी पर कसना कठिन प्रतीत होता है।

■■

ग

भाषा और छन्द

दोहों और चर्यापदों की भाषा को लेकर काफी विवाद रहा है और मगध, आसाम, उड़ीसा तथा बंगाल के अधिकांश विद्वानों का आग्रह रहा है कि वे सिद्धों की भाषा को अपनी प्रान्तीय भाषा का आदिरूप सिद्ध करें। महामहोपाध्याय हरप्रसाद शास्त्री ने स्पष्टतः उन्हें पुरानी बँगला का नमूना बताया था[1] और डॉ. विनयतोष भट्टाचार्य ने भी इसका समर्थन किया था। रायबहादुर आर्तवल्लभ महन्ती ने इनकी तुलना उड़िया से कर, इसे पुरानी उड़िया बताया है।[2] डॉ. वाणीकान्त ककाती ने आसामी से इसका सम्बन्ध जोड़ा है,[3] और डॉ. काशीप्रसाद जायसवाल तथा श्री राहुल सांकृत्यायन ने सिद्धों की भाषा की निकटता मगही और मैथिली से सिद्ध कर उसे पुरानी हिन्दी बताया है।[4] बाद में राहुल जी ने अपने मत का स्पष्टीकरण करते हुए यह भी कहा है कि अधिकांश पूर्वी भाषाएँ इस भाषा को अपना पूर्व रूप कह सकती हैं।[5]

वास्तव में सिद्धों की भाषा का स्वरूप इतना सरल नहीं है कि उस पर इस प्रकार के एकांगी निर्णय दिये जा सकें। इसका सर्वप्रथम कारण यह है कि सिद्धों के दोहों

और चर्यापदों तथा उसी परम्परा में आनेवाले डाकार्णव और साधनमाला की वज्रगीतियों में सभी स्थलों में भाषा का रूप एक-सा नहीं है। बिना उन भेदों को ध्यान में रखे और उनके कारणों पर विचार किये हम सिद्धों की भाषा के स्वरूप की जटिलता को हृदयंगम नहीं कर सकते।

सिद्धों की विभिन्न भाषा-शैलियाँ—डॉ. सुनीतिकुमार चटर्जी ने केवल 'बौद्ध गान ओ दोहा' में ही संकलित दोहाकोषों और चर्यापदों में ही दो प्रकार की उपभाषाओं की ओर संकेत किया है, चर्यापदों की भाषा पूर्वी है जिसे वे पुरानी बंगाली कहते हैं क्योंकि उसमें बहुत-से क्रिया-रूप, शब्द-रूप तथा ऐसे मुहावरे हैं जिसकी परम्परा पुरानी बंगाली में चली आयी है। दोहाकोषों में एक ही भाषा है पश्चिमी (या शौरसेनी), अपभ्रंश, किन्तु पूर्वी भारत में लिखे जाने के कारण उसमें बहुत-से पूर्वी रूप और पूर्वी मुहावरे समाविष्ट हो गये हैं।[6] डाकार्णव के सम्पादक डॉ. नगेन्द्रनारायण चौधरी डाकार्णव की भाषा को भी शौरसेनी अपभ्रंश पर आधारित मानते हैं, किन्तु कहीं-कहीं उस पर पूर्वी बंगाल के शब्दरूपों, उच्चारणों तथा मुहावरों का प्रभाव मानते हैं।[7] डॉ. सुकुमार सेन ने साधनमाला तथा हेवज्र की वज्रगीतियों की भाषा को शौरसेनी अपभ्रंश पर आधारित माना है और चर्यापदों से उनकी भाषा को पृथक् बताया है।[8] इन समस्त विद्वानों के आधार पर हम इस परिणाम पर पहुँचते हैं कि केवल 'चर्याचर्यविनिश्चय' को छोड़कर सिद्धों तथा वज्रयानी परम्परा की अधिकांश अपभ्रंश की कृतियों की भाषा शौरसेनी पर आधारित थी, किन्तु उसमें स्थान-स्थान पर पूर्वी प्रभाव हैं। चर्यापदों की भाषा चटर्जी के अनुसार पश्चिमी बंगाल की स्थानीय बोली के पूर्व रूप पर आधारित है किन्तु वह भी शौरसेनी प्रभाव से पूर्णतया मुक्त नहीं है। प्रभावों के इस मिश्रण का क्या कारण था, इस पर हम बाद में विचार करेंगे किन्तु पहले उस समय शौरसेनी अपभ्रंश की परिस्थिति और पूर्वी देशों में उसके व्यवहार पर विचार करना आवश्यक है।

सिद्धों के साहित्य का रचना-काल हमने 9वीं से 13वीं शती तक निश्चित किया है। इनमें से सरहपा के दोहाकोषों की प्राचीनतम उपलब्ध प्रति 1101 ई. की मिली है और तिल्लोपा के दोहों का प्रतिलिपि-काल 13वीं शती का है। 'चर्याचर्यविनिश्चय' की प्रतिलिपि अपेक्षाकृत और भी नवीन है। इससे स्पष्ट है कि इनमें से कुछ अपने मूल रूप में मध्यकालीन भारतीय आर्यभाषा-काल तथा आधुनिक भारतीय आर्यभाषा-काल की सन्धिवेला की रचनाएँ हैं। उस समय की शौरसेनी अपभ्रंश तथा स्थानीय बोलियों की पृष्ठभूमि में सिद्धों की भाषा का स्वरूप निर्धारित करना बहुत कठिन नहीं है।

भाषा सम्बन्धी परिस्थिति—डॉ. तोमर ने अपभ्रंश भाषा के विषय में संस्कृत के साहित्यशास्त्रियों के मतों का परीक्षण कर यह निष्कर्ष निकाला है कि भरत के समय तक अपभ्रंश का कोई निश्चित रूप नहीं था। किन्तु 6वीं शती में भामह और दण्डी के समय तक अपभ्रंश में काव्य-रचना होने लगी थी, राजशेखर (880-920 ई.) के

समय तक अपभ्रंश काव्य राजदरबारों और विद्वन्मण्डलियों में सम्मान पाने लगा था।[9] अपभ्रंश के किस रूप (या किन रूपों) का प्रयोग साहित्य में होता था इसके विषय में कुछ मतभेद अवश्य है किन्तु पश्चिमी वर्ग के अधिकांश वैयाकरणों ने साहित्य में प्रयुक्त अपभ्रंश का आधार शौरसेनी ही माना है और यह अनुमान किया जा सकता है कि शौरसेनी अपभ्रंश ही काव्य की भाषा के रूप में प्रतिष्ठित थी।[10] डॉ. सुनीतिकुमार चटर्जी का भी यही मत है कि 9वीं से 13वीं शती तक पूर्वी भारत में यह पश्चिमी अपभ्रंश काव्यभाषा के रूप में प्रतिष्ठित थी जिसमें दोहों अथवा वज्रगीतियों की रचना हुई है। वे इसका ऐतिहासिक कारण राजपूतों का राजनीतिक प्रभुत्व बताते हुए यह कहते हैं कि उनके दरबारों में शौरसेनी भाषा और शौरसेनी काव्य को प्रश्रय मिला हुआ था और उनके चारणों की काव्यभाषा भी यही थी, अतः गुजरात से लेकर बंगाल तक समस्त आर्यभाषा-भाषी प्रदेशों में शौरसेनी अपभ्रंश ही काव्यभाषा के रूप में मान्य हुई। किन्तु आधुनिक भारतीय आर्यभाषाओं का भी स्वरूप उस समय गठित हो रहा था। कुछ समय तक तो पुरानी शौरसेनी अपभ्रंश ही काव्यभाषा के रूप में प्रयुक्त होती रही और विभिन्न प्रदेशों की बोलियाँ कभी-कभी उस प्रदेश में रचे जानेवाले साहित्य को प्रभावित करती रहीं, बाद में वे बोलियाँ स्वतन्त्र काव्यभाषाओं के रूप में प्रयुक्त होने लगीं।[11] बाद में अक्सर ऐसे भी उदाहरण मिलते हैं कि एक ही कवि नयी काव्यभाषा में भी रचना करता है और पुरानी अपभ्रंश में भी अपना काव्य-चमत्कार दिखाने का प्रयास करता है जैसे विद्यापति।

भेद का कारण—अब प्रश्न यह उठता है कि एक ही सिद्ध की रचनाओं में दो भाषा-रूपों का प्रयोग क्यों हुआ है। इसके विषय में कई अनुमान किये जा सकते हैं। पहला अनुमान तो यही होता है कि दोहाकोषों की पुरानी प्रति उपलब्ध है जबकि चर्यापद जिस रूप में मिले हैं वह काफी नया रूप है और गेय होने के कारण सम्भवतः उस पर स्थानीय प्रभाव इतना अधिक पड़ा है कि उसकी भाषा का रूप दोहाकोषों की भाषा से कहीं अधिक विकसित हो गयी है। यह अनुमान इस कारण और भी दृढ़ होता है कि राहुल जी ने नेपाल के मठों में गाये जानेवाले चर्यापदों में से जालन्धरीपा का एक चर्यापद ढूँढ़ा है जिसका रूप बहुत बिगड़ गया है, भाषा बहुत विकृत है किन्तु फिर भी उस पर पुरानी अपभ्रंश का प्रभाव बहुत स्पष्ट है।[12] चर्यापदों में स्थान-स्थान पर उपलब्ध पश्चिमी प्रभावों के कारण यह अनुमान किया जा सकता है कि इन सिद्धों की समस्त रचनाएँ शौरसेनी अपभ्रंश में हुई थीं और गेय होने के कारण चर्यापदों की भाषा बदलती गयी। कई शतियों बाद लिपिबद्ध होने के कारण उनकी भाषा का मूलरूप वही नहीं माना जा सकता जो इस समय उपलब्ध है। अपने मूलरूप में उनमें पश्चिमी तथा पूर्वी प्रभाव किस अनुपात में थे यह कह सकना कठिन है।

किन्तु पूर्वी वर्ग के वैयाकरणों में से क्रमदीश्वर ने एक बड़े महत्त्वपूर्ण नियम का उल्लेख किया है जिससे चर्यापदों और दोहों के भाषाभेद पर एक नया प्रकाश पड़ता

है। क्रमदीश्वर ने, जिसका समय 13वीं शती के लगभग था छन्दों और काव्यरूपों के आधार पर अपभ्रंश के भेदों की बड़ी मनोरंजक व्याख्या की है।[13] उसने ब्राचड़ को रेफ युक्त बताया है, और उसमें दोहा आदि की रचना का प्रचलन बताया है, रासकादि में नागर का प्रयोग बताया है और प्राकृत-मिश्रित गाथादि में उपनागर के प्रयोग का उल्लेख किया है। इससे यह प्रतीत होता है कि कुछ विशेष काव्यरूपों के साथ अपभ्रंश के विशेष रूपों का सम्बन्ध रूढ़ हो गया था। क्रमदीश्वर पूर्वी वर्ग का था अतः सिद्धों के विषय में उसकी साक्षी को आधार बनाना अधिक उपयुक्त है। इस दृष्टि से यह कहा जा सकता है कि दोहों की परम्परा पश्चिमी (शौरसेनी) परम्परा थी और दोहे लिखते समय सिद्धों ने पश्चिमी या शौरसेनी अपभ्रंश का प्रयोग किया क्योंकि वह भाषा दोहों में मँज चुकी थी, किन्तु जब उन्होंने गेय पद लिखे तो स्थानीय बोली को आधार बनाया। किन्तु चूँकि वह बोली अभी काव्य में मँजी नहीं थी अतः स्थान-स्थान पर उन्होंने अभिव्यक्ति और काव्यपरिष्कार के लिए शौरसेनी का सहारा लिया। डॉ. चटर्जी का भी झुकाव इसी ओर है। वे चर्यापदों की भाषा पर शौरसेनी प्रभाव के दो कारण और बताते हैं। पहला तो यह कि चर्यापदों की भाषा मागधी अपभ्रंश की उत्तराधिकारिणी है किन्तु मागधी क्षेत्रों पर भी शौरसेनी अपना प्रभाव डालती रही है। दूसरा यह कि चर्यापदों को नेपाल के उस प्रदेश में लिपिबद्ध किया गया जहाँ मैथिली का विशेष प्रभाव था और मध्यदेशीय प्रभाव की भी कमी नहीं थी। आसामी भाषा के प्रारम्भिक रूप में भी कई ऐसे मध्यदेशीय प्रभाव पाये जाते हैं जो उसे बंगाली के पूर्वरूप से अलग करते हैं।[14] अतः यह अनुमान किया जा सकता है कि न केवल राजनीतिक वरन् शैव सांस्कृतिक आधिपत्य के कारण आसाम तक शौरसेनी का बहुत व्यापक प्रभाव था जिसमें दोहा-साहित्य की पूर्वागत परम्परा थी। अतः सिद्धों ने दोहा लिखते समय पश्चिमी अपभ्रंश का प्रयोग किया किन्तु पद लिखते समय पूर्वी बोलियों को आधार बनाया।

किन्तु यदि सिद्ध-परम्परा का प्रारम्भ हम 9वीं शती में मानें तो यह प्रश्न उठता है कि उस समय स्थानीय बोलियों का रूप इतना विकसित हुआ था या नहीं कि उनमें साहित्य लिखा जा सके। कम-से-कम इतना तो कहा ही जा सकता है कि सम्भवतः सरहपा आदि सिद्धों ने जब चर्यापदों की रचना की होगी तो उसका आधार पूर्वी अपभ्रंश होते हुए भी उसका रूप वह नहीं रहा होगा जो 'चर्याचर्यविनिश्चय' में मिलता है। इसी कारण हम इस अनुमान को भी बिलकुल निराधार नहीं कह सकते कि गेय होने के कारण इनकी भाषा में नवीन प्रभाव आते गये हैं और यदि राखालदास बनर्जी के मतानुसार इनकी भाषा 14वीं शती की मानी जाय तो इनकी भाषा की शुद्धता और भी सन्दिग्ध सिद्ध होती है।

दोहों की भाषा और आधुनिक पूर्वी भाषाएँ—इस प्रकार काल और देश की दृष्टि से सिद्धों की भाषा पर विहंगम दृष्टि डाल लेने के उपरान्त अब यह विचार कर लेना आवश्यक है कि सिद्धों की भाषा का आधुनिक भारतीय आर्यभाषाओं से क्या

सम्बन्ध है? क्या उनकी भाषा को आधुनिक मगही, मैथिली, बंगाली, उड़िया या आसामी की जननी कहा जा सकता है? इस सम्बन्ध में विभिन्न विद्वानों के मत इस प्रकार हैं :

(क) डॉ. ककाती ने दोहाकोष की भाषा के कुछ शब्दरूप और व्याकरणरूप ऐसे ढूँढ़े हैं जो आसामी में अब भी पाये जाते हैं, कुछ ध्वनिगत विशेषताएँ, कुछ विभक्ति-रूप, कुछ परसर्ग आसामी में अब भी मिलते हैं जो बंगाली या अन्य पूर्वी भाषाओं में नहीं मिलते।[15]

(ख) डॉ. चटर्जी ने सरहपा के दोहाकोष में 'कढ़िउ रव' जैसे कई मुहावरों अच्छ, थक्क आदि धातुओं, जब्बे-तब्बे आदि क्रिया-विशेषणों तथा इसी प्रकार के अन्य शब्दों के प्रयोग की ओर संकेत करते हुए दोहाकोष की भाषा में बंगाली तत्त्वों का अस्तित्व माना है।[16]

(ग) किन्तु इस विषय में डॉ. शाहिदुल्ला की पुस्तक की भूमिका लिखते समय जूल ब्लाख़ ने स्पष्ट लिख दिया है कि पूर्वी पाण्डुलिपियों में उपलब्ध होने या कुछ पूर्वी प्रभाव मिलने के कारण इसे पूर्वी कहा जा सकता है किन्तु इसे पूर्वी आधुनिक भारतीय आर्यभाषाओं का उद्गम आधार नहीं माना जा सकता।[17]

चर्यापदों की भाषा और पूर्वी भाषाएँ—किन्तु चर्यापदों की भाषा में स्थानीय पूर्वी आधुनिक आर्यभाषाओं के रूप बहुत उभर आये हैं। डॉ. सुनीतिकुमार चटर्जी का विचार है कि नव-विकसित बंगाली भाषा का काव्यभाषा के रूप में प्रयोग करने का यह सर्वप्रथम प्रयास होने के कारण अभी इस भाषा की अपनी कोई काव्य-परम्परा नहीं है अतः इसे काव्योचित बनाने के लिए कवियों ने शौरसेनी अपभ्रंश का भी सहारा लिया है जो कई शताब्दियों से काव्यभाषा के रूप में प्रयुक्त होती रही है।[18] उनका यह भी विचार है कि चर्यापदों की भाषा का गठन पश्चिमी बंगाल की तत्कालीन बोली के आधार पर हुआ है क्योंकि उसके बहुत-से रूप उसमें उपलब्ध होते हैं।

दूसरी ओर उड़ीसा के रायबहादुर आर्तवल्लभ महन्ती का विचार है कि चर्यापदों की भाषा उड़िया का प्राचीन रूप है और चर्यापदों के कई वाक्यांशों का आधुनिक उड़िया रूपान्तर देकर उन्होंने यह सिद्ध किया है कि लगभग 1000 वर्ष बाद भी वे उसी प्रकार बोले जाते हैं।[19] उनमें से कुछ उदाहरण इस प्रकार हैं :

चर्यापद	**आधुनिक उड़िया**
नगर बाहिर रे डोम्बि तोहोरि कुडिया	नगर बाहार रे डोम्बि तोहोरि कुडिआ
छोइ छोइ जाइ सो ब्राह्मण नाडिआ	छुई छुई जाय से बाह्मणु नाडिका
आलो डोम्बि तो सम करिब म संग	आली डोम्बि तो सम करिबि म संग
जाम मरण भव कइसन होइ	जन्म मरण भव कैसन होइ
जीवन्ते मले नाहि विसेस	जीवन्ते मले नाहि विशेष

यद्यपि केवल कुछ वाक्यांशों की समानता सिद्ध कर देना ही इस बात का यथेष्ट प्रमाण नहीं है कि इनकी भाषा उड़िया है। जब तक इस दिशा में पूर्ण प्रमाणों सहित कोई मत नहीं आता तब तक उसे स्वीकार करना कठिन है, किन्तु यह सम्भावना सर्वथा उपेक्षणीय भी नहीं है। एक बात अवश्य है कि इसमें अधिकांश उदाहरण काण्हपा के हैं और वे कर्णाटक देश वासी होने के कारण बंगाल की अपेक्षा उड़ीसा की भाषा से अधिक परिचित रहे हों; यह अनुमान किया जा सकता है।

पुरानी हिन्दी और दोहाकोष–अब अन्तिम प्रश्न आता है कि क्या इन सिद्धों की भाषा को पुरानी हिन्दी कहा जा सकता है? इस सम्बन्ध में सबसे प्रबल आग्रह श्री राहुल सांकृत्यायन का है जिन्होंने इसको हिन्दी की पुरानी सम्पत्ति माना है।[20] किन्तु अपने मत का प्रतिपादन करने में उन्होंने यथेष्ट वैज्ञानिक प्रमाण प्रस्तुत नहीं किये हैं। सर्वप्रथम उन्होंने चर्यापदों की भाषा की पूर्वी प्रकृति और दोहाकोषों की भाषा की पश्चिमी प्रकृति पर ध्यान नहीं दिया है। पुनश्च इन दोहाकोषों की भाषा एवं स्वयम्भू की भाषा में केवल शैलीगत अन्तर है या मूल ढाँचा अलग है तथा पूर्वी हिन्दी का मूल रूप इन दोनों में से किसकी भाषा में प्रतिभासित होता है इस पर भी कोई विचार नहीं किया गया है। ग्रियर्सन ने अवधी के उद्‌भव के लिए अर्द्धमागधी अपभ्रंश की कल्पना की थी, यद्यपि डॉ. बाबूराम सक्सेना का मत है कि जैन अर्द्धमागधी से अवधी का उद्‌भव नहीं सिद्ध होता।

डॉ. तगारे ने अपभ्रंश को 3 भौगोलिक वर्गों में विभाजित करते हुए पश्चिमी तथा दक्षिणी से पृथक् काण्हपा तथा सरहपा के दोहों की भाषा को पूर्वी वर्ग का माना है।[21] किन्तु दोहों की भाषा को शौरसेनी से पूर्णतया पृथक् मानने के पक्ष में न जूल ब्लाख़ हैं और न डॉ. सुनीतिकुमार चटर्जी। अपने तुलनात्मक अध्ययन में अधिकांश स्थलों पर डॉ. तगारे ने पूर्वी और पश्चिमी दोहों की समानता ही दिखायी है, उनका अन्तर उन्हीं पूर्वी प्रभावों के कारण है जिसे लगभग सभी विद्वान् स्वीकार करते हैं। इस दृष्टि से दोहाकोषों की भाषा अवधी की जननी हो या न हो किन्तु पूर्वी प्रभावों और पश्चिमी मूल ढाँचे के कारण वह पूर्वी हिन्दी के निकट अवश्य मानी जायगी।

अवधी, भोजपुरी, मगही, मैथिली आदि के कुछ तद्‌भव शब्दों के पुराने रूप और चर्यापदों तथा दोहों में उनके प्रयोग पर राहुल जी ने हिन्दी काव्यधारा के परिशिष्ट में विचार किया है तथा डॉ. शाहिदुल्ला ने अपनी पुस्तक की भूमिका में दोहों के व्याकरण पर विस्तृत विचार किया है, अतः उसके विस्तार में न जाकर हम दोहाकोष और चर्यापदों के छन्दों पर विचार करेंगे। भाषा की दृष्टि से ही नहीं वरन् छन्दों की दृष्टि से भी दोहाकोष और चर्यापद दो पृथक् शैलियों का अनुसरण करते प्रतीत होते हैं।

दोहाकोष के छन्द—दोहाकोष का मुख्य छन्द दोहा है। विभिन्न सम्प्रदायों में धर्मप्रचार का साहित्य दोहों में लिखा जाता रहा है जैसा कि बौद्ध और जैन दोहों से ज्ञात होता है। स्वतः सरहपा ने दोहा छन्द की महिमा की ओर संकेत किया है। 'णउ

णउ दोहाच्छन्दे कहवि ण किम्पि गोप्प।'[22] प्राकृत अपभ्रंश साहित्य में दोहा छन्द की परम्परा सम्भवतः सबसे प्राचीन और सबसे अधिक व्यापक है। सबसे प्राचीन प्राकृत दोहा विक्रमोर्वशीय के चतुर्थ अंक में मिलता है और यदि इसे कालिदास की रचना न मानकर प्रक्षिप्त मानें तो भी वह सरलता से 8वीं शती तक माना जा सकता है। 10वीं और 11वीं शती में यह बहुत प्रचलित छन्द हो गया था किन्तु उस समय भी यह पश्चिमी अपभ्रंश की कृतियों में ही प्राप्त होता है। बौद्ध अनुश्रुतियों में भी यही उल्लेख मिलता है कि सरहपा ने अपनी दोहा[23] वज्रगीतियों की रचना महाराष्ट्र में महामुद्रा साधना के बाद की थी जिससे यह अनुमान किया जा सकता है कि उन्होंने यह परम्परा पश्चिमी प्रदेशों से ग्रहण की होगी। 12वीं शती में हेमचन्द्र ने 'छन्दोनुशासन' में एक संस्कृत दोहे का भी उद्धरण देकर यह बताया है कि यह छन्द कभी-कभी संस्कृत में भी व्यवहृत होता था। दोहे का छन्द-रूप सम्भवतः 14वीं शती में स्थिर हुआ जब 'प्राकृत पैंगलम्' में 13, 11 मात्राओं का क्रम निर्देशित हुआ और लघु-गुरु अक्षरों के आधार पर उसके 23 भेद बताये गये। जिस समय सिद्धों ने दोहा छन्द अपनाया उस समय उसका स्वरूप स्थिर नहीं हुआ था। बौद्ध परम्परा में कई प्रमाण ऐसे मिलते हैं कि दोहों की गेयता भी सिद्ध होती है। ऐसे दोहों को 'वज्रगीति' कहते थे। साधनमाला में बुद्धकपाल की साधना में हमें 4 दोहों की एक वज्रगीति प्राप्त होती है।[24] हेवज्रतन्त्र में भी दो वज्रगीतियाँ प्राप्त होती हैं जिनमें से प्रथम 4 दोहों की है और द्वितीय 5 दोहों की। दूसरी वज्रगीति को 'महासमय गीतिका' कहा गया है और उसके 5 दोहे ध्यानी बुद्धों की 5 भार्याओं के प्रति हैं। इन सभी गीतिकाओं को वज्रयानी साधनाओं के समय गाने और कभी-कभी उन पर नृत्य करने का भी विधान मिलता है।[25] किन्तु वज्रगीतियों से पृथक् दोहाकोषों की गेयता का कोई प्रमाण नहीं मिलता।

डॉ. सुकुमार सेन ने वज्रगीतियों की छन्द-योजना 13+12 मात्राओं की बतायी है। किन्तु इसकी अनियमितताओं की ओर उन्होंने संकेत नहीं किया है। उदाहरण के लिए यदि हम हेवज्रतन्त्र की वज्रगीति का छन्द विश्लेषण करें तो प्रथम दो दोहों के तीन दल 13 + 12 मात्राओं के हैं।

उट्‌ठ भराणो करुणमन्। तपुक्खसि महुँ परिताहिं।।
महासुह जोए काम महुँ। इच्छ तहि सुण्ण समाहि।।
तोम्हा विहुणे भरमि हउँ। उट्‌ठेहि तुहुँ हेवज्ज।।

किन्तु चौथी पंक्ति केवल 22 मात्राओं की है :

छड्डहि सुण्ण सहावता। सवरि सिझउ कज्ज।।

वस्तुतः अपभ्रंश काव्य प्रधानतया गेय परम्परा का काव्य है अतएव उसमें सुनिश्चित मात्रा गणना के स्थान पर गेयता के अनुकूल शब्द-योजना मिलती है। बहुत-से साहित्यिक छन्दों का गेय रूप व्यवहृत होता था जो छन्द-विशेष की 'देशी' कहलाता

है। उद्धृत पंक्तियाँ इस प्रकार दोहे की 'देशी' कही जा सकती हैं। गेयता अथवा पाठ अशुद्धि के कारण यह अनियमितताएँ हैं या इनका और कोई कारण है इसके विषय में कुछ नहीं कहा जा सकता। केवल अनुमान ही किये जा सकते हैं। इन्हीं अनुमानों के आधार पर डॉ. सेन के मत का हम तिरस्कार भी नहीं कर सकते, क्योंकि 13 + 12 मात्राओं के दोहे की भी परम्परा चली आ रही थी। यह हेमचन्द्र के छन्दानुशासन से ज्ञात होता है। उन्होंने उपदोहक के लक्षण में 13 + 12 के क्रम का निर्देशन किया है यद्यपि जो उदाहरण दिया है वह 13 + 11 मात्रा का ही है। दोहक में 14 + 12 मात्राएँ रहती थीं। कुछ विद्वानों का अनुमान है कि तीनों प्रकार के दोहों की परम्पराएँ पहले से चली आ रही थीं और 14वीं शती में 'प्राकृत पैंगलम्' में केवल 13 + 11 के क्रम को मान्यता दी गयी और अन्य दोनों रूप भुला दिये गये।[26]

कुरुकुल्ला की एक साधना में एक दोहा देकर यह कहा गया है कि 'इमम् गाथां च स्मरेत्' का यहाँ पर गाथा से गाथा छन्द का अर्थ न लेकर उससे दोहे का ही अर्थ लिया जाना चाहिए। वैसे तो कुछ विद्वानों का यह भी अनुमान है कि धत्ता (दोहा) गाथा का ही रूपान्तर है किन्तु वैसे भी गाथा शब्द किसी भी छन्द के लिए प्रयुक्त किया जाता था। यहाँ पर जिस छन्द के लिए गाथा कहा गया है वह वास्तव में दोहा ही है और उसमें अन्त में एक लघु के साथ 13 + 11 की मात्रा योजना है :

आइ ण अन्त ण मज्झ णउ। णउ भव णउ णिव्वाण।।
एहु सो परम महासुह। णउ पर णउ अप्पाण।।

साधनमाला में सम्भवतः पाठ की अशुद्धि के कारण प्रथम चरण में एक मात्रा कम और तृतीय चरण में एक मात्रा अधिक मिलती है, किन्तु इसी दोहे का शुद्ध रूप सरह के दोहाकोष में मिलता है जिसको यहाँ उद्धृत किया गया है।[27] गाथा के कुछ अन्य उदाहरण डॉ. शाहिदुल्ला ने दिये हैं। इसके अतिरिक्त सोरठे भी कई स्थानों पर मिलते हैं। सोरठे में दोहे की उलटी मात्रिक योजना होती है अर्थात् 11 + 13

सोरठा– *खेत्तु पीठ उपपीठ। एत्थु भमइ परिट्ठओ।*
देहा सरसिअ तित्थ। मइ सुह अण्ण ण दिट्ठओ।

दोहे के परिवार के अन्य छन्द उल्लाला, द्विपदी, महानुभाव तथा मरहट्ठा मिलते हैं जिनका विश्लेषण डॉ. शाहिदुल्ला ने विस्तारपूर्वक किया है, जिनके उदाहरण निम्नांकित हैं :

उल्लाला–(15 + 13) (3 + 4, 3 + 6, 4, 3) प्राकृत पैंगलम् के अनुसार उल्लाला का उदाहरण डॉ. शाहिदुल्ला ने सरहपा के दोहाकोष में से दिया है :

'दुक्ख दिवाअर अत्थ बिजाइ उट्ठइ तरावह सुक्क',[28]

किन्तु बागची ने इसका संशोधित पाठ इस प्रकार दिया है :

'दुक्ख दिवाअर अत्थ गउ ऊवह तरावह सुक्क' जिसके अनुसार वह भी 13 + 11 मात्रा का दोहा सिद्ध होता है।

द्विपदी (6 + 20 + 2)

भवइ काण्ह। दुल्लक्ख दुखवाह को मणे परिभा।। वइ।।[29]

महानुभाव (12+ 12)

एत्थु से सुरसरि जमुणा। एत्थु से गंग्गा साअरु।।
एत्थ पआग वणारसि। एत्थु से चन्द दिवाअरु।।[30]

मरहट्ठा (6, 5 + 4, ऽ।)

घरवइ खज्जइ सहजें रज्जइ किज्जइ राअ बिराअ।।
णिअ पास बइट्ठी चित्ते भट्ठी जोइणि महु पड़िहाइ।।[31]

इन दोहों के बीच में 16 मात्राओं के समचतुष्पदी छन्द प्रयुक्त हुए हैं। समचतुष्पदी छन्द दोहों के या गाथा आदि के साथ समस्त अपभ्रंश साहित्य में व्यवहृत होते थे। इसके 10 भेदों और परवर्ती चारण साहित्य में उनके प्रचुर प्रयोग का उल्लेख डॉ. तोमर ने अपने अमुद्रित प्रबन्ध में किया है।[32] डॉ. शाहिदुल्ला ने इनमें से पादाकुलक और अड़िल्ला के उदाहरण दोहाकोषों में से दिये हैं।

पादाकुलक (4 + 4 + 4 + 4)

एक्कु ण किज्जइ तन्त ण मन्त
णिअ घरिणी लइ केलि करन्त
णिअ घरें घरिणी जाव ण मज्जइ
ताव कि पाँच वण्ण बिहरिज्जइ।[33]

अड़िल्ला (अन्त में ।।)

पणिण्डअ सअल सत्थ बक्खाणइ
देहहि बुद्ध बसन्त ण जाणइ

इन्हीं चतुष्पदियों से हिन्दी चौपाई का विकास माना जाता है।

अपभ्रंश साहित्य में कड़वक का रूप सर्वप्रचलित था। हेमचन्द्र ने चार पद्धतियों के साथ एक धत्ता की योजना से कड़वक का पूरा होना बताया है। कड़वकों के समूह को सन्धि कहते थे। इस दृष्टि से सिद्धों के दोहाकोषों में कोई भी सर्वप्रचलित नियम नहीं मिलता। तिलोपा के दोहाकोष में एक कड़वक में समचतुष्पदियों के 12 चरण हैं और तब एक दोहा है, दूसरे कड़वक में चार ही चरण हैं और तीसरे में 42 चरणों के उपरान्त एक दोहा आता है। इसी प्रकार सरहपा और काण्हपा में भी इस विषय में किसी निश्चित नियम का पालन नहीं मिलता।

चर्यापदों के छन्द—चर्यापदों के छन्द भी मात्रिक हैं जिनमें 'पादाकुलक' की ही प्रधानता है। डॉ. सुनीतिकुमार का मत है कि भाषा की दृष्टि से पूर्वी प्रभाव होते हुए भी बंगाल तथा पूर्वी मगध का लोकप्रचलित छन्द 'पयार' (15 मात्रा) इन चर्यापदों में नहीं प्रयुक्त हुआ है जिससे यह आभासित होता है कि या तो पयार का उस समय विकास ही नहीं हुआ था, या वह केवल लोकगीतों में प्रयुक्त होता था किन्तु सिद्धों ने पूर्वागत अपभ्रंश छन्द परम्परा का निर्वाह करते हुए उसे ग्रहण नहीं किया था।[34] कुछ विद्वानों का मत यह है कि पादाकुलक से ही 'पयार' छन्द विकसित हुआ। डॉ. सुकुमार सेन का भी यही मत है कि चर्यापदों के छन्दों से ही बंगाली छन्द पयार और त्रिपदी विकसित हुए हैं।[35]

पादाकुलक

जो मण।। गोअर।। आला।। जाला।।
आगम।। पोथी।। इष्टा। माला।। (चर्यापद 40)

लगभग 10 चर्यापदों में 28 मात्राओं की छन्द-योजना है :

रउत भणइ कत।। भुसकु भणइ कत।। सअला अइस सहावा।।
(28 मात्रा)

अइस सहावें।। जइ जग बूझति। तुरइ वासना तोरा।।
(28 मात्रा) (पद 41)

सअ सम्बेअण।। सरुअ बिआरें।। अलक्ख लक्ख ण जा इ।।
(8 + 8 + 10 + 1) (पद 15)

इसी प्रकार के छन्दों को डॉ. सेन बंगाली त्रिपदी (8 + 8 + 10) का पूर्व रूप बताते हैं।

कुछ पदों में प्रारम्भिक दो पंक्तियों के बाद टेक की पंक्ति दी गयी है, जैसे पद 16 और 39। यह परम्परा बाद में जयदेव, चण्डीदास, विद्यापति के पदों में और भी विकसित हुई।

इन पदों की गेयता के सम्बन्ध में डॉ. वेलंकर का मत अत्यन्त महत्त्वपूर्ण है। उनका विचार है कि संस्कृत वर्णवृत्तों से अपभ्रंश के इन मात्रावृत्तों का मुख्य अन्तर यही है कि इनके मूल में एक नये प्रकार का संगीत है जिसे वे ताल-वृत्त तथा ताल-संगीत का नाम देते हैं और उसका उद्‌भव लोकजीवन से मानते हैं। आगे चलकर हम देखेंगे कि संगीत के ग्रन्थों में भी इस समय देशी संगीत को मान्यता दी गयी है। डॉ. वेलंकर का मत है कि पहले ये छन्द गेय थे और तालवृत्तों पर आधारित थे किन्तु जब सामान्य लोगों के बजाय शास्त्रीय अभिरुचिवाले विद्वानों ने इन छन्दों को अपनाया तो उन्हें ह्रस्व और दीर्घ मात्रावृत्तों में बाँध दिया जो कि लोकसाधारण के लिए सम्भव नहीं था क्योंकि लोक-साधारण उच्चारण के नियमों का अनुशासन इस सीमा तक नहीं मान सकते हैं।[36]

पदों का प्रमुख छन्द पादाकुलक ही क्यों है इसके विषय में भी डॉ. वेलंकर का अनुमान है कि चतुष्पदियों का पूरा कड़वक गाया जाता था और घत्ता (विश्राम) या दोहे पर गायक रुक जाता था और दोहे को वह लययुक्त शैली में बिना गाये हुए बोलता था। यह दोहा और चौपाई की शैली लम्बे वर्णनात्मक काव्यों में प्रयुक्त होती थी। बाद में उन्हीं पादाकुलकों को रागों में बाँधकर पद गाये जाने लगे। किन्तु दोहे भी वज्रगीति के रूप में गेय थे इसकी ओर हम पहले ही संकेत कर चुके हैं।

चर्यापदों के राग—सम्भवतः चर्यापदों में से प्रत्येक पद के साथ उसके राग का नाम दिया है जो उनके तिब्बती रूपान्तरों के साथ भी मिलता है। ये राग संख्या में कुल 18 हैं— अरु, कामोद, गउड़ा, गुंजरी, गुर्ज्जरी, देशाख, देवकी, धनसी, पटमंजरी, बंगाल-भैरवी, मल्लारी, मालशी (श्री?), मालशी, गबूड़ी, रामक्री, बलाड्डि, बराडी, शबरी। भारतीय संगीत के विकास से सम्बन्धित सामग्री इतनी कम है कि इन रागों के तत्कालीन रूप के विषय में हमें कुछ सूचनाएँ नहीं मिलती हैं। संगीत-रत्नाकर (1210 ई. के लगभग) संगीतशास्त्र का पुराना प्रामाणिक ग्रन्थ है। उसके द्वितीय अध्याय 'राग विवेक' में हमें इनमें से कामोद, बंगाल, बराटी, गुर्ज्जरी आदि कुछ रागों का उल्लेख मिलता है। चतुर कल्लिनाथ की टीका से यह भी आभास मिलता है कि ये राग वास्तव में विभिन्न प्रान्तों और जातियों में प्रचलित थे।[37] किन्तु सिद्धों ने इन्हें लोकजीवन से लिया था इसका हमें कोई प्रमाण नहीं मिलता। संगीत-रत्नाकर से भी अधिक पुराना एक ग्रन्थ नारद का संगीत-मकरन्द मिलता है। उसमें चर्यापदों में उल्लिखित बहुत-से रागों का नाम है—धनखी (धन्नाखी), गुर्जरी, बंगाल, पटमंजरी, भैरवी, मल्हार (मल्लारी)। इन रागों को प्रातःकाल गाने का विधान है। शबरी (सावेरी?) मध्याह्न में गायी जाती थी। इसी प्रकार रामकी (रामकृती), गौड़, बराटी, देवक्री (देवक्रिया), धनाश्री, कामोद आदि का विभाजन स्त्री, पुरुष तथा नपुंसक रागों में भी किया गया है।[38] यदि यह ग्रन्थ संगीत-रत्नाकर से भी पुराना है, जैसा इसके तथा संगीत-रत्नाकर दोनों के सम्पादक श्री तेलंग का विचार है तो यह निस्सन्देह सिद्धों के समय में ही लिखा गया है और इसे प्रामाणिक मानकर हम निश्चित रूप से कह सकते हैं कि सिद्धों के पदों के राग शास्त्रीय पद्धति से पृथक् नहीं थे।

किन्तु इस ओर संकेत कर देना भी आवश्यक है कि भारतीय संगीत की जो परम्परा आज उत्तर भारत में प्रचलित है, शास्त्रीय पद्धति में उसका संगठन प्राकृत-अपभ्रंश-काल में ही हुआ है और विभिन्न जातियों और प्रान्तों के लोक-संगीत को अपनाकर उन्हें स्वरग्रामों के एक नियम में आबद्ध कर दिया गया है। पूर्वागत वैदिक संगीत-पद्धति को मार्ग या गन्धर्व प्रणाली का नाम देकर उसे देवोचित संगीत कहकर नये मानवोचित देशी संगीत को प्रमुखता दी गयी। उसका 'देशी' नाम संगीतशास्त्र के सभी ग्रन्थों में मिलता है।[39] इस प्रकार उपलब्ध सामग्री के आधार पर हम अधिक-से-अधिक यही कह सकते हैं कि सिद्धों के इन पदों के राग मूलतया लोक-संगीत से लिये गये थे किन्तु उस समय

तक शास्त्रीय पद्धति में स्वीकृत होकर नियमानुशासित हो गये थे। किन्तु दक्षिणी और उत्तरी संगीत-पद्धति की भाँति उस समय कोई पृथक् पूर्वी या पश्चिमी संगीत-पद्धति थी या नहीं इसके विषय में कुछ भी ज्ञात नहीं है।[40]

सन्दर्भ

(क)

1. सुनीति कुमार चटर्जी, 'राइज ऑफ वर्नाक्युलर लिटरेचर', हिस्ट्री ऑफ बंगाल, प्रथम खण्ड, पृ. 387; 2. कपिलदेव द्विवेदी, अर्थविज्ञान और व्याकरण दर्शन, पृ. 261 तथा पृ. 381; 3. द्रष्टव्य, मीमांसकों के शब्द सम्बन्धी सिद्धान्त। पीछे 'वज्रयान'; 4. कपिलदेव द्विवेदी, अर्थविज्ञान और व्याकरण दर्शन, पृ. 38 तथा आगे; 5. द्रष्टव्य पीछे, तन्त्र, पांचरात्र मन्त्र; 6. कपिलदेव द्विवेदी, अर्थविज्ञान और व्याकरण दर्शन, पृ. 64; 7. कपिलदेव द्विवेदी, अर्थविज्ञान और व्याकरण दर्शन, पृ. 64; 8. इह स्थाने चित्तम् निरवधि विनिधायात्म सम्पूर्ण योगः, कविर्वाग्मी ज्ञानी स भवति नितरां साधकः शान्तचेताः। टीका : स जीवी जना नितरामतिशय कविर्भवति षट्चक्र निरूपणम्, पृ. 34; 9. पुरश्चर्यार्णव, पृ. 573, 574; 10. सद्धर्म पुण्डरीक-कर्न नैन्जियो संस्करण, पृ. 50; 11. साधनमाला, प्रथम खण्ड, पृ. 214, 239; 12. आर्य जांगुली साधनम्, साधनमाला, प्रथम खण्ड, पृ. 253; 13. बा. दोहाकोष, पृ. 20; 14. अक्खरवाढ़ा सअले जगु णाहि निरक्खर कोइ, सरहपा, बा. दोहाकोष, पृ. 35; 15. बा. दोहाकोष, पृ. 35; 16. द्रष्टव्य पीछे, बोल-कक्कोल साधना 'एवं'; 17. द्रष्टव्य पीछे, वज्रयान, देवश्रृंखला का विकास; 18. गुह्यसमाज तन्त्र, पृ. 163; 19. वर गुरु वअणें पड़िज्जहु सच्चे, सरह भणइ मइ कहिअउ वाँचे...बा. दोहाकोष, पृ. 22। अद्वयवज्र ने अपनी टीका में इस पर कोई व्याख्या नहीं दी है, किन्तु बागची ने दूसरी अर्द्धाली का संस्कृत रूपान्तर इस प्रकार किया है, 'सरहो भणति मया कथितो वाचा; 20. द्रष्टव्य पीछे, तन्त्र, पांचरात्र मन्त्र; 21. कपिलदेव द्विवेदी, अर्थविज्ञान और व्याकरण दर्शन, पृ. 49, 55, 42, 43; 22. एल. के. दास, शक्ति एण्ड डिवाइन पावर, प्रथम अध्याय विशेषतया, पृ. 41 तथा आगे; 23. कपिलदेव द्विवेदी, अर्थविज्ञान और व्याकरण दर्शन, पृ. 56, 57; 24. द्रष्टव्य पीछे, साधना-पद्धति, काय वाक् चित्त वज्र....; 25. बा. दोहाकोष, पृ. 126; 26. द्रष्टव्य पीछे, साधना-पद्धति, बोधिचित्त राग और महाराग,...; 27. मणीन्द्रनाथ बसु, पोस्ट चैतन्य सहजिया कल्ट, पृ. 135; 28. बागची, डेवलपमेण्ट ऑफ रेलिजस आइडियाज, हिस्ट्री ऑफ बंगाल, पृ. 421, तथा स्टडीज इन तन्त्र, पाद टिप्पणी 1, पृ. 31; 29. देखिये आगे, शैलीपक्ष-चाण्डाली, बंगाली, वधू डोम्बी; 30. देखिये पीछे, वज्रयान।...तथा 28वीं टिप्पणी; 31. सुकुमार सेन, ओल्ड बंगाली टेक्स्ट्स, पृ. 38 तथा आगे; 32. डॉ. सुकुमार सेन तान्त्रिक ग्रन्थों में प्राप्त सिद्धों की स्फुट दो पंक्तियों या चार चरणों की रचनाओं को पद कहते हैं और चर्यापदों को चर्यागीति कहते हैं। इस पर हम बाद में विस्तृत विवेचन करेंगे। देखिये आगे, छन्द-योजना, काव्य रूप। प्रस्तुत प्रबन्ध में चर्यागीति को चर्यापद ही कहा गया है और पदों को मुक्तक; 33. देखिये पीछे, साधना-पद्धति, बाह्य अनुष्ठान, चर्यागीति, चर्यापद आदि; 34. साधनमाला, खण्ड-2, पृ. 501; 35. मिस्टिक टेल्स ऑफ लामा

तारानाथ, पृ. 9; 36. सद्धर्म पुण्डरीक-कर्न नैन्जियो संस्करण, पृ. 39 तथा पृ. 50; 37. देखिये पीछे, तत्त्व चिन्तन, प्रज्ञोपाय; 38. बागची दोहाकोष, पृ. 31; 39. सरहपा, बा., दोहाकोष, पृ. 47; 40. विशिष्ट संयोगाक्षर सुखानुभवः कस्मिन्नपि कथावेद्यो न भवतीति। तथाच सरहपादाः को पतिज्जइ कासु कहमि अज्ज कड़ाइअ आउ; पियदंसणे हले न टंलेसि संसार फुड जाउ—बौद्ध गान ओ दोहा, पृ. 35। दोहे का पाठ बागची के अनुसार, दोहाकोष, पृ. 47; 41. बागची दोहाकोष, पृ. 119; 42. तिल्लोपा, बागची दोहाकोष, पृ. 5; 43. प्रेम पंचक, अद्वयवज्र संग्रह, पृ. 58; 44. चर्यापद, 2, 3, 4, 5, 10, 11, 14, 17, 18, 19, 20, 28, 47, 50। इनमें से च. 2 तथा च. 14 में शुण्डिनी तथा मातंगी रूप में नायिका की चर्या का रूपकात्मक वर्णनमात्र है, प्रत्यक्ष प्रणय-निवेदन नहीं है। च. 5 में हरिण तथा हरिणी का रूपक है। चर्या 11 में वीर कापालिक के रूप में साधक का चित्रण है और उसके द्वारा की गयी कुछ हत्याओं का संकेतमात्र है। च. 47 में केवल डोम्बी के घर में चण्डाग्नि द्वारा लगी हुई आग का वर्णन है। इसके अतिरिक्त काण्हपा के दोहों में भी गृहिणी के प्रति प्रेम निर्देश है जिस पर आगे हम विचार करेंगे; 45. दे. आगे, गृहिणी वधू; 46. द्र. चर्यापद, 19 तथा टीका, बौद्ध गान ओ दोहा; 47. बागची दोहाकोष, पृ. 46; 48. चर्यापद 28 तथा टीका, बौद्ध गान ओ दोहा; 49. चर्यापद 3 तथा टीका, बौद्ध गान ओ दोहा; 50. चर्यापद 14 तथा टीका, बौद्ध गान ओ दोहा; 51. चर्यापद 28 तथा टीका, बौद्ध गान ओ दोहा; 52. चर्यापद 2 तथा टीका, बौद्ध गान ओ दोहा; 53. चर्यापद 14 तथा टीका, बौद्ध गान ओ दोहा; 54. कोष्ठक की संख्याएँ बौद्ध गान ओ दोहा तथा बागची के 'चर्यापद' में दी गयी संख्याएँ हैं; 55. देखिये पीछे, तत्त्व चिन्तन, प्रज्ञोपाय; 56. इस चर्या के अर्थ के विषय में कुछ मतभेद है। मुनिदत्त की टीका में थोड़ा विरोधाभास है और उस पर आधारित बसु महोदय के 'चर्यापद' के मर्मार्थ में भी वही दोष आ गया है। इस दृष्टि से डॉ. सुकुमार सेन द्वारा प्रस्तुत अर्थ ओल्ड बंगाली टेक्स्ट्स, पृ. 3 अधिक उपयुक्त जान पड़ता है। वास्तव में मुख्य कठिनाई 'बिगोआ' शब्द को लेकर है। इसका अर्थ 'विज्ञान' है किन्तु उसका तात्पर्य मुनिदत्त के अनुसार योगाक्षर सुख के रूप में लें तो दो विरोधी भावों की स्थिति एक ही पद में मिलती है। इस दृष्टि से डॉ. सुकुमार सेन का 'व्यग्रता' अर्थ अधिक उपयुक्त बैठता है। अगली एक पंक्ति में पिता की मृत्यु का जो संकेत है वह इस पद को शृंगार के स्थान पर करुणा के निकट ले आता है, किन्तु दर्शन पक्ष की विवेचना करते हुए हम देख चुके हैं कि चित्त के मरण के अर्थ केवल विशोधन हैं, अनस्तित्व नहीं, अन्यथा महासुख संगम की सम्भावना नहीं रह जाती इसीलिए मैंने इसे विप्रलम्भ शृंगार में रखा है; 57. बुद्ध कपाल साधना, साधनमाला, द्वितीय खण्ड, पृ. 501 तथा सम्पादक द्वारा संस्कृत छाया, उसी पृष्ठ की टिप्पणी संख्या 1; 58. बागची दोहाकोष, पृ. 53, 54 तथा इस चर्यागीति की अंग्रेजी में छाया ओल्ड बंगाली टेक्स्ट्स, पृ. 34, 35; 59. चौधरी डाकार्णव; 60. मुद्रालिंगन संयोगाद् वज्रावेश प्रवर्तनात्...प्रज्ञोपाय विनिश्चय सिद्धि, पृ. 24; 61. 20वाँ पद, बौद्ध गान ओ दोहा; 62. डोम नारियों (डोमिनियों) के साथ नृत्य गान की परम्परा अवश्य रही है। लोकोक्ति है, मुँह लगायी डोमिनी, गावे ताल बेताल; 63. चर्यापद 10 तथा 11, बौद्ध गान ओ दोहा; 64. बौद्धगान ओ दोहा, टीका भाग, पृ. 42; 65. बा. दोहाकोष, टीका भाग, पृ.142; 66. देखिये आगे, प्रतीक-योजना, 'वीर'; 67. भूषण ग्रन्थावली,

फुटकर भाग, छन्द संख्या 62, पृ. 112; 68. सेकोद्देश टीका, पृ. 14, 15; 69. सुकुमार सेन, ओल्ड बंगाली टेक्स्ट्स, पृ. 24, 25; 70. भगीरथ मिश्र, हिन्दी काव्यशास्त्र का इतिहास, पृ. 22; 71. यह संख्याएँ डॉ. सुकुमार सेन द्वारा सम्पादित ओल्ड बंगाली टेक्स्ट्स की हैं जिनमें उन्होंने प्रत्येक सिद्ध के समस्त पदों को एक साथ संगृहीत कर दिया है जो चर्याचर्यविनिश्चय में बिखरे हुए मिलते हैं; 72. साधनमाला, दूसरा खण्ड, पृ. 382; 73. 50वें चर्यापद की अन्तिम पंक्तियों की व्याख्या मुनिदत्त ने नहीं दी है। 20वें चर्यापद में उन्होंने विगोआ का अर्थ योगेश्वर सुखानुभव दिया है जो उस चर्या के शोकप्रधान वातावरण में उपयुक्त नहीं बैठता। द्रष्टव्य, सुकुमार सेन, ओल्ड बंगाली टेक्स्ट्स, पृ. 40; 74. हजारीप्रसाद द्विवेदी, कबीर, पृ. 155; 75. ऐन एन्थालाजी ऑफ क्रिटिकल स्टेटमेण्ट्स, पृ. 243, 244; 76. बागची दोहाकोष, पृ. 4, दोहा सं. 8, पृ. 11 सं. 16, पृ. 20 सं. 23, पृ. 20, सं. 25, पृ. 24, सं. 44; 77. अब्भिन्तर चित्त वि मइलियइं बाहिरि काइ तवेण, चित्ति णिरं जणु कोव धरि मुच्चहि जेम मलेण। पाहुडदोहा, 61, पृ. 19। तुलनीय, कोडिअ मज्झ एक्कु जइ होइ णिरं जणु लीण, काण्हपा, बा. दोहाकोष, पृ. 40; 78. जेण निंरजणि मणु धरिउ विसयकसायहिं जन्तु, मोक्खह कारण एत्तउउ अवरइं तन्तु ण मन्तु...पाहुडदोहा, 62, पृ. 20। तथा : एक्कु ण किज्जइ तन्त ण मन्त, निअ घरिणी लइ केलि करन्त। काण्हपा, बागची दोहाकोष, पृ. 45; 79. बहु सत्थत्थ मरुत्थलिहिं तिसिए मरिअउ तेहि...बा. दोहाकोष, पृ. 27।

(ख)

1. सरहे गहण गुहिर भास कहिअ, बागची दोहाकोष, पृ. 19; 2. विनयतोष भट्टाचार्य, बुद्धिस्ट एसोटेरिज्म,पृ. 35 तथा 70; 3. इ. हि. क्वा. 1928, खण्ड 4, अंक 2, पृ. 293 तथा आगे; 4. बागची, स्टडीज इन तन्त्राज, पृ. 27 तथा आगे; 5. बागची, स्टडीज इन तन्त्राज, पृ. 75; 6. डॉ. दासगुप्त, आब्सक्योर रेलिजस कल्ट्स, पृ. 478; 7. हरप्रसाद शास्त्री, डेस्क्रिप्टिव कैटेलाग ऑफ संस्कृत मैनुस्क्रिप्ट्स इन द गवर्नमेण्ट कलेक्शन, कालचक्र तन्त्र की विमलप्रभा टीका का उद्धरण, पृ. 78; 8. बौद्ध गान ओ दोहा, पृ. 8; 9. बागची, स्टडीज इन तन्त्राज, पृ. 75; 10. अथर्ववेद संहिता, 7-1, 11-8-10 तथा ऋग्वेद संहिता, 1-152, 10-55 आदि; 11. देखिये पीछे, तन्त्र, पंच मकार; 12. सद्धर्म पुण्डरीक, मूल 3-36, 37; 13. सद्धर्म पुण्डरीक, अनुवाद से. बु. ई., खण्ड 21, पृ. 70; 14. सद्धर्म पुण्डरीक, अनुवाद से. बु. ई., खण्ड 21, टिप्पणी पृ. 59; 15. वज्रच्छेदिका, टिप्पणी, पृ. 23; 16. सद्धर्म पुण्डरीक मूल, पृ. 59; 17. वही, पृ. 71; 18. बागची, स्टडीज इन तन्त्राज, पृ. 28, 29, 30; 19. चित्तवज्र प्रज्ञोपाय योगात् सुरतमवच्छिन्न महाराग रूपेण विरागदमनाद्वीरः। टीका, बागची दोहाकोष, पृ. 151; 20. काण्हपा, बागची, दोहाकोष, पृ. 151; 21. भणइ गुण्डुरी अम्हें कुन्दुरु वीरा, तथा टीका। बौद्ध गान ओ दोहा, पृ. 10; 22. आजि भूसु बंगाली भइली, णिअ धरिणी, चाण्डाली लेली। 49वाँ पद, बागची चर्यापद, पृ. 154; 23. 6ठाँ चर्यापद तथा टीका, बौद्ध गान ओ दोहा, पृ. 12, 13, 14; 24. सरहपा, दोहा 71, बागची दोहाकोष, पृ. 31; 25. दे. पीछे, हठयोग, चाण्डाली; 26. चर्या 28, पृ. 133; 27. चर्या 19वीं, पृ. 126, पटह मादल आदि के प्रतीकार्थों के लिए देखिये पीछे, उपलब्धि अनुत्तर; 28. काण्हपा, दोहाकोष, पृ. 162; 29. दोहाकोष,

पृ. 163; 30. वही, पृ. 164; 31. वही, पृ. 164; 32. निज गृहिणी तव-महामुद्रा-रूपम्...टीका दोहा. पृ. 163; तथा 'येन कृतम् प्रचाण्डाली चालयितुम् अशक्यत्वात्'... पृ. 164, दोहाकोष; 33. चर्यापद, पृ. 120; 34. अर्थात् विकाल हो जाय, काल का क्षय हो जाय, दे. टीका बौद्ध गान ओ दोहा, पृ. 9; 35. तुलनीय, 'जिंघए मअरन्दए' काण्हपा, पृ. 151, दोहाकोष; 36. 50वीं चर्या, चौथी चर्या, चर्यापद; पृ. 155 तथा पृ. 110; 37. डाकार्णव, भूमिका, पृ. 7; 38. 'वायुर्डोम्बी प्रकीर्तिता', साधनमाला, पृ. 446; 39. चर्यापद 14, पृ. 14; 40. चर्यापद 19, पृ. 19; 41. चर्यापद, पृ. 116; 42. उपर्युक्त पद की टीका, बौद्ध गान ओ दोहा, पृ. 20; 43. चर्यापद, पृ. 108। तथा टीका, बौद्ध गान ओ दोहा, पृ. 6, 7; 44. सेकोद्देश टीका 'बाल प्रौढ़ वृद्ध प्रजापति संज्ञकानि...प्रथम सेक प्राप्तत्वाद्योगी पयोधराभिषिक्तो बाल इति उच्यते। पृ. 28; 45. देखिये पीछे, 'विज्ञानवाद' तथा 'तथता'; 46. प्रज्ञाज्ञानाभिषेक का समय चौथे अभिषेक का समय बताया गया है। तब योगी पूर्ण सिद्धत्व को प्राप्त करता है। देखिये चर्या 14 की टीका; 47. या निशा सर्वभूतानाम् तस्यां जागर्ति संयमी, यह गीता का प्रख्यात सिद्धान्त है; 48. यथाचित्रकारो रूपम् यक्षस्यातिभयंकरम्; समालिख्य स्वयम् भीतः संसारेप्य बुधस्तथा...10...महायान विंशक; 49. कामरूप दूसरा पीठ है। इसीलिए देह को पीठ उपपीठादि का आलय माना गया है। दे. पीछे, 'देह का महत्त्व'; 50. इस चर्या के रचयिता के विषय में सन्देह है। हरप्रसाद शास्त्री ने इसे कुक्कुरीपा कृत माना है, या डॉ. सुकुमार सेन उनके किसी शिष्य की रची हुई मानते हैं। दे. ओल्ड बंगाली टेक्स्ट्स, पृ. 39; 51. चर्यापद, पृ. 121; 52. तत्र स्थित्वा सहजयान प्रमत्तांगी डोम्बी नैरात्मा संसारार्णवे योगीन्द्रः पारम् करोतीति। टीका बौद्ध गान ओ दोहा, पृ. 26; 53. चर्यापद, पृ. 132; 54. देखिये काण्हपा, दोहाकोष तथा टीका, पृ. 150 'अवधूह किअं मूलणालं हकारो'; 55. देखिये पीछे, निर्वाण, संसार माया, पृ. तथा टिप्पणी संख्या 102; 56. चित्त विशुद्धि प्रकरण, पृ. 2, तथा साधनमाला, पृ. 133; 57. वेदान्त सूत्र, शंकर भाष्य, 2, 2. 28; 58. दे. पीछे, साधनापद्धति, बोल-कक्कोल साधना; 59. शुक्र, सरहपा, "उवइ तरावइ सुक्क", बा. दोहाकोष, पृ. 37। नवचन्द्र-आर्यदेवपा, चान्दरे चान्द कान्ति जिम पड़िमासअ, 31वाँ चर्यापद। मेघ, भुसुकुपा, करुणा मेह निरन्तर फरिआ, 30वाँ चर्यापद। मोरपंख, मोरंगी पिच्छ परहिण शबरी, 28वाँ चर्यापद; 60. महायान सूत्रालंकार संस्करण, पृ. 16, श्लोक 15, 20; 61. यान : देखिये इसी अध्याय की टिप्पणी, 131 तथा कम्बलाम्बरपा, सोने भरिती करुणानावी, 8वाँ चर्यापद। राजा, आर्यदेवपा, चीआ राअ सहावे भूअल, 31वाँ चर्यापद। गन्धर्वों का मधुर घोष, वीणापा, बाजइ आलो सहि हेरुअ वीणा सुन तान्तो धुन विलसई रुणा। 17वाँ चर्यापद; 62. दे. पीछे, बोल-कक्कोल साधना; 63. दे. पीछे, बोल-कक्कोल साधना; 64. बा. स्टडीज इन तन्त्राज, पृ. 30; 65. कामरूप, कुक्कुरीपा, राति भइले कामरु जाअ, दूसरा चर्यापद, टीका में कामरूप महासुखचक्र का प्रतीक बताया गया है, बौद्ध गान ओ दोहा, पृ. 6; 66. उड्डीयान, गुण्डुरीपा, मणिकूले बहिआ ओड़िआणे समाअ, चौथा चर्यापद। टीका के अनुसार यह भी महासुखचक्र का प्रतीक है। बौद्ध गौन ओ दोहा, पृ. 9, 10; 67. बंगाल, भुसुकुपा, अद्दअ बंगाले क्लेश लुणिउ। 49वाँ चर्यापद। टीका में बंगाल 'अक्षर सुखाद्वय' अर्थात् युगनद्ध अद्वय का प्रतीक बताया गया है, बौद्ध गान ओ

दोहा, पृ. 93; 68. देखिये, यही अध्याय, टिप्पणी संख्या 43; 69. चर्यापद 33 तथा टीका, बौद्ध गान ओ दोहा, पृ. 51, 52; 70. चर्यापद तथा टीका, बौद्ध गान ओ दोहा, पृ. 36, 37, 38; 71. महीधरपा, 16वाँ चर्यापद तथा टीका, बौद्ध गान ओ दोहा, पृ. 29, 30; 72. छठाँ चर्यापद, पृ. 12; 73. देखिये पीछे, साधना-पद्धति 1 बाह्य अनुष्ठान; 74. देखिये पीछे, तत्त्व चिन्तन, टिप्पणी 183। यह रुई धुनने की प्रतीकात्मक प्रक्रिया भी सिद्धों की चर्या से ही सम्बन्धित थी। इसका एक प्रमाण और मिलता है। चर्यापदों में 25वें चर्यापद का अपभ्रंश रूप अप्राप्य है किन्तु उसका तिब्बती रूपान्तर मिलता है। उसमें रचयिता का नाम तन्त्रीपा है और वे रुई धुनने के ही रूपक से अपनी अध्यात्म-चर्या का वर्णन करते हुए कहते हैं 'मैं कालपंचकरूपी तन्त्र पर निर्मल वस्त्र बुन रहा हूँ। मैं तन्त्री हूँ, जुलाहा हूँ, मेरा निज स्वभाव ही सूत्र है। मैं उसका रूप नहीं जानता। साढ़े तीन हाथ का ताना-बाना तीन ओर फैला है। इस ताने-बाने से सारा गगन 'शून्य' ढँक गया है। जब मुझे वयन-रस की प्राप्ति हुई तो मैं मोह मल से मुक्त हो गया; 75. 17वाँ चर्यापद तथा टीका, बौद्ध गान ओ दोहा, पृ. 30, 31; 76. 12वाँ चर्यापद, प्रतीकार्थों के लिए, देखिये पीछे, साधना-पद्धति 1 चित्त का हनन; 77. चर्यापद संख्या 3, तथा टीका, बौद्ध गान ओ दोहा, पृ. 7, 8; 78. देखिये पीछे, उपलब्धि, सिद्धियों का उपयोग; 79. मिस्टिक टेल्स ऑफ लामा तारानाथ, पृ. 14; 80. चौधरी, डाकार्णव, पृ. 41, 59, 64; 81. बा. दोहाकोष, पृ. 150 दोहा 3, तथा टीका; 82. बा. चर्यापद, 23वाँ पद, पृ. 51 यह पद चर्याचर्यविनिश्चय में खण्डित मिला है। तिब्बती रूपान्तर पूरा मिलता है; 83. 28वाँ चर्यापद तथा टीका, बौद्ध ज्ञान ओ दोहा, पृ. 43, 44, 45; 84. देखिये पीछे, 'उपलब्धि' टिप्पणी संख्या, 33, 34, 35; 85. देखिये पीछे, यही अध्याय, टिप्पणी संख्या 96; 86. पोद्दार, संस्कृत साहित्य का इतिहास, द्वितीय भाग, पृ. 139 तथा आगे। इसके पूर्व अग्निपुराण में अलंकारों का शब्द, अर्थ और उभय में विभाजन मिलता है किन्तु उसमें शब्द और अर्थ का विशेष ध्यान रखा गया है, अप्रस्तुत-योजना की मूल प्रकृति का नहीं; 87. बा. दोहाकोष, पृ. 24; 88. वही, पृ. 27, 58, पृ. 31, 73, पृ. 31, 74. पृ. 36, 91; 89. बौद्ध गान ओ दोहा, टीका, पृ. 2; 90. हर्षचरित, 1/7; 91. चर्यापद 33; 92. साँप और मेंढक का प्रतीकार्थ डॉ. बागची द्वारा प्रकाशित तिब्बती रूपान्तर के आधार पर निर्धारित किया गया है। चर्यापद पृ. 11 तथा टीका के अतिरिक्त डॉ. सुकुमार सेन की टिप्पणियों का भी उपयोग किया गया है। ओल्ड बंगाली टेक्स्ट्स, पृ. 26।

(ग)

1. बौद्ध गान ओ दोहा-भूमिका; 2. महन्ती, उत्कल साहित्य का संक्षिप्त इतिहास, पृ. 3; 3. ककाती, आसामीज, इट्स फार्मेशन एण्ड डेवलपमेण्ट, पृ. 9; 4. राहुल, पुरातत्त्व निबन्धावली, पृ. 167; 5. हिन्दी काव्यधारा, पृ. 11; 6. चटर्जी, ओरिजिन एण्ड डेवलपमेण्ट ऑफ बंगाली लैंग्वेज, खण्ड 1, पृ. 112; 7. चौधरी, डाकार्णव, पृ. 19; 8. ओल्ड बंगाली टेक्स्ट्स, पृ. 44; 9. तोमर, प्राकृत और अपभ्रंश साहित्य का इतिहास और उसका हिन्दी पर प्रभाव, पृ. 56-59; 10. तोमर, प्राकृत और अपभ्रंश साहित्य का इतिहास और उसका हिन्दी पर प्रभाव, पृ. 62 तथा 72; 11. चटर्जी, ओरिजिन एण्ड डेवलपमेण्ट ऑफ बंगाली लैंग्वेज, पृ. 113, 114; 12. पुरातत्त्व-निबन्धावली, पृ. 184; 13. तोमर, प्राकृत और

अपभ्रंश साहित्य का इतिहास और उसका हिन्दी पर प्रभाव, पृ. 63; 14. ककाती, आसामीज, इट्स फार्मेशन एण्ड डेवलपमेण्ट, पृ. 5, 9, 11; 15. ककाती, आसामीज, इट्स फार्मेशन एण्ड डेवलपमेण्ट, पृ. 9; 16. चटर्जी, ओरिजिन एण्ड डेवलपमेण्ट ऑफ बंगाली लैंग्वेज, खण्ड 1, पृ. 112; 17. ल शॉ मिस्तीक्स, भूमिका पृ. 11; 18. चटर्जी, ओरिजिन एण्ड डेवलपमेण्ट ऑफ बंगाली लैंग्वेज, खण्ड 1, पृ. 116; 19. महन्ती, उत्कल साहित्य का संक्षिप्त इतिहास, पृ. 3; 20. पुरातत्त्व-निबन्धावली, पृ. 160; 21. तगारे, हिस्टारिकल ग्रैमर ऑफ अपभ्रंश, पृ. 15, 16; 22. बा. दोहाकोष, पृ. 36; 23. गुप्त, ब्रजभाषा रीतिकाव्य की परम्परा (हिन्दी अनुशीलन, वर्ष 2, अंक 4, पृ. 20); 24. साधनमाला, पृ. 501; 25. बा. दोहाकोष, पृ. 53, 56; 26. सेन, ओल्ड बंगाली टेक्स्ट्स, पृ. 44; 27. गुप्त, ब्रजभाषा रीतिकाव्य की परम्परा (हिन्दी अनुशीलन); 28. साधनमाला, खण्ड 2, पृ. 383; 29. बा. दोहाकोष, पृ. 21; 30. ल शॉ मिस्तीक्स, पृ. 161; 31. ल शॉ मिस्तीक्स, पृ. 76; 32. ल शॉ मिस्तीक्स, पृ. 143; 33. बा. दोहाकोष, पृ. 34; 34. तोमर, प्राकृत, अपभ्रंश साहित्य और उसका हिन्दी पर प्रभाव (अमुद्रित), पृ. 270; 35. शाहिदुल्ला, ल शॉ मिस्तीक्स, पृ. 80; 36. चटर्जी, ओरिजन इण्ड डेवलपमेण्ट ऑफ बंगाली लैंग्वेज, खण्ड 1, पृ. 117; 37. सेन, ओल्ड बंगाली टेक्ट्स, पृ. 44, 45; 38. संगीत रत्नाकर, पृ. 159 तथा आगे; 39. संगीत मकरन्द, पृ. 11 तथा आगे; 40. अय्यर, स्वर-कला-निधि, भूमिका, पृ. 691।

●●●

5

परवर्ती प्रभाव

क

सिद्धों की साम्प्रदायिक स्थिति

साम्प्रदायिक स्थिति—सिद्ध-साहित्य के परवर्ती प्रभाव की प्रकृति का तटस्थ मूल्यांकन करने के लिए यह पुनः स्मरण कर लेना आवश्यक है कि सिद्धों की चिन्तना में अधिकांश तत्त्व ऐसे हैं जो लगभग उस समय की सभी तान्त्रिक पद्धतियों में पाये जाते हैं। अक्सर तान्त्रिक पद्धतियों के मूल ढाँचे की इस व्यापक एकता को जाने बिना इस प्रकार के निर्णय दिये जाते रहे हैं कि अमुक तत्त्व अमुक सम्प्रदाय की देन है, जबकि वही तत्त्व लगभग उसी रूप में दूसरे समकालीन सम्प्रदायों में पाया जाता रहा है। उदाहरण के लिए यह कहना कि जाति-पाँति का खण्डन बौद्धों ने किया, चूँकि वे हिन्दू नहीं थे यह भ्रमात्मक है। यह प्रवृत्ति उस समय तान्त्रिक प्रभाव से सर्वव्यापक थी।[1] यही नहीं, बाह्य अनुष्ठानों के प्रति सिद्धों की जो तीव्र आलोचना मिलती है, वह भी उस समय की व्यापक प्रवृत्ति थी। तन्त्रों में साधना की उच्चतम अवस्था में पहुँचकर अनुष्ठानों और बाह्याचारों का निषेध किया जाता था।[2] इसके साथ-ही-साथ अपने से इतर सम्प्रदायों के बाह्याचारों का तीव्र खण्डन भी प्रचलित था।[3]

अपने साहित्य के आधार पर इनकी साम्प्रदायिक स्थिति इस प्रकार प्रतीत होती है :—

(क) वे तान्त्रिक बौद्ध थे।

(ख) बौद्ध होने के नाते वे अन्य सम्प्रदायों की कटु आलोचना करते थे किन्तु बौद्ध परम्परा (विशेषतः योगाचार) में अपनी जड़ें गहरी-से-गहरी जमाये रखने का विशेष प्रयास करते थे।[4] इस नाते वे प्रत्येक नयी साधना की बौद्ध व्याख्या ढूँढ़ निकालते थे।

(ग) तान्त्रिक होने के नाते वे उन बौद्ध सम्प्रदायों की भी आलोचना करते थे जो तान्त्रिक नहीं थे।

(घ) सहज-पद्धति के विशेष उन्नायक होने के नाते वे तन्त्रों में भी तान्त्रिक अनुष्ठान आदि को आदि-कर्म के रूप में स्वीकार करते थे पर उच्चतर साधना के उपरान्त उन्हें अनावश्यक मानते थे।[5]

बौद्धेतर सम्प्रदायों का खण्डन—तारानाथ की कथाओं में हमें बराबर इस बात का उल्लेख मिलता है कि उस समय कितनी गहरी साम्प्रदायिक प्रतिद्वन्द्विता थी और इसके लिए बौद्ध विद्वान् वेदादि ग्रन्थों का गहरा अध्ययन कर अपने प्रतिपक्षियों का खण्डन करते थे। ये सिद्ध कबीर की भाँति 'मसि कागद छूओ नहिं' के अनुयायी नहीं थे। इनमें अधिकांश विद्वान् पण्डित थे और शास्त्रागमों के ज्ञाता थे।[6] सरह ने मध्यदेश में जाकर त्रिपिटकों का अध्ययन किया था। बहुत दिनों तक वे नालन्दा के आचार्य रहे। सरह के शिष्य नागार्जुन ने उनके आदेश से वेदादि ग्रन्थों का अध्ययन किया और महायान के शत्रुओं से शास्त्रार्थ किया।[7] यही कारण था कि सिद्धियों द्वारा तो दूसरे सम्प्रदायों और उनके सिद्धों को वे पराजित करते ही थे,[8] तर्कों द्वारा भी वे कड़ी प्रत्यालोचनाएँ करते थे। विशेषतः सरहपा के दोहाकोष की अद्वयवज्र ने जो टीका की है वह वास्तव में बौद्ध तान्त्रिक सिद्धों और पण्डितों की सूक्ष्मग्राही प्रतिभा का परिचय देती है।[9] अद्वयवज्र की व्याख्या के अनुसार सरहपा ने अपने दोहों में छह सम्प्रदायों की आलोचना की है। इन सम्प्रदायों को अद्वयवज्र ने षड्-दर्शन कहकर पुकारा है जो न्याय, दर्शन, मीमांसादि छह दर्शनों से भिन्न हैं। वे छह दर्शन हैं ब्रह्म, ईश्वर, अर्हन्त, बौद्ध, लोकायत तथा सांख्य।[10]

ब्रह्म-सम्प्रदाय—ब्रह्म, अर्थात् सम्भवतः वेदान्तियों की आलोचना करते हुए सरह ने कहा है कि उनकी समस्त जीवन-पद्धति वर्णाश्रम धर्म पर आधारित है। वर्ण चार बताये जाते हैं, जिनमें वे ब्राह्मणों को श्रेष्ठ पद देते हैं। किन्तु ब्राह्मण भी भेद नहीं जानते।[11] अद्वयवज्र टीका में बड़े गहन प्रमाणों से जातिभेद को असंगत सिद्ध करते हैं और चूँकि वेदों में जातिभेद का प्रमाण है अतः वेद भी स्वयम्भू नहीं रहे। इन समस्त तर्कों में अद्वयवज्र शून्यवादियों द्वारा गृहीत तर्क प्रणाली 'प्रतीत्यसमुत्पाद' का आश्रय लेते हैं।[12] सरहपा इन ब्राह्मणों के कर्मकाण्ड की आलोचना करते हैं। वे मिट्टी, जल और कुश लेकर संकल्प के मन्त्रों का पाठ, घर में अग्निहोत्र करने, होम के कड़ुए धुएँ से आँखों को कष्ट देने आदि के विरुद्ध हैं।[13] सरहपा ब्राह्मणों के आश्रमधर्म के विरुद्ध हैं और वानप्रस्थ तथा संन्यास में जो भगवा वस्त्र और दण्डी रूप धारण करते हैं उसे भी सरह निरर्थक समझते हैं।[14] क्योंकि वे धर्म और अधर्म का अन्तर नहीं समझते और अपने मिथ्या वचनों से संसार को लक्ष्यभ्रष्ट कर देते हैं।[15]

ईश्वर-सम्प्रदाय—वेदान्तियों के उपरान्त वे साकार उपासक ईश्वरवादियों की आलोचना करते हुए कहते हैं कि वे भी नाना प्रकार के पाखण्डों में फँसे रहते हैं, कभी घर में बैठकर पूजा-दीप जलाते हैं, कभी कोने में बैठकर घण्टा बजाते हैं, कभी आसनबद्ध होकर आँख बन्द कर ध्यान करते हैं। इनके पुरोहित भी लालची होते हैं।

दक्षिणा के प्रेमी होते हैं और रण्डियों-मुण्डियों का-सा भ्रामक वेश बनाये होते हैं। (क्या यह मन्दिरों में देवदासी आदि का उल्लेख है?)[16] अद्वयवज्र इसी की टीका करते हुए प्रतीत्यसमुत्पाद के सिद्धान्त से अबौद्ध देवताओं के अस्तित्व को मिथ्या सिद्ध कर उनकी उपासना को मिथ्याचार सिद्ध करते हैं।[17]

क्षपणक जैन—जैन क्षपणकों के बाह्याचारों की निन्दा करते हुए सरहपा ने कहा है कि वे दीर्घ नख और मलिन वेश धारण करते हैं किन्तु यदि केवल नग्न होने से मुक्ति मिलती तो कुत्तों और शृगालों को मुक्ति मिल जाती। क्योंकि वस्त्र तो वे भी नहीं धारण करते। यदि केवल लोम-उत्पाटन से मुक्ति मिलती तो युवती को भी मिल जाती क्योंकि उसका नितम्ब रोमविहीन होता है। यदि मोरछल हाथ में लेने से मोक्ष मिलता तो हाथी, घोड़ों की पूँछ में मोरपंख बँधता ही है। वे भी उच्छिष्ट भोजन करते ही हैं। वास्तव में इस तरह तत्त्वरहित साधना से मोक्ष नहीं मिलता।[18] इसी प्रकार लोकायत और सांख्य मतों का भी खण्डन उपलक्षित है।[19]

महायान सम्प्रदाय—किन्तु हम पहले बता चुके हैं कि वे बौद्ध होते हुए भी महायान तथा हीनयान के उन सम्प्रदायों के कटु आलोचक हैं जो प्रज्ञोपायात्मक नहीं हैं। वे दशशिक्षापदी भिक्षु, कोटिशिक्षापदी भिक्षु और दशवर्षोपपन्न स्थविर आदि हीनयानी बौद्धों को तत्त्वज्ञान से रहित बताते हैं। वे सब-के-सब श्रावकयानी होते हैं।[20] किन्तु वे ही लोग यदि महायान का भी आश्रय लेते हैं तो परमार्थ उनसे नहीं सध पाता।[21] क्योंकि वे शास्त्रागम, सूत्र, व्याख्यान, मन्त्र, तन्त्र या ध्येय, धारण, जप और ध्यान में तत्त्व की खोज करते हैं।[22] पर वास्तव में तत्त्व तो सहज में है जो शास्त्र, पुराण से परे है,[23] उस सहज की प्राप्ति तो केवल सहज-पद्धति को भलीभाँति जाननेवाला गुरु करा सकता है।[24] इस प्रकार समस्त प्रचलित सम्प्रदायों और साधना-पद्धतियों का खण्डन कर सिद्धों ने सहज-पद्धति को सर्वश्रेष्ठ सिद्ध करने का प्रयास किया है।

अन्य सम्प्रदायों का प्रभाव—अपना साम्प्रदायिक गठन अक्षुण्ण रखने के लिए और अपनी परम्परा से सर्वथा विच्छिन्न न होने के लिए सिद्धों ने एक और मार्ग अपनाया है। जीवित और क्रियाशील धर्मसाधकों की भाँति सिद्धगण लगभग उन सभी साधनाओं, पद्धतियों और सिद्धान्तों को अपनाते गये हैं जो तान्त्रिक मतों में आ गये हैं। किन्तु उन्होंने सभी की बौद्ध व्याख्याएँ ढूँढ़ ली हैं और उन्हें योगाचार की परम्पराओं से सूत्रबद्ध कर दिया है। इसके कई उदाहरण हम देख चुके हैं। पाशुपत मत के ज्ञानरहित जीव का पशु-स्वभाव,[25] त्रिकवाद का स्पन्द संवृत मन,[26] भारतीय चिन्तना-पद्धति में पूर्वागत रस रसायन की कल्पना तथा उससे अमर शरीर की प्राप्ति जिसे रसेश्वर सिद्धों ने भी ग्रहण किया था,[27] तथा अगणित अन्य तान्त्रिक कल्पनाएँ और हठयोग की साधनाएँ सिद्धों ने ग्रहण कीं किन्तु उन्हें बौद्ध व्याख्याएँ दे दीं और योगाचार में पहले से विद्यमान साधनाओं से सम्बद्ध कर दिया। चक्रों की संख्याएँ, बीजाक्षर, नाड़ियों के नाम, चण्डाग्नि आदि की कल्पना—इन सबों पर सिद्धों ने अपनी प्रज्ञोपायात्मक छाप भी लगा

दी। कई स्थानों पर दूसरे सम्प्रदायों के सिद्धान्त और धारणाएँ ग्रहण करने के बाद उनमें कहीं-कहीं सिद्धों ने ऐसा संशोधन किया कि उससे सिद्धों की श्रेष्ठता बनी रहे।

उदाहरण के लिए हठयोग की साधना में चार आनन्दों का विवरण हम पढ़ चुके हैं। स्पष्टतः ब्रह्मानन्द का ही दूसरा रूप विरमानन्द है। हिन्दू योग दर्शन में जो ब्रह्मानन्द सर्वोत्कृष्ट बताया गया है उसे सिद्धों ने अपना तो लिया किन्तु उसके भी ऊपर सहजानन्द की स्थापना कर अपने सम्प्रदाय को श्रेष्ठतर सिद्ध करने का प्रयास किया है। इसी प्रकार हठयोग में परम्परा से बालयोगी श्रेष्ठयोगी को कहा जाता रहा है। वह जो सभी वासनाओं और आसक्तियों से मुक्त निर्लेप हो। शिव की कल्पना भी इसलिए बालयोगी रूप में की गयी है। किन्तु सिद्धों ने बालयोगी को प्राथमिक अवस्था का योगी, इस अर्थ में कहीं-कहीं प्रयुक्त किया है।[28] सेकोद्देश टीका में तो योगी की चार अवस्थाएँ बतायी गयी हैं—बाल, प्रौढ़, वृद्ध और प्रजापति। इनमें बाल सबसे निम्न अवस्था है।[29] इससे यह प्रमाणित होता है कि विभिन्न पद्धतियों को ग्रहण करते हुए भी उन्होंने अपनी साम्प्रदायिक विशिष्टता को सुरक्षित रख छोड़ा था और उसके प्रति वे सदैव जागरूक रहते थे।

तिब्बती धर्म-साधना और सिद्ध—जिन भारतीय तान्त्रिक पद्धतियों और प्रवृत्तियों को सिद्धों ने ग्रहण किया उनके अतिरिक्त सिद्धों की वज्रयानी साधनाओं में एक और दिशा से नयी पद्धतियों और तत्त्वों का प्रवेश हुआ है जिस पर विचार कर लेना बहुत आवश्यक है। वह है तिब्बत तथा मध्य-एशिया। तिब्बत का इतिहास 7वीं शती से प्रारम्भ होता है जब गम्पो नामक शासक ने प्रथम बार तिब्बती जनता को संगठित कर विदेशी शक्तियों से मोर्चा लिया। उसके पहले तिब्बत में कोई नियमित शासन-व्यवस्था नहीं थी। गम्पो की शक्ति और वैभव से प्रभावित होकर नेपाल के राजा ने अपनी पुत्री का विवाह गम्पो से कर दिया। नेपाल की राजकुमारी बौद्ध थी और उसने भारत से प्रख्यात वज्रयानी आचार्य पद्मसम्भव को आमन्त्रित किया कि वे तिब्बत आकर यहाँ की जनता को बौद्धधर्म में दीक्षित करें। पद्मसम्भव ने वहाँ जाकर बौद्ध तन्त्रों का प्रचार किया।[30]

जिन लोगों में पद्मसम्भव ने जाकर बौद्धधर्म का प्रचार किया उनकी मनोभूमि तिब्बत के आदिम असंस्कृत लोकधर्म बोनपा द्वारा प्रभावित थी। बोनपा ऐसा धर्म था जिसमें वनदेवी, देवतागण, उनके चमत्कार, उनकी पूजा के लिए किये जानेवाले क्रूर निर्मम अनुष्ठान, नरबलि, प्रेतनृत्य आदि प्रचलित थे। इसीलिए उन लोगों ने वज्रयान के बाह्य अनुष्ठानों और चमत्कारपूर्ण सिद्धियों को विशेष मान्यता दी, उसके दार्शनिक पक्ष की अवहेलना की।[31]

उनमें जो किंवदन्तियाँ प्रचलित हुईं उनमें भी वज्रयानी सिद्धाचार्यों के चमत्कारों की अतिरंजित कथाओं का ही बाहुल्य था।[32] इस प्रकार धीरे-धीरे तिब्बत में वज्रयान का ऐसा रूप विकसित हुआ जो केवल बाह्य अनुष्ठानपरक था और जिसमें लौकिक सिद्धियों और चमत्कारों को ही महत्त्व दिया गया था।

किन्तु इसका प्रभाव केवल एक ही पक्ष पर नहीं पड़ा। ये तिब्बती साधनाएँ और देवी-देवता भारतीय वज्रयान में भी समाविष्ट हो गये। यह परम्परा पद्मसम्भव के ही समय से प्रारम्भ हो गयी थी। तिब्बती जनता से निकटता स्थापित करने के लिए पद्मसम्भव ने कुछ बोनपा के देवी-देवताओं को वज्रयान में स्थान दे दिया और उनके अनुरूप साधनाएँ भी विहित कर दीं।[33] समय-समय पर ये देवी-देवता तथा इनकी साधनाएँ तिब्बत से भारतीय परम्परा में होती प्रविष्ट होती रहीं। कभी-कभी साम्प्रदायिक ग्रन्थों में उन विशेष सिद्धों का भी उल्लेख मिलता है जिन्होंने किसी विशेष पद्धति को तिब्बत से भारत में समाविष्ट किया।[34]

लामा और डाकिनी—देवियों और योगिनियों का एक विशेष वर्ग लामा तथा डाकिनी आदि का था जो सिद्धों की साधनाओं में प्रविष्ट हो चुका था। लामा का सम्बन्ध बागची ने तिब्बती देवी 'ल्हामो' से सिद्ध किया है जिसका स्वरूप बहुत भयंकर और शोणिताहारी है।[35] इसी प्रकार डाकिनी भी तिब्बत में पारंगत स्त्रियों को कहते थे क्योंकि 'डाक' का अर्थ तिब्बती में प्रज्ञा होता है।[36] बागची ने इन्हें 'दाग' देश की स्त्रियाँ कहा है।[37] यद्यपि यह केवल अनुमान ही है। डाकिनी का उल्लेख दोहों में मिलता है जहाँ उन्हें देवी कहकर ज्ञानवती स्त्रियों के रूप में सम्बोधित किया गया है।[38] इसी प्रकार ल्हाकिनी, शाकिनी, राकिनी आदि का भी अभिप्राय (बागची के अनुसार) तिब्बत तथा मध्य एशिया की जातियों की उन स्त्रियों से है जो तन्त्र साधनाओं में महामुद्रा के रूप में प्रयुक्त होती थीं।[39] इन गुह्याचारों तथा बाद में श्मशान साधनाओं आदि के कारण जनता में इन डाइनों (डाकिनी) आदि की प्रसिद्धि (या कुख्याति) दूसरे ही रूप में फैल गयी। किन्तु हिन्दू साधनाओं में भी योग और तन्त्र की अधिष्ठात्री देवियों के रूप में इनका बहुत पहले प्रवेश हो गया था[40] और काफी दिनों तक चलता रहा।[41] तारानाथ की कथाओं में विभिन्न सिद्धों के साथ इनके सम्बन्धों का उल्लेख मिलता है।[42]

क्या इनमें कई सम्प्रदाय थे?—इस प्रकार विपक्षियों और विदेशों से इन सिद्धों के सम्बन्धों पर विचार कर लेने के उपरान्त एक और दृष्टि से इन सिद्धों की साम्प्रदायिक स्थिति पर विचार कर लेना बहुत आवश्यक है। क्या इन सिद्धों की एक अटूट परम्परा थी या इन सिद्धों में कई सम्प्रदाय थे। या अधिकांश सिद्ध एक-एक सम्प्रदाय का प्रवर्तक था। इसमें कोई सन्देह नहीं कि कभी-कभी एक विशेष सिद्ध की कृतियों में किसी एक विशेष पक्ष का इतना प्रबल समर्थन मिलता है कि ऐसा प्रतीत होता है जैसे उसका एक अलग सम्प्रदाय है जो अमुक तत्त्व को ही प्रधान मानता है। इस स्थिति में हम उसे सिद्धों से अलग करके देखने लगते हैं। यह स्थिति विशेषतया सरहपा और काण्हपा के साथ अवश्य प्रतिभासित होती है। सरहपा ने अनुष्ठानों के बहिष्कार पर जितना जोर दिया उस पर हम विचार कर चुके हैं किन्तु फिर सरहपा तान्त्रिक थे, इस बौद्ध तान्त्रिक सम्प्रदाय के विरोधी नहीं थे।

आम्नाय—किन्तु फिर भी इन सिद्धों में विविधता थी इसमें कोई सन्देह नहीं और यह विविधता तान्त्रिक सम्प्रदायों के लिए कोई नवीन या अस्वाभाविक बात भी नहीं है।

तन्त्रों में कई आम्नाय हुआ करते थे और उन आम्नायों के अन्तर से एक ही देवता की साधना में भेद पड़ जाया करता था। साधनमाला में भी अक्सर ऐसे भेदों का उल्लेख मिलता है। देवी वज्रश्रृंखला की आम्नाय भेद से दो-दो साधनाएँ मिलती हैं।[43] इनमें से अधिकांश गुरुओं का अपना एक विशिष्ट आम्नाय होता था इसीलिए इन गुरुओं को 'साम्नाय' कहा गया है।[44] इसीलिए कुछ विद्वानों का यह भी अनुमान है कि तिब्बती अनुश्रुतियों में जिन गुरु-शिष्य परम्पराओं का उल्लेख है वे एक-एक आम्नाय का बोध कराते हैं। इस दृष्टि से जो अनुमान लगाये गये हैं उनमें से एक अनुमान थोड़ा विचारणीय है।

डॉ. सरकार का मत—तिब्बती अनुश्रुतियों में सरहपा (राहुलभद्र) को कहीं-कहीं कालिदास का समकालीन माना गया है और कालिदास को विदिशा के शुंग राजा भागभद्र का समकालीन माना गया है।[45] इस आधार पर डॉ. सरकार सिद्धों के तीन सम्प्रदाय मानते हैं—प्रथम सरहपा द्वारा प्रवर्तित सम्प्रदाय जो कि ईसा की प्रथम शताब्दी से ही आरम्भ होता है क्योंकि तिब्बती प्रमाणों के आधार पर वे सरहपा को शून्यवादी आचार्य नागार्जुन का समकालीन मानते हैं। डॉ. सरकार का मत है कि तान्त्रिक साधनाओं का प्रथम प्रवर्तन नागार्जुन ने किया था और सरहपा ने उसका विरोध किया। दूसरा सम्प्रदाय काण्हपा तथा जालन्धरी का था और तीसरा तिल्ली (तिलोपा) और नारोपा का था जब कालचक्रयान का प्रवेश हुआ। ऐतिहासिक दृष्टि से वे इन तीनों सम्प्रदायों को क्रमशः विक्रमादित्य वंश, बंगाल के चन्द्रवंश तथा पालवंश का समकालीन मानते हैं।[46]

ऐतिहासिक दृष्टि से भारतीय धर्म-साधनाओं और आचार्यों के विषय में ये तिब्बती अनुश्रुतियाँ कितनी भ्रामक और अविश्वसनीय हैं इस पर हम प्रथम अध्याय में ही विचार कर चुके हैं। सरहपा को तान्त्रिक साधनाओं का विरोधी तो हम मान ही नहीं सकते क्योंकि उसने बराबर योगिनी-साधना और तान्त्रिक अनुष्ठानों का प्रचार किया है। उसका भी साम्प्रदायिक मूल्यांकन हम विस्तार से कर चुके हैं। साधनमाला में प्राप्त उसके द्वारा प्रवर्तित लोकेश्वर साधना पर भी हम विचार कर चुके हैं। अतः डॉ. सरकार द्वारा प्रवर्तित इस मत को और अधिक पुष्ट प्रमाणों के बिना स्वीकार कर सकना कठिन है।

तिब्बती अनुश्रुतियों का सांकेतिक अर्थ—किन्तु तिब्बती अनुश्रुतियों से एक बहुत महत्त्वपूर्ण तथ्य का पता लगता है जो इनकी साम्प्रदायिक स्थिति पर यथेष्ट प्रकाश डालता है। इन सिद्धों के विषय में कहीं-कहीं यह उल्लेख मिलता है कि एक ही सिद्ध विभिन्न कालों में विभिन्न रूप में प्रकट होता रहा है। उदाहरण के लिए तारानाथ का कथन है कि विरूपा पहले नालन्दा के आचार्य थे, उस समय उन्होंने कई चमत्कार दिखाये और फिर सोमनाथ चले गये। कुछ समय उपरान्त वे सम्राट् रामपाल के समय में सिरो नाम से प्रकट हुए और उन्होंने म्लेच्छों को हराया फिर गौड़ देश में ताजिक शासकों को पराजित करने चले गये। फिर तीसरी बार उन्होंने चीन देश में जन्म लिया।[47] कहीं-कहीं यह भी उल्लेख मिलता है कि एक ही काल में एक ही आचार्य दो रूप धारण

कर दो विभिन्न प्रान्तों में निवास करते थे। जालन्धरीपा अपने एक रूप में जालन्धर में ज्वालामुखी के निकट रहते थे, और दूसरा रूप धारण कर हाड़ीपा के रूप में पूर्वी भारत में रहते थे।[48] इन कल्पनाओं से किसी भी ऐतिहासिक तथ्य को ढूँढ़ निकालना असम्भव है। हाँ, इनसे एक सांकेतिक अर्थ यह अवश्य ग्रहण किया जा सकता है कि ये सिद्ध अपने-अपने आम्नाय के प्रतीक व्यक्तित्व मान लिये गये थे। विरूपा के कई बार कई देशों में विभिन्न नामों से प्रकट होने के अर्थ हैं कि उनका आम्नाय कई व्यक्तियों ने कई बार प्रचारित किया और उन सबों को विरूपा की धर्मकाया का नव रूप मान लिया गया। सम्भवतः इसी प्रकार जालन्धरीपा का ही आम्नाय हाड़ीपा ने पूर्वी भारत में प्रचलित किया हो और इसीलिए उन्हें जालन्धरीपा का अवतार मान लिया गया हो। अब भी इसी प्रकार तिब्बत में प्रत्येक दलाई लामा को पुराने लामा का ही अवतार मानने की परम्परा प्रचलित है। यदि हम तिब्बती अनुश्रुतियों और इसी प्रकार अधिकांश साम्प्रदायिक अनुश्रुतियों का यही आम्नायपरक साम्प्रदायिक अर्थ ले लें तो कई समस्याएँ सुलझ जाती हैं। बाद में मत्स्येन्द्रनाथ और लुईपा को एक ही व्यक्तित्व मानने का आग्रह या मत्स्येन्द्रनाथ के विषय में प्रचलित अगणित अनुश्रुतियों का भी हम यही सांकेतिक अर्थ ले सकते हैं। बाद में हम इस पर विस्तार से विचार करेंगे।[49]

वज्रयान और शैवमत—इस समय इतना यथेष्ट होगा कि हम यह भली-भाँति समझ लें कि बाद में जो शैव तथा बौद्ध अनुश्रुतियों में एक-दूसरे के आचार्यों की गणना होती है और उनके सहयोग तथा विरोधों की अगणित कथाएँ मिलती हैं[50] उससे कोई स्पष्ट ऐतिहासिक तथ्य ढूँढ़ निकालना तो असम्भव है, किन्तु इतना अवश्य कहा जा सकता है कि बौद्ध तान्त्रिक परम्परा का शैवों से बहुत घनिष्ठ और निकटता का परिचय रहा है। वास्तविकता यह रही है कि शैव साधनाओं ने धीरे-धीरे बौद्ध परम्परा में प्रवेश किया है और बौद्ध साधनाओं को ग्रहण करते-करते अन्त में उन्हें पूर्णतया आत्मसात् कर लिया है।

वज्रयानी ग्रन्थों में हमें स्थान-स्थान पर बुद्ध के द्वयाकार विवर्जित शान्त, निस्संग रूप की संज्ञा शिव मिलती है।[51] इतना ही नहीं, वज्रयान में तो अकनिष्ठ नामक स्वर्ग में एक विशिष्ट माहेश्वर भवन को ही स्थान मिल गया था जिसमें बोधिचित्त को वास दिया जाता था।[52] कालचक्रयान में भगवान् आदिबुद्ध को काल (महाकाल) की संज्ञा प्रदान की गयी थी।[53] विरूपाक्ष ने महाकाल की एक साधना भी प्रवर्तित की थी।[54] अवलोकितेश्वर को महेश्वर संज्ञा देकर उनके साथ हलाहल की कल्पना भी संयुक्त कर दी गयी थी।[55]

इसके कई कारण हो सकते हैं। पहला तो यह कि नेपाल, आसाम आदि में शैव सम्प्रदाय का बहुत गहरा प्रभाव था और वह हिमालय की तराई में होते-होते काश्मीर तक फैला था। काश्मीर से कामरूप तक हिमालय की तराई शैवों से प्रभावित थी और शैव तथा शाक्त सम्प्रदाय प्रमुखतया तान्त्रिक होने के नाते बौद्धों के अधिक निकट थे।

दूसरा कारण यह हो सकता है कि शैवों तथा बौद्धों ने मिलकर वैष्णवों के विरुद्ध एक संयुक्त शिविर-सा स्थापित कर रखा था। वैष्णवों ने वैदिक परम्परा का आश्रय ग्रहण किया था। उनका विद्रोह बड़ा ही अप्रत्यक्ष, मधुर और नम्रतायुक्त था। शैवों में उद्धतता और विरोध का स्वर अधिक था। सम्भव है कि वैष्णवों के प्रति दोनों की कटुता ने एक-दूसरे को अधिक समीप ला दिया हो। जहाँ शैवों व शाक्तों के साम्प्रदायिक ग्रन्थों में वैष्णवों की बहुत तीखी आलोचना मिलती है[56] वहाँ बौद्धों के कौल-सिद्धान्त, सहज-सिद्धि, डाकिनी आदि की अप्रत्यक्ष स्वीकृति भी मिलती है।[57]

किन्तु फिर भी इससे यह भ्रम न होना चाहिए कि बाद के बौद्ध तान्त्रिकों ने शैव मत ग्रहण कर लिया था। उन्होंने केवल पद्धतियाँ अपनायी थीं। प्रभाव ग्रहण किये थे किन्तु अपनी साम्प्रदायिक स्थिति को सुरक्षित रखने के लिए उन्होंने उनकी बौद्ध व्याख्याएँ ढूँढ़ ली थीं। कपाल, शिव, डमरू इन सबको बौद्ध अर्थ दे दिये थे। शैव देवताओं के आधार पर अपने देवताओं का रूप परिकल्पित कर लिया था। किन्तु उन सबों को वज्रसत्त्व से उद्‌भूत मानकर उनके किरीट पर उनके कुल के स्वामी तथागत की मूर्ति का रहना अनिवार्य मान लिया था। इतना ही नहीं, बल्कि ऐसा लगता है कि बाद में जब साम्प्रदायिक विद्वेष बहुत बढ़ा तब आत्मरक्षा की दृष्टि से शैवों से अपने को पृथक् और विशिष्ट सिद्ध करने के लिए उन्हें कई चमत्कार दिखाने पड़े। तारानाथ ने इस प्रकार की कई बौद्ध और शैव प्रतिद्वन्द्विताओं का उल्लेख किया है। इस प्रकार की दो किंवदन्तियाँ विरूपा के विषय में मिलती हैं। एक बार विरूपा ने दक्षिणापथ में ताली बजाकर शिव का त्रिशूल खण्ड-खण्ड कर दिया था और दूसरी बार जब वह सौराष्ट्र में भगवान् सोमनाथ के सम्मुख गये तो उन्होंने वह प्रतिमा तो नहीं खण्डित की क्योंकि सोमनाथ में भी बड़ी सिद्धियाँ थीं और विरूपा उसे खण्डित नहीं करना चाहते थे, किन्तु विरूपा ने ऐसा चमत्कार किया कि सोमनाथ के ऊपर अवलोकितेश्वर दीख पड़ने लगे।[58]

इससे स्पष्ट है कि विरूपा शिव का आदर करते थे और सम्भवतः उन पद्धतियों को अपना भी चुके थे। किन्तु उन्होंने उन्हें बौद्ध रूप दे दिया था और अपने महाकाल या शिव को अवलोकितेश्वर के अधीन कर दिया था। उनका एक चर्यापद[59] भी प्राप्त होता है जिसमें शिव का तो कोई उल्लेख नहीं मिलता, किन्तु सोम या वारुणी का उल्लेख है जो कापालिकों की सोम साधना का बौद्ध संस्करण प्रतीत होता है। इसमें महामुख का सोम रूप में वर्णन है जो अवधूतिकारूपी शुण्डिनी (मद्य विक्रेता स्त्री) ललना-रसनारूपी दो घड़ों में सिझाकर बनाती है। किन्तु इसमें प्रयुक्त सभी उपमान बौद्ध-परम्परा के हैं और प्रणाली भी स्पष्ट बौद्ध-परम्परा की है जैसा टीका से ज्ञात होता है।[60]

इन कापालिक पद्धतियों का सबसे स्पष्ट उल्लेख काण्हपा के चर्यापदों में मिलता है और सम्भवतः इसी कारण से काण्हपा को लेकर कुछ भ्रम उत्पन्न हो गया है। पण्डित हजारीप्रसाद द्विवेदी ने काण्हपा और उनके गुरु जालन्धरीपा की गणना नाथों में की है

और उन्हें शैव कापालिकों के अन्तर्गत माना है क्योंकि बौद्ध कापालिक मत का कोई उल्लेख योग्य वर्णन नहीं मिलता।[61] इसके पहले कि हम इस मत का परीक्षण करें, काण्हपा के उन पदों को देखना आवश्यक है जिनमें उन्होंने अपने को कापालिक कहा है। चर्याचर्यविनिश्चय में काण्हपा के कुल 12 पद संगृहीत हैं। 3 पदों में उनकी कापालिक साधनाओं का उल्लेख है। हमें उन उल्लेखों के सन्दर्भों का विश्लेषण कर यह देखना चाहिए कि वे बौद्ध सम्प्रदायों के अधिक निकट हैं या शैव सम्प्रदायों के।

चर्यापदों में कापालिक साधना—एक पद में काण्हपा अपने को कापालिक बताकर अपनी सह-साधिका को डोम्बी बताते हैं जिसका वास नगर के बाहर है और ब्राह्मण युवक उसकी झोंपड़ी को छू-छूकर ही चला आता है। उससे प्रेम नहीं कर सकता क्योंकि वह अस्पृश्य जाति की है। काण्ह निर्घृण नग्न कापालिक योगी हैं, वे उस डोम्बी से समागम करेंगे। यह डोम्बी एक ऐसे कमल पर नाच रही है जिसकी 64 पाँखुरियाँ हैं। फिर काण्ह उससे सहज भाव से पूछते हैं कि नगर के बाहर से वह आती है। किन्तु कौन-सी वह नौका है जिस पर चढ़कर वह आती-जाती है। वे उस डोम्बी से आग्रह करते हैं कि वह अपनी तन्त्री और टोकरी बेच दे। वे भी अपने पिटारे से मुक्त होकर उसके साथ चलेंगे। वह डोम्बी है तो काण्हपा भी कापालिक हो गये हैं। उन्होंने अस्थि की माला धारण कर ली है।[62]

अगले ही पद में उन्होंने कापालिक की पूरी वेशभूषा का चित्रण इस प्रकार किया है : नाड़ी शक्ति को दृढ़ करके धारण कर लिया गया है। अनहद डमरू वीर नाद गुंजरित कर रहा है। काण्ह ने कापालिक योगी का आचार ग्रहण किया है और वह देहरूपी नगरी में विचरण कर रहा है। आली तथा काली, दोनों (स्वर तथा व्यंजन की प्रतीक ललना-रसना) उसकी कमर में घण्टा और पाँव में नूपुरस्वरूप हैं। अंग में रमी हुई भस्म है। मोक्षरूपी मुक्ताहार गले में पड़ा है। सास आदि सम्बन्धियों की हत्या कर अब वे कापालिक हो गये हैं।[63]

टीकाकार ने इन सभी का बौद्ध सांकेतिक अर्थ दिया है। डोम्बी की विवेचना पहले ही हम कर चुके हैं। डोम्बी की तन्त्री तथा टोकरी, अविद्यारूप और विषयाभास के प्रतीक हैं। संस्कृत बोधिचित्त ही नौका है। कापालिक के अर्थ चर्याधर हैं और उसकी व्युत्पत्ति है जो 'क' अर्थात् महासुख के पालने में समर्थ हो। कमल निर्माण-चक्र है जिसमें 64 पाँखुरियाँ बतायी गयी हैं। अनहद डमरू वास्तव में शून्यतारूपी सिंह का नाद है। शेष आभरणों का सांकेतिक अर्थ चर्या के मूल से ही स्पष्ट है।

इससे स्पष्ट है कि काण्हपा ने कापालिक पद्धति अपनायी है और उनकी बौद्ध व्याख्या देकर अपनी साम्प्रदायिक स्थिति पर आँच नहीं आने दी है। इसके साथ-ही-साथ एक और महत्त्वपूर्ण पंक्ति इसी पद में है जिससे उनका अन्य सम्प्रदाय से अन्तर स्पष्ट हो जाता है। जब वे यह कहते हैं कि 'छोइ छोइ जाइ सो ब्राह्मण नाडिआँ' तो उनका स्पष्ट आरोप अन्य सम्प्रदाय के ब्राह्मण कापालिकों पर है जो कापालिक होते हुए

भी इस अवधूती मार्ग का भेद नहीं जान पाते, उसे बाहर से ही छू-छूकर रह जाते हैं। टीकाकार भी इसी मत का प्रतिपादन करता है। इससे यह ज्ञात होता है कि काण्हपा ने कापालिक पद्धति अपनाते हुए भी बौद्ध श्रेष्ठता पर कहीं से भी आँच नहीं आने दी है। तारानाथ भी इसी का समर्थन करता प्रतीत होता है। तारानाथ का कहना है कि काण्हपा (कृष्णाचार्य) बहुत महान् योगी थे और उनके विषय में यह भविष्यवाणी हुई थी कि उनके नाम में 'कृष्ण' अवश्य होगा। वे खट्वांग के उपरान्त कालचक्र का अनुसरण करेंगे। अस्थियों के आभूषण धारण करेंगे और महापात्र के रूप में एक डमरू धारण करेंगे। बाह्य रूप में उनका मेल-मिलाप बौद्धेतर लोगों से रहेगा किन्तु अन्दर-ही-अन्दर वे बौद्धधर्म के उत्थान के लिए बहुत काम करेंगे।[64] तारानाथ की यह साक्षी बहुत महत्त्वपूर्ण है। इससे स्पष्ट प्रतीत होता है कि काण्हपा के बाह्य कापालिक रूप का भी आन्तरिक अभिप्राय बौद्ध ही था। कहा जा सकता है कि यह उसका साम्प्रदायिक पक्षपात हो जिसके कारण उसने काण्हपा को बौद्ध माना। इसलिए हमें चाहिए कि यह देखें कि क्या पहले से बौद्ध परम्परा में कापालिक और शव-साधनाओं का कोई उल्लेख है या नहीं।

योगाचार में शव-साधना—इस दृष्टि से देखने पर हम यह पाते हैं कि वज्रयान के पहले योगाचार में ही इन पद्धतियों को अपनाया जा चुका था। योगाचार में ध्यान-साधना में दश अशुभ वस्तुओं पर ध्यान की एकाग्रता केन्द्रित करने का आदेश मिलता है। वे दश अशुभ वस्तुएँ इस प्रकार हैं—1. सूजा हुआ शव, 2. नीला पड़ा हुआ शव, 3. कीड़े लगा हुआ शव, 4. कटा-फटा हुआ शव, 5. पक्षियों द्वारा खाया हुआ शव, 6 अंगहीन शव, 7. अंगभंग शव, 8. रक्तरञ्जित शव, 9. सड़ता हुआ शव, 10. कङ्काल। इन सब वस्तुओं का ध्यान कर उन्हें नाभि में स्थित करना चाहिए।[65] उसके उपरान्त शरीर के प्रत्येक अंग तथा अवयव का ध्यान करना चाहिए। केश, चर्म, नख, दन्त, मांस-पेशी, मज्जा, हड्डी, गुर्दा, हृदय, जिगर, तिल्ली, फेफड़े, मेदा, रक्त, पित्त, श्लेष्मा, स्वेद, चर्बी, लार, मूत्र, विष्ठा आदि।[66]

उपर्युक्त उल्लेख से स्पष्ट है कि बौद्ध परम्परा में शव-साधना और कापालिक पद्धति योगाचार में ही अपना स्थान बना चुकी थी और वज्रयानी सिद्धों को इन पद्धतियों को ग्रहण करने में बौद्ध परम्परा का ही आश्रय मिला था। गुह्य-समाज तन्त्र में कपाल का कई बार उल्लेख आया है।[67] और एक स्थान पर तो खधातु के मध्य में अस्थि-मांस-मज्जा आदि का ध्यान करने का आदेश है जो स्पष्टतया योगाचार की परम्परा का निर्वाह सूचित करता है। बाद में प्रज्ञोपाय गुह्य-साधना के अनुसार तन्त्र में कपाल को पद्मभाजन अथवा मुद्रा या नारी बताया गया है। यह अर्थ सन्धाभाषा में ग्रहण किया जाता है।[68] इससे स्पष्ट है कि बौद्ध परम्परा में कापालिक पद्धति का अस्तित्व था।

किन्तु कापालिक का यह वेश बौद्धयोगी धारण क्यों करे। यह तो सम्प्रदाय की मर्यादा का उल्लङ्घन होगा। हम पहले भी देख चुके हैं कि बौद्ध साधक को बौद्ध देवताओं

का ही रूप धारण करने का आदेश था, अतः इस कापालिक वेश को मान्यता देने के लिए हेरुक की कल्पना की गयी जो बौद्ध देवता थे। उनका रूप बहुत-कुछ कपालयोगी शिव का रूप था। किन्तु थे वे कट्टर बौद्ध देवता क्योंकि उनका विधान प्रज्ञोपायात्मक था। चन्द्र-सूर्य तथा आलि-कालि के समायोग से उनका वेशविन्यास सज्जित होता था। नरचर्म धारण करते थे। शवासीन होते थे। अस्थियों का आभरण धारण करते थे और गले में पंचकपाल धारण करते थे।[69] उनके हाथ में डमरू[70] रहता था और वे वीर मूर्ति थे।[71] इसी प्रकार उनका दूसरा रूप बुद्धकपाल था जो महावीर संहारकारी कहा जाता था।[72] हेरुक अक्षोभ्य तथागत के कुल के थे। उनके एक हाथ में वज्र दूसरे में कपाल रहता था। इन्हीं का कुछ परिवर्तित रूप त्रैलोक्य-विजय भी था।[73]

हेरुक हिन्दू परम्परा में शिव के एक गणमात्र माने गये हैं किन्तु जैसे इन्द्र से वज्र लेकर वज्रयानियों ने उसे अतुल महत्त्व दे दिया वैसे ही शिव की प्रतिद्वन्द्विता में उनके एक गण का उद्धार कर सिद्धों ने उसे शिव से भी अधिक महत्त्व दे दिया क्योंकि त्रैलोक्य-विजय की मुद्रा का वर्णन देते हुए उन्हें वाम पद से महेश्वर के मस्तक और दक्षिण पद से गौरी के युगल स्तनों को कुचलते हुए प्रदर्शित किया गया है।[74]

इस प्रकार हम देखते हैं कि बौद्ध कापालिक पद्धति एक स्वतन्त्र पद्धति के रूप में विद्यमान थी और उसकी जड़ें योगाचार सम्प्रदाय में थीं। कालान्तर में उस पर शैव प्रभाव भी पड़ा, किन्तु उसने अपने को पृथक् रखने की चेष्टा की। काण्हपा निस्सन्देह इसी बौद्ध कापालिक पद्धति के उन्नायक थे। इसका एक प्रमाण और मिलता है। काण्हपा का एक नाम कृष्णवज्र भी मिलता है। कृष्णवज्र का उल्लेख हमें हेरुक की साधना में मिलता है।[75] कृष्णवज्र धारण करने से काण्हपा को कृष्णवज्र भी कहा जाता रहा होगा। उनकी चर्या में उल्लिखित अन्य आभरण डमरू, घण्टा, आलि-कालि, चन्द्र-सूर्य, कुण्डल आदि सभी का हेरुक साधना में स्पष्ट उल्लेख है।

इस प्रकार काण्हपा की भी साम्प्रदायिक स्थिति में कोई सन्देह नहीं रहता। बौद्ध कापालिक परम्परा का परिचय न होने से ही उनके बौद्ध अथवा शैव होने में सन्देह हो सकता है। योगाचार तथा बौद्ध तन्त्र की परम्परा तथा तारानाथ की साक्षी उन्हें बौद्ध ही सिद्ध करते हैं। इस प्रकार सरहपा से लेकर काण्हपा आदि प्रमुख सिद्धों की रचनाओं पर साम्प्रदायिक दृष्टि से विचार करने के उपरान्त हम इस परिणाम पर पहुँचते हैं कि विभिन्न आम्नायों और पद्धतियों को अपनाने पर भी अन्ततोगत्वा वे बौद्ध परम्परा का आश्रय नहीं छोड़ते और यथासम्भव सभी पद्धतियों को बौद्ध बाना पहना देते हैं।

प्रारम्भिक तथा परवर्ती काल—किन्तु इनके साम्प्रदायिक विकास पर दृष्टि डालते समय एक विशेष प्रवृत्ति का आभास मिलता है। प्रारम्भ में सरहपा आदि में जहाँ बाह्य प्रवृत्ति की निन्दा की गयी है, वहाँ काण्हपा आदि में बाह्य अनुष्ठानों पर अधिक बल दिया गया है। उन्होंने बाह्य अनुष्ठान, विन्यास, चिह्न आदि अपनाये हैं। सरहपा के चर्यापदों में नैरात्म-दर्शन पर अधिक बल है, काण्हपा में अनुष्ठान और गुह्यचर्या पर।

यद्यपि केवल इतने मात्र से यह कहना कि सरहपा की चर्या में अनुष्ठानों का सर्वथा बहिष्कार है, उतना ही भ्रामक है जितना यह कहना कि काण्हपा आदि में प्रज्ञोपाय ज्ञान की चर्चा ही नहीं थी। किन्तु यह अवश्य है कि बाद में बौद्ध तान्त्रिक साधक इन अनुष्ठानों के पीछे की दार्शनिक पृष्ठभूमि भूल रहे थे। बाद में मुनिदत्त, अद्वयवज्र तथा काण्हपा की शिष्य मेखला ने दोहों और पदों की जो टीकाएँ लिखीं और उनमें दर्शन-पक्ष पर जो इतना बल दिया वह निःसन्देह इस बात का परिचायक है कि सम्प्रदाय के आम लोग केवल अनुष्ठान, चमत्कार और मैथुन में ही प्रवृत्त हो गये थे।

इस प्रकार की परिणति लगभग सभी तान्त्रिक सम्प्रदायों में दृष्टिगोचर होती है। इस दृष्टि से द्विवेदी जी ने भारतीय धर्म-साधनाओं के इस तान्त्रिक युग को मोटे तौर पर दो कालों में विभाजित किया है। पहला काल 8वीं से 10वीं शती का है जब इन सम्प्रदायों में उत्साह है, उदारता है, लोकधर्म के प्रति जागरूकता है और दूसरा 10वीं से 12वीं शती जब एक शिथिलता आ जाती है। परम्पराबद्धता, अनुष्ठानबहुलता और चिन्तापराधीनता आ जाती है। यह टीकाओं का काल है।[76] सिद्ध सम्प्रदाय में भी इस विश्लेषण की छाया मिलती है। बाद के तान्त्रिक साहित्य में वह उत्साह और बल नहीं रह गया है जो सरह के दोहों में मिलता है।

अद्वयवज्र की महत्त्वपूर्ण स्थिति—इस दृष्टि से अद्वयवज्र की स्थिति बहुत महत्त्वपूर्ण है। इसलिए नहीं कि वे सरहपा के दोहों के टीकाकार हैं वरन् इसलिए कि उनमें हमें इन घोर तान्त्रिक अनुष्ठानों और बिना उनका आध्यात्मिक अर्थ समझे उन्हें केवल उच्छृङ्खल अनाचार रूप में ग्रहण करने के विरुद्ध प्रतिक्रिया मिलती है जो उन्हें माध्यमिक दर्शन और सुधारवादी मर्यादा की ओर प्रेरित करती। वे स्वतः योगी थे, उनका दूसरा नाम अवधूतीपा था। किन्तु वे दर्शन के पक्ष का भी तिरस्कार नहीं करते थे इसीलिए उन्होंने स्थान-स्थान पर माध्यमिक मत का प्रतिपादन किया है। वे उच्छृङ्खलता पर एक रोक लगाकर पारमिताओं के पालन द्वारा आत्मपरिष्कार पर बल देते थे। इसीलिए उन्होंने उन्मत्त व्रतियों को भी, आदि-कर्म के पालन का उपदेश दिया था। जो पारमिताओं का पालन नहीं करते थे और जीवन की अनित्यता की ओर संकेत कर केवल रस और महामुद्रा का उपभोग करते हैं, वे चार्वाक के अनुयायी हैं सच्चे तान्त्रिक नहीं।[77] इस प्रकार उन्होंने बौद्ध सम्प्रदाय से अनुशासनहीनता और भौतिक कुप्रवृत्तियों का परिहार कर उसे पुनर्गठित करने का प्रयास किया और इसके लिए बहुत-से ग्रन्थ लिखे।[78] यदि अद्वयवज्र मैत्रीगुप्त ही हैं तो तारानाथ की साक्षी से भी यह ज्ञात होता है कि तान्त्रिक गुह्यानुष्ठानों के कुत्सित अंश का विरोध करते थे। सम्भवतः बौद्धधर्म ग्रहण करने के पूर्व वे वैष्णव थे और इसी से अनुशासन और विनय की प्रवृत्तियाँ उनमें शेष रह गयी थीं और वे अधिक सुसंस्कृत थे और परम्परा का उच्छेद कर उच्छृङ्खलता को प्रश्रय देने के विरोधी थे। उनके समकालीन रत्नाकर शान्ति, दीपङ्कर आदि आचार्य भी बौद्ध तान्त्रिकों की इस बढ़ती हुई अनैतिकता के घोर विरोधी थे और पारमिताओं की

नैतिक अनुशासनबद्धता की ओर लौट रहे थे। किन्तु सम्प्रदाय के सामान्य साधक निरन्तर नैतिक पतनों की ओर बढ़ रहे थे। राग की राग से विशुद्धि या शमन न होकर विकृति ही हो रही थी।

जब तक सिद्धों का अन्य साहित्य प्रकाश में नहीं आता तब तक उनके सम्प्रदाय के परिणति काल का स्पष्ट चित्र हम नहीं अंकित कर सकते किन्तु कुछ बाह्य प्रमाण ऐसे अवश्य मिलते हैं कि उनकी प्रवृत्तिमयी साधना उनके सामान्य अनुयायियों को राग, लिप्सा और द्वेष की ओर ले गयी थी। नैतिक बन्धन इतने ढीले हो गये थे कि अनाचार की सीमा तक पहुँच चुके थे। इस अनाचार की चरम सीमा ओदन्तपुरी विहार में पहुँच चुकी थी।

तारानाथ का कहना कि उन्होंने तान्त्रिक पद्धतियों को लज्जाजनक सीमा तक विकृत कर दिया था। वे पतित हो गये थे। उद्भ्रान्त हो गये थे। कई स्थानों पर सिन्धु और सिंहल के भिक्षुओं ने हेरुक की मूर्ति चुराकर उसकी चाँदी बाजार में बेच दी थी और इसके दण्डस्वरूप तत्कालीन शासक ने उन्हें प्राणदण्ड दिया था।[79] तारानाथ ने एक दूसरे स्थल पर यह भी संकेत किया है कि बहुत-से ऐसे भिक्षु थे जो तन्त्रों में भी निषिद्ध-गर्हित क्रियाओं में भाग लेने के कारण वज्रयानी परम्परा से भी बहिष्कृत कर दिये गये थे और यवनों में जाकर मिल गये थे। ऐसे एक भिक्षु का उल्लेख मिलता है जिसका नाम शुलिक था और यवनों से मिलने के बाद उसने अपना नाम भाठर रख लिया था। उसका शिष्य पैखम्भ (सम्भवतः यह पैगम्बर का तिब्बती अपभ्रंश रूप है) हुआ जो मक्का गया और म्लेच्छों को उभारकर बौद्धों का कत्लेआम कराने लगा।[80]

बौद्धों के दूसरे परम शत्रु उस समय वैष्णव थे। वैष्णवों ने बौद्धों पर अत्याचार तो नहीं किया किन्तु वैष्णव दर्शन के आगे बौद्ध भिक्षु काँपा करते थे। वैसे तारानाथ ने यह भी लिखा है कि तीर्थिकों ने उत्तर-पश्चिम दिशा से भारत में प्रवेश किया और जालन्धर से मगध तक के बौद्ध मन्दिरों को जलाया। किन्तु यह साम्प्रदायिक प्रतिद्वन्द्विता के कारण गढ़ी हुई कथा मालूम पड़ती है। उसका केवल यही अंश सत्य है कि वैष्णव जीवन-दर्शन वज्रयानी जीवन-दर्शन से कहीं अधिक सुलझा हुआ था। उसी समय बंगाल के पाल तथा चन्द्र वंश को अपदस्थ कर जो वंश स्थापित हुए उनमें एक वंश परम वैष्णव था और दूसरा शैव।

वैष्णव तथा शैव इन दोनों सम्प्रदायों की ओर से बौद्ध तान्त्रिकों का घोर विरोध हुआ और सहज-पद्धति के गुह्य अनुष्ठानों का दोनों ने बहिष्कार किया। सिद्धों की साधना में से केवल योग पद्धति और हठयोग द्वारा सहज-समाधि का अंश नाथयोगियों ने अपनाया जो शैव थे और इन शैवों ने मैथुन और नारी संग का पूर्ण बहिष्कार किया। सहज-साधना में से अनुष्ठानों के अंश और कुत्सित गुह्य आचारों का बहिष्कार कर केवल सहज भाव के प्रेम को वैष्णवों ने अपनाया।

सिद्धों के वज्रयान के उन्मूलन में यवनों और वैष्णवों से भी अधिक उन शैव हठयोगियों का हाथ रहा है जो आदि-नाथ शिव के अनुयायी थे। गोरखनाथ नामक एक

महान् धर्माचार्य ने इन कुत्सित अनुष्ठानों के विरुद्ध विद्रोह किया। गोरखनाथ में अदम्य साहस, निर्भीकता, संगठन शक्ति और वैराग्य था। उन्होंने समस्त देश का पर्यटन किया। सभी प्रान्तों में अपने केन्द्र स्थापित किये। योगियों का संगठन सैनिक आधार पर किया और तान्त्रिक साधनाओं का पूर्णतया मूलोच्छेदन कर दिया। इसके लिए उन्हें स्वतः अपने गुरु का भी विरोध करना पड़ा।

उनके गुरु मत्स्येन्द्र बौद्ध तथा शैव दोनों सम्प्रदायों द्वारा आदृत थे और दोनों पद्धतियों के आचार्य बताये गये हैं। इसीलिए उनके नाथ-पन्थ में वज्रयानी सिद्धों की कितनी ही प्रक्रियाएँ और शब्दावली अन्तर्भुक्त हो गयी थीं जो बाद तक चलती रहीं, यद्यपि गोरख ने उनमें से तान्त्रिक अनुष्ठानों के अंश और बौद्ध साम्प्रदायिक अंश को या तो निकाल दिया या उनकी दूसरी व्याख्याएँ प्रचारित कर दीं। इन्हीं परवर्ती सम्प्रदायों की विकास-परम्परा के साथ-साथ विकसित होते हुए बहुत-से वज्रयानी शब्द और प्रवृत्तियाँ नयी लोकभाषा हिन्दी के योगेश्वरी तथा सन्त-साहित्य तक चली आयीं।

■■

ख

परवर्ती सम्प्रदायों का विकास

नाथ-सम्प्रदाय—गोरखनाथ तथा उनके सम्प्रदाय के विषय में विभिन्न विद्वानों ने जो मत प्रस्तुत किये हैं वे भी प्रामाणिक सामग्री के अभाव में अधिकतर अनुमानात्मक हैं। जहाँ तक बौद्ध सिद्ध-परम्परा और गोरखनाथ का सम्बन्ध है, कुछ मतों तथा किंवदन्तियों का उल्लेख कर देना आवश्यक है, यद्यपि उन्हें किसी प्रमाण के अभाव में विश्वसनीय नहीं कहा जा सकता। बौद्ध किंवदन्तियों में गोरखनाथ वज्रयानी साधक माने गये हैं जो बाद में शैव हो गये। तारानाथ उनका वज्रयानी नाम अनंगवज्र बताता है और महामहोपाध्याय हरप्रसाद शास्त्री ने रमणवज्र नाम का उल्लेख किया है। उनका यह भी कहना है कि नेपाल के बौद्ध लोग गोरखनाथ पर बहुत क्रुद्ध हैं और उन्हें पहले बौद्धधर्म का अनुयायी और बाद में उसका शत्रु मानते हैं।[1] सिल्वियाँ लेवी ने नेपाल के बौद्धों में प्रचलित एक दन्तकथा का उल्लेख किया है जिसके अनुसार गोरख के समस्त अनुयायी पहले बौद्ध थे बाद में यवनों के भय से बौद्धधर्म छोड़कर ईश्वरवादी (शैव) हो गये। एक विद्वान् ने तो असंग अथवा नागार्जुन और गोरखनाथ को एक ही मानने का सुझाव रखा है।[2]

ये अधिकांश किंवदन्तियाँ अप्रामाणिक हैं और इनके आधार पर किसी भी निष्कर्ष पर पहुँचना अवैज्ञानिक होगा किन्तु ये किंवदन्तियाँ इस बात की ओर अवश्य संकेत

करती हैं कि बौद्ध साधनाएँ नाथ-परम्परा से बहुत घनिष्ठ रूप से सम्बद्ध थीं। स्वतः बौद्ध तान्त्रिक सम्प्रदाय के संस्कृत तथा अपभ्रंश साहित्य में शैव साधनाएँ और शैव प्रवृत्तियाँ प्रविष्ट हो चुकी थीं जिनकी ओर हम पीछे संकेत कर चुके हैं। दोहा तथा चर्यापदों में कई स्थानों पर सिद्धों के लिए या गुरु के लिए या वज्रसत्त्व के लिए नाथ विशेषण का प्रयोग हुआ है। सरहपा ने उसे नाथस्वरूप कहा है जिसका चित्त विस्फुरित हो जाय 'जत वि चित्तहि विफ्फुरइ तत्त वि णाह सरूअ।'[3] काण्हपा भी उसे नाथ कहते हैं, जो मन को निश्चल कर ले 'जो णत्थु णिच्चल किअउ मण सो धम्मक्खर पास।' ऐसे ही साधक को काण्हपा वज्रधरनाथ भी कहते हैं[4] और वह गृहिणी (प्रज्ञा महामुद्रा) का स्वामी होता है। प्रज्ञोपाय-विनिश्चय-सिद्धि, साधनमाला तथा कुछ अन्य अमुद्रित कृतियों आदि में नाथों का जो उल्लेख मिला है उसके आधार पर डॉ. बड़थ्वाल का यह अनुमान है कि बौद्ध-परम्परा में ही वज्रनाथी सम्प्रदाय का उद्भव हो चुका था और वज्रनाथी साधक केवल नाममात्र के लिए ही बौद्ध थे और उनमें नाथ शब्द गुरु के लिए (लामा का संस्कृत पर्याय) प्रयुक्त होता था क्योंकि गुरु वज्रकायाधारी अजर और अमर माना जाता था।[5] डॉ. बड़थ्वाल का मत है कि अधिकांश बौद्ध सिद्ध विचारधारा के अनुसार नाथपन्थी हैं किन्तु साम्प्रदायिक परम्परा के अनुसार बौद्ध।

इस प्रकार हम देखते हैं कि विद्वानों के मत दो सीमाओं पर हैं। कुछ लोग गोरखनाथ और उनके सम्प्रदाय को वज्रयान की शैव शाखा मानते हैं और कुछ लोग स्वतः बौद्ध सिद्धों को प्रच्छन्न नाथपन्थी। इन दोनों ही मतों में अनुमान की प्रबलता अधिक है वैज्ञानिक तर्कों का आश्रय कम और इसलिए दोनों में से किसी भी मत को पूर्णतया ग्रहण नहीं किया जा सकता। अधिक-से-अधिक हम यह जान सकते हैं कि एक ही भूभाग में बहुत दिनों तक शैव तथा बौद्ध तन्त्र और योग-साधनाएँ समानान्तर रूप से चलती रहीं और कामरूप आदि कई केन्द्र ऐसे भी थे जहाँ दोनों के ही तन्त्रपीठ होने के कारण दोनों पद्धतियों में पर्याप्त आदान-प्रदान हो रहा था जिसकी ओर हम पीछे कई बार संकेत कर चुके हैं।[6]

इस सम्बन्ध में यह भी ध्यान में रखना आवश्यक है कि गोरखनाथ नाथ-सम्प्रदाय के प्रवर्तक नहीं थे। वे उसके अत्यन्त सबल प्रचारक आचार्य तथा संगठनकर्त्ता थे। यह नाथ-परम्परा और कनफटी साधनाओं की परम्परा अत्यन्त प्राचीन है और किसी-न-किसी रूप में पाशुपत लाकुलीश मत से इसका घनिष्ठ सम्बन्ध रहा है। पण्डित हजारीप्रसाद द्विवेदी का यह कहना है कि गोरखनाथ ने योगमार्ग को एक व्यवस्थित रूप दिया। उन्होंने शैव प्रत्यभिज्ञा दर्शन के सिद्धान्तों के आधार पर बहुविस्तृत काययोग के साधनों को व्यवस्थित किया, आत्मानुभूति और शैव परम्परा के सामंजस्य से चक्रों की संख्या नियत की। उन दिनों अत्यन्त प्रचलित वज्रयानी साधना के पारिभाषिक शब्दों के सांवृत्तिक अर्थ को बलपूर्वक पारमार्थिक रूप दिया और अब्राह्मण उद्गम से उद्भूत सम्पूर्ण ब्राह्मण विरोधी साधनामार्ग को इस प्रकार संस्कृत किया कि उसका रूढ़ि विरोधी

रूप ज्यों-का-त्यों बना रहा किन्तु उसकी अशिक्षाजन्य प्रमादपूर्ण रूढ़ियाँ परिष्कृत हो गयीं।[7]

गोरखनाथ को शैव योग परम्परा किस रूप में मिली थी और उसमें उन्होंने क्या सुधार किया था इसका कोई भी प्रामाणिक विवरण नहीं दिया जा सकता किन्तु उन्होंने बौद्ध तान्त्रिक प्रभावों का कड़ा विरोध किया था ऐसा आभास अवश्य मिलता है। डॉ. द्विवेदी भी उन पर ब्राह्मण प्रभाव विशेष मानते हैं।[8] गोरखनाथ तथा उनके गुरु मत्स्येन्द्रनाथ के विषय में जो भी किंवदन्तियाँ प्रचलित हैं उनसे यह आभास अवश्य मिलता है कि तान्त्रिक वामाचारी साधनाओं को लेकर गुरु-शिष्य में कुछ मतभेद अवश्य था। मत्स्येन्द्र के नाम से शैव-कौल-तन्त्र की जिन पुस्तकों का सम्पादन डॉ. बागची ने किया है वे काफी प्राचीन हैं (11वीं शती) और उन्हें मत्स्येन्द्र की पद्धति के अन्तर्गत न मानने का कोई कारण नहीं दीख पड़ता है। कौलज्ञान निर्णय, अकुलवीर, कुलानन्द तन्त्र तथा ज्ञानकारिका आदि कृतियों में सहज-शून्य, वज्र आदि बहुत वज्रयानी शब्दों का प्रयोग मिलता है जिनका आगे यथास्थान उल्लेख किया जायगा। इन कृतियों का प्रमुख स्वर शैव है और अकुलवीर तन्त्र में तो स्पष्टतः बौद्ध सम्प्रदाय का विरोध मिलता है।[9] किन्तु उसकी साधना-पद्धति तान्त्रिक है और ज्ञात यह होता है कि इन्हीं तान्त्रिक अंशों का बहिष्कार कर गोरखनाथ ने अपने सम्प्रदाय का गठन किया होगा। इस आधार पर डॉ. द्विवेदी का यह मत समीचीन प्रतीत होता है कि 'गोरखनाथ की साधना का मूलस्वर शील, संयम और शुद्धतावादी है और उन्होंने तान्त्रिक उच्छृङ्खलताओं का विरोध कर 'निर्मम हथौड़े से साधु और गृहस्थ दोनों की कुरीतियों को चूर्ण कर दिया।'[10] विरोध केवल बौद्ध तन्त्रों से ही नहीं शाक्तों और शैवों से भी था। 'योगिसम्प्रदायाविष्कृति' : की वाममार्ग तथा गोरक्षनाथ की कथा भी इस परम्परा की ओर अप्रत्यक्ष संकेत करती है।[11]

नाथ-सम्प्रदाय में अन्तर्भुक्त धर्म साधनाएँ—गोरखनाथ ने अपने सम्प्रदाय का संगठन करते समय बहुत-से पूर्ववर्ती सम्प्रदायों को अपने योगमार्ग में स्वीकृत कर लिया था। डॉ. द्विवेदी का अनुमान यह है कि उनके पहले दो प्रकार के दल विद्यमान रहे होंगे। क—ऐसे जो योगमार्गी थे किन्तु शैव या शाक्त नहीं थे, ख—वे जो शैवागमवादी थे किन्तु योगमार्गी नहीं थे। दोनों ही प्रकार के कई सम्प्रदाय जो पूर्ववर्ती थे गोरखनाथ के संगठन में सम्मिलित हो गये और उनके प्रवर्तकों को गोरखनाथ का शिष्य समझा जाने लगा।[12] इनमें से वाममार्गी, शाक्त, बौद्ध, अघोर आदि सम्प्रदाय भी रहे होंगे। यहाँ तक कि उनमें कुछ जैन तान्त्रिक सम्प्रदाय भी अन्तर्भुक्त हुए हैं। डॉ. बरुआ ने आजीवकों के कुछ सम्प्रदायों की तुलना नाथपन्थियों से की है और जैन-परम्परा से नाथपन्थ का सम्बन्ध जोड़ा है।[13] गोरखनाथ तथा कण्हपा की जो शैव कथाएँ मिलती हैं उनसे यह भी ज्ञात होता है कि किसी समय काण्हपा की पद्धति के बहुत-से अनुयायी बौद्धधर्म छोड़कर शैव नाथपन्थ में दीक्षित हो गये थे। इसी प्रकार अवधूत सम्प्रदाय ने भी किसी समय गोरखनाथ का नेतृत्व स्वीकार कर लिया। दत्तात्रेय को

अवधूत सम्प्रदाय का मूल प्रवर्तक माना जाता है, कुछ लोग उसका सम्बन्ध बौद्धों की धूतांग साधना से भी बताते हैं, किन्तु वह योगमार्ग था इसमें सन्देह नहीं।[14]

इस समय गोरखनाथ के नाम पर जो भी ग्रन्थ प्रचलित हैं या उनके सम्प्रदाय में जो भी प्राचीन ग्रन्थ सर्वमान्य हैं उनमें योगमार्ग के साथ-साथ कहीं-कहीं तान्त्रिक प्रवृत्तियाँ भी मिल जाती हैं। गोरक्ष-सिद्धान्त-संग्रह में षोडश-नित्यातन्त्र का उद्धरण देकर नाथों को तन्त्रों का भी प्रवर्तक मान लिया गया है।[15] ज्ञात यह होता है कि बाद में जो सम्प्रदाय नाथपन्थ में सम्मिलित हुए उनमें से कई तान्त्रिक प्रवृत्तियाँ और साधनाएँ अपने साथ लेते आये। हठयोगप्रदीपिका में महामुद्रा का जैसा उल्लेख है और वज्रोली, सहजोली आदि साधनाओं का जो वर्णन है वह स्पष्टतः वज्रयानी परम्परा से प्रभावित मालूम पड़ता है।

यह वज्रयानी तान्त्रिक प्रभाव सूफियों तक भी पहुँच रहा था। ज्ञात यह होता है कि मुसलमानी आक्रमण के समय बहुत-से ऐसे सम्प्रदाय सामूहिक रूप से मुसलमान हो गये जो मूलतः तान्त्रिक साधनाओं में विश्वास करते थे। ऐसे सम्प्रदायों ने यवन हो जाने के बाद भी गुप्त रूप से तान्त्रिक साधनाएँ जारी रखीं। फीरोजशाह तुगलक के समय तक ऐसे मुस्लिम सम्प्रदायों का उल्लेख मिलता है जिनमें रात्रि को तान्त्रिक चक्र की योजना होती थी और प्रत्येक साधक पत्नी, माता, भगिनी और पुत्री आदि के साथ उस भैरवी-चक्र में प्रवृत्त होता था। तुगलक ने उनका कत्लेआम करा दिया था। पूर्वी भारत में दीनाजपुर के कुछ शाह मदार के अनुयायी मुसलमान जोगी हैं[16] जिनमें सूफी और योगमार्ग का विचित्र सम्मिश्रण मिलता है।[17] पंजाब में भी ऐसे मुसलमान जोगी मिलते हैं जो मुहम्मद के चमत्कार की गाथाएँ गाते हैं यद्यपि उनकी साधना-पद्धति योगमार्गी मालूम पड़ती है।[18] योगमार्ग के माध्यम से बहुत-से वज्रयानी शब्द और परम्पराएँ जायसी की सूफी परम्परा तक जा पहुँची हैं जिन पर हम आगे दृष्टिपात करेंगे। पूर्वी भारत में यही परम्परा बाउल साधना के रूप में विकसित हुई जिसमें सूफी-साधना, सहज-साधना और नाथ योग-साधना का सम्मिश्रण हुआ है।

नाथपन्थ का प्रभावक्षेत्र केवल उत्तर-पूर्वी भारत नहीं था। वह समस्त देश में विस्तृत था और प्रत्येक प्रान्त में वह नये सम्प्रदायों के सम्पर्क में आया था जिसकी कितनी ही प्रवृत्तियाँ उसमें समाविष्ट होती गयीं। दक्षिण में कुछ जोगी नाग पूजा करते हैं,[19] महाराष्ट्र में कुछ जोगी भैरव को पूजते हैं और गृहस्थ जीवन बिताते हैं।[20] मलयाली गुरुकुल जोगी कालीपूजक हैं और मैथुन साधना में विश्वास करते हैं,[21] पंजाब के रावल, लाकुलीश मत के पुराने अनुयायियों का शैव रूप है। सामाजिक दृष्टि से पूर्वी भारत की बहुत-सी योगी जातियाँ भी गृहस्थ थीं।[22] द्विवेदी जी का अनुमान है कि कबीर ऐसी ही किसी यवन वयनजीवी योगी जाति में पैदा हुए थे। वज्रयानी सहज और शून्य आदि की परम्पराएँ इसी प्रकार कबीर को मिली होंगी, ऐसा अनुमान किया जा सकता है।

सन्त-परम्परा—विद्वानों का अब इस विषय में विशेष मतभेद नहीं रहा कि सन्त-परम्परा निर्गुण को मान्यता देते हुए भी केवल ज्ञानाश्रयी नहीं है, उसका मूल स्वर भक्ति

का स्वर है। यह एक ऐसी विशेषता है जो गोरखनाथ तथा उनके अनुयायियों के साहित्य में नहीं मिलती। डॉ. द्विवेदी स्पष्ट लिखते हैं, 'केवल एक वस्तु वे कहीं से नहीं ले सके। वह है भक्ति। वे ज्ञान के उपासक थे और लेशमात्र भावाकुलता को भी बर्दाश्त नहीं कर सकते थे।'[23] इस दृष्टि से कबीर और गोरख के स्वरों में दो ध्रुवों का अन्तर आ गया था। कबीर, दादू आदि का परिचय जिस नवीन भक्ति-साधना से हुआ था, उसके प्रति उनमें विशेष उत्साह था, उन्होंने एक नयी निष्ठा, एक नयी आस्था ग्रहण की थी जिसमें ज्ञान और योग गौण थे, भावना और भजन प्रमुख थे।

किन्तु फिर भी उन्होंने योगमार्ग का परित्याग नहीं किया था। स्वतः कबीर को भक्ति की दीक्षा जिस गुरु से मिली थी उसने योग तथा भक्ति का समन्वय करने का प्रयास किया था। रामानन्द तथा उनके गुरु राघवानन्द जी, विशिष्टाद्वैतवादी थे किन्तु परम्पराओं से ज्ञात होता है कि दोनों ही सिद्ध योगी थे। किंवदन्ती तो यहाँ तक कहती है कि रामानन्द का अल्पायु में मारक योग था। पहले वे किसी अद्वैतवादी गुरु के शिष्य थे जो उन्हें राघवानन्द को सौंप गया। राघवानन्द ने उन्हें पूर्ण योगी बना दिया और जिस समय उनका मारक योग था, उन्हें पूर्ण समाधिस्थ हो जाने की आज्ञा दी। इस प्रकार काल उन्हें छू भी नहीं पाया।[24] गुरु राघवानन्द के नाम पर सिद्धान्त-पंचमात्रा नामक जो कृति डॉ. बड़थ्वाल को मिली है उसमें भी उनकी परम्परा के किसी शिष्य ने उनके साधनामार्ग को योग और प्रेम का समन्वित रूप बताया है।[25] राजा दलजीतसिंह ने भी डॉ. मोहनसिंह की पुस्तक के प्राक्कथन में रामानन्द पर गोरखनाथ के योगमार्ग के गहरे प्रभाव का उल्लेख किया है। राघवानन्द की शिष्य-परम्परा में 17वीं शताब्दी के किन्हीं मिहीलाल ने भी उन्हें अवधूतवेशधारी बताया है।[26]

इस प्रकार कबीर को भक्ति की दीक्षा जिस गुरु से मिली, वह भी योगमार्ग को भक्ति का विरोधी नहीं मानता था और इसलिए कबीर ने भक्ति के साथ-साथ योग को भी प्रश्रय दिया और योगमार्गी परम्पराओं में जो भी वज्रयानी साधना-पद्धतियाँ, पारिभाषिक शब्द, प्रतीक और उलटवाँसियाँ चली आ रही थीं वे सबको तथा उनके अनुयायी सन्तों को उत्तराधिकार रूप में प्राप्त हुईं। तब तक वज्रयानी सिद्धों का कोई प्रत्यक्ष प्रभाव शेष रहा हो ऐसी कोई सम्भावना नहीं है। वास्तव में कबीर तथा अन्य सन्तों ने ये प्रभाव छोटे-छोटे योगमार्गी सम्प्रदायों से ग्रहण किये जिनमें वज्रयानी परम्पराएँ किसी प्रकार शेष रह गयी थीं, किन्तु समय के साथ-साथ उनमें भी बहुत-कुछ परिवर्तन और विकास हो चुका था।

ऐसे-ऐसे छोटे-छोटे सम्प्रदाय पूर्वी भारत या पश्चिमी भारत दोनों ही क्षेत्रों में अवशिष्ट थे और साधारण निम्न वर्ग की जनता में उनका यथेष्ट प्रभाव था। कबीर तथा अन्य सन्तों का कार्यक्षेत्र निम्न वर्ग ही था अतः उन्हें उन्हीं सम्प्रदायों द्वारा स्वीकार शब्दावली अपनानी पड़ी होगी किन्तु सन्तों ने उन्हें अपने स्वाधीन अर्थ दे दिये। लगभग यही गोरखनाथ ने अपने समय में प्रचलित वज्रयानी सम्प्रदायों के लोकप्रिय पारिभाषिक

शब्दों के साथ किया था। अतः यह प्रभाव वास्तव में इस रूप में नहीं था कि सन्तों ने वज्रयानी साहित्य पढ़ा हो या सिद्धों के वचन सन्तों के समय तक ज्यों-के-त्यों प्रचलित हों और उन्होंने उसमें से बहुत-सा अंश अपना लिया हो। वास्तविकता तो यह है कि जिस समय कबीर ने सहज शून्य आदि का व्यवहार किया उस समय उन्हें इसका लेशमात्र आभास भी न रहा होगा कि ये शब्द उन्हीं सिद्धों के हैं जिनके विषय में स्वतः कबीर लिखते हैं 'षट्दरसन संसे पड्या अस चउरासी सिध।'[27] भक्ति के आगे सिद्धि और सिद्धों के प्रति कबीर तथा परवर्ती सन्तों में एक घोर उपेक्षा का भाव आ गया था, यहाँ तक कि पलटूदास भक्ति के मार्ग में केवल सन्तों का ही गुजर बताते हैं और स्पष्ट कहते हैं कि :

सिध चौरासी, नाथ नौ बीचै सबै भुलान
बीचै सबै भुलान भक्ति की मारग छूटी
हीरा दिहिन है डारि लिहिन हैं कौड़ी फूटी।[28]...

इसी प्रकार एक ओर सन्त लोग चौरासी सिद्धों और नौ नाथों की उपेक्षा कर रहे थे किन्तु दूसरी ओर उन्हीं सिद्धों द्वारा प्रयुक्त और नाथों द्वारा नयी व्याख्या से समन्वित पारिभाषिक शब्दों द्वारा योग प्रवृत्तियों को ग्रहण कर उसका एक नया अर्थ देने का प्रयास कर रहे थे।

पूर्वी भारत के अन्य सम्प्रदाय—किन्तु इन शब्दों का इतिहास सर्वथा एकांगी रह जायगा यदि हम केवल हिन्दी की नाथ और सन्त-परम्परा तक ही अपने अध्ययन को सीमित रखेंगे। उस समय पूर्वी और पश्चिमी भारत में कई ऐसे छोटे-छोटे सम्प्रदाय 12वीं शती से 16वीं शती तक जीवित थे जिनमें सहज, शून्य, निरंजन आदि शब्दों को ग्रहण कर योग तथा भक्ति का समन्वय किया गया था। ये सम्प्रदाय तथा इनका साहित्य समय-समय पर प्रत्यक्ष अथवा अप्रत्यक्ष रूप से हिन्दी के नाथ तथा सन्त-साहित्य को प्रभावित करता रहा है। अभी तक इन सम्प्रदायों का विस्तृत विवरण नहीं मिल पाया है किन्तु पूर्वी भारत के धर्म, सम्प्रदाय और पंचसखा सम्प्रदाय के विषय में जो कुछ ज्ञात हुआ है वह हिन्दी सन्त-साहित्य में प्रयुक्त कई वज्रयानी पारिभाषिक शब्दों के इतिहास पर सर्वथा नवीन प्रकाश डालता है। इनमें से धर्म सम्प्रदाय की परम्परा तो 12वीं शती तक मिल जाती है, किन्तु उड़ीसा का पंचसखा सम्प्रदाय अपेक्षाकृत नवीन है, और उसके प्रवर्तकों का समय 16वीं शती माना जाता है।[29] इन पाँच वैष्णव कवियों का नाम अच्युतानन्ददास, बलरामदास, जगन्नाथदास, अनन्तदास और यशोवन्तदास था। बसु महोदय द्वारा उद्धृत इनकी कविताओं में स्थान-स्थान पर कृष्ण को शून्य रूप कहा गया है और शून्य के मध्य में निरंजन तथा निरंजन में स्वतः भगवान् की स्थिति बतायी है। बसु महोदय का यह मत है कि यह सम्प्रदाय प्रच्छन्न बौद्ध सम्प्रदाय है क्योंकि प्रतापरुद्र नामक उड़िया राजा बौद्धों का विरोधी था और उन पर अत्याचार करता

था। उसी समय प्राणभय से बहुत-से बौद्धों ने वैष्णव दीक्षा लेकर प्राण बचाये। किन्तु डॉ. दासगुप्त तथा डॉ. द्विवेदी इससे पूर्णतया सहमत नहीं हैं। डॉ. दासगुप्त का कहना है कि पंचसखा तथा धर्म-सम्प्रदायों में कुछ बौद्ध प्रवृत्तियों और हिन्दू प्रवृत्तियों का मेल अवश्य हुआ है किन्तु वे बौद्धधर्म के उस रूप से आयी थीं जो शुद्ध बौद्ध रूप न होकर तान्त्रिक बौद्धधर्म था और हिन्दू तन्त्रों से बहुत भिन्न नहीं था।[30] डॉ. द्विवेदी का भी मत इसी पक्ष में है कि इन सम्प्रदायों को प्रच्छन्न न कहकर केवल यह कहा जाना चाहिए कि इन्होंने बहुत-से ऐसे शब्दों को ग्रहण कर लिया था 'जिनका बौद्ध साधना से सुन्दर सम्बन्ध था।'[31] आगे चलकर इस सम्प्रदाय में सृष्टिकथा का जो रूप मिलता है (महादेवदास की धर्मगीता में) वह यह बताता है कि धर्म-सम्प्रदाय की सृष्टि कथाओं को इस सम्प्रदाय में भी मान्यता मिल गयी।

धर्म-सम्प्रदाय—धर्म-सम्प्रदाय पंचसखाओं के वैष्णव सम्प्रदाय से अधिक पुराना और अधिक महत्त्वपूर्ण है। पश्चिमी बंगाल, उड़ीसा, छोटा नागपुर से रीवा तक किसी समय धर्म देवता की पूजा प्रचलित थी और बंगाल के वीरभूम जिले तथा उड़ीसा के कुछ भागों में अब भी यह सम्प्रदाय जीवित है यद्यपि उसका रूप बहुत-कुछ वैष्णव या शैव हो गया है। यह सम्प्रदाय किसानों, डोम, बागदी, मछुवे, बढ़ई तथा इसी प्रकार की निम्न जातियों में प्रचलित था। डॉ. दासगुप्त का मत है कि इस सम्प्रदाय से बौद्ध प्रभावों की परम्परा का सम्बन्ध है। सहजयानी महामुद्रा-साधना या वज्रयोग का कोई भी विशेष प्रभाव इस सम्प्रदाय के साहित्य में नहीं उपलब्ध होता, किन्तु क्रिया-संग्रह आदि वज्रयानी ग्रन्थों में उपलब्ध तान्त्रिक अनुष्ठान-पद्धतियों से धर्म-सम्प्रदाय के पुराने ग्रन्थों की विषयवस्तु बहुत मिलती-जुलती है।[32] उनका यह भी कहना है कि धर्म ठाकुर की अर्द्धांगिनी शीतलादेवी वास्तव में बौद्ध देवी हारीति ही हैं जो वेश और नाम बदलकर धर्म-सम्प्रदाय में स्वीकृत कर ली गयी हैं।[33] यह धर्म ठाकुर वास्तव में बौद्धों के बुद्ध, धर्म और संघ में से लिया गया धर्म है, ऐसा कुछ विद्वानों का मत था। डॉ. बसु तो धर्म पूजा में प्रयुक्त शंख को भी संघ का ही प्रतीक मानते हैं।[34] किन्तु उपर्युक्त मतों का कोई विशेष प्रामाणिक आधार न होने के कारण डॉ. दासगुप्त इसे अस्वीकार करते हैं। वास्तव में इस धर्म-सम्प्रदाय का संयोजन 12वीं शती के लगभग रमाई पण्डित के द्वारा किया गया है और उसमें उस समय जनता में व्याप्त अनुष्ठानों, विश्वासों और देवी-देवताओं को एक नियमित शृङ्खलाबद्धता देकर धर्म ठाकुर के पूजा-विधान में सम्मिलित कर लिया गया है। यह धर्म संज्ञा भी वास्तव में सन्थाल, मुण्डा, ओराँव आदि आस्ट्रो-एशियायी जातियों में प्रचलित एक शब्द का संस्कृत रूपान्तर है। वह शब्द है 'दुलि' जिसका अर्थ कछुआ होता है। यह शब्द उत्तरकालीन संस्कृत भाषा में भी ग्रहण कर लिया गया है और चर्यापदों में भी एक स्थान पर कछुए के अर्थ में इसका प्रयोग हुआ है। 'दुलि दुहि पिटा धरणि न जाअ' (चर्यापद 2)। टीकाकार यहाँ दुलि का सांकेतिक

अर्थ महासुख चक्र बताता है जिसमें द्वयाकार लीन हो जाते हैं। स्वार्थक प्रत्यय ओम जोड़कर इसका रूप दुलोम, दुरोम, डुरोम आदि हो जाता है।[35] यह डुरोम या कच्छप ओराँवों और सन्थाल आदि जातियों का सर्वमान्य देवता था और यह ज्ञात होता है कि बाद में इसे संस्कृत के धर्म शब्द के कच्छप रूप में और कभी कच्छप को धर्म के वाहन के रूप में परिकल्पित किया जाता रहा।[36] महामहोपाध्याय हरप्रसाद शास्त्री आदि विद्वान् जो आदिवासियों की इस कच्छप पूजा और दुलि शब्द के इतिहास से अवगत नहीं थे वे धर्म ठाकुर के कच्छपरूप को बौद्ध स्तूप का ही रूपान्तर मानते रहे। किन्तु उन्होंने ऐसी कई घटनाओं का उल्लेख किया जिनसे ज्ञात होता है कि बंगाल के पुरोहित धर्म ठाकुर को धीरे-धीरे शैव या वैष्णव देवता का रूप देते रहे।[37] लगभग कुछ ऐसा ही इतिहास पुरी के जगन्नाथ का है जो मूलतया बौद्ध देवता थे या धर्म ठाकुर के ही बौद्ध रूपान्तर मात्र थे। धर्म-पूजा-विधान तथा गोविन्द-विजय आदि कृतियों में इसका उल्लेख मिलता है।[38]

कबीरपन्थ और धर्म-सम्प्रदाय—कबीरपन्थ के साहित्य में भी हमें यह कथा एक-दूसरे रूप में मिलती है। धर्म-पूजा-विधान में कहा गया है कि बौद्ध जगन्नाथ ही बंगाल में धर्म ठाकुर का रूप धारण करेंगे। कबीरपन्थी ग्रन्थ लक्ष्मणबोध में यह कथा इस प्रकार मिलती है—

श्रीकृष्ण वचन—

तब बोले अस गोविन्दराई। पेड़ एक तुम बेगि बढ़ाई।
मट्टी धरो पेड़ के माई। सो पेड़ तुम देहु बहाई।
पेड़ सोइ उड़ीसा जाई। बौद्धावतार की माँड मडाई।
ठाकुर कहा सो बलभद्दर कीना। एक पेड़ बनाय कर लीना।

× × ×

अब कलियुग बैठेगा सोई। बौद्ध थापना हमरो होई।
जगन्नाथ मम नाम है सोई। हमरी थापना यही विधि होई।[39]

जयदेव के ही समय से बुद्ध को अवतारों में गिन लिया गया था और जगन्नाथ को कृष्ण का बौद्धावतार माना जाता था। कबीरपन्थ में सतगुरु कबीर का महत्त्व बढ़ाने के लिए कुछ अन्य कथाएँ भी जोड़ दी गयीं और लक्ष्मणबोध में निरंजनगोष्ठी का हवाला देते हुए कहा गया है कि निरंजन ने कबीर से प्रार्थना की कि जब मेरा जगन्नाथ का अवतार होगा तब समुद्र मेरे मन्दिर को तोड़ेगा और आप उसे बचायें। सतगुरु कबीर ने उसे आश्वासन दिया और कई बार मन्दिर टूट जाने पर वे गये और समुद्र की ओर मुख कर बैठ गये। समुद्र ब्राह्मण के वेश में आया और बोला—'महाराज, मैं तो जगन्नाथ के मन्दिर को तोड़ने आया था। आप सम्मुख बैठे हैं तो सामर्थ्यविहीन हूँ।' इसी प्रसंग में एक तथ्य और महत्त्वपूर्ण है। उस बौद्ध-वैष्णव मन्दिर का पण्डा जब पूजन के हेतु

आया तब कबीर का वेश यवन साधु का वेश था अतः वह मन में हिचका। तब कबीर ने ऐसा चमत्कार किया कि समस्त मन्दिर में कबीर की ही यवन वेशधारी मूर्तियाँ दिखायी देने लगीं। अन्त में कबीर ने उस इन्द्रजाल का निवारण किया और आदेश दिया कि आज से इस मन्दिर में जात-पाँत, छुआछूत आदि का कोई विचार नहीं होगा।[40] इस कथा में कबीर का महत्त्व बढ़ाने के लिए इसको यह रूप दिया गया है किन्तु इससे स्पष्ट है कि बौद्धधर्म का प्रभाव किस रूप में उड़ीसा क्षेत्र में शेष रह गया था। हिन्दू-मुस्लिम एकता की उपर्युक्त भावना भी कबीरपन्थी कथा से पुरानी है क्योंकि धर्म-पूजा-विधान में जगन्नाथ के मन्दिर में साम्प्रदायिक भेदभाव भुलाने का आदेश मिलता है। यह भी ज्ञात होता है कि किसी समय धर्म-सम्प्रदाय का उच्चवर्गीय हिन्दुओं[41] ने विरोध किया था और मुसलमानों ने उसको प्रश्रय दिया था।

कबीरपन्थ में धर्म-सम्प्रदाय से एक वस्तु और आयी है, वह है सृष्टि-प्रक्रिया और उसमें निरंजन का स्थान। निरंजन की प्रजापति ब्रह्मा के समानान्तर कल्पना कर निरंजन और माया के सहगमन से समस्त सृष्टि के उद्भव की कथा धर्म-सम्प्रदाय के शून्य-पुराण और परवर्ती मंगल ग्रन्थों में, उड़ीसा-वैष्णव साहित्य, बंगाल के नाथ-साहित्य में और कबीरपन्थ के साहित्य में थोड़े-बहुत रूपान्तर से लगभग एक-सी मिलती है। कुछ विद्वानों ने इस सृष्टिकथा का मूल स्रोत बौद्ध ग्रन्थों तथा हिन्दू पुराणों में ढूँढ़ने का असफल प्रयास किया है। किन्तु शरच्चन्द्र राय द्वारा संगृहीत[42] ओराँवों में प्रचलित सृष्टिकथा इन कथाओं की मूल प्रेरणा प्रतीत होती है। कूर्म और अण्ड का इन कथाओं में जो महत्त्वपूर्ण स्थान है, वह भी आदिवासियों की आदिम लोककथाओं का प्रभाव मालूम पड़ता है। डॉ. दासगुप्त ने पूर्वी भारत के इन छोटे-छोटे सम्प्रदायों की साहित्यिक परम्परा में इन सृष्टिकथाओं के विभिन्न रूपों की समीक्षा की हैं[43] और उनमें निहित बौद्ध परम्पराओं का भी संकेत किया है। कबीरपन्थ में इस परम्परा ने जो रूप धारण किया उस पर डॉ. द्विवेदी ने 'कबीर' में कुछ प्रकाश डाला है।[44] यहाँ उसके विस्तार में न जाकर शून्य अथवा सहज का इस सृष्टि-प्रक्रिया में क्या स्थान है, इसका उल्लेख हम आगे करेंगे। जहाँ तक निरंजन का प्रश्न है डॉ. द्विवेदी ने कबीरपन्थ के विकास के साथ निरंजन की स्थिति में परिवर्तनों की ओर संकेत किया है। यहाँ यह बता देना आवश्यक है कि इस दृष्टि से सन्तों की साहित्य परम्परा में पश्चिमी क्षेत्रों में निरंजन का महत्त्व सदैव अक्षुण्ण रहा किन्तु पूर्वी परम्परा में साम्प्रदायिक प्रतिद्वन्द्विता के कारण घटता चला गया। निरंजन शब्द का प्रयोग दोहाकोष में जिन अर्थों में हुआ है इसका विवेचन हम तीसरे अध्याय में कर चुके हैं, किन्तु यह संकेत कर देना आवश्यक है कि निरंजन बौद्धों की अपेक्षा शैवों की परम्परा से अधिक घनिष्ठ रूप से सम्बद्ध है, वैसे यह लगभग समस्त योगमार्गीय सम्प्रदायों की सम्मिलित सम्पत्ति हो गया था चाहे वे बौद्ध सम्प्रदाय हों, जैन हों अथवा शैव हों। पाहुड़दोहों में वज्रयानी दोहों की ही भाँति 'सुण्ण निरंजणु'

को साधक की सर्वोच्च स्थिति माना गया है और इन्हीं कारणों से हम निरंजन का वज्रयानी साधना से उतना घनिष्ठ सम्बन्ध नहीं मान सकते जितना शून्य, सहज, खसम आदि शब्दों का।

इन सम्प्रदायों का लोकभाषा साहित्य—समय की दृष्टि से इन पूर्वी भारत के सम्प्रदायों का अधिकांश साहित्य कबीर के बाद का साहित्य है किन्तु रमाई पण्डित कबीर के पूर्ववर्ती थे (12वीं शती) और शून्यपुराणों में जो विभिन्न पद्धतियों का संकलन है, उनमें बहुत-सा अंश कबीर से भी पूर्व का हो सकता है। डॉ. दासगुप्त इस सारी सामग्री की परीक्षा कर इस परिणाम पर पहुँचे हैं कि शून्यपुराण के कुछ अंश 12वीं शती तक के हो सकते हैं, यद्यपि उनका उपलब्ध रूप बहुत बदला हुआ है, किन्तु धर्म-पूजा-विधान को वे बहुत बाद की कृति मानते हैं। उसके बाद 'धर्ममंगल' आदि मंगल-साहित्य की परम्परा चली है जिसका अनिवार्य प्रभाव हिन्दी के सन्त-साहित्य पर पड़ा है। सत्य तो यह है कि इनमें सारे सम्प्रदायों को वास्तव में एक सूत्र में बाँधनेवाली शक्ति लोकभाषा है। हम हिन्दी, बंगाली, उड़िया आदि के साहित्यों के बीच विचार और चिन्तन के क्षेत्र में अन्तर-रेखाएँ नहीं खींच सकते। भाषा और व्याकरण का जो भी अन्तर रहा हो किन्तु एक-सी शैली, एक-सा स्वर, एक-सी चिन्तन-पद्धति और एक ही पारिभाषिक शब्दावली लोकभाषाओं के समस्त धार्मिक साहित्यों में फैल जाती थी, और प्रदेशों की सीमाएँ उसमें बहुत थोड़े-से अन्तर उत्पन्न कर पाती थीं। वास्तव में बौद्ध सिद्धों के उपलब्ध तथा नाथ-योगियों के अनुपलब्ध लोकभाषा के धार्मिक साहित्य से परवर्ती सम्प्रदायों के लोकभाषा के साहित्य की परम्परा अविच्छिन्न रूप से जुड़ी हुई है। इस सम्बन्ध में डॉ. द्विवेदी का यह भी मत विचारणीय है कि मध्यदेश में बौद्धों तथा नाथों के प्राचीन लोकभाषा साहित्य के न उपलब्ध होने का कारण यह है कि अपभ्रंश काल के उत्तरार्द्ध में मध्यदेश के रूढ़िपूजक चिन्तकों और मनीषियों ने इन सम्प्रदायों की लोक-प्रवृत्तियों और लोकभाषा की वृत्तियों को विशेष प्रश्रय नहीं दिया था।

वास्तव में हिन्दी में नाथ-योगियों का जो भी साहित्य मिलता है वह अपने वर्तमान रूप में बहुत नया है। उसकी अधिकांश पाण्डुलिपियाँ 17वीं तथा 18वीं शताब्दी के इधर की ही हैं। स्वतः डॉ. बड़थ्वाल ने इसे स्वीकार किया है।[45] इसलिए भाषा आदि की दृष्टि से ये सर्वथा अविश्वसनीय हैं और ये बानियाँ गोरखनाथ की ही हैं, केवल समय के साथ इनमें परिवर्तन हो गया है, इस पर भी विश्वास करने का कोई आधार नहीं है। कुछ बानियों को तो स्वतः डॉ. बड़थ्वाल ने गोरख-कृत नहीं माना है, शेष के विषय में भी कुछ कहा नहीं जा सकता। किन्तु इन नाथपन्थी बानियों में बहुत पुराने प्रभाव शेष रह गये हैं इसमें सन्देह नहीं। नाथपन्थ ने यथासम्भव अपने साहित्य में साधना-पद्धति का वह रूप सुरक्षित रखा है जो सन्तों और सिद्धों के बीच एक सेतु माना जा सकता है। डॉ. बड़थ्वाल ने 'योग-प्रवाह' में जिन आचार्यों की अमुद्रित बानियों का उल्लेख किया है, उनमें कभी-कभी और प्राचीन परम्पराएँ मिल जाती हैं। इसीलिए आगे प्रभाव-

परम्परा का विवेचन करते समय अक्सर सन्तों के पहले नाथों के उद्धरण दिये गये हैं क्योंकि सन्तों में वज्रयानी शब्दों के अर्थ और साधनाओं के रूप अधिक स्वच्छन्दता से रूपान्तरित हो रहे थे जबकि नाथपन्थी बानियों में उसके अधिक प्राचीन रूप सुरक्षित बच रहे थे। इस अध्याय के अगले अंशों के उद्धरणों से इसके यथेष्ट प्रमाण मिलेंगे।

नाथों के ही समान अभी प्रारम्भिक सन्तों के साहित्य के पाठ का ठीक-ठीक निरूपण नहीं हो पाया है। जहाँ तक कबीर का प्रश्न है डॉ. रामकुमार वर्मा का 'सन्त कबीर' इस दिशा में स्तुत्य प्रयास है। उसके अतिरिक्त बीजक और कबीर-ग्रन्थावली में संगृहीत दोहे और पद अपेक्षाकृत अधिक विश्वसनीय हैं। बीजकों में से विचारदास के बीजक का उपयोग किया गया है क्योंकि वह कबीरचौरा की पुरानी प्रतियों पर आधारित बताया जाता है और सम्प्रदाय में भी अधिक मान्य है। नानक के नाम से जो प्राणसंगली प्रचलित है उसका भी उपयोग आगे किया गया है, यद्यपि यह संकेत कर देना आवश्यक है कि उसकी प्रामाणिकता सन्दिग्ध है। बेलवेडियर प्रेस से प्रकाशित अधिकांश सन्त-साहित्य अवैज्ञानिक ढंग से सम्पादित हुआ है। किन्तु नाथों अथवा सन्तों के नाम पर प्रचलित कोई भी रचना हमारे लिये उपयोगी है क्योंकि उसमें हमें सम्प्रदाय में प्रचलित चिन्तनधाराएँ मिलती हैं और कभी-कभी सम्प्रदायों में मान्य अप्रामाणिक कृतियाँ जो सम्प्रदाय के मूल प्रवर्तक के नाम से प्रचलित कर दी जाती हैं इन वज्रयानी शब्दों और साधनाओं के विकास पर अत्यन्त महत्त्वपूर्ण प्रकाश डालती हैं। आगे हम देखेंगे कि शून्य, सहज आदि शब्दों का जैसा विचित्र रूपान्तर 'अनुराग-सागर' तथा 'बोधि-सागर' में संगृहीत छोटी-छोटी कबीरपन्थी कृतियों में मिलता है वह अत्यन्त महत्त्वपूर्ण है और उसकी उपेक्षा नहीं की जा सकती।

इन समस्त परिस्थितियों पर विचार करने के उपरान्त हम इस परिणाम पर पहुँचते हैं कि नाथ तथा सन्तों के हिन्दी साहित्य में सिद्धों की साम्प्रदायिक और साहित्यिक परम्परा के अवशिष्ट तत्त्व कई अन्य परम्पराओं में रूप बदलते हुए आये हैं। इस प्रकार यह प्रत्यक्ष प्रभाव नहीं रहा है, वरन् उन रूपों में अपने को अभिव्यक्त किया है—

क—कभी-कभी वज्रयानी तान्त्रिक प्रवृत्तियाँ शेष रह गयी हैं यद्यपि उन्होंने शैव अथवा वैष्णव रूप धारण कर लिया है और वही शब्दावली अपना ली है।

ख—कभी-कभी साधनाओं की शब्दावली वज्रयानी ही रही है, किन्तु अर्थ बदलते गये हैं।

ग—सबसे बड़ा प्रभाव शैली पर रहा है और उपमान-शृंखला, रूपक-परम्परा, प्रतीक, काव्यरूप और छन्द-योजना में आश्चर्यजनक साम्य मिलता है जिससे प्रतीत होता है कि वज्रयानी सिद्ध, नाथ और सन्तों में एक विशेष काव्यशैली रूढ़ हो चुकी थी।

सन्तों में, विशेषतया कबीर में वज्रयानी परम्परा से गृहीत शब्दावली को अपनी व्याख्याएँ देने की प्रवृत्ति अत्यन्त बलवती रही है और समय-समय पर समकालीन सम्प्रदायों के प्रभाव से इन शब्दों के प्रयोग में नये विकास होते रहे हैं। अगले अंश में इन्हीं शब्दों के अर्थ-विकास पर हम विचार करेंगे। ■■

ग

वज्रयानी शब्दों की परम्परा

शून्य—सिद्धों के समस्त तत्त्वज्ञान की मूलभित्ति विज्ञानवाद की शून्य कल्पना थी (शून्यवाद की नहीं) जिसमें शून्य को तथता-रूप माना गया था। बौद्ध सिद्धों ने अपनी प्रज्ञोपाय योग-प्रणाली में इसी शून्य को नैरात्मा बालिका, प्रज्ञा या महामुद्रा रूप में ग्रहण किया और साथ ही महासुख चक्र में इस शून्यता की स्थिति मानी।

अबौद्ध परम्पराओं में शून्य—इसी शून्य तथा इससे सम्बद्ध अन्य कल्पनाओं को ग्रहण करने के कारण नाथ तथा सन्त साधकों का सिद्धों से स्पष्ट सम्बन्ध परिलक्षित होता है। किन्तु प्रमुख अन्तर सिद्धों के शून्य तथा परवर्ती सम्प्रदायों के शून्य में यह है कि बौद्ध 'शून्य' की भाँति परवर्ती शून्य प्रतीत्यसमुत्पाद की तर्क-प्रणाली द्वारा प्रतिपादित तत्त्वज्ञान न रहकर परमतत्त्व के अन्य नामों की भाँति यह भी एक नाममात्र था जिसकी व्याख्या और विवेचना प्रत्येक सम्प्रदाय के चिन्तक अपने-अपने ढंग से करते थे। वास्तव में बहुत पहले से शून्य अबौद्ध परम्पराओं में परमतत्त्व की एक संज्ञा के रूप में परिकल्पित कर लिया गया था। महाभारत में भीष्म ने विष्णु के सहस्र नामों का उपदेश देते हुए उनका एक नाम 'शून्य' भी बताया था और उस नाम की व्याख्या करते हुए शंकराचार्य ने कहा था 'सर्व विशेष रहित्वात् शून्यवत् शून्यः'[1] अर्थात् समस्त विशेषणों, गुणों तथा प्रकृतियों से रहित होने के कारण वे शून्यवत् हैं। हम पहले ही इस बात की ओर संकेत कर चुके हैं कि प्रतीत्यसमुत्पाद की तर्क-प्रणाली का सबसे बड़ा अन्तर्विरोध यह है कि वह स्वतः अपना अभाव या परमतत्त्व बुद्ध की भी शून्यता सिद्ध कर देती है, इसीलिए, नागार्जुन को तथागत को प्रत्येक ज्ञान से परे बताना पड़ा और विज्ञानवादी आचार्यों को भी माध्यमक सम्प्रदाय की शून्य-कल्पना में संशोधन करना पड़ा। अबौद्ध परम्पराओं में भी इसीलिए शून्य को प्रतीत्यसमुत्पाद की तर्कशृंखला से विच्छिन्न कर ग्रहण किया गया। किन्तु नागार्जुन के बाद से ही शून्य की कल्पना बौद्ध प्रभाव के कारण इतनी व्यापक हो गयी कि बौद्धों के ही समानान्तर विकसित होनेवाले कई सम्प्रदायों में शून्य परमतत्त्व के वाचक रूप में स्वीकार कर लिया गया यद्यपि उसकी व्याख्या प्रत्येक सम्प्रदाय ने अपने पृथक् ढंग से की। (यद्यपि उनकी शब्दावली बहुत-कुछ बौद्ध ढंग की ही थी।) इसी प्रकार का एक दोहा जैन मुनि रामसिंह का भी मिलता है।

सुण्ण ण होइ सुण्ण दीसइ सुण्ण च तिहवणे सुण्ण।
अवहरइ पाव पुण्णं सुण्ण सहावेण गओ अप्पा।।[2]

किन्तु इसके पूर्व ही उन्होंने परमतत्त्व की प्राप्ति के लिए 12 अनुप्रेक्षाओं की साधना से परमतत्त्व की प्राप्ति बतायी है और उस परमतत्त्व की शिवपुरी संज्ञा दी है,

इससे यह ज्ञात होता है जैन साधना तथा जैन-तत्त्व-दर्शन में ही उन्होंने कुछ अजैन शब्द अपना लिये हैं और उन्हें जैन तत्त्व-दर्शन में अन्तर्भुक्त कर लिया है।

नाथ-साहित्य में शून्य—नाथ-सम्प्रदाय में भी शून्य इसी रूप में ग्रहण किया गया। उसे परमतत्त्व के रूप में स्वीकृत किया गया किन्तु उसकी व्याख्या में नाथ-परम्परा ने संशोधन कर दिया। शून्यवादियों तथा विज्ञानवादियों ने परम तत्त्व की जो व्याख्याएँ की थीं, उनसे नाथ-साहित्य में उपलब्ध व्याख्या की तुलना करने से यह अन्तर स्पष्ट हो जाता है। शून्यवादी व्याख्या :—'शून्यमिति न वक्तव्यमशून्यमिति वा भवेत्। उभयम् नोभयम् चैव प्रज्ञप्त्यर्थ तु कथ्यते।'[3] विज्ञानवादी व्याख्या :—'न सन्न चासन्न तथा न चान्यथा, न जायते व्येति न चावहीयते। न वर्धते नापि विशुध्यते पुनर्विशुध्यते तत्परमार्थ लक्षणम्'...[4] नाथ-साहित्य में उपलब्ध व्याख्या : 'बसती न सुन्यम् सुन्यम् न बसती अगम अगोचर ऐसा। गगन सिषर महि बालक बोलै, ताका नाँव धरहुगे कैसा।'[5]

उपर्युक्त पंक्तियों में 'बसती' तथा 'न बसती' वास्तव में द्वितीय श्लोक के 'न सन्' तथा 'न च असन्' और 'न सुन्यम्' तथा 'सुन्यम्' प्रथम श्लोक के शून्य तथा अशून्य की प्रतिध्वनि मात्र हैं। इसी प्रकार दूसरी पंक्ति का 'ताका नाँव धरहुगे कैसा' भी 'प्रज्ञप्त्यर्थ तु कथ्यते' का ही रूपान्तर है। किन्तु एक सर्वथा नया भाव है, 'गगन सिषर महि बालक बोलै' शून्य को इस रूप में पूर्ववर्ती किसी भी बौद्ध सम्प्रदाय ने चित्रित नहीं किया है। यह नाथ-साहित्य का अपना संशोधन है। किन्तु यह निरर्थक संशोधन नहीं है। वास्तव में इसके पीछे हठयोगी परम्परा की एक महत्त्वपूर्ण दार्शनिक चिन्तना वर्तमान है।

'गगन शिषर महि बालक बोलै' कहकर शून्य का सम्बन्ध शब्द या नाद-तत्त्व से जोड़ दिया गया है। वास्तव में शिव और शक्ति की कल्पना नाद और विन्दु के रूप में हठयोगी तथा तान्त्रिक सम्प्रदायों में बहुत पहले से थी जिनमें नाद-तत्त्व या शब्द-ब्रह्म को समस्त सृष्टि का मूल कारण माना गया था। भर्तृहरि ने वाक्यपदीय में शब्द-ब्रह्म की विवर्त प्रक्रिया द्वारा इस संसार की उत्पत्ति बतायी थी।[6] सिद्धों के समकालीन आचार्य शान्तिरक्षित ने शब्द-ब्रह्म की कल्पना को स्वीकार किया था और अपने तत्त्व-संग्रह में नाश और उत्पाद का कारण शब्दमय ब्रह्म को बताया था।[7] इस प्रकार परमतत्त्व रूप में नाद और शून्य की कल्पनाएँ बहुत पहले से ही समीप आ रही थीं और नाथ-सम्प्रदाय में शून्य को शब्द या परम नाद का पर्याय मान लिया गया। हठयोग-प्रदीपिका में इसी नाद की चार अवस्थाओं को 4 शून्यों की वज्रयानी कल्पना से सम्बद्ध कर दिया गया जिस पर हम बाद में विचार करेंगे। यही नाद पूर्णता का द्योतक है अतः हठयोग-प्रदीपिका में शून्य तथा पूर्ण भी एक ही अर्थ में व्यवहृत हुए हैं।

अन्तः शून्यो बहिः शून्यः शून्यकुम्भ इवाम्बरे
अन्तः पूर्णो बहिः पूर्णः पूर्णः कुम्भ इवार्णवे।[8]

और इसी द्वितीय पंक्ति की प्रतिध्वनि हमें कबीर तथा जायसी की निम्न पंक्तियों में भी मिलती है।

कबीर : *फूटा कुम्भ जल जलहिं समाना यहु तत कथौ गियानी।*

जायसी : *सुन्न समुंद चख माँहि जल जैसी लहरैं उठें।*
उठि उठि मिटि मिटि जाहिं मुहमद खोज न पाइए।[9]

इसी नाद-तत्त्व की अभिव्यक्ति के लिए नाथ योगी सिंगी धारण करते थे और उसे बजाते थे क्योंकि वह सिंहनाद की प्रतीक थी। चर्यापदों के टीकाकार मुनिदत्त गोरख द्वारा प्रवर्तित इस परम्परा से परिचित थे क्योंकि एक स्थान पर सिद्धों द्वारा कथित शून्यता के कल-कल नाद को उन्होंने अपनी टीका में शून्यता सिंहनाद कहा है।[10] और उससे समस्त शत्रुओं को त्रस्त बताया है तथा इसके लिए किसी पूर्ववर्ती श्लोक का प्रमाण दिया है। इससे स्पष्ट है कि बहुत पहले से ही शून्य तथा नाद की कल्पनाएँ निकट आ चुकी थीं। शून्यता-सिंहनाद की ही भाँति नाथों की वाणी में भी हमें शून्य की गर्जना का उल्लेख मिलता है और उसे ही अनहद नाद की ध्वनि कहा गया है—'सुनि गरजत बाजन्त नाद आलेष लेखन्त ते निज प्रवांणी।'[11]

यह नाद या शब्द सृष्टि का मूलकारण तथा परम तत्त्व, परम ज्ञान, परम स्वभाव था अतः इस शून्य का भी वर्णन इसी रूप में नाथ-सम्प्रदाय में किया गया है। उसे माता-पिता तथा सर्वस्व बताया गया है।

सुंनि ज माई सुंनि ज बाप। सुंनि निरंजन आपै आप।।
सुंनि के परिचै भया सथीर। निहचल जोगी गहिर गंभीर।।[12]

इस परम तत्त्व के ज्ञान को दुर्लभ बताया गया है।

घटि घटि सुण्यां ग्यांन न होइ। बनि बनि चंदन रूख न कोइ।[13]

अन्य स्थलों पर भी शून्य का अस्तित्व निरन्तर बताया गया है।[14] मन का स्वरूप शून्य बताया गया है[15] और शून्य में ही मन का वास बताया गया है।[16]

सिद्धों के शून्य-तत्त्व की विवेचना करते हुए हमने यह देखा था कि उन्होंने इस शून्य को द्वय की कल्पनाओं से मुक्त अद्वय-तत्त्व माना था। इसे अभाव तथा भाव दोनों का ही परित्याग कर मध्यम तत्त्व के रूप में स्वीकार किया गया था। नाथ-साहित्य में भी इसका यही रूप है।

अमरा निरमल पाप न पुंनि। सत रज विवरजित सुंनि।[17]

उपर्युक्त चरणों में प्रथम तो तिलोपा की 'णिम्मल सहजे पाप ण पुण्ण' की प्रतिध्वनि है किन्तु दूसरा चरण इस दृष्टि से महत्त्वपूर्ण है कि शून्य के द्वय-विवर्जित स्वरूप को स्वीकार करते हुए भी उस बौद्ध व्याख्या के अनुसार भाव अथवा अभाव की द्वयता से परे न बताकर सत्त्व और रज से परे बताया गया है जो हिन्दू प्रभाव का द्योतक है। परम तत्त्व के अतिरिक्त शून्य का व्यवहार नाथ-साहित्य में सहस्रार चक्र में स्थित ब्रह्मरन्ध्र के रूप में भी हुआ है—

गगन मण्डल में सुंनि द्वार। बिजली चमकै घोर अन्धार।[18]

इस गगन मण्डल को शून्य मण्डल के रूप में परिकल्पित किया गया है जहाँ अमृत झरता है—

सुनि मण्डल तहाँ नीझर झरिया। चंद सुरज ले उनमनि धरिया।[19]

इस गगन मण्डल तक पहुँचने का पथ शून्य द्वार है जिसे सिद्धों की परम्परा का अनुसरण करते हुए मध्यम पथ भी कहा गया है—

मधि निरन्तर कीजै बास। निहचल मनुवा थिर होइ सास।[20]

और इसे अध तथा ऊर्ध्व के मध्य में स्थित शून्य मार्ग कहा गया है।

अरध उरध बिच धरी उठाई। मधि सुंनि में बैठा जाई।[21]

तथा इसी मध्य-शून्य में प्राण-पुरुष का वास बताया गया है। 'मध्ये प्राण पुरिस का बासा।'[22] गोरक्ष-पद्धति में भी शून्य को महेश का वासस्थान बताया गया है। 'शून्य प्रविशति गगने यत्र देवो महेशः।'[23]

इस प्रकार हम देखते हैं कि नाथ-साहित्य में शून्य शब्द का व्यवहार तीन प्रसंगों में हुआ है—

क. परम तत्त्व नाद, परम ज्ञान, परम स्वभाव।

ख. ब्रह्मरन्ध्र, दशमद्वार अथवा मध्यपथ तथा सहस्रार चक्र, गगन मण्डल।

ग. शिव-लोक।

सन्त-साहित्य में शून्य—परवर्ती सन्त तथा सूफी सम्प्रदायों में हमें इन्हीं तीनों परम्पराओं का विकास मिलता है और इन्हीं तीनों प्रसंगों में शून्य का प्रयोग हुआ है। सन्त-परम्परा में हम शून्य का विकास इन्हीं रूपों में पाते हैं।

1. परम तत्त्व नाद तथा परम ज्ञान के रूप में।
2. ब्रह्मरन्ध्र तथा सहस्रार चक्र के रूप में।
3. परम लोक के रूप में।

परम तत्त्व—जहाँ तक परम तत्त्व के रूप में शून्य के विकास का सम्बन्ध है कम-से-कम नानक के ग्रन्थों में शून्य तथा शब्द को एक ही माना गया है उसी से समस्त सृष्टि और भूतों तथा देवताओं की उत्पत्ति मानी गयी है।

सुन्न शब्द ते उठै झंकार। सुन्न शब्द ते ओ अंकार।
सुन्न शब्द ते पवनु विचार। सुन्न शब्दि ते अग्नीचार।[24]
उलटै मनु जबि सुन्नि समावै। नानक शब्दे शब्दि मिलावै।[25]
सुन्न ते सम्भू आदि गुरु रक्षण। नानक कहै उदासी लक्षण।
सुन्न ते सम्भू होवे आदि। सुन्न ते नीलु अनीलु अनादि।
सुन्न लेख लिखिआ नीसानु। सुन्न ते सहज कला परवानु।
सुन्न ते कीता धरती आसमानु।[26]

इस आदि-तत्त्व के रूप में कबीर ने शून्य का वर्णन किया है यद्यपि उन्होंने शब्द और शून्य की एकता की ओर इतना स्पष्ट संकेत नहीं किया है। उन्होंने शून्य से संसार की उत्पत्ति का वर्णन करते हुए दो रूपकों का आश्रय लिया है जो हमें चर्यापदों में भी मिल जाते हैं। पहला है तरुवर का रूपक और दूसरा है समुद्र का रूपक।

क. सहज सुंनि इकु बिरवा उपजि धरती जलहरु सोखिआ
कहि कबीर हउ ताका सेवक जिनि इहु बिरवा देखिआ।[27]
ख. उदक समुंद सलिल की साखिआ नदी तरंग समावहिगे
सुंनहि सुंनु मिलिआ समदरसी पवन रूप होइ जावहिगे।[28]

ये दोनों रूपक सिद्धों द्वारा प्रयुक्त हुए हैं और तत्त्व दर्शन के अन्तर्गत संसार की विवेचना करते हुए हम इस संसाररूपी वृक्ष और उसका उच्छेदन करनेवाली वज्रकुठार का वर्णन कर चुके हैं। शून्य से उत्पन्न होनेवाले भवसागर या भवनदी का भी वर्णन हम कर चुके हैं जिसमें पार उतरने के लिए साधक को सहजयानरूपी नौका का आश्रय लेना पड़ता है।

कबीर तथा नानक के अतिरिक्त अन्य सन्तों के साहित्य में आदि-तत्त्व के अर्थ में शून्य का प्रयोग कम मिलता है किन्तु बहुत बाद तक शून्य सन्त-सम्प्रदाय में आदि-तत्त्व के रूप में प्रतिष्ठित रहा है। कबीरपन्थियों के 'पंचमुद्रा' नामक ग्रन्थ में समस्त तत्त्वों की उत्पत्ति शून्य से मानी गयी है और अन्त में सभी का विलयन शून्य में माना गया है।

बायें रूप अकाश उपजाई, फिर अकाश पुन ताको खाई
आकाश शून्य ते उतपत जानौ, बहुरि शून्य में जाय समानौ।[29]

किन्तु इसके पूर्वापर प्रसंग को देखने से यह ज्ञात होता है कि यहाँ शून्य और शब्द के एकत्व को भुला दिया गया है और शून्य को केवल एक आकाश तत्त्व का प्रतीक मानकर उसी तत्त्व को प्रथम तथा अन्तिम तत्त्व मान लिया गया है। इस प्रकार वास्तव में शून्य की परम-तत्त्व परिकल्पना में ह्रास हो गया है। बाद में परम-तत्त्व का पद शून्य से छिनता हुआ प्रतीत होता है और 'भवतारण-बोध' में सृष्टि के आदि में शून्य का भी अनस्तित्व बताया गया है—[30]

नहिं तब शून्य सुमेर न भारा। कूर्म न शेष धरे अवतारा।

क्योंकि यदि शून्य शब्द है तो शब्द भी बाद में तिरस्कृत हुआ और मायाजनित बताया गया।

शब्द कहौ तो शब्दहि नाहीं। शब्द होय माया के छाहीं।[31]

परम ज्ञान—जहाँ तक परम-ज्ञानरूप और स्वभावरूप में शून्य की स्वीकृति का प्रश्न है कबीर ने उसका रूप अद्वैत ज्ञान की भाँति माना है और उसके लिए उपमा भी वही कुम्भ की प्रयुक्त की है जो हठयोग प्रदीपिका में शून्य की पूर्णता ज्ञान के रूप में चित्रित करते हुए की गयी है।

माइआ फाँस बन्ध नहि फारै अस मन सुंनि न लूकै
आपा पदु निरवाण न चीन्हिआ इन विधि अभिउ न चूकै
जिउ प्रतिबिम्ब बिम्ब कउ मिलिहै उदक कुम्भु बिगराना
कहु कबीर ऐसा गुण भ्रम भागा तउ मन सुंनि समाना...[32]

यहाँ पर यह स्पष्ट है कि सन्त शून्यज्ञान के सम्बन्ध में प्रतीत्यसमुत्पाद से परिचित नहीं थे और शून्यता-ज्ञान उन्हें अद्वैत-ज्ञान के रूप में प्राप्त हुआ था क्योंकि सन्तों तक आने के पूर्व वह शैव सम्प्रदायों द्वारा स्वीकृत किया जा चुका था। इसीलिए वह यहाँ अद्वयज्ञान की अपेक्षा अभेद ज्ञान के रूप में चित्रित किया गया है।

किन्तु सिद्ध जिस प्रकार शून्य में द्वयता का निषेध करते थे वह परम्परा भी नाथ-सम्प्रदाय में होती हुई सन्तों में अवशिष्ट थी यद्यपि उसका न तो उतना तार्किक विवेचन ही मिलता है, न उतना स्पष्ट निरूपण। स्वतः कबीर ने शून्य में जीवन तथा मरण का निषेध किया है—'जीवत मरै मरै पुनि जीवै ऐसे सुंनि समाइया।'[33] अन्य सन्तों में भी यह भावना मिलती है जिसमें द्वयता का निषेध कर शून्य की स्थिति को अद्वय की मध्य स्थिति बतायी गयी है।

रैदास : *पहले ज्ञान का किया चाँदना पाछे दिया बुझाइ*
सुन्न सहज में दोऊ त्यागे राम न कहुँ सुखदाइ।[34]

दादू : *मरै न जीवै सहज सों पूरा पद निर्वाण*
द्वैपष रहिता सहज सों सुख दुख एक समाण
सहज रूप मन का भया जब द्वै द्वै मिटी तरंग
सहज सुन्नि मन राखिये इन दून्यूँ के माहिं
लै समाधि रस पीजिये, तहाँ काल भय नाहिं।[35]

गुलाल : *सुन्न असुन्न में डोर बँधाना, उड़े हंस चढ़ि करत पयाना*
मेटल सुन्न मिलल परगासा, जनम जनम कै पूजल आसा।[36]

उपर्युक्त उद्धरणों से स्पष्ट ज्ञात होता है कि कुछ द्वयताएँ जिनका निषेध किया गया है जैसे जीवन-मरण, शून्य-अशून्य, सुख-दुःख ये सिद्ध-परम्परा से ही चली आयी हैं किन्तु सन्तों के सम्मुख न तो इनका अर्थ ही स्पष्ट है और न वह प्रतीत्यसमुत्पाद की निषेधात्मक प्रणाली ही है जिससे इन द्वयताओं का निषेध कर विज्ञानवाद में 'अद्वयोहि परमार्थ' की व्याख्या दी गयी थी। सुन्दरदास ने तो इस अद्वय को दूसरी ही परिभाषाओं में चित्रित किया है।

पाप न पुन्य, न स्थूल न सून्य, न बोलै न मौन, न सोवै न जागे।
एक न दोइ, न पुर्ष न जोइ, कहै कहाँ कोइ, न पीछे न आगे।

× × ×

तत्त्व अतत्त्व कह्यो नहिं जात जु सून्य असून्य उरै न परै है।
ज्योति अज्योति न जान सकै कोउ, आदि न अन्त, जिवै न मरै है।[37]

और इससे स्पष्ट है कि शून्य-अशून्य आदि की द्वयताओं आदि का निषेध करते हुए भी उनकी शैली हिन्दू-परम्परा, विशेषतः उपनिषदों की नेति प्रणाली का अनुसरण कर रही है और अन्त में जहाँ उन्होंने इस परमतत्त्व की द्वयताओं का निषेध करते-करते अन्त में मौन को ही उसकी व्याख्या माना है तो उपनिषदों के 'यतो वाचो निवर्तन्ते अप्राप्य मनसा सह'[38] की छाया मिलती है और यह स्पष्ट हो जाता है कि सुन्दरदास ने परमतत्त्व के अद्वय निरूपण में सिद्धों और नाथों की परम्परा को तो ग्रहण किया है किन्तु उसका प्रतिपादन उन्होंने प्रत्यक्ष अपने उपनिषद् तथा वेदान्त ज्ञान से किया है। सुन्दरदास सन्त-परम्परा में सबसे अधिक सुशिक्षित थे भी।[39]

हिन्दी का सूफी साहित्य अभी तक बहुत कम प्रकाश में आया है किन्तु जायसी की कृतियों में शून्य का जो उल्लेख मिलता है वह सन्तों के शून्य तत्त्व तथा परम ज्ञान के लक्षणों से शब्दशः मिलता-जुलता है। इतना ही नहीं, सन्तों की तुलना में जायसी की विवेचन शैली अधिक सुलझी हुई है और वे परम तत्त्व के रूप में शून्य की भारतीय कल्पना से बहुत परिचित हैं।

उन्होंने शून्य को परम तत्त्व के रूप में परिकल्पित किया जो पाप-पुण्य आदि द्वयताओं से विनिर्मुक्त सूक्ष्मतम तत्त्व है, स्वर और शब्द से भी परे है। समस्त स्थूल तत्त्वों की उत्पत्ति उसी से बतायी गयी है।

हता जो सुन्न म सुन्न, नाव न ठाँव न सुर सबद
तहाँ पाप नहिं पुन्न, मुहमद आपुहि आप मँह
आपु अलख पहिले हुत जहाँ, नाँव न ठाँव न मूरति तहाँ
पूर पुरान पाप नहिं पुन्नू। गुपुत ते गुपुत सुन्न ते सुन्नू।[40]

× × ×

आदि किएउ आदेस, सुन्नहिं ते अस्थूल भए
आपु करै सब भेस, मुहमद आदर ओट जेउँ।[41]

× × ×

हेरत दिष्टि उघरि तस आई। निरखि सुन्न मह सुन्न समाई।
सुन्न समुंद चख माँहि जल जैसी लहरैं उठें।
उठि उठि मिटि मिटि जाहिं मुहमद खोज न पाइए।[42]

× × ×

इहे जगत कै पुन्नि यह जप तप सत साधना
जानि परै जेहि सुन्न मुहमद सोई सिध भा।[43]

× × ×

भा भल सोइ जो सुन्नहि जानै। सुन्नहि ते सब जग पहिचाने।
सुन्नहि ते है सुन्न उपाती। सुन्नहि ते उपजे बहु भाँती।

सुन्नहिं माँझ इन्द्र बरम्हण्डा। सुन्नहि ते टीके नवखण्डा।
सुन्नहि ते उपजे सब कोई। पुनि बिनाइ सब सुन्नहि होई।
सुन्नम सुन्नम सब उतराई। सुन्नहि महँ सब रहै समाई।[44]

उपर्युक्त उद्धरणों में 'सुन्नम सुन्न' तथा 'सुन्नम सुन्नम' विचारणीय है। परमार्थ का विवेचन करते हुए पूर्ववर्ती परम्पराओं में 'शून्यमशून्यम्' शून्यम् तथा अशून्यम् दोनों का निषेध किया गया था। 'सुन्नम सुन्न' तथा 'सुन्नम सुन्नम' उसी 'शून्यमशून्यम्' के परवर्ती अवशेष प्रतीत होते हैं, यद्यपि शून्य तथा अशून्य दोनों के निषेध के रहस्य से जायसी अपरिचित हैं अतः उन्होंने उसे शून्य के ही अर्थ में प्रयुक्त किया है, शून्य व अशून्य के युग्म के अर्थ में नहीं।

शून्य मण्डल—पहले ही हम इस बात का संकेत कर चुके हैं कि शैव हठयोग परम्परा में काया में ही मण्डल के रूप में या द्वार के रूप में शून्य की स्थिति मान ली गयी थी। इस दृष्टि से कई स्थान शून्य से विशेषतः सम्बद्ध माने गये थे। एक तो भ्रू-मध्य में त्रिकुटी में शिव का स्थान या शून्य का स्थान माना गया था।

आकाशे यत्र शब्दः स्यात्तदाज्ञाचक्रमुच्यते
तत्रात्मानम् शिवम् ध्यात्वा योगी मुक्तिमवाप्नुयात्।[45]
भ्रुवोर्मध्ये शिवस्थानम् योगी तत्र विलीयते।[46]

इड़ा तथा पिंगला के मध्य में सुषुम्ना को तथा ब्रह्मरन्ध्र को भी शून्यनाल, तथा शून्य द्वार के रूप में परिकल्पित किया गया था और इसी को मध्यपथ भी कहा गया था।[47] ब्रह्मरन्ध्र को पार करने के उपरान्त कमल के मध्य में भी शून्य मण्डल परिकल्पित किया गया था जिसके विषय में नाथ-परम्परा पर विचार करते समय हम संकेत कर चुके हैं। सन्तों को इन स्थानों का परिचय है ऐसा अक्सर प्रतीत होता है। दरिया साहब त्रिकुटी के मध्य में गगन मण्डल बताते हैं।

ताके कहिये ज्ञान गंभीरा, त्रिकुटी मद्ध जो परखे हीरा।
ताके जोग यह जगत बखाना, जाके गगन मण्डल अस्थाना।[48]

तुलसी साहब भी त्रिकुटी में शून्य की ज्योति का वर्णन करते हैं :

सुखमनि सुन्न जोति त्रिकुटी में तुलसि दरद दिल दृगन मिटा।[49]

ज्ञात यह होता है कि त्रिकुटी में शून्य को इसीलिए स्थान दिया गया कि वे परमतत्त्व को बौद्ध शून्य से भी ऊँचा सिद्ध करना चाहते थे। इसीलिए समाधि का स्थान सन्तों ने भँवर गुफा में माना जो त्रिकुटी से भी ऊपर स्थित है। भँवर गुफा का धनी सूर्य है जो अधिक बलशाली है।[50] किन्तु फिर पलटू साहिब ब्रह्मरन्ध्ररूपी गुफा का उल्लेख करते हैं जहाँ से अमृत झरता है 'गगन गुफा के बीच पियाला प्रेम का चाखे।'[51] तथा ब्रह्मरन्ध्र के पार गगन लोक के रूप में भी शून्य का विस्तार बताते हैं जो सहस्त्रदल कमल के मध्य में है 'कमल मध्य कस शून्य रहाऊ।'[52]

चर्यापदों से तुलना करने पर हम यह पाते हैं कि सिद्धों की साधना में त्रिकुटी का विशेष महत्त्व नहीं था। महासुख कमल में अवश्य उन्होंने भगवती प्रज्ञा अथवा नैरात्मा का वास माना था और इस मध्यम पथ को वे प्रज्ञा तथा उपाय के अद्वय का सहज पथ अथवा अवधूती पथ मानते थे। रन्ध्र को वे दशम द्वार अथवा वैरोचन द्वार कहते थे। किन्तु बाद में सन्तों ने इस शून्य गुफा, शून्य मण्डल और त्रिकुटी, ब्रह्मरन्ध्र तथा सहस्त्रदल कमल की कल्पनाओं को इतना घुला-मिला दिया है कि ऐसा लगता है कि वे इनकी वास्तविक स्थितियों को भूल गये हैं और केवल परम्परा-निर्वाह के लिए शून्य मण्डल, शून्य गुफा आदि का उल्लेख मात्र कर देते हैं। यह स्थिति न सिद्धों में है, न नाथों में, उनके सम्मुख काया में स्थित इन शून्य मण्डल या गुफादिक की स्थिति बहुत स्पष्ट है।

किन्तु यदि स्थिति के सम्बन्ध की उलझन पर हम ध्यान न दें तो हम यह देखेंगे कि आदितत्त्व या परमज्ञान के रूप में सन्तों ने शून्य का जितना प्रयोग किया उससे कई गुना अधिक उन्होंने हठयोग के सन्दर्भ में गुफा, महल, मण्डप या कूप आदि में शून्य का वर्णन किया है।

कबीर : *सुन्नि गुफा महि आसणु बैसणु कलप बिबरजित पन्था।*[53]

दादू : *सुन्न सरोवर हंस मन मोती आप अनन्त*
दादू चुगि चुगि चंच भरि यों जन जीवैं सन्त।
सुन्न सरोवर मीन मन नीर निरंजन देव
दादू यहु रस बिलसिये ऐसा अलख अभेव।
सुन्न सरोवर मन भँवर तहाँ कँवल करतार।
दादू परिमल पीजिये सनमुख सिरजनहार।[54]

नानक : *सुन्नि सरोवर सुरति समानी। नानक चूकी आवन जानी।*[55]

गुलाल : *सुन्न सरोवर घाट फूल इक पाइआ।*[56]

पलटू : *उलटा कूवा गगन में तिस में जरै चिराग।*[57]
सुन्न सागर भरा सत्त के नाम से तेहि के बीच में सुरत हल्ली।[58]

अन्य : *सबहिं शून्य मँह ध्यान लगाये, स्वाति सनेह सीप ज्यों लाये।*
तबहि निरंजन जतन विचारा, शून्य गुफा ते शब्द उचारा।
ररांसु शब्द उठा बहु बारा, माया अक्षर माया संचारा।
दोउ अक्षर कहँ सम के राखा, रामनाम सबहिन अभिलाखा।[59]

इसके अतिरिक्त सन्तों ने सहस्त्रार के मध्य शून्य स्थान को महल, मण्डप, शिखर, नगर, हाट आदि के रूप में इस प्रकार वर्णित किया है :

कबीर : *अरध उरध मुख लागो कासु, सुंन मंडल, महि करि परगासु*
ऊहाँ सूरज नाहीं चंद, आदि निरंजन करे अनन्द।[60]
सुन्न मंडल में घर किया, बाजे सबद रसाल।

रोम रोम दीपक भया, प्रगटे दीन दयाल।[61]
घूँघट का पट खोल रे।
सुन्न महल में दियना बरिले, आसा से मत डोल रे।[62]

मीराँ : *त्रिकुटी महल बना है झरोखा तहाँ से झाँकी लगाऊँ री।*
सुन्न महल में सुरत जमाऊँ सुख की सेज बिछाऊँ री।[63]

मलूकदास : *सुन्न महल की जुगती बतावे केहि विधि कीजै सेवा।*[64]
सुन्न महल में महल हमारा निरगुन सेज बिछाई।[65]

भीखा : *कायागढ़ के गगन भवन में धुधुकि धुधुकि धुन नाम सुनाई।*[66]
सुन्न शिखर पर माँडो छायो, इंगला पिंगला चौक पुरायो
दुलहिन नाम सेवकरि पाई, नाद बिंद बहुतै भौजाई।[67]

गुलाल : *सुन्न नगर में आसन पाई जगमग जोति जगावै।*[68]
शून्य शिखर सरोज फूलो बंक नालहि जाव।[69]
चहुँ दिसि ते घन घेरि घटा आई सुन्न भवन डरपावन।[70]
सुन्न सिखर पर माँडो छावो सहज के रूप लगाई।[71]
चहूँ ओरि घन घेरि घटा आयो सुन्न भवन मन भावन।[72]
सुन्न सिखर चढ़ि जाइब हो बाजत अनहद तार।[73]
सुन्न भवन में मण्डप निगमे सिव अस्थान।[74]
सुन्न सहर झक्झोर सुरति ढहराया।[75]

अन्य : *सुन्न मण्डल में वैसि साँच सो सुरति लगावे। (हरिदास)*[76]
सुन्न महल अस्थान है जहँ इस्थिर डेरा। (गरीबदास)[77]

इसके अतिरिक्त दो-एक स्थानों में शून्य को बाघम्बर[78] ध्वजा[79] थाल[80] आदि उपमानों से चित्रित किया गया है जहाँ उसका अर्थ बहुत स्पष्ट नहीं है।

इन उद्धरणों के अतिरिक्त अन्य भी कितने ही स्थलों पर सन्तों ने शून्य महल, गुफा आदि का उल्लेख किया है जिनमें इन्हीं भावनाओं तथा रूपकों को दोहराया गया है। इनका निरीक्षण करने से हम यह देखते हैं कि यद्यपि इनमें से कई अप्रस्तुत तो नये हैं किन्तु शून्य का सरोवर, गुफा आदि के रूप में सिद्धों द्वारा भी चित्रण हो चुका है जिनमें से सरोवर का रूपक (दोहा 3) गुफा का रूपक (दोहा 14) शिखर का रूपक (दोहा 25) काण्हपा के दोहाकोष में स्पष्ट मिलता है। नगर का भी रूपक चर्यापदों में पद संख्या 14 मिलता है किन्तु वह शून्य न होकर 'जिनपुर' है। इसी प्रकार मण्डप तथा विवाह आदि का रूपक भी 19वें चर्यापद में मिलता है जिसमें काण्हपा पालकी पर चढ़कर परिशुद्धा वधू से विवाह करते हैं किन्तु इस नगर और मण्डप की कल्पना आदि के साथ शून्य का विशेषण सन्तों ने जोड़ा है। बाघम्बर, ध्वजा, थाल आदि को उन्होंने इसलिए शून्य कहा है कि परम स्वभाव के या शून्य स्वभाव के हैं, किन्तु इस शून्य स्वभाव का अर्थ बौद्धों की सर्व-धर्म-शून्यता नहीं है।

इन रूपकों में जो गौण उपमान हैं उनका भी अपना विशेष अर्थ है, और लगभग उन सभी को सन्तों ने अपनी पूर्व परम्परा से ग्रहण किया है। वे हैं कमल, दीपक ज्योति, नीर और मेघ। काण्हपा ने अपने दोहों में 'पोक्खर' में 'कुसुमिअ अरविन्दए' तथा 'वरगिरिकन्दर' में 'विमल सलिले' तथा 'गअण नीर' की स्थिति मानी है।[81] ज्योति के रूप में प्रभास्वर शून्य की ज्योति तथा चण्डाग्नि की ज्योति भी सिद्धों ने चर्यापदों में बराबर वर्णित की है। हम उसका चौथे अध्याय में विस्तृत विवेचन कर चुके हैं। जहाँ तक मेघ का सम्बन्ध है हम देख चुके हैं कि चर्यापदों में करुणा का एक अप्रस्तुत मेघ भी है। किन्तु गुलाल के दोनों उद्धरणों में मेघ करुणा के अप्रस्तुत होकर नहीं आये हैं। वे केवल भौतिक प्रकृतिगत उद्दीपन विभावमात्र हैं। मेघ का करुणावाला अर्थ सन्तों को सम्भवतः ज्ञात ही नहीं था क्योंकि प्रज्ञोपाय की मैथुन कल्पना से वे अपरिचित थे। शून्य सरोवर में, शून्य सागर या शून्य महल आदि में जिस सुरति की ओर संकेत है वह भी सिद्धों द्वारा वर्णित सुरत-विलास का अर्थ नहीं देती। उस पर हम आगे विचार करेंगे।

सन्तों ने शून्य के साथ मण्डल का प्रयोग किया है और यह मण्डल शब्द महत्त्व रखता है। हम पहले देख चुके हैं कि तन्त्रों में 'मण्डल' अनुष्ठानों का एक आवश्यक अंग था और गुह्य साधनाओं में मण्डल चक्र के अनुष्ठानों से ही साधक को दीक्षा दी जाती थी। बाद में यह भी माना जाने लगा था कि उत्तम मण्डल स्वतः तथागत और उनकी शक्ति का युगनद्ध मण्डल है। अनुत्तर साधना में यह भी मान लिया गया था कि सहज अथवा अनुत्तर की उपलब्धि के उपरान्त साधक बाह्य मण्डल कर्मों से विमुक्त होकर स्वतः अपनी काया में शून्य तथा वज्र का युगनद्ध सम्पन्न कर घर में ही मण्डल स्थापित करता है।

जिम जल माझ चन्द सहि णउ सो सा सुणमीच्छ
णाउ सो मण्डल चक्क सुण्ण सहावे स्वच्छ।[82]

यह मण्डल-कर्म पवन के निरोध से सम्पन्न होता था। जब सन्त शून्य-मण्डल अथवा गगन-मण्डल की बात करते हैं तो वे उसी परम्परा का अनुष्ठान करते हैं, यद्यपि वे उसके पुराने अर्थों का तिरस्कार कर चुके हैं और शायद इस मण्डल शब्द की तान्त्रिक परम्परा को विस्मृत भी कर चुके हैं।

शून्य की हिन्दू दीक्षा—एक महत्त्वपूर्ण तथ्य इन उद्धरणों में और मिलता है। सिद्धों की योग-पद्धति में बीज रूप में 'एवं' को ग्रहण करने का आदेश मिलता है। यह एवं किस प्रकार शून्य और करुणा के युगनद्ध का द्योतक है इस पर हम प्रकाश डाल चुके हैं। किन्तु सन्तों ने शून्य गुफा में ररंसु 'रा' तथा 'म' माया का द्योतक के उदय की ओर संकेत किया है, जिससे यह ज्ञात होता है कि उन्होंने शून्य को अपनाते हुए भी उसे हिन्दू परम्परा से अलग करके नहीं माना था। वे बौद्ध परम्परा से उसे अलग कर परिशोधित कर चुके थे और उसे निर्गुण राम की साधना में अन्तर्भुक्त कर चुके थे। इसीलिए कहीं-कहीं उन्होंने शून्य सरोवर में राम-रसायन की स्थिति मानी है।[83] सिद्धों

ने शून्य में वज्र की स्थिति मानी थी। किन्तु सन्त वज्र को उस रूप में विस्मृत कर चुके थे। सन्तों ने शून्य-महल में राजाराम का प्रवेश माना या शिव का वास माना। इस प्रकार उनका शून्य जो काया में मध्यपथ के रूप में या अमृत गुफा के रूप में स्थित था, बाह्य सृष्टि-योजना में वही शून्य शिव का परम लोक मान लिया गया।

नानक : *सम्भू की नगरी सुन्न ते होई। नानक जो बसे सो जोगी होई।*
सम्भू की नगरी सुन्न परगासी। को जोगी बसै अतीत उदासी।[84]
कहँवा सिव कर आसन, कहँवा सिव कर ध्यान।
कहँवा सिव कर मण्डप, कहँवा सिव कर अस्थान।
अगमे सिव कर आसन, सक्तिहिं सिव कर ध्यान।
सुन्न भवन में मण्डप, निगमे सिव अस्थान।[85]

कबीरपन्थ के साम्प्रदायिक ग्रन्थों में इस परम लोक या परम नगर के रूप में शून्य की कल्पना का बहुत विकास हुआ जिसके विस्तार में अधिकतर निरर्थक कल्पनाएँ ही अधिक मिलती हैं। किन्तु एक महत्त्वपूर्ण तथ्य अवश्य ज्ञात होता है। जिस प्रकार परम-तत्त्व के रूप में शून्य बाद में तिरस्कृत होकर केवल गौण तत्त्व मान लिया गया था उसी प्रकार परम-लोक के रूप में भी शून्य का बाद में तिरस्कार हुआ। निरंजन बोध में निरंजन देवता का वास शून्य में माना गया है और यह सहज शून्य, सात द्वीप, नौ खण्ड, सात पाताल और इक्कीस ब्रह्माण्डों से भी परे माना गया है।

सप्त द्वीप पृथ्वी नौ खण्डा, सप्त पाताल इक्कीस ब्रह्मण्डा।
सहज सुन्न में कीन्ह ठिकाना, काल निरंजन सबही ने माना।[86]

बाद में जब निरंजन पराजित होकर गौण देवता रह गया और सत्यपुरुष को सर्वोच्च पदवी दी गयी तब शून्य-लोक भी परम-लोक के पद से च्युत हो गया। परम-लोक और शून्य-लोक की कल्पना शून्य से भी परे की गयी।

सुन्न के परे पुरुष को धामा, तहँ साहब है आदि अनामा।[87]

किन्तु कबीरपन्थ में जहाँ पद और श्रेष्ठता की दृष्टि से शून्य की कल्पना में ह्रास हुआ है, वहाँ उसके विषय तथा संख्या का विस्तार भी हुआ है। संख्या के विस्तार पर हम अलग विचार करेंगे किन्तु जहाँ तक विषय-विस्तार का सम्बन्ध है, दो-एक रोचक तथ्य हमें अवश्य मिलते हैं।

'आगम निगम बोध' में जहाँ नव लोकों का वर्णन है वहाँ भू लोक, भुवः लोक, स्वः लोक तथा पितृलोक के उपरान्त शून्य लोक का वर्णन मिलता है।[88] उसके बाद जम्बू, शाक, क्रौंच, कुशा, शलमल्य, प्लक्ष तथा पुष्कर आदि सात द्वीपों के उपरान्त दश कोटि योजन तक कंचन भूमि का वर्णन है जिस पर लोकालोक नामक पर्वत है।[89] 'श्वास गुंजार' में जम्बू द्वीप के निकट ही सहज-शून्य नामक लोक का वर्णन मिलता है जिसमें सहज का वास है और सहज वास्तव में काल-पुरुष का ही पर्याय है।[90] इसी प्रकार शून्य डोर[91] तथा शून्य सुरत[92] का भी उल्लेख मिलता है। इसी शून्य शृंखला

में शून्य का विस्तार दो पलँग (दो विश्व) के बराबर बताया गया है।[93] इस पलँग का अर्थ पर्यङ्क है या पालंग (पलंका, एक विश्व का विस्तार), यह स्पष्ट नहीं होता। किन्तु उसका अर्थ पर्यङ्क प्रतीत होता है क्योंकि उसी प्रसंग में नारी या शक्ति का भी उल्लेख है। यह पर्यङ्क की कल्पना भी हमें शबरपा के चर्यापद में मिलती है जहाँ वे शबर बालिका से समागम के लिए वज्र पर्यङ्क बिछाते हैं। किन्तु यहाँ पर ज्ञात होता है कि पलँग तथा पलंका की कल्पनाओं का सम्मिश्रण हो गया है।

शून्यों के भेद संख्या तथा रंग—जहाँ तक संख्या की दृष्टि से शून्य के विकास का सम्बन्ध है, सन्त-साहित्य में शून्य की स्थिति बहुत बदल गयी है। हम पहले इस बात पर विचार कर चुके हैं कि वज्रयानी साहित्य में चार प्रकार के शून्य माने गये हैं : शून्य, अतिशून्य, महाशून्य तथा सर्वशून्य। पहला शून्य प्रज्ञा है, दूसरा वज्र है, तीसरा प्रज्ञोपाय युगनद्ध है तथा चौथा सर्वशून्य है। इसी को काण्हपा ने अपने दोहाकोष में शून्य कमल की 5 पाँखुरियों के रूप में वर्णित किया है। वास्तव में साधना-पद्धति में केवल प्रथम तीन शून्यों को पार करना पड़ता है, चतुर्थ शून्य तो उपलब्धि है जैसा शबरपा के (50वें) चर्यापद की टीका में मुनिदत्त ने संकेत किया है।

चार शून्यों की यह कल्पना हिन्दू हठयोग पद्धति में भी ग्रहण की गयी थी। किन्तु प्रज्ञा तथा उपाय की बौद्ध भावना का तिरस्कार कर उन्होंने शून्य और शब्द का एकात्म सिद्ध किया था अतः हठयोग-प्रदीपिका में शून्य, अतिशून्य तथा महाशून्य को तीन प्रकार के शब्दों का विशेषण मान लिया गया था। शून्य वह शब्द है जो हृदयाकाश में उत्पन्न होता है कि जिस समय साधना की आरम्भिक अवस्था होती है इसको आरम्भ अवस्था कहा गया है और इस अवस्था में ब्रह्म-ग्रन्थि का छेदन होता है। द्वितीय अवस्था घटावस्था है जिसमें विष्णु-ग्रन्थि का जालन्धरबन्ध द्वारा छेदन होता है। इस समय विशुद्धाकाश में, कण्ठ स्थान में अतिशून्य शब्द उत्पन्न होता है। तृतीय अवस्था परिचय अवस्था है जिसमें भ्रूमध्याकाश में महाशून्य शब्द की उत्पत्ति होती है। इन समस्त अवस्थाओं को केवल एक श्री गुरुनाथ मात्र जानते हैं।[94]

नाथपन्थ की जो बानियाँ अभी तक उपलब्ध हैं उनमें इन चार शून्यों का विशेष विवरण नहीं है। केवल कुम्भरीपा के विराट्-पुराण में परम शून्य, अर्द्धशून्य, पंचमी शून्य आदि का कुछ अस्पष्ट उल्लेख है जिससे कुछ विशेष अर्थ भी स्पष्ट नहीं होता है।

पर्म्म शून्य च रंमत्ते जोगी।
चोषटि दल कमल, कमल मध्ये श्री गोरखनाथ देवता।
चतुर्दलम् कालम् च ऊरधं कं
अर्ध सून्य मध्ये खेचरी मुद्रा वसते
पंचमी निरालम्भ व सून्य मध्ये उनमनी मुद्रा वसते...[95]

इन पंक्तियों में कई प्रकार के शून्य और विभिन्न शून्यों से विभिन्न मुद्राओं और कमलों का कुछ सम्बन्ध तो आवश्यक प्रतिभासित होता है किन्तु हठयोग-प्रदीपिका में

स्वीकृत शून्य, अतिशून्य तथा महाशून्य की पद्धति से कुम्भरीपा बहुत परिचित नहीं ज्ञात होते। राग रामग्री के एक पद में सुनार का रूपक बाँधकर स्वर्ण विशोधन की प्रक्रिया का उल्लेख करते हुए अवश्य तीन शून्यों के रहनी के उपरान्त चतुर्थ शून्य 'सहज' में समाने की साधना का उल्लेख आया है जो हठयोग-प्रदीपिका के चार शून्यों के अनुसरण में है।

अरधै सोनां उरधं सोना, मध्ये सोनं सोना
तीनि सुन्यं की रहनी जानै ता घटि पाप न पुनां
...आपै गोरख जोषण बैठा तब सोनां सहज समानां

सन्तों में से कुछ ने शून्य, अतिशून्य तथा महाशून्य की हठयोग-प्रदीपिका में वर्णित पद्धति को अवश्य ग्रहण किया है। विशेषतः राधास्वामी मत के प्रवर्तक सन्त शिवदयाल स्वामी जी महाराज ने इन चार शून्यों की कल्पना से प्रभावित होकर त्रिकुटी स्थान में भँवर गुफा के तनिक नीचे दो प्रकार के शून्यों के अस्तित्व का वर्णन किया है। पहले साधक गगन मण्डल का ताला खोलकर शून्य शिखर के मन्दिर में झाँकता है। वहीं मानसरोवर की निर्मल धारा है। उसके बाद भँवर गुफा के प्रवेश स्थान पर महाशून्य का थाना है जिसे तोड़कर साधक भँवर गुफा में प्रवेश पा सकता है।

सुन्न सिखर का मन्दिर झाँके अद्‌भुत रूप दिखावे।
महासुन्न का नाका तोड़े भँवर गुफा ढिग जावे।।[96]

उन्हीं का अनुसरण करते हुए उनके उत्तराधिकारी हुजूर महाराज साहेब सन्त सालिगराम भी शून्य तथा महाशून्य के परे परम तत्त्व की स्थिति बताते हैं।

सुन्न और महासुन्न के पारा निरखा सूरज सेत स्वरूप।
सत्त पुरुष का दर्शन करके पहुँची राधास्वामी धाम अनूप।।[97]

त्रिकुटी में जिस महाशून्य की स्थिति मानी जाती थी उसे तो इन्होंने नहीं माना किन्तु हृदयाकाश, विशुद्धाकाश और ब्रह्म-ग्रन्थि तथा विष्णु-ग्रन्थि आदि की कल्पनाएँ इन सन्तों ने विस्मृत कर दी हैं।

किन्तु इनके बहुत पहले दादू ने इन चारों शून्यों को एक नये रूप में स्वीकृत किया था। उन्होंने कायाशून्य, आत्मशून्य, परमशून्य तथा सहजशून्य, इन चार शून्यों का वर्णन किया है जिनमें से पहले तीन सगुण तथा साकार हैं और अन्तिम शून्य निर्गुण तथा निराकार हैं।

तीनि सुन्नि साकार की चौथी निरगुण नाम।
सहजै सुन्नि में रमि रह्या, जहाँ तहाँ सब ठाम।।
काया सुन्नि पंच का बासा, आतम सुन्नि प्राण परगासा।
परम सुन्नि ब्रह्म सौं मेला, आगे दादू आप अकेला।।

सहज सुन्नि सब ठौर है, सब घर सब ही माँहि।
तहाँ निरंजन रमि रह्या, कोइ गुण ब्यापे नाहिं।।[98]

कायाशून्य, आत्मशून्य तथा परमशून्य दादू की निजी कल्पना प्रतीत होती है जिसका आधार सिद्धों की नाथ-सम्प्रदाय तथा हठयोग पद्धति द्वारा पूर्वागत चतुर्शून्य कल्पना है। किन्तु एक महत्त्वपूर्ण तथ्य यह अवश्य है कि इन चारों शून्यों के लक्षण सिद्धों के चार शून्यों से अवश्य बहुत मिलते-जुलते हैं। वज्रयान में प्रथम शून्य को संवृत इन्द्रिय-ज्ञानयुक्त माना था, दादू ने भी उसमें पंचेन्द्रियों का वास माना है। द्वितीय शून्य उसमें आलोकरूप वज्र माना गया है, यहाँ भी वह प्राण-प्रकाश से युक्त है, तृतीय शून्य प्रज्ञा तथा उपाय के युगनद्ध का द्योतक माना गया था। यहाँ भी तृतीय परम शून्य में ब्रह्म से मिलन माना गया है और उसके उपरान्त सहज-शून्य है जो परम-तत्त्व है। इस प्रकार दादू के चार शून्यों की कल्पना विचित्र ढंग से सिद्धों की कल्पना के बहुत निकट जा ठहरती है। पीछे हमने शून्य की हिन्दू दीक्षा की ओर संकेत किया है। दादू ने भी अपने चतुर्थ तथा सर्वोपरिशून्य को ब्रह्मशून्य की संज्ञा दी और उसे निरंजन ब्रह्म का ही पर्याय मान लिया।

ब्रह्म सुन्न तहँ ब्रह्म है निरंजन निराकार।
नूर तेज तहँ ज्योति है दादू देखनहार।।[99]

बाद में कबीरपन्थ के साम्प्रदायिक साहित्य में शून्य की संख्या में कल्पनातीत वृद्धि हुई है। कबीरबानी में पहले सात की संख्या को महत्त्व दिया गया है और सात कमल, सात सुरति तथा सात शून्य परिकल्पित किये गये हैं, ये कुल मिलाकर 21 ब्रह्माण्ड होते हैं और वे इक्कीसों ब्रह्माण्ड निरंजन ज्ञान से भरे हुए हैं।

सात शून्य का सकल पसारा। सात शून्य ते कोई न न्यारा।
सप्त कमल, अरु शून्य सत, सात सुर्त स्थान।
इक्कीसों ब्रह्मण्ड में आप निरंजन ज्ञान।।[100]

किन्तु इन सात शून्यों का कोई लक्षण नहीं बताया गया है और इस संख्या-वृद्धि के पीछे कोई विशेष संकेत न होकर केवल संख्या-प्रेम ज्ञात होता है क्योंकि वैकुण्ठ के विस्तार में 18 करोड़ शून्यों की श्रृङ्खला का वर्णन मिलता है और मुक्ति के भी आगे जो अनहद ज्योति का स्थान बताया गया वह असंख्य शून्य का विस्तार बताया गया है और तब असंख्य शून्य परिकल्पित किये गये।[101] कुछ इन्हीं शून्यों की तुलना में बेशून्य भी कल्पित किये गये। अन्त में इन सबों को पूर्वोक्त सात शून्यों में ही समाहित करने का प्रयास किया गया और उसकी गणना इस प्रकार बतायी गयी।[102]

असंख्य शून्य 4 + बेशून्य 2 + शून्य 1 = 7 शून्य

ये सात शून्य, सूर्य की किरणों के सात रंगों से समन्वित कर दिये गये और अखिल सृष्टि उन्हीं रंगों का प्रसार मान ली गयी। 'सात सुन्न हैं सातौ रंगा उठत तान बहु ताना।'[103] कुछ रंग थे 'शून्य स्वेत पीत सब्ज लाल दिखाय रंग जंगाल हो।'[104]

शून्य का तिरस्कार—इस प्रकार हम देखते हैं कि धीरे-धीरे शून्य का ज्ञानपरक और तात्त्विक अर्थ भुला दिया गया और वह केवल एक निरर्थक पौराणिक कल्पनामात्र बनकर रह गया। रैदास ने इस शून्य चेतना द्वारा मन के शोधन का उपदेश दिया था। 'हम मानो अखिल सुन्न मन सोध्यो सब चेतन सुधि पाई।'[105] किन्तु बाद में वह केवल एक रूढ़ संज्ञामात्र रह गया। अपना समस्त तात्त्विक अर्थ खो बैठा और वैकुण्ठ आदि की उन कल्पनाओं का वाहक बना जिनके प्रति कबीर ने विद्रोह किया था तथा उनकी निन्दा की थी जो रामभक्ति से विहीन केवल शून्य का आश्रय लिये बैठे थे।

मनमथ मरै न जीवई जीवहिं मरन न होय।
सुन्न सनेही राम बिनु चलै अपन पा खोय।[106]

कबीर के पहले सिद्धों ने भी शून्य, केवल शून्य की निन्दा की है, किन्तु जैसा हम देख चुके हैं कि उसका कारण यह था कि वे महायान के अनुयायी थे जिसमें शून्य से भी अधिक करुणा को भी महत्त्व दिया गया था और जब तक चित्त करुणा से समन्वित न हो तब तक साधक प्रत्येकयान या श्रावकयान में ही गिना जाता है, महायान में नहीं। इसीलिए निष्करुण शून्य को सरहपा ने त्याज्य बताया था और कहा था कि बिना विषयों की विशुद्धि के निष्करुण शून्य में विचरण करनेवाला मन जहाज के काग की तरह पुनः-पुनः भव में गिरता रहता है।

विसअ विसुद्धे णउ रमइ केवल सुण्ण चरेइ
उड्डी वोहिअ काउ जिम पलुहिअ तिह वि पड़ेइ।।[107]

इस प्रकार हम देखते हैं कि शून्य को करुणा से संयुक्त करने का आग्रह कबीर में शून्य को भक्ति (रामभक्ति) से समन्वित करने के आग्रह में बदल गया। तब तक करुणा की कल्पना और उसके प्रज्ञोपायार्थ विस्मृत किये जा चुके थे। अन्ततोगत्वा राम की भक्ति ने शून्यता ज्ञान के महत्त्व को आच्छादित कर लिया। भक्ति प्रमुख हो गयी, शून्य गौण। इसीलिए सन्तों ने यह स्पष्ट कहा :

सुन्न सुन्न सब करै पुकारा, सुन्न न होखहि हंस उबारा।
सुन्न न धरती सुन्न न पानी, सुन्न कतहि नहि देखिय ज्ञानी।[108]

क्योंकि केवल शून्य परमार्थ नहीं है, परमार्थ हरि भक्ति तो कुछ और है जिसके बिना शून्य को भी रैदास ने भ्रमात्मक बताया है।

भरम तौ लों जानिये सुन्न की करै आस।[109]

सहज-शून्य—इसी शून्य को सन्त कहीं-कहीं सहज विशेषण से भी जोड़ देते हैं और हमें यह देखना है कि सहज उपाधियुक्त शून्य से उनका क्या तात्पर्य था। शून्य के चार प्रकारों पर विचार करते समय हम यह देख चुके हैं कि सिद्ध सहज-शून्य चतुर्थ शून्य को कहते थे जो परम अवस्था है, परम तत्त्व है जिसमें प्रज्ञा तथा उपाय का पूर्ण अद्वय हो जाता है और किसी प्रकार की द्वैत-सीमा उसे आबद्ध नहीं करती। उसी को

मध्यस्थिति या मध्यमार्ग भी कहा गया था क्योंकि इसमें साधक प्रज्ञा या उपाय इन दोनों में से किसी एक को नहीं ग्रहण करता दोनों का अद्वैत या युगनद्ध सम्पन्न कर लेता है। केवल मात्र शून्य से यह स्थिति अधिक ऊँची है क्योंकि इसमें वज्रयोग द्वारा प्रज्ञा तथा उपाय की द्विविधा नष्ट हो जाती है।

नाथ योग-पद्धति में प्रज्ञा तथा उपाय की बौद्ध भावना का तिरस्कार किया जा चुका था किन्तु त्रिकुटी में शून्य-समाधि द्वारा मन को प्रसन्न बनाने और अमृतपान कर चित्त को दृढ़ और काया को अमर बनाने की कल्पना चली आ रही थी। गोरखबानी में कुछ पंक्तियाँ ऐसी मिलती हैं जिनमें शून्य से ऊपर सहज-शून्य की कल्पना की गयी है और यह बताया गया है कि केवल मात्र शून्य में तो आवागमन (आना-जाना) लगा ही रहता है किन्तु जिस शून्य में चित्त समाकर स्थिर हो जाता है वह सहज-शून्य है।

गोरख मछीन्द्र से पूछते हैं—

स्वामी कैसे आवै कैसे जाइ, कैसें चीया रहै समाइ
कैसे मन तन सदा थिर रहै, सतगुरु होइ सो बूझ्या कहै।

तो मछीन्द्र उत्तर देते हैं—

अवधू, सुंने आवै सुंनें जाइ, सुंने चीया रहै समाइ
सहज-सुंनि तन मन थिर रहै, ऐसा बिचार मछिन्द्र कहै।[110]

यद्यपि इस स्थल पर शून्य और सहज-शून्य के अन्तर को बहुत स्पष्टता से नहीं रखा गया है किन्तु शून्य के साथ आने-जाने (आवागमन) की कल्पना तथा सहज-शून्य में तन-मन की स्थिरता का उपदेश कर मछीन्द्र ने सहज-शून्य को केवल शून्य से श्रेष्ठ सिद्ध किया है, यद्यपि इसमें प्रज्ञोपाय के सहज (युगनद्धजनित) अद्वैत का कोई उल्लेख नहीं है।

दादू की बानी में सहज-शून्य की कल्पना अधिक स्पष्ट है जिस पर हम पीछे विचार कर चुके हैं। वे तृतीय शून्य में ब्रह्म तथा जीव का मिलन मानते हैं जो प्रज्ञा तथा उपाय के मिलन की ही समानान्तर भावना है। सहज-शून्य में तत्त्व अकेला रह जाता है। वही परम तत्त्व है, मध्यमार्ग है।

'सहज सुन्न मन राखिये इन दून्यू के माहिं।'[111] और इस पथ में चित्त को दादू ने निराधार कहा है—'निराधार मन रहि गया आतम के आनन्द।'[112] और यह निराधार विशेषण भी सिद्धों के निरालम्ब विशेषण का ही प्रतिरूप है—'सोहिअ चित्त निरालं दिण्णा।' इसमें आवागमन भी समाप्त हो जाता है—'दुइ बिच राम अकेला आपै आवण जाण न देई।' जो वास्तव में सिद्धों के इस कथन की प्रतिध्वनि है—'जेण तुटअ अवणा गवणा।' (चर्यापद 21)

किन्तु अन्य सन्तों के सम्मुख केवल शून्य तथा सहज-शून्य का यह भेद इतना स्पष्ट नहीं था। इसलिए उनकी बानियों में हमें दोनों प्रकार के स्थल मिलते हैं। जहाँ

उन्होंने सहज और शून्य में थोड़ा अन्तर माना है, और ऐसे भी स्थल मिलते हैं जहाँ सहज-शून्य का प्रयोग सर्वोपरि शून्य के रूप में किया गया है किन्तु शून्य और सहज-शून्य की अन्तर-रेखा उतनी स्पष्ट नहीं है। इसी कारण कुछ उलझनें भी पैदा होती हैं जिनकी ओर द्विवेदी जी ने संकेत किया है।[113]

जहाँ तक कबीर का प्रश्न है उन्होंने अधिकतर सहज-शून्य को परम तत्त्व या परम ज्ञान के ही अर्थ में प्रयुक्त किया है—

उलटि जाति कुल दोउ बिसारी। सुन्न सहज महिं बुनत हमारी।[114]
नहिं जल नहिं थल नहिं थिर पवना। को धरे नाम हुकुम को बरना।।
नहिं कुछ होत दिवस अरु राती। ताकर कहहुँ कवन कुल जाती।।
सुन्न सहज मन सुमिरते प्रगट भइ एक जोति।।[115]

यहाँ पर कबीर ने सहज-शून्य को सर्वोपरि शून्य (परमतत्त्व) के अर्थ में प्रयुक्त किया है, यद्यपि वे शून्य के चार विभेद और प्रथम तीन शून्यों से सहज-शून्य की श्रेष्ठता के सिद्धान्त से परिचित थे, इसका कोई भी आभास नहीं मिलता। अन्य कुछ स्थलों पर गुलाल साहब का भी एक ऐसा पद मिलता है जिसमें सहज-शून्य का परमतत्त्व के रूप में चित्रण है।

मन सहज सुन्न चढ़ि कर निवास
रूपरेख तहँ जाति पाँति नहिं छय अमूरति करत बास
कह गुलाल तह मार्‌यो बानी, घर आयो मन सहजे मारि।।[116]

इस पद में एक बात अवश्य ध्यान देने की है। अन्तिम पंक्ति में मन को सहज-पद्धति द्वारा मारने का संकेत है और तब घर (सहज-शून्य) में आने का विवरण मिलता है। अर्थात् सहज-पद्धति है, शून्य उपलब्धि। उसी पद्धति के कारण इस शून्य को सहज-शून्य कहा गया है। इसी को काण्हपा ने 'चिअ सहजे सूण सम्पुण्णा' (पद 42) कहा है, किन्तु काण्हपा सहज से जो प्रज्ञोपाय अद्वैत का अर्थ लेते हैं वह सन्तों तक आते-आते लुप्त हो गया है, किन्तु सहज द्वारा शून्य में समाया जाता है—यह सन्तों को याद रह गया था। यह उन्होंने अपनी गुरु-परम्परा से पाया था—'जन गुलाल सतगुरु को चेला सहजहि सुन्न समावे।'[117] यहाँ भी शून्य के साथ सहज शब्द का ऐसे प्रयोग किया गया है कि दोनों में एक क्षीण अन्तर ध्वनित अवश्य होता है यद्यपि उसका स्पष्ट विवेचन नहीं मिलता। एक स्थल पर यदि शून्य नगर है तो सहज उसमें स्थित घर।[118] दूसरे स्थल पर उसी अद्‌भुत शून्य नगर में सहज को ध्वनि रूप में परिकल्पित किया गया है।[119] पलटू वीतरागी उसे बताते हैं जो शून्य समाधि में ध्यानमग्न होकर सहज का ध्यान करें :—

शून्य समाधि में ध्यान को लाइ कै, सहज का ख्याल सोई वीतरागी।[120]

सहज-शून्य का एक दूसरा रोचक प्रयोग कबीरपन्थी साहित्य में मिलता है। यह सहज-शून्य परम-पद था, 'घर' माना गया था जहाँ जीव द्वैत से मुक्त होकर निरंजन

रूप में पहुँचता है। किस प्रकार इस निरंजन के साथ देवता की भावना जुड़ी और कालान्तर में साम्प्रदायिक प्रतिद्वन्द्विता के कारण निरंजन को नीचा सिद्ध किया गया इस पर काफी प्रकाश डाला जा चुका है। (द्विवेदी-कबीर) सहज-शून्य में निरंजन मन की स्थिति मानी गयी थी अतः सहज-शून्य निरंजन देव का लोक माना गया—

सहज सुन्न में कीन्ह ठिकाना, काल निरंजन सबही ने माना।[121]

और बाद में तो निरंजन, कालनिरंजन होकर लोक को त्रासदायी हो गया। पल भर में सहज-शून्य लोक से जम्बू द्वीप में आकर साधकों को सहज रूप धारण कर भ्रम में डालने लगा। सहज के साथ साधकों की साधना में वायु-व्याधा डालकर चन्द्र-सूर्य के मिलन से प्राप्त होनेवाले अमृत को अशुद्ध करने लगा और इस प्रकार वह सहज-शून्य जो परम तत्त्व था, परम पद था, धीरे-धीरे वह साधना में बाधक माना जाकर तिरस्कृत कर दिया गया।

वज्र—सिद्धों की साधना में शून्य का पूरक-तत्त्व वज्र था जो पुरुषरूप में बोधचित्त में जाग्रत होकर नैरात्म्यज्ञान में लीन होने के लिए अग्रसर होता था। यह मणि, अश्म तथा अस्त्र के वैदिक अर्थों का परित्याग कर किस प्रकार वज्रयान में परम-तत्त्व का अर्थ देने लगा था और सिद्धों ने अपनी प्रज्ञोपाय साधना में किस प्रकार इसे पुरुष, पति या उपाय से समन्वित कर वज्रास्त्र योग या कुलिश-कमल योग की साधना का उपदेश दिया था, इस पर हम विस्तार में विचार कर चुके हैं। किन्तु परवर्ती सम्प्रदायों के साहित्य में यह वज्र बिलकुल विस्मृत कर दिया गया। नाथों की अद्यावधि उपलब्ध बानियों में कहीं भी वज्र का उल्लेख नहीं है। हठयोग-प्रदीपिका में भी शून्य का वर्णन तो है किन्तु वज्र वहाँ भी भुला दिया गया है। इसका एक प्रमुख कारण यह प्रतीत होता है कि वज्रयान में वज्र को जो प्रमुखता मिली थी, बाद के सहजाम्नाय तथा कालचक्र-पद्धति में उसमें थोड़ा ह्रास हुआ। बाद में वज्र के साथ मुद्रामैथुन साधनाओं का जो विशेष सम्बन्ध रहा उसके कारण शुद्धतावादी गोरखपन्थी योगियों ने इसको विशेष आदर नहीं दिया। किन्तु फिर भी एक विचित्र ढंग से यह परवर्ती साधनाओं में बचा रह गया।[122]

वज्रयानी योग की शब्दावली में ब्रह्मरन्ध्र को दशमद्वार या वैरोचन द्वार कहते थे। नाथ तथा सन्त-परम्परा में त्रिकुटी में शून्य-मण्डल या शून्य-महल की कल्पना की गयी थी, जिस पर हम विचार कर चुके हैं। उस शून्य-मण्डल के समीप यह दशमद्वार स्थित है और उस द्वार में जो कपाट लगे हुए हैं वे वज्र-कपाट हैं।

कबीर : *धरे ध्यान गगन के माहिं लाये वज्र किंवार*
देखि प्रतीमा आपनी तीनिउँ भये निहाल।[123]

नानक : *अउघट घाट विषम है बाट। गुरुमुख खोले वज्र-कपाट।।*[124]

भीखा : *जड़ि ताला वज्र-कपाट को तहँ बैठे आतमराम।*[125]

इस दशम द्वार के कपाटों का उल्लेख गोरखबानी में भी है किन्तु इसमें 'वज्र' विशेषण नहीं है।

दसवें द्वारे देइ कपाट, गोरख षोजी और बाट।[126]

सन्तों ने कपाट के साथ वज्र विशेषण का प्रयोग तो अवश्य किया है किन्तु वे सिद्धों की वज्र-कल्पना को भूल चुके थे और वज्र के अर्थ यहाँ 'दृढ़' और अटूट ही हैं।

सूफी साहित्य में वज्र का प्रयोग कई रूपों में मिलता है। वे इस वज्र कपाट की कल्पना से तो परिचित थे ही, जैसा जायसी की निम्न पंक्तियों से प्रकट है :

पँवरी नवौं वज्र कै साजी, सहस सहस तहँ बैठे पाजी
नवौ खण्ड नव पँवरी औ तहँ वज्र-केवार[127]

किन्तु इसके अतिरिक्त वज्राग्नि का उल्लेख भी पद्मावत में प्राप्त होता है। यह वज्राग्नि सम्भवतः नाथयोगियों की ब्रह्माग्नि तथा चर्यापदों की चण्डाग्नि की ही भाँति सुषुम्ना या अवधूत में प्रज्वलित होनेवाले आलोक का ही दूसरा नाम मालूम होता है। यह वज्राग्नि पद्मावत में आकर प्रेम की विरहाग्नि के रूप में परिणत हो गयी और उसका सम्बन्ध हनुमान द्वारा लंका में लगायी हुई आग से भी जोड़ दिया गया—

विरह आगि वज्रागि असूझा, जरै न सूर बुझाएँ बूझा
तेहि के जरत उठै वज्रागी, तीनौ लोक जरै तेहि आगी
अबहुँ की घरी चिनगि तेहि छूटहिं, जरि पहार पाहन सब फूटहिं
देवता सबै भसम भये जाहीं, छार समेटे पाउब नाहीं
धरती सरग होहि सब ताता, है कोई एहिं राख विधाता
मुहमद चिनगी अनंग की सुनि महि गगन डेराइ
धनि बिरही औ धनि हिया जेहि सब आग समाइ।[128]

'मृगावती' में सिद्धों के वज्र-चित्त से बहुत-कुछ मिलता-जुलता हुआ शब्द वज्र-करेजा का भी प्रयोग मिला है और प्रसंग से यह ज्ञात होता है कि 'वज्र-करेजा' के अर्थ केवल दृढ़ हृदय नहीं वरन् 'योग में प्रवृत्त होनेवाला चित्त' है।

कीगरी लिये वियोग बजावइ। सभही सुन वोही देषइ आवइ।
सुन वियोग सबही एन बोला। भाइहु राग आसन हरि डोला।
जेइरे सुनीउ से भुलीउ चिंत न रहीउ काहि
वज्र करेजा जाहि कर, भावयोग उर ताहि।।[129]

किन्तु इस प्रसंग में भी सिद्धों का बौद्ध अभिप्राय अर्थात् 'करुणा या उपाय समन्वित चित्त' न लिया जाकर केवल योग-प्रवृत्त चित्त मात्र माना गया है और इसका बौद्ध अर्थ कुतुबन के सामने स्पष्ट था, इसका कोई प्रमाण नहीं है। पद्मावत में एक स्थान पर आठ वज्रों का उल्लेख है।[130] किन्तु गुह्य-समाज-तन्त्र के वज्र-चतुष्टय अथवा चर्यापदों के काय-वाक्-चित्त तथा ज्ञान वज्र से इन आठों वज्रों का कोई सम्बन्ध नहीं ज्ञात होता।

एक स्थान पर जायसी ने सृष्टि के निर्माण का वर्णन करते हुए शून्यत्व के बाद वज्र-बीज का उल्लेख किया है जिससे यह ज्ञात होता है कि वज्र की बौद्ध कल्पना किसी-न-किसी रूप में उस समय भी जीवित अवश्य थी—

सरग न धरति न खंभमय, बरह्म न बिसुन महेस।
बजर-बीज बीरौ अस ओहि न रंग न भेस।।[131]

किन्तु चित्त के लिए वज्र के पर्याय मणि या चित्त के लिए वज्रयान के पहले से भी होता आया किन्तु वज्रयान में इसको एक विशिष्ट साम्प्रदायिक अर्थ दिया जाने लगा था। सिद्धों की साधना में प्रज्ञोपाय योग या सहज-साधना द्वारा चित्त को मणि अथवा हीरा बनाने का आदेश मिलता है। सन्त वज्र के या मणि के उस अर्थ को तो भूल चुके थे किन्तु सहज-पद्धति के साथ चित्त को मणि अथवा हीरा बनाने की प्रक्रिया उनकी परम्परा में अवशिष्ट रह गयी थी और कई स्थानों पर सहज और तत्त्वरूपी मणि का एक साथ प्रयोग सन्तों के साहित्य में मिलता है—

कबीर : *हीरै हीरा बेधि पवन मनु सहजे रहिआ समाई*
सगल जोति इन हीरै बेधी सतिगुर बचन मैं पाई।
हरि की कथा अनाहद बानी।
हंसु हइ हीरा लेइ पछानी।।
कहु कबीर हीरा अस देखिओ जग मह रहा समाई
गुपता हीरा प्रकट भईओ जब गुरु गाम दिआ दिखाई।[132]

रैदास : *पीवत डाल फूल फल अम्रित, सहज भई मति हीरा।*[133]

इन सन्तों ने वज्र का बौद्ध अर्थ भुला दिया था, किन्तु कुछ उल्लेख ऐसे मिलते हैं किसी-न-किसी रूप में वज्र-योग की पद्धति अवशिष्ट थी और कुछ ऐसे योगी थे जो अपने को वज्र-यति कहा करते थे। वे सम्भवतः गृहस्थ और विवाहित भी होते थे और वज्रयानियों की ही किसी अवशिष्ट शाखा के अन्तर्गत माने जाते थे। ऐसे ही वज्रयोगियों पर बालानाथ के नाम से प्राप्त एक बानी में बड़ा तीव्र व्यंग्य मिलता है—

पहिली कीए लड़का लड़की, अबही पन्थ में पैठा
बूढ़े चमड़े भसम लगाई, वज्र-जती ह्वै बैठा।[134]

खसम—सन्तों के साहित्य में जो शब्द सिद्ध-साहित्य से आये हैं उनमें अर्थ-विकास की दृष्टि से सम्भवतः 'खसम' शब्द सबसे अधिक रोचक है, इस तथ्य की ओर द्विवेदी जी पहले ही संकेत कर चुके हैं।[135] सिद्धों की साधना पर विचार करते समय हम यह देख चुके हैं कि बोधिचित्त की साधना में सिद्ध मन को शून्य या खसम स्वभाव धारण करने का अभ्यास करते थे। मन स्वतः शून्य रूप होकर शून्य में या 'ख' में मिल जाता है। सरहपा कहते हैं—

सब्बरूअ तहिं खसम करिज्जइ, खसम सहावें मणवि धरिज्जइ।।[136]

भगवती प्रज्ञा का स्वरूप भी खसम है—

मणह भअवा खसम भअवइ
दिवा रात्ति सहजे रहिअइ।।[137]

गोरक्ष-पद्धति तथा हठयोग-प्रदीपिका में भी योग-साधना में इसी गगनोपम अवस्था या ख-अवस्था में मन को विलीन करने का उपदेश मिलता है—

निर्मलम् गगनाकारम् मरीचिजल सन्निभम्
आत्मानम् सर्वगम् ध्यात्वा योगी मुक्तिमवाप्नुयात्।।[138]
खमध्ये कुरु चात्मानमात्ममध्ये च खं कुरु
सर्वे च खमयं कृत्वा न किञ्चिदपि चिन्तयेत्।।[139]

गोरखबानी में स्थान-स्थान पर गगन-शिखर या गगन-मण्डल का उल्लेख है किन्तु खसम शब्द का प्रयोग नहीं है। किन्तु सन्तों ने बराबर इस शब्द का प्रयोग किया है और वे उस खसमावस्था या शून्यावस्था में लीन होने की ओर संकेत करते हैं—

कबीर–*इतु संगति नाही मरणा, हुकुम पछानि ता खसमै मिलणा।*[140]

खसम बिनु तेली को बैल भयो।
बैठत नाहिं, साधु की संगति नाधे जनम गयो
खसमहिं छाँड़ि विषय रंग राते पाप के बीज बयो।।[141]

किन्तु इसी शब्द का प्रयोग एक दूसरे अर्थ में सन्तों ने किया है जिसका आधार अरबी का शब्द ख़सम बताया जाता है जिसके अर्थ पति होते हैं। पति या स्वामी के अर्थ में सन्तों ने बराबर खसम शब्द का प्रयोग किया है—

कबीर–*खाखा चाहै खोरि मनावै, खसमहिं छाँड़ि दसों दिसि धावै।*[142]

इस खसम या पति के प्रति साधक को सदैव पतिव्रता की भाँति अटूट भक्ति और लगन रखनी चाहिए, इस पति के अतिरिक्त पर-पुरुषों की ओर अपना ध्यान लगाना निन्दनीय है। कबीर की तो उसमें अटल आस्था है और वे कहते हैं कि केवल दो अक्षर सोऽहं का जप करते रहो, अगर सचमुच प्रभु खसम है तो वह हमें धारण करेगा। 'कहु कबीर आखर दुई भाखि। होइगा खसमु त लेइगा राखि।।'[143] इसी प्रकार पलटू साहब भी चेतावनी देते हैं—

'खसम रहा है रूठि नहीं तू पठवै पाती।'[144] और गुलाल अपने खसम के प्रति निष्ठा त्यागकर पर-पुरुष के पास जाने के लिए साधकरूपी नारी की प्रताड़ना करते हैं—

काह कहौं कछु कहत न आवै, नाहक जग बौराई हो
अपने खसम नेक नहिं जानै, परपूरुष पहँ जाई हो।[145]

वास्तव में सन्त इसे पतिरूपी परम ज्ञान या परम तत्त्व के अर्थ में प्रयोग करते थे और उसके सांकेतिक अर्थ से पूर्णतया परिचित थे। जैसा निम्नांकित उदाहरणों से स्पष्ट है—

कबीर : *होय भिस्त जो चित न डोलावै, खसमहिं छाँड़ि के दोजक धावै*
बिन गुरु ज्ञाने दुंदभी खसम कही मिलि बात।
जुग जुग कहवैया कहै, काहु न मानी बात।।[146]

सच्चे तत्त्वज्ञान के अतिरिक्त अन्य बाह्योपचार-प्रधान सम्प्रदायों में, जो तत्त्वज्ञान है वह झूठा खसम है या उपपति है, लगवारा है, उसका परित्याग करना ही उचित है—

कबीर : *एक से ब्रह्मौ पन्थ चलाया। एक से हंस गोपालहिं गाया।*
एक से सिम्भू पन्थ चलाया। एक से भूत प्रेत मन लाया।
एक से पूजा जैनि विचारा। एक से निहुरि निमाज गुजारा।
कोइ. काहू का हटा न माना। झूठा खसम कबीरन जाना।
तनि मनि भज रहु मोरे भक्ता। सन्त कबीर सत्त है वक्ता।
आपुहि देवा आपुहि पाती। आपुहि कुल आपुहि है जाती।
सर्वभूत संसार निवासी। आपुहि खसम आपु सुखबासी।
कहइत मोहिं भइल जुग चारी। काके आगे कहौं पुकारी।
साँचहि कोइ न मानई, झूठा के सँग जाय।
झूठहि झूठा मिलि रहा, अहमक खेहा खाय।[147]

यह झूठा खसम वास्तव में तत्त्वज्ञान-रहित बाह्याचार मात्र है जैसा पलटू साहब का कथन है—

माटी देवखरि बाँधि मुए की पूजा लावै
जीवत जिउ को मारि आनि कै ताहि चढ़ावै
पलटू जिव को मारि कै बल देवतन को देत
गरदन मारै खसम की लगवारन के देत।।[148]

अब प्रश्न यह उठता है कि क्या खसम की अवस्था रूप के अतिरिक्त स्वामी या प्रभु के रूप में कल्पना सन्तों की अपनी कल्पना है जिसकी मूल प्रेरणा अरबी का खसम शब्द है, या वे किसी पूर्व परम्परा से प्रभावित हैं। सरहपा ने एक स्थल पर खसम शब्द के साथ नाथ (पति) विशेषण का प्रयोग किया है और उसे अक्षय, अचिन्त्य, परमप्रभु तथा महासुखनाथ के रूप में स्मरण किया है, अवाच्य तथा अचिन्त्य बताकर उसके दर्शन का उपदेश दिया है—

अक्खह अच्चेय परमं पहु खसम महासुह नाह।
जो आवाअ अचित्त वि तस्स च्चक्खु करेह।।[149]

इस दोहे की संस्कृत छाया में बागची ने नाह का अर्थ 'नास्ति' दिया है जिसकी पद से संगति नहीं बैठती। डॉ. शाहिदुल्ला ने तिब्बती रूपान्तरों से तुलना कर यह

दिखाया है कि नाह नाथ का रूपान्तर होता है और नास्ति का रूपान्तर नत्थि होता है।[150] इसलिए यहाँ भी नाह का अर्थ नाथ ही ठीक बैठता है तथा पहु का तत्सम प्रभु भी अधिक उपयुक्त है। इस खसम को यहाँ सिद्धों ने परम-तत्त्व अथवा गगनोस्वभाव या शून्य-स्वभाव का मानवीकरण कर उसे नाथ या प्रभु के रूप में भी परिकल्पित कर लिया है। अरबी शब्द खसम इस कल्पना की मूल प्रेरणा नहीं है, यद्यपि उससे इस प्रयोग को और भी बल अवश्य मिला होगा। जहाँ तक कबीर का प्रश्न है इस परमतत्त्व खसम का अर्थ राम था, अन्य कोई नहीं—

आपै पावक आपै पवना, जारै खसम त राखै कवना
राम जपत तन जर की न जाय, राम नाम चितु रहअ समाय[151]

किन्तु कबीरपन्थी साहित्य में बाद में स्वतः सद्गुरु कबीर को ही खसम मान लिया गया है और उनके शिष्य धर्मदास को यह कहते दिखाया गया है कि—

बाजा बाजा रहित का परा नगर में शोर
सतगुरु खसम कबीर है, नजर न आवै और।

और मलूकदास से भी कहलवाया गया है कि कृष्ण, जगन्नाथ आदि सब कबीर के अवतार हैं और कबीर ही वास्तविक खसम हैं।[152]

खसम की मृत्यु—किन्तु स्वामी, पति और नाथ राम के प्रति भक्ति और पातिव्रत्य का उपदेश देते-देते कभी-कभी ये सन्त उलटवाँसियों में इसी पति की हत्या करने या इसको खाने की ओर भी संकेत करने लगते हैं। इसका अर्थ बहुत स्पष्ट न होने के कारण कुछ कठिनाई पड़ती है जिसकी ओर द्विवेदी जी ने भी संकेत किया है।[153] ऐसा ही एक पद है—

माई मैं दूनो कुल उजियारी
बारह खसम नैहरे खायो, सोरह खायो ससुरारी

इसी का समानान्तर भाव पलटू की दो कुण्डलियों में मिलता है जहाँ न केवल खसम की मृत्यु का वर्णन है वरन् खसम की मृत्यु पर गृहिणी का उल्लास भी प्रदर्शित किया गया है—

खसम बिचारा मरि गया जोरू गावै तान
जोरू गावै तान फिरा अहिवात हमारा
झूठ सकल संसार माँग भरि सेंदुर पारा
हम पतिबरता नार खसम को जियतै मारी
वाको मूँड़ौ मूँड़ सरबर जो करै हमारी
दुतिया गयी हैं भाग सुनौ अब राँध परोसिन
पियां मरे आराम मिला सुख में कहँ दिन दिन

पलटू ऐसे पद कहै बूझै सो निरबान
खसम बिचारा मर गया जोरू गावै तान

× × ×

खसम मुवा तो भल गया सिर की गयी बलाय
पलटू सोइ सुहागिनी जियतै पिय को खाय।।[154]

इन पंक्तियों का अर्थ बिलकुल स्पष्ट हो जाता है यदि हम यहाँ खसम से परमज्ञान की उपलब्धि के उपरान्त शून्य-स्वभाव धारण कर निर्वाण प्राप्त कर लेनेवाले चित्त का अर्थ लें। लगभग इन्हीं शब्दों में मरण का रूपक बाँधते हुए, अपने पति की मृत्यु पर प्रसन्न होनेवाली पत्नी के रूप में साधक का चित्रण अक्सर सिद्धों के दोहों में भी मिलता है और सरहपा ने इसे योगिनीचार अथवा योगिनी-मार्ग कहा है—

घरवइ खज्जइ घरिणिएहि जहिं देसहि अविआर
माइए पर तहिं कि उवरहि विसरिअ जोइणि-चार
घरवइ खज्जइ सहजें रज्जइ किज्जिअ राअ विराअ
णिय पास वइट्ठी चित्ते भट्ठी जोइणि महु पड़िहाअ

× × ×

एक्कु खाइ अवर अण्ण वि पोड़इ
वाहिरें गइ भत्तारह लोड़इ।[155]

इसकी टीका में अद्वयवज्र ने स्पष्ट कहा है कि यह गृहपति (मन) का मरण नहीं है केवल उसको सहज स्वरूप में स्थित कर देना मात्र है। उस सहज स्वरूप में द्वैत नहीं रहता (दुतिया गयी है भाग।) और चित्त निर्वाण उपलब्ध कर लेता है (बूझै सो निरबान)। चर्यापदों में भी शबरपा (पद 50) अपनी मृत्यु का वर्णन देते हैं जिसका अर्थ शून्यता में लीन होना है और कुक्कुरीपा भी अपने पद (संख्या 20) में इसी स्थिति की ओर संकेत कर चुके हैं। इन दोनों चर्यापदों में गृहपति की मृत्यु के दार्शनिक संकेतों पर हम पीछे विचार कर चुके हैं।[156] कबीर भी इसी मरण की सहजमयता की ओर संकेत करते हुए कहते हैं—

जिह मरनै सभु जगत तरासिआ, सो मरना गुरु सबद प्रकासिआ
मरनो मरन कहै सभु कोई, सहजे मरै अमरु होइ सोई
कहु कबीर मनि भइआ अनन्दा, गइया भरमु रहिआ परमानन्दा[157]

सहज—सहज शून्य पर विचार करते समय हम इस तथ्य की ओर संकेत कर चुके हैं कि 'सहज' शब्द उसी अर्थ में नाथ तथा सन्त योगियों द्वारा नहीं ग्रहण किया गया था, जिस अर्थ में वज्रयानी सिद्ध इसका प्रयोग करते थे।

शैव पद्धतियों ने 11वीं शती में ही सहज शब्द को स्वीकार कर लिया था किन्तु उसके अर्थ बदल दिये थे। हम पहले ही इस तथ्य की ओर संकेत कर चुके हैं कि सहज शब्द का 'स्वाभाविक' अर्थ में प्रयोग बहुत पहले से धर्म-साधनाओं में होता आ रहा था और इस बात की पूरी सम्भावना है कि बौद्ध तथा शैव दोनों प्रकार की पद्धतियों ने इस शब्द को किसी तीसरी परम्परा से ग्रहण किया हो। मत्स्येन्द्र के योगिनीकौल-मार्ग तथा वज्रयानी सिद्धों के सहजाम्नाय की तुलना करने से यह ज्ञात होता है कि दोनों में ही सहज शब्द का प्रयोग स्वाभाविक प्रवृत्तिमूलक मार्ग के अतिरिक्त ऐसी साधना-पद्धति के अर्थ में होता था जिसमें पुरुष-तत्त्व तथा शक्ति-तत्त्व का समागम किया जाय। ये दोनों तत्त्व बौद्ध पद्धतियों में प्रज्ञा तथा उपाय और योगिनीकौल-मार्ग में शक्ति तथा शिव के नाम से प्रख्यात थे। योगिनीकौल-मार्ग का नाथ-सम्प्रदाय से घनिष्ठ सम्बन्ध रहा है अतः उसमें सहज का अर्थ क्या है इस पर विचार कर लेना अनुपयुक्त न होगा। कौलज्ञान-निर्णय के अष्टम पटल में सहजा, कुलजा, अन्त्यजा तथा महादेवी, इन चार शक्तियों का उल्लेख है जिनमें से सहजा स्वकीया है और साधक की गृहिणी रूप में चित्रित है। किन्तु साधना में इस सहज शक्ति को शरीरस्थ कर अन्दर ही उपलब्ध करना चाहिए 'कुरुते देहमध्ये तु सा शक्तिः सहजा प्रिये।'[158] शरीर के अन्दर स्थित इस शक्ति को सिद्ध कर लेनेवाला फिर अन्तर्मुख हो जाता है, निश्चल हो जाता है, धारणा, ध्येय आदि से मुक्त हो जाता है, सहज तत्त्व में रमण करता है और आत्म तथा पर का भेद भुला देता है।[159] उसी को अकुलवीर कहते हैं, वही सहजानन्द की प्राप्ति करता है। किन्तु यह सहजानन्द, यह सहज तत्त्व, यह सहज स्वरूप बौद्ध 'सहज' से अलग है क्योंकि न्याय, वैशेषिक, बौद्ध, अर्हन्त, सोम-सिद्धान्तवादी सभी को शास्त्रजाल से सन्तुष्ट, विकल्प-बहुल, मिथ्यावादी बताया गया है।[160]

इस कथन में साम्प्रदायिक प्रतिद्वन्द्विता का आभास अधिक है। वास्तव में यदि प्रज्ञा तथा उपाय को शक्ति और शिव की संज्ञा दे दें तो वज्रयानी सहज और कौलज्ञान के सहज में कोई अन्तर नहीं रहता क्योंकि इसी प्रसंग में आगे यह कहा भी गया है कि अकुलवीर साधना द्वारा जो समरस में प्रतिष्ठित हो जाता है वही ब्रह्म है, वही शिव है, वही सोम है, वही अर्हन्त है, वही बुद्ध है।[161] किन्तु फिर भी योगिनीकौल-मार्ग में सहज को शैव रूप दे देने का एक परिणाम अवश्य अनुमानित किया जा सकता है। वह यह कि नाथपन्थी योगियों को यह सहज-भावना शैवों से ही प्राप्त हुई होगी अतः उन्होंने इसे बौद्ध नहीं माना और सहज से वे बराबर शक्ति तथा शिव के संगम का अर्थ लेते रहे, किन्तु उसे उन्होंने देहस्थ शक्ति या देहस्थ मुद्रा खेचरी को उपलब्ध करने के अर्थ में लिया होगा।

नाथ-सम्प्रदाय की बानियों में सहज का प्रयोग हमें निम्न रूपों में मिलता है—क-परम तत्त्वरूप में सहज। ख-परम ज्ञान, परम स्वभाव या परम स्वरूप। ग-देह के

अन्दर योगिनी या शक्ति से संगम लाभ करने की योग पद्धति। घ-सहज समाधि। ङ-परम पद, परम सुख अथवा आनन्द के रूप में सहज। च-जीवन-पद्धति के रूप में सहज।

क-परम तत्त्व के रूप में नाथ योगी पाँचों तत्त्वों का सहज से ही उद्भव और अन्त में सहज में ही विलयन मानते हैं :

एही राजा राम आछै सर्वे अंग बासा,
एही पाँचौ तत बाबू सहजि प्रकासा।
ये ही पाँचौ तत बाबू सहजि समाना।
बदंत गोरष इमि हरिपद जाना।[162]

कणेरीपा और नागा अरजन (नागार्जुन) के संवाद में भी सहज का यही रूप मिलता है—

कणेरी का प्रश्न : *कहाँ से उगै कहाँ से आथ्वै कहाँ थें रैनि बिहाई*
पूछै कणेरी नागा अरजन प्यंड छाँड़ि प्राण कहाँ समाई
नागा अरजन : *सहजै अवना सहजै गवना। सहजै सहजै बहै पवना*
सहजै सहजै फीरै बाई। सहजैं सहजैं थिरै काई[163]

गोरख-मछीन्द्र के संवाद में भी सहज की परमतत्त्व रूप में इस प्रकार की व्याख्या मिलती है :

गोरख : *स्वामी राति न होती दिन कहाँ थें आया*
दिन प्रसरया राति कहाँ समाया...?
मछीन्द्र : *अवधू राति न होती दिन सहजैं आया*
दिन प्रसर्या राति सहजैं समाया।[164]

ख-इस सहज को आत्मगत कर साधक को भी सहज स्वरूप धारण करना चाहिए। यह सहज रूप, सहज ज्ञान या सहज स्वभाव उन समस्त द्वयताओं से विवर्जित है, भाव, अभाव आदि की द्विविधा इसमें नष्ट हो जाती है और अविनाशी तत्त्व की प्राप्ति होती है :—

गोरख : *दुबध्या मेटै कैसें रहै। सतगुरु होइ सु बूझ्या कहै।।...*
मछीन्द्र : *दुबध्या मेटि सहज में रहै। ऐसा बिचार मछिन्द्र कहै।।*[165]
सहज सुभाइ मिले अबिनासी।[166]

ग-शिव और शक्ति के संयोग की सहज पद्धति :

इस मैथुन के रूपक में सम्पन्न की जानेवाली योग-साधना का विशेष महत्त्व है। वास्तव में सहज का तान्त्रिक अर्थ यही था और वज्रयानी सिद्धों ने भी इसे इसी रूप में ग्रहण किया था। नाथ योगियों में वज्रयानियों की भाँति नारीरूपी तरुणी मुद्रा से समागम

कर महामुद्रा सिद्धि करने की प्रथा थी या नहीं, इस पर हम बाद में विचार करेंगे, किन्तु हठयोग की साधना में वे सहज पद्धति को शिव-शक्ति के मिलन या जोगी द्वारा जोगिनी से मिलन के रूपकों में रखकर पूर्ववर्ती तान्त्रिक परम्परा का निर्वाह करते थे।

ये शक्ति और शिव वास्तव में नाद और बिन्दु हैं : 'सक्ति रूपी रज आछे, सिव रूपी व्यन्द।'[167] इनमें से शक्ति का वास कुण्डलिनी के रूप में एक दूसरे स्थल पर नीचे बताया गया है और शिव का वास ऊपर, 'अवधू अरधैं बसै सक्ती उरधै बसै सीव।'[168]

दूसरे स्थल पर इसी सहज समागम को जोगी तथा जोगिनि के परिणय के रूप में चित्रित किया गया है।

माहरा रे बैरागी जोगी, अहनिसि भोगी, जोगिणि संग न छाँड़ै।
मानसरोवर मनसां झूलन्ति आवै गगन मंडल मठ मांडै रे।
कौंण अस्थानिक तोरा सासू नैं सुसरा, कौंण अस्थान तोरा बासा।
कौंण अस्थानक तूनें जोगिणि भेंटी कहाँ मिला घर बासा।
नाम अस्थानक मोरा सासू नैं ससुरा ब्रह्मा अस्थानका मोरा बासा।
इला प्यंगुला जोगण भेंटी सुषमन मिल्या घर बासा।[169]

घ-पवन का निरोध कर अपनी इन्द्रियों को पूर्णतया वश में करने को सहज समाधि के रूप में चित्रित किया गया है जो सिद्धों की 'पग्गोपाअ समाहि' (प्रज्ञोपाय समाधि) का ही परवर्ती रूप प्रतीत होता है। इसी को सहज ज्ञान के वाणिज्य के रूप में चित्रित किया गया है जिसमें गुरु गोरखनाथ सहज के व्यापारी हैं, पाँच इन्द्रियरूपी बैल और नौ रन्ध्ररूपी गायें बेचने आये हैं। जब वे इन्द्रियाँ वशीभूत होकर सहजरूपी बाखर में आ गयीं तब मन उड़ियानी (उड्डियान बन्ध) की साधना करने लगा।[170]

इसी समाधि को अँगीठी के रूपक से भी चित्रित किया गया है :

दिषणि हमारी डीबी पाकै अगनि बलै मुलतानं
ऐसे हम जोगेसर निपनां प्रगट्या पद निर्वानं
बाफ न निकसै बूँद न ढलकै सहज अंगीठी भरि भरि राधै
सिध समाधि योग अभ्यासी तब गुरु परचै साधै।।[171]

ङ-इसी सहज को परम पद निर्वाण के भी अर्थ में प्रयुक्त किया गया है :

सहज पद परम नृबांन, साँभलि गोरष पद निरबांन।
देत कहै हम सहज समांन, साँभलि गोरष पद निरबांन।[172]

च-किन्तु इन सबों के अतिरिक्त सहज जीवन-पद्धति के रूप में भी सहज का प्रयोग मिलता है, वह सहज जो बाह्य अनुष्ठानों, बाह्याचारों और विधि-निषेधों तथा अतिचारों से मुक्त मध्यम सहज मार्ग का अर्थ देता है। यह अर्थ विशेष महत्त्वपूर्ण है क्योंकि सन्त-परम्परा में योगपरक या मैथुनपरक अर्थ के बजाय इसी अर्थ को व्यापक रूप से ग्रहण किया गया है :

अवधू सहजै लेणा सहजै देणा सहजै प्रीति ल्यौ लाई
सहजै सहजै चलेगा रे अवधू तौ बासण करेगा समाई।[173]

हबकि न बोलिबा हबकि न चलिबा धीरे धरिबा पाव
गरब न करिबा सहजैं रहिबा भणत गोरख राव।[174]

'सहज रहिबा' या 'सहज रहनी' सन्तों का विशेष आग्रह है। प्रज्ञा और उपाय के युगनद्ध के रूप में सन्त का सहज अर्थ सम्भवतः भूल चुके थे किन्तु परमतत्त्व का स्वभाव सहज है इसे वे अवश्य जानते थे। शिव और शक्ति के संगम के रूप में सन्तों ने इस सहज तत्त्व की व्याख्या की है :

कबीर : *सिव सकती दिसि कोंण जु जोवे, पछिम दिसा उठे धूर।*[175]

केशवदास : *तन मन प्रान दान दे पिय को सहज सरूपम पाई हो*
दरस परस पतिबरता पिव की सिव घर सक्ति बसाई हो।[176]

इसी सहज से वे समस्त तत्त्वों की उत्पत्ति मानते थे और अन्त में इसी में सबका विलयन भी। इस 'सहज' नाम को वे अक्सर सहज-शून्य..., अक्सर परमतत्त्व 'शब्द' और अक्सर परमपुरुष ब्रह्मा के लिए भी प्रयुक्त करते थे।

परमतत्त्व—पीछे 'सहज' पर विचार करते समय हम यह देख चुके हैं कि सहज का प्रयोग स्वाभाविक वृत्ति के रूप में 400 ई. से भी पहले से मिलता है और 1200 ई. तक इस अर्थ में सहज के प्रयोग की परम्परा मिलती है। हमने यह भी संकेत किया था कि सिद्धों ने इसी सहज को ग्रहण कर अपने प्रज्ञोपाय युगनद्ध के सिद्धान्त के अनुसार इसकी नयी बौद्ध तान्त्रिक व्याख्या (युगनद्धजनित) कर दी थी। शैव तन्त्र (योगिनीकौल-मार्ग) तथा शैव योग (नाथ-सम्प्रदाय) पद्धतियों में इस सहज को शिव और शक्ति या नाद और विन्दु के संगम के रूप में माना गया। सन्तों तक आते-आते इसकी यह मिथुनपरक व्याख्या तिरस्कृत कर दी गयी और कबीर ने अपनी स्वाधीन चिन्तना के गौरव के अनुरूप 'सहज' को विभिन्न मतवादों की संकीर्णताओं से परे उस परम तत्त्व के रूप में माना जो समस्त बाह्याचारों से मुक्त मनुष्य की सहज स्वाभाविक अनुभूति में प्रस्फुटित होता है और जिसकी उपलब्धि एक सहज सन्तुलित जीवन-पद्धति द्वारा ही हो सकती है, विभिन्न मतवादों की संकीर्णता में उलझकर नहीं। अपने एक 'शब्द' में संसार के पागलपन का चित्रण करते हुए वे कहते हैं कि सहज आत्म-तत्त्व को छोड़कर संसार न जाने किन भ्रम छलनाओं के पीछे दौड़ रहा है।

सन्तो देखत जग बौराना
साँच कहौं तो मारन धावै झूठहिं जग पतियाना
नेमी देखा धरमी देखा प्रात करहिं असनाना
आतम मारि पषानहिं पूजहिं उनिमंह किछउ न ज्ञाना
हिन्दू कहहिं मोहि राम पियारा तुरुक कहहिं रहिमाना
आपस में दोउ लरि मूये मरम न कोई जाना

क्योंकि ये सब तो बाह्याचार हैं, साम्प्रदायिक संकीर्णताएँ हैं। वास्तविक तत्त्व तो इन सीमाओं में बँध ही नहीं पाता वह तो सहज तत्त्व है, उसमें सहज द्वारा ही समाया जा सकता है :

कहहिं कबीर सुनहु हो सन्तो ई सभ भरम भुलाना
केतिक कहौं कहा नहिं मानैं सहजै सहज समाना।[177]

और इसी कारण से रैदास बहुत स्पष्ट ढंग से कहते हैं कि बिना सहज के सिद्धि नहीं हो सकती और यह सहज बाह्याचारों के अभ्यास या केवल नीरस तर्क-ज्ञान से नहीं सिद्ध होता।

माई रे सहज बन्दौ लोइ, बिन सहज सिद्धि न होई।
रैदास दास ह्वे करि रह्यो सहज समाई।[178]

पीछे सिद्धों के सहज पर विचार करते समय हम यह देख चुके हैं कि न केवल वज्रयान वरन् लगभग प्रत्येक पद्धति में एक परिस्थिति ऐसी मानी जाती थी जिसके उपरान्त बाह्य अनुष्ठान, नैतिक मर्यादा आदि का बन्धन टूट जाता था और फिर साधक केवल चित्तगत साधना ही करता था। जब सिद्धों ने यह कहा था 'मणह भअवा खसम भअवइ, दिवा रात्ति सहजे राहिअइ' तो उनका भी संकेत इसी ओर था किन्तु चित्तवृत्ति को इस तरह नियोजित करने में योग की साधनाएँ सहायक मानी जाती थीं क्योंकि उनसे चित्तवृत्तियों का निरोध होता है। इस प्रकार सहज उस योग-पद्धति का भी बाधक हो गया था जो उस सहज वृत्ति के नियोजन में सहायक होती है। नाथयोगियों ने भी उस सहज योग-पद्धति का शैव रूप अपनाया था।

सन्त भी इस सहज-योग के अपरिचित नहीं थे और सहज को स्वाभाविक वृत्ति मानते हुए भी वे योग-साधनाओं को इस सहज-साधना का आवश्यक अंग मानते थे। उनकी इस योग-साधना में प्रज्ञा तथा उपाय के संगम की भावना तो तिरस्कृत हो गयी थी किन्तु वे अपनी पद्धति को, उसके अन्तर्गत जप, ध्यान, समाधि आदि को सहज जप, सहज ध्यान तथा सहज समाधि ही कहते थे। इस प्रकार सहज की भावना को सन्तों ने उसके स्वाभाविक मानवीय अर्थ में लेते हुए भी परम्परा से चला आनेवाला उसका योगपरक अर्थ भी सर्वथा भुला नहीं दिया था।

सन्त-साहित्य का अध्ययन करने से उसमें भी हमें सहज का प्रयोग लगभग उन्हीं 6 रूपों में मिलता है, जिनमें वह नाथों की बानी में प्रयुक्त हुआ है। उनमें से प्रत्येक पर हम पृथक् विचार करेंगे।

क-सहज तत्त्व—जो आदि तत्त्व है जिसमें से सब उत्पन्न हुआ जिसमें सब समा जाता है :

कबीर : *सहज की अकथ कथा है निरारी*

तुलि नहिं चढ़ै न जाइ मुकाती हलुकी लगै न भारी।
अरध उरध दोऊ तहँ नाहीं राति दिवसु तहँ नाहीं।
जलु नहिं पवनु पावकु पुनु नाही सतिगुरु तहाँ स साही।
अगम अगोचरु रहै निरन्तरि गुरु किरपा ते लहीअै।
कहु कबीर हउ भइआ दिवाना मुसि मनुआ सहजि समाना।
जो किछु होआ सु तेरा भाणा, जो इव बूझै सु सहजि समाना।[179]

× × ×

दादू : *ज्ञान गहै गुरुदेव का दादू सहजि समाइ*

× × ×

सोना पारस परसतां सहज समाना सोइ

× × ×

पिंजर पिंड शरीर का सुवटा सहजि समाइ
रमिता सेती रमि रहै बिमल बिमल जस गाइ।।

× × ×

काटै करम सहज सूँ बाँधै सहजैं रहै समाइ।।[180]

सिद्धों और नाथों के बाद सन्तों ने सहज की परमतत्त्ववाली भावना में एक नया अध्याय जोड़ा है। सन्त-परम्परा निर्गुणवादी होते हुए भी सगुण भक्तिवाद के बहुत निकट थी और उसकी भाव-साधना तो भक्ति ही की थी, योग की या तन्त्र की नहीं। इसलिए सन्त परमतत्त्व को एक वैयक्तिक ईश्वर के रूप में मानते थे जो स्वतः इच्छामय है, भक्तों पर कृपालु है, अनुरागी है। बौद्ध सिद्धों ने भी तथागत की तीन कायाओं में चौथी सहजकाया की कल्पना जोड़कर इस परम्परा का सूत्रपात कर दिया था किन्तु उनकी भाव-साधना में जीव स्वतः बुद्ध बन जाता है अतः सहजरूपी तथागत का उतना महत्त्व उनकी साधना-पद्धति में नहीं था जितना सहजरूपी राम का महत्त्व सन्त-परम्परा में विकसित हुआ। इस सहजतत्त्व का राम रूप में उल्लेख हमें नाथों की बानियों में भी एक स्थान पर मिलता है 'एही राजा राम आछै सर्बे अंग बासा, एही पाँचौ तत बाबू सहजि प्रकासा।'[181] किन्तु ये पंक्तियाँ कबीर के बहुत बाद की मालूम होती हैं और निर्गुण राम की सहज रूप में जो कल्पना सन्त-साहित्य में विकसित हुई उसी से प्रभावित प्रतीत होती हैं क्योंकि कबीर ने स्पष्ट कहा था कि जिस सहज-समाधि से उन्मुनी मुद्रा जाग्रत होती है, उसी से रघुराई भी मिलते हैं : 'सहज समाधी उन्मुनि जागै, सहज मिलैं रघुराई'[182] और उनके ये 'रघुराई' अपने भक्तों को जो सुहाग देते हैं वह भी 'सहज सुहाग' है 'कहत कबीर मैं कछु नहिं कीन्हा, सहज सुहाग पिया मोहिं दीन्हा।'[183] और इसी 'सहज सुहाग' को पाकर सन्त केशवदास अपने प्रिय का सहज स्वरूप धारण

कर लेते हैं 'म्हारे हरिजू सुँ जुरल सगाई हो। तन मन प्रान दान दै पिय को सहज सरूपम पाई हो।'[184] दादू की बानियों में हमें सहज के प्रसंग में राम का उल्लेख कई स्थानों पर मिलता है :

राम सबद मुख लै रहै पीछे लागा जाइ
मनसा बाचा कर्मना तेहि तत सहज समाइ

× × ×

सहजै सुमिरण होत है रोम रोम रमि राम
चित्त चहूँट्या चित्त सौं यों लीजै हरि नाम[185]

कबीरपन्थ के परवर्ती ग्रन्थों में सहज की ईश्वररूप-परिकल्पना में प्रचुर विकास हुआ। राम के अतिरिक्त दूसरे प्रमुख वैष्णव देवता कृष्ण को भी सहज रूप में स्थित बताया गया। उग्र-गीता में श्रीकृष्ण सतगुरु कबीर से कहते हैं :

बहुत लोग मानुष मोहिं जानैं। दुख सुख व्यापक माही सानैं।।
एक भाव मैं सबसों रहेऊँ। जैसे अग्नि भाव सो कहेऊँ।।
सब कह लागै एक सम भाई। ऐसे रहौं मैं सहज समाई।।[186]

इस स्थल में कृष्ण का सम और सहज स्वरूप निस्सन्देह गीता में वर्णित सम स्वरूप की प्रतिध्वनि है क्योंकि यह कृति भी गीता का अनुकरण मात्र है।[187]

कबीरबानी में इसी सहज को ब्रह्म की संज्ञा दी गयी है और सहज ब्रह्म के पाँच तत्त्व बताये गये हैं जिनसे पाँच ब्रह्मों की उत्पत्ति बतायी गयी है : स्नेही ब्रह्म, इच्छा ब्रह्म, मूल ब्रह्म, सोऽहं ब्रह्म और ब्रह्माण्ड। यह तथागत के पाँच स्कन्धों से पाँच ध्यानी बुद्धों की उत्पत्ति से बहुत-कुछ मिलती-जुलती हुई कल्पना है किन्तु पाँच की संख्या के अतिरिक्त अन्य कोई समता की बात नहीं दृष्टिगोचर होती।[188] इन्हीं पाँच ब्रह्मों तथा छठें ब्रह्मा सहज को सत्य पुरुष तथा निरंजन के बीच के लोकों में स्थित माना गया है और छठें ब्रह्मा से मायामुक्त ब्रह्म निरंजन की उत्पत्ति मानी गयी।[189] इसी सहज पुरुष के समानान्तर सहज श्रुति, सहज अंकुर, सहज द्वीप आदि की कल्पनाएँ भी साम्प्रदायिक ग्रन्थों में विकसित हुईं।

एक सुरति एक अंकुर कहाई, तिहि को नाम सहज श्रुति भाई[190]
प्रथम पुर्ष सोहंग, दूसरे सहज सोहंग, तीसरे इच्छा सोहंग[191]

इसी में और वृद्धि हुई। पहले सहज पुरुष और निरञ्जन पुरुष के बीच में पाँच पुरुष माने गये थे, 'पञ्चमुद्रा' में यह अन्तर और भी बढ़ाकर बताया गया था और सहज तथा निरञ्जन पुरुष के बीच में 9 पुरुष-प्रमाण का अन्तर माना गया और आदि पुरुष की स्थिति उसके भी आगे बतायी गयी।

निरञ्जन और सहज लों नौ पुर्ष प्रमान
आदि पुर्ष आगे कहों जितने सब उतपान।[192]

किन्तु उसके बाद सहसा सहज का पद नीचे उतरने लगा। सहज पुरुष को ही माया

शवलित निरञ्जन[193] माना गया और उसी को गौण देवता कूर्मराय[194] भी परिकल्पित किया गया। यह कूर्म वास्तव में 'धर्म' सम्प्रदाय का कूर्म था। 'सहज' वही कूर्म मान लिया गया और धर्म को उससे अलग परिकल्पित कर लिया गया। धर्मराय के हाथों कूर्म की बहुत बुरी पराजय हुई जिसमें कूर्मराय का मस्तक काटकर उनका उदर-विदारण कर दिया गया। इस प्रकार परवर्ती पन्थ की गाथाओं में सहज अपने मूल रूप से इतनी दूर जा पड़ा कि यह मूलतः सिद्धों का प्रज्ञोपाय युगनद्ध का ही सहज तत्त्व है, इसकी कल्पना भी नहीं की जा सकती।

ख-सहज ज्ञान तथा सहज स्वभाव—इस सहज तत्त्व में समाहित होने के लिए मन को सहज स्वरूप का बनाना चाहिए जो केवल सहज ज्ञान द्वारा ही सम्भव है। यह ज्ञान दो पक्षों के मध्य का ज्ञान है। सिद्धों ने इसे शून्य, अशून्य, प्रज्ञा और उपाय, भाव, अभाव, भव निर्वाण आदि दो पक्षों से पृथक् मध्य का ज्ञान बताया था। कबीर भी द्वयता का भ्रम त्यागकर मध्य में चलनेवाली मति को सहज ज्ञान की संज्ञा देते हैं।

जां तिसु भावै ता लागे भाइ, भरम भुलावा बिचहु जाइ
उपजै सहज गिआन मति जागै, गुर प्रसादि अन्तर लिव लागै।[195]

और जब कबीर उसमें पाप-पुण्य दोनों को एक समान बताते हैं, 'पाप पुंन दुइ एक समान, निज पारसु तजहु गुन आन'[196] तो यह स्पष्टतः सिद्धों के 'णिम्मल सहजे पाप ण पुण' की प्रतिध्वनि मालूम होती है।

दादू ने इस सहज ज्ञान या सहज स्वभाव का अधिक विस्तृत विवेचन दिया है जिसमें उन्होंने सहज को अपने स्वामी (प्रभु) का स्वभाव बताया है और उसे धरती-अम्बर, धूप-छाँह, पवन-पानी, चन्द्र-सूर्य, सुख-दुःख, जागृति और सुषुप्ति तथा पाप-पुण्य इन द्वयताओं से विवर्जित बताया है—

तहँ धरती अम्बर नाहीं, तहँ धूप न दीसै छाँही
तहँ पवन न चालै पाणी, तहँ आपै एक विनाणी
तहँ चन्द न ऊगै सूरा, मुख काल न बाजै तूरा
तहँ सुख दुख का गम नाहीं, वो तै अगम अगोचर माहीं
तहँ काल काया नहिं लागै, तहँ को सोवै को जागै
तहँ पाप-पुण्य नहिं कोई, तहँ अलख निरञ्जन सोई
तहँ सहज रहै सो स्वामी, सब घटि अन्तरयामी।।[197]

यह द्वयता-विवर्जित सहज-स्वरूप स्वामी का स्वरूप है अतः मन (सेवक) को भी यही स्वरूप धारण करना चाहिए।

बाबा को जन ऐसा योगी
अञ्जन छाड़ै रहै निरञ्जन सहज सदा वियोगी
छाया माया रहै विवर्जित प्यण्ड ब्रह्मण्ड नियारे
चन्द सूर थें अगम अगोचर सो गहि तत विचारे

पाप पुण्य लिपै नहिं कबहूँ दोई पख रहिता सोई।[198]

इस सहज-ज्ञान को निष्पक्ष ज्ञान बताते हुए मन द्वारा धारण कर लिये जाने पर इसे सम स्वभाव के रूप में चित्रित किया गया है जिसमें शीत-ऊष्ण, सुख-दुःख, इन दोनों को त्यागकर मध्यपथ में सम भाव धारण करने का विधान है :

सहज रूप मन का भया जब द्वै द्वै मिटी तरंग
ताता सीला सम भया तब दादू एकै अंग
मति मोटी उस साध की द्वै पष रहत समान
दादू आया मेटि करि सेवा करै सुजान।[199]

नानक ने भी इसी सहज स्वभाव को सर्वोपरि स्वभाव बताया है जो साधुओं के लिए शोभनीय है। इसके लिए वे 68 हाटों में से एक सहज हाट की कल्पना करते हैं जिसमें मन सहज स्वभाव में स्थित रहता है।

सहज हाटि मन कीआ निवासु। सहज सुभाव मनि कीआ प्रगासु।
सहज सुभाय कौ जै जैकारा। सहज नाथु हरि लगै पिआरा।
जो कछु करै सो सहज सुभाय। सहज सहज हरि के गुन गाय।
सहज सुभाय का इही विचारू। सहज सुभाय मन होइ उद्धारू।[200]

इस सहज स्वभाव में जिन दो पक्षों का त्याग बताया गया है उनमें से लगभग सभी सिद्धों के पदों में मिलते हैं।

सुख-दुःख = *सअ समाहि अ काहि करिअइ, सुख दुखे तें निचित मरिअइ।*
(चर्यापद 1)

रवि-शशि = *चाँद सुर्ज वेणि पखा फाल।* (चर्यापद 4)

पाप-पुण्य = *पाप पुण्ण वेणि तोड़िअ सिकल मोड़िअ खम्भा ठाणा।*
(चर्यापद 16)

जन्म-मरण = *जाम मरण भव कइसण होइ।* (चर्यापद 22)

आवागमन= *मोह विमुक्का जइ मणा, तबें टुटइ अवणा गमणा।*
(चर्यापद 46)

छाया-माया तथा काया= *छाआ माआ काअ समाणा, वेणि पाखें सोइ विणाणा*
(चर्यापद 46)

इस प्रसंग में एक अन्य शब्द पर भी ध्यान देना आवश्यक है। चर्यापद में विणाणा तथा दादू के पद में बिनानी (तहँ पवन न चालै पाणी, तहँ आपै एक विनाणी) का इसी प्रसंग में प्रयोग हुआ है। यह विनण वास्तव में विज्ञान का अपभ्रंश रूप है और 'विज्ञान' वास्तव में बौद्ध विज्ञानवादी चिन्तना के तथता ज्ञान से आया है। उसी तथता विज्ञान या विज्ञप्ति मात्रता तत्त्व को शून्य अशून्य, आदि से विवर्जित बताया गया था जिस पर हम विचार कर चुके हैं। अतः तत्त्वज्ञानी को विज्ञानी (विणाणी) कहते थे। यह विणाणी शब्द

तत्त्वज्ञानी के अर्थ में बराबर प्रयुक्त होता रहा यद्यपि तत्त्वज्ञान का बौद्ध रूप यथावत् नहीं स्वीकार किया गया। नाथपन्थी बानियों में भी यह बिनांणी शब्द इसी अर्थ में मिलता है :

गगन सिषर महि शब्द प्रकास्या, तहँ बूझै अलष बिनांणी।।[201]

अलष बिनांणी दोह दीपक रचिलै......

चन्द सूर दोउ निज घरि राष्या ऐसा अलष बिनांणीं।।[202]

इस प्रकार इन द्रयताओं का परित्याग कर मध्य तत्त्व के रूप में यह सहज-ज्ञान और सहज-स्वभाव निस्सन्देह सिद्ध परम्परा से ही आया है, यद्यपि धीरे-धीरे उसका तान्त्रिक अभिप्राय तिरोहित होता गया और सन्त लोग उसे गीता के सम स्वभाव के अर्थ में प्रयुक्त करने लगे। यह सन्तों की अपनी मौलिक उद्‌भावना थी या वैष्णव प्रभाव, इस पर हम आगे विचार करेंगे, किन्तु कहीं-कहीं सन्तों ने वास्तव में इस दो पक्ष का त्यागकर मध्यवर्ती सहज स्वभाव अपनाने की सर्वथा मौलिक व्याख्या दी है। वे हिन्दू और मुसलमान इन दोनों पक्षों के मध्य में अपनी सहज स्थिति बताते हैं। वही निष्पक्ष सन्त स्वभाव है :

हिन्दू तुरुक न होइबा साहिब सेती काम।
षट् दरसन के संग न जाइबा निर्पष कहिबा राम।।
करणी हिन्दू तुरुक की अपणी-अपणी ठौर।
दुहुँ बिच मारग साध का सन्तों की रह और।।[203]

इस सहज-स्वभाव को सन्तों ने भक्ति-भावना के अर्थ में भी प्रयुक्त किया है जो उनका अपना प्रयोग है क्योंकि बौद्ध तथा नाथ योगी दोनों ही इस भावना से अपरिचित थे। कबीर ने अपने मन को सहज स्वभाव में स्थित बताया है क्योंकि राम ने उन्हें अपना करके मान लिया है :

अब मोहिं रामु अपुना करि जानिआ
सहज सुभाउ मेरा मनु मानिआ।[204]

इस भक्तिभाव की आनन्दमयी आत्मबेली से दादू का भी गगन गृह आच्छादित है :

बेली आनंद प्रेम समाइ
सहजैं मगन रामरस सींचैं दिन दिन बधती जाइ
सतगुरु सहजैं बाही बेलि सहजि गगन पर छाया
सहजैं सहजैं कूंपल मेल्है जाणे अवधू राया
आतम बेली सहजैं फूलै सदा फूल फल होई
कायाबाड़ी सहजैं निपजैं, जाणै बिरला कोई।
मन हठ बेली सूकण लागी सहजैं जुगि जुगि जीवै
दादू बेलि अमर फल लागै सहजि सदा रस पीवै।[205]

इस प्रकार यह सिद्धों के प्रज्ञोपाय अद्वैत का सहज स्वभाव अन्त में भक्त स्वभाव में परिणत हुआ जिसमें राम के प्रति अनन्य भक्ति रखते हुए स्वयं को उन्हीं को अर्पित कर सारी द्विविधा से मुक्त होना ही सहज स्वभाव माना गया है।

ग-सहज साधना-पद्धति के रूप में—इस सहज स्वभाव की सिद्धि हठयोग द्वारा की जाती थी। सिद्धों में यह हठयोग महामुद्रा के मैथुन से सम्बद्ध था किन्तु नाथ योगियों में प्रमुखतः यह शिव और शक्ति के देहस्थ योग के रूप में स्वीकृत हुआ। सन्तों में हमें इस पद्धति के लिए बराबर सहज-योग नाम का प्रयोग मिलता है यद्यपि उसके दो अर्थ हैं। कहीं-कहीं वह हठयोग की साधनाओं के लिए प्रयुक्त हुआ है, कहीं-कहीं शुद्ध भावयोग के अर्थ में।

हठयोग के अर्थ में :

दादू : *पंच बाइ ते सहज समावै, ससहरि के घर आणै सूर।*
सीतल सदा मिलै सुखदाई, अनहद सबद बजावै तूर।
बंकनालि सदा रस पीवै तब यह मनवाँ कहीं न जाइ।
बिगसैं कँवल प्रेम जब उपजै ब्रह्मा जीव की करै सहाइ।[206]
एता कीजै आप थैं तन मन उनमुनि लाइ।
पंच समाधी राखिये, दूजा सहज सुभाइ।
सहज जोग सुख मैं रहै दादू निर्गुण जाणि।
गंगा उलटी फेरि करि जमुणा माहैं आणि।[207]

भीखा : *जोग जुक्ति कै हिंडोलन गुरु सहज लखावत।*
चाँदै राखि सूर पौढ़ावल पवन डोरि पै धावल।
अर्ध उर्ध भुख पावल पुलकि पुलकि छवि भावल।[208]

बाह्याचारमुक्त भावयोग के अर्थ में :

कबीर : *तन को जोगी सब करै, मन को बिरला कोय।*
सहजै सब सिधि पाइये जो मन जोगी होय।।
सहज सहज सब कोइ कहैं सहज न चीन्है कोय।
जा सहजै साहब मिले सहज कहावै सोय।।
सहज मिलैं सो दूध सम माँगा मिलै जो पानि।
कह कबीर वह रक्त सम जामैं ऐंचा तानि।।[209]

किस प्रकार यह बाह्याचारमुक्त भावयोग कबीर तथा अन्य सन्तों द्वारा भक्ति का पर्यायवाची मान लिया गया था, इसकी ओर संकेत किया जा चुका है।

घ-सहज-समाधि—हठयोग तथा भावयोग के समानान्तर ही सहज-समाधि का प्रयोग भी सन्तों में योग-समाधि तथा भाव-समाधि दोनों अर्थों में मिलता है। हठयोग की समाधि के अर्थ में नाथयोगी परम्परा की उन्मुनी प्रयुक्त हुई है। यह उन्मुनी-अवस्था हठयोग-प्रदीपिका में शून्य और अशून्य से परे अमनस्क (अमनसिकार) की ही अवस्था बतायी गयी है और टीका में इसे जल में मिले हुए लवण की भाँति आत्मस्थ रूप बताया गया है।[210] नाथपन्थी बानियों में भी इसी को तत्त्वसार बताया गया है, 'मन पवना लैं उनमनि धरिबा ते जोगी ततसारं।'[211] सन्तों ने भी इसी उन्मन समाधि को सहज-समाधि बताया है :

कबीर : *तन महि होती कोटि उपाधि। उलटि भई सुख सहज समाधि।*
सहज समाधी उनमुनि जागै सहज मिलैं हरि राई।[212]
सहज सुन्न में रहै समाना सहज समाधि लगावै।[213]
उनमुनि रहै ब्रह्मा कौ चीन्है परम तत्त्व को ध्यावै।।[214]

पलटू : *फूटि गया असमान सबद की धमक में*
लगी गगन में आग सुरति की चमक में
सेसनाग और कमठ लगे सब काँपने
सहज समाधि कि दसा खबरि नहिं आपने।[215]

इस सहज-समाधि की योग-साधना में गंगा-यमुना के बीच की सुषुम्ना को सहज पथ या सहज हाट माना गया है : 'गंग जमुन उस अन्तरै सहज सुन्नि ल्यौ घाट'[216] जो अवधूतिका को गंगा-जमुना के बीच बहनेवाली नौका माननेवाली सिद्ध कल्पना के बहुत निकट है।

वास्तव में यही सहज समाधि या उन्मुनी अवस्था भावात्मक स्तर पर सहज-वृत्ति बन जाती है जो मनुष्य की स्वाभाविक प्रवृत्ति के अनुरूप होती है जिस पर हम आगे उनमुनि रहनी, या सहज-रहनी के अन्तर्गत विचार करेंगे। वह भाव-समाधि और भी सूक्ष्म है क्योंकि वही अन्तिम साध्य है और हठयोग की सहज-समाधि से परे की वस्तु है :

जोग ना जुगत ना प्रानायाम ना सुन्न में ध्यान न धरत ध्यानी
नाहिं कछु ज्ञान है नाहिं बैराग है जाय ना सकै तहँ पवन पानी
इड़ा ना पिंगला नाहिं कछु साधना सुरत ना सबद ना उठत बानी
झिलमिली जोति न नाहिं हैं उनमुनी चाँद न सूर ना ब्रह्म-ज्ञानी
सहज समाधि के परे की बात है दास पलटू कोई सन्त जानी।[217]

ङ-परम पद—सन्तों का यह परम पद भी सहज निर्वाण है :

मरै न जीवै सहज सो पूरा पद निर्वाण।[218]

परम पद के रूप में सहज का जो अगम अगोचर रूप वर्णित किया है वह सिद्धों के वर्णन से शब्द-शब्द मिलता है :

कबीर : *जिहि बन सीह न संचरे, पंषि उड़ै नहिं जाइ।*
रैनि दिवस का गम नहीं तहँ कबीर रह्या ल्यौ लाइ।।[219]

दादू : *चल दादू तहँ जाइये जहँ चन्द सूर नहि जाइ।*
राति दिवस का गम नहीं सहजै रह्या समाइ।।[220]

सरहपा : *जाहि मण पवण ण संचरइ रवि ससि नाह पवेस।*
तहि बढ़ चित्त विसाम करु सरहें कहिअ उएस।।[221]

परम पद निर्वाण तथा नाथ और सन्त-साहित्य में उसके वर्णन पर हम आगे विचार करेंगे।

सहज-रहनी या सहज जीवन-पद्धति—सिद्धों के सम्बन्ध में सहज-पद्धति पर विचार करते समय हम यह देख चुके हैं कि एक परिस्थिति ऐसी आती है जब मन्त्र, तन्त्र, जप, होम, मण्डल-कर्म आदि बाह्य अनुष्ठानों से साधक मुक्त हो जाता है और केवल अपने मन को एक विशेष रूप में नियोजित कर दिन-रात सहज रूप में रहता है। इसको काण्हपा ने 'एक्कु ण किज्जइ तन्त ण मन्त' और तिलोपा ने 'मणह भअवा खसम भअवइ, दिवारात्ति सहजे रहिअइ' के रूप में प्रस्तुत किया है। किन्तु इस स्थिति तक पहुँचने के लिए कुछ विशेष साधनाओं का विधान था। तन्त्र-पद्धति के अनुसार महामुद्रा सिद्ध कर लेने के उपरान्त यह सहज जीवन-पद्धति वांछनीय समझी जाती थी और शुद्ध हठयोगी साधना में यह स्थिति उन्मनी अवस्था के उपरान्त आती थी।

सन्त महामुद्रा साधना तो भूल चुके थे किन्तु उन्मनी समाधि की साधना वे अवश्य करते थे और उसके उपरान्त सहज-स्वभाव धारण करने का उपदेश देते थे। उनका यह सहज-स्वभाव और उसका निरूपण तन्त्र तथा योग के अतिरिक्त एक तीसरी पद्धति से प्रभावित था, वह थी वैष्णवी पद्धति। भक्ति मार्ग में शरणागति और आत्मार्पण की भावना ही प्रधान थी, अतः उनमें उन सभी कर्मों को सहज माना गया था जो अनासक्त भाव से किये जायँ, जिनके फल तथा कुफल में कर्त्ता की मति सम हो, वह सुख-दुःख आदि के मोह में ग्रस्त न होवे। वे कर्म भौतिक होते हैं, सांसारिक होते हैं किन्तु अनासक्त बुद्धि से किये जाने पर साधक को नैष्कर्म्य सिद्धि प्राप्त कराते हैं। इसी प्रसंग में गीता में कहा गया था :

यतः प्रवृत्तिर्भूतानां येन सर्वमिदम् ततम्
स्वकर्मणा तमभ्यर्च्य सिद्धिं विन्दति मानवः।।
सहजं कर्म कौन्तेय सदोषमपि न त्यजेत्
सर्वारम्भा हि दोषेण धूमेनाग्निमिवावृताः।।

असक्तबुद्धिः सर्वत्र जितात्मा विगतस्पृहः
नैष्कर्म्यसिद्धिं परमां संन्यासेनाधिगच्छति।।[222]

गीता में यह भी बताया गया था कि यदि वैसे चित्त प्रभु में स्थिर नहीं रहता तो यह स्थिति अभ्यास योग से भी आ सकती है :

अथ चित्तम् समाधातुं न शक्नोषि मयि स्थिरम्
अभ्यासयोगेन ततो मामिच्छाप्तुं धनञ्जय।।[223]

इसी अभ्यास योग को तन्त्रों में महामुद्रा साधना और योग में सहज योग, उन्मुनी समाधि के रूप में सिद्धों, नाथों और सन्तों ने ग्रहण किया था। किन्तु वैष्णव चिन्ताधारा में एक और मार्ग बताया गया था, वह यह कि अपने समस्त कर्म कृष्ण को अर्पित कर दिये जायँ 'तदर्पिताखिलाचारः सन् कामक्रोधाभिमानादिकम् तस्मिन्नेव करणीयम् ।[224] ऐसा व्यक्ति जो कुछ बोलता है वही हरिनाम है, जितनी दूर चलता है, वही तीर्थ है, जो कुछ करता है वही पूजा है। इसमें किसी योग, किसी तन्त्र, किसी जप-तप की आवश्यकता नहीं केवल मन भगवान् के प्रति अर्पित रहना चाहिए।

कबीर योगाभ्यास द्वारा सिद्ध होनेवाली सहज-रहनी की तुलना में इस वैष्णव सहज जीवन-पद्धति से कहीं अधिक प्रभावित थे जैसा उनके इस पद से ज्ञात होता है :

साधो सहज समाधि भली
गुरु प्रताप जा दिन से जागी, दिन-दिन अधिक चली
जहँ-जहँ डोलौं सो परिकरमा, जो कुछ करौं सो सेवा
जब सोबौं तब करौं डंडवत, पूजौं और न देवा
कहौं सो नाम, सुनौं सो सुमिरन, खाव पियौं सो पूजा
गिरह उजाड़ एक सम लेखौं, भाव मिटावौ दूजा

इस सहज भावयोग में किसी प्रकार के बाह्य दिखावे के अनुष्ठान अथवा आचारों की आवश्यकता नहीं है।

आँख न मूँदौं कान न रूँधौं तनिक कष्ट नहिं धारौं
खुले नैनि पहिचानौं हँसि हँसि सुन्दर रूप निहारौं।

योग की उनमुनी समाधि भी इस भक्ति भाव में अन्तर्मुख हो जाती है :

कह कबीर यह उनमुनि रहनी सो परगटि करि गाई
सुख-दुख से कोई परे परम पद तेहि पद रहा समाई।।[225]

और वास्तव में वह पद विष्णु का पद था, राम का पद था जिसने अपने वामनावतार में तीन पगों से वसुधा नाप ली थी। समस्त भारतीय संस्कृति पर वैष्णवता लता-वितान की भाँति आच्छादित हो गयी थी। कबीर का समस्त तत्त्व-चिन्तन जिसकी जड़ें सिद्धों से आनेवाली परम्परा में थीं वह सहज-चिन्तनरूपी बेलड़ी वास्तव में राम का गुणगान बन गया था, राम के गुन की बेलड़ी बन गयी थी।

राम गुन बेलड़ी रे अवधू, गोरषपाथि जांणी।
नाति सरूप न छाया जिसके बिरध कौ बिन पांणी।।
सहज बेलि जब फूलण लागी डाली कूपल मेल्ही।
काटत बेलि कूंपले मेल्हीं सींचताड़ी कुमिलांणी।।
कहै कबीर तें बिरला जोगी, सहज निरन्तर जांणी।।[226]

इस पद में यह उल्लेख आया है कि सहजरूपी बेल से गोरख के अनुयायी भी अपरिचित नहीं थे। गोरखबानी में वर्णित हुए 'सहज' की विवेचना हम कर चुके हैं और यह भी संकेत कर चुके हैं कि कुछ स्थलों पर तान्त्रिक अथवा योग साधनाओंवाले तात्पर्य से सर्वथा विनिर्मुक्त शुद्ध सहज जीवन-पद्धति के रूप में भी गोरखपन्थी सहज को मान्यता देते थे। फिर कबीर में क्या विशेषता है जो उनको वैष्णव सहज-चिन्तन के अधिक निकट कहा गया है?

वास्तव में गोरख की साधना-पद्धति में पुरुष के 32 लक्षण बताये गये हैं जिन्हें आठ परीक्षाओं में विभाजित किया गया है। उनमें से सहज परीक्षा के अन्तर्गत वृहत्, शीतल, सुखद और स्वभाव ये चार लक्षण बताये गये हैं।[227] गोरखबानी में 'बत्तीस लछन' में इसे अष्टांग और पारछ्या बताया गया है और सहज में उपर्युक्त चार लक्षणों को 'सुमती, सुहृदी, सीतल और सुषदाई' बताया गया है। ध्यान, धारणा, समाधि आदि 'सुनि पारछ्या' के अन्तर्गत हैं और सहज उनसे मुक्त है।[228]

किन्तु कबीर ने इसमें एक तत्त्व और जोड़ा था—भक्ति और प्रभु के प्रति पूर्ण आत्मसमर्पण, समस्त कर्मों को कृष्णार्पित कर फलाफल से निरपेक्षता और नाथयोगियों का इस तत्त्व से परिचय नहीं हुआ था, या उन्होंने इसे स्वीकार नहीं किया था।

किन्तु एक बात की ओर कबीर ने संकेत किया था कि सहज-सहज तो सभी कहते हैं किन्तु जानता कोई भी नहीं। सहज वही है जिससे साहब मिले और साहब तभी मिलता है जब साधक अपने को पूर्णतया अर्पित कर दे। किन्तु कालान्तर में सन्त-परम्परा के बहुत-से साधक ऐसे हुए जो सहज के इस गम्भीर अर्थ को भूल गये और वे सहज-पद्धति का अर्थ वह पद्धति समझने लगे जिसमें कुछ भी न करना पड़े। और इसका परिणाम हुआ कि वह उदात्त सहज-चिन्तन जिसने गीता से लेकर, सिद्धों और नाथ परम्परा में होते हुए कबीर तक को अनुप्रेरित किया था, जिसने तन्त्र, योग और भक्ति तीनों की पद्धतियों में सर्वश्रेष्ठ पद प्राप्त किया था, वही 'सहज' भिक्षा से भरपेट भोजन कर केवल पलँग पर लेटे रहने का वाचक हो गया और जीवन मस्ताने (लगभग 1800 ई.) ने कहा :

जब दो खात दारि पैसा भर कैसी फरकत बोटी है।
सहज सुभाय रहत निसिबासर रहत पलँग पर लोटी है।।[229]

इस प्रकार यह सहज-चिन्तन और जीवन-पद्धति अन्ततोगत्वा इस स्तर तक उतर आयी और उसका सारा महत्त्व समाप्त हो गया। ■■

घ

साधना-पद्धति की वज्रयानी प्रवृत्तियाँ और शब्दावली

गुरु—इस साधना में प्रवृत्त होने के पूर्व गुरु कर लेना आवश्यक है क्योंकि मध्यकालीन योग तथा तन्त्र साधनाओं में यह सर्वमान्य धारणा थी कि कभी भी निगुरे को सिद्धि प्राप्त नहीं हो सकती। बाद में जिन सम्प्रदायों में योग तथा तन्त्र की गुह्य साधनाओं का परित्याग भी कर दिया गया है, उनमें गुरु का यह महत्त्व परम्परागत रूढ़ि-सा बन गया है। कबीर तथा अन्य सभी परवर्ती सन्तों ने गुरु का यह महत्त्व बराबर स्वीकार किया है। किन्तु गोरखपन्थी बानियों तथा सन्तों की बानियों में इस विषय में एक विशेष अन्तर है। नाथपन्थी बानियों का गुरु योगशास्त्र का ज्ञाता है।[1] सन्तों का गुरु वैष्णव है, और शब्द सुरति के साथ-साथ वह हरिभक्ति का भी मधुर उपदेश देता है।[2] गुरु के विषय में श्रद्धा उस समय इतनी प्रचलित थी अतः सन्तों ने या नाथपन्थियों ने यह वज्रयानी सिद्धों से ही प्रभावित होकर ग्रहण की इसका कोई प्रमाण नहीं है। हाँ, नाथपन्थियों में कई स्थलों पर ऐसा ज्ञात होता है कि शिष्य गोरखनाथ अपने गुरु मछीन्द्रनाथ को उपदेश दे रहे हैं।[3] यह परम्परा विरुद्ध-सी बात लगती है किन्तु इसके मूल में सम्भवतः उस घटना की स्मृति है जिसमें कहा जाता है कि गोरखनाथ ने योगिनियों के जाल से मछीन्द्र को मुक्त कराकर तान्त्रिक अनुष्ठानों का बहिष्कार किया था।

सन्तों की बानियों में 'गुरुदेव के अंग' को सर्वप्रथम स्थान दिया जाता है। यह उनके अतुल महत्त्व का परिचायक है। जहाँ तक गुरु के लक्षण, शिष्य के लक्षण आदि-आदि अंगों का प्रश्न है वे तान्त्रिक ग्रन्थों की अनुसरण-परम्परा का आभास देते हैं यद्यपि इन सन्तों का गुरु न तान्त्रिक गुरु है और न वज्रयानी। वह निस्सन्देह ऐसा गुरु है जिसने शब्द-सुरत-योग और भक्तियोग इन दोनों की समन्वित साधना की है क्योंकि उसने शिष्य को भी दोनों ही पद्धतियों का उपदेश दिया है :

योग : *दौ लागी साइर जल्या पंषी बैठे आइ*
दाधी देह न पालवै सतगुर गया लगाय।[4]

भक्ति : *सतगुरु हमसूँ रीझि करि एक कह्या परसंग*
बरसा बादल प्रेम का भीजि गया सब अंग।[5]

भक्ति और योगमार्ग का यह पूर्ण एकात्म राघवानन्द तथा रामानन्द की गुरु-परम्परा की ओर संकेत करता है क्योंकि उनके मार्ग में अवधूतों की योग-पद्धति तथा वैष्णव भक्ति इन दोनों का समन्वय हो गया था।[6]

इस प्रकार गुरु के महत्त्व की परम्परा सन्तों ने वज्रयानी सिद्धों से नहीं ली थी किन्तु गुरु-वचन के लिए बाण का उपमान तथा वज्र विशेषण अवश्य सिद्धों तथा सन्तों में

समान रूप में मिलते हैं। चर्यापदों में गुरु-वचनों को बाण या वज्रकुठार बताया गया है जिस पर हम पीछे विचार कर चुके हैं। सन्तों में भी यह उपमान प्रयुक्त हुआ है :

गुरु कै बाणि बजर कल छेदी प्रगटिया पदु परगासा।
सकति अधेर जेवड़ी भ्रमु चूका निहचलु सिव धरि बासा।।[7]
सतगुरु मारयां बाणि भरि धरि करि सूधी मूठि।
अंगि उघाड़ैं लागिया गइ दवा सूं फूटि।।[8]

अद्वयवज्र ने अपने प्रेमपंचक में सद्गुरु को दूती बताया है जो वधू प्रज्ञा तथा वर उपाय की मध्यस्थता कर दोनों का मिलन सम्पन्न करा देता है। सन्तों में ज्ञानवधू तथा साधकरूपी वर का मध्यस्थ गुरु को माना गया है :

सन्तन किया बियाह दुलहिनी ज्ञान की।
सतगुरु दिया कराय बेटी जजमान की।[9]

अनाड़ी गुरु के निषेध का एक दोहा तो सरहपा, कबीर, दादू तथा अन्य कितने ही सन्तों में बिलकुल समान रूप में मिलता है :

सरहपा : *जाव ण अप्पा जाणिज्जइ ताव ण सिस्स करेइ*
अन्धे अन्ध कढ़ावइ तिम वेण्ण वि कूप पड़ेइ।[10]

कबीर : *जाका गुरु भी अन्धला चेला खरा निरन्ध*
अन्धै अन्धा ठेलिया दून्यूँ कूप पड़न्त।[11]

दादू : *अन्धे अन्धा मिलि चले दादू बाँधि कतार*
कूप पड़े हम देखता अन्धे अन्धा लार।[12]

देह-देहस्थ सिद्ध पीठ—वज्रयानी सिद्धों के साधना केन्द्रों पर विचार करते समय हमने यह देखा था कि तन्त्रपीठों में जालन्धर, कामरूप, ओडियान तथा श्रीहट्ट प्रमुख तन्त्रपीठ माने जाते थे। इस बाह्य तन्त्रपीठों की स्थिति काया में भी मानी गयी थी और बौद्ध हठयोग साधना में इन तन्त्रपीठों की स्थिति काया के अन्दर भी बतायी गयी है। चर्यापदों में केवल उड्डीयान तथा कामरूप का उल्लेख मिलता है। कुक्कुरीपा की चर्या में अर्द्धरात्रि को प्रज्ञाज्ञानाभिषेक के साथ अवधूतीरूपी वधू अभिसार के लिए कामरूप जाती है जिसकी व्याख्या टीकाकार ने 'महासुख-चक्र स्थान' में की है।[13] चौथे चर्यापद में भी मणिकूल (मणिमूल, मूलस्थान) से उद्बुद्ध होकर वज्रचित्त के उड़ीयान या ऊर्ध्व महासुखस्थान में समाहित होने की साधना का वर्णन है।[14]

शैव पद्धतियों में भी ये तन्त्रपीठ काया में स्थित माने गये थे और उनके नाम पर उड्डीयानबन्ध, मूलबद्ध आदि प्रक्रियाएँ प्रचलित थीं, यद्यपि स्थिति आदि में सम्भवतः थोड़ा-सा अन्तर था। सिद्ध-सिद्धान्त-संग्रह में त्रिधावर्त, भगमण्डलादि की आकृतिवाले ब्रह्मचक्र (मूलाधार चक्र) में कामरूप पीठ की स्थिति बतायी गयी है। उड्डीयान पीठ की स्थिति स्वाधिष्ठान चक्र में मानी गयी है।[15] हठयोग-प्रदीपिका में उड्डीयानबन्ध के

द्वारा सुषुम्ना को जाग्रत करने का विधान मिलता है और प्रसंग में प्राण को महाखग भी कहा गया है।[16] इसी प्रकार मूलबन्ध और कण्ठस्थान से सम्बद्ध जालन्धरबन्ध का भी उल्लेख हठयोग-प्रदीपिका में मिलता है।[17]

गोरखबानी में भी उड्डीयान, श्रीहट्ट (सुरहट), मुलतान (मूलस्थान), कामरूप (काँवरू) आदि का उल्लेख मिलता है। एक पद में पाँच इन्द्रियरूपी बैल तथा नौ रन्ध्रों की गायों को बाखर में लाकर सहज स्वभाव द्वारा मन के उड्डीयान गमन का उल्लेख है :

सहज गोरषनाथ वाणिज कराई, पंच बलद नौ गाई।
सहज सुभावै बाषर ल्याई, मोरे मन उड़ियानी आई।।
सुरहट घाट आम्हे बणिजारा, सुन्नि हमारा पसारा।
लेण न जाणौ देण न जाणौं एद्वा बणज हमारा।।[18]

इसी प्रकार मूलस्थान (मुलतान) में प्राणायाम द्वारा ब्रह्माग्नि के प्रज्वलित होने का वर्णन मिलता है :

दिषणि हमारी डीबी पाकै अगनि बलै मुलतानं।
ऐसे हम जोगेसर निपनां, प्रगट्या पद निर्बानं।।[19]

श्रीहट्ट के बीच में कामरूप (अर्थात् सम्भवतः भगमण्डलाकार मूलाधार के मध्य में कामरूप पीठ) को प्राणायाम द्वारा विजित करने का संकेत इन पंक्तियों में मिलता है :

उलटि यन्त्र धरे षिषर आसन करे कोटि सन छूटता घाव नाहीं।
सिलहट मध्ये काँवरू जीतले निर्मल धुनि गगन माहीं।।[20]

श्रीहट्ट आदि की स्थिति का विशेष विवरण नहीं मिलता किन्तु कामरूप की स्थिति अवश्य बदल गयी है। बौद्ध साधना में कामरूप सर्वोच्च महासुखचक्र माना गया है किन्तु सिद्ध-सिद्धान्त-संग्रह में वह प्रथम चक्र, मूलाधार में स्थित कर दिया गया है। ज्ञात होता है कि इस सम्बन्ध में विभिन्न शैव पद्धतियों की विभिन्न धारणाएँ थीं। बौद्ध पद्धतियों में भी परस्पर मतभेद था जिस पर हम पहले विचार कर चुके हैं।

देह का महत्त्व—सरहपा ने हठयोग साधना के प्रसंग में इसी शरीर में गंगा तथा यमुना और प्रयाग तथा वाराणसी तीर्थों की स्थिति बतायी थी जिस पर हम पीछे विचार कर चुके हैं। वास्तव में तत्त्व-प्राप्ति देह में ही होने के कारण देह का अतुल महत्त्व उन परवर्ती सम्प्रदायों में भी माना गया जो योग से सम्बन्धित थे।

सन्तों ने भी देह में ही समस्त तीर्थों और देवताओं की स्थिति का उल्लेख किया है :

काया माहैं सागर सात। काया माहैं अविगत नाथ।।
काया माहैं नदिया नीर। काया माहैं गहिण गंभीर।।
काया माहैं सरवर पाणी। काया माहैं बसै बिनाणी।।
काया माहैं नीर निवान। काया माहैं हंस सुजान।।
काया माहैं गङ्ग तरङ्ग। काया माहैं जमना सङ्ग।।
काया माहैं सुरसती। काया माहैं द्वारामती।।
काया माहैं कासी थान। काया माहैं करै सनान।।
काया माहैं पूजा पाती। काया माहैं तीरथ जाती।।
काया माहैं मुनियर मेला। काया माहैं आप अकेला।।[21]

इस प्रसंग में यह संकेत कर देना आवश्यक है कि सिद्धों की देह में स्थित प्रयाग, वाराणसी आदि की कल्पना भी हिन्दू परम्परा का प्रभाव प्रतीत होता है क्योंकि उन्होंने किसी बौद्ध तीर्थ का रूपक नहीं ग्रहण किया है। प्रयाग, वाराणसी हिन्दुओं के ही तीर्थ थे, बौद्धों के नहीं। गङ्गा-यमुना भी हिन्दुओं में आदृत हैं, बौद्धों में नहीं। सन्तों ने सम्भवतः उसी अबौद्ध परम्परा से प्रभावित होकर देह में 68 हाटों की कल्पना की है। यह '68 हाट' वास्तव में हिन्दुओं के 68 तीर्थों का देहस्थ रूप था।

जीउ बटाऊ जन्म हाट। काया बस्ती अठसठ हाट।[22]

किन्तु जहाँ इन हाटों का विस्तृत विवरण दिया गया है वहाँ हठयोग के चक्रों-नाड़ियों आदि का संकेत मिलता है। नानक ने प्रथम हाट का नाम अनन्त, द्वितीय का नाभि-कमल, तृतीय का भण्डार, चौथे का उद्यम-उदन्त, पाँचवें का बंकनाल रखा है और इसी तरह समस्त हाटों का नाम और वर्णन हठयोग से सम्बद्ध है। अन्त में वेणी या सङ्गम हाट का उल्लेख है जहाँ इड़ा, पिंगला और सुषुम्ना का पूर्ण मिलन हो जाता है और मन सहज ही अड़सठ तीर्थों का पुण्य फल पा लेता है।

बेनी हाट जबै मनु जाय। मनु तहिं बेनी कर्म कमाय।
बेनी सङ्गम जब मनु जाता। तब अड़सठ सहजे ही न्हाता।[23]

सिद्धों ने जहाँ बाह्यतीर्थों का निषेध किया है वहाँ शरीर को ही जिनपुर माना है। उसी में ध्यानी बुद्धों का वास माना है। यह परम्परा जैनों ने भी अपनायी थी। देहरूपी देवालय में शक्तियों सहित जो देव वास करता है, वह शिव कौन है?

देहा देवलि जो वसइ सत्तिहिं सहियउ देउ।
को तहिं जोइय सत्तिसिउ सिग्घु गवेसहिं भेउ।।[24]

उसी शिव और शक्ति के कारण यह देह देवालय है, तीर्थों से भी अधिक पवित्र है। उस शिव और शक्ति का वास नाथयोगियों और सन्तों ने भी देह में माना था। उसके लिए उन्होंने देह को 'अरध' तथा 'उरध' में विभाजित किया था। 'अरध-उरध' विभाजन,

उनमें शिव और शक्ति का वास तथा वज्रयानी परम्परा द्वारा मान्य बुद्ध का देह में वास, इनके विकास-क्रम पर हम अब विचार करेंगे।

देह में अरध-उरध—अरध-उरध ये श्वास गति की दो सीमाएँ हैं। जहाँ से श्वास निरोध कर विन्दु को स्थिर किया जाता है, और वह स्थल जहाँ तक उस विन्दु को पहुँचाया जाता है। प्रथम स्थल है मूलस्थान या मूलाधार चक्र और अन्तिम स्थान है सहस्रार चक्र। इन्हीं दोनों को अध और ऊर्ध्व भी कहा जाता था। बाद में चार चक्रों के स्थान पर षट्-चक्र-पद्धति ग्रहण की गयी किन्तु प्रथम और अन्तिम चक्र वही माना गया और इसी कारण अर्ध और ऊर्ध्व की कल्पना नाथ और सन्त-परम्परा में यथावत् चली आयी, केवल उसको बौद्ध के बजाय शैव रूप में ग्रहण किया गया।

वज्रयानी दोहों में इस अध और ऊर्ध्व का स्पष्ट उल्लेख मिलता है। सरहपा ने कहा है कि जो अध और ऊर्ध्व का भेद न जानकर दोनों का युगनद्ध नहीं सम्पन्न करते वे दोनों के बीच में भ्रम में पड़कर नष्ट हो जाते हैं।

अधउध मज्झें सअल मूअ णासी[25]

इसी अध को आलोक से उद्घाटित कर, चण्डाग्नि प्रज्वलित कर ध्यान स्थित होने का उपदेश तिलोपा ने दिया है :

अध उधाड्यि आलोअणें ज्झाणें होइ रे थित्ति।।[26]

योगिनीकौल-मार्ग की पद्धति में भी 'अध-ऊर्द्ध' में हंस के रमण का उल्लेख मिलता है।[27] अध में विन्दु जाग्रत कर ऊर्द्ध की ओर विन्दु को प्रेरित करने के कारण ही साधक को ऊर्ध्व रेतस् कहा जाता था।

गोरखबानी में इस अध और ऊर्ध्व के कई उल्लेख मिलते हैं। एक स्थान पर अध और ऊर्ध्व के मध्य में शून्य का वास (त्रिकुटी) का उल्लेख है : 'अरध उरध बिच धरी उठाई, मधि सुंनि में बैठा जाई।'[28] यहाँ पर अरध शब्द वास्तव में उरध की तुलना में अध का ही रूपान्तर है।

दूसरे स्थल पर तो पूर्वोक्त योगिनीकौल-पद्धति के हंस रमणवाली पंक्ति की छाया ही मिलती है :

यो. कौ. : *अधोर्द्धं रमते हंसो द्वादशान्ते लयं पुनः।।*
गोरखबानी : *अरधन्त कवल उरधन्त मध्ये प्राण पुरिस का बासा।*
द्वादस हंसा उलटि चलैगा, तब ही जोति प्रकासा।।[29]

एक अन्य स्थल पर अरध और उरध के मध्य में पवन को कुम्भक द्वारा स्थिर कर ब्रह्मरन्ध्र को उद्घाटित करने का विधान है :

अरधैं उरधैं लाइलै कंची, थिर होवै मन तहाँ थाकीले पवनां
दसवाँ द्वार चीन्हिले छूटै आवागवनां।।[30]

सन्त-परम्परा में भी इस अरध-उरध की कुम्भक साधना का उल्लेख मिलता है :

अरध उरध मुखि लागौ कासु
सुंन मंडल महि करु परगासु।।
उहाँ सूरज नाहीं चन्द
आदि निरंजनु करै अनन्द।।[31]
धधा अरधहिं उरध निबेरा
अरधहि उरधह मांझि बसेरा
अरधह छाड़ि उरध जउ आवा
तउ अरधहि उरध मिलिआ सुख पावा।।[32]
चौपड़ माहीं चौहटे अरध उरध बाजार
कहैं कबीरा रामजन खेलौ सन्त बिचार।।
पासा पकड्या प्रेम का सारी किया सरीर
सतगुरु दाँव बताइया खेलै दास कबीर।।[33]

इनमें से अन्तिम उद्धरण का एक विशेष महत्त्व है क्योंकि उसमें कबीर ने कुम्भक प्राणायाम के साथ-साथ अरध-उरध साधना में प्रेम या भक्ति का तत्त्व भी जोड़ दिया है जो उनके परम वैष्णव स्वभाव के सर्वथा अनुरूप है।

काया में प्रज्ञा-उपाय या शिव-शक्ति—किन्तु शैव परम्परा में इस अध और ऊर्ध्व की कल्पना में एक संशोधन हो गया था जिस पर दृष्टिपात करना आवश्यक है : प्रज्ञोपाय योग में प्रज्ञा का वास नैरात्मा के रूप में महासुखचक्र में माना गया था और उपाय अथवा वज्र का स्थान नीचे मणिमूल में। शैव परम्परा में यह क्रम उलट गया। मूलाधार (अरध) में शक्ति कुण्डलिनी रूप में स्थित बतायी गयी और ऊर्ध्व में शिव का वास मानकर उसे कैलास कहा जाने लगा। मछिन्द्र-गोरख-बोध में शिव और शक्ति के वास का स्पष्ट उल्लेख आता है :

गोरष : *स्वांमी कहाँ बसै सक्ती कहाँ बसै सीव।*
कहाँ बसै पवना कहाँ बसै जीव।।
कहाँ होई इनका परचा लहै।
सतगुरु होइ सु बूझ्या कहै।।

मछीन्द्र : *अवधू अरधै बसै सक्ती, उरधैं बसै सीव*
भीतरी बसै पवनां अंतरी बसै जीव
निरन्तर इनका परचा लहै। ऐसा विचार मछीन्द्र कहै।[34]

इसी शक्ति और शिव का उल्लेख सन्तों ने भी किया है :

कबीर : *सिव सक्ती दिसि कोण जु जोवै पछिम दिस उठै धूरि*[35]

पलटू : *चलै न सिव कै जोर जाय जब सक्ती लीन्हा*
फिर सक्ती ना रही मिली जब सिव में जाई
सिव भी फिर ना रहे सक्ति के सीव कहाई।।[36]

केशवदास : *अरध उरध के मध्य निरन्तर सुखमन चौक पुराई हो*
रवि ससि कुंभक अमृत भरिया गगन मंडल मठ लाई हो
साध सन्त मिल कियो बसीठी, सतगुरु लगन लगाई हो
दरस परस पतिबरता पिव की, सिव घर सक्ति बसाई हो[37]

जायसी ने भी तन में अरध और उरध में बसनेवाले शक्ति और शिव का उल्लेख किया है और सिंघल जाने के पूर्व अपने मन में या चित्त में इस शक्ति और शिव को एकात्म कर लेने का निर्देश किया है :

गजपति यह मन सकती सीऊ। पै जहि पेम कहाँ तेहि जीऊ।।
जौ पहिलैं सिर पै पगु धरई। मुए केर मीचहु का करई।।
सुख संकलपि दुख सांबर लीन्हेउ। तौ पयान सिंघल कह कीन्हेउ।।[38]

यहाँ पर कबीर की ही भाँति जायसी ने शिव और शक्ति के अद्वैत की साधना में कुम्भक प्राणायाम के बजाय प्रेम को महत्त्व दिया है। इस प्रकार अरध और उरध को शैव रूप दे देने के उपरान्त उसकी साधना में हठयोग के साथ-साथ भावयोग की पद्धति स्वीकार कर उसे भक्ति की सहायक साधना मान लिया गया और प्रेम को प्रमुख स्थान दिया गया। किन्तु इसी शक्ति और शिव के संयोग से सहज-तत्त्व की उत्पत्ति होती है इससे कबीर भी भली-भाँति अवगत मालूम पड़ते हैं :

काटि सकति सिव सहज प्रकासिओ एकै एक समाना ना
कहि कबीर गुर भेट महांसुख भ्रमत रहे मनु माना नां।।[39]

मानव देह में हिन्दू देवता—वज्रयानी सिद्धों ने बुद्ध को चारों चक्रों में प्रतिष्ठित कर साम्प्रदायिक प्रतिद्वन्द्विता के कारण हरि, हर, ब्रह्मा को बहुत गौण स्थान देकर तीन अत्यन्त शुद्ध नाड़ियों का अधिष्ठाता माना था। धामपाद के चर्यापद में हरि, हर और ब्रह्मा इन तीन नाड़ियों का उल्लेख मिलता है :

दाढ़इ हरिहर ब्राह्मण नाड़ा। दाढ़इ नवगुण शासन पाड़ा।।[40]

टीका में मुनिदत्त ने सन्ध्यावचन के अनुसार मूत्रनाड़ी को हरि, शुक्रनाड़ी को हर और विटनाड़ी को ब्रह्मा बताया है। चण्डाग्नि के प्रज्वलित होने से ये तीनों नाड़ियाँ जलकर राख हो जाती हैं और केवल उपाय तथा प्रज्ञा, बुद्ध तथा उनकी शक्ति शेष रहते हैं। इस कल्पना के पीछे साम्प्रदायिक प्रतिद्वन्द्विता का स्पष्ट आभास प्रतीत होता है।

लगता यह है कि परवर्ती हिन्दू परम्परा ने बुद्ध को गौण स्थान देकर इसका प्रतिशोध लिया है, यद्यपि फिर भी उन्होंने बुद्ध को उस प्रकार अपमानित नहीं किया जैसा बौद्धों ने हिन्दू देवताओं को किया। ये तीनों हिन्दू देवता काया में स्थित माने गये और सच्चा सतगुरु वह बताया गया जो राम से इसी देह में मिलन करा दे :

साचा सतगुरु राम मिलावे, सब कुछ काया माहिं दिखावै
काया माहिं तीन्यू देव। काया माहैं अलख अभेद।।[41]

राम का यह महत्त्व परवर्ती नाथ योगी भी स्वीकार करने लगे थे :

एही राजा राम आछै सर्बे अंग बासा
एही पाँचौ तत बाबू सहज प्रकासा।।[42]

बंगाल के नाथयोगियों में काया में स्थित देवताओं में बुद्ध का लोप हो गया है और धीरे-धीरे शैव देवताओं के अतिरिक्त वैष्णव देवताओं का महत्त्व बढ़ता हुआ दृष्टिगोचर होता है :

मानव देहेर खबर जान रे मन
देह रे उत्तर दक्खिन पूर्ब पश्चिम कोथाय वृन्दावन।[43]

... ...

चूड़ते चूड़ामणि ब्रह्ममूल स्थिति, पाट मध्ये महाविष्णु केरछे वसति।
चक्खेते कालाचार सदाइ करे ध्यान, कर्णेते चैतन्य गोसामी हयेछे सावधान।[44]

उपर्युक्त पद में देह को आठ मुकामों में विभाजित किया गया है और शिव तथा शक्ति को भग और लिंग में स्थित माना है किन्तु वैष्णव देवताओं और आचार्यों को अधिक महत्त्व दिया गया है। इस प्रकार कायावासी देवताओं में भी धीरे-धीरे बौद्ध परम्परा शैव परम्परा द्वारा पराजित होकर वैष्णव परम्परा में विलीन हो जाती है वैष्णव देवता सर्वप्रमुख हो जाते हैं।

चक्र तथा नाड़ियाँ—चार चक्र—नाथ-योग-पद्धति तथा सन्तों की योग-साधना इस दृष्टि से सर्वथा हिन्दू थी कि उसमें चक्रों की संख्या, नाम तथा रूप आदि हिन्दू पद्धति के अनुसार थे। हिन्दू योग परम्परा के षट्चक्र, उनके नाम, उनकी स्थिति, उनके कमल दलों की संख्या आदि की तुलना हम पहले ही बौद्धों के चार चक्रों से कर चुके हैं (अध्याय 3 ग)। किन्तु बौद्धों की काया में चार चक्र माननेवाली परम्परा भी किसी-न-किसी रूप में जीवित अवश्य थी, क्योंकि जायसी काया में चार बसेरों के अतिरिक्त चार चक्रों का भी उल्लेख करते हैं।

चारिहुँ चक्र फिरै मन खोजत, दंड न रहै र थिर मार
होइ के भसम संग धावौं, जहाँ सो प्रान अधार।[45]

यह कहा जा सकता है कि यहाँ चार की संख्या का व्यवहार सूफियों की साधना की चार अवस्थाओं के लिए किया गया है।[46] किन्तु इस पूरे प्रसंग में योग-साधना का ही रूपक है, सूफियों की प्रेम-साधना का नहीं। यहाँ पर इन चार चक्रों का अर्थ समझने के लिए हमें सूफी योग-साधना में स्वीकृत चक्र प्रणाली पर भी एक दृष्टि डालनी होगी। सूफियों के नक्शबन्दी सम्प्रदाय के शेख अहमद (1100 ई.) ने मनुष्य के शरीर में नाभि से गर्दन तक 6 अवस्थान बताये हैं। नफ्स जो नाभि के नीचे हैं, कल्ब जो छाती की बायीं ओर है, रूह जो छाती में बायीं ओर है, सिर्र जो छाती के बीचोंबीच है, ख़फ़ी जिसका स्थान ललाट में है और अख्फा जो मस्तिष्क में है। हिन्दुओं की षट्चक्र परम्परा से इसकी तुलना करने पर हम यह देखते हैं कि हिन्दुओं में मूलाधार चक्र मेरु के मूल में स्थित है, जबकि सूफियों के प्रथम चक्र की स्थिति नाभि के पास है, जहाँ हिन्दुओं का तीसरा चक्र मणिपूर स्थित है। हिन्दू परम्परा में हृदय के समीप केवल एक चक्र है अनाहत, जबकि सूफी परम्परा में 3 चक्रों की स्थिति हृदय में ही है। कण्ठ के समीपवर्ती विशुद्धाख्य चक्र का सूफियों की इस परम्परा ने कोई उल्लेख नहीं किया।[47]

बौद्ध परम्परा से नक्शबन्दी सम्प्रदाय के चक्रों की तुलना करने पर हम अधिक समानता पाते हैं। बौद्ध परम्परा में भी प्रथम चक्र नाभि के पास स्थित बताया गया है जो भगवान् तथागत की निर्माण-काया का वासस्थान है। हेवज्रतन्त्र की कुछ पाण्डुलिपियों में प्रथम चक्र की स्थिति उपस्थ मूल में भी बतायी गयी है किन्तु नाभिवाली परम्परा सर्वमान्य थी। इस दृष्टि से सूफियों का प्रथम चक्र नफ्स, वज्रयानियों के प्रथम चक्र नाभि-कमल का ही रूपान्तर प्रतीत होता है।

उसके उपरान्त तीन चक्र हृदय प्रदेश में ही स्थित हैं। हृदय प्रदेश को इतना महत्त्व हिन्दू परम्परा में कभी नहीं दिया गया किन्तु योगाचार की परम्परा में अन्तिम चक्र 'मनोवत्थु' हृदय प्रदेश में ही माना गया था और नाभि से लेकर हृदय तक ही समस्त चक्रों की स्थिति मानी गयी थी।[48] वज्रयानी परम्परा में अन्तिम चक्र मस्तिष्क में माना गया किन्तु मन का महत्त्व भी कम नहीं हुआ क्योंकि वे आत्मा के बजाय चित्त को ही अधिक महत्त्व देते थे। मन का वही महत्त्व सूफी परम्परा में हृदय प्रदेश के तीन चक्रों के रूप में अवशिष्ट रह गया। ख़फ़ी भ्रूमध्य में स्थित सम्भोग चक्र या आज्ञा चक्र का ही रूपान्तर प्रतीत होता है। सेकोद्देश टीका में नारोपा ने सम्भोग की स्थिति ललाट में ही मानी है।[49] अन्तिम चक्र हिन्दू, वज्रयानी तथा सूफी तीनों परम्पराओं में मस्तिष्क में माना गया है। यदि हम क़ल्ब, रूह और सिर्र को एक ही चक्र के तीन दल समझ लें तो सूफियों में स्तर की दृष्टि से चार ही खण्ड माने जायँगे। नाभि-(नफ्स), हृदय-(रूह, कल्ब, सिर्र), ललाट-(ख़फ़ी), मस्तिष्क-(अख्फा)। चार चक्रों की इसी योजना से जायसी परिचित रहे होंगे, सिद्धों की प्रत्यक्ष चार चक्रों की योजना से नहीं। किन्तु इस सूफी परम्परा पर बौद्ध प्रभाव के आभास का अनुमान किया जा सकता है। जहाँ तक नाथयोगियों और सन्तों का प्रश्न है वे षट्चक्र प्रणाली से परिचित थे, चार चक्रों को उन्होंने कहीं मान्यता नहीं दी।

नाड़ियाँ—चक्रों ही के समान नाड़ियों के सम्बन्ध में भी नाथ-साहित्य और सन्त-साहित्य में हिन्दू योग परम्परा का आश्रय लेकर बौद्ध नामों का तिरस्कार किया गया है। किन्तु जहाँ चक्र योजना में हिन्दू तथा बौद्ध परम्परा में न केवल नाम वरन् संख्या और स्थिति में भी अन्तर है, वहाँ नाड़ियों के सम्बन्ध में इतना अन्तर नहीं है। वे ही नाड़ियाँ हैं, उनकी लगभग वैसी ही स्थिति है केवल उनका नाम दूसरा है।

बौद्ध सिद्धों ने तीन नाड़ियाँ—ललना, रसना तथा अवधूती मानी थीं। हिन्दू हठयोग परम्परा में इन्हीं नाड़ियों को इड़ा, पिंगला तथा सुषुम्ना नाम दिये गये हैं। इनकी स्थिति इनके लिए प्रयुक्त उपमान तथा इनसे सम्बद्ध शंखिनी नाड़ी तथा दशमद्वार का विवरण हम पहले ही दे चुके हैं।[50] दोनों की तुलना इस प्रकार है :

ललना (हिन्दू नाम इड़ा), उपमान गंगा, चन्द्र, प्रज्ञा, शक्ति (स्थिति वाम), रसना (हिन्दू नाम पिंगला), उपमान यमुना, सूर्य, उपाय, शिव (स्थिति दक्षिण)।

इन दोनों के मध्य में अवधूती या सुषुम्णा है जो सरस्वती है, संगम है, औघट घाट है, ब्रह्माग्नि या चण्डाग्नि-वाहिनी है। अवधूती को ब्रह्म-चक्र से शंखिनी नामक एक नाड़ी सम्बद्ध करती है जिसे बंकनाल कहते हैं। इसी बंकनाल से होकर अमृत झरता है और जिस रन्ध्र से अमृत आता है उसे दशम द्वार कहते हैं। दशम द्वार का वर्णन चर्यापदों में भी आता है 'दशमि दुआरेते चिन्ह देखाइआ।'[51] इन्हीं नाड़ियों में पवन निरुद्ध कर सुषुम्णा में श्वास संचालन द्वारा दशम द्वार उद्घाटित कर अमृत पीने की साधना नाथों तथा सन्तों की योगसाधना रही है जिस पर हम आगे विचार करेंगे। इन नाड़ियों का उल्लेख नाथ और सन्त-साहित्य में विभिन्न रूपकों के साथ आया है।

गोरखबानी : *अहंकार तूटिबा निराकार फूटिबा सोषीला गंग जमन का पानी*
चन्द सूरज दोउ सनमुषि राषीला कहो हो अवधू तहाँ की सहिनाणी[52]

कबीर : *जह किछु अहा तहा किछु नाही पंच ततु तह नाही*
इड़ा पिंगला सुखमन बदे ए अवगत जाही।[53]
उलटी गंग जमुन मिलावइ, बिनु जल संगम मन महिं न्हावइ।[54]

नानक : *इड़ा पिंगला सुष्मन सूझी। तब मन सहज कथा सब बूझी*
सुख का हाट सुष्मना कीन्हा। नानक तहिं सुख डेरा लीना
बेनी हाट जबै मनु जाय। मन तहिं बेनी कर्म नहाय।[55]

रैदास : *ऐसा ध्यान धरौं बरौं बनवारी, मन पवन दै सुखमन नारी।*[56]

जायसी : *गही पिंगला सुखमन नारी, सुन्न समाधि लागिगौ तारी।*[57]

भीखा : *इंगल पिंगला बुतैं सुन्न भेटानो, सुखमन भयो उँजियार।*[58]

इनका संगम त्रिकुटी में माना जाता था और इस त्रिकुटी सन्धि से ही शून्य-समाधि का विशेष सम्बन्ध नाथ तथा सन्त-परम्परा में माना गया था, इसकी ओर हम पीछे शून्य

पर विचार करते समय संकेत कर आये हैं। प्राणायाम द्वारा पवन निरुद्ध कर, पंच तत्त्वों को चित्त में ही स्थित कर ये नाथ योगी तथा सन्त हठयोग की साधना करते थे।

पंचतत्त्व धारणा—सिद्धों की साधना-पद्धति का विवेचन करते समय यह संकेत किया जा चुका है कि पंच महाभूतों को ध्यान की एकाग्रता द्वारा अन्तःस्थ कर चित्त में ही उनका उदय सम्पन्न करना एक प्रमुख अभ्यास रहा है जो योगाचार के समय से ही स्वीकृत किया जा चुका था। गोरख ने इस भावना को हिन्दू परम्परा से ग्रहण किया था। गोरक्ष पद्धति में इस साधना का स्पष्ट विधान मिलता है।

हृदये पंचभूतानां धारणा च पृथक् पृथक्
मनसो निश्चलत्वेन धारणा समभीयते।।[59]

यदि हम धातुओं के उदय होने के क्रम की तुलनात्मक समीक्षा करें तो देखेंगे कि बौद्धसिद्धों की क्रम-योजना योगाचार से भिन्न है और गोरक्ष की पद्धति के अधिक निकट है। योगाचार में पहले तेज, फिर अप्, फिर वायु, फिर गगन और अन्त में पृथ्वी का उदय बताया गया है। काण्हपा के टीकाकार ने पहले पृथ्वी, फिर अप्, फिर तेज, तब वायु और अन्त में गगन का उदय बताया है।[60] गोरक्षपद्धति में भी बिलकुल यही क्रम है किन्तु बीजाक्षरों और देवताओं का वर्णन उसे सर्वथा हिन्दू पद्धति सिद्ध करता है। ज्ञात यह होता है कि काण्हपा और उनका टीकाकार भी पूर्वागत हिन्दू योगपरम्परा के अधिक निकट थे और उसी क्रम को ग्रहण कर उन्होंने उसे प्रज्ञोपायात्मक बौद्ध व्याख्या दे दी थी।

गोरखबानी में इसी पंचतत्त्व की अन्तःस्थ साधना का उल्लेख मिलता है—

देखे ये तत सून्य अकास, पंच तत्त मैं महापुरिस कै बास।
पंच तत्त लै उनमनि रहै, अछ्या होइ तौ जोगेन्द्र कहै।
पंच तत्त का करो बिचार, बाहर भीतर ये कंकार
भिछ्या माँगै नग्री द्वार, माया मोहू तजै जंजार।।[61]

इनकी उत्पत्ति का क्रम भी गोरखबानी में इस प्रकार बताया गया है।

अबिगत उत्पनां ॐ ! ॐ उतपदिते आकास। आकास उतपनी बाई। बाई उतपन्यां तेज। तेज उतपन्यां तोया। तोया उतपनी मिट्‌टी।

और चित्त में इनके उदित होने के क्रम में पूर्ण विपर्यय हो जाता है। 'मट्‌टी ग्रासन्त तोया। तोया ग्रासन्त तेज। तेज ग्रासन्त बाई। बाई ग्रासन्त आकास। आकास ग्रासन्त ॐ। ॐ ग्रासन्त ते अबिगत। अबिगत गति रहते आवते न जावते।।[62]

दोहाकोष में पृथ्वी की इन्द्रिय नासिका, अप् की इन्द्रिय रसना, तेज की इन्द्रिय चक्षु, वायु की इन्द्रिय त्वचा और आकाश की इन्द्रिय श्रोत्र बतायी गयी है।[63] गोरखबानी में आकाश का गृह ब्रह्माण्ड और द्वार श्रुति, वायु का गृह नाभि और द्वार नासिका, तेज का द्वार चक्षु, अप् का द्वार लिंग, पृथ्वी का द्वार गुदा बताये गये हैं।[64] इसमें दोनों पद्धतियों में थोड़ा विभेद है।

गोरखबानी में इन पंचतत्त्वों की भार्यायों का उल्लेख मिलता है जो सम्भवतः बौद्ध तन्त्रों के पाँच स्कन्ध, उनके देवता, पाँच ध्यानी बुद्ध और उनकी भार्याओं की कल्पना से थोड़ा-बहुत अवश्य प्रभावित है :

"स्वामीजी पृथ्वी की कौंण भारिज्या, बाय को कौण भारिज्या, आप् की कौंण भारिज्या, तेज की कौंण भारिज्या, आकाश की कौंण भारिज्या।

अवधू पृथी की भारिज्या आसा धनवन्ती। आप् की भारिज्या मनसा चोरेटी। तेज की भारिज्या कल्पनां चाण्डाली। वायु की भारिज्या चिन्ता डाकणीं। आकास की भारिज्या संक्या सीलवन्ती।[65]

इनमें केवल आशा और शंका के साथ जो विशेषण हैं वे प्रशंसात्मक हैं, किन्तु चोरेटी, चाण्डाली और डाकिनी अपयश प्रदान करने के लिए प्रयुक्त हुए हैं। इसी डाकिनी या डाइन का कबीर ने 'माया' राक्षसी के रूप में चित्रण किया है जिस पर हम आगे विचार करेंगे। जहाँ तक पंचतत्त्व-धारणा की पद्धति का सम्बन्ध है सन्तों में इसका विस्तृत रूप भुला दिया गया है किन्तु देह में इन पंच महाभूतों के उदय की ओर संकेत मिलते अवश्य हैं।

दादू : *काया माहैं सिरजनहार, काया माहैं ओंकार*
काया माहैं है आकास, काया माहैं धरती पाण।
काया माहैं पवन प्रकास, काया माहैं नीर निवास।।[66]

नानक : *पंच तत्तु लै इहु धरि थाप। जो किछु कीनो सु आपे आपि।*
अपु तेजु बाय पृथ्वी आकासा। पंच मिलै जड़ि जोति प्रगासा।
सोऽहं आदि निरंजन सोई। नानक अवरु न दूजा कोई।[67]

पवन निरोध—बौद्ध हठयोग की साधना में पवन के निरोध द्वारा चित्त के निरोध का विधान था। इसके कई प्रमाण दोहों में मिलते हैं :

सरहपा : *अणिमिल लोअण चित्त णिरोहे, पवण निरुहइ सिरिगुरुवोहें*
पवण वहइ सो णिच्चलु जव्वें, जोइ काल करइ रे तव्वें।।[68]

काण्हपा : *जो णत्थु णिच्चल किअउ मण सो धम्मक्खर पाख*
पवणह बज्झइ तक्खणे बिसआ होन्ति निरास।[69]

पवन के निरोध द्वारा चित्त का निरोध हठयोग की सामान्य पद्धति थी जो सभी हठयोगी सम्प्रदायों में समान रूप से स्वीकृत थी। हठयोग-प्रदीपिका में भी हमें इस आशय के श्लोक मिलते हैं :

पवनो बध्यते येन मनस्तेनैव बध्यते
मनश्च बध्यते येन पवनस्तेन बध्यते
मनो यत्र विलीयते पवनस्तत्र लीयते
पवनो लीयते यत्र मनस्तत्र विलीयते।[70]

नाथों की बानी में भी मन को पवन से और पवन को मन से बाँधने का उल्लेख मिलता है :

मन बाँधूँगा पवन स्यूँ, पवन बाँधूँगा मन स्यूँ
तब बोलैगा कोवत स्यूँ।[71]

चण्डाग्नि—वज्रयोग में पवन-निरोध के उपरान्त अवधूती मार्ग में चण्डाग्नि के प्रज्वलित होने की प्रक्रिया का उल्लेख हम कर चुके हैं। यही चण्डाग्नि समस्त क्लेश वासनाओं को भस्म कर देती है (अध्याय 3 ग)। शैव पद्धति में इसी चण्डाग्नि को ब्रह्माग्नि कहा गया है : 'अभिअन्तरि ब्रह्मा अगनि परजालै।'[72] नाथपन्थी बानियों तथा सन्तों में कहीं भी इसका चण्डाग्नि नाम नहीं मिलता किन्तु इसका वर्णन दोनों में मिलता है :

तिलोपा : *अछ उघाड़्यि आलोअणे ज्झाणे होइ रे थित्ति।*[73]
गोरखबानी : *मन मुछावै लावै ताली। गगन सिषर मैं होइ उजाली।*[74]
धामपा : *कमल कुलिश माझे भमई लेली, समताजोएँ जलिल चाण्डाली।*
नउ खर जाला धूम न दिसइ, मेरुसिखर लइ गअण पइसइ।[75]
गोरखबानी : *अकुच कुचीया बिगसा पोहा, सिधि परजली उठी लगिया धुवा।*
कहै गोरषनाथ धुवा प्राण, ऐसे पिण्ड का परचा जायौ प्राण।[76]

इस अग्नि को प्रज्वलित करने के लिए नव इन्द्रिय-द्वारों को पवन बन्ध द्वारा बन्द कर केवल दसवें द्वार ब्रह्मरन्ध्र अथवा वैरोचन द्वार को (अवधूती मार्ग को) उद्‌घाटित करना पड़ता है 'नव दरवाजा देवै ताली, दसवाँ मधे होइ उजाली।'[77] यद्यपि इसका नाम ब्रह्माग्नि है किन्तु वज्र-साधना से इसका सम्बन्ध और इसका बौद्ध रूप सर्वथा भुला नहीं दिया गया। जायसी ने इसे वज्राग्नि कहा है जिसकी ओर हम संकेत कर चुके हैं। गोरखबानी में भी इसको प्रज्वलित करने के लिए वज्र कछोटा और वज्रासन साधने का उल्लेख मिलता है।

अहनिसि अगनि पाप कूं षाइ, संधै संधै पवन लुकाइ।
बजर कछोटा आसण करें, रोग ब्याधि षुध्या सब हरै।।[78]

इसी को कहीं-कहीं दीपक की-सी ज्योति भी बताया गया था :
काण्हपा : *जइ तसु घोरान्धारें मण दिवहो किज्जइ।।*[79]
दीपक रूप में भी इसका उल्लेख नाथपन्थी बानियों में मिलता है।

जोगी अपणे घर दिवला दीपै। ता जोगी की काया काल न छीपै।[80]
× × ×
दीपक एक अषंडित बाती। तहाँ जोगेश्वर थपना थापी।
अगम अगोचर सकल ब्रह्मंड। ता दीपक कै चरण न षंड।

सिषा न नैन दीस नहिं हाथ। दीपग देख्या जती गोरखनाथ।
ता दीपक कै डाल न मूल। ता दीपक कै कली न फूल।
ता दीपक कै रङ्ग न रूप। ता दीपक कै छाँह न धूप।
ता दीपक कै विद्या न बादं। ता दीपक कै सबद न स्वादं।

और यह वह दीपक है जो शून्य से उद्भूत हुआ है और शून्य में ही समा जायगा।

ता दीपक कै मोह न माया। सो दीपक सूनैं सून समाया।[81]

सन्तों में अन्तर्ज्योति, देहस्थ अग्नि की इस कल्पना से वज्र और शून्य का उतना सम्बन्ध भी टूट चुका है, जितना गोरखपन्थ में रह गया था किन्तु इसका उल्लेख बराबर आता है।

लावौ बाबा आगि जलावौ धरा रे, का कारनि मन बंधे परा रे[82]

कबीर खिंथा जलि कोइला भई, खापरु फूटिम फूटि
जोगी बपुड़ा खेलिओ आसनि रही बिभूति।।[83]
कबीर ऐसा को नहीं मन्दर देइ जराइ
पाँचौं लरिके मारि कै रहै नाम लिउ लाइ।[84]
कबीर कोठी काठ की दह दिसि लागी आगि
पण्डित पण्डित जलि मुए मूरख उबरे भागि।।[85]

किन्तु वज्र और शून्य की परम्परा से इसका सम्बन्ध टूटकर राम और रामभक्ति से जुड़ रहा था। अन्त में तो यह अग्नि राम के विरह की अग्नि बन गयी जिसके लिए कबीर ने लिखा—

विरह जलाई मैं जलौं जलती जलहरि जाउँ
मो देख्याँ जलहरि जलै संतौ कहाँ बुझाउँ
हौं बिरहा की लाकड़ी समझि समझि धूधाउँ
छूटि परौं जो विरह ते तो सारी जलि जाउँ।[86]

वज्रजप अथवा सहजजप—सिद्धों की साधना-पद्धति पर विचार करते समय हमने यह देखा था कि वे अपनी योग-पद्धति में श्वास निरुद्ध कर चण्डाग्नि प्रज्वलित करने के उपरान्त वज्रजाप का विधान करते थे। यह जप 'एवं' बीज का होता था जिसके दोनों अक्षर उपाय तथा प्रज्ञा के बीजाधार थे। इसका उच्चारण किया जाय इसकी आवश्यकता नहीं किन्तु इसे ध्यान में ग्रहण कर लेना चाहिए और तब हठयोग साधना करने से प्रत्येक श्वास-प्रश्वास के साथ स्वतः यह शब्द निःसृत होता रहता है। इसी को वज्रजाप कहते थे और इससे वज्रयोग की साधना सम्पन्न होती थी।

इस वज्रजाप की विशेषता यह थी कि यह तान्त्रिक पद्धति के अनुसार होने के कारण तान्त्रिक बीजार्थ और योग-पद्धति से समन्वित था। उसके पहले की भागवत तथा

महायानी साधनाओं में भी जाप का विधान था किन्तु वह नामस्मरण तथा गुणकथन के रूप में था और कृष्ण अथवा प्रभुतारत्न बुद्ध आदि के जप से गीता में तथा महायानी ग्रन्थों में निर्वाण की प्राप्ति बतायी गयी थी। बाद में वैष्णव तन्त्रों में भी बीजाक्षरों की कल्पना मिलती है। पांचरात्र में प्रत्येक अक्षर के तीन रूप परिकल्पित किये गये हैं जिनमें से परम रूप, वैष्णव रूप होता है। इस प्रकार तीन प्रकार के जप विधान मिलते हैं :

क—शुद्ध भावना से नामस्मरण के रूप में

ख—तन्त्रान्तर्गत बीजाक्षरों के रूप में

ग—बीजाक्षरों को योग-पद्धति से समन्वित करने के उपरान्त स्वतः साध्य-जप।

सिद्धों में अन्तिम दोनों पद्धतियों का प्रचलन था।

नाथ-सम्प्रदाय ने योगप्रधान साधना-पद्धति अपनायी थी अतः उसमें जप का वह रूप स्वीकृत हुआ जो श्वास निरोध के साथ सम्पन्न होता था। इसे नाथ योग में अजपा-जाप कहा जाता था, वज्रजाप नहीं। किन्तु यह अजपा-जाप शून्य में मन को केन्द्रित करने का साधन अवश्य माना जाता था :

अजपा जपै, सुंनि मन धरै, पाँचौं इन्द्री निग्रह करै
ब्रह्मा अगनि मैं होमैं काया, तास महादेव बंदै पाया।[87]

यह अजपा-जाप योग-साधना में प्राथमिक महत्त्व की वस्तु माना जाता था और इसके जप से अतीव अनुपम ज्ञान की प्राप्ति होती थी। यह जप एकाक्षरी, द्वयक्षरी, त्रयक्षरी तथा चतुरक्षरी हुआ करता था।

जप के विषय में गोरखबानी के एक पद से यह ज्ञात होता है कि बौद्ध सिद्धों के वज्रजाप की परम्परा का प्रभाव तो गोरख के अजपा-जाप पर अवश्य अवशिष्ट है किन्तु उसमें कई नये तत्त्व जुड़ गये हैं। इसमें जप जपने के साथ-साथ जपमाली को भी पहचानने का प्रयास करने का आदेश दिया गया है। ('एवं' बीज को जपते समय भी इस बात का आदेश किया गया है कि 'ए' तथा 'वं' वास्तव में प्रज्ञा तथा उपाय हैं और इनका सही-सही तान्त्रिक अर्थ भली-भाँति समझ लेना चाहिए।) जप तो सभी करते हैं, पर गोरख कहते हैं कि इस अगम-जाप के वास्तविक अर्थ को बहुत कम लोग पहचानते हैं।[88]

गोरखपन्थ के जप की एक विशेषता यह है कि 'एवं' की भाँति केवल द्वयक्षरी जप का विधान न कर उन्होंने एकाक्षरी, द्वयक्षरी, त्रयक्षरी और चतुरक्षरी जपों का विधान किया है। एकाक्षरी में वाणी के दो रूप इस पद में बताये गये हैं। लौकिक तथा अलौकिक। अलौकिक वाणी को शून्य की संज्ञा दी गयी। वह वाणी एकाक्षरी है। वही एकाक्षरी वाणी अजपा-जाप का मन्त्र बन जाती है। इस एकाक्षरी वाणी की ओर सरहपा ने संकेत करते हुए कहा है :

अक्खर मेंक्क एत्थ मइ जाणिउ, ताहर णाम जाणमि ए सइउ।।[89]

एकाक्षर तत्त्व रूप में समस्त ब्रह्माण्ड में व्याप्त है 'अक्खर बाढ़ा सअलु जगु'। इस एकाक्षर को नाथपन्थी अनन्त का प्रतीक मानते थे और उसी में चित्त को विलीन कर देने का उपदेश देते थे।

सिद्धों ने जिस एवं को बीज रूप में ग्रहण करने का आदेश दिया था वह द्वयक्षरी था और उसमें बुद्ध अपनी शक्ति या उपाय अपनी प्रज्ञा के साथ विराजमान थे। नाथयोगी भी द्वयक्षरी मन्त्र में दोनों पक्षों की विद्यमानता स्वीकार करते थे, 'द्वै अषिरी दोउ पष उधारीला'...और उसी से शिव-शक्ति-संगम के कारण सृष्टि की उत्पत्ति मानते थे। त्रयक्षरी त्रिकुटी से सम्बद्ध था और त्रिकुटी में गगनमण्डल, शून्यसमाधि, वज्रकपाट आदि वज्रयानी प्रभावों पर हम पीछे विस्तार से विचार कर चुके हैं। चतुरक्षरी मन्त्र भी वज्रयानी प्रभाव से मुक्त नहीं है। चतुरक्षरी मन्त्र चार प्रकार की वाणियों का प्रतीक बताया गया है 'चारि षाणीं चारि वांणीं।' इन चार वाणियों के जो नाम बताये गये हैं वे परम्परागत परा, पश्यन्ती, मध्यमा और वैखरी न होकर नये नाम हैं—सहज, संजम, सुभाइ और अतीत। इनमें से सर्वप्रथम नाम वज्रयानी परम्परा का द्योतक है और इससे प्रतीत होता है कि चतुरक्षरी जप में भी सहज अक्षर को श्रेष्ठतम स्थान दिया गया था।

परवर्ती साधना-पद्धति के जप अंग पर सहजाम्नाय का प्रभाव और भी स्पष्ट हो जाता है जब हम सन्त-साहित्य का निरीक्षण करते हैं, क्योंकि वहाँ इस जप को सहज जप की संज्ञा ही दी गयी है। यह सहज जप नाथपन्थी योगियों के अजपा-जाप का ही दूसरा नाम है :

जाप अजपा हो सहज धुन परखि गुरुगम धारिये
मनपवन थिर कर शब्द निरखे कर्म मनमथ मारिये।[९०]

इस सहज जप को कबीर ने शब्द-सुरत-मेला कहा है :

सहजे ही धुन होत है हरदम घर के माहिं
सुरत सबद मेला भया सुख की हाजत नाहिं।।[९१]

वास्तव में यह सहज जप वज्रजाप की ही भाँति केवल अन्तर्मुख जप है। इसका उच्चारण नहीं होता। पवन निरोध के साथ-साथ यह ध्वनि मन-ही-मन में उठती रहती है। इसमें मन की ही माला रहती है :

दादू : *मन माला तहँ फेरिये जहँ दिवस न परसै रात*
तहाँ गुरु बाना दिया सहजैं जपिये तात।
सुरति सदा सनमुख रहै, जहाँ जहाँ लौलीन
सहज रूप सुमिरन करै, निहकर्मी दादू दीन।।[९२]

इस प्रकार यह सहज जप योगपरम्परा में विहित बीजाक्षरों का श्वास-निरुद्ध जप है। बौद्ध परम्परा का प्रभाव इस पर स्पष्ट है किन्तु वज्रयानी परम्परा में एक सुधार किया गया है। बीजाक्षर बदल दिये गये हैं। ए तथा वं जो बुद्ध तथा उनकी शक्ति के वाचक

थे उनके स्थान पर 'सोऽहम्' के जप का विधान किया गया है। कबीर ने इस जाप के द्वारा पुण्य और पाप दोनों के निराकरण का उपदेश दिया है :

सोऽहं सो जाको है जाप, जा कल लिपत पुन्न होइ न अरु पाप।[93]

दयाबाई इसी संकार और हंकार को अन्तर में प्रकाश विकीर्ण करनेवाला बताती हैं :

'दया' 'संकार' 'हंकार' अक्षर को जो जप करत
अन्तर द्वै उजियार, तिमिर अविद्या सब हरत
नाभि नासिका माहिं गाजै सोऽहं शब्द धुनि
यामें संखै नाहिं दया सुमिरि भव तरत मुनि।।[94]

इसका विधान इस प्रकार है कि पद्मासन में बैठकर अन्तर्दृष्टि साधकर श्वास में श्रुति जाग्रत कर अजपा का जाप करे। यह जप बिना जिह्वा, बिना माला, बिना मन के केवल अन्तर स्मरण है। इस अजपा सोऽहं जप से त्रिविध ताप मिट जाते हैं। इसी को दादू ने सहज धुन की डोर बताया है 'दादू डोरी सहज की यों आणैं घर घेरि।'[95] यही सोऽहं शब्द बाद में शब्द-ज्योति के रूप में बदलकर शून्य के अन्धकार में प्रकाशित होने लगता है और यही परमतत्त्व तथा आत्मतत्त्व के अभेद का वाचक बन जाता है :

पारब्रह्म भगवान अंस हमरै कहवाये,
हमहीं सोऽहं सब्द ज्योति ह्वै सुन्न में आये।।[96]

बाद के साम्प्रदायिक ग्रन्थों में इस सोऽहम् के भी कई रूप परिकल्पित किये गये और उनका अनावश्यक विस्तार किया गया जैसे शून्य आदि का हुआ था। सूफी परम्परा में भी सोऽहम् का उल्लेख है।[97]

सोऽहम् के इन रूपों को नये नाम दिये गये और हरेक के लिए एक पुरुष तथा एक लोक की कल्पना कर ली गयी। ये रूप इस प्रकार थे—सोहंग, बोहंग, कोहंग तथा जोहंग।[98]

किन्तु इस अजपा-जाप के रूप पर एक और प्रभाव पड़ रहा था, वह था वैष्णव प्रभाव। वैष्णव सम्प्रदायों में राम या हरि आदि का जप और स्मरण का विधान किया गया था और उससे गोलोक की प्राप्ति बतायी गयी थी। तन्त्रों में इन अक्षरों के तान्त्रिक अर्थ भी माने गये थे। कबीर ने वैष्णव प्रभाव को परम अक्षर माना। कहीं-कहीं तो वे राम को 'सोऽहं' से भी अधिक महत्त्व देते प्रतीत होते हैं :

कबीर पढ़िबा दूरि करि, पुस्तक देइ बहाइ।
बांवन आषिर सोधि करि, ररै ममैं चितलाइ।[99]

इसमें न केवल कबीर ने 'सोऽहं' के स्थान पर 'राम' की प्रतिष्ठा की है, वरन् योग-पद्धति के बजाय वैष्णवों के नाम-जप की भावाकुलता की अभिव्यक्ति अधिक है। दादू में भावनायुक्त हरि अथवा राम का यह जप भी योग के अजपा या सहज जप की श्वास निरोध पद्धति से समन्वित कर दिया गया है :

राम सबद मुख ले रहै, पीछे लागा जाइ
मनसा, वाचा, कर्मणा तेहि तत सहज समाइ
अन्तरगति हरि हरि करै, तब मुख की हाजत नाहिं
सहजैं धुनि लागी रहै, दादू मन ही माहिं
सहजैं सुमिरण होत है रोम-रोम रमि राम
चित्त चहूँट्या चित्त सों यौं लीजै हरि नाम।।[100]

इस प्रकार सन्तों के इस सहज जप में 3 तत्त्वों का सम्मिश्रण हो गया है :

क—जप की वह योग-पद्धति जो सिद्धों में वज्रजप तथा नाथों में अजपा-जाप कहलाती थी।

ख—उसकी संज्ञा सहज जप है।

ग—उसमें 'एवं' का तिरस्कार कर सोऽहं को ग्रहण किया गया और भक्ति के प्रभाव से राम नाम को उससे भी श्रेष्ठ मानकर योग-पद्धति के साथ-साथ भाव-साधना को भी स्थान मिला और सहज के अर्थ अजपा-जाप के साथ 'आत्म-स्मरण' भी हो गये जिसमें बाह्य जप की अपेक्षा अन्तःस्मरण का अधिक महत्त्व होता है।

निरक्षर पद्धति की दृष्टि से इस पर थोड़ा-सा और विचार कर लेना आवश्यक है। बीजाक्षरों को महत्त्व देते हुए भी वज्रयानी सिद्धों ने जप का अन्तिम रूप वह बताया था जहाँ जप की परिणति 'निरक्षर' में होती है। वह शून्य स्थिति होती है। इसके लिए सरहपा ने कहा है कि जिस एक अक्षर में सकल सृष्टि आबद्ध है उसका जप तब करना चाहिए जब तक वह निरक्षर न हो जाय :

ताव से अक्खर घोलिआ जाव णिरक्खर होइ।।[101]

नाथयोग-पद्धति में भी शब्द के अतिरिक्त निःशब्द का महत्त्व प्रतिपादित किया गया है। शब्द ताला है, किन्तु निःशब्द उसकी कुंजी है :

गोरष : *स्वामी कौंण सो कूँची कौंण सो ताला*
कौंण सो बूढ़ा कौंण सो बाला।

मछिन्द्र : *अवधू निहसबद कूँची, सबद ताला*
अचेत बूढ़ा चेतनि बाला।।[102]

कबीर भी जप की अन्तिम परिणति निःशब्द मौन ही मानते थे। 'जाप मरै, अजपा मरै, अनहद हू मरि जाइ।'[103] परवर्ती साम्प्रदायिक ग्रन्थों में इसी 'निरक्षर' को शब्द का विदेह रूप बताया गया है जिसमें बिना रसना का जाप होता है और इसी को सूक्ष्म सहज पन्थ कहा गया है :

सार शब्द सु विदेह स्वरूपा, निःअच्छर वहि रूप अनूपा।।
बिन रसना के जाप समाई, तासों काल रहै मुरझाई।।
सुच्छम सहज पन्थ है पूरा, ता पर चढ़ो रहै जन सूरा।।[104]

और जो इस निरक्षर का भेद नहीं जानता वह सार शब्द नहीं पहचानता :

जा निरअक्षर भेद न जानै, कैसे सार शब्द पहचानै।[105]

बीजाक्षरों के जप की इसी अन्तिम 'निरक्षर' में परिणति को सुरति का निरति में समाना कहा गया है :

सुरति समांणी निरति में अजपा माहैं जाप
लेख समांना अलेख में यूँ आपा माहैं आप।।[106]

अब हम सुरति और निरति पर विचार करते हुए उसकी वज्रयानी परम्परा का विश्लेषण करेंगे।

सुरति—सुरति और निरति ये दो शब्द ऐसे हैं जिनका सन्तों की साधना में अत्यधिक महत्त्व है, किन्तु उनके उद्‌भव और अर्थ का ठीक-ठीक निर्णय नहीं हो पाया है। इस विषय में विद्वानों के कई मत हैं। सुरति का उद्‌भव स्रोत से बताया गया है और स्रोत का अर्थ चित्त प्रवाह किया गया है।[107] चित्त प्रवाह हमें विज्ञानवाद की याद दिलाता है किन्तु जैसा आगे हम देखेंगे चित्त प्रवाह के अर्थ में सुरति का प्रयोग नाथयोगियों अथवा सन्तों ने लगभग नहीं के बराबर किया है। हिन्दी में सुरति के कई अर्थ होते हैं (प्रेम-क्रीड़ा, स्मृति)। यह श्रुति का भी अपभ्रंश माना जा सकता है। सन्तों में सुरति शब्द का प्रयोग जितने विविध प्रसंगों में हुआ उससे बड़थ्वाल जी की यह स्थापना उचित नहीं जान पड़ती कि इसका अर्थ केवल स्मृति है।[108]

वज्रयानी दोहों में इस शब्द का प्रयोग मिलता है और वहाँ इसके अर्थ भी स्पष्ट हैं, उसमें कोई सन्देह नहीं रहता। सरहपा इसे प्रज्ञोपाय या कमल-कुलिश योग का ही पर्याय मानते हैं :

कमल कुलिश वेवि मज्झ ठिउ जो सो सुरअ विलास
को त रमइ णहि तिहुअणे हि कस्स ण पूरइ आस।[109]

और काण्हपा उसी को सुरत वीर मानते हैं जो एवंकार बीज लेकर मधुकर रूप में कुसुमित अरविन्द (महासुखचक्र) तक जाता है और मकरन्द पान करता है :

एवंकार विअ लइअ कुसुमिअ अरविन्दए
महुअर रूएं सुरअ वीर जिंघइ मअरन्दए।।[110]

इस प्रकार सिद्धों ने इस शब्द का प्रयोग निस्सन्देह 'प्रेम-क्रीड़ा' के अर्थ में किया था, श्रुति या स्मृति के अर्थ में नहीं।

नाथ-सम्प्रदाय का एक बहुत पुराना नाम शब्द-सुरति-योग बताया जाता है। अमरौघ-शासन में भी इसे सहज समाधि प्राप्त करने का वह मार्ग बताया गया है जिसमें शब्द (नाद या श्रुति) की साधना की जाय।[111] ज्ञात यह होता है इस सुरति शब्द के मैथुनपरक अर्थ का गोरख ने बहिष्कार किया होगा और इसके नादपरक अर्थ प्रचलित किये होंगे। गोरखबानी में सुरति और निरति का जो उल्लेख आया है उससे कहीं भी मैथुन के अर्थ का आभास नहीं मिलता। मछिन्द्र गोरखबोध में सुरति का गुरु शब्द और

शब्द का गुरु परिचय (साक्षात्कार) बताया गया है।[112] इसी परिचय को ही सम्भवतः निरालम्ब अनुभव की अवस्था कहा गया है और निरति की संज्ञा दी गयी है। क्योंकि आगे शब्द सुरति और निरति की व्याख्या मछिन्द्र ने इस प्रकार की है :

गोरष : *स्वामी कौण सो सबद कौंण सो सुरति*
कौण सो बन्ध कौण सो निरति
दुबध्या मेटै कैसे रहै। सतगुर होइ सो बूझ्या कहै।

मछिन्द्र : *अवधू सबद अनाहद सुरति सो चित्त,*
निरति निरालम्भ लागै बन्ध
दुबध्या मेटि सहज में रहै। ऐसा बिचार मछिन्द्र कहै।[113]

इन पंक्तियों से शब्द-सुरत-योग का रूप स्पष्ट हो जाता है। सुरति शब्द की वह अवस्था है जब वह चित्त में स्थित रहता है और साधना की अवस्था में रहता है। शब्द अनाहद नाद है जो विशुद्धाख्य तथा आज्ञाचक्र में सुन पड़ता है। किन्तु निरति उससे भी ऊपर की अवस्था है जिसमें निरालम्भ स्थिति आती है। वही सहज है।

हठयोग-प्रदीपिका में भी विष्णु के परम पद में अनाहद नाद की स्थिति बतायी गयी है और उसके उपरान्त परब्रह्म निराकार परमेश्वर है जहाँ शब्द भी निःशब्द हो जाता है, यही कल्पना 'निरति' के मूल में प्रतीत होती है। इस प्रकार नाद से प्रवर्तित चित्त अन्त में नाद में लीन हो जाता है और तब न नाद रहता है न विन्दु।[114] इसी की 'एकोदेव निरालम्ब'[115] कहा गया है जो निरति का पर्याय बताया गया है।

इस प्रकार नाथ योग में शब्द अनाहद नाद है, सुरति वह शब्द है, जो साधना में चित्त को प्रवर्तित करता है और निरति वह निरालम्ब अवस्था है जो चित्त के शब्द या नाद में लीन हो जाने पर आती है। इसीलिए मछिन्द्र सुरति को साधक और शब्द को सिद्धि कहते हैं :

अवधू सुरति सो साधक सबद सो सिधि,
आप सो माया पर सो रिधि।
दुइ को मेटि निरति में रहै। ऐसा विचार मछिन्द्र कहै[116]

इसीलिए साधना में लीन चित्त को सदा सुरति की ओर उन्मुख रखने का आदेश दिया गया था, क्योंकि सुरति ही भवजाल से चित्त फिराकर सार से साक्षात्कार कराती है :

अवधू सुरति मुषि बोलै, सुरति मुषि चलै
सुरति मुषि बैठे, सुरति मुषि मिलै
× × ×
सुरति सो फिर्‌या मिल्या सोइ सारं।।[117]

इस प्रकार नाथ साधना-पद्धति में सुरति का अर्थ बिलकुल बदल गया था यद्यपि पूर्वागत प्रभाव इतना अवश्य था कि वज्रयानी सिद्ध कमल और कुलिश के मिलन को सुरति कहते थे और उससे सहज की सिद्धि मानते थे। इन्होंने अन्तिम निरालम्ब अवस्था के लिए सहज का नाम तो ग्रहण किया किन्तु सुरति को दो तत्त्वों का युगनद्ध न मानकर एक तत्त्व माना जिसका मिलन शब्द से होता है, उस सुरति के अर्थ भी बदल दिये गये।

सन्तों ने सुरति का प्रयोग निस्सन्देह नाथयोगियों के शब्द-सुरति-योग के अर्थ में किया है, सिद्धों के कमल-कुलिश सुरति-विलास के अर्थ में नहीं। यह सुरति ढेकुली की भाँति है जिसके सहारे मन बार-बार प्रेम रस का पान करता है।

सुरति ढीकुली लै चल्यो, मन नित ढोलनहार
कँवल कुवाँ मैं प्रेम रस पीवै बारम्बार।।
सुरति समांणी निरति मैं निरति रही निरवार
सुरति निरति परचा भया तब खूले स्वयं दुवार।।[118]

एक अन्य स्थान पर कबीर श्रोता के लिए सुरता शब्द का प्रयोग करते हैं 'कथता, बकता, सुरता सोई'[119] और दूसरे स्थान पर वे श्रुति के लिए सुरति और स्मृति के लिए समृति शब्द का प्रयोग करते हैं।[120] कबीरबानी में भी सहज सुरति के लिए सहज श्रुति शब्द का प्रयोग मिलता है।[121] इससे स्पष्ट है कि मुख्यतया यह शब्द श्रुति (नाद) के लिए प्रयुक्त हुआ है। किन्तु इसके प्रयोग में वैष्णवों के 'स्मरण' का प्रभाव बहुत परिलक्षित होता है, सिद्धों का रति-क्रीड़ा का अर्थ बहुत कम।

सिद्धों के प्रेम या रति, क्रीड़ा या ममता के अर्थ में मीराँ के एक पद की एक पंक्ति में सुरति का प्रयोग मिलता है।

त्रिकुटी महल बना है झरोखा, वहाँ से झाँकी लगाऊँ री
सुन्न महल में सुरत जमाऊँ, सुख की सेज बिछाऊँ री।[122]

इस पद में सुरत का अर्थ सुन्न महल में उठनेवाली सहज ध्वनि या नाद भी लिया जा सकता है किन्तु इस रूपक में प्रयुक्त अन्य उपमानों के साथ इसका अर्थ रति-क्रीड़ा ही अधिक संगत प्रतीत होता है। कबीर ने एक स्थान पर इसे वासना के अर्थ में भी प्रयुक्त किया है 'विषया अजहुँ सुरति सुख आसा, कैसे होई है राजा राम निवासा।[123]

सुरति सम्बन्धी कुछ अन्य प्रयोग भी द्रष्टव्य हैं। पलटू ने सुरति को प्रेमिका (शक्ति और शब्द को पति (शिव) माना है।

सुरति सुहागिनि उलटि कै मिली सबद में जाय
मिली सबद में जाय कन्त को बसि में कीन्हा
चलै न शिव कै जोर जाय जब सक्ती लीन्हा
फिरि सक्ती ना रही मिली जब सिव में जाई
सिव भी फिर ना रहे, सक्ति से सीव कहाई

अपने मन कै फेर और ना दूजा कोई
सक्ती सिव है एक नाम कहने को दोई
पलटू सक्ती सीव का भेद गया अलगाय
सुरति सुहागिनि उलटि कै मिली सबद में जाय।[124]

किन्तु शिव और शक्ति मिलन तथा शब्द सुरति योग के अतिरिक्त पलटू सुरति के नाम स्मरणवाले अर्थ से भी अपरिचित नहीं हैं।

'पलटू सुरति कमान भर नाम निसाना मार।'[125]

एक तीसरे स्थल पर पलटू इसी सुरति को कच्छप वृत्ति की साधना का माध्यम मानते हैं और इसे अनासक्ति का पर्याय भी बताते हैं।[126] इस प्रकार सुरति का अर्थ सिद्धोंवाले अर्थ से बहुत भिन्न हो गया और इस सुरति के लिए ऐसे-ऐसे उपमान प्रयुक्त हुए जो कल्पनातीत थे। गुलाल साहब एक स्थान पर इस सुरति सुहागिन का रसोई बनाना चित्रित करते हैं 'सुरति सुहागिन करै रसोई नाना भाँति बनाय।'[127] दूसरे स्थान पर प्रणामी छत्रसाल इसे तनरूपी कुञ्जी का ताला मानते हैं। 'तन की कुञ्जी सुरति का ताला प्रेम के लगे किवार।'[128] और आत्मबोध में इसे उस सुई की उपमा दी गयी है जो श्वास और उच्छ्‌वास की गुदड़ी सीती है।[129] ज्ञात यह होता है कि बाद में सन्तों के सम्मुख सुरति का नाथ-योगपरक अर्थ भी बहुत स्पष्ट नहीं था अतः बहुत-से स्थानों में इसका प्रयोग निरर्थक है जैसा हम 'तन की कुञ्जी और सुरति के ताले' वाले रूपक में पाते हैं।

शून्य सहज आदि की भाँति सुरति का भी विस्तार परवर्ती साम्प्रदायिक ग्रन्थों में मिलता है। श्वास-गुंजार में शब्द पुरुष की दो शक्तियों के रूप में सुरति तथा निरति का वर्णन मिलता है।[130] ज्ञान-स्थिति-बोध में ऊर्ध्व कमल को सुरति कमल बताया गया है।[131] कबीरबानी में 4 प्रकार की सुरति का वर्णन है और शब्द सुरति उनसे भी परे पाँचवीं सुरति बतायी गयी है।[132] आगे सहजांकुर में सात अन्य सुरतियों का उल्लेख मिलता है जो सृष्टितत्त्व से सम्बद्ध हैं।[133] आगे इनका और भी विकास होता है और सात के बाद आठवीं सुरति का वर्णन आता है। सद्‌गुरु कबीर सहज सुरति को धारण कर सहज द्वीप पर स्थित होते हैं और फिर इच्छा सुरति और मूल सुरति और नवतम सुरति की शृंखला ग्रहण कर त्रैलोक्यविजयी होते हैं।[134] इस प्रकार इस सुरति और वज्रयानी सुरति-विलास का अन्त में केवल इतना सम्बन्ध शेष रह जाता है कि इसमें भी सर्वप्रथम सुरति में सहज जुड़ा हुआ है।

उलटी साधना—नाथयोगियों की प्रमुख साधना श्वास निरुद्ध कर अरध को उलटकर उरध में ले जाना, नाद को पलटकर सुरति को निरति में लीन करना, गंगा को उलटकर यमुना में मिलाना अथवा सूर्य को उलटकर चन्द्र में मिलाना था। इस साधना को वे उलटी साधना कहते थे :

उलटंत नाद, पलटंत व्यंद, बाई कै घरि चीन्हेसि ज्यंद
उलटंत पवन, पलटंत बांणी, अपीव पीवत जे ब्रह्मग्यानी।

मीम कै मारग रोपीले भाणं, उलट्या फूल कली में आणं।
उलटी सकति चढ़ैं ब्रह्मांड, नष नष पवना ले लै सरबंग।
उलटि चंद्र राहू कूँ ग्रसै, सिंघ संकेत जती गोरष कहै।[135]

सन्त भी इस साधना को उलटी साधना पुकारते थे :

कबीर : *उलटी गंग जमुन मिलावउ, बिनु जल संगम मन महिं न्हावउ।*[136]
उलटी गंग समुद्रहि सोखै, ससिहर सूर गरासै
नवग्रहि मारि रोगिया बैठे, जल मैं व्यम्ब प्रकासै।[137]

रैदास : *उलटी गंग जमुन मैं लावौं, बिनही जल मंजन है पावौं।*[138]

नानक : *उलटा शब्दु गगनि घरु छाया। नानक शब्दै शब्दु समाया।*[139]

पलटू : *पच्छिउँ गंगा बहै पानी है जोर का*
बीच में है इक कुण्ड मुरेरा तोर का
उलटी बहै बयार नाव सुरकाय दै
अरे हाँ, पलटू उतरे येहि के पार तो सूधी जाय दै।[140]

इस उलटी साधना के अर्थ वास्तव में यह हैं कि जिस शक्ति के विमर्श से यह समस्त सृष्टि उत्पन्न हुई है उसी शक्ति को उलटकर नाद में समाहित करना, सूर्य को उलटकर चन्द्र में लीन करना ही उलटी साधना है। सिद्धों में इस शब्द का प्रयोग नहीं है किन्तु सूर्य को उलटकर चन्द्र में लीन करने का रूपक अवश्य मिलता है जिस पर हम आगे विचार करेंगे।

इस उलटी साधना का एक अर्थ और है। लगभग सभी तान्त्रिक पद्धतियों में वामाचार प्रचलित था। जिसके दो अर्थ थे, वामायुक्त साधना या उलटी (वाम) साधना। वास्तव में यह 'उलटी साधना' उसी वाम-साधना का देशी रूपान्तर है। इसके कई प्रमाण मिलते हैं। बाउलों में भी साधना को इसी नाम से पुकारा जाता था और 'उलटा' तथा 'वाम' दोनों शब्दों का समान रूप से प्रयोग हुआ है।[141] सिद्धों में वामाचार की नारी मैथुन साधना-पद्धति स्वीकृत थी। नाथयोगियों ने नारी-मैथुन-साधना का बहिष्कार किया किन्तु वज्रोली, अमरोली, सहजोली आदि कुछ मुद्राएँ उनमें भी प्रचलित थीं जिनमें वीर्य के क्षरण के बजाय उलटे नारी रज को भी साधक लिंगद्वार से अपनी काया में खींच लेता था। इस प्रकार वामा (नारी) सम्बन्धी अर्थ भी सर्वथा विलुप्त नहीं हुआ था किन्तु प्रमुखता हठयोग पद्धति को मिल गयी थी जिसमें उलटी साधना के अर्थ थे श्वासनिरोध द्वारा गंगा को उलटकर यमुना में मिलाना और चन्द्र और सूर्य का मिलन सम्पन्न कराना। सन्तों तक आते-आते मैथुन साधना सर्वथा विस्मृत कर दी गयी और हठयोग की पद्धति ही अवशेष रही।

गंगा-यमुना-संगम—हम पहले इस ओर संकेत कर चुके हैं कि बौद्ध तथा हिन्दू दोनों ही प्रकार की हठयोग परम्पराओं में इड़ा-पिंगला और सुषुम्णा या ललना-रसना तथा

अवधूती को गंगा-यमुना तथा सरस्वती की उपमा दी गयी है। उसी के साथ-साथ इड़ा को शक्ति और पिंगला को शिव माना गया है। इड़ा को वाम तथा पिंगला को दक्षिण और सुषुम्णा को पश्चिम दिशा में स्थित माना गया है। अतः गंगा-यमुना का मिलन वास्तव में शक्ति तथा शिव का मिलन है।

बाह्य प्रकृति में यमुना गंगा में मिली है किन्तु हठयोग में गंगा (इड़ा : शक्ति) यमुना (या पिंगला : शिव) से मिलने के लिए अग्रसर होती है, इसीलिए यह उलटी साधना है। हठयोग-प्रदीपिका में मूलस्थान में उड्डीयान बन्ध द्वारा गंगा तथा यमुना को बन्द कर पश्चिम पथ सुषुम्णा में प्राण को प्रवाहित करने का विधान है।[142] इड़ा तथा पिंगला शक्ति तथा शिव का प्रतीक होने के कारण अध तथा ऊर्ध्व भी कही गयी हैं :

अरध उरध की गंगा जमुना मूल कँवल कौ घाट
षट् चक्र की गागरी त्रिवेणी संगम बाट।।[143]

यहाँ कबीर ने मूलाधार चक्र को घाट माना है (सुषुम्णा की उपमा भी कभी-कभी घाट से दी जाती है)।

तिरबेनी के घाट नाव को आनि कै, सुखमनि घाट थहाय चलावौ जानिकै
असी संगम के बीच पहारी फोरि कै, गुन को खैंचु सिताब काम है जोरु कै
सुन्न समाधि के बीच ध्यान को लावना, सुखमनि के रे घाट पवन ले आवना[144]

यह कल्पना चर्यापदों की गंगा-युमना के मध्यवर्ती मार्ग से बहनेवाली सहजयान नौका तथा उसकी मातंगी प्रज्ञा से बहुत मिलती-जुलती है। उसमें भी वाम तथा दक्षिण दोनों मार्गों को छोड़कर मध्यपथ से प्राणों को ले चलने की साधना का विधान है :

गंगा जउना माँझेरे बहइ नाइ
तहि बुड़ली मातंगी पोइया लीले पार कराइ।

× × ×

वाम दाहिन दुइ माग न चेवइ बाहतु चण्डा।[145]

टीकाकार मुनिदत्त नौका को सहजयान कहते हैं और दादू इसी को सहजयोग कहते हैं तथा इससे निर्वाण की प्राप्ति भी बताते हैं :

सहज जोग सुख में रहै दादू निर्गुण जाणि।
गंगा उलटी फेरि करि जउना मांहै आणि।।
परमातम सो आतमा ज्यों जल उदक समान।
तन मन पानी लौंण ज्यों पावै पद निर्बाण।।[146]

अन्तिम पंक्ति का प्रथम चरण भी काण्हपा के 'जिम लोण बिलिज्जइ पाणीएहि' की याद दिलाता है।

इस प्रकार इस गंगा-यमुना संगम की कल्पना में यथेष्ट आदान-प्रदान हुआ है और इसी कारण उसके सहज तथा निर्वाण की शब्दावली जुड़ी रह गयी यद्यपि उसका अर्थ वह नहीं रह गया। बाद में यही योग-साधना वैष्णव भक्ति-भावना में अन्तर्भुक्त हो गयी

और गंगा को विष्णुपद से निकलनेवाली गंगा मानकर इसी योग को विष्णु ध्यान की पूर्व भूमिका मात्र मान लिया गया :

विष्णु ध्यान संनान करि रे, बाहरि अंग न धोइ रे...
निहकर्म नदी ग्यान जल, सुंनि मंडल मांहि रे
औधूतजोगी आतमां, काई पेणै संगम न्हाहि रे
इला प्यंगुला सुषमना पछिम गंगा बालि रे
कहै कबीर कुसमल झड़ै काई माहि लौ अंग पषालि रे।।[147]

बाद में तो प्राण तथा अपान का सन्धिस्थल यह सुखमन घाट बृन्दावन का वह घाट बताया गया जहाँ कृष्ण की लीला सम्पन्न हुई थी—'अरे हाँ पलटू, उहि गोकुल के घाट कन्हैयालाल है।'[148]

चन्द्र-सूर्य-संगम—चर्यापदों में चन्द्र और सूर्य प्रज्ञा तथा उपाय के प्रतीक माने गये हैं और उनका भी सम्बन्ध ललना तथा रसना से है किन्तु दोनों का मेल कराने की अपेक्षा दोनों की द्वयता का परित्याग कर सहज-अद्वय अवस्था प्राप्त करने पर अधिक आग्रह है :

गुण्डुरीपा : *चाँद सुज्ज बेणि पखा फाल।*
काण्हपा : *रवि शशि कुंडल किउ आभरणे।*
वीणापा : *सुज्ज लाउ ससि लागेलि तान्ती।*
सरहपा : *नाद न विन्दु न रवि शशि मंडल।*[149]

इन उद्धरणों में चन्द्र तथा सूर्य के मिलन को एक स्थान पर वीणा के रूपक और दूसरे स्थान पर कुण्डलों के रूपक में प्रस्तुत किया गया है। परवर्ती साहित्य में हमें ये दोनों रूपक मिलते हैं :

वीणा का रूपक : *चंद सूर दोउ तूंबा करिहूँ चित चेतन की डांडी।*
सुषमन तन्ती बाजण लागी इह विधि तृष्णा खांडी।[150]

(कबीर)

कुण्डल का रूपक : *चंद सूर नी मुंद्रा कीन्हीं धरणि भस्म जल मेला*
नादी व्यंदी सींगी आकासी अलख गुरु नां चेला।[151]

(गोरखबानी)

चन्द्र सूर्य दोनों का निषेध : *कहा बुझाइ अवधू राइ गगन न धरनी*
चंद न सूर दिवस नहिं रैनी।[152]

(गोरखबानी)

दादू—तहँ चंद न ऊगै सूरा, मुख काल न बाजै तूरा
तहँ सुख दुख का गम नाहीं;
बौ तौ अगम अगोचर माहीं।[153]

किन्तु दोनों के निषेध की प्रणाली वास्तव में दोनों के मिलन के उपरान्त उनकी द्वयता की विनाश-प्रक्रिया ही थी। सोम को या चन्द्र को प्रमुखता मिलने में शैव परम्परा की विशेष प्रेरणा बतायी जाती है। कापालिकों को सोमवादी भी कहा जाता था और सोम का अर्थ वे स + उमा (शक्ति तथा शिव का संगम) बताते थे, साथ ही सोम वारुणी या अमृतरूप में भी परिकल्पित किया गया था। नाथ योग में मूलाधार में स्थित रवि-रूपी कुण्डलिनी शक्ति को जाग्रत कर ऊर्ध्व में स्थित चन्द्ररूपी शिव में लीन कर दोनों के अद्वैत के उपरान्त बरसनेवाले अमृत का दशमद्वार द्वारा पान करने की साधना-पद्धति नाथयोगियों की प्रमुख साधना-पद्धति बन गयी।

वे कहते थे कि मूलाधार में शक्तिरूपी सूर्य स्थित है जिसकी 12 कलाएँ हैं। वह अमृत सोखता रहता है और उससे शक्ति का, जीवन का ह्रास होता है। ऊर्ध्व में 16 कलाओंवाला चन्द्र स्थित है जिससे अमृत झरता है। 16 कलाओं के होते हुए भी चन्द्रमा शक्तिहीन रहता है और जब उसे सूर्य की 4 कलाएँ प्राप्त हो जाती हैं तब शिव और शक्ति या चन्द्र और सूर्य सम हो जाते हैं।

शक्ति रूपी रज आछै सिव रूपी व्यंद, बारह कला रवि आछै सोलह कला चंद
चारि कला रवि की जौ ससि घर आवै, तो सिव सक्ति सम होवै अन्त कोई न पावै[154]

नाड़ियों में से इड़ा चन्द्र रूप है और षोडश कलावाली है, पिंगला द्वादश कलावाली रवि नाड़ी है, सुषुम्ना में असंख्यों कलावाले तत्त्वों का वास है :

षोडस नाड़ी चन्द्र प्रकास्या द्वादस नाड़ी भानं
सहस्त्र नाड़ी प्राण का मेला जहाँ असंष कला सिव थानं
अवधू ईड़ा मारग चन्द्र भणीजै प्यंगुला मारग भानं
सुषमणा मारग वाणी बोलिये त्रिय मूल अस्थानं।।[155]
बारह कला देवी, सोलह कला देवं। सुषमनां नारी बाँधिबा भेवं।।[156]

सूर्य की बारह कलाएँ इस प्रकार बतायी गयी हैं : चिन्ता, तरंग, दम्भ, माया, परिग्रह, प्रपंच, हेतु, बुद्धि, काम, क्रोध, लोभ, दृष्टि।

चन्द्र की षोडश कलाएँ निम्नांकित हैं : शान्ति, निवृत्ति, क्षमा, निर्मलता, निश्चलता, ज्ञान, स्वरूप, पद, निर्वाण, निर्विषता, निरंजन, आहार, निद्रा, मैथुन, आयु, अमृत।[157]

जब तक कि पवन निरुद्ध नहीं होता तब तक चन्द्रमा के अमृत को सूर्य सोखता रहता है। पवन निरुद्ध होते ही कालाग्नि सूर्य निरुद्ध हो जाता है, ब्रह्माग्नि प्रज्वलित होती है, दशमद्वार खुल जाता है और योगी अमृत पान करता है।

चालत चंदवा खिसि खिसि परै, बैठा ब्रह्मा अगनि परजलै।[158]
चन्द सूर दोउ गगन विलूधा भईला घोर अधारं
पंच बाइक जब यंद्री पौढ्या प्रगट्या पौलि पगारं।।[159]
चन्द सूर दोउ समि करि राष्या आपैं आप जु मिलिया।[160]

गोरखबानी में एक स्थान पर चन्द्र-सूर्य उपमानों को गंगा-यमुना से सम्बद्ध कर एक तीसरे ही रूपक का अंग बना दिया गया है :

चन्दा गोटा टीका करि लै सूरा करि लै बाटी
मूंनी राजा लूगा धोवै गंग जमुन की घाटी।।[161]

सन्त-साहित्य में यद्यपि इस साधना का इतना विस्तृत विवरण तो नहीं मिलता, किन्तु फिर भी इसका संकेत बराबर है :

कबीर : *जहँ धरनि बरसै गगन भीजै चन्द सूरज मेल*
दोउ मिलि तहँ जुरन लागे करै हंसा केलि।।[162]

नानक : *शशि घरि सूर समाने भाइ, हरि दर्शन की सोझी पाइ।*
शिव शक्ती धरि अवतरे रक्त बिन्दु आकारू
चन्द सूरज दुइ साखीआ करि निर्मल ज्योति उज्यारू।।[163]

जायसी ने भी पद्मिनी और रत्नसेन के प्रणय और विवाह में लगातार इन्हीं उपमानों द्वारा योग-साधना के संकेत रखे हैं :[164]

देव पूजि जब आइउँ काली। सपन एक निसि देखेउँ आली।
जनि ससि उदौ पुरुब दिसि कीन्हा। और रवि उदौ पछिंव दिसि लीन्हा।
पुनि चलि सुरुज चाँद पहँ आवा। चाँद सुरुज दुहु होइ मेरावा।[165]
पारस रूप चाँद देखराई। देखत सुरुज गएउ मुरछाई।
सोरह करा दिष्टि ससि कीन्हीं। सहसौ करा सुरुज के लीन्हीं।
भा रवि अस्त तराइन हँसे। सुरुज न रहा चाँद परगसे।
जोगी आदि न भोगी होई। खाइ कुरकुटा गा परि सोई।[166]

इन उद्धरणों में दो बातें विचारणीय हैं। प्रथम, कलाओं के सम्बन्ध में जायसी का ज्ञान अधूरा है क्योंकि वे सूर्य की बारह कला के बजाय सहस्र कला बताते हैं। दिशाओं के सम्बन्ध में जहाँ उन्होंने रवि का उदय पश्चिम और चन्द्र का उदय पूर्व में बताया है वहाँ केवल काव्यगत चमत्कार मात्र नहीं है क्योंकि दिशाओं की लगभग यही योजना नानक में भी मिलती है, 'पूरब पच्छिम यदि दक्षिण जाय, रबि शशि दोउ एकत्र मिलाय।[167]

चन्द्र-सूर्य-संगम के बाद की अवस्था के लिए शैव योगवाले नाम तो परिचयावस्था (परचा) या अनुभव (अनभै) आदि थे किन्तु कुछ बौद्ध नाम भी इससे सम्बद्ध रह गये थे वे थे सहज अवस्था, शून्य समाधि अथवा निर्वाण पद। इन सबों में द्वयताओं का निषेध किया गया था और वहाँ सूर्य-चन्द्र, रात-दिन, पवन आदि का भी प्रवेश निषिद्ध माना गया था। योग की अन्तिम अवस्था का परम पद रूप में यही वर्णन गीता में भी मिलता है और तभी से प्रत्येक योग परम्परा इसका वर्णन देती आयी है :

गीता : *न तद्भासयते सूर्यो न शशांको न पावकः*
यद्गत्वा न निवर्तन्ते तद्धाम परमं मम।।[168]

सरहपा : *जहि मण पवण ण संचरइ रवि ससि णाह पवेस*
तहि बढ चित्त विशाम करु सरहे कहिअ उऐस।[169]

गोरखबानी : *कहा बुझै अवधू राइ गगन न धरनी*
चन्द न सूर दिवस नहिं रैनी।।[170]

कबीर : *जिहि बन सीह न संचरै पषि उड़ैं नहिं जाइ*
रैनि दिवस का गम नहीं, तह कबीर रहा ल्यौ लाइ।।[171]

दादू : *चल दादू तहँ जाइये जहँ चन्द सूर नहिं जाइ*
राति दिवस का गम नहीं, सहजै रहा समाइ।[172]
धरणी आकास अगम चन्द सूर नाहीं
रजनी निस दिवस नाहीं पवना नहिं जाही।[173]

इसी प्रकार सभी योग-पद्धतियों में अन्तिम समाधि अवस्था इसी रूप में स्वीकृत थी। बौद्धों ने इसे चन्द्र, सूर्य या प्रज्ञोपाय सहज समाधि का नाम दिया था, और शून्य समाधि भी कहते थे। इसी के साथ निर्वाण की कल्पना भी जुड़ी हुई थी। परवर्ती नाथ परम्परा में भी ये नाम चलते रहे :

सहज : *जिहि घर चन्द सूर नहिं ऊगै तिहि घरि होसी उजियारा*
तिहाँ जो आसण पूरौ तो सहज का भरौ पियाला मेरे ज्ञानी।

शून्य : *सुंनि ध्यान सोलह कला संपूरण माला।*
आपण स्यंभू श्री गोरख बाला।

निर्वाण : *त्रिकुटी षेत्र उलटि मेला।*
नृबांण तत्व ले रमौ अकेला।[174]

सहज तथा शून्य के विकास पर हम पीछे विचार कर चुके हैं। निर्वाण का विकास सन्त-परम्परा में कैसे वैष्णव चिन्तना से प्रभावित होकर विष्णु के परम पद में परिवर्तित हो गया इस पर आगे विचार करेंगे, किन्तु उसके पहले वज्रयान की महामुद्रा साधना का नाथ योग में क्या रूप हो गया, इस पर विचार कर लेना आवश्यक है क्योंकि प्रज्ञोपाय समाधि के लिए महामुद्रा का समागम अनिवार्य माना गया था।

मुद्रा के अर्थ—मुद्रा के सम्बन्ध में पीछे विचार करते समय हमने यह देखा था कि मुद्रा का प्रयोग तीन अर्थों में होता था। क—शारीरिक अंगों की स्थिति जैसे भूस्पर्श मुद्रा, अभय मुद्रा आदि। ख—बाह्य चिह्न जैसे कुण्डल आदि। ग—वह नारी जो तान्त्रिक अनुष्ठानों (मैथुन तथा विन्दु रक्षा) के लिए सह-साधिका रहती है।

दोहों तथा चर्यापदों में मुद्रा शब्द का व्यवहार प्रमुखतः तीसरे अर्थ में हुआ है और महामुद्रा साधना पर हम विस्तार से विचार कर चुके हैं। किन्तु एक स्थान पर हमें

कुण्डलों का भी उल्लेख मिलता है। काण्हपा ने जब कापालिक रूप धारण करने का विवरण दिया है तो उन्होंने स्वर तथा व्यंजनों के नूपुर और सूर्य-चन्द्र-रूपी कुण्डलों का भी उल्लेख किया है।[175] मुनिदत्त ने इसे वज्र कापालिक का रूप बताया है। जिससे ज्ञात होता है नर-अस्थि के कुण्डल धारण करने की परम्परा बौद्धों में थी और सम्भवतः इसीलिए शबरपा ने अपने पद में शवरी को कर्ण कुण्डलों के रूप में वज्र कुण्डल धारण किये हुए चित्रित किया है।[176] नाथयोगियों में भी ये मुद्राएँ चन्द्र सूर्य की ही प्रतीक थीं। इसकी ओर हम पीछे संकेत कर चुके हैं। कर्ण-कुण्डल धारण करने की परम्परा का प्रवर्तन वज्रयानी सिद्धों ने नहीं किया था। द्विवेदी जी ने कई पुरानी परम्पराओं की ओर संकेत किया है जिनसे सिद्ध होता है कि बौद्ध सिद्धों के भी पूर्व कर्ण-कुण्डल धारण किये जाते थे और बौद्ध वज्र कापालिक, मत्स्येन्द्र तथा गोरख इन सबों ने उस परम्परा को ग्रहण किया था।[177] किन्तु ज्ञात यह होता है कि जैसे महामुद्रा के बाद वज्रयानी सिद्ध समस्त अनुष्ठानों के बन्धन से मुक्त मान लिये जाते थे, वैसे ही नाथ-सम्प्रदाय में यह मुद्रा साधना की एक विशेष परिधि को पार कर लेने की चिह्न मानी जाने लगी थी। जब तक वे चन्द्र-सूर्य की समता नहीं स्थापित कर लेते थे तब तक वे मुद्रा धारण करने के योग्य नहीं समझे जाते थे और उन्हें औघड़ ही कहा जाता था।[178] उन कुण्डलों को कान के मध्यभाग में धारण करना भी नाड़ी छेदन से सम्बन्धित था और यह गोरखनाथ की अपनी विशेषता प्रतीत होती है क्योंकि द्विवेदी जी के अनुसार कानिपा सम्प्रदाय के अनुयायी कुण्डलों को कान की लोरों में भी पहनते हैं और उनमें वामारग (वाममार्गी) साधनाओं का भी अस्तित्व पाया जाता है।[179]

नाथ सम्प्रदाय और मुद्रा साधना—जहाँ तक नारीरूप में मुद्रा को धारण करने का प्रश्न है, द्विवेदी जी का यह अनुमान ठीक ही प्रतीत होता है कि अपने मूल रूप में नाथ सम्प्रदाय ब्रह्मचर्य का उपदेश देनेवाला, नारी संग का बहिष्कार करनेवाला पन्थ था किन्तु उसमें धीरे-धीरे तान्त्रिक प्रवृत्तियाँ प्रविष्ट होती रही हैं और वज्रोली-सहजोली आदि जिन मुद्राओं का उल्लेख गोरख-पद्धति तथा हठयोग-प्रदीपिका आदि ग्रन्थों में मिलता है, वे कुछ ऐसे वज्रयानी सम्प्रदायों से आयी हैं जो नाथ-सम्प्रदाय में बाद में अन्तर्भुक्त हो गये हैं।[180] मत्स्येन्द्र का योगिनीकौल-मार्ग निस्सन्देह तान्त्रिक प्रवृत्तियों को प्रश्रय देता था और हम इसकी ओर संकेत कर चुके हैं कि कौल-मार्ग में विशुद्ध हठयोग पद्धति को कृतका और महामुद्रा साधना को सहजा पद्धति कहते थे। वे अपनी साधनाओं के लिए वज्रयोग शब्द का भी प्रयोग करते थे।[181] ऐसा ज्ञात होता है कि सहजोली तथा वज्रोली मुद्राएँ ऐसी ही किसी पद्धति की देन हैं। वज्रोली तथा सहजोली मुद्राओं की विस्तृत प्रक्रिया का वर्णन हठयोग-प्रदीपिका में मिलता है और उसमें नारी मैथुन के समय विन्दु रक्षा अथवा क्षरित विन्दु को पुनः श्वास-प्रक्रिया द्वारा अन्दर खींचने की गुह्य प्रणाली का वर्णन मिलता है। इसी प्रकार योगिनी नारी भी अपने रज की रक्षा करती है।[182]

गोरक्ष-सिद्धान्त-संग्रह में भी प्रकारान्तर से इस बात को स्वीकार किया गया है। तान्त्रिक साधनाएँ इस शुद्ध हठयोग मार्ग में प्रवेश पा गयी हैं। किन्तु उसमें एक महत्त्वपूर्ण बात कही गयी है जिसको ध्यान में रखना आवश्यक है। उसमें स्पष्ट कहा गया है कि तान्त्रिक साधकों का ध्यान बाह्य अनुष्ठानों पर अधिक केन्द्रित रहता है जबकि योगी अन्तरंग की उपासना करता है। तान्त्रिक अनुष्ठान स्थूल शक्ति उपासना के माध्यम से देहस्थ शिव और शक्ति का संगम कराने में सहायक सिद्ध होता है।[183]

यह परिस्थिति श्रीगुह्यसमाज-तन्त्र की पूर्व निर्दिष्ट परिस्थिति से सर्वथा विपरीत है क्योंकि वहाँ हठयोग की साधना इसलिए आवश्यक बतायी गयी थी कि वह महामुद्रा साधना में बिन्दु रक्षा में सहायक हो सके। वहाँ गुह्याचारों को प्रमुख स्थान मिला था, हठयोग को गौण, यहाँ हठयोग का स्थान प्रमुख है, मुद्रा-मैथुन उसका गौण अंश।

गोरखबानी में भी इन वज्रोली आदि साधनाओं को वह योग बताया गया है जो भोग का बहिष्कार नहीं करता। 'बजरी करता अमरी राषै अमरी करता बाई। भोग करंता जे व्यंद राषै, ते गोरष का गुरुभाई।'[184]

इन पंक्तियों में गुरुभाई शब्द का एक दूसरा संकेत भी हो सकता है। सम्भवतः इसका यह भी अर्थ हो कि मत्स्येन्द्र द्वारा स्वीकृत तान्त्रिक पद्धतियाँ अन्य सम्प्रदायों में चलती रही हों जिन्हें गोरख ने पहले अस्वीकृत किया किन्तु बाद में एक ही गुरु-परम्परा से निःसृत होने के नाते वे गोरखपन्थ में अन्तर्भुक्त हो गयी हों। 'गुरुभाई' का नाता तो इसी ओर संकेत करता है।

किन्तु गोरखपन्थ के बहुसंख्यक साधक ब्रह्मचारी थे और किसी भी रूप में नारी संग उनके लिए विवर्जित था। इसीलिए वे नारी को माया का रूप मानते थे और जैसा हम पहले संकेत कर चुके हैं कि मत्स्येन्द्र की गोरख द्वारा मुक्ति की कथा इसका सांकेतिक प्रमाण प्रस्तुत करती है कि गोरख ने तान्त्रिक अनुष्ठानों से योगमार्ग को मुक्त कराने का प्रयास किया था। इसके संकेत बानियों में स्थान-स्थान पर मिलते हैं :

कनक कामिनी त्यागै जोइ, सो जोगेस्वर निरभै होइ।[185]

कदै न सोधै सुन्नरी सनकादिक के साथि
जब तक कलंक लगाइसी काली हाँडी हाथि[186]

पासि बैठी सोभै नहीं साथि रमाई मुंडि
गोरष कहै असतरी कहा सलह कह मुंडि।[187]

सन्त-साहित्य और नारी—सन्तों ने नारी के प्रति यही दृष्टिकोण अपनाया है और तान्त्रिक गुह्याचारों के प्रति उनमें तीव्र घृणा का परिचय मिलता है। कबीर कामिनी को नागिन, नरक, बुद्धिविवेकनाशिनी बताते हैं :

कामणि काली नागणीं तीन्यू लोक मंझारि
राम सनेही ऊबरै बिषई खाए झारि
नारी सेती नेह बुधि बबेक सबही हरै
काइं गमावै देह, कारिज करेइ ना सरै
नारी कुंड नरक का, बिरला थामै बाग
कोइ साधू जन ऊबरै, सब जग मूषा लाग।[188]

और नारी के प्रति इसी कामुकता की प्रवृत्ति के कारण शाक्तों के प्रति कबीर के मन में अतुलित घृणा है और उनका दृढ़ विश्वास है कि शाक्त को यमदूत जंजीरों में बाँधकर यमपुर ले जायेंगे :

साषति सण का जेवड़ा भीगां सूं कठठाइ
दोइ आषिर गुरु बाहिरा बाँध्या जमपुरि जाइ।।[189]

किन्तु बाद में निर्गुण सम्प्रदाय में भी कहीं-कहीं इन तान्त्रिक गुह्याचारों का प्रवेश हुआ है और अनुरागसागर में किसी ऐसी साधना का उल्लेख मिलता है जो निर्गुण सम्प्रदायों में प्रचलित हो गयी थी और जिसमें नारी अंग को पारस मानकर उससे संसर्ग किया जाता था।[190] बाद के कुछ सन्तों ने वज्रोली आदि को भी स्वीकृत करते हुए सहजोली को सर्वश्रेष्ठ मुद्रा बताया है।[191] इस प्रकार ये तान्त्रिक अनुष्ठान बाद में इन निर्गुण सम्प्रदायों में भी प्रविष्ट हो गये किन्तु उनका वज्रयानी सिद्धों की महामुद्रा साधना से अप्रत्यक्ष-सा ही सम्बन्ध था। किन्तु सिद्धों की महामुद्रा साधना से सम्बद्ध कुछ अन्य शब्द, परिवर्तित अर्थों में, सन्त-साहित्य में अवश्य व्यवहृत हुए हैं।

महामुद्रा के वाचक अन्य शब्द—एक विचित्र विपर्यय हमें 'डाइन' शब्द के प्रयोग में मिलता है। वज्रयान में डाकिनी (डाइणि) के अर्थ तान्त्रिक साधिका होते थे जो सहज ज्ञान की स्वामिनी हो। 'डाक' तिब्बती शब्द बताया जाता है जिसके अर्थ ज्ञान के होते हैं। उसी से डाकिनी शब्द बना है, ऐसा प्रतीत होता है। बाद में तान्त्रिक बीजाक्षरों के आधार पर लाकिनी, शाकिनी, राकिनी, हाकिनी आदि शब्द बना लिये जाते हैं जिस पर हम विचार कर चुके हैं। डाकिनी उन स्त्रियों को कहते थे जो योग-साधना में स्वयं प्रवृत्त हों या किसी साधक को प्रवृत्त करायें। वज्र-तन्त्र में एक दोहे में पाँच तत्त्वों की व्याख्या करते हुए डाइणि देवी को सम्बोधन किया गया है :

खिति जल पवण हुतासन सुण्ण डाइणि देवि
सुणहु पंचमु तत्तु कहु जो ण जाणइ केवि।[192]

इस दोहे में भी डाइणि के साथ 'देवि' जुड़ने से यह प्रतीत होता है कि 'डाइणि' के साथ कोई भी अनादर की भावना नहीं सम्बद्ध हुई थी।

तारानाथ की कथाएँ अत्यन्त अविश्वसनीय हैं किन्तु उसमें कुछ बातें डाकिनी आदि के विषय में ऐसी ज्ञात होती हैं जिन पर अविश्वास करने का कोई कारण नहीं है। महासिद्ध सबरीपा की दोनों मुद्राएँ लोगी और गुनी का मुद्रा-नाम डाकिनी, पद्मावती और

ज्ञानावती रखा गया था। ये डाकिनियाँ अन्य सम्प्रदायों में भी होती थीं। सिद्ध कम्बलाम्बरपा एक बार बौद्ध डाकिनियों को छोड़कर तीर्थक डाकिनियों के प्रभाव में आ गये थे। डाकिनियों का प्रदेश किसी पश्चिम प्रान्त में था ऐसा उल्लेख भी मिलता है।[193] डॉ. बागची इन्हें दागिनी या दागिस्तान की स्त्रियाँ मानते हैं जो जादू-टोने के लिए प्रख्यात थीं किन्तु प्रचुर प्रमाण के अभाव में किसी भी परिणाम पर पहुँचना सम्भव नहीं है।

ये डाकिनी स्त्रियाँ किसी विशेष प्रदेश या जाति की थीं या केवल तान्त्रिक अनुष्ठानों में सिद्ध स्त्रियों को डाकिनी कहते थे यह ठीक से नहीं कहा जा सकता, किन्तु यह अवश्य है कि बाद में इनके गुह्य श्मशान आदि के अनुष्ठानों के कारण जन-साधारण इन्हें भय की दृष्टि से देखता था। मारण, मोहन, उच्चाटन आदि के प्रयोगों के कारण वे समाज में गर्हित मानी जाती थीं इसीलिए कबीर जब इस डाइन शब्द का व्यवहार करते हैं तो वे इसके बौद्ध तान्त्रिक अर्थ भूल चुके हैं। वे इसे माया का उपमान मानते हैं और शब्द, स्पर्श, रूप, रस, गन्ध आदि को इसके पाँच पुत्र बताते हैं :

इक डाइन मेरे मन में बसे रे, नित उठि मेरे जिय कौं डसै रे
या डाइन के लरिका पाँच रे, निस दिन मोहि नचावै नाच रे
कहै कबीर हूँ ताकौ दास, डाइनि के संग रहै उदास।।[194]

नाथों की बानियों में इसी प्रसंग में 'राक्षसी' का प्रयोग किया गया है और नारी (भग) को राक्षसी बताया गया है जो बिना दाँतों के संसार को खा गयी :

भग राकसि लो, भग राकसि लो, बिणं दतां जग षाया लो।
ग्यानी हुता सु ग्यांन मुष रहिया, जीव लोक आपै आप गँवाया लो।[195]

इसी डाकिनी की भाँति तान्त्रिक अनुष्ठानों में यक्षिणी (जाखिनी, जाकिनी) का भी उल्लेख है जो सिद्ध होने पर साधक को अलौकिक शक्तियाँ प्रदान करती थी। जायसी ने पद्मावत में राघव चेतन को यक्षिणी सिद्ध बताया है :

राघौ पूजा जाखिनी, दुइज देखावा सांझि।।[196]

बौद्ध तन्त्रों से प्रभावित कुछ योग-पद्धतियों में शंखिनी-डंकिनी या शाकिनी-डाकिनी इत्यादि को विभिन्न चक्रों तथा उनके दलों पर स्थित बताया गया है। पलटू उस पद्धति से परिचित भी मालूम पड़ते हैं और उसे स्वीकार भी करते हैं :

सहज गुंजार में परमली झाल है, झिलमिली उलटि के पौन भरना।
संखिनी डंकिनी सोर करैंगी सब, सोर सुनि जहाँ से नाहिं टरना।

योगिनी— डाकिनी की ही भाँति महामुद्रा की साधना जिस स्त्री साधिका के साथ की जाती थी उसे योगिनी भी कहते थे। सिद्धों की साधना में इस योगिनी अथवा जोइणि का विशेष महत्त्व था। उस योगिनी के गाढ़ालिंगन में वे सहज की साधना करते थे :

जोइणि गाढ़ालिंगणहि वज्रिल लहु उपसण्ण
तत्तपआमिअ तेहि खणे हण्ण दिवअण णादिण्ण ।। सरहपा।[197]

गुण्डुरीपा भी इसी योगिनी से एक भरपूर आलिंगन की कामना करते हैं :

तिअड्डा चापि जोइणि दे अंकवाली
कमल कुलिश घांट करहु बिआली।।[198]

योगिनीकौल-मार्ग में भी योगिनी की पूजा का विधान था :

क्षीर हडादि मृष्टन्तु घृतपूर्णसुशोभनम्
पाश्र्वे तु पूजयेत् सिद्धां योगिनीं गुरुमेवच।।[199]

ये योगिनियाँ 64 प्रकार की होती हैं।[200] योगिनीकौल-मार्ग में दो पद्धतियाँ थीं, कृतका तथा सहजा। कुण्डली की साधना को कृतका कहते थे और सहजा (योगिनी) के साथ समरसता में स्थित रहने की पद्धति को सहजा कहते थे।[201] कृतका साधना में योगिनी अवधूती को कहते थे और सहजा में एक वास्तविक नारी का अनुभव होता है। हम पहले देख चुके हैं कि नाथ पन्थ में ब्रह्मचारी तथा गृहस्थ दोनों प्रकार के योगी थे। अतः योगिनी के भी दोनों अर्थ लिये जा सकते हैं—नाड़ी (अवधूती या सुषुम्ना) तथा नारी महामुद्रा। नाड़ी के अर्थ में चर्यापदों में योगिनी शब्द का प्रयोग है जहाँ बत्तीस नाड़ियों को बत्तीस योगिनी बताया गया है—'अधराति भर कमल विकसिउ, वतिस जोइणी सु अग उल्हसिउ।'[202] गोरखबानी में इन्हीं नव नाड़ियों की कल्पना नौ सौ योगिनियों के रूप में की गयी है जो नाथ योगी की वन्दना गाती हैं :

नौ सौ जोगणी चलिबा साथं। बुरिज बहतरि गाइबा नाथं।[203]

गोरखबानी में एक स्थान पर महामुद्रारूपी महायोगिनी का उल्लेख है 'महामुद्रा अजब नग्री महां जोगणी स्यंभू बोलिये।'[204] जायसी में भी एक स्थान पर योगी के साथ जोगिनी बनने का उल्लेख है 'अब को हमहि करिहि भोगिनी। हमहूँ साथ होइब जोगिनी।'[205] किन्तु दूसरे स्थल पर इड़ा-पिंगला को योगिनी के रूप में परिकल्पित किया गया है। उन्हीं को योगी की पत्नी मानकर सास-ससुर और गृह आदि का वर्णन कर पूरा रूपक प्रस्तुत किया गया है :

माहरा रे बैरागी जोगी, अहनिसि भोगी, जोगिणि संग न छाँड़ै।
मानसरोवर मनसा झूलन्तीं आवै गगन मंडल मठ मांड़ै रे।।
कौंण अस्थानक तोरा सासू नै ससुरा, कौंण अस्थानक तोरा बासा।
कौंण अस्थानक तू नै जोगणि भेंटी कहाँ मिल्या घर बासा।।
नाम अस्थानका मोरा सासू नैं ससुरा ब्रह्म अस्थानका मोरा बासा।
इला प्यंगुला जोगण भेंटी सुषमन मिल्या घर बासा।।[206]

सन्त-साहित्य में जोगिन का बहुत कम उल्लेख है। किन्तु फिर भी पलटू योग-पद्धति में सुरति द्वारा योगिनी सुषमना को जाग्रत करने का उल्लेख करते हैं :

भीतर औंटै तत्त्व को उठै सबद की खानि
उठै सबद की खानि रहै अन्तर लौ लागी
सुरति देइ उदगारि जोगिनी आपुइ जागी।।

इसी को दूसरे स्थान पर पलटू जोगिनी का अलमस्त होना बताते हैं :

भूली जग की चाल सब भइ जोगिनि अलमस्त
भइ जोगिन अलमस्त खबर कुछ तन की नाहीं
ह्वै गइ दसा अरूढ़ जान तजि भइ बिज्ञानी
धरती नभ जरि गईं जरा है पवन औ पानी
पलटू दिनकर उदय भा रजनी ह्वै गइ अस्त
भूली जग की चाल सब भइ जोगिनि अलमस्त।[207]

कहीं-कहीं इन जोगिनियों की संख्या 84 बतायी गयी है :

चारि मुक्ति जोइनि चौरासी तेहि मिलि हेत बढ़ावै।[208]

मीराँ में इस जोगिनी का उल्लेख आता है किन्तु वहाँ योग तथा गुह्य तन्त्र-साधना की सारी पूर्व परम्परा भुलाकर यह केवल भाव-साधना की विरहिणी का उपमान मात्र रह गया है। प्रियतम की कल्पना जहाँ वे जोगी के रूप में करती हैं वहाँ अपने को जोगिन कहती हैं :

जोगण होइ मैं वण वण हेरूँ तेरा न पाया भेस
जोगिया के कहज्यो जी आदेस
माला मुद्रा मेखलां रे, बाला खप्पर लूँगी हाथ
जोगिण होइ जग ढूँढ़ सूँ रे म्हारां रावलिया री साथ।।[209]

किन्तु मीराँ का यह जोगी नायक वास्तव में जोगी के भेस में कृष्ण हैं और यह जोगिनी मीराँ उन्हीं की पूर्व जन्म की प्रेमिका गोपी हैं :

धूतारा जोगी एक बेरिया मुख बोल रे
रास रच्यो बंसी बट जमुना ता दिन कीनी कोल रे
पुरब जनम की मैं हूँ गोपिका अधबिच पड़ गयो झोल रे।।[210]

पूर्वी भारत के नाथ-साहित्य में भी हमें मीराँ के योगिनी विरह गीतों के ही समानान्तर योगिनी विलाप के कुछ गीत मिलते हैं। उनमें भी योगिनी का विलाप शुद्ध भावात्मक स्तर पर है, तान्त्रिक अनुष्ठानों और योगसाधनाओं का आभास भी उनमें शेष नहीं रहा है। इतना ही नहीं, कहीं-कहीं तो मीराँ के गीतों और बंगाली 'जोगिनी विलाप' गीतों में बिलकुल समानान्तर शब्दावली मिलती है :

मीराँ : *पिय बिन सूनो छै जी म्हारो देस*
ऐसा है कोइ पिव को मिलावै तन मन करूँ सब पेस
तेरे कारण बन बन डोलूँ कर जोगण को भेस।।[211]

बंगाली : *ग्रह छाड़ा हय आलि भ्रमि बने बने*
कत देशे भ्रमि लाभि स्वामीर अन्वेषणे।।[212]

यही नहीं, जोगी का योगेश्वर रूप धीरे-धीरे वैष्णव रूप में भी इसी प्रकार परिवर्तित हो रहा है जैसा मीराँ में नाथ योगी का रूप गिरधर के रूप से समन्वित हो रहा था :

आमार जोगीयार गले तुलसीर माला आछे
काने मुद्रा शिरे जटाभार
आमार जोगीयार गाये हरिनामावली आछे
काने मुद्रा शिरे जटाभार
आमार जोगीयार हाते हरिनामेर माला आछे
काने मुद्रा शिरे जटाभार
आमार जोगीयार संगे हरिदास शिष्य आछे
काने मुद्रा शिरे जटाभार
आमार जोगीयार पाये सुवर्णेर नूपुर आछे
काने मुद्रा शिरे जटाभार...[213]

इस प्रकार तन्त्र साधनाओं की योगिनी अन्त में पूर्व जन्म की गोपिका बन गयी और वैष्णव-भाव साधना, भक्ति में लीन हो गयी। उसका बौद्ध तान्त्रिक रूप पूर्णतया भुला दिया गया।

सास-ससुर आदि—जोगिनी के साथ-ही-साथ सास और ससुर भी प्रतीक रूप में नाथ और सन्तों के साहित्य में प्रयुक्त हुए हैं। सिद्धों ने भी परिशुद्धावधूती को वधू रूप में ग्रहण करने का उपदेश देकर सास और ससुर को सुलाने या उनको मारने का आदेश दिया है। कुक्कुरीपा की चर्या में सुसुरा (श्वास) के सोने और वधू के जागने का वर्णन मिलता है 'सुसुरा निद गेल बहुड़ी जागअ।' जिसकी व्याख्या करते हुए मुनिदत्त इसे श्वास को चतुर्थानन्द (सहजानन्द) अवस्था में योग निद्रा में लीन कर देने का प्रतीकात्मक वर्णन बताते हैं। गुण्डुरीपा इसी श्वास के निरोध को सास के घर में ताला बन्द करने की प्रतीकात्मक शैली में वर्णन करते हैं :

सासु घरे घालि कोंचा ताल
चान्द सुज्ज बेणि पखा फाल।[214]

काण्हपा अपने कापालिक रूप में इसी सास, ननद, साली आदि (श्वास तथा इन्द्रियादि) को मारने का वर्णन करते हैं।[215]

नाथपन्थी बानियों में कुम्भक समाधि द्वारा मणिपुर के चक्र में स्थित प्राण और अपान वायु को सास और ससुर कहा गया है :

कौंण अस्थानक तोरा सासू नै सुसरा, कौण अस्थानक तोरा बासा

*　　*　　*　　*

नाम अस्थानक मोरा सासू नै ससुरा ब्रह्म अस्थानका मोरा बासा।[216]

इस पद के तिलक में प्राण और अपान के स्थान पर सास का अर्थ सुरति और ससुर का अर्थ शब्द दिया हुआ है, और यह भी असंगत नहीं प्रतीत होता।[217]

पलटू ने एक स्थान पर इसी सास और ननद को मारने का उल्लेख किया है जो काण्हपा के वर्णन की स्पष्ट प्रतिध्वनि प्रतीत होता है :

पलटू : *देखा पिय का रूप फिरा अहिबात हमारा*
बहुत दिनन की राँड़ माँग पर सेंदुर धारा
सासु ननद को मार मै अदल दिहा चलाई
उनकै चलै न जोर पिया को मैंहि सुझाई।[218]

काण्हपा : *मारिआ सासु नणद घरे शाली,*
माअ मारिआ कण्ह भइल कबाली।[219]

पलटू की बानी के सम्पादक ने टिप्पणी में सास और ननद का अर्थ यहाँ माया और वासना दिया है। उस अर्थ से कोई असंगति उत्पन्न नहीं होती किन्तु श्लेष के कारण श्वास के लिए सास का प्रतीक अधिक संगत मालूम होता है और वज्रयानी परम्परा से ही आया हुआ प्रतीत होता है। बाद में सास का प्रतीकार्थ बदल भी गया है और जहाँ सिद्धों में अवधूती या सुषुम्ना, वधू के रूप में परिकल्पित की गयी है वहाँ मीराँ के एक पद में हमें सास का अर्थ सुषुम्ना मिलता है :

सासु हमारी शुशुमना रे, सुसुरी प्रेम संतोष रे
जेठ जुगे जुग जीव जो रे, हाँ रे पेलो नावलियो निरदोस।[220]

इसी प्रकार काण्हपा के पद में प्रयुक्त शाली या साली, कबीर के एक 'सलोक' में सृष्टि-जाल के अर्थ में प्रयुक्त हुई है :

कबीर सारी सिरजनहार की जाने नाही कोइ
कै जानै आपन धनी कै दासु दीवानी होइ।[221]

खेचरी मुद्रा—इस प्रकार नारी रूप में महामुद्रा साधना का गौण स्थान हो जाने पर भी इनकी योग साधना में 'खेचरी' नामक मुद्रा को विशेष स्थान प्राप्त था। यह मुद्रा शून्य स्थान त्रिकुटी से सम्बद्ध थी और इसमें प्राणायाम के साथ जिह्वा को उलटकर तालू में स्थित किया जाता था ताकि ब्रह्मरन्ध्र से झरनेवाले अमृत का पान किया जा सके। इस मुद्रा का नाम खेचरी वज्रयानी सिद्धों की खेचरी सिद्धि से आया था या नहीं यह सन्दिग्ध है किन्तु त्रिकुटी को शून्य मण्डल या ख-स्थान मानने की कल्पना से अवश्य सम्बद्ध था।[222] यही नहीं, उसके साथ तान्त्रिक अनुष्ठानों का मांस भक्षण तथा वारुणी पान का प्रतीकात्मक उल्लेख भी मिलता है, क्योंकि इसी जिह्वा को उलटकर तालू में स्थित करने को गोमांस (इन्द्रिय का मांस) भक्षण कहा जाता था और चन्द्र से झरनेवाले

अमृत को वारुणी।[223] इस मुद्रा का उल्लेख नाथ तथा सन्त दोनों परम्पराओं में मिलता है :

गोरखबानी : *कूँची ताली सुषमन करै, उलटि जिभ्या लै तालू मैं धरै।*[224]

कबीर : *सुरही भच्छन करत बेद मुख, घन बरिसे तन भीजे।*
त्रिकुटी मंडल मधि मन्दिर बाजै, औघट अम्मर छीजे।[225]

कबीरपन्थ के पंच-मुद्रा ग्रन्थ में बाद में वज्रयान की चार मुद्राओं की परम्परा से सर्वथा मुक्त पाँच मुद्राओं का वर्णन मिलता है : खेचरी, चाचरी, मोचरी, अगोचरी और उन्मुनी। इनके ही समानान्तर पाँच शून्य हैं और अन्तिम मुद्रा उन्मुनी में ब्रह्म का प्रकाश और सहजानन्द की प्राप्ति होती है :

ब्रह्म प्रकाश तहाँ पूरन चन्दा, रैन दिवस नहिं सहज अनन्दा।

इन मुद्राओं का स्थान इस प्रकार है—मुखाग्र, नासाग्र, चक्षु-अग्र, श्रवण-अग्र तथा तिलकपाट। अगोचरी में सहजशून्य और उन्मुनी महाशून्य का ध्यान बताया गया है।[226] ज्ञात यह होता है कि शून्य, चतुर्मुद्रा, चार आनन्द तथा हठयोग की चौथी उन्मुनी अवस्था की परम्पराएँ इनमें घुल-मिल गयी हैं और रचयिता उनमें से सबके ठीक-ठीक अर्थ भी नहीं समझता है, या कम-से-कम उनके उन अर्थों से तो अपरिचित है जिनमें वज्रयानी सिद्ध इन शब्दों का प्रयोग करते थे।

उपलब्धि-निर्वाण—वज्रयानी पद्धति में साधना की उपलब्धि के रूप में निर्वाण का महत्त्व बहुत घट गया था और भव तथा निर्वाण दोनों ही का निषेध कर महासुख की उपलब्धि को विशेष महत्त्व दिया जाने लगा था :

आइ ण अन्त ण मज्झु ण, णउ भव णउ णिव्वाण
एहु सो परम महासुख, णउ पर णउ अप्पाण।[227]

किन्तु नाथयोगियों की परम्परा में योग के चौथे पद या चरम अवस्था को ही निर्वाण का नाम दे दिया गया था। योगिनीकौल-मार्ग के ग्रन्थों में निर्वाण का कहीं उल्लेख नहीं है क्योंकि वह तन्त्रप्रधान मार्ग था और उसमें सहजानन्द या परमानन्द की उपलब्धि पर बल है, किन्तु नाथ-सम्प्रदाय योगप्रधान होने के कारण योग की चतुर्थ अवस्था या चौथे पद को सर्वोच्च अवस्था मानता था और उसके लिए वे परम पद के साथ-साथ 'निर्वाण पद' शब्द भी प्रयुक्त करते थे।

वास्तव में इस अर्थ में निर्वाण का प्रयोग गीता में भी हुआ है :

योन्तःसुखोऽन्तरारामस्तथान्तर्ज्योतिरेव यः।
स योगी ब्रह्मनिर्वाणं ब्रह्मभूतोऽधिगच्छति।।
लभन्ते ब्रह्मनिर्वाणमृषयः क्षीणकल्मषाः।
छिन्नद्वैधा यतात्मानः सर्वभूतहिते रताः।।
कामक्रोधवियुक्तानां यतीनां यतचेतसाम्।
अभितो ब्रह्मनिर्वाणं वर्तते विदितात्मनाम्।।[228]

निर्वाण शब्द बौद्ध-परम्परा से ग्रहण करने पर भी उसका महत्त्व तथा उसकी व्याख्या में ये परवर्ती पद्धतियाँ वज्रयान की अपेक्षा ब्रह्म-निर्वाण की परम्परा के अधिक निकट प्रतीत होती हैं। नाथपन्थी बानियों में निर्वाण तत्त्व परम आत्मानुभव को कहते हैं जिसमें साधक समस्त भवजाल से मुक्त हो शुद्ध आत्मस्वरूप में स्थित हो जाता है :

दृष्टि आगे दृष्टि लुकाइबा, सुरति लुकाइबा कानं
नासिका अग्रे पवन लुकाइबा तब रहि गया पद निरबानं।।[229]

... ...

त्रिकुटी षेत्र उलटि मेला। नृबाण तत्त्व लै रमौं अकेला।[230]

शब्दसुरति-योग की पद्धति के अनुसार निर्वाण की नाद द्वारा प्राप्ति बतायी गयी :

नाद ही ते आछै बाबू सब कछू निधानां
नाद ही ते पाइये परम निरवानां।।[231]

एक स्थान पर आकाश (शून्यतत्त्व) में शिव का वास बताया गया है और उन्हीं के अभ्यन्तर में निर्वाण पद की स्थिति का उल्लेख मिलता है :

आकास तत सदासिव जाण। तसि अभिअन्तरि पद निरवाण।[232]

केवल आत्मा रह जाती है, माया का पूर्ण विनाश हो जाता है, आत्मज्योति प्रज्वलित हो जाती है। ऐसे निर्वाण पद को सन्तों ने भी परम पद बताया है। आत्मा और परमात्मा जल और लवण की भाँति पूर्णतया घुल-मिल जाते हैं :

कबीर : *माइआ फास बंध नहि काटे अरु मन सुंनि न लूके*
आपा पदु निरबाणु न चीन्हिआ इन विधि अभिउन चूके।[233]

बूझ बूझ पंडित पद निरबान
साँझ परे कहवाँ बस भान।।
ऊँच नीच परबत ढेला न ईंट
बिनु गायन तहँवा उठे गीत।।[234]

दादू : *परमातम सौं आतमा, ज्यौं जल उदक समान*
तन मन पानी लौंण ज्यों पावै पद निरबान।[235]

इस निर्वाण पद का आचार पक्ष भी है जिसमें योगी विषय-भोग से विरक्त दुःख-सुख आदि द्वन्द्वों में सम भाव से स्थित रहता है :

प्रभ के मंति रहै निरबान, जहँ नहिं पीवन नहिं किछु खानि
खाअण पिअण ते रहै निरारा।[236]
इसतुति निन्दा दोऊ त्यागै षोजै पदु निरबाना
जनु नानकु इहु बेलु कठिन है किनहु गुरमुषि जाना।[237]

कबीर इस निर्वाण प्राप्त योगी के आचार के सामाजिक पक्ष पर भी बल देते हुए उसे कुल मर्यादा (जातिगत अहंकार आदि) से मुक्त होकर शुद्ध आत्मस्वरूप को पहचानकर विदेह होने का आदेश देते हैं :

कुल मरजादा खोयके खोजिनि पद निरबान
अंकुर बीज नसाय कै, भये विदेही थान।[238]

इस प्रकार निर्वाण को भी योग की चतुर्थ अवस्था तथा उसके उपरान्त उपलब्ध होनेवाले सम भाव का वाचक मान लिया गया, और ऐसे सन्त को निर्वाण की संज्ञा दे दी गयी क्योंकि वह तत्त्वग्राही है :

सोई सन्त सोई निर्बानी। नीर छीर बिबरन करि आनी।[239]

और शब्द या नाद द्वारा प्राप्ति होने के कारण इसे शब्द-निर्वाण कहा जाने लगा।

'चीन्हउ पंडित शब्द-निर्वाणा। निर्गुन नाहिं चिन्हहुँ ज्ञाना।[240]

और इस शब्द-निर्वाण को इतना प्रतापी माना गया कि यमराज भी उससे भयभीत बताया गया :

'यमराजा जेहि देखि डराना, सोई शब्द अहै निरबाना।'[241]

दूसरी ओर निर्वाण को आदिपुरुष के विशेषण के रूप में ग्रहण किया गया और निर्वाण पुरुष को सहज पुरुष से भी परे बताया गया :

सहज पुर्ष से आगे जाई। आदि पुर्ष को लोक दिखाई।।
सहज ते एक असंख प्रवाना। तहँवा आदि पुर्ष निरवाना।।
नाद बिन्द को तहाँ न पानी। नहिं तहँ सृष्टि चौरासी जानी।।
चन्द्र सूर्य नारायण नाहीं। नहिं तहँ दिवस रैन की छाहीं।।
यंत्र मंत्र तहँ दरद न धोखा। नर्क स्वर्ग संशय नहिं शोका।।[242]

इसके उपरान्त निर्वाण को शुद्ध हिन्दू रूप दिया जाने लगा। हिन्दू परम्परा में मुक्ति ही प्रमुख उपलब्धि मानी जाती थी और कुछ वैष्णव परम्पराओं में सालोक्य, सामीप्य, सारूप्य तथा सायुज्य चार प्रकार की मुक्तियाँ मानी जाती थीं। निर्वाण को सामीप्य मुक्ति का मार्ग बताया गया।[243] तथा ज्ञान-स्थिति-बोध में वाम मार्ग द्वारा सालोक्य मुक्ति, निर्वाण मार्ग द्वारा सामीप्य मुक्ति, अघोर मार्ग द्वारा सारूप्य तथा यवन मार्ग द्वारा सायुज्य मुक्ति बतायी गयी किन्तु पाँचवीं इन सबों से श्रेष्ठ है वह है जीवन्मुक्ति।[244] ज्ञात यह होता है कि कबीरपन्थ को सभी सम्प्रदायों से श्रेष्ठ सिद्ध करने के लिए मुक्ति-योजना का ऐसा क्रम निर्धारित किया गया। प्रणामी सम्प्रदाय में बाद में यह अक्षर ब्रह्म का पद माना गया 'जिनके आगे अक्षर ब्रह्म जो कहिये यह पद है निर्बाना।'[245] और इस प्रकार इसका बौद्ध रूप पूर्णतया लुप्त हो गया।

आनन्द अथवा सुख—सिद्ध-साधना की उपलब्धि में ज्ञान की अपेक्षा सुख अथवा आनन्द अधिक प्रमुख हो गया था और महासुख के अतिरिक्त वज्रयोग की पद्धति में चार क्षण और उनमें प्राप्त होनेवाले चार आनन्द प्रथमानन्द, परमानन्द, विरमानन्द तथा सहजानन्द की कल्पना को प्रमुख महत्त्व दिया गया। स्वतः योगिनीकौल-मार्ग में परम अनुभूति को परम आनन्द (परमानन्द) की संज्ञा दी गयी और चार आनन्दों का सिद्धान्त त्याग दिया गया, उसी को कभी-कभी वे सहजानन्द भी कहते थे :

यावत् सममेकत्वं परमानन्द न विन्दति।
मूर्खाणां च यथा शास्त्रं कुमारीसुरतिं यथा।।
सहजानन्दं न विन्दति सर्वधर्मा समासृताः।
अजानन्त्यमलैर्ग्रस्ता महामायान्धच्छादिताः।।[246]

सन्तों के साहित्य में परमानन्द, सहजानन्द, सहज सुख, महासुख आदि सभी शब्दों का व्यवहार सम्मानार्थक ढंग से हुआ है और वे योग के परम आत्मानुभव सुख के पर्याय मान लिये गये हैं :

कबीर : *इआ देही परिमल महकन्दा, ता सुख बिसरे परमानन्दा।*[247]
कहु कबीर मनु भइया अनन्दा, गइआ भरमु रहिआ परमानन्दा।[248]
काटि सकत सिव सहजु प्रगासिओ एकै एक समानां नां
काहि कबीर गुरु भेंटि महांसुख भ्रमत रहै मनमानां ना।[249]
कोइ है रे सन्तु सहज सुख अन्तरि जा कउ जपु तपु देइ दलाली रे।[250]

दादू : *जहँ तहँ साखी संग है मेरे सदा अनन्द*
नैन बैन हिरदै रहैं, पूरण परमानन्द।।
बादल नहिं तहँ बरसत देख्या, सबद नहीं गरजन्दा
बीज नहीं तहँ चमकत देख्या, दादू परमानन्दा।।[251]

दरिया : *परमारथ परमानन्द पिय पर सुरति लगाइये।*
ज्यों सरदें को चन्द जग जीवन गुन ज्ञान है।[252]

गुलाल : *सहज सुख दिन दिन हो भजि लेहु आनन्दराय।*[253]

उपर्युक्त उद्धरणों पर विचार करने से यह ज्ञात होता है कि सहज सुख महासुख आदि बौद्ध परम्परा के शब्द न केवल गौण हो गये हैं, और परमानन्द को ही परम अनुभूति तथा परमार्थस्वरूप मान लिया गया है, साथ-ही-साथ जहाँ वे प्रयुक्त भी हुए हैं, उनके पीछे मुद्रा के समागम से प्राप्त होनेवाली अनुभूतिवाला अर्थ सर्वथा भुला दिया गया है और 'सहज' तथा 'महा' केवल साधारण विशेषण के रूप में प्रयुक्त हैं और उसकी बौद्ध परम्परा का स्मरण मात्र दिलाते हैं। किन्तु उनका तान्त्रिक अभिप्राय लुप्त हो गया है।

स्वर्ण रससिद्धि—रस रसायन की प्रक्रिया से पारे के विशोधन तथा मारण आदि का प्रयोग चित्त के विशोधन तथा मारण के अर्थ में किया जाने लगा था। इसका उल्लेख हम पीछे कर चुके हैं। 'सोने भरिते करुणा नावी' आदि से यह भी स्पष्ट है कि वे शून्यता ज्ञान अथवा नैरात्म्य ज्ञान को ही सोना मानते थे। नाथपन्थी बानियों में सुनार के रूप में स्वर्णविशोधन प्रक्रिया द्वारा चित्त के विशोधन की प्रक्रिया का बड़ा ही सुन्दर वर्णन है और यहाँ तक कि वहाँ श्लेष द्वारा सोना शून्य ज्ञान का ही उपमान माना गया है :

सोनां ल्यौ रस सोनां ल्यौ मेरी जाति सुनारी रे
आपै सोना नै आपै सुनारी मूल चक्र अँगीठा
अहरिणि नाद नै ब्यन्द हथौड़ा घटिस्यूँ गगन बईठा।
ऊषै आरण नै विषै कोइला सहज फूक दो नालियाँ।
चन्द सूर दोउ सम करि राष्या आपैं आप जु मिलिया
अरधै सोनां उरधै सोनां मध्ये सोनम सोनां
तीनि शून्य की जाणै ता घटि पाप न पुंना।।
उनमनि डाँड़ी मन तराजू पवन किया गदियानां।
आपै गोरषनाथ जोषण बैठा, तब सोना सहज समानां।[254]

सन्तों ने इस स्वर्ण साधना में योग-प्रक्रिया की अपेक्षा भक्ति तथा उसके अंग, सत्संग, गुरुभक्ति आदि को प्रमुखता दी है। वे कभी सत्संग को, कभी गुरु को और कभी राम को पारस मानते थे :

कबीर : *पारस के संग ताँबा बिगरिओ, सो ताँबा कंचन होइ निबरिओ*
सन्तन संगि कबीरा बिगरिओ, सो कबीर रामै होइ निबरियो।[255]
अब घटि प्रगट भये राम राई, सोधि सरीर कनक की नाईं
कनक कसौटी जैसे कसि लेइ सुनारा, सोधि सरीर गयो तन सारा।
बिन परचै तन काँच कथीरा, परचैं कंचन भया कबीरा।[256]

दादू : *दादू गुरु गुरुवा मिलै ताथैं सब गमि होई*
लोहा पारस परसतां सहज समाना सोई।[257]

पारे के शोधने की विधि का रूपक भी एक परवर्ती सूफी सन्त ने अपने एक दोहे में ग्रहण किया है :

मन पारा तन की खरी ध्यान ज्ञान रस गोय
विरह अगन सूँ फूँक दे निरमल कुन्दन होय।[258]

इस प्रकार धातु-विशोधन तथा स्वर्ण-प्रक्रिया को अप्रस्तुत के रूप में वज्रयानी सिद्धों ने ग्रहण किया था, यद्यपि उनके साथ-साथ स्वर्ण सिद्धि की कल्पनाएँ भी प्रचलित थीं और कहा जाता था कि वे स्वर्ण बना सकते हैं। पारस सिद्धि के रूप में अप्रस्तुतवाला रूप ही ग्राह्य रहा किन्तु सन्तों की विशेषता यह थी कि उन्होंने योग-प्रक्रिया को गौण स्थान देकर, भक्ति तथा विरह को प्रमुख महत्त्व दिया और उसी से मन का स्वर्ण रूप होना सिद्धि किया।

अमृत द्वारा अमरत्व प्राप्ति—हम पहले ही इस बात की ओर संकेत कर चुके हैं कि तान्त्रिक अनुष्ठानों में वारुणी का प्रयोग होता था और उसको एक आध्यात्मिक अर्थ भी देने का प्रयास किया जाता था। सोमवादी उसे उमा सहित शिव का प्रतीक मानते थे, वज्रयानी उसे सहज रस मानते थे, उसके द्वारा अमरत्व की प्राप्ति बतायी जाती थी।

सरहपा ने बाह्य रसायन या अमृत की अपेक्षा शून्यताज्ञानरूपी अमृत को सर्वश्रेष्ठ बताया था क्योंकि वह जन्म और मरण दोनों का निषेध कर वास्तविक रूप में साधक को अजरामर बना देता है :

जो एथु जाम मरणे विसंका, सो करइ रस रसानेर कंखा।
जे सचराचर तिअस भमन्ति, ते अजरामर किंपि न होन्ति।।[259]

नाथपन्थी योगियों में ज्ञान के पक्ष पर इतना बल नहीं दिया गया था किन्तु उनके यहाँ यह धारणा अवश्य प्रचलित थी कि खेचरी मुद्रा द्वारा जो चन्द्र से झरनेवाले अमृत का निरन्तर पान करता है वह छठे छमाहे कायाकल्प कर लेता है, और इस प्रकार वह अजरामर हो जाता है :

जीवता जोगी अमीरस पीवता अहनिसि अषंडित धारं
दिष्टि मधे अदिष्टि बिचारिबा ऐसा अगम अचारं
जीवता बिछायबा मूवां बोढिबा कबहुँ न होयबा रागी
बरसवै दिन काया पलटिबा यूँ कोइ कोइ बिरला जोगी।[260]

इसी अमीरस को वे सहजरस नाम से भी पुकारते थे किन्तु उसका तान्त्रिक अथवा नैरात्म्य-ज्ञानपरक अर्थ नहीं स्वीकार करते थे :

जिहि घर चन्द सूर नहिं ऊगै तिहिं घरि होसी उजियारा
तिहाँ जो आसण पूरौ तो सहज का भरौ पियाला।[261]

सन्तों ने भी अमीरस या रसायन या रस शब्द का व्यवहार मूलतया नाथयोगियों की साधना में चन्द्र से झरनेवाले अमृत के लिए ही किया है किन्तु धीरे-धीरे वे उसे हरिभक्ति रस के अर्थ में प्रयुक्त करने लगे हैं और फिर दूसरा अर्थ प्रमुख हो गया। योगपद्धति के कायाकल्पवाले रस के अर्थ में सन्त इसका प्रयोग करते हैं :

कबीर : *धरणी उलटि अकासहिं ग्रासै यहु पुरिषां की वाणी*
बाझ पियालैं अमृत सोख्या नदी नीर भरि राष्या।
कहै कबीर ते बिरला जोगी धरणि महा रण चाष्या।[262]

नानक : *पाताली रसु गगनु चढ़ाया। तातें सहजि पलटी काया।*[263]

किन्तु सन्तों ने इसी अमीरस को राम रस या राम रसायन का नाम दिया है जो उनकी भक्ति भाव साधना के अधिक निकट है :

बिना पियाले अमृत अचवे नदिय नीर भरि राखै
कहहिं कबीर सो जुग-जुग जीवै राम सुधारस चाखै।[264]

इस प्रकार उन्होंने योगमार्ग के अमृत को तो स्वीकार किया है किन्तु तान्त्रिकों की वारुणी और सोम को पूर्णतया गर्हित ठहराया है। कबीर ने स्पष्ट षोषित किया है कि शाक्तों का रस झूठा है, वह अमरत्व प्रदान नहीं कर सकता, किन्तु सन्तों का हरिभक्ति रस वास्तव में मृत्यु को जीतनेवाला है :

साकत मरहिं सन्त सभ जीवहिं
राम रसायन रसना पीवहिं।।[265]

और जब से यह राम रस उन्हें मिला है तब से वे अन्य सारे योग और तन्त्र के रसों को भूल गये हैं :

राम रस पाइया रे तातैं बिसरि गये रस और।[266]

इसी को वे हरिरस और प्रेमरस भी कहते हैं :

राम रसाइण प्रेम रस पीवत अधिक रसाल
कबीर पीवण दुलभ है मांगै सीस कलाल।
हरि रस पीया जाणिये जे कबइं न जाइ खुमार
मैमंता घूमत रहै नाहीं तन की सार।[267]

इस रस के प्रसंग में उन्मत्तता आदि का वर्णन चर्यापदों में ही आता है किन्तु कबीर ने खुमार आदि शब्द सूफी साधनाओं से लिये हैं क्योंकि सूफी भी इस रस या वारुणी को प्रेम रस के रूप में प्रयुक्त करते थे। अमीरस आदि शब्द भी उन्होंने तान्त्रिक और योग परम्परा से लिये थे :

मंझन जेहि भा पेम अमीरस परचै काल करै का पार।[268]

इसी हरिरस के दो प्रभाव साधक पर होते हैं वह कंचन हो जाता है, और अमर हो जाता है।

सबै रसाइणि मैं किया हरि सा और न कोइ
तिल इक घट मैं संचरै तौ सब तन कंचन होइ।।
मैमंता अविगत रता अकलप आसा जीति
राम अमलि माता रहै जीवत मुकति अतीति।।[269]

यहाँ पर कंचन होने के अर्थ हैं समस्त वासनाओं से मुक्त होकर शुद्ध स्वरूप में स्थित होना और अमर होने के अर्थ हैं जीवन्मुक्त होकर मृत्यु से अभय हो जाना। अन्य स्थलों पर कबीर ने अमर होने का मार्ग यह बताया है कि हरि के प्रति पूर्णतया शरणागति की भावना रखने से अमरत्व लाभ होता है क्योंकि हरि ही मिलानेवाले हैं, वे अमर हैं और उनके भक्त भी अमर हैं :

हम न मरैं मरिहैं संसारा, हम कूँ मिल्या जियावन हारा।
अब न मरौं मरनैं मनमाना, तेई मुए जिनि राम न जाना।
हरि मरिहैं तो हमहूँ मरिहैं, हरि न मरैं हम काहे कूँ मरिहैं।।[270]

इस प्रकार वारुणी तथा सोम की रसायन रूप में जो कल्पना तान्त्रिक अनुष्ठानों से विकसित हुई थी, जिसे सरहपा ने प्रतीत्यसमुत्पाद के जन्म-मरण-रहित नैरात्म्यज्ञान की व्याख्या की, नाथयोगियों ने जिसे देहस्थ चन्द्र से क्षरित होनेवाला अमृत बताया, अन्त में वही परम्परा सन्तों द्वारा भक्ति मार्ग में समाहित कर दी गयी और अजरामर वही

माना गया जो भक्तिपरायण है क्योंकि वह दुःख-सुख, जन्म-मृत्यु सबों से निस्संग है, निरपेक्ष है।

दादू : *जुग काला जामण मरण जहाँ जहाँ जिव जाइ*
भगति परायण लीन मन ता कौं काल न खाइ।।[271]

अष्ट महासिद्धि—सन्त लोगों ने भक्ति के आगे अष्ट महासिद्धियों को भी कोई महत्त्व नहीं दिया है। सहज सिद्धि के आगे अष्ट महासिद्धियों को तो वज्रयानी सिद्धों ने भी गौण बताया था किन्तु वे इस मार्ग में उनकी उपलब्धि को भी स्वीकार करते थे। बौद्ध अष्ट महासिद्धियों का उल्लेख योगिनीकौल-मार्ग में तो अवश्य मिलता है,[272] किन्तु गोरख के अनुयायी बौद्ध अष्ट महासिद्धियों के स्थान पर हिन्दू परम्परा की अष्ट महासिद्धियों को स्वीकार करते थे। वैसे अन्तर्धानादि कुछ बौद्ध सिद्धियों का अप्रत्यक्ष उल्लेख उनकी बानियों में मिल जाता है और सिद्ध-गुटिका अन्तर्धान तथा अमरत्व दोनों की प्रदायिका मानी जाती थी।[273] उनकी बानियों में सिद्धियों की संख्या भी 24 बतायी गयी है किन्तु वहाँ पर स्पष्ट उल्लेख है कि ये सिद्धियाँ ब्रह्मज्ञानी के मार्ग में बाधक होती हैं और जब वह इनका परित्याग कर देता है तभी उसे परमज्योति प्राप्त होती है।

'यती चौबीस सिधि ब्रह्मा ग्यांनी के आड़ी आवै। यती चौबीस सिधि आई होय तौ सतगुरु प्रसाद तैं त्यागै। सोइ जोगेश्वर सोई ब्रह्म ग्यांनी। बल अपार जती गोरषनाथ समझावै। यती चौबीस सिधि त्यागै। सोई परम ज्योति कूँ पावै।[274]

सन्तों ने इन सिद्धियों का रहा-सहा महत्त्व भी समाप्त कर डाला। उन्होंने तो राम के चरणों में ही इन समस्त ऋद्धियों-सिद्धियों का वास माना।

कबीर : *राम चरन जाके हिरदै बसत है ता जन कौ मन क्यूँ डोलै*
मानौ अठ सिध्य नव निध्य ताकै, हरषि हरषि जस बोलै।[275]

दादू : *हिरदै राम रहै जा जन कै ताकौं ऊरा कौण कहै*
अठ सिधि नौ निधि ताके आगे सनमुख सदा रहै।[276]

और बाद में तो भक्ति पर सन्तों की आस्था इतनी दृढ़ हुई कि वे इन भौतिक सिद्धियों को घोर उपेक्षा की दृष्टि से देखने लगे।

सन्त न चाहैं मुक्ति को नहीं पदारथ चार
नहीं पदारथ चार मुक्ति सन्तन की चेरी
ऋद्धि सिद्धि पर...स्वर्ग की आस न हेरी

× × ×

पलटू चाहैं हरि भगति ऐसा मता हमार
सन्त न चहैं मुक्ति को, नहीं पदारथ चार।[277]

■■

ङ

भाव, शैली, भाषा और छन्द

गुह्यवाणी—मध्यकालीन तान्त्रिक तथा योग साधनाओं में काव्य को एक सिद्धि रूप में स्वीकृत कर उसे धर्मसाधना में ही पूर्णतया अन्तर्भुक्त कर लिया गया था। काव्य का यह रूप बौद्ध तथा ब्राह्मण दोनों ही परम्पराओं में स्वीकृत था। इसी के साथ परा, पश्यन्ती तथा मध्यमा को भी बीजाक्षरों की गुह्यवाणी मान लिया गया था। गुह्यवाणी या सरहपा द्वारा निर्दिष्ट 'गहिण, गुहरि भास' की कल्पना सन्तों तक चली आयी है पर उसमें प्रज्ञोपायात्मक तान्त्रिक अर्थ नहीं रहे। फिर भी कुछ विशेष शब्द-समूहों को तान्त्रिक बीजाक्षरों के ही समान महत्त्व दे देने की परम्परा सन्तों में भी मिलती है। नानक की 'प्राण संगली' में 'वाह, वाह' को गुहजी वाणी (गुह्यवाणी) कहा गया है, उसी से समस्त सृष्टि की उत्पत्ति बतायी गयी है और उसी को निर्वाणस्वरूप भी कहा गया है :

वाह वाह कीना निरवाणु। नानक वाह वाह हैराणु।[1]

इस गुह्यवाणी की कल्पना के साथ कुछ बौद्ध तन्त्रों के पारिभाषिक शब्दों का प्रयोग नाथपन्थियों की बानी में भी बराबर मिलता है। नाथपन्थियों के एक पद में वाणी के दो रूप बताये गये हैं 'सुंनि अस्थूल दोइ वाणी।'[2] स्थूल वाणी बाह्य प्रकट वाणी को कहते हैं, शून्य गुह्यवाणी है। दूसरे स्थल पर परा, पश्यन्ती, मध्यमा और वैखरी के ही समानान्तर वाणी का चतुर्विध विभाजन मिलता है :

चारि वाणी बोलिये घट भीतर ते कौण कौण
सहज संजम सुपाइ अतीथ।[3]

इन वाणियों के स्वरूप अथवा लक्षणों का स्पष्ट उल्लेख नहीं है किन्तु इनके नामकरण पर बौद्ध परम्परा के अवशिष्ट प्रभाव का कुछ आभास अवश्य मिलता है किन्तु यहाँ पर सहज से शिव और शक्ति के युगनद्ध की गुह्यवाणी का संकेत है, प्रज्ञा और उपाय के युगनद्ध की वाणी का नहीं।

कबीरपन्थ में गुह्यवाणी की कल्पना का और भी प्रचुर विस्तार मिलता है और ज्ञात यह होता है कि मन्त्रों तथा बीजाक्षरों को फिर स्वीकार कर लिया गया है। स्वसंवेद-बोध में सात बीजाक्षरों तथा उनके सात अंकुरों का उल्लेख है ॐ, श्री, रं, सौं, रौं, ह्रीं, क्लीं, अ, इ, उ, ए, व, म, ह इन्हीं से सात करोड़ महामन्त्रों का उद्भव होता है जिनसे सात सिद्धियाँ मिलती हैं—जारण, मारण, वशीकरण, उच्चाटन, आकर्षण, स्तम्भन तथा मोहन। इस प्रकार गुह्यवाणी की तान्त्रिक कल्पना कबीरपन्थ में पुनः प्रविष्ट हो जाती है, यद्यपि इस बार वह बौद्ध उद्गम से नहीं आयी है।[4]

यहाँ पर यह विशेषतया उल्लेखनीय है कि यद्यपि नानक ने वाह-वाह को तान्त्रिक मन्त्रों के ही समान महत्त्व प्रदान किया किन्तु सन्त तन्त्रों की पद्धति को स्वीकार नहीं करते थे। कबीर ने भी साहित्य के वाणी के, एक गुह्य अर्थ की ओर संकेत किया है किन्तु वह अर्थ तान्त्रिक नहीं है, शुद्ध ब्रह्म-विचार मात्र है। इस दृष्टि से उनका साहित्य न केवल लौकिक साहित्य है न तान्त्रिक अभिप्रायों से युक्त है, वह शुद्ध ज्ञानपरक तथा भक्तिपरक ब्रह्म विचार है :

लोग जानै इहु गीतु है, इहु तउ ब्रह्म वीचार।[5]

भावपक्ष—वज्रयानी साधना-पद्धति की तान्त्रिक प्रवृत्तियों का बहिष्कार कर जब गोरखनाथ के प्रभाव से शुद्ध योगमार्ग अपनाया गया उसी क्षण से इन परवर्ती योग सम्प्रदायों के साहित्य में भावपक्ष गौण हो गया। बौद्ध सिद्धों ने महाराग की प्रतिष्ठा की थी और भगवती प्रज्ञा के प्रति महाराग को अपने काव्य की मुख्य भावभूमि बनाया था। नाथ परम्परा में तथा शक्ति को देहस्थ मानकर क्रम उलट दिया गया था और साधना की सक्रियता शक्ति में मान ली गयी थी, शिव उसकी निष्क्रिय निष्काम परिणति मात्र थे। अतः साधक की, अपने को उपायरूप परिकल्पित कर भगवती प्रज्ञा के प्रति प्रणय निवेदन करनेवाली भाव-पद्धति पूर्णतया त्याग दी गयी। किन्तु दूसरी ओर नाथ परम्परा के गृहस्थ योगियों में किस प्रकार योगिनियों के प्रेम गीतों का विकास हुआ और मीराँ के गीतों पर उनकी कैसी प्रतिच्छाया मिलती है इस पर हम विचार कर चुके हैं।

सन्तों में हमें पुनः हठयोग के अतिरिक्त भावपक्ष की प्रबलता मिलती है किन्तु भावाकुलता के इस पुनरुत्थान का उद्‌गम विन्दु बौद्ध साधना नहीं है। उन पर भक्ति का स्पष्ट प्रभाव है। इनकी भाव साधना का इष्ट न प्रज्ञा है, न शिव, वह है निरंजन अथवा राम। इस दृष्टि से सिद्धों में तथा सन्तों में प्रमुख अन्तर यह है कि वज्रयानी साधक अपने को प्रेमी नायक परिकल्पित कर नारी प्रज्ञा से प्रणय निवेदन करता था जबकि सन्त साधक अपने को नारी परिकल्पित कर राम को पति के रूप में स्वीकार करता है। किन्तु इसमें भी पातिव्रत्य पर जो आग्रह सन्तों ने किया है, वह आश्चर्यजनक रूप में सरहपा के स्वकीयत्व तथा पातिव्रत्य के उस विधान से मिलता है जिसकी ओर हम सिद्ध-साहित्य के भावपक्ष पर विचार करते समय संकेत कर चुके हैं। इसी कारण एक विशेष अन्तर यह भी आ गया है कि सिद्धों के काव्य में विरह पक्ष का या विप्रलम्भ शृंगार का इतना प्राचुर्य नहीं है जितना सन्तों के काव्य में है।

वास्तव में उस समय बौद्ध सम्प्रदाय जिस रूप में बचे हुए थे, उसमें उनकी भाव साधना गौण हो गयी थी या वैष्णव धारा में अन्तर्भुक्त होने लगी थी, केवल सहज आदि शब्दों का प्रयोग कुछ परिवर्तित वेशवाले बौद्ध देवता या बौद्ध अनुष्ठान ही शेष रह गये थे अतः उन्हीं का विशेष प्रभाव सन्तों पर पड़ा। उनकी भावभूमि को विशेष परिष्कार भक्ति आन्दोलन से मिला था। सूफियों में अवश्य हमें नारी रूप में परमतत्त्व और नर प्रेमी रूप में साधक का चित्रण मिलता है। किन्तु यह बौद्ध परम्परा का ही प्रभाव था

ऐसा कह सकने के लिए हमारे पास कोई प्रमाण नहीं। उनकी प्रेम गाथाएँ बहुत-कुछ लोककथाओं के आधार पर लिखी गयी हैं जिनमें नाथपन्थी प्रभाव भी घुल-मिल गया है।

उद्दीपन—आलम्बन के साथ-साथ उद्दीपन विभाव में प्रकृति चित्रण पर थोड़ा विचार कर लेना आवश्यक है। सन्तों के साहित्य में उसी अन्तःस्थ प्रकृति का चित्रण है यद्यपि उसके कमल, नदी, घाट, त्रिवेणी, भँवरगुफा आदि शैव योग-पद्धति से विशेषतया प्रभावित हैं और बौद्ध तान्त्रिक प्रभाव उसमें लगभग नहीं के बराबर है। यह कमल गंगा त्रिवेणी आदि उपमान जिस देहस्थ चक्र योजना तथा नाड़ी जाल के लिए व्यवहृत हुए हैं उनका सम्यक् विवेचन हम कर चुके हैं। सूफी कवियों ने गाथाएँ लिखीं अतः उसमें कथा के निर्वाह के लिए बाह्य प्रकृति की योग साधना के संकेतों से भी समन्वित करने का प्रयास मिलता है।

तान्त्रिक साधनाओं का परित्याग कर देने से नाथ और सन्त-परम्परा के नीतिपरक साहित्य का स्वर भी सिद्ध-साहित्य में पृथक् हो गया था। हमने सिद्धों के नीतिपरक साहित्य के तीन अंग माने थे—विवेचन, चेतावनी और खण्डन। विवेचन का आभास हमें मिल चुका है। जहाँ तक चेतावनी का सम्बन्ध है नाथ और सन्त दोनों परम्पराओं में निवृत्तिमूलक स्वर की प्रधानता है और जगत् को माया समझकर उसके पूर्णतः परित्याग पर विशेष आग्रह है। सिद्धों के भव का भोग करते हुए भी भव से निर्लिप्त रहने का सिद्धान्त त्याग दिया गया है क्योंकि राग से परिशमन न कर, विराग से या फिर हरिभक्ति से भवराग के निषेध का सिद्धान्त मान लिया गया है।

यह निवृत्तिमूलक दृष्टिकोण सिद्धों के ही समय से जैन दोहों में पाया जाता है। बौद्ध सिद्धों ने कहा था कि विषयों में रमते हुए भी विषयों में लिप्त नहीं होना चाहिए किन्तु जैनों ने स्पष्ट कहा है :

खंतु पियंतु वि जीव जइ पावहि सासयमोक्खु।
रिसहु भडारउ किम चवइ सयल वि इन्द्रिअसोक्खु।।[6]

साथ ही इस पश्चिमी परम्परा में नारी को पूर्णतया त्याज्य माना गया है और उसे साधना की सहसाधिका या महामुद्रा न मानकर सबसे बड़ी बाधा कहा गया :

कुहिएण पुरिएण य छिद्देण या खारमुत्तगंधेण।
संताविज्जइ लोओ जह सुणहो चम्मखंडेण।।
देखंताह वि मूढ़ बढ रमियइ सुक्खु ण होइ।
अम्मिए मुत्तहं छिद्दु लहु तो वि ण विणउइ कोवि।।[7]

ज्ञात यह होता है कि पश्चिम के सम्प्रदायों में और उनके दोहा साहित्य में यह निवृत्तिमूलक दृष्टिकोण प्रधान था और नाथों तथा सन्तों के निवृत्तिमूलक चेतावनी के दोहों में बौद्ध दोहों की अपेक्षा इस परम्परा का अधिक प्रभाव मालूम होता है।

जहाँ तक खण्डन का प्रश्न है बौद्ध दोहों तथा चर्यापदों में उसके भी दो अंश थे—

समकालीन अन्य सम्प्रदायों का खण्डन तथा एक विशेष स्थिति के बाद बाह्य अनुष्ठानों का खण्डन। पीछे हम बौद्ध सिद्धों की साम्प्रदायिक स्थिति तथा उनकी साधना-पद्धति में बाह्य अनुष्ठान व उनसे मुक्ति की स्थिति, दोनों ही पर विचार कर चुके हैं। हम पीछे इस ओर संकेत कर चुके हैं कि नाथपन्थ में अन्तर्भुक्त बहुत-से साधक समूहों तथा सन्तों की सामाजिक स्थिति कुछ इस प्रकार की थी कि उच्चवर्गीय हिन्दू भी उन्हें प्रश्रय नहीं देते थे और न कट्टर मुसलमानों की संकीर्णता ही उन्हें ग्राह्य थी इस कारण उसमें से अधिकांश साधक स्वतन्त्र विचारक थे और वे मध्य मार्ग से हिन्दू और मुसलमान दोनों ही के मध्य के निष्पक्ष मार्ग का अर्थ लेते थे। नाथपन्थ प्रारम्भ में अवश्य बड़ा ही संगठित सम्प्रदाय था, बहुत-सी अन्य धाराएँ मिल गयीं, बहुत-से योगी समूह पूरे-के-पूरे मुसलमान बना लिये गये, बहुत-से गृहस्थ होकर बस गये और उसका वह सैनिक संगठन केवल पश्चिमी प्रदेशों में ही कहीं-कहीं रह गया। सन्त-परम्परा साम्प्रदायिक संकीर्णताओं से पूर्णतया मुक्त हो सकी, अतः उनके खण्डनात्मक साहित्य में कोई पक्षपात नहीं है।

किन्तु साम्प्रदायिक दृष्टि से खण्डन-मण्डन की यह परम्परा बाद में उन पन्थों में आयी जो सन्तों के नाम पर स्थापित हो गये। 'जैन धर्म बोध' आदि कितनी छोटी-छोटी कृतियों में साम्प्रदायिक दृष्टि से दूसरे सम्प्रदायों का खण्डन कबीरपन्थ के परवर्ती साहित्य में मिलता है।

बाह्याचार तथा बाह्य अनुष्ठानों की भी यही अवस्था रही। सन्तों ने इन तान्त्रिक अनुष्ठानों का वास्तविक रूप में विरोध किया। वे गुह्याचारों के सख्त विरोधी थे। सिद्ध तो तन्त्र-मन्त्र का निषेध केवल तभी करते थे जब महामुद्रा साधना कर लें किन्तु सन्त तन्त्र-मन्त्र के सर्वथा विरुद्ध थे और किसी रूप में भी उन्हें स्वीकृत नहीं करते थे और भक्ति को ही उन्होंने एकमात्र साधन मान लिया था :

तन्त न जानूँ मन्त न जानूँ, जानूँ सुन्दर काया।[8]

तान्त्रिक गुह्याचारों के मद्य, मांस, मैथुन आदि के भी वे घोर विरोधी थे और इसी दृष्टि से न केवल भावभूमि वरन् आचारपद्धति में भी वे वैष्णव ही थे। वैसे जैन दोहों में भी श्रावक धर्म के अन्तर्गत मद्य, मांस, पशुबलि का निषेध तथा अहिंसा आदि का विधान मिलता है।[9] किन्तु शाक्तों को असाधु मानते हुए भी जब उनकी निन्दा की गयी है तब वहीं वैष्णवों का उल्लेख होने से ज्ञात यह होता है कि उनकी यह परम्परा वैष्णवों से ही प्राप्त हुई है, जैनों से नहीं। किन्तु बाद में कबीरपन्थ में भी मन्त्र, यन्त्र, चक्र (चौका), पशुबलि आदि अनुष्ठानों ने प्रवेश पा लिया जो निस्सन्देह समकालीन तान्त्रिक सम्प्रदायों के प्रभाव का द्योतक है। सुमिरन-बोध में गायत्री का सुमिरन, सोने का सुमिरन, उठने का सुमिरन, यहाँ तक कि शौच करने, दातौन चीरने, टोपी लगाने और सुपाड़ी काटने तक का सुमिरन दिया गया है।[10]

बाह्यानुष्ठान के अतिरिक्त जातिभेद तथा शास्त्रज्ञान के प्रति भी सन्तों की आलोचना बौद्ध सिद्धों की आलोचना से विभिन्न प्रतीत होती है। जहाँ तक जातिभेद का प्रश्न है सिद्धों की और सन्तों की परिस्थिति में एक विशेष अन्तर है। बौद्ध सिद्धों के समय में निम्न जातियों की परिस्थिति उतनी खराब नहीं थी और विशेषतया पूर्वी भारत में रूढ़िवादी ब्राह्मणों का उतना आधिपत्य नहीं था। किन्तु सन्तों के समय तक ऐतिहासिक और सामाजिक परिस्थिति बदल चुकी थी। ब्राह्मणों का आधिपत्य अधिक हो गया था और सामाजिक गठन को बार-बार ब्राह्मणोक्त मर्यादा में कसने का अतुल प्रयास हो रहा था। स्वतः रामानन्द को छूत-छात और जात-पाँत का विरोध करने में जितनी कठिनाई उठानी पड़ी वह इस बात का प्रमाण है कि जाति-व्यवस्था अधिक संकीर्ण हो चुकी थी। यद्यपि कहीं-कहीं वैष्णव आचार्य इसका विरोध भी करते थे। सन्तों को जातिभेद-निषेध की मुख्य प्रेरणा अपनी तत्कालीन सामाजिक परिस्थिति से मिली और उसको वैष्णव उदारता में प्रश्रय मिला। किन्तु उसका स्वरूप और शैली सिद्धों के समय से ही चली आनेवाली जाति भेद निषेध की परम्परा से अवश्य प्रभावित है। सिद्धों और सन्तों की परिस्थिति में एक अन्तर और था। सिद्धों की अपनी बौद्ध परम्परा थी और उस समय उसका काफी प्रसार था। वे हिन्दू समाज-पद्धति का विरोध करने के उपरान्त भी बौद्ध समाज में आदर पा सकते थे। सन्तों के समय तक समस्त साहित्य संगठन पूर्णतया नष्ट हो चुके थे या छद्मरूप धारण कर चुके थे। अतः सन्तों के लिए जातिभेद की समस्या बहुत तीखी समस्या हो गयी थी क्योंकि उसे अस्वीकार करने के उपरान्त उनके पास सिद्धों की भाँति कोई बौद्ध शरणस्थल नहीं था। कतिपय वैष्णव आचार्यों की उदारता ही उनका एकमात्र आश्रय थी। जहाँ यह भी नहीं था वहाँ केवल अदम्य आत्मविश्वास और निष्ठा ही उन्हें प्रेरणा देती थी।

इसी प्रकार शास्त्रज्ञान के निषेध के सम्बन्ध में भी परिस्थिति बदल चुकी थी। तन्त्रकाल के बौद्ध तथा अन्य वेद बाह्य सम्प्रदाय शास्त्रज्ञान का विरोध अवश्य करते थे किन्तु उनकी अपनी एक साम्प्रदायिक शास्त्रीय परम्परा होती थी जिसमें उनके आचार्य पारंगत होते थे। अधिकांश बौद्ध सिद्ध संस्कृत, प्राकृत तथा अपभ्रंश के महायानी, वज्रयानी और शैव तन्त्रों के भी पण्डित थे। बहुत-से वेद-वेदांगों का भी अध्ययन कर चुके थे। सन्तों के समय तक बौद्ध शास्त्रीय परम्परा समाप्त हो गयी थी और इन निम्न जातियों से आनेवाले सन्तों को ब्राह्मणों की शास्त्रीय परम्परा की उपलब्धि असम्भव थी। इसलिए शास्त्रज्ञान के निषेध का अर्थ इन सन्तों में आकर सर्वथा बदल जाता है। इसमें वस्तुतः अध्ययन की अपेक्षा भाव-साधना पर विशेष आग्रह इसलिए भी है कि जो इनके लिए निषिद्ध ठहरा दिया गया था, उसके बगैर भी साधक पूर्णता उपलब्ध कर सकता है, यह वे सिद्ध करना चाहते थे और इसके लिए हरिभक्ति या प्रेम को वे समस्त शास्त्रीय ज्ञान से ऊँचा मानते थे और उसी के ढाई अक्षरों में समस्त ज्ञान का वास मानते थे। हठयोगी सम्प्रदायों में इसी शास्त्रीय ज्ञान का निषेध इसलिए भी किया गया है कि

वे साधना को पाण्डित्य से अधिक महत्त्व देते थे। सन्तों ने हठयोग साधना का महत्त्व स्वीकार करते हुए उसमें भक्ति या प्रेम का तत्त्व और जोड़ दिया था।[11]

सन्धा भाषा या पूर्वी बोली—भावभूमि में नाथों तथा सन्तों का साहित्य वज्रयानी परम्परा से बहुत हट गया था किन्तु जहाँ तक शैली का प्रश्न है, यह परम्परा अविच्छिन्न रूप से रही। यहाँ तक कि वे ही रूपक, वैसे ही प्रतीक, वे ही छन्द और वही सन्ध्या-शैली, सिद्धों, नाथों और सन्तों के साहित्य में मिलती है। यहाँ तक कि शैली की द्वयर्थक प्रवृत्ति और निहित अभिप्राय के लिए सन्धि शब्द का प्रयोग भी सन्त लोग भूले नहीं थे। इस दृष्टि से कबीर की उस साखी का उल्लेख आवश्यक है जिसको लेकर विद्वानों में बहुत दिनों तक भ्रम रहा है :

बोली हमरी पूर्ब की, हमैं लखै नहिं कोय
हमको तो सोई लखै, धुर पूरब का होय।[12]

इस साखी में 'पूर्व' के अर्थ पर अक्सर विद्वानों में मतभेद रहा है और कई विद्वानों ने कबीर की भाषा को भोजपुरी सिद्ध करते समय इसको प्रमाण रूप में प्रस्तुत किया है। वास्तव में यहाँ बोली से उनका तात्पर्य शैली से है और पूर्व से उनका तात्पर्य आध्यात्मिक साधना की सांकेतिकता से है। इसीलिए उन्होंने स्पष्ट यह कहा है कि जो धुर पूर्व का है, जो इन योग-साधनाओं में पारंगत है और इन रूढ़ प्रतीकों को समझ सकता है वही मेरी शैली को भी समझ सकता है।

इस पूर्व के अर्थों की ओर हम पहले संकेत कर चुके हैं। नाथों तथा सन्तों द्वारा स्वीकृत साधना-पद्धति में चन्द्र-सूर्य के सामरस्य का मार्ग पूर्व और पश्चिम का मध्य मार्ग बताया गया है :

'गुह्यात्पश्चिमपूर्वमार्गमुभयं रुद्धानिलम् मध्यम'...[13]

और सुषुम्ना को इन्हीं की सन्धि कहा गया है। नानक ने इसी पूर्व से प्रवेश कर पश्चिम दिशा की ओर मुड़ने के सुषुम्णा मार्ग को विषमी सन्धि कहा है :

आगासी सरु भरिआ नीर। तामहिं कमल बहुत बिस्थीरु।।
भौंरा लुबधा ता की गन्ध। नानक लै विषमी सन्धि।।
किंह विधि चन्दु भवनि आवै इहु भानु। किंह बिधि मरदह मन को मान।।
पूर्व फिरि पच्छिम को तानै। त्रिजपा जाप जपै मनु मानै।।[14]

बीजक में इसी 'पूर्व' के समीप सन्धि का स्थान बताया गया है :

पूरब दिसा हंस गति सोई। है समीप सन्धि बूझै कोई।[15]

बाद के कबीरपन्थी साहित्य में तो सन्धि का इतना महत्त्व बताया गया था कि उनके बिना हंस (आत्मा) को सही मार्ग मिल ही नहीं सकता :

सन्धि छाप मोहिं देहु बताई। पुरुषनाम मोहिं देहु सुझाई।।
बिना सन्धि जो उतरै घाटा। सो हंसा नहिं पावै बाटा।।[16]

इस प्रकार साधना-पद्धति में इड़ा तथा पिंगला के मध्य में जो सुषुम्णा मार्ग है उसी को सन्धि कहा गया है और कहीं पर सूर्य तथा चन्द्र का मिलन होता है। यही पूर्व दिशा की सन्धि है और इसी को प्रतीकों में अभिव्यक्त करनेवाली शैली सन्धा या अभिसन्धियुक्त शैली है जिसे कबीर ने अपनी 'पूर्वी' बोली कहा है। इस 'पूर्वी' विशेषण के प्रयोग में पूर्वी देश की जनता को चमत्कृत करने की भावना भी रही होगी किन्तु उनका प्रमुख अभिप्राय भौगोलिक पूर्व न होकर चन्द्र-सूर्य-योग की साधना था और उनके अधिकांश प्रतीकबहुल पद और साखियाँ इसी चन्द्र-सूर्य-योग का विवेचन करते हैं। उनके भक्ति भाव तथा खण्डन आदि के पद और दोहे जटिल प्रतीकयोजना से मुक्त हैं। इससे भी इसी का आभास मिलता है कि इस अभिसन्धियुक्त प्रतीकात्मक शैली की परम्परा सन्तों की परम्परागत तान्त्रिक तथा योग-पद्धतियों के भाषा-साहित्य से मिली है। इस सन्धा शैली के अधिकांश प्रतीक तथा उपमान भी वे ही हैं जो सिद्धों के दोहों और पदों में व्यवहृत हैं।

साधना-पद्धति पर विचार करते समय निम्नलिखित उपमानों का उल्लेख किया जा चुका है :

अन्धा व्यक्ति (अज्ञानी गुरु या श्रद्धाहीन शिष्य), उड्डीयान (देहस्थ पीठ), कामरूप (देहस्थ पीठ), गंगा (शक्ति या इड़ा), यमुना (पिंगला), संगम (सुषुम्णा), मेरु पर्वत (मेरुदण्ड), कमल (देहस्थ चक्र), बद्ध तुरंग (स्थिर मन अथवा पवन), कुञ्जी ताला (श्वासनिरोध), वज्र कपाट (दशमद्वार में श्वासनिरोध), चोर (वासनात्मक मन), अग्नि (चण्डाग्नि अथवा ब्रह्माग्नि), दीपक (ब्रह्माग्नि का प्रकाश), चन्द्र (प्रज्ञा, शिव), सूर्य (शक्ति या उपाय), योगिनी (महामुद्रा, सुरति), सास (सुषुम्ना, श्वास, माया), ननद (वासना), साली (श्वासनिरोध या सृष्टि जाल)।

इसके अतिरिक्त जो प्रमुख उपमान सिद्धों के दोहों तथा चर्यापदों और परवर्ती सन्तों अथवा नाथों के साहित्य में समान रूप से व्यवहृत किये गये हैं, वे निम्नांकित हैं :

1. तरुवर—चर्यापदों में तरुवर कई उपमेयों का उपमान है—काया, चित्त, सृष्टि-विस्तार, सहज तत्त्व।

काया : *'काया तरुवर पंचवि डाल* *(चर्यापद 1)*

'तरुवर एक अनन्त डार साखा पुहुप पत्र रस भरीआ।।'

(सन्त कबीर, पृ. 181)

चित्त : *'अद्दअ चित्त तरुअरह गउ तिहुवणें वित्थार'* (दोहाकोष, पृ. 38)

'भौमि बिनां अरू बीज बिन तरवर एक भाइ
अनन्त फल प्रकासिया गुरु दिया बताई।'

(कबीर-ग्रन्थावली, पृ. 139)

सृष्टि-विस्तार : *''नाना तरुवर मोउलिल रे गअणत लागेलि डाली।'*

(चर्यापद 28)

'अछै पुरुष इक पेड़ है निरंजन वाकी डार
तिरदेवा साखा भये पात भया संसार।'

(सन्तबानी संग्रह, पृ. 23)

सहज या परम तत्त्व—

'सहज महातरु फरिए तेलोए।' (चर्यापद 43)
'सहज सुंनि इकु बिरवा उपजा धरती जलहरु सोखिआ।'

(सन्त कबीर, पृ. 181)

2. पत्ते या पल्लव (प्रकृति)—

'आशा बहल पात फल बाहा।' (चर्यापद 45)
गत फल फूल तत्त पर पालव अंकुर बीज नसाना।

(कबीर-ग्रन्थावली, पृ. 90)

3. करभ (मन)—

'एमइ करहा पेक्खु सहि विहरिअ मंहु पंड़िहाइ।'

(दोहाकोष, पृ. 24)

'न्यूंति जिमाऊं अपनों करहा छार मुनिस की डारी रे।'

(कबीर-ग्रन्थावली, पृ. 112)

4. गाय (इन्द्रियाँ)—

'गविआ बाँझे'। (चर्यापद 33)
'काल्हि जुतेरी बंसरिया छीनी कहा चरावै गाइ।'

(कबीर-ग्रन्थावली, पृ. 147)

'एक गाइ नौ बछ्ड़ा पंच दुहेबा जाइ।।'

(गोरखबानी, पृ. 113)

5. बैल (मन, बोधिचित्त)—

'बलद बिआअल'...। (चर्यापद 33)
'फील रबाबी बलद पखावज कउआ ताल बजावै'

(सन्त कबीर, पृ. 96)

'मन बछौ।' (गोरखबानी, पृ. 254)

6. गज—गज का प्रयोग चर्यापदों में दो रूप में हुआ है—कमलवन में प्रवेश करनेवाला प्रवृत्त मन तथा माया-शवलित उन्मत्त मन।

साधना-प्रवृत्त मन :

जिम जिम करिणा करिणीरे रिसअ, तिम तिम तथता मअगल वरिसअ।

(चर्यापद 9)

गुरु प्रसाद सूई के नांकैं हस्ती आवैं जाहीं

(कबीर-ग्रन्थावली, पृ. 91)

दसवैं दरवाजै कूची सार, मैमन्त हस्ती बँधिबा बार (गोरखबानी, पृ. 175)

मायाग्रस्त मन—

'अविद्या करिकुं दम अकिलेसें।' (चर्यापद 9)

'हरि है खांडु रेतु मंह बिखरी हाथी चुनी न जाइ' (सन्त कबीर, पृ. 282)

7. मूषक (मन)—

'निसि अन्धारी मूसा आचारा। (चर्यापद 21)

'मूसा पैठा बाँबि मैं लारै साँपणि धाई।'

(कबीर-ग्रन्थावली, पृ. 141)

8. मेंढक (मन)—

'वेंगस साँप बढिल जाअ।' (चर्यापद 33)

'मीडक सोवै साँप पहरइया' (कबीर-ग्रन्थावली, पृ. 113)

9. साँप (संसार)—

(उपर्युक्त उदाहरणों के अनुसार)

10. शृगाल (मन)—

'निति निति सिआला सिहे सम जुझअ।' (चर्यापद 33)

'नित उठि स्याल स्वंघ सूं झूझै' (कबीर-ग्रन्थावली, पृ. 113)

11. सिंह (वासनायुक्त मन)—

(उपर्युक्त उदाहरणों के अनुसार)

12. भुजंग (साधक; कुण्डलिनीरूपी नागिन का स्वामी)—

'शबरो भुजंग नैरामणि दारी पेम्ह राति पोहाइली' (चर्यापद 28)

'ऐसा भुवंगम जोगी करे।
धरती सोषै अम्बर झरै।' (गोरखबानी, पृ. 174)

'साइर सोखि भुजंग बलइओ' (सन्त कबीर, पृ. 105)

'भुजंग सोइ जाके मनि उंजियारा।' (प्राण संगली, पृ. 50)

13. हंस (चित्त, पवन या प्राण)—

24वें चर्यापद (मूल अप्राप्य) के तिब्बती रूपान्तर में निर्मल मन के लिए प्रयुक्त।

'सोऽहम् बाई हंसा रूपी प्यंड बहै।' (गोरखबानी, पृ. 99)

'कहै कबीर स्वामी सुख सागर हंसहि हंस मिलावैंगे।'

(कबीर-ग्रन्थावली, पृ. 137)

14. भँवरा (कमल चक्रों का प्रेमी मन या पवन)—

'महुअर रूंए सुरअ वीर जिंघइ मअरन्दए।' (दोहाकोष, पृ. 41)

'भवरु एक पुहुप रसुबीधा बाहर ले उर धारिआ।' (सन्त कबीर, पृ. 181)

15. मृग (पंचेन्द्रियों के विषयों में आसक्त मन)—

'अपणा मांसे हरिणा वैरी।' (चर्यापद 6)

'सन्तनि एक अहेरा लाधा, मिर्गनि खेत सबनि का खाधा।'

(कबीर-ग्रन्थावली, पृ. 206)

'ह्यौ ह्यौ मृगलौ बेधियौ बांण।' (गोरखबानी, पृ. 119)

16. हरिणी (माया)—

चर्यापदों में हरिणी प्रज्ञा तथा माया दोनों का वाचक है। (चर्यापद 6 तथा 23) सन्तों ने इसे माया या मनसा के अर्थ में प्रयुक्त किया है—

'माया जाल पसारि रे बाधेलि माआ हरिणी।' (चर्यापद 23)

'बन की हरिनी कूवैं बियानी ससा फिरै आकासा।'

(कबीर-ग्रन्थावली, पृ. 147)

17. अहेरी, पारधी (साधक)—

'जाइ तुम्हें भुसुकु अहेरी जाइबें मारिहणि पंचजणा' (चर्यापद 23)

'गौब्यन्दे तुम्हरौ बन कन्दलि मेरो मन अहेरा खेलै।' (कबीर-ग्रन्थावली, पृ. 159)

'आइसो भील पारधी हाथि हाथ न पाई।' (गोरखबानी, पृ. 119)

18. हरिण-मांस (ज्ञान)—

'हण विणु मांस भुसुकु नलिनिवन पइसहिलि।' (चर्यापद 33)

'सावज न होय भाई सावज न होय, बाकी मांसु भखै सब कोय।'

(बीजक, पृ. 253)

19. बाण, शर (गुरुवचन, शब्द, ज्ञान)—

'गुरु वाक पुंछिया बिन्ध निअमण बाणे
एके शरसन्धानें बिंधह बिंधह परमनिवाणे।।' (चर्यापद 28)

'गुरु के बाणि बजर कल छेदी प्रगटिया पुद परगासा'

(सन्त कबीर, पृ. 253)

20. जलधि (भव)—

'तरित्ता भवजलधि जिस करिमाअ सुइणा।' (चर्यापद 13)

'विषम भयानक भौजला तुम बिन भारी होइ।' (दादूदयाल की बानी, 2, पृ. 7)

21. नौका—नौका के दो उपमेय हैं—काया तथा ईश्वर :

काया : *'काआ णावड़ि खान्टि मन केडुआल'* (चर्यापद 38)

'अजहु तु नाउ समुंद्र महि किआ जानउ किया होइ'

(सन्त कबीर, पृ. 254)

ईश्वर : *'तिशरण नावी किअ अठक मारी।' (महासुख-कायारूपी नौका, चर्यापद 13)*

'नौवे नाम निरंजन नौका कनहरि गुनहिं चलावै।'

(गुलाल की बानी, पृ. 128)

22. नौका के छिद्र या सन्धि—

'गअण दुखोलें सिंचउ पाणी न पइसइ सन्धि।' (चर्यापद 14)

'कबीर बेड़ा जरजरा फूटे छेंकि हजार।' (सन्त कबीर, पृ. 253)

23. नगरी (काया)—

'देह नअरी बिहरइ एकाकारें।' (चर्यापद 11)

'कौनो ठगवा नगरिया लूटल हो।' (सन्त-बानी-संग्रह, पृ. 4)

'काया हमारे सहर बोलिये मन बोलिय हुजदारं।' (गोरखबानी, पृ. 120)

24. मेघ (करुणा, गुण)—

'करुणा मेह निरन्तर फरिआ।' (चर्यापद 30)

'कबीर गुण की बादली तीतरबानी छांह।' (कबीर-ग्रन्थावली, पृ. 34)

'उतर देस में मेह धड़क्या दक्षिण आचल छाया।' (गोरखबानी, पृ. 125)

25. चौपड़ (ज्ञानक्रीड़ा)—

'करुणा पिहाड़ि खेलहुँ नअबल।' (चर्यापद 12)

'चौपड़ि माहीं चौहटै अरध उरध बजार।' (कबीर-गन्थावली, पृ. 4)

26. कपास (चित्त)—

'तुला धुनि आंशु रे आंशु।' (चर्यापद 26)

'धुन धुन धुन डालूं अब मन को।' (सन्त-काव्य, पृ. 549)

27. सोना (शून्य ज्ञान)—

सोने भरिति करुणा नावी' (चर्यापद 8)

'अरधै सोना उरधै सोना मध्ये सोनम सोना।' (गोरखबानी, पृ. 92)

28. रूपा (रूपादि पंचस्कन्ध, सांसारिक ज्ञान)—

'रूपा ठोइ नाहकि ठावी।' (चर्यापद 8)

'सोने रूपै सीझै काज, तो राजा कत छोड़ै राज' (गोरखबानी, पृ. 177)

29. कर्पूरयुक्त ताम्बूल—

'हिअ तांबोला महासुह कापुर खाइ।' (चर्यापद 28)

'काम क्रोध बाली चूना कीधा कन्द्रप कीया कपूरं।' (गोरखबानी, पृ. 106)

30. वीणा—

'सुज्ज लाउ ससि लागेलि तांती' (चर्यापद 17)

'ज्ञान गुरू दोउ तूंबा अम्हारे मनसा चेतनि डांडी।' (गोरखबानी, पृ. 106)

'तत करि तांति धर्म करि डांड़ि सत की सारि लगाइ।
जोगिया तन कौ जन्त्र बजाइ।' (कबीर-ग्रन्थावली, पृ. 159)

चन्द सूर दोउ तूंबा करिहूँ चित चेतनि की डांडी
सुषमन तन्ती बाजण लागी इह विधि त्रिषणां खांडी।।
(कबीर-ग्रन्थावली, पृ. 154)

31. काग (अज्ञानी चित्त)—

'दिवसइ बहुड़ी काअ डरे भाअ।' (चर्यापद 2)

'कागिल गर फांदिया बटेरै बाज जीता।' (कबीर-ग्रन्थावली, पृ. 141)

32. आँगन (उष्णीष कमल, अन्तःकरण)—

'आँगण घरपण सुन भो विआती।' (चर्यापद 2)

'मांग न खाइ न भूखा सोवै घर अंगना फिरि आवै।'

(कबीर-ग्रन्थावली, पृ. 158)

33. जुलाहा (जीव)—तन्त्रीपा 25वें चर्यापद में साधक के लिए जुलाहे (तन्त्री) का प्रतीक प्रयुक्त करते हैं। इस पद का मूल अप्राप्य है, तिब्बती रूपान्तर डॉ. बागची ने दिया है। (चर्यापद 54)

'माधौ चले बुनावन माहा, जग जीतें जाइ जुलाहा।'

(कबीर-ग्रन्थावली, पृ. 153)

34. कलाली या शौण्डिकी—

'एक से शुण्डुनि दुइ घरे सान्धअ।' *(चर्यापद 3)*

'काइआ कलालनि लाहनि मेलउ गुर का सबद गुडु कीन रे।'

(सन्त कबीर, पृ. 176)

'गुडु करि धिआन गिआन करि महूआ मउ भाठी मन धारा
सुखमन नारी सहज समानी पीवै पीवनहारा।' *(सन्त कबीर, पृ. 177)*

इस प्रकार हम देखते हैं कि पचास से भी अधिक (पिछले 20 + 34) उपमान ऐसे हैं जिनको सिद्धों ने विशेष प्रतीकात्मक अर्थों में प्रयुक्त किया है और उनके वे प्रतीकार्थ परवर्ती परम्परा में भी ज्यों-के-त्यों अथवा थोड़े-बहुत परिवर्तित रूप में स्वीकृत कर लिये गये हैं। इन प्रमुख उपमानों के अतिरिक्त भी बहुत-से उपमान इन प्रमुख उपमानों के साथ रूपक को पूरा करने के लिए गौण रूप में सिद्धों तथा उनकी परवर्ती परम्परा में समान रूप से प्रयुक्त होते रहे हैं—जैसे मादल, रात्रि, निद्रा, वर, वधू, मण्डप, पुरोहित, पर्यङ्क, निद्रा, हाँड़ी (काया), करघा, घट, भट्ठी, मद्यपात्र, तूर्य, शंख, पतवार, सूत, ताना-बाना, चादर आदि।

बहुत-से उपमान ऐसे हैं जो सिद्धों ने भी प्रयुक्त किये हैं और नाथों तथा सन्तों ने भी किन्तु वे मध्यकालीन भारतीय दार्शनिक चिन्तन की सम्मिलित सम्पत्ति थे जैसे बन्ध्यासुत, रज्जु-सर्प, आकाश-कुसुम, शशशृंग आदि।

सिद्धों के इन उपमानों तथा प्रतीकों के सम्बन्ध में परवर्ती परम्परा में पाँच प्रमुख संशोधन या परिवर्तन हुए हैं :

1. ऐसे बहुत-से प्रतीक या उपमान लुप्त हो गये जो बौद्ध चिन्तना या साधना-पद्धति के उन तत्त्वों से सम्बन्धित थे जो बाद में नाथ या सन्त-परम्परा में स्वीकृत नहीं किये गये।

2. बहुत-से प्रतीक या उपमान परवर्ती साहित्यिक परम्परा में स्वीकृत किये गये किन्तु उनके बौद्ध उपमेयों के स्थान पर हिन्दू हठयोग के समानान्तर उपमेय रख दिये गये जैसे गंगा-यमुना, ललना-रसना के स्थान पर इड़ा-पिंगला के प्रतीक हो गये।

3. वैष्णव तथा सूफी साधनाओं से प्रभावित होने के कारण ये उपमान कभी-कभी उन नये उपमेयों से भी सम्बद्ध हो गये जो वैष्णव या सूफी परम्परा से लिये गये थे जैसे अग्नि चण्डाग्नि के साथ-साथ विरह का भी प्रतीक हो गयी, वर साधक के साथ-साथ राजा राम का भी प्रतीक हो गया।

4. कुछ ऐसे प्रतीक हैं जो सिद्धों में भी प्रयुक्त हैं और सन्तों में भी, किन्तु प्रासंगिक अर्थों के कारण वे बौद्ध के बजाय हिन्दू परम्परा से आगत प्रतीत होते हैं। उदाहरणार्थ दूसरे चर्यापद में 'कच्छप' प्रतीक रूप में प्रयुक्त हुआ है। उसके लिए दुलि शब्द का प्रयोग हुआ है, मुनिदत्त ने अपनी टीका में 'द्वयम् लीनं गतं यस्य' अर्थात् महासुख कमल बताया है किन्तु सन्तों ने उसे अन्तर्मुखी वृत्तियोंवाले साधक के अर्थ में प्रयुक्त किया है जो हिन्दू परम्परा के अधिक निकट है।

5. कभी-कभी भाषा के विकास के साथ कुछ शब्दों की शक्ति का भी विकास हुआ है और सन्तों ने श्लेष के आधार पर उन शब्दों को नये प्रतीकात्मक अर्थ दे दिये हैं। उदाहरण के लिए 'बिनानी' शब्द विज्ञानी का अपभ्रंश रूप है और तथता-विज्ञानी के अर्थ में सिद्धों ने प्रयोग किया है। 'तथता' का अंश निकालकर केवल तत्त्वज्ञानी के अर्थ में उसका प्रयोग बराबर होता रहा यहाँ तक कि सूर ने भी इस शब्द का इसी रूप में प्रयोग किया है : 'कबहुक भेस दिखाइ बिनानी।' किन्तु कबीर ने इससे बुननेवाले का अर्थ लेकर जुलाहे का पर्याय बना दिया है 'करगहि एक बिनानी, ता भीतर पंच परानी' (कबीर ग्रन्थावली, 186)।

रूपक-योजना—हम पहले ही संकेत कर आये हैं कि सन्धा शैली में अप्रस्तुतों तथा प्रतीकों की द्विविध योजना प्रचलित थी—औपम्यमूलक तथा विरोधमूलक। यही सन्तों के साहित्य में रूपक तथा उलटवाँसी के नाम से प्रख्यात हुई। अपने रूपकों में सन्तों ने इन्हीं उपमानों को नियोजित कर तत्त्व का उपदेश दिया। उनके बहुत-से रूपक ऐसे हैं जो सिद्ध परम्परा से चलते चले आ रहे हैं जैसे कलाली का रूपक, जुलाहे का रूपक, विवाह का रूपक आदि। किन्तु उपमानों की पूर्वागत योजना स्वीकार करते हुए भी सन्तों तक आते-आते उनका उपमेय पक्ष बौद्ध के स्थान पर हिन्दू रूप धारण कर चुका है। दो-तीन रूपकों की तुलना कर लेने से यह बात स्पष्ट हो जायगी।

वीणापा ने वीणा के रूपक में (चर्यापद 17) जो उपमान रखे हैं कबीर[17] ने जन्त्री के रूपक में लगभग उन्हीं उपमानों का प्रयोग करते हुए भी कुछ परिवर्तन कर दिया है :

वीणापा		**कबीर**	
तूँबा	सूर्य	तूँबा	सूर्य, चन्द्र
दण्डिका	अवधूती	दण्डिका	चेतना
तार	चन्द्र	तन्त्री	सुषुम्णा
सारिका	आली काली		
ध्वनि	करुणा (उपाय)		

अन्य कई स्थानों पर कबीर ने इसी रूपक को और ढंग से भी प्रस्तुत किया है। एक स्थान पर वे धर्म को दण्डिका, तत्त्व को तन्त्री और सत्य को सारिका बताते हैं।[18] दूसरे स्थान पर वे इसी रूपक को रबाब के रूपक में बदल देते हैं। गोरखबानी में इसी रूपक में ज्ञान और गुरु तूँबा, मनसा दण्डी और उन्मनी अवस्था तन्त्री बतायी गयी है।[19]

शुण्डिनी के रूपक में भी बहुत-से नये तत्त्व और नयी व्याख्याएँ जुड़ गयी हैं। विरूपा की उपमान-योजना इस प्रकार थी :

कलाली (शुण्डिनी)	परिशुद्धावधूतिका
दो घर (घट)	ललना-रसना
वल्कल चूर्ण	संवृत्ति चित्त
दशम द्वार	वैरोचन द्वार
ग्राहक	गन्धर्व सत्त्व (बोधिचित्त)
नली	शुक्र नाड़ी

कबीर में कई स्थानों पर यह रूपक मिलता है[20] जिनमें उपमेय पक्ष में कुछ परिवर्तन हो गया है :

पहला रूपक		**दूसरा रूपक**	**तीसरा रूपक**
कलाली	सहज शक्ति	आत्मा	काया
भट्ठी	ब्रह्मरन्ध्र	ब्रह्मरन्ध्र	चौदह भुवन
दसवाँ द्वार	....	शून्य रन्ध्र	
ग्राहक	सन्त	सन्त	

इसके अतिरिक्त कबीर ने अपने कलाली के रूपकों में गुड़रूपी ज्ञान, महुआरूपी ध्यान, अग्निरूपी ब्रह्माग्नि, कलालरूपी जप-तप,..लारूपी पवन, ईंधनरूपी काम-क्रोध आदि की कल्पना कर इस रूपक को बहुत विस्तार प्रदान कर दिया है। कालान्तर में अन्य सन्तों ने भी इस रूपक को कई ढंग से विकसित किया है।

इसी प्रकार का दूसरा रूपक विवाह का रूपक है। काण्हपा ने (चर्यापद 19) में बारात का रूपक बाँधते हुए निम्नांकित उपमान प्रयुक्त किये हैं :

भव-पटह, निर्वाण-मादल, मनपवन—धक्का-ध्वनि करनेवाले बाराती, डोम्बी-वधू, अनुत्तर-दहेज।

कबीर में एक स्थान पर यह रूपक इस प्रकार मिलता है :[21]

बाराती-पाँच तत्त्व, वर-राम, वधू-आत्मा, गायिकाएँ-इन्द्रियाँ, पुरोहित-चक्रस्थ ब्रह्म।

दूसरे स्थान पर यही रूपक और भी विस्तृत हो गया है और उसमें उपमान इस प्रकार हैं :[22]

रबाब आदि बजानेवाले-हाथी, बैल, कौवा, गधा, भैंसा, सिंह, मूषकी; कच्छप, शशक आदि-कर्मेन्द्रियाँ तथा ज्ञानेन्द्रियाँ; कुलीन वर—जीवात्मा, मण्डप-शरीर, वधू-माया, गायिकाएँ-शब्द, होम की अग्नि-ब्रह्माग्नि, पुरोहित-कच्छपरूपी स्थितप्रज्ञ गुरु।

विवाह के बाद की विदा का रूपक इस प्रकार है :[23]

वधू-आत्मा, पीहर-संसार, ससुराल-ब्रह्मलोक, डोली-शरीर, पाहुन-गुरु, विदा-मृत्यु।

जुलाहे का रूपक कबीर का अत्यन्त प्रिय रूपक है। सिद्धों में तन्तिपा ने (चर्यापद 25) करघे के ही रूपक से प्रज्ञोपाय-साधना का वर्णन किया है उनके रूपक में उपमान इस प्रकार हैं :

जुलाहा-साधक, सूत्र-मनोवृत्तियाँ, चादर-तन, करघे का शब्द-अनाहतनाद।

कबीर ने न केवल इस रूपक को अत्यधिक विस्तार दिया है[24] वरन् एक स्थान पर ईश्वर को कोरी मानकर सृष्टि को उसी का ताना-बाना माना है।[25]

इस प्रकार कबीर ने इन रूपकों को पूर्वागत परम्परा से ग्रहण करते हुए भी इनमें बहुत-से संशोधन कर दिये थे। स्वतः कबीर तक आते-आते इन रूपकों की योजना बहुत परिवर्तित हो चुकी होगी। बाद के सन्तों ने अधिकतर इन्हीं रूपकों को अपनाया है और इनमें बहुत विकास होता गया है। बहुत-से स्थलों पर तो केवल अनुकरण मात्र है और पुनरावृत्ति है। किन्तु कहीं-कहीं सिद्धों के पदों से बिलकुल मिलते-जुलते हुए पद मिल जाते हैं जिनकी न केवल उपमान-योजना लगभग एक-सी है वरन् पूरा पद एक-सा प्रतीत होता है। उदाहरण के लिए शान्तिपा और सन्त शिवदयाल साहब के पद तुलनीय हैं जिनमें कपास धुनने के रूपक से ब्रह्मज्ञान की प्राप्ति का वर्णन है :

शान्तिपा : *तुला धुणि धुणि आंसु रे आंसु*
आंसु धुणि धुणि निखर सेसु।।
तउसे हरुअ ण पाविअइ
तुला धुणि धुणि सुणे अहारिउ।।
पुण लइआ अपणा चटारिउ।।...चर्यापद 26

शिवदयाल : *धुन धुन धुन डालूँ अब मन को*
मैं धुनिया सतगुरु चरनन को
मन कपास सुरत कर रूई
काम बिनौले डाले खोई।।
दुई साफ धुनकी सुधि पाई
नाम धुना ले गगन चढ़ाई।। सन्तकाव्य, पृ. 549

इस प्रकार के कुछ रूपकों में किन कारणों से संशोधन और विस्तार हुआ और कभी-कभी कैसे उनके कारण कुछ अन्य सहायक उपमान भी स्वीकृत कर लिये गये हैं इस पर विचार कर लेना आवश्यक है। उदाहरण के लिए हम तीन रूपक लेंगे—क-सुमेरु पर्वत का रूपक। ख-घोड़े तथा सवार का रूपक। ग-ताला-कुंजी तथा चोर का रूपक।

सुमेरु का रूपक—बौद्ध योग-परम्परा में मेरुपर्वत को मेरुदण्ड का उपमान मानकर उसके शिखर पर प्रज्ञा नारी या नैरात्म्य बालिका का वास माना गया था। उसी के शिखर पर शबरपा ने शबरी का वास माना था। मेरुपर्वत का यह रूपक सन्त-परम्परा तक बराबर चला आया। नानक ने तथा अन्य सन्तों ने इसी मेरु शिखर पर सहज तथा शून्य की स्थिति बतायी थी :

नानक : *चढ़ि सुमेर बैसे अस्थानु, निझरु झरे धुनि सहजि ध्यानु।*[26]

दरिया : *दरिया चढ़िया गगन को, मेरु उलघा डंड*
सुख उपजा साईं मिल्या मेंटा ब्रह्म अखंड।
दरिया मेरु उलंघ करि पहुँचा त्रिकुटी संध।
दुख भाजा सुख ऊपजा, मिटा मर्म का धुंध।।[27]

इसी के सर्वोच्च शिखर अर्थात् त्रिकुटी को शून्य शिखर कहा जाता था और वही शून्यकमल तथा सहज अमीरस का वर्णन माना जाता है :

गुलाल : *सुन्न सिखर सरोज फूलो बंकनाल हि जाव*
कह गुलाल अतीत पूरन, आपु में घरु पाव।[28]
सुन्न सिखर चढ़ि जाइब हो बाजत अनहद तार।
उमंगि उमंगि सखि गावहिं हो, मानिक देव लिलार।[29]

सुमेरु के शिखर का 'शून्य' नाम बौद्ध परम्परा के अवशिष्ट प्रभाव का द्योतक है, किन्तु इसका एक दूसरा नाम कैलास भी है जो शैव परम्परा का परिचायक है। हम पहले ही देख चुके हैं कि 'उरध' में शिव का वास बताया गया है। इसी शिव के वास के कारण मेरु शिखर अथवा त्रिकुटी को कैलास भी कहते थे। जायसी ने भी इसी शैव परम्परा का उल्लेख पद्मावत में किया है :

अहुठ हाठ तन जैस सुमेरू, पहुँचि न जाइ परा तसकेरू।
तिन्ह पावा उत्तिम कविलासू, जहाँ न मीचु सदा सुख बासू।
कंचन मेरु देखावसि जहाँ, महादेव कर मंडप तहाँ।।[30]

किन्तु यहाँ पर एक बात ध्यान में रखना आवश्यक है। बौद्ध परम्परा में मेरु शिखर को सर्वोच्च महासुख-चक्र अर्थात् कपाल में स्थित माना गया था। हिन्दू परम्परा में मेरु का शिखर केवल ललाट (आज्ञाचक्र) तक है और वहीं शून्य समाधि सम्पन्न होती है। ललाट का यह महत्त्व शैव योग-परम्परा के कारण है, बौद्ध परम्परा के कारण नहीं। बौद्धों में ललाट का महत्त्व केवल सेकोद्देश टीका में मिलता है, अन्यत्र नहीं।

मेरु शिखर के साथ सन्तों ने कुछ वैष्णव भावनाएँ भी जोड़ीं। दादू ने मेरु पर्वत पर राम भक्ति के जल की वर्षा का वर्णन किया है :

मेर सिखर चढ़ि बोलि मन मोरा।
राम जल बरिसै सबद सुनि तोरा।।[31]

कबीर ने तो अन्त में राम को ही मेरु पर्वत बताया है जिनकी शरण उन्होंने ग्रहण की है और इस प्रकार भक्ति के सामने योग को गौण मान लिया है :

तूं मेरो मेरु परबतु सुआमी ओट गही मैं तेरी।
ना तुम डोलहु ना हम गिरते रखि लीनी हरि मेरी।।[32]

यहाँ पर मेरु पर्वत का उपमान अचलत्व के साधर्म्य के कारण ग्रहण किया गया है, योग पद्धति के मेरुदण्ड के नाम साम्य के कारण नहीं।

परवर्ती कबीरपन्थी साहित्य में सुमेरु के पाँच शिखर बताये गये हैं और उनमें भी मध्य आसन विष्णु को दिया गया है। ईशानकोण में ध्रुव, वायुकोण में कुबेर, नैर्ऋत्यकोण में यम, अग्निकोण में इन्द्र और मध्य में विष्णु। उसके आगे शून्य की डोरी, निर्वाण के पथ और अन्त में शक्तिरूपी नारी का मिलन बताया है जो सच्चा वाममार्ग है और अघोर साधना है।[33]

घोड़ा तथा सवार का रूपक

पवन-निरोध के लिए पवन को घोड़ा मानकर उसे वशीभूत करने का रूपक सिद्धों ने बाँधा है जो नाथपन्थियों की बानी में भी मिलता है :

सरहपा : *एहु मण मेल्लह पवण तुरंग सुचंचल*
सहज सहावे णे वसइ होइ णिच्चल।[34]

गोरखबानी : *सहज पलांग पवन कर घोड़ा, लै लगाम चित चबका*
चेतनि असबार ग्यांन गुरु करि और तजो तब दबका।[35]

सन्तों ने भी पवन निरोध के लिए यही रूपक अपनाया है। कबीर भी सहज के पाँवड़े से युक्त मनरूपी अश्व पर सवारी करते हैं।

देह मुहारे लगामु पहिरावउ, सगलत जीन गगन दउरावउ।
अपनै बीचारि असवारी कीजै, सहज कै पाँवड़ै पगु धरि लीजै।
चलि रे बैकुण्ठ तुझहि लै तारउ, हित हित प्रेम कै चाबुक मारउ।
कहत कबीर भले असवारा, वेद कतेब तै रहै निरारा।।[36]

पलटू के एक रेखते में इस पवन के घोड़े पर सुरति को सवार बताया गया है और जीन लगाम आदि की कल्पना से पूरा रूपक बाँधा है :

सत्त को जीन, संतोष लगाम है, गुरुज्ञान को पाखर जाय डारा
बिस्वास रकाब में जुगति की एड़ दै, पाँच पच्चीस मवास मारा
पवन का घोड़ा सुरति असवार है, प्रेम की ढाल है मर्म माला
विवेक देवान इन्साफ पर बैठि के मुक्ति को कैद जंजीर डाला।[37]

इस प्रकार सन्तों में पवन निरोध का घोड़े की सवारीवाला रूपक केवल प्राणायाम साधना का ही बोधक नहीं रह गया, उसमें सत्य, सन्तोष, विश्वास, विवेक आदि सद्‌गुणों का भी समन्वय हो गया है, यहाँ तक कि दरिया साहब तो उसे पवन का उपमान न मानकर केवल ज्ञान का उपमान मानने लगते हैं :

ज्ञान का घोड़ला सुन्न में दौड़िया, सुन्न में सुरति है शब्द सारा।[38]

ताला-कुंजी तथा चोर का रूपक—इस प्रकार पवनबन्ध का एक दूसरा रूपक सिद्धों ने ताला-कुंजी के उपमानों से भी प्रस्तुत किया है और धीरे-धीरे सन्तों की परम्परा में उसका भी पवन-निरोधवाला अर्थ नष्ट हो गया है, केवल प्रयोग की परम्परा चलती रही।

प्राणायाम द्वारा पवन के बन्ध को वज्रयानी सिद्ध अध और ऊर्ध्व मार्ग में ताला लगाने के रूपक से व्यक्त करते थे :

काण्हपा : *पवण गमण दुआरे दिढ ताला वि दिज्जइ*
जइ तसु धोरांधारें मण दिवहो किज्जइ।[39]

गुण्डरीपा : *सासु घरे घालि कोंचा ताल*
चाँद सुरज वेणि पखा फाल।।[40]

नाथपन्थी बानियों में भी इस ताला-कुंजी के रूपक द्वारा पवनबन्ध का वर्णन मिलता है, यद्यपि उसमें दो संशोधन हो गये हैं। एक तो शब्द या नाद-योगपद्धति की प्रधानता के कारण नाद जाग्रत करने, या नाद को अन्तर्मुखी करने के लिए भी ताला लगाने का रूपक प्रयुक्त होने लगा। दूसरे ताला लगाने के साथ-साथ, दसवें द्वार या ब्रह्मरन्ध्र का ताला खोलने की कल्पना भी ग्रहण की गयी। अन्त में, शब्द को ताला और चरमावस्था निःशब्द को कुंजी मान लिया गया (इस निःशब्दावस्था पर वज्रजप के अन्तर्गत प्रकाश डाला गया है)

कुम्भक के प्रसंग में—

अरधै उरधै लाइलै कूँची थिर होवै मन तहाँ थाकीले पवणा।
दसवाँ द्वार चीन्हिलै, छूटै आवागवनां।[41]

खेचरी मुद्रा के प्रसंग में—

कूँची ताली सुषमन करै। उलटि जिभ्या ले तालू धरे।[42]

शब्दयोग के प्रसंग में—

सबदहिं ताला, सबदहिं कूँची, सबदहिं सबद जगाया।
सबदहिं सबद सूँ परचा हुआ, सबदहिं सबद समाया।।[43]
अवधू निहसबद कूँची, सबद ताला।।[44]

सन्त-साहित्य में भी प्राण-पवन के बन्धन के अर्थ में ताला-कुंजी का प्रयोग मिलता है। अधिकतर इसका प्रयोग त्रिकुटी में ध्यान को कुम्भक द्वारा केन्द्रित करने के प्रसंग में मिलता है :

कबीर : *खट नेम करि कोठड़ी बाँधी बसतु अनूपु बीचु पाई*
कुंजी कुलफु प्रान करि राखे करते बार न लाई।।
अब मनु जागत रहु रे भाई।
गाफलु होइ कै जनम गवाइओ चोरु मुसै घरु जाई।[45]

दरिया : *हीरा एक त्रिकुटी मँह होई। हीरा ध्यान धरहु नर लोई।।*
हीरा मध्य फेड़ बिस्तारा। जोगी ज्ञान को करै बिचारा।।
ताला कुंजी गहि लागि केवारा। चोर न मुसै ज्ञान रखवारा।।
ताके कहिये ज्ञान गंभीरा। त्रिकुटी मध्य जो रखै हीरा।।[46]

भीखा : *जड़ि ताला वज्र कपाट को तहँ बैठे आतमराम।*
देखें सुने की गम नहीं नहिं आँख कान को काम।[47]

इसी ताला-कुंजी के रूपक का प्रयोग अन्य अर्थों में भी हुआ। दादू ने गुरु के शब्दों को कुंजी माना और उससे ज्ञान के कपाट खोलकर तत्त्व की प्राप्ति का वर्णन किया :

दादू देव दयाल को गुरु दिखाई बाट
ताली-कुंजी लाइ के खोले सबै कपाट।।[48]

बाद में इसके कई निरर्थक प्रयोग भी मिलते हैं जहाँ ये दोनों उपमान ग्रहण किये गये हैं किन्तु उनका ठीक-ठीक अर्थ नहीं बैठता :

बिना कुंजी का खुले नहीं ताला।
काहे के कुंजी, काहे का ताला, काहे के लगे हैं किवारा।
तन की कुंजी, सुरति का ताला, प्रेम के लगे हैं किवारा।
छत्रसाल भजो नाम धनी के चरन चित लागा।[49]

उपर्युक्त पद में केवल परम्परा निर्वाह के लिए कुंजी और ताला के उपमान ग्रहण किये गये किन्तु उनका पवन-बन्धपरक अर्थ लुप्त हो चुका है। ताला-कुंजी के साथ-साथ उपमान रूप में चोर भी चर्यापदों में आता है। यह 'चोर' चंचल चित्त या क्लेश-वासनादि से अभिभूत मन के लिए प्रयुक्त होता है और हठयोग साधना में पवन-बन्ध या श्वास-निरोध से स्थिर मन जब तत्त्व को ग्रहण करने लगता है तभी इस बात की आशंका होती है कि वासना-विकल प्रवृत्तियाँ कहीं चोर बनकर उस तत्त्वरूपी धन को चुरा न ले जायँ। इसी कारण ढेण्ढणपा ने अपनी उलटवाँसी में साधु को ही चोर कहा है 'जो सो चोर सोइ साधी।'[50] इसी परम्परा का निर्वाह करते हुए कबीर ने भी कहा है :

चोर एक मूसै संसारा, बिरला जन कोइ बूझनिहारा।[51]

यह वासना-विकल मन (या माया-शवलित अन्तःकरण) साधना-पथ में सबसे बड़ा अवरोध है और साधक के अनजाने ही कभी-कभी यह उसका तत्त्वरूपी धन गँवा देता है। इसीलिए साधना-पथ में इस चोर से सावधान रहने की बात नाथ तथा सन्त-साहित्य में बराबर कही गयी है :

गोरखबानी : *काया हमारैं सहर बोलिये मन बोलिये हुजदारं*
चेतनि पहरै कोटवाल बोलिये, तौ चोर न झंकै द्वारं।।[52]

कबीर : *अब मन जागत रहु रे भाई।*
गाफलु होइ कै जनमु गवाइयो चोरु मुसै घरु जाई
पंच पहरुआ दर महिं रहते तिन्ह का नहीं पतीआरा
चेति सुचेत चित होइ रहु तउ तौ परगासु उजारा
नउ घर देखि जु कामिनी भूली बसतु अनूप न पाई
कहतु कबीर नवौ घर मूसे दसवें ततु समाई।।[53]

दादू : *इत घर चोर न मूसै कोई। अन्तरि है जे जानै सोई।*
जागहु रे जन तत्त न जाइ। जागत है सो रह्या समाइ।।[54]

दरिया : *ताला कुंजी गहि लाग केवारा। चोर मुसै ज्ञान रखवारा।*[55]

किन्तु इसी चोर के रूपक के प्रसंग में सन्तों ने एक ऐसे धन का वर्णन किया है जिसे चोर भी नहीं चुरा ले जा सकते वह है—रामभक्तिरूपी धन। योग और तन्त्र से भी अधिक महत्त्व वैष्णव भक्ति को देते थे जो सिद्धों और नाथों की पद्धति में नहीं स्वीकृत हुई थी। सन्तों ने उसे स्वीकार कर योगपद्धति से भी अधिक श्रेष्ठता प्रदान की क्योंकि योगपद्धति में पवन निरोध से ताला-कुंजी में रखे जानेवाले तत्त्वरूपी धन को चोर चुरा सकता है किन्तु भक्ति ऐसा धन है जो कि मन में आकर फिर जा ही नहीं सकता। कबीर इस हरिनामरूपी धन को न गाँठ में बाँधने की जरूरत समझते हैं न इसे बेचने का साहस कर सकते हैं :

इहु धनु मेरो हरि के नाउ। गाँठि न बाधउ बेचि न खाउ।
नाउ मेरे खेती नाउ मेरे बारी। भगति करउ जनु सरने तुम्हारी।
नाउ मेरे माइआ नाउ मेरे पूँजी। तुम्हहिं छोड़ि जानिउ नहीं दूजी।
नाउ मेरे बन्धिय नाउ मेरे भाई। नाउ मेरे संगि अति होइ सखाई।[56]

दादू भी इस धन को अद्वितीय बताते हैं :

राम धन खात न खूटै रे।
अपरम्पार पार नहिं आवै आथि न टूटै रे
तस्करि लेइ न पावक जालै, प्रेम न छूटै रे
चहु दिस पसर्यो बिन रखवारे चोर न लूटै रे
हरि हीरा है राम रसाइण, सरण न सूकै रे
दादू और आथि बहुतेरी, तुस न कूटै रे।।[57]

उलटवाँसी—इन्हीं उपमानों की विरोधात्मक योजना पर आधारित उलटवाँसियों की चमत्कारपूर्ण शैली सिद्धों के काव्य में भी व्यवहृत होती थी। परवर्ती सम्प्रदायों में से बहुतों ने अपने को उलटा पथ माना है और अपनी साधना-पद्धति के विवरण में उन्होंने पाताल की गंगा को आकाश में चढ़ाने, चन्द्र द्वारा राहु का ग्रास कराने आदि की विरोधमूलक उलटवाँसियों में योग-प्रक्रियाओं का संकेतात्मक उल्लेख किया है। इन उलटवाँसियों में केवल परस्पर विरोधी धर्मवाले उपमानों की योजना की जाती थी। सन्त

सुन्दरदास ने इन उलटवाँसियों को विपर्यय की संज्ञा दी है, जो वास्तव में अत्यन्त सार्थक है।[58] इन उलटवाँसियों में या तो पारस्परिक विरोधी धर्मवाले उपमानों का एकत्रीकरण होता था या उपमानों में उनके स्वाभाविक धर्म के स्थान पर विरोधी धर्म का आरोप कर दिया जाता था। सिद्धों की उपलब्ध काव्य-सामग्री में केवल एक ही उलटवाँसी मिली है (ढेण्ढणपा, चर्यापद 33)। कबीर के बीजक में वही उलटवाँसी थोड़े से संशोधित रूप में मिलती है :

ढेण्ढणपा : *टालत मोर घर नाहिं पड़िवेशी*
हाड़ीत भात नाहिं निति आवेशी
वेंगस साँप बढिल जाअ
दुहिल दूधु कि बेन्टे समाअ
वलद बिआअल गविआ बाँझे
पिटा दुहिअउ ते तिनि साँझे
जो सो बुधी सो धनि बुधी
जो सो चोर सोइ साधी
निति निति सिआल सिहे सम जुझअ
ढेण्ढण पाएर गीत विरले बुझअ।।

कबीर : *कैसे नगर करौं कुटवारी। चंचल पुरिष विचषन नारी*
बैल बियाइ गाय भई बाँझ। बछरा दूहै तीन्यूँ साँझ
मकड़ी घरि माषी छछिहारी। मास पसारि चील्ह रखवारी
मूसा खेवट नाव बिलइया। मीडक सोवै साँप पहरइया
नित उठ स्याल स्वंघ सूं झूझै। कहै कबीर कोइ बिरला बूझै।[59]

कबीर के संग्रह में यह पद निस्सन्देह बौद्ध परम्परा से आया है। इसका प्रमाण न केवल दोनों का अद्‌भुत साम्य है, वरन् यह भी है कि कबीर के पद के कुछ अंश ऐसे हैं जो बौद्ध परम्परा में तो सार्थक थे किन्तु कबीर उनका अर्थ सम्भवतः भूल चुके हैं। उदाहरण के लिए इस पद में तीन साँझ का उल्लेख है। वज्रयानी साधना-पद्धति में चार क्षणों को चार सन्ध्याएँ भी कहा जाता था और चतुर्थी सन्ध्या अर्द्धरात्रि या प्रज्ञाज्ञानाभिषेक की सन्ध्या मानी जाती थी; उसके पहले तीन सन्ध्याएँ भवमुद्रा, कर्ममुद्रा तथा ज्ञानमुद्रा की सन्ध्याएँ होती थीं। ढेण्ढणपा का संकेत उन्हीं तीन सन्ध्याओं की ओर है। कबीर के पद में यह केवल तीन प्रहरों का सूचक है, उसका बौद्ध तान्त्रिक अर्थ भुलाया जा चुका है।

कबीर तथा उनके बाद के सन्तों में इस उलटवाँसी पद्धति का बहुत प्रचलन रहा है यद्यपि उनके अर्थनिर्णय में बहुत कठिनाई होती है, क्योंकि स्वतः सन्तों तक आते-आते इन प्रतीकों के सांकेतिक अर्थों में काफी परिवर्तन हो चुका था और बहुत-से बेपढ़े-लिखे सन्त तो केवल श्रोताओं को चौंकाने के लिए ऐसी उलटवाँसियाँ कहते थे जिनके

अर्थ के विषय में सम्भवतः वे ही सन्दिग्ध होते थे। सन्तों में सबसे सुसंस्कृत कवि सुन्दरदास ने सम्भवतः ऐसे ही सन्त कवियों को सम्बोधित करते हुए कहा था :

बोलिये तो तब जब बोलिबे की सुधि होय
नतरु मौन गहि चुप होइ रहिये।

भाषा—भाषा की दृष्टि से सिद्धों के परवर्ती प्रभाव का मूल्यांकन कर सकना तब तक सम्भव नहीं है जब तक नाथों की बानियों और कबीर के साहित्य की भाषा के मूल रूप का निर्णय नहीं हो जाता। नाथों की बानियों की भाषा अपने उपलब्ध रूप में 17वीं शती की भाषा है और कबीर के पाठ के विषय में भी अभी बहुत विवाद है। किन्तु फिर भी डॉ. वर्मा द्वारा ग्रन्थसाहिब के आधार पर प्रस्तुत 'सन्त-कबीर' के पाठ को हम कबीर की भाषा के मूल रूप में बहुत निकट मान सकते हैं।

कबीर तक आते-आते पूर्वी हिन्दी का स्वरूप निश्चित हो गया था किन्तु सन्त-साहित्य की परम्परा केवल पूर्वी हिन्दी तक ही सीमित नहीं रही। पंजाब से लेकर मगध तक सन्त हिन्दी में रचना कर रहे थे। कुछ तो पारस्परिक सम्पर्क के कारण और कुछ विभिन्न प्रान्तों में प्रचलित होने के कारण उनकी बानियों में भाषा-शैलियों का सम्मिश्रण होना एक साधारण-सी बात थी। वज्रयानी सिद्धों का अनुसरण करते हुए पूर्वी प्रदेशों के कवि भी अवधी या पश्चिमी बोलियों को अपनी काव्यभाषा के रूप में स्वीकार करते थे या नहीं और यदि करते थे तो पदों और दोहों में दो विभिन्न भाषा-शैलियाँ रहती थीं या एक, इस दृष्टि से भोजपुरी प्रदेश के सन्तों की बानियों पर विचार कर लेना आवश्यक है।

भोजपुरी प्रदेश के सबसे पहले कवि कबीर ही थे। उन्होंने अपनी बोली को 'पूर्वी' कहा है जिसके योगपरक अर्थ पर हम पीछे विचार कर चुके हैं। यदि भौगोलिक दृष्टि से देखा जाय तो पूर्वी से यहाँ अवधी और भोजपुरी दोनों ही बोलियों का संकेत ग्रहण किया जा सकता है। डॉ. रामकुमार वर्मा ने 'सन्त कबीर' की भूमिका में कबीर की भाषा का मूल ढाँचा अवधी ही माना है। किन्तु भोजपुरी प्रदेश के निवासी होते हुए भी उन्होंने अवधी को काव्यभाषा के रूप में क्यों स्वीकार किया इसका कोई कारण नहीं बताया जा सकता। केवल यही कहा जा सकता है कि उनके पहले से ही भोजपुरी से भी अधिक पूर्वी प्रदेशों के सिद्ध और नाथ कवि अपने दोहों के लिए पूर्वी प्रभाव-मिश्रित पश्चिमी अपभ्रंश का प्रयोग कर रहे थे जिसकी अधिकतम निकटता अवधी से मानी जा सकती है। अतः कबीर ने भोजपुरी प्रदेश में रहते हुए भी अवधी में रचना कर एक पूर्वागत परम्परा का निर्वाह ही किया है।

इस सम्बन्ध में डॉ. उदयनारायण तिवारी का मत यह है कि कबीर की भाषा की अवधी रूपरेखा के नीचे भोजपुरी का ढाँचा ढूँढ़ा जा सकता है। उन्होंने सम्भवतः अपने पद भोजपुरी में ही लिखे थे किन्तु पश्चिमी लिपिकारों ने अपने प्रान्त में उनका प्रचार करने के लिए उनका खड़ीबोली, ब्रजभाषा, पंजाबी आदि में रूपान्तर करने का प्रयास

किया है और इसी कारण उसका भोजपुरी रूप लुप्त हो गया है।[60] इसके समर्थन में उन्होंने कबीर-ग्रन्थावली में से कुछ संज्ञा-रूप तथा क्रिया-रूपों पर भोजपुरी प्रभाव दिखाकर राग गौड़ी के 20वें पद का भोजपुरी रूपान्तर प्रस्तुत किया है और उनका अनुमान है कि यही कबीर के पदों की वास्तविक भाषा-शैली रही होगी। किन्तु डॉ. वर्मा ने बड़े सबल प्रमाणों से यह सिद्ध किया है कि गुरु ग्रन्थ साहिब में संगृहीत पदों में भाषा की शुद्धता रखने का प्रयास किया गया है और सुदूर पंजाब में भी लिपिबद्ध किये गये उन पदों में भी अवधी बोली ही की प्रधानता मिलती है। इस दृष्टि से यही कहना उचित जान पड़ता है कि कबीर भोजपुरी प्रदेश के निवासी होते हुए भी अवधी में रचना करते थे किन्तु उनकी अवधी में भी भोजपुरी रूपों का मिश्रण हो जाना उतना ही स्वाभाविक था जितना दोहाकोषों की पश्चिमी अपभ्रंश में पूर्वी रूपों का मिश्रण हो जाना।

स्वतः डॉ. तिवारी के अध्ययन में ही हमें और भी प्रमाण ऐसे मिलते हैं जिससे यह प्रमाणित होता है कि अवधी एक प्रकार से समस्त मागधी प्रदेश की काव्यभाषा बन चुकी थी। और इस दृष्टि से सिद्धों के दोहों की भाषा का उत्तराधिकार उसी ने ग्रहण किया था। इतना ही नहीं वरन् भोजपुरी प्रदेश के सन्तों की रचनाओं पर सिद्धों की उस परम्परा का भी प्रभाव पड़ा है जिसके अन्तर्गत वे पदों की रचना करते समय अपनी स्थानीय बोली और दोहों की रचना करते समय पश्चिमी अपभ्रंश का प्रयोग करते थे। डॉ. तिवारी ने शिवनारायण और धरणीदास की रचनाओं का अध्ययन कर यह मत निर्धारित किया है कि इनके पदों और गीतों की भाषा भोजपुरी है और दोहों की भाषा अवधी। यह परम्परा 18वीं शती तक चली आयी है।

सन्त शिवनारायण गाजीपुर जिले के चन्द्रवार गाँव में पैदा हुए थे और उनकी कई कृतियाँ (अमुद्रित) प्राप्य हैं। इन रचनाओं में उन्होंने दोहा-चौपाई की शैली स्वीकार की है और उनकी भाषा कोसली (अवधी) है। किन्तु उन्होंने जँतसारी और घाँटो भी लिखे हैं। जँतसारी जाँते पर गाये जानेवाले लोकगीत होते हैं और घाँटो चैत में गाये जाते हैं। इन दोनों प्रकार की रचनाओं की भाषा लोकप्रचलित भोजपुरी ही है, अवधी नहीं।

इसी प्रकार की द्विविधि शैली का प्रयोग सारन जिले के माँझी गाँव के सन्त धरनीदास (1656 ई.) की कृतियों में भी मिलता है। इनकी दो कृतियाँ 'सब्द-प्रकास' और 'प्रेम-प्रगास' उपलब्ध हैं जिनमें विवेचनात्मक अंश दोहा-चौपाई में है और उनकी भाषा कोसली (अवधी) है, किन्तु जहाँ उन्होंने पद लिखे हैं वहाँ उनकी भाषा भोजपुरी है :

शुमिरु शुमिरु मन सिरजनहार
जिन्ह कैला सुर नर सरग पताल।।
रवि ससि अगिनि पवन कैला पानी
जिआ जन्तु षानि षानि आनि आनि बानी।।

इन भोजपुरीवाले अंशों में भी अवधी का थोड़ा-बहुत प्रभाव है क्योंकि अवधी काव्यभाषा के रूप में बहुत मँज चुकी थी अतः भोजपुरी में लिखते समय भी उसका सहारा लेना अनिवार्य हो जाता होगा।[61]

इस प्रकार हम देखते हैं कि सिद्धों द्वारा पदों में स्थानीय बोली तथा दोहों में पूर्वी प्रभाव-मिश्रित पश्चिमी बोली प्रयुक्त करने की परम्परा 18वीं शती के सन्तों तक चली आयी है। डॉ. वर्मा द्वारा प्रस्तुत 'सन्त-कबीर' के पाठ में अपभ्रंश की उकारवाली प्रवृत्ति अवश्य मिलती है किन्तु अन्य दृष्टियों से भाषा-सम्बन्धी परिस्थिति बहुत बदल गयी है। सबसे प्रमुख परिवर्तन हुआ है शब्द-समूह में। अपभ्रंश से कितने ही तद्भव शब्दों की थाती हिन्दी को मिली थी जिनका प्रयोग सन्त और सूफी कवि करते थे किन्तु वैष्णव प्रभाव बढ़ने के साथ-साथ संस्कृत का प्रभाव बढ़ा और भक्तिमार्ग-सम्बन्धी कितने ही तत्सम शब्द हिन्दी के धार्मिक काव्य में प्रचलित हो गये जिन्होंने भाषा का रूप ही बदल दिया। जायसी और कबीर आदि में तद्भव शब्दों का प्रचुर प्रयोग है जबकि सुन्दरदास-जैसे संस्कृत के ज्ञाता सन्त की रचना में तत्सम की भरमार है। 'बिनानी' आदि कुछ बौद्ध अपभ्रंश साहित्य से प्राप्त तद्भव शब्दों के अर्थ का विकार सन्तों ने किस प्रकार किया है इसका उल्लेख हम पीछे कर चुके हैं।

छन्द-साखी—सन्तों और नाथों की साखियों और पदों के छन्द अधिकतर उन्हीं छन्दों के विकसित रूप हैं जो सिद्धों ने प्रयुक्त किये हैं। किन्तु उनका प्रचुर विस्तार हुआ है और आगे चलकर उन पर सिद्धों के अतिरिक्त भी कितने ही अन्य प्रभाव पड़े हैं। उदाहरण के लिए लगभग सभी सन्तों और नाथों की वाणी का महत्त्वपूर्ण अंश दोहों में है किन्तु सिद्धों के दोहाकोषों में समचतुष्पदियों के साथ दोहे मिलते हैं। केवल मात्र दोहों की मुक्तक परम्परा थी। इसका कोई प्रमाण नहीं मिलता। वज्रगीतियों में भी कई दोहों की एक गीति है। सन्दर्भ से सर्वथा पृथक् मुक्तक दोहे अधिक नहीं मिलते। केवल सुभाषित संग्रह में वैडेल ने कुछ ऐसे दोहे संगृहीत किये हैं। किन्तु जैनों की पश्चिमी परम्परा में पाहुड़ और सावयधम्म दोहे चतुष्पदियों के कड़वकों के बिना मुक्तक रूप में उपलब्ध होते हैं। सन्तों की 'साखियाँ' और 'सलोकु' सिद्धों की अपेक्षा पश्चिमी मुक्तक शैली के अधिक निकट हैं। जहाँ कहीं वे दोहे-चौपाइयों के साथ हैं वहाँ उस काव्यरूप को रमैनी कहा गया है।

यह रमैनी भी अवध प्रदेश में प्रचलित अपभ्रंश की राम-काव्य परम्परा का प्रभाव सूचित करती है, बौद्ध प्रभाव नहीं। चौपाइयों के साथ दोहे के एक कड़वक को पद कहा गया है और उस दृष्टि से पदी, सतपदी और बारहपदी रमैनियाँ मिलती हैं। दोहों के मध्य में चौपाइयों की संख्या का कोई निश्चित नियम नहीं मिलता। साखियों को जिस प्रकार वर्गीकृत किया गया है वह रीति शाक्त-तन्त्रों के विषय-विभाजन से बहुत मिलती है। आचार्य क्षितिमोहन सेन इन अंगों में साखियों के वर्गीकरण पर बौद्ध परम्परा का प्रभाव मानने के पक्ष में हैं।[62]

सोरठा आदि के भी उदाहरण सन्तों के काव्य में बहुत मिलते हैं, दोहों में कभी-कभी मात्राओं की अनियमितताएँ भी मिलती हैं। इस दृष्टि से गोरखबानी की साखियाँ अत्यन्त अनियमित हैं। सन्तों तथा नाथों की बानियों में कहीं-कहीं केवल चार ही चतुष्पदियाँ ही मुक्तक छन्द के रूप में प्रयुक्त हुई हैं जैसे—

दादू : *घटि-घटि दादू कहि समुझावै*
जैसा करै सो तैसा पावै
को काहू की सीरी नाहीं
साहिब देखै सो घट माहीं।।[63]

या

गोरख (सबदी) : *हँसिया खेलिबा रहिबा रंग*
काम क्रोध न करिबा संग।।
हँसिबा खेलिबा गाइबा गीत
दिढ करि राषि आपना चीत।।[64]

दोहा-चौपाइयों का एक अन्य काव्यरूप भी नाथपन्थी बानियों तथा कबीरपन्थी ग्रन्थों में मिलता है वह है प्रश्नोत्तरी। गुरु और शिष्य में अथवा दो समान प्रतिष्ठा के आचार्यों में तत्त्व-दर्शन, साधना-पद्धति आदि के गहन तत्त्वों पर जो वार्त्ता होती है उसे प्रश्नोत्तरी के रूप में दोहा-चौपाइयों में प्रस्तुत किया जाता है। 'मछीन्द्र-गोरख-बोध' तथा 'गोरख-दत्त-गुष्टि' (गोरखबानी में संगृहीत) इसी प्रकार की कृतियाँ हैं। सन्तों के अभी तक उपलब्ध साहित्य में यह प्रश्नोत्तरी शैली नहीं मिली है किन्तु पश्चिमी तथा पूर्वी लौकिक अपभ्रंश साहित्य में यह शैली बहुत प्रचलित थी। प्रहेलिकाएँ भी सम्भवतः इसी का एक रूप प्रतीत होती हैं। धर्मदास की पूर्वी-अपभ्रंश की कुछ प्रहेलिकाएँ 'विदग्धमुख मण्डन' से डॉ. सुकुमार सेन ने अपने संग्रह में उद्धृत की हैं।[65]

पद—पूर्वी सन्तों और नाथों के पदों की परम्परा पूर्वी भारत की परम्परा मालूम होती है। उनमें भी पादाकुलक से विकसित चौपाई तथा पयार छन्दों का बाहुल्य है।

चौपाई (अन्त में दो दीर्घ)

कबीर : *करवतु भला न करवट तेरी*
लागु गले सुनु बिनती मेरी
हउ वारी मुखु फेरि पियारे
करवट दे मोकउ काहे कउ मारे।।[66]

दादू : *जीवत मारे मुए जिलाये*
बोलत गूँगे गूँगे बुलाये।।टेक।।
जागत निसि भरि रोइ सुलाये
सोवत रैनी सोइ जगाये।।
सूझत नैनहुँ लोभ न लीये
अन्ध बिचारे ता मुख दीये।।

पयार—पादाकुलक से ही पयार छन्द विकसित हुआ जिसमें अन्त में एक दीर्घ और एक लघु के साथ 15 मात्राएँ होती हैं। यह छन्द समस्त मागधी क्षेत्र में बहुत प्रचलित हुआ। सन्तों तथा नाथों के पदों में यह छन्द प्रचुरता से व्यवहृत हुआ है।

कबीर : *माधव जल कि पियास न जाइ*
जल महि आगिनि उठी अधिकाइ।।
तू जलनिधि हउ जल का मीनु
जल महिं रहउ जलहिं बिनु खीनु।।
तू पिंजरु हउ सूअटा तोर
जमु मंजारु कहा करै मोर।।

दादू : *हलका भारी कह्यो न जाइ*
मोल माप नहिं रह्या समाइ।।
कीमति लेखा नहिं परिमाण
सब पचि हारे साधु सुजाण।।

गोरखपन्थी बानी : *झरै न पारा बाजै नाद*
ससिहर सूर न बाद बिबाद
पवन गोटिका रहणि अकास
महियल अन्तर गगन कविलास।।
चले बटावा थाकी बाट
सोवै डुकरिया ढौरै खाट।।
ढूकिले कूकुर भूकिले चोर
काढ़ै धणी पुकारै ढोर।।

28 मात्राओं के छन्द की परम्परा तो सिद्धों से जयदेव के पदों में होती हुई सन्तों तक अविच्छिन्न रूप से मिलती है।

भुसुकुपा : *भुसुकु भणइ कत राउतु भणइ कत सअला सहज सहावां।।*

जयदेव : *धीर समीरे यमुना तीरे बसति बने बनमाली।।*

कबीर : *इकतु पतरि भरि उरकुट कुरकुट इकतु पतरि भरि पानी*
आसि पासि पंच जोगीआ बैठे बीचि नकटदे रानी।।

दादू : *काले धौले बरन पलटिया तन मन का बल भागा*
जोबन गया जुरा चलि आई तब पछितावन लागा।।

गोरखपन्थी बानी : *उतर देस मैं मेंह धड़क्या दक्षिण आँचल छाया*
पूरब देस थी पाणिग बिछूटी पछिम खेत्र मैं पाया।

राग—कबीर तक आते-आते संगीत की देशी शैली शास्त्रीय पद्धति में पूर्णतया स्वीकृत कर ली गयी थी। किन्तु इन रागों के गायन की शास्त्रीय पद्धति जिसका उल्लेख 'संगीत-रत्नाकर' आदि में मिलता है, वही पद्धति कबीर आदि की परम्परा में मान्य थी

अथवा कोई अन्य पद्धति, इसके विषय में कुछ अनुमान भी कर सकना कठिन है। किन्तु चर्यापदों में प्राप्त और नारद तथा शार्ङ्गदेव आदि आचार्यों द्वारा स्वीकृत कई राग, कबीर आदि के पदों में भी मिलते हैं जिनमें से गूजरी, गउड़ा, धनासिरी, मल्हार तथा भैरव प्रमुख हैं। दादू में भी गौड़ी तथा भैरो राग के पद मिलते हैं। गोरखबानी के अधिकांश पद राग रामग्री तथा आसावरी में हैं। इस सम्बन्ध में एक विशेष उल्लेखनीय तथ्य यह है कि सन्तों तथा नाथों के संग्रहों में साखियों का वर्गीकरण तो विषय के अनुरूप होता था किन्तु पदों का वर्गीकरण रागों के आधार पर होता था। 'चर्याचर्य विनिश्चय' में पदों का वर्गीकरण रागों के आधार पर नहीं है। रागों के आधार पर पदों के वर्गीकरण की कोई पुरानी परम्परा सिद्धों में थी या नहीं, इसके विषय में कुछ कहा नहीं जा सकता।

सन्दर्भ

(क)

1. तन्त्रों में कहा गया है कि जिसे पूर्णाभिषेक प्राप्त हो चुका हो फिर वह वर्णाश्रम धर्म से सर्वथा मुक्त हो जाता है; 1. गतम् शूद्रस्य शूद्रत्वम् गता विप्रस्य-विप्रेता, दीक्षासंस्कार सम्पन्ने जातिभेदो न विद्यते। पुरश्चर्यार्णव, पृ. 410; 2. ...तीर्थयात्राम् न च ब्रजेत्, तीर्थाटनम् च संन्यासम् व्रतधारणमेव च उपवासम् मुण्डनम् च सर्वथा परिवर्जयेत्, पूर्णाभिषिक्ते शिरसि तेन तत्र न मुण्डनम् पुरश्चर्यार्णव, पृ. 410; 3. वेद ब्राह्मतों पर पुराणों और अन्य ब्राह्मण ग्रन्थों की तीव्र आलोचना का परिचय हमें मिल चुका है। देखिये पीछे, 'तन्त्र'। किन्तु ये नये सम्प्रदाय भी अन्य सम्प्रदायों की तीखी और स्पष्ट आलोचना करते थे। जैनों का निर्ग्रन्थ सम्प्रदाय इस विषय में अग्रणी था। उनके ग्रन्थों में वेदान्तियों, बौद्धों, ब्राह्मणों, अज्ञानवादी, विनयवादी और शून्यवादी सम्प्रदायों की तीव्र तर्कसम्मत आलोचना तो मिलती ही है, बाह्याचारों पर बिलकुल उसी प्रकार के व्यंग्य मिलते हैं जैसे सरहपा ने किये हैं। वे कहते हैं, अगर नहाने से मुक्ति मिलती तो मछलियाँ और कछुए भी मुक्त हो गये होते। अगर जल कर्मों को धो देता है तो वह दुष्कर्मों के साथ-साथ सुकर्मों को भी धो देता होगा और फिर अगर पानी के अन्दर कोई हत्या करे तो उसे पाप लगना ही नहीं चाहिए। सोम रस पीने या महामांस भक्षण करने से चित्तवृत्ति असाधारण-से-असाधारण अवश्य हो जाती होगी किन्तु वह मुक्ति तो नहीं है; 4. 'तिथ्य तपोवण म करहु सेवा, देह सुचिहि ण स्सन्ति पावा' टीका, बाह्य तीर्थ तपोवन सेवाम् मा कुरु...महायानमेव तीर्थम्। "ब्रह्मा विष्णु महेसुर देवा, वोहिसत्व म करहु सेवा" टीका—तया चोक्तम् अष्ट साहस्त्रिकायां प्रज्ञापारमितायाम्— नान्येभ्यो देवेभ्यः पुष्पम् वा धूपदीपम् दातव्यम्...'देव म पूजहु तित्य ण जावा, देव पूजाहि ण मोक्ख पावा', बुद्ध आराहहुं अविकल चित्ते...तिल्लोपा...बागची, दोहाकोष, पृ. 66, 67; 5. अनुष्ठानों की यह आलोचना केवल सहज पद्धति के प्रचारक सिद्धों की ही विशेषता नहीं थी। यह सभी तान्त्रिकों का मत था कि सिद्धि की उपलब्धि के उपरान्त बाह्यानुष्ठानों का कोई महत्त्व नहीं रहता। बौद्धों

में सभी पद्धति के तान्त्रिक इसे मानते थे। गुह्य-समाज-तन्त्र में कहा गया है—चैत्यकर्म न कुर्वीत न च पुस्तक वाचनम्, मण्डलम् नैव कुर्वीत न त्रिवज्राग्रवन्दनम्, भट्टाचार्य, गुह्य-समाज-तन्त्र, पृ. 142; 6. तारानाथ, मिस्टिक टेल्स, पृ. 8; 7. तारानाथ, मिस्टिक टेल्स, पृ. 9, 10. शंकर का उल्लेख अनैतिहासिक है; 8. देखिये पीछे, यही अध्याय, सिद्धियों का उपयोग; 9. बागची, दोहाकोष, पृ. 72 तथा आगे; 10. अत्र तावत् षड्दर्शनानि उच्चयन्ते; ब्रह्म, ईश्वर, अहन्त, बौद्ध, लोकायत, सांख्याश्च। टीका—बागची, दोहाकोष, पृ. 72; 11. ब्रह्मणो हिण जानन्त हि भेउ, एवइ पढ़िअउ एच्चउवेउ। 1. वही पृ. 14; 12. वही, पृ. 73 तथा 74; 13. वही, पृ. 14; 14. वही, पृ. 14; 15. वही, पृ. 14; 16. वही, पृ. 15; 17. वही पृ. 79, 80; 18. वही, पृ. 15, 16; 19. वही-टीका भाग, पृ. 86; 20. चेल्लु भिक्खु जे त्थविर उएसें, बन्देहिअ पव्वजिउ वेसें। तथा टीका, वही, पृ. 83, 84; 21. अण्ण ताहि महजाणहिं धावइ, तहि सुतन्त तक्कसत्थ होइ, णउ परमत्थ एक ते साहिउ। वही, पृ. 16, 17; 22. वही, पृ. 16, 17, 20। 23. ...वही, पृ. 18; 24. देखिये पीछे, 'गुरु का महत्त्व'; 25. देखिये पीछे, 'तन्त्र'; 26. देखिये पीछे, 'तन्त्र'; 27. देखिये पीछे, 'तन्त्र'; 28. शास्त्री, बौद्ध गान ओ दोहा, टीका चर्यापद, 2, पृ. 6; 29. कारेली, सेकोद्देश टीका, पृ. 28; 30. मजूमदार, हिस्ट्री ऑफ बंगाल, प्रथम खण्ड, पृ. 672, 673 तथा वैडेल, लामाइज्म, पृ. 24, 25; 31. वासुदेव उपाध्याय, तिब्बत का प्राचीन धर्म बोनपा 'शिक्षा,' जनवरी 50, पृ. 207; 32. तिब्बती जनता में यह अनुश्रुति प्रचलित है कि पद्मसम्भव के पचीस शिष्य थे जिनमें अद्‌भुत सिद्धियाँ थीं। उनमें से 1. सूर्यकिरणों पर सवारी करता था, 2. चट्टानों में कीलें गाड़ देता था, 3. अश्वमुख धारण कर तीन बार हिनहिनाता था, 4. मुर्दों को जीवित कर देता था, 5. तीन डाकिनियों का स्वामी थी, 6. देवों और दानवों को दासों की भाँति रखता था, 7. भूतों को बुलाता था, 8. उड़ते पक्षी को पकड़ लेता था, 9. मुर्दों को सोने में बदल देता था, आदि आदि। इनका सिद्धों की प्रज्ञोपाय भावना तथा नैरात्म्यज्ञान से कोई सम्बन्ध नहीं था। ये केवल असंस्कृत जातियों के अन्धविश्वास और आदिम संस्कारों से उद्‌भूत कल्पनाएँ थीं जिन्होंने धीरे-धीरे वज्रयान में प्रवेश पा लिया। वैडेल लामाइज्म, पृ. 30; 33. वैडेल, लामाइज्म, पृ. 30; 34. साधनमाला में उल्लेख मिलता है कि 'एकजटा' की पूजा सरहपा के शिष्य नागार्जुन ने भोट देश से उद्धृत की थी, साधनमाला, पृ. 267; 35. बागची, स्टडीज इन द तन्त्र, पृ. 50, 51; 36. चौधरी, डाकार्णव, भूमिका, पृ. 6; 37. बागची, स्टडीज इन द तन्त्र, पृ. 51; 38. खिति जल पवण हुतासण सुण्ण डाइणि देवि। बागची, दोहाकोष, पृ. 52; 39. बागची, स्टडीज, इन तन्त्र, पृ, 51; 40. जयद्रथ यमल में ही इनका विस्तृत उल्लेख 'लामावर्ग' में है। इस कृति का समय बागची ने 8वीं शती माना है। देखिये स्टडीज, पृ. 50, 51 उसमें इनके तिब्बती चेहरे लगाकर बहुरूप धारण करने का भी उल्लेख है; 41. बाद में 16वीं शती के स्वामी पूर्णानन्द परमहंस के षट्‌चक्र निरूपण में हमें प्रत्येक चक्र की अधिष्ठात्री डाकिनी, शाकिनी, राकिनी, लाकिनी, हाकिनी आदि का उल्लेख मिलता है। द्र. षट्‌चक्र निरूपण कलकत्ता 1941। इस परम्परा का अस्तित्व बौद्ध तन्त्रों में पहले ही मिलता है। इण्ट्रोडक्शन टु तान्त्रिक बुद्धिज़्म, पृ. 163;

42. मिस्टिक टेल्स ऑफ लामा। तारानाथ, पृ. 11, 15, 23 आदि; 43. साधनमाला, पृ. 413, 414; 44. प्रज्ञोपाय विनिश्चय सिद्धि : पृ. 7; 45. डॉ. एस. सी. सरकार, कालिदास, एण्ड हिज कण्टेम्पोरेरीज इन ए टिबेटन रेफरेन्स, गंगानाथ झा रिसर्च जर्नल 1944, पृ. 403 तथा आगे; 46. इन सम्प्रदायों के विषय में डॉ. सरकार का यह मत है जिस पर वे तिब्बती प्रमाणों का आश्रय लेकर कार्य कर रहे हैं। तारानाथ ने पालवंश के पहले चन्द्रवंश का जो उल्लेख किया है उस पर हम राजनीतिक परिस्थिति के अन्तर्गत विचार कर चुके हैं; 47. मिस्टिक टेल्स ऑफ लामा तारानाथ, पृ. 16; 48. मिस्टिक टेल्स ऑफ तारानाथ, पृ. 24, 25, 26; 49. देखिये, आगे, नाथ सम्प्रदाय; 50. देखिये, बागची, कौलज्ञान निर्णय भूमिका; 51. न द्वयम् नाद्वयम् शान्तम् शिवम् सर्वत्र संस्थितम्।। स्वाधिष्ठान पद्म रम्यम् प्रज्ञापारमिता शिवम्।। अनंगवज्र, प्रज्ञोपाय विनिश्चयसिद्धिः पृ. 5; 52. भट्टाचार्य, साधनमाला, भूमिका, पृ. 76; 53. सेकोद्देश टीका; 54. महाकाल साधनम्, साधनमाला, पृ. 567; 55. हालाहल साधनम्, साधनमाला, पृ. 71; 56. कहा जाता है कि जब विष्णु ने अवतार लेकर पृथ्वी को अत्याचार से पीड़ित किया तो श्रीनाथ भगवान ने 24 कापालिकों को भेजा। इन्होंने विष्णु के 24 अवतारों का शिरच्छेदन कर गले में उनके कपाल धारण किये! इसीलिए ये कापालिक कहलाये। द्विवेदी, 'नाथ सम्प्रदाय' में उद्धृत, पृ. 7; 57. देखिये बागची, कौलज्ञान निर्णय में संगृहीत कौल ग्रन्थ; 58. मिस्टिक टेल्स ऑफ लामा तारानाथ, पृ. 15। इस सम्बन्ध में यह उल्लेखनीय है कि आचार्य क्षितिमोहन सेन ने एक ऐसे शिवपूजक सम्प्रदाय का उल्लेख किया है जो पहले लिंग पर वज्र स्थापित करता है, फिर वज्र हटाकर शिव की पूजा करता है। ज्ञात यह होता है कि यह कोई ऐसा बौद्ध सम्प्रदाय है जिसे राजभय से शैव धर्म अपनाना पड़ा है किन्तु शिव पूजा के पहले वह शिवलिंग पर वज्र की स्थापना कर देता है जैसा विरूपा ने सोमनाथ का आदर किया। किन्तु पहले उन पर अवलोकितेश्वर की स्थापना कर अपने को बौद्ध घोषित कर दिया। सेन महोदय ने उस विधि का अर्थ यह लिया है कि वे वज्र को हटाकर शुद्ध शिव की पूजा करते हैं किन्तु तारानाथ का यह विवरण उस पर नया प्रकाश डालता है जो विचारणीय है; 59. तीसरी पाठ, बागची, चर्यापद, पृ. 109; 60. बौद्ध गान ओ, दोहा, पृ. 7, 8; 61. द्विवेदी, नाथ सम्प्रदाय, पृ. 82; 62. बौद्ध गान ओ, दोहा, चर्यापद 10, तथा उसकी टीका, पृ. 19, 20; 63. बौद्ध गान ओ, दोहा, चर्यापद 11 तथा उसकी टीका, पृ. 21, 22; 64. मिस्टिक टेल्स ऑफ लामा तारानाथ, पृ. 31, 32; 65. राइस डैविड्स, मैन्युएल ऑफ ए मिस्टिक, पृ. 80 तथा आगे; 66. राइस डैविड्स, मैन्युएल ऑफ ए मिस्टिक, पृ. 86 तथा आगे; 67. शास्त्री गुह्य-समाज तन्त्र, पृ. 90, 140, 143; 68. बागची, स्टडीज इन द तन्त्राज, पृ. 29; 69. साधनमाला, पृ. 473; 70. साधनमाला, पृ. 483; 71. साधनामाला, पृ. 474; 72. साधनमाला, पृ. 501; 73. साधनमाला, पृ. 511; 74. साधनमाला, पृ. 511; 75. साधनमाला, पृ. 472; 76. द्विवेदी, मध्ययुग में भारतीय धर्म साधना। नागरी प्रचारिणी पत्रिका, वर्ष 50, अंक 1, 2; 77. अद्वयवज्र, कुदृष्टि निर्घातम् पृ. 1, 2, 3; 78. उन्होंने 54 ग्रन्थों की रचना की थी। साधनमाला, खण्ड 2, भूमिका, पृ. 92; 79. मिस्टिक टेल्स

ऑफ लामा तारानाथ, पृ. 41, 42; 80. तारानाथ, इण्डियन एण्टिक्वेरी, भाग 4, पृ. 364, तथा आगे।

(ख)

1. बौद्ध गान ओ दोहा, मुखबन्ध पृ. 16; 2. मोहनसिंह-गोरखनाथ, भूमिका : दलजीत सिंह; 3. बा. दोहाकोष, पृ. 31; 4. बा. दोहाकोष, पृ. 44, 46; 5. योग, प्रवाह, पृ. 271; 6. डॉ. मोहनसिंह, गोरखनाथ, पृ. 6 तथा आगे; 7. द्विवेदी, नाथ सम्प्रदाय, पृ. 98; 8. द्विवेदी, नाथ सम्प्रदाय, पृ. 97; 9. कौलज्ञान निर्णय, पृ. 105, श्लोक 129; 10. द्विवेदी, नाथ सम्प्रदाय, पृ. 188; 11. योगिसम्प्रदायाविष्कृति, पृ. 419 तथा आगे; 12. द्विवेदी, नाथ सम्प्रदाय, पृ. 147; 13. दासगुप्त, आब्सक्योर, रेलीजस कल्ट्स, पृ. 229; 14. डॉ. मोहनसिंह, गोरखनाथ, पृ. 8; 15. गोरक्ष सिद्धान्त संग्रह पृ. 19; 16. डॉ. सुरेन्द्रनाथ सेन, स्टडीज इन इण्डियन हिस्ट्री : कलकत्ता पुस्तकालय 1930 : पृ. 120; 17. प्रोसीडिंग ऑफ ए. सो. आ. बें. 1903, पृ. 100; 18. इब्बेटसन, पंजाब कास्ट्स, पृ. 235; 19. कास्ट्स एण्ड ट्राइब्स ऑफ साउथ इण्डिया, थर्स्टन, खण्ड 2, पृ. 494; 20. कास्ट्स एण्ड ट्राइब्स ऑफ साउथ, इण्डिया, थर्स्टन, खण्ड 2, पृ. 500; 21. कास्ट्स एण्ड ट्राइब्स ऑफ साउथ इण्डिया, थर्स्टन, खण्ड 7, पृ. 432; 22. पंजाब कास्ट्स, इब्बेटेसन, पृ. 235 तथा द्विवेदी, नाथ सम्प्रदाय, पृ. 156; 23. द्विवेदी, नाथ सम्प्रदाय, पृ. 188; 24. बड़थ्वाल, योग प्रवाह पृ. 1; 25. बड़थ्वाल, योग प्रवाह, पृ. 8; 26. बड़थ्वाल, योग प्रवाह पृ. 2; 27. कबीर ग्रन्थावली, पृ. 54; 28. चतुर्वेदी, सन्त काव्य, पृ. 522; 29. आर्क्यालाजिकल सर्वे, रिपोर्ट, मयूरभंज; 30. दासगुप्त, आब्सक्योर रेलीजस कल्ट्स पृ, 301; 31. जनवाणी, अगस्त 1950 पृ. 75; 32. दासगुप्त, आब्सक्योर रेलीजस कल्ट्स पृ. 299; 33. दासगुप्त, आब्सक्योर रेलीजस कल्ट्स, टिप्पण 2, पृ. 300 34. एम. एन. बोस, मॉडर्न बुद्धिज्म पृ. 19; 35. जनवाणी, अगस्त 1950, पृ. 76; 36. दासगुप्त, आब्सक्योर रेलीजस कल्ट्स पृ. 301; 37. दासगुप्त, आब्सक्योर रेलीजस कल्ट्स, पृ. 321; 38. दासगुप्त, आब्सक्योर रेलीजस कल्ट्स, पृ. 219; 39. लक्ष्मणबोण, बोधसागर 5, पृ. 141; 40. लक्ष्मणबोध, संक्षेपसार, बोधसागर 5, पृ. 154 तथा आगे; 41. दासगुप्त, आब्सक्योर रेलीजस कल्ट्स, पृ. 319 तथा 305; 42. राय-ओराँव आफ छोटा नागापुर, पृ. 444 तथा आगे; 43. दासगुप्त, आब्सक्योर रेलीजस कल्ट्स अध्याय 14; 44. द्विवेदी, कबीर, पृ. 52 तथा आगे; 45. गोरखबानी, भूमिका, पृ. 15।

(ग)

1. विष्णु-सहस्र-नाम; पृ. 213, 214; 2. पाहुड़दोहा पृ. 64; 3. दे.पीछे 'शून्यवाद''; 4. दे. पीछे 'परमार्थ'; 5. गोरखबानी पृ. 1; 6. वाक्यपदीय, 1,1, 1, 120; 7. नाशोत्पाद समालीढम् ब्रह्म शब्दसयम् च यत् ; 8. हठयोगप्रदीपिका, पृ. 172; 9. जायसी ग्रन्थावली। पृ. 658; 10. पद 44, तथा टीका बौद्धगान ओ दोहा, पृ. 67, 68; 11. गोरखबानी,

पृ. 32; 12. गोरखबानी, पृ 73; 13. गोरखबानी पृ,58; 14. गोरखबानी, पृ. 187; 15. गोरखबानी, पृ. 187; 16. गोरखबनी। पृ. 189; 17. गोरखबानी, पृ. 17 18. गोरखबानी, पृ. 60; 19. गोरखबानी, पृ. 20; 20. गोरखबनी, पृ. 51; 21. गोरखबानी, पृ. 28; 22. गोरखबानी, पृ. 29; 23. गोरक्ष-पद्धति, पृ. 88; 24. प्राण संगली, पृ. 202; 25. प्राण संगली, पृ. 137; 26. प्राण संगली, पृ. 169; 27. सन्त कबीर, पृ. 181; 28. सन्त कबीर, पृ. 192; 29. पंचमुद्रा बोधसागर, पृ. 187; 30. भवतारण बोध, बोधसागर, पृ. 50; 31. भवतारण बोध, बोधसागर, पृ. 51; 32. सन्त कबीर, पृ. 90; 33. सन्त कबीर, पृ. 49; 34. रैदास जी की बानी, पृ. 3; 35. दादू दयाल की बानी भाग—1, पृ. 170; 36. गुलाल साहब की बानी, पृ. 27; 37. सुन्दर विलास, पृ. 168-70; 38. तैत्तिरीयोपनिषद् पृ, 208; 39. चतुर्वेदी, सन्त परम्परा, पृ. 385; 40. जायसी ग्रन्थावली, पृ. 653; 41. जायसी ग्रन्थावली, पृ. 656; 42. जायसी ग्रन्थावली, पृ. 658; 43. जायसी ग्रन्थावली, पृ. 665; 44. जायसी ग्रन्थावली, पृ. 666; 45. गोरक्ष पद्धति, पृ. 86; 46. हठयोग प्रदीपिका, पृ. 169; 47. हठयोग प्रदीपिका, पृ. 198; 48. दरिया सागर, पृ. 15; 49. चतुर्वेदी, सन्त काव्य पृ. 538; 50. प्राण संगली, टिप्पणी, पृ. 194; 51. पलटू साहब की बानी, पृ. 6; 52. श्वासगुंजार अनुरागबोधक खण्ड—10,पृ. 9; 53. सन्त कबीर, पृ. 56; 54. दादू दयाल की बानी 1, पृ. 52; 55. प्राण संगली, पृ. 130; 56. गुलाल साहब की बानी, पृ. 60; 57. पलटू साहब की बानी (1) पृ. 77; 58. पलटू साहब की बानी (2) पृ. 33; 59. अनुराग सागर, पृ. 72; 60. सन्त कबीर, पृ. 227; 61. सन्त बानी संग्रह (1) पृ. 8; 62. सन्त बानी संग्रह।2। पृ. 13; 63. मीराँ वृहद् पद संग्रह, पृ. 324; 64. मलूकदास जी की बानी, पृ. 4; 65. सन्त काव्य, पृ. 356; 66. मीखा साहब की बानी, पृ. 43; 67. भीखा साहब की बानी, पृ. 64; 68. गुलाल साहब की बानी, पृ. 2; 69. गुलाल साहब की बानी, पृ. 21; 70. गुलाल साहब की बानी, पृ. 32; 71. गुलाल साहब की बानी, पृ. 34; 72. गुलाल साहब की बानी, पृ. 37; 73. गुलाल साहब की बानी, पृ. 41; 74. गुलाल साहब की बानी, पृ. 75; 75. गुलाल साहब की बानी, पृ. 59; 76. सन्त काव्य, पृ. 327; 77. सन्त काव्य पृ, 454, 455; 78. भीखा साहब की बानी, पृ. 85; 79. पलटू साहिब की बानी। (2) पृ. 34; 80. गुलाल साहब की बानी, पृ. 125; 81. बागची, दोहाकोष, पृ. 40,41,42; 82. बा दोहाकोष, पृ. 56; 83. सन्त वानी संग्रह, पृ. 186, 23; 84. प्राण संगली, पृ. 183; 85. गुलाल साहब की बानी पृ. 50; 86. निरंजन बोध, बोधसागर (7) पृ. 4; 87. ज्ञानबोध, बोधसागर 7 पृ. 21; 88. आगम निगम बोध-बोधसागर (10) पृ. 15; 89. आगम निगम बोध, बोधसागर,10, पृ. 15; 90. श्वासगुंजार, बोधसागर 10, पृ. 33; 91. कबीर बानी, बोधसागर (7), पृ. 105; 92. भवतारण बोध, बोधसागर (7), पृ. 55; 93. कबीर बानी, बोधसागर (7) पृ. 105; 94. हठयोग प्रदीपिका-चतुर्थोपदेश, श्लो.70-6 पर उद्धृत; 95. चतुर्वेदी, सन्त काव्य, पृ. 549; 96. चतुर्वेदी, सन्त काव्य, पृ. 559; 97. दादू दयाल की बानी—भाग 1—पृ. 50-51; 98. दादू दयाल की बानी, भाग1—पृ. 58; 99. कबीर बानी, बोधसागर (7),

पृ. 55; 100. कबीर बानी, बोधसागर 7, पृ. 105; 101. कबीर बानी, बोधसागर 7, पृ. 107; 102. प्रणामी साहित्य, पृ. 56; 103. अनुरागसागर, पृ. 43; 104. रैदास जी की बानी, पृ. 4; 105. बीजक, पृ. 103; 106. बा. दोहाकोष, पृ. 31; 107. दरिया सागर, पृ. 57; 108. रैदास जी की बानी, पृ. 5; 10. गोरखबानी, पृ. 195; 109. दादू दयाल की बानी (1) पृ. 170; 110. दादू दयाल की बानी, पृ. 171; 111. कबीर, पृ. 72; 112. सन्त कबीर, पृ. 212; 113. बीजक, पृ. 29; 114. गुलाल साहब की बानी, पृ. 51; 115. गुलाल साहब की बानी, पृ. 8; 116. गुलाल साहब की बानी, पृ. 59; 117. गुलाल साहब की बानी, पृ. 64; 118. पलटू साहब की बानी,पृ. 28; 119. निरंजन बोध, बोधसागर 7, पृ. 3; 120. श्वास गुंजार, बोधसागर 10, पृ. 33; 121. बीजक, पृ. 425; 122. प्राणी संगली, पृ. 279; 123. भीखा साहब की बानी, पृ. 81; 124. गोरखबानी, पृ. 47; 125. जायसी, ग्रन्थावली, पृ. 147; 126. जायसी ग्रन्थावली, पृ. 258; 127. सूफी काव्य संग्रह, पृ. 99; 128. जायसी ग्रन्थावली, पृ. 569; 129. जायसी ग्रन्थावली, पृ. 654; 130. सन्त कबीर, 120; 131. रैदासजी की बानी, पृ. 19; 132. बड़थ्वाल योगप्रवाह, पृ. 73; 133. कबीर, पृ. 75; 134. बा. दोहाकोष, पृ. 32; 135. तिलोपा : बागची, दोहाकोष पृ. 55; 136. गोरक्ष पद्धति, पृ. 87; 137. हठयोग प्रदीपिका, पृ. 172; 138. सन्त कबीर, पृ. 1; 139. बीजक, पृ. 278; 140. बीजक, पृ. 292; 141. सन्त कबीर, पृ. 35; 142. पलटू साहब की बानी, पृ. 19; 143. गुलाल साहब की बानी, पृ. 22; 144. बीजक, पृ. 28; 145. बीजक, पृ. 36; 146. पलटू साहब की बानी, पृ. 97; 147. बा. दोहाकोष, पृ. 13; 148. ला शां मिस्तिीक्स, पृ. 211; 149. सन्त कबीर, पृ. 35; 150. आगम निगम बोध-सागर (10), पृ. 44, 45; 151. द्विवेदी-कबीर, पृ. 79; 152. पलटू साहब की बानी, पृ. 82; 153. बागची, दोहाकोष, पृ. 35; 154. द्रष्टव्य। अध्याय—टिप्पणी 56 तथा 69; 155. सन्त कबीर, पृ. 22; 156. कौलज्ञान निर्णय, पृ. 65; 157. कौलज्ञान निर्णय, पृ. 84, 85; 158. कौलज्ञान निर्णय, पृ. 86; 159. गोरखबानी, पृ. 100; 160. बड़थ्वाल, योगप्रवाह, पृ. 227; 161. गोरखबानी, पृ. 189; 162. गोरखबानी, पृ. 196; 163. गोरखबानी, पृ. 116; 164. गोरखबानी, पृ. 100; 165. गोरखबानी, पृ. 196; 166. गोरखबानी, पृ. 105; 167. गोरखबानी, पृ. 104; 168. गोरखबानी, पृ. 218; 169. गोरखबानी, पृ. 231; 170. गोरखबानी, पृ. 79; 171. गोरखबानी, पृ. 11; 172. कबीर ग्रन्थावली, पृ. 16; 173. सन्तबानी संग्रह, 2, पृ. 177; 174. बीजक, पृ. 116; 175. रैदास जी की बानी, पृ. 20, 21; 176. सन्त कबीर, पृ. 51, 209; 177. 242; 178. दादू दयाल की बानी, पृ. 3, 5, 20, 32; 179. गोरखबानी, पृ. 100; 180. बीजक, पृ. 119; 181. सन्त बानी संग्रह 2, पृ. 12; 182. सन्त बानी संग्रह 2, पृ. 177; 183. दादू दयाल की बानी, पृ. 21, 63; 184. उग्र गीता, बोधसागर, 8; 185. श्रीमद्‌भगवद्, गीता, अध्याय 13, श्लोक 27, 28; 186. कबीर बानी, बोधसागर 7, पृ. 120; 187. बड़थ्वाल, हिन्दी काव्य में निर्गुण सम्पद्राय, पृ. 110; 188. कबीरबानी, बोधसागर 8, पृ. 204; 189. ज्ञानस्थिति बोध, बोधसागर 8, पृ. 109;

190. ज्ञानस्थिति, बोधसागर 8, पृ. 93; 191. सन्त कबीर, पृ. 1; 192. सन्त कबीर, पृ. 11; 193. दादू दयाल की बानी 2, पृ. 89; 194. दादू दयाल की बानी 2, पृ. 89; 195. दादू दयाल की बानी 1, पृ. 170; 196. प्राण संगली, पृ. 147; 197. गोरखबानी, पृ. 2, 3; 198. गोरखबानी, पृ. 36; 199. दादू दयाल की बानी 1, पृ. 173, 174; 200. सन्त कबीर, पृ. 21; 201. दादू दयाल की बानी 2, पृ. 86; 202. दादू दयाल की बानी 2, पृ. 207; 203. दादू दयाल की बानी 1, पृ. 9, 90; 204. भीखा साहब की बानी, पृ. 39; 205. सन्त बानी संग्रह 1, पृ. 29, 33; 206. हठयोग प्रदीपिका, चतुर्थोपदेश, श्लोक 3, पृ. 139; 207. गोरखबानी, पृ. 13। 212; 208. सन्त कबीर, पृ. 19; 209. बीजक, पृ. 119; 210. सन्त बानी संग्रह 2, पृ. 20; 211. सन्त बानी संग्रह 2पृ. 217; 212. कबीर ग्रन्थावली, पृ. 18; 213. पलटू साहब की बानी, पृ. 36; 214. दादू दयाल की बानी, पृ. 170; 215. कबीर ग्रन्थावली, पृ. 18; 216. दादू दयाल की बानी, पृ. 172; 217. बागची, दोहाकोष, पृ. 20; 218. श्रीमद्‌भगवद् गीता, अध्याय 18, श्लोक 46, 48, 49; 219. श्रीमगद्‌भगवद् गीता, अध्याय 12; 220. नारद भक्ति सूत्र : प्रेमदर्शन : सूत्र 65, पृ. 122; 221. सन्त बानी संग्रह पृ. 14, 15; 222. कबीर ग्रन्थावली, पृ. 142; 223. गोरक्ष सिद्धान्त संग्रह, पृ. 57; 224. गोरखबानी, पृ. 249; 225. प्रणामी साहित्य संग्रह, पृ. 6; 226. गोरखबानी, पृ. 82, 270, 83, 271; 227. कबीर ग्रन्थावली, पृ. 3, दोहा 26; 228. गोरखबानी, पृ. 104, 14; 229. कबीर ग्रन्थावली, पृ. 12।

(घ)

1. गोरखबानी, पृ. 4; 2. बड़थ्वाल, योग प्रवाह, पृ. 16, 17; 3. सन्त कबीर, पृ. 46; 4. कबीर ग्रन्थावली, पृ. 2; 5. पलटू साहिब की बानी 2, पृ. 106; 6. बा. दोहाकोष, पृ. 10; 7. कबीर ग्रन्थावली, पृ. 2; 8. दादू दयाल की बानी 1, पृ. 12; 9. बौद्ध गान ओ दोहा, पृ. 3; 10. बौद्ध गान ओ दोहा, पृ. 9; 11. सिद्धान्त-संग्रह, द्वितीयोपदेश, श्लोक 3, 5, पृ. 11; 12. हठयोगप्रदीपिका, तृतीयोपदेश, श्लोक 55, 56; 13. हठयोग प्रदीपिका, तृतीयोपदेश, श्लोक 61 तथा 70; 14. गोरखबानी, पृ. 104; 15. गोरखबानी, पृ. 218; 16. गोरखबानी, पृ. 242; 17. दादू दयाल की बानी 2, पृ. 152 3; 18. प्राण संगली, पृ. 193; 19. प्राण संगली, पृ. 157; 20. पाहुड़ दोहा, पृ. 16; 21. बा. दोहाकोष, पृ. 10; 22. बा. दोहाकोष, पृ. 88; 23. कौलज्ञान निर्णय, पृ. 65; 24. गोरखबानी, पृ. 28; 25. गोरखबानी, पृ. 29; 26. गोरखबानी, पृ. 117; 27. सन्त कबीर, पृ. 227; 28. सन्त कबीर, पृ. 21; 29. कबीर ग्रन्थावली, पृ. 4; 30. गोरखबानी, पृ. 196; 31. कबीर ग्रन्थावली, पृ. 16; 32. पलटू साहिब की बानी 1, पृ. 101; 33. सन्त बानी संग्रह 2, पृ. 177; 34. जायसी ग्रन्थावली, पृ. 216; 35. सन्त कबीर, पृ. 77; 36. पद 47, बा. चर्यापद, पृ. 153; 37. दादू दयाल की बानी 2, पृ. 151; 38. जायसी ग्रन्थावली, पृ. 233; 39. शुक्ल, जायसी ग्रन्थावली, पृ. 142; 40. राष्ट्रभारती, मई 1952, पृ. 262, 63; 41. दे. पीछे अध्याय (3 ग); 42. सेकोद्देश। टीका, पृ. 27; 43. दे. पीछे अध्याय

(3ग); 44. पद 3, बा. चर्यापद, पृ. 109; 45. गोरखबानी, पृ. 39; 46. सन्त कबीर, पृ. 55; 47. सन्त कबीर, पृ. 20; 48. प्राण सगली, पृ. 157; 49. रैदासजी की बानी, पृ. 26; 50. जायसी ग्रन्थावली, पृ. 277; 51. भीखा साहब की बानी, पृ. 42; 52. गोरक्ष पद्धति, पृ. 51; 53. दे. पीछे साधना पद्धति, 2; 54. गोरखबानी, पृ. 219; 55. गोरखबानी, पृ. 219; 56. बा. दोहाकोष, पृ. 153; 57. गोरखबानी, पृ. 224; 58. गोरखबानी, पृ. 225; 59. दादू दयाल की बानी 2, पृ. 151; 60. प्राण संगली, पृ. 205; 61. दोहाकोष, पृ. 30; 62. बा. दोहाकोष, पृ. 44; 63. हठयोगप्रदीपिका, पृ. 21, 23; 64. गोरखबानी, पृ. 81; 65. गोरखबानी, पृ. 175; 66. बा. दोहाकोष, पृ. 8; 67. गोरखबारी, पृ. 174; 68. पद 47, बा. चर्यापद पृ. 153; 69. गोरखबानी, पृ. 74; 70. गोरखबानी, पृ. 174 71. गोरखबानी, पृ. 177; 72. बागची दोहाकोष, पृ. 44; 73. गोरखबानी, पृ. 175 74. गोरखबानी, पृ. 240; 75. कबीर ग्रन्थावली, पृ. 168; 76. सन्त कबीर, पृ. 255; 77. सन्त कबीर, पृ. 260; 78. सन्त कबीर, पृ. 273; 79. कबीर ग्रन्थावली, पृ. 10; 80. गोरखबानी, पृ. 7; 81. गोरखबानी, पृ. 101, 102; 82. बा. दोहाकोष, पृ. 35; 83. अनुराग सागर पृ. 13; 84. सन्त बानी संग्रह, पृ. 7; 85. दादू दयाल की बानी 1, पृ. 2, 7,90; 86. सन्त कबीर, पृ. 227; 87. दयाबाई की बानीं ''अजपा का अंग', पृ. 10, 11; 88. दादू दयाल की बानी 1, पृ. 109; 89. पल्टू साहब की बानी, पृ. 81; 90. जा.ग्र, पृ. 676; 91. बोधसागर 8, पृ. 219, 220; 92. कबीर ग्रन्थावली पृ. 38; 93. दादू दयाल की बानी, पृ. 21, 63, 19; 94. बा. दोहाकोष, पृ. 35; 95. गोरखबानी, पृ. 191; 96. सन्त बानी संग्रह 1, पृ. 7; 97. अनुराग सागर, पृ. 13; 98. उग्रगीता, बोधसागर 8, पृ. 29; 99. कबीर ग्रन्थावली, पृ. 14; 100. योग प्रवाह, पृ. 27; 101. योग प्रवाह, पृ. 24; 102. बा. दोहाकोष, पृ. 36; 103. बा. दोहाकोष, पृ. 41; 104. मोहनसिंह, गोरखनाथ, पृ. 25 पर उद्धृत 112. गोरखबानी, पृ. 187, 6 तथा 14; 105. गोरखबानी, पृ. 196; 106. हठयोग प्रदीपिका, चतुर्थोपदेश, श्लोक, 98, 102; 107. हठयोग प्रदीपिका, तृतीयोपदेश, श्लोक, 54; 108. गोरखबानी, पृ. 200; 109. गोरखबानी, पृ. 196, 201; 110. कबीर ग्रन्थावली, पृ. 18, 14; 111. कबीर ग्रन्थावली, पृ. 102; 112. कबीर ग्रन्थावली, पृ. 103; 113. बोधसागर 7, पृ. 102; 114. मीराँ बृहद पद संग्रह, पृ. 324; 115. सन्त कबीर, पृ. 38; 116. पलटू साहब की बानी, 1, पृ. 101; 117. पलटू साहब की बानी 1, पृ. 101; 118. पलटू साहब की बानी, पृ. 41 कुण्डली 91; 119. गुलाब साहब की बानी, पृ. 37; 120. प्रणामी साहित्य, पृ. 22; 121. बोधसागर 9, पृ. 1305; 122. बोधसागर 10, पृ. 13; 123. बोधसागर 8, पृ. 91; 124. बोधसागर 7, पृ. 113; 125. बोधसागर 7, पृ. 119; 126. बोधसागर 7, पृ. 124, 125; 127. गोरखबानी, पृ. 20, 32, 40, 128. सन्त कबीर, पृ. 20; 129. कबीर ग्रन्थावली, पृ. 141; 130. रैदास की बानी, पृ. 26; 131. प्राण संगली, पृ. 140; 132. पलटू साहिब की बानी, पृ. 98; 133. दासगुप्त, आब्सक्योर रेलीजस कल्ट्स पृ. 195; 134. हठयोग प्रीपिका, तृतीयोपदेश, श्लोक, 74 तथा व्याख्या; 135. कबीर ग्रन्थावली, पृ. 94; 136. पलटू साहिब की बानी 2, पृ. 87, 98;

137. पद 14, बा. चर्यापद, पृ. 121; 138. दादू दयाल की बानी 1, पृ. 90; 139. कबीर ग्रन्थावली, पृ. 218; 140. पलटू साहब की बानी 2, पृ. 96; 141. बा चर्यापद, पृ. 110, 118, 124, 138; 142. कबीर ग्रन्थावली, पृ. 154; 143. गोरखबानी, पृ. 110; 144. गोरखबानी, पृ. 129 145. दादू दयाल की बानी 2, पृ. 89; 146. गोरखबानी, पृ. 100; 147. गोरखबानी, पृ. 33; 148. गोरखबानी, पृ. 162 149. गोरखबानी, पृ. 206; 150. गोरखबानी, पृ. 18; 151. गोरखबानी, पृ. 96; 152. गोरखबानी, पृ. 92; 153. गोरखबानी, पृ. 116; 154. कबीर ग्रन्थावली, पृ. 183; 155. प्राण संगली, पृ. 176 तथा 204; 156. जायसी ग्रन्थावली, पृ. 256; 157. जायसी ग्रन्थावली, पृ. 312; 158. जायसी ग्रन्थावली, पृ. 327; 159. प्राण संगली, पृ. 176; 160. श्रीमद्भगवद् गीता, 15, 6; 161. बा. दोहाकोष, पृ. 20; 162. गोरखबानी, पृ. 129; 163. कबीर ग्रन्थावली, पृ. 18; 164. दादू दयाल की बानी 1, पृ. 172; 165. दादू दयाल की बानी 2, पृ. 42; 166. गोरखबानी, पृ. 90, 163, 187; 167. पद 11बा. चर्यापद, पृ. 118; 168. पद 28, बा. चर्यापद, पृ. 133; 169. नाथ सम्प्रदाय, पृ. 9; 170. नाथ सम्प्रदाय, पृ. 7; 171. नाथ सम्प्रदाय, पृ. 7; 172. नाथ सम्प्रदाय, पृ. 72; 173. कौलज्ञान निर्णय, पृ. 55 श्लोक10, 174. हठयोगप्रदीपिका, तृतीयोपदेश, श्लोक 83, 103; 175. गोरक्ष सिद्धान्त संग्रह, पृ. 20; 176. गोरखबानी, पृ. 49; 177. गोरखबानी, पृ. 35; 178. गोरखबानी, पृ. 77; 179. गोरखबानी, पृ. 78; 180. कबीर ग्रन्थावली, पृ. 39, 40; 181. कबीर ग्रन्थावली, पृ. 36; 182. अनुराग सागर, पृ. 142; 183. बड़थ्वाल, निर्गुण सम्प्रदाय, पृ. 430; 184. बा. दोहाकोष, पृ. 52; 185. मिस्टिक टेल्स ऑफ लामा, तारानाथ, पृ. 22, 23; 186. कबीर ग्रन्थावली, पृ. 138; 187. गोरखबानी, पृ. 143; 188. जायसी ग्रन्थावली, पृ. 420; 189. बा. दोहाकोष, पृ. 11; 190. पद 4, बा. चर्यापद, पृ. 110; 191. कौल ज्ञान निर्णय, पृ. 68; 192. कौल ज्ञान निर्णय पृ. 80, श्लोक 10; 193. कौल ज्ञान निर्णय, पृ. 97 श्लोक 43; 194. बा. चर्यापद, पृ. 132; 195. गोरखबानी, पृ. 162; 196. गोरखबानी, पृ. 205; 197. जायसी ग्रन्थावली, पृ. 209; 198. गोरखबानी, पृ. 105; 199. पलटू साहिब की बानी 1,पृ. 100 तथा 30; 200. सन्तकाव्य, पृ. 515; 201. मीराँ वृहद पद संग्रह, पृ. 54 तथा 181; 202. मीराँ वृहद पद संग्रह, पृ. 299; 203. मीराँ वृहद पद संग्रह, पृ. 296; 204. गोर्खविजय, पृ. 168; 205. गोर्ख-विजय, पृ. 168; 206. पद 4, बा चर्यापद, पृ. 110; 207. पद 11,बा. चर्यापद पृ. 118; 208. गोरखबानी, पृ. 105 209. गोरखबानी, परिशिष्ट 3, पद 24,पृ. 257; 210. पलटू साहब की बानी 1, पृ. 10; 211. पद 11 बा. चर्यापद, पृ. 118; 212. मीराँ वृहद् पद संग्रह, पृ. 148; 213. सन्त कबीर, पृ. 274; तथा 214. हठयोग प्रदीपिका, चतुर्थोपदेश, श्लोक 43 तथा आगे; 215. हठयोग प्रदीपिका, तृतीयोपदेश, श्लोक 47, 48; 216. गोरखबानी, पृ. 46; 217. बीजक, पृ. 240; 218. पंचमुद्रा, बोधसागर, पृ. 182 तथा आगे; 219. बा. दोहाकोष, पृ. 54; 220. श्रीमदभगवतगीता, अध्याय-5 श्लोक 24-25-26; 221. गोरखबानी, पृ. 27; 222. गोरखबानी, पृ. 187; 223. गोरखबानी, पृ. 99; 224. गोरखबानी, पृ. 57;

225. सन्त कबीर, पृ. 90; 226. बीजक, पृ. 182; 227. दादू दयाल की बानी 1, पृ. 90; 228. नानक, प्राण सगली, पृ. 142; 229. सन्त काव्य, पृ. 345; 230. बीजक, पृ. 52; 231. दरियासागर, पृ. 14; 232. दरियासागर, पृ. 14; 233. ज्ञानस्थिति बोध, बोधसागर 8 पृ. 79; 234. पंचमुद्रा, बोधसागर 8, पृ. 204; 235. कबीर बानी, बोध सागर 7, पृ. 105; 236. ज्ञानस्थिति बोध, बोधसागर 8, पृ. 136; 237. प्रणाली साहित्य, पृ. 57; 238. कौल ज्ञान निर्णय, पृ. 101, 84; 239. सन्त कबीर, पृ. 14 240. सन्त कबीर, पृ. 22; 241. सन्त कबीर, पृ. 77; 242. सन्त कबीर, पृ. 176; 243. दादू दयाल की बानी, पृ. 54; 244. दरियासागर पृ. 27; 245. गुलाल साहब की बानी, पृ. 11; 246. गोरखबानी, पृ. 91, 92; 247. सन्त कबीर, पृ. 210; 248. कबीर ग्रन्थावली, पृ. 94; 249. दादू दयाल की बानी 1, पृ. 5; 250. सूफी काव्य संग्रह, पृ. 216; 251. पद 22, बा. चर्यापद, पृ. 129; 252. गोरखबानी, पृ. 64, 65; 253. गोरखबानी, पृ. 90; 254. कबीर ग्रन्थावली, पृ. 142; 255. प्राण संगाली, पृ. 134; 256. बीजक, पृ. 110; 257. सन्त कबीर, पृ. 15; 258. कबीर ग्रन्थावली, पृ. 111; 259. कबीर ग्रन्थावली, पृ. 17; 260. सूफी काव्य संग्रह, पृ. 126; 261. कबीर ग्रन्थावली, पृ. 17; 262. कबीर ग्रन्थावली, पृ. 102; 263. दादू दयाल की बानी 1, पृ. 225; 264. कौश्लज्ञान निर्णय, पृ. 11 श्लोक 3, 4; 265. गोरखबानी, पृ. 18; 266. गोरखबानी, पृ. 249, 6; 267. कबीर ग्रन्थावली, पृ. 212; 268. दादू दयाल की बानी 1, पृ. 26; 269. सन्त काव्य, पृ. 526; 270. प्राण संगली, पृ. 159, 161; 271. गोरखबानी, पृ. 101; 272. गोरखबानी, पृ. 205; 273. स्व सम्वेद बोध, बोधसागर 9, पृ. 1383, 1384; 274. सन्त कबीर, पृ. 58; 275. पाहुड़ दोहा, 63, पृ. 20; 276. पाहुड़ दोहा, पृ. 58; 277. कबीर ग्रन्थावली, पृ. 127।

(ङ)

1. सावयधम्म दोहा, संख्या 22, 29, 33, 41, 42, 43, 46, 50, 51; 2. सुमिरन बोधः छोटाः, बोधसागर 10, पृ. 2 तथाा आगे; 3. पुरुषोत्तम, साहित्य का अध्ययन, पृ. 94 तथा आगे; 4. बीजक, पृ. 398; 5. सिद्ध सिद्धान्त संग्रह, सप्तमोपदेश, पृ. 39; 6. प्राणसंगली, पृ. 133,135; 7. बीजक, पृ. 8; 8. अनुराग सागर, पृ. 69; 9. कबीर ग्रन्थावली, पृ. 154; 10. कबीर ग्रन्थावली, पृ. 159; 11. गोरखबानी, पृ. 106; 12. दे. सन्त कबीर, परिशिष्ट, पृ. 172; 13. सन्त कबीर, पृ. 114; 14. सन्त कबीर, पृ. 96; 15. सन्त कबीर, पृ. 53; 16. का. ग्र. पृ. 153; 17. सन्त कबीर, पृ. 126; 18. नानक, प्राण संगली, पृ. 279; 19. सन्त बानी संग्रह 1, पृ. 130; 20. गुलाल साहब की बानी, पृ. 21; 21. बुलाल साहब की बानी, पृ. 41; 22. जायसी ग्रन्थावली, पृ. 202,219 230; 23. दादू दयाल की बानी 2, पृ. 139; 24. सन्त कबीर ,पृ. 178; 25. कबीर बानी, बोधसागर 7, पृ. 105; 26. बा. दोहाकोष, पृ. 25; 27. गोरखबानी, पृ. 103; 28. सन्त कबीर, पृ. 33; 29. पलटू साहिब की बानी 2,पृ. 10, 16; 30. दरिया साहेब की बानी, पृ. 11; 31. बा. दोहाकोष, पृ. 44; 32. पद, 4, बा. चर्यापद, पृ. 110; 33. गोरखबानी, पृ. 117; 34. गोरखबानी, पृ. 46; 35. गोरखबानी, पृ. 8; 36.

गोरखबानी, पृ. 199; 37. सन्त कबीर, पृ. 76; 38. दरिया सागर, पृ. 15; 39. भीखा साहब की बानी, पृ. 81; 40. दादू दयाल की बानी 1,पृ. 1; 41. प्रणामी साहित्य, पृ. 22; 42. पद 33, बा. चर्यापद, पृ. 139; 43. बीजक, पृ. 71; 44. गोरखबानी पृ. 120; 45. सन्त कबीर, पृ. 76; 46. दादू दयाल की बानी 2, पृ. 19; 47. दरिया सागर, पृ. 15; 48. सन्त कबीर, पृ. 206; 49. दादू दयाल की बानी 2, पृ. 21; 50. सुन्दर विलास पृ,87; 51. कबीर ग्रन्थावली, पृ. 113; 52. संस्कृति-संगम पृ. 99; 53. संस्कृति-संगम, पृ. 991; 54. दादू दयाल कीबानी 1, पृ. 152; 55. गोरखबानी, सबदी संख्या 7, पृ. 3; 56. ओल्ड बंगाली टेक्स्ट्स : बंगाली अंश, पृ. 32, 33; 57. सन्त कबीर पृ. 125; 58. सन्त कबीर ,पृ. 125; 59. गोरखबानी, पृ. 138; 60. सन्त कबीर, पृ. 4; 61. दादू दयाल की बानी, 2, पृ. 23; 62. गोरखबानी, पृ. 130; 63. गोरखबानी, पृ. 141; 64. सन्त कबीर, पृ. 84; 65. दादू दयाल की बानी 2, पृ. 129; 66. गोरखबानी, पृ. 125।

●●●

उपसंहार

बौद्ध-सिद्धों के साहित्य और उनकी धर्म-साधना के इस विस्तृत अध्ययन पर कार्य प्रारम्भ करते समय ही लेखक इस बात के लिए सचेष्ट था कि इस परम्परा ने सन्तों के साहित्य को जिस प्रकार से जितनी दिशाओं में प्रभावित किया है कम-से-कम उसका संकेत हो सके। किन्तु समीक्षा की जो एकांगी शैली केवल उन पारिभाषिक शब्दों या काव्य-शिल्प के उपकरणों को आधार बनाती है, जो सिद्धों, नाथयोगियों और सन्तों में समान रूप से पाये जाते हैं, वह इस प्रभाव परम्परा का समुचित आकलन नहीं कर सकती। इस बात का भी अध्ययन होना चाहिए कि 8वीं शताब्दी से लेकर 17वीं शताब्दी तक भारतीय समाज-पद्धति में कौन-से व्यापक परिवर्तन आते रहे हैं और उनके कारण जनता की धर्म-चेतना किन उपधाराओं में विभाजित होकर किन दिशाओं में प्रवाहित होती रही है, वे उपधाराएँ किस प्रकार कभी-कभी एक-दूसरे के समानान्तर चलती रही हैं, कभी-कभी एक-दूसरे में अन्तर्भुक्त हो गयी हैं, कभी-कभी कुछ दूर समानान्तर बहने के बाद दूसरी उपधारा का अतिक्रमण कर किसी सर्वथा दूसरी धारा में जा मिली हैं—और उनकी यह जटिल गतिविधि किस सामान्य भावभूमि या व्यापक धरातल पर घटित हुई है।

प्रस्तुत ग्रन्थ का प्रमुख लक्ष्य बौद्ध सिद्ध-साहित्य का अध्ययन रहा है अतः परवर्ती प्रभाव परम्परा को इसमें दूसरे दृष्टिकोण से समझने का प्रयास किया गया है किन्तु स्थान-स्थान पर यह संकेत अवश्य कर दिया गया है कि इस समस्त विकास का आरम्भ-विन्दु तान्त्रिक धर्मान्दोलन है और वैष्णव भक्ति आन्दोलन इसकी परिणति रेखा है। सन्तों का अधिकांश साहित्य उस संक्रान्ति-काल का साहित्य है जब तन्त्र और योग की पद्धतियाँ गौण होती जा रही हैं और भक्ति को प्रमुखता मिलती जा रही है। किन्तु फिर भी सन्तों में परम्परागत प्रभाव के कारण एक विशिष्ट काव्य-शैली तथा पारिभाषिक शब्दावली रूढ़ हो गयी है और वे उसी के द्वारा इस नयी चेतना को व्यक्त करने का प्रयास करते हैं। अतः उनकी भाषा-शैली में अर्थों के कई स्तर वर्तमान हैं जिनमें से कुछ से स्वतः वे सन्त भी अपरिचित प्रतीत होते हैं। कहीं-कहीं वे शब्द या वे प्रतीक प्राचीन

बौद्ध-तान्त्रिक या शैव योगी साधनाओं के अर्थों को ध्वनित करते हैं, कहीं-कहीं सन्त उन अर्थों के केवल एक अंश को स्मरण रख पाये हैं, और कहीं-कहीं वे भक्ति आन्दोलन के प्रभाव में उन शब्दों को नयी व्याख्या देने के प्रयास में संलग्न प्रतीत होते हैं। फिर भी वे अपने आराध्य के निर्गुण रूप, अपनी साधना के रहस्यात्मक गुह्य रूप और अपनी काव्य-शैली के परम्परागत रूप को किसी भी स्थिति में छोड़ना नहीं चाहते। यही कारण है कि भाव-साधना में वैष्णवों के निकट होते हुए भी सन्तों का निर्गुण काव्य भक्तों के सगुण काव्य से बिलकुल पृथक् स्वभाव का प्रतीत होता है। भक्तों का काव्य सगुण अवतारों की जिन भावमयी लीलाओं पर आधारित था, उन्हें सन्त पूर्णतया अस्वीकार करते थे।

बौद्ध-सिद्धों और सन्तों की सामाजिक स्थिति में भी एक बहुत बड़ा अन्तर आ चुका था। 8वीं शताब्दी में तान्त्रिक आन्दोलनों के अध्ययन से प्रतीत होता था कि सारे देश में संकीर्ण जाति-व्यवस्था और शुद्धतावादी आधार-पद्धति के विरुद्ध एक व्यापक विद्रोह जाग उठा था और निम्न वर्ग की जातियाँ उस समय सशक्त और जागरूक थीं। किन्तु जैसे अधिकांश विद्रोह और क्रान्तियाँ अमर्यादित होकर उच्छृंखलता और पतनोन्मुखता की ओर अग्रसर होने लगती हैं, वही परिणति इस विद्रोह की भी हुई जो तान्त्रिक वेश में उभरा था। उसके बाद का काल ऐसा रहा जिसमें इस उच्छृंखलता की प्रतिक्रिया में तथा यवन-आक्रमणों से सचेत होकर भारतीय धर्माचार्यों ने धर्म-साधना को आचार और वर्ण-व्यवस्था की दृष्टि से पूर्णतया कस देने का प्रयास किया। इस प्रयास की अतिरेकता में बहुत-कुछ अन्याय उन निम्न वर्ग की जातियों के प्रति भी हो गया जिनमें ये अधिकांश सन्त सम्प्रदाय परिपोषित हुए। अतः एक ओर ये सन्त एक पराजित और सामाजिक अन्याय से पीड़ित वर्ग के प्रतीक थे, दूसरी ओर ये तान्त्रिक विद्रोह के खोखलेपन से भी परिचित थे और तीसरी ओर यवनों की मजहबी कट्टरता का भी स्वागत नहीं कर पाते थे और चौथी ओर वैष्णव भाव-साधना के प्रति आकर्षित होते हुए भी उनके अवतारवाद को ये तर्कसम्मत नहीं मानते थे। इन चतुर्विध परिस्थितियों की सम्यक् पृष्ठभूमि में इनके समस्त साहित्य का नये सिरे से मूल्यांकन होना चाहिए। इस प्रकार सिद्ध-साहित्य का यह अध्ययन एक ओर उन कई जटिलताओं का समाधान करता है जो अभी तक सन्तों और नाथयोगियों के अध्ययन में बाधक सिद्ध होती रही हैं, दूसरी ओर वह आदिकाल और मध्यकाल के सर्वथा नये मूल्यांकन के लिए एक भूमिका भी प्रस्तुत करता है।

●●●

सहायक ग्रन्थ सूची

1. An Introduction to Budhist Esoterism, Dr. Benoytosh Bhattacharya, London, 1932.
2. An Introduction to Tantric Budhism, Dr. S.B. Das Gupta, Calcutta, 1950.
3. An Anthology of Critical Statements, Amarnath Jha, Allahabad, 1931.
4. An outline of religious literature of India, J Furquhar, London, 1920.
5. Antiquities of Tibet, A. H. Francke, Calcutta, 1914.
6. A Record of Budhist religion as practised in India and Malaya, Archipelago by Itsing, I. Takakusu, Oxford, 1896.
7. Assamese. Its formation and development, Vani Kanta Kakati. Gauhati, 1914.
8. Budhist Philosophy in India and Ceylone, A. B. Keith, Oxford, 1923.
9. Budhist Iconography. (The Indian Budhist Iconography mainly based upon the Sadhanmala and other cogante Tantric Texts). Dr. Benoytosh Bhattacharya—(Oxford University Press) Calcutta, 1924.
10. Castes and tribes of South India. E. Thurston, Madras, 1907.
11. Dynastic History of Northern India, Pt. I., H. C. Ray, Calcutta, 1951.
12. Early history of Kamarup. Rai K. L. Barua, Shillong, 1933.

13. Gods of Northern Budhism, A. Getty, Oxford , 1914.

14. Gorakhnath and Medieaval Mysticism, Dr. Mohan Singh, Lahore, 1937.

15. Handbook of Vir Shaivism, S.C. Nandimath, Dharwar, 1941.

16. History of Bengal, Pt. I. Edited by Dr. R.C. Majumdar, Dacca, 1943.

17. Hinduism and Budhism, Sir C. Eliot, London, 1921.

18. History of Nepal. (Tr. from Parbatiya) Ed. Daniels Wright, Cambridge, 1877.

19. History of Kanauj, R.S. Tripathi, Banara, 1937

20. Historical Grammar of Apabhramsha, Dr. G.V. Tagare, Poona, 1948.

21. India and China, Dr. P. C. Bagachi, Calcutta, 1944.

22. Introduction to Panchratra and Ahirbudhnya Samhita, Dr. F. Otto Schrader, Madras, 1916.

23. Indian Pundits in land of Snow. S.C. Das, Calcutta, 1893.

24. Ludwig Feurbach. F. Engels. Moscow, 1946.

25. Budhism of Tibet or Lamaism. L. A. Waddell, London, 1895.

26. Lotus of Sacred law, Sacred books of East Series, Vol.21.

27. Linguistic Survey of India, Grearson, Vol. I., Pt. 1.

28. Les chants mistiques de Kanha et de Saraha, M. Shahidullah, Paris, 1928.

29. Menifesto of Communist party. C. Marx, Moscow, 1948.

30. Marx and Engels on India. Allahabad (Date not given.)

31. Mystic tales of Lama Taranath. Ed. and tr. by Dr. B. N. Dutta, Calcutta, 1944.

32. Mahapari-Nirvana Tantra. (Eng. prose Translation by. M.M. Dutta), Calcutta, 1900.

33. Manual of Budhism. H. Kern. Strassburg, 1896.

34. Manual of mystic or Yogavachar's manual. Tr. by F. Wood

Wards Ed. by Rhys Davids, London, 1916.

35. Modern Budhism and its followers in Orissa, N.N. Bose, Calcutta, 1911.
36. Outlines of Indian philosophy, M. Hiriyanna, London, 1932.
37. Oraon of Chota-Nagpur, S.C. Roy, Ranchi, 1915.
38. Obscure Religious Cults, Dr. S.B. Das Gupta, 1946.
39. Original and developed forms of Indian Budhism, R. Kimura, Calcutta, 1920.
40. Outlines of Mahayana Budhism, D.T. Suzuki, London, 1907.
41. Origin and Development of Bengali Language, Pt. I. Dr. S.K. Chatterji, Calcutta, 1926.
42. Origin and Development of Bhojpuri, Dr. U.N. Tiwari, (Unpublished Thesis).
43. Punjab Castes, D. Ibbetson, Lahore, 1916.
44. Post Chaitanya Sahajiya Cult, M. M. Bose, Calcutta, 1930.
45. Pali English Dictionary, Rhys Davids, P.T.S., London, 1925.
46. Philosophical Essays, S.N. Das Gupta, Calcutta, 1941.
47. Prologmena to a history of Budhist Philosophy, B.M. Barua, Calcutta, 1918.
48. Role of individual in History, G. Plekhnov, Moscow, 1946.
49. Rashtrakuts and their times, A.S. Altekar, Poona, 1934.
50. Sacred Books of the East Series, Vol.17.
51. Sacred Books of the East Series, Vol.20.
52. Suzuki, London, 1907. Sanskrit Budhist Literature of Nepal, R.L. Mitra, Calcutta, 1882.
53. Sarva Darshan Sangraha. (Tr. Cowell & Gough), London, 1914.
54. Shakti and Shakta, J. Woodroffe, Calcutta, 1918.
55. Shakti or Divine Power, S.K. Das, Calcutta, 1934.
56. Shakti Vishishtadwaita or Philosophy of Vir Shaivism, Kashinath Shastri, Mysore, 1938.
57. Schools and Sects in Jain Literature, A. Sen, Vishwabharti,

1931.

58. Social Organization in N.E. India during times of Budha, A. Ficke, Calcutta, 1920.
59. Studies in Indian History, Dr. S. N. Sen, Calcutta, 1930.
60. Systems of Budhistic thoughts, Yamakimi Sogen, Calcutta, 1912.
61. Theory and Practice of Tantras, Guru Prasanna Bhattacharya, Calcutta (Dates not given).
62. Tibetan Tit-bits, Caluctta, 1912.
63. On Ywanchang's travels in India, T. Walters, London, 1905.
64. Vaishnavism Shaivism and minor religious cults, R.G. Bhandarkar, Poona, 1925.
65. Yoga or Transformation, W.I. Flagg, London. (Date not given).
66. Vedanta Sutras (S.B.E.35 & 38).

JOURNALS, MEMOIRS, CATALOGUES ETC.

1. Archeological Survey report, Mayurbhanj.
2. Archeological Survey of India, Annual report, 1904.
3. Bharat Kaumudi, Pt. II., Allahabad, 1947.
4. Cultural heritage of India ,Vol. II.
5. Descriptive catalogue of Sansk. Mss. in Govt. Collection A.S.B., H.P. Shastri.
6. Epigraphica Indica, Vol. 5.
7. Epigraphica Indica, Vol. 24.
8. Journal of the Dept. of Ietters of Calcutta, Vol. 1.
9. Jounral of the Dept. of letters of Calcutta, Vol. 10.
10. Journal of the Dept. of letters of Calcutta, Vol. 30.
11. Journal of the Dept. of letters of Calcutta, Vol. 1924.
12. Journal of the Asiatic society of Bengal, Pt. 11.
13. Journal of the Asiatic Society of Bengal, 1930.

14. Journal of the Asiatic Society of Bengal (new Series No. 17).
15. Journal of the Royal Asiatic Society, 1911.
16. India to-day (Alld.) Vol. 1, No. 2.
17. Indian Historical Quarterly, Vol. 6.
18. Indian Historical Quarterly, Vol. 9, No.1.
19. Indian Historical Quarterly, Vol. 4, No. 2.
20. Indian Antiquary, Vol. 4.
21. Ganganath Jha Research Inst. Journal, 1944.
22. Modern Quarterly, Vol. 1, No.2.
23. Modern Quarterly, Vol. 5, No. 3.
24. Modern Review, 1930.
25. Memoirs—Archeological Survey of India, No. 66.
26. Proceedings of Royal Asiatic Society of Bengal, Vol. 18, 1921.
27. Proceedings of Royal Asiatic Society of Bengal, 1903.
28. Sino-Indian-Studies, Vol. 1, Part l.
29. Vishwabharati Quarterly, Aug. Oct. 1945.
30. Journal of the Bihar and Orissa Research Society, Vol.5, No. 2.
31. Journal of the Bihar and Orissa Research Society, Vol. 17, No.1.
32. Journal of the Bihar and Orissa Research Society, 1928.
33. New Indian Antiquary, Vol. 1, No.1.

संस्कृत

1. अद्वय-वज्र-संग्रह, सं. महामहोपाध्याय हरप्रसाद शास्त्री, बड़ौदा, 1927।
2. अभिसमयालंकारालोक, सं. टुची, बड़ौदा, 1932।
3. अष्टसाहस्रिका प्रज्ञापारमिता, सं. राजेन्द्रलाल मित्र, कलकत्ता, 1887।
4. अभिधर्म कोष, सं. राहुल सांकृत्यायन, बनारस, सं. 1988।
5. आनन्द-लहरी, सं. आर्थर एवलन, मद्रास, 1948।
6. कुलार्णव, जीवानन्द, कलकत्ता, 1897।

7. कूर्मपुराण, सं. नीलमणि मुखोपाध्याय, कलकत्ता, 1890।
8. कौलावली निर्णय, सं. आर्थर एवलन, कलकत्ता, सं. 1985।
9. कौल ज्ञान निर्णय, सं. डॉ. प्रबोधचन्द्र बागची, कलकत्ता, सं. 1934।
10. गुह्य समाज तन्त्र, सं. हरप्रसाद शास्त्री, बड़ौदा, 1931।
11. गोरक्ष पद्धति, बम्बई, सं. 1974।
12. गोरक्ष सिद्धान्त संग्रह, सं. गोपीनाथ कविराज, बनारस, 1925।
13. चाणक्य नीति दर्पण, भार्गव पुस्तकालय, काशी।
14. चित्त विशुद्धि प्रकरण, आर्यदेव सं. पी. वी. पटेल, विश्वभारती, 1949।
15. चक्रसम्भार तन्त्र, काजी दावा सम्दुप (तान्त्रिक टेक्स्ट्स सीरीज)।
16. तत्त्व संग्रह, शान्तिरक्षित, सं. डॉ. विनयतोष भट्टाचार्य, बड़ौदा, गायकवाड़ बड़ौदा सीरीज।
17. तैत्तिरीयोपनिषद्, गोरखपुर, सं. 1995।
18. न्याय दर्शन, सं. गङ्गानाथ झा, बनारस (चौखम्भा सीरीज)।
19. नारद भक्ति सूत्र, गोरखपुर, सं. 2001।
20. नैरात्म्य परिपृच्छ, विश्वभारती, 1930।
21. पुरश्चर्यार्णव भाग 1, 2, 3, सं. महाराज प्रताप सिंह, बनारस, 1901।
22. प्रज्ञापारमिता 'सूत्र', सं. खुन्नीलाल शास्त्री, बरेली, सं. 1960।
23. प्रज्ञोपायविनिश्चय सिद्धि, सं. डॉ. विनयतोष भट्टाचार्य, टू वज्रयान वर्क्स में संकलित, बड़ौदा, 1929।
24. बोधिचर्यावतार पञ्जिका, प्रज्ञाकरमतिः पूसिं द्वारा सम्पादित : घेंट, 1902।
25. मनुस्मृति, सं. तुलसीराम स्वामी, मेरठ, सं. 1959।
26. महायानविंशक, सं. विधुशेखर भट्टाचार्य, विश्वभारती, 1931।
27. महायान सूत्रालङ्कार, सं. सिल्वियाँ लेवी, पेरिस, 1907।
28. महाभारत (अनुशासन पर्व) बम्बई, 1877।
29. माध्यमिक वृत्ति, सं. पूसिं तथा नैन्जियो, सेण्ट पीटर्सबर्ग (1903 से 1913 तक सात भागों में प्रकाशित)।
30. योग-रहस्य, नारायण स्वामी, देहली, 1945।

31. लङ्कावतार सूत्र, सं. सिल्वियाँ लेवी, पेरिस (तिथि अनुपलब्ध)
32. वज्रच्छेदिक, सं. मैक्समूलर, आक्सफर्ड, 1881।
33. विष्णुपुराण, सम्पादक—टी. आर. व्यासाचार्य, बम्बई, 1915।
34. विष्णुसहस्रनाम, गोरखपुर, सं. 2001।
35. ब्रह्म-षट्-चक्र-निरूपण, कलकत्ता, 1941।
36. सद्धर्म पुण्डरीक सूत्र, सं. कर्न तथा नैन्जियो, सेण्ट पीटर्सबर्ग, 1908।
37. सिद्धान्त संग्रह, सं. गोपीनाथ कविराज, बनारस, 1925।
38. सुखावती व्यूह, सं. मैक्समूलर तथा नैन्जियो, आक्सफर्ड, 1883।
39. स्वरमेल कलानिधि, रामात्य, सं. एम. एस. आर. अय्यर, अन्नमलय विश्वविद्यालय, 1932।
40. संगीत मकरन्द, नारद, सं. एम. आर. तैलङ्ग, बड़ौदा, 1920।
41. संगीत रत्नाकर, शार्ङ्गदेव, सं. एम. आर. तैलङ्ग, पूना, 1928।
42. साधनमाला (खण्ड 1), सं. डॉ. विनयतोष भट्टाचार्य, बड़ौदा, 1925।
43. साधनमाला (खण्ड 2), सं. डॉ. विनयतोष भट्टाचार्य, बड़ौदा, 1928।
44. सेकोद्देशटीका, नडपाद, सं. डॉ. मेरियो कारेली, बड़ौदा, 1941।
45. शिक्षा समुच्चय, सं.सी. वैडेल, सेण्ट पीटर्सबर्ग (1897, 1902)।
46. श्रीमद्भगवद्गीता, गोरखपुर, सं. 2008।
47. हठयोगप्रदीपिका, बम्बई, सं. 1949।
48. हर्षचरित, सम्पादक-डॉ. ए.आर.फ्यूहरर, बम्बई, 1909।
49. ज्ञानसिद्धि, इन्द्रभूति, सं. डॉ. विनयतोष भट्टाचार्य (वज्रयान वर्क्स में संकलित), बड़ौदा, 1929।

हिन्दी

तथा पालि और अपभ्रंश

1. अथर्ववेद का स्वाध्याय, श्रीपाद दामोदर सातवलेकर, सतारा, 1927।
2. अर्थविज्ञान और व्याकरण दर्शन, डॉ. कपिलदेव द्विवेदी, इलाहाबाद, 1951।

3. अनुराग-सागर, युगलदास, बम्बई, सं. 1982।
4. उत्कल साहित्य का संक्षिप्त इतिहास, आर्त वल्लभ महन्ती, पटना, 1951।
5. उत्तर भारत की सन्त परम्परा, परशुराम चतुर्वेदी, इलाहाबाद, सं. 2008।
6. कबीर, हजारीप्रसाद द्विवेदी, बम्बई, 1942।
7. कबीर ग्रन्थावली, सं. श्यामसुन्दर दास, बनारस, 2008।
8. कबीर साहित्य का अध्ययन, पुरुषोत्तम एम. ए., बनारस, सं. 2008।
9. गोरखबानी, सं. डॉ. पीताम्बरदत्त बड़थ्वाल, इलाहाबाद, सं. 2003।
10. गुलाल साहब की बानी, इलाहाबाद, 1910।
11. चौरासी सिद्ध कौन थे, परशुराम चतुर्वेदी : ओरिण्टयल कान्फ्रेन्स लखनऊ, 1951 में पठित निबन्ध की मुद्रित प्रति।
12. जायसी ग्रन्थावली, रामचन्द्र शुक्ल, बनारस, सं. 2008।
13. जायसी ग्रन्थावली, डॉ. माताप्रसाद गुप्त, इलाहाबाद, 1952।
14. जातक, भाग 1, 2, भदन्त आनन्द कौसल्यायन, इलाहाबाद।
15. दरिया सागर, इलाहाबाद, 1919।
16. दरिया साहब के चुने हुए पद और साखी, इलाहाबाद, 1913।
17. दयाबाई की बानी, इलाहाबाद, 1951।
18. दादू दयाल की बानी (1), इलाहाबाद।
19. दादू दयाल की बानी (2), इलाहाबाद, 1941।
20. दीघ निकाय (दो खण्ड), पालि टेक्स्ट्स सोसाइटी, लन्दन, 1890, 1903।
21. दोहाकोष (अंग्रेजी टीका सहित), डॉ. प्रबोधचन्द्र बागची, कलकत्ता, 1935।
22. दोहाकोष (संस्कृत छाया सहित), डॉ. प्रबोधचन्द्र बागची, कलकत्ता, 1938।
23. नाथ सम्प्रदाय, हजारीप्रसाद द्विवेदी, इलाहाबाद, 1950।
24. पलटू साहिब की बानी (1), इलाहाबाद, 1923।
25. पलटू साहिब की बानी (2), इलाहाबाद, 1925।
26. पाहुड़ दोहा, रामसिंह (सं. हीरालाल जैन) करंजा (बरार), 1933।
27. पुरातत्त्व निबन्धावली, राहुल सांकृत्यायन, इलाहाबाद, 1927।

28. प्रणामी साहित्य संग्रह, सं. अम्बरदत्त शास्त्री, कानपुर, 1929।
29. प्राण संगली (2) नानक, (1) इलाहाबाद, 1913।
30. प्राकृत अपभ्रंश साहित्य और हिन्दी साहित्य पर उसका प्रभाव, डॉ. रामसिंह तोमर (इलाहाबाद विश्वविद्यालय द्वारा पी-एच.डी. के लिए स्वीकृत अमुद्रित प्रबन्ध)।
31. बीजक, सं. विचारदास शास्त्री, इलाहाबाद, 1928।
32. बोधसागर (7), युगलदास, बम्बई, सं. 1981।
33. बोधसागर (8), युगलदास, बम्बई, सं. 1981।
34. बोधसागर (9), युगलदास, बम्बई, सं. 1983।
35. बोधसागर (10), युगलदास, बम्बई, सं. 1983।
36. भारतीय दर्शन, बलदेव उपाध्याय।
37. भारतीय दर्शनशास्त्र का इतिहास, डॉ. देवराज, इलाहाबाद, 1950।
38. हिन्दुस्तान की पुरानी सभ्यता, डॉ. बेनीप्रसाद, इलाहाबाद, 1931।
39. भीखा साहब की बानी, इलाहाबाद, 1919।
40. भूषण ग्रन्थावली, विश्वनाथ मिश्र, बनारस, संवत् 1998।
41. मज्झिम निकाय (3 खण्ड) पालि टेक्स्ट्स सोसाइटी, लन्दन, 1888।
42. महाभारत, संक्षिप्त। कल्याण प्रेस।
43. मध्यकालीन भारतीय संस्कृति, गौरीशंकर हीराचन्द ओझा, इलाहाबाद, 1951।
44. मध्यकालीन धर्म साधना, हजारीप्रसाद द्विवेदी, इलाहाबाद, 1952।
45. मलूकदास की बानी, इलाहाबाद, 1946।
46. मीराँ वृहद् पद संग्रह, पद्मावती 'शबनम', बनारस, सं. 2008।
47. योगप्रवाह, डॉ. पीताम्बरदत्त बड़थ्वाल, बनारस।
48. योगिसम्प्रदायाविष्कृतिः, योगी चन्द्रनाथ, अहमदाबाद, 1924।
49. योग-रहस्य, नारायण स्वामी, देहली, 1955।
50. रैदास जी की बानी, इलाहाबाद, 1948।
51. सावयधम्मदोहा, देवसेन, सं. हीरालाल जैन, करंजा, सं. 1989।
52. सुभाषित संग्रह, सं. सी. वैडेल, ब्रसेल्स, 1905।

53. सुन्दर विलास, सुन्दरदास, इलाहाबाद, 1914।
54. सूफी काव्य संग्रह, सं. परशुराम चतुर्वेदी, इलाहाबाद, 1952।
55. सन्त कबीर, सं. डॉ. रामकुमार वर्मा, इलाहाबाद, 1947।
56. संस्कृति संगम, क्षितिमोहन सेन, इलाहाबाद, 1951।
57. सन्तकाव्य, परशुराम चतुर्वेदी, इलाहाबाद, सं. 2008।
58. सन्त बानी संग्रह (1), इलाहाबाद, 1915।
59. सन्त बानी संग्रह (2), इलाहाबाद, 1938।
60. सहजोबाई की बानी, इलाहाबाद, 1946।
61. संस्कृत साहित्य का इतिहास, कन्हैयालाल पोद्दार, बम्बई, 1938।
62. शंकराचार्य, बलदेव उपाध्याय, इलाहाबाद, 1951।
63. हर्षवर्द्धन, गौरीशंकर चटर्जी, इलाहाबाद, 1951।
64. हिन्दी साहित्य की भूमिका, हजारीप्रसाद द्विवेदी, बम्बई, 1944।
65. हिन्दी काव्यधारा, राहुल सांकृत्यायन, इलाहाबाद, 1945।
66. हिन्दी साहित्य का आलोचनात्मक इतिहास, डॉ. रामकुमार वर्मा, इलाहाबाद।
67. हिन्दी काव्यशास्त्र का इतिहास, डॉ. भगीरथ मिश्र, लखनऊ, सं. 2005।
68. हिन्दी काव्य में निर्गुण सम्प्रदाय, डॉ. पी. बड़थ्वाल (परशुराम चतुर्वेदी द्वारा अनूदित), लखनऊ, सं. 2007।

बँगला

1. गोर्ख-विजय, सं. पंचानन मण्डल, विश्वभारती, बं. सं. 1356!
2. चर्यापद, सं. मणीन्द्रमोहन बसु, कलकत्ता।
3. जातिभेद, क्षितिमोहन सेन, विश्वभारती, बं. सं. 1353।
4. भारतीय समाज पद्धति, डॉ. बी.एन.दत्त, कलकत्ता, बं. सं. 1346।
5. शान्तिदेवेर बोधिचर्यावतार, विश्वभारती, बं. सं. 1354।
6. हाजार बछरेर पुरान बँगला भाषार बौद्ध गान ओ दोहा, सं. हरप्रसाद शास्त्री, प्रथम संस्करण, कलकत्ता, बं. सं. 1323।
7. हाजार बछरेर पुरान बँगला भाषार बौद्ध गान ओ दोहा, सं. हरप्रसाद शास्त्री, द्वितीय संस्करण, बं. सं. 1358।

हिन्दी पत्रिकाएँ

1. गंगा, पुरातत्त्वांक।
2. जनवाणी (काशी), अगस्त, 1950।
3. नागरी प्रचारिणी पत्रिका (काशी), वर्ष 50, अंक 1।
4. नागरी प्रचारिणी पत्रिका (काशी), वर्ष 50, अंक 2।
5. राष्ट्रभारती (वर्धा), मई, 1952।
6. विश्वभारती (शान्ति निकेतन), मार्च, 1945।
7. विश्वभारती (शान्ति निकेतन), जुलाई, 1942।
8. वीणा (इन्दौर), सितम्बर, 1940।
9. शक्ति अंक (कल्याण), गोरखपुर, 1934।
10. शनिवारेर चीठी (बँगला कलकत्ता), वर्ष 16, संख्या 12।
11. शिक्षा (इलाहाबाद), जनवरी, 1950।
12. हिन्दुस्तानी (इलाहाबाद), जनवरी, 1939।
13. हिन्दुस्तानी (इलाहाबाद), जुलाई, 1940।
14. हिन्दुस्तानी (इलाहाबाद), अक्टूबर, 1940।
15. हिन्दी अनुशीलन (इलाहाबाद), वर्ष 2, अंक 4।

नामानुक्रमणिका

●●●